构建人类命运共同体与世界社会主义发展
——第十三届世界社会主义论坛论文集

中国社会科学院世界社会主义研究中心 ◎ 编

重庆出版集团 重庆出版社

图书在版编目（CIP）数据

构建人类命运共同体与世界社会主义发展 : 第十三届世界社会主义论坛论文集 / 中国社会科学院世界社会主义研究中心编. -- 重庆 : 重庆出版社, 2024.9.
ISBN 978-7-229-19025-5

Ⅰ. D507-53

中国国家版本馆CIP数据核字第2024VM0058号

构建人类命运共同体与世界社会主义发展
——第十三届世界社会主义论坛论文集

GOUJIAN RENLEI MINGYUN GONGTONGTI YU SHIJIE SHEHUI ZHUYI FAZHAN
——DISHISANJIE SHIJIE SHEHUI ZHUYI LUNTAN LUNWENJI

中国社会科学院世界社会主义研究中心　编

责任编辑：彭　景　谭翔鹏　冯　静
责任校对：谭荷芳
装帧设计：李珂欣

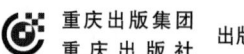
重庆出版集团
重庆出版社 出版

重庆市南岸区南滨路162号1幢　邮政编码：400061　http://www.cqph.com
重庆出版社艺术设计有限公司制版
重庆升光电力印务有限公司印刷
重庆出版集团图书发行有限公司发行
E-MAIL:fxchu@cqph.com　邮购电话：023-61520678
全国新华书店经销

开本：710mm×1000mm　1/16　印张：39.75　字数：700千
2024年9月第1版　2024年9月第1次印刷
ISBN 978-7-229-19025-5
定价：169.00元

如有印装质量问题，请向本集团图书发行有限公司调换：023-61520678

版权所有　侵权必究

目录

主旨报告

3 推动构建人类命运共同体　促进世界社会主义新发展
　——在第十三届世界社会主义论坛上的主旨报告　　　高　翔

主旨发言

11 高举构建人类命运共同体的鲜明旗帜　携手建设更加美好的世界
　　　　　　　　　　　　　　　　　　　　　　　　　　郭业洲
15 21世纪世界社会主义有着光明灿烂的前程　　　　　　　李慎明
21 携手构建人类命运共同体　打造人与自然和谐共生美好未来
　　　　　　　　　　　　　　　〔西班牙〕何塞·路易斯·森特利亚
26 人类命运共同体、政党价值与中国式现代化的当代意义
　　　　　　　　　　　　　　　　〔俄罗斯〕尤里·塔夫罗夫斯基

大会发言

39 携手构建人类命运共同体是世界历史发展的鲜明旗帜　　李　毅
44 高举马克思主义伟大旗帜　共创人类美好未来　　　　　张东刚
47 构建人类命运共同体理念是当代中国共产党人对人类文明和进步
　　的重大贡献　　　　　　　　　　　　　　　　　　　黄一兵

52	以中国式现代化推动构建人类命运共同体	李殿仁
59	反对霸权主义和强权政治 积极推进人类命运共同体建设	
		孔 丹 王湘穗
64	中国式现代化进程中党的领导	辛向阳
69	中国社会主义的世界意义	张维为
74	中国"六大全球倡议"促进人类命运共同体构建	
		程恩富 陆 夏
80	人类命运共同体思想的理论基础	刘润为
86	强国建设、民族复兴是中国新时代新征程的主旋律、最强音	
		林建华
92	中国式现代化对发展中国家走向现代化的方法论意义	
		陈志刚
99	中国式现代化是超越西方文明的新形态	彭光谦
105	世界之变与中国之治	
	——中国式现代化的理论意蕴与国际意义	张树华
109	新时代中国特色社会主义日益成为世界社会主义事业的中流砥柱	
		王传利
114	中国式现代化对拉美的意义	徐世澄
122	脱钩的世界与世界的脱钩	
	——资本主义旧文明的没落与人类文明新形态的诞生	张文木
130	中国式现代化的世界观	田鹏颖
135	社会主义理想是否在西方重生？	
	——从西方"民选体制"内部矛盾的激化谈起	郑若麟
139	当今世界、中国经验与社会主义的发展前景	
		〔俄罗斯〕德米特里·诺维科夫
148	中国特色社会主义与欧洲社会主义的复兴	
		〔匈牙利〕蒂尔默·久洛

151	中越携手为当代世界社会主义的发展作出贡献	
		〔越南〕武文福
155	中国是世界动荡变革期的稳定力量	
		〔捷克〕卡特日娜·科内奇纳
159	中国稳定、和平与进步的作用	〔意大利〕阿尔贝托·隆巴尔多
162	中国的发展推动全球共同繁荣	〔秘鲁〕路易斯·比亚努埃瓦
165	社会主义运动的复杂现实与新前景	
		〔尼泊尔〕普拉迪普·库马尔·贾瓦里
170	当今世界大变局中的地缘政治要素分析及中国的重要作用	
		〔阿根廷〕阿蒂利奥·博隆
175	中国式现代化对发展中国家的启示意义	
		〔古巴〕阿尔弗雷多·加西亚·希梅内斯
180	为推动经济全球化贡献中国智慧	〔英〕罗伯特·格里菲斯
184	构建人类命运共同体　反对霸权主义和强权政治	
		〔尼泊尔〕库马尔·卡尔基
186	老挝人民革命党建设社会主义国家的经验	
		〔老挝〕凯山·詹辛娜
191	构建人类命运共同体　反对霸权主义和强权政治	
		〔美〕罗莎娜·康布隆
196	在动荡变化的世界中构建人类命运共同体	
		〔塞浦路斯〕克里索斯托莫斯·帕西亚迪斯
199	构建人类命运共同体与世界社会主义发展	
		〔芬兰〕丽莎·塔希宁
202	建设一个真正代表全人类命运共同体的世界	
		〔肯尼亚〕布克·恩格萨·奥莫勒
204	在全球动荡和变革的背景下建设人类命运共同体的重要性	
		〔阿根廷〕伊莉娜·桑特斯特万

209	世界社会主义应对的挑战及其新发展趋势
	〔孟加拉国〕沙赫·阿拉姆
212	加强共产主义政党国际合作的重要性
	〔葡萄牙〕阿尔巴诺·努内斯

分报告（一）
构建人类命运共同体意义重大

217	推动构建人类命运共同体是回答世界之问的中国方案
	戴立兴
222	人类命运共同体的学理分析与学术评价 刘美平
229	全人类共同价值与人类命运共同体的关系 薛新国
235	人类命运共同体的天下情怀 刘须宽
243	论人类命运共同体的道义优势及其现实转化 李 帅
249	"一带一路"为所有参与国开启新机遇
	〔俄罗斯〕柳德米拉·茹拉夫廖娃
252	当今世界的反殖民主义与中俄两国"一带一路"和欧亚经济联盟的对接工作
	〔俄罗斯〕马拉特·穆扎耶夫
255	"一带一路"倡议是21世纪马克思主义的创新性表达
	〔英〕基思·贝内特
260	古巴高举团结的旗帜　积极构建人类命运共同体
	〔古巴〕安东尼奥·巴雷伊罗·巴斯克斯
263	中国梦与构建人类命运共同体
	〔墨西哥〕拉盖尔·伊丝玛拉·莱昂
265	构建人类命运共同体理念对欧洲的启示
	〔西班牙〕玛尔塔·马丁·莫兰

268	以中老铁路发展老挝人民民主共和国	
	〔老挝〕苏和平	
274	政党的使命和构建人类命运共同体	
	〔塞浦路斯〕卡特琳娜·尼奥菲图	
276	习近平人类命运共同体思想为人类社会发展进步潮流的前瞻性思考	
	〔越南〕阮明环	
285	习近平关于构建人类命运共同体的思考及其对阿拉伯地区的意义	
	〔黎巴嫩〕琳达·玛塔尔	

分报告（二）
中国式现代化是人类文明新形态的开创之路

291	中国式现代化与全体人民共同富裕的内在契合	杨　静
297	近年来国外共产党对"现代化之问"的探究与回答	
		余维海　胡泽文
305	人类命运共同体视野下的中国式现代化	常培育
311	提升中华文化国际传播力　建设文化强国	李士珍
316	中国式现代化对世界现代化的重要贡献	刘爱玲
321	科学把握人类文明新形态的内涵要义	李凯旋
327	中国式现代化蕴含的一元多线论现代化范式	郭海龙
333	中国式现代化：从概念释义（译）到实践保证	王雪冬
339	海外视域下中国式生态现代化的世界贡献	焦　佩
346	中国式现代化的伟大成就及其对阿根廷等发展中国家的借鉴意义	
	〔阿根廷〕塞尔希奥·奥蒂斯	
351	中国式现代化与西方现代化的主要区别	
	〔意大利〕弗朗切斯科·马林乔	

354	中国式现代化是不同于西方现代化的发展之路	
		〔阿根廷〕鲁文·达里奥·古塞蒂

分报告（三）
资本主义危机与社会主义的发展振兴

359	新帝国主义积累的悖论	鲁保林
365	美国共产党当前面临的机遇和挑战	李海玉
372	瑞典财富与收入的不平等扩大趋势及成因分析	
		高建昆　陈海若
378	新时代中国共产党治国理政的世界性经验	
		王　建　谢　忱
384	中国特色社会主义民主的传统文化基因	贾可卿
391	比较视野下全过程人民民主的话语阐释与中国民主话语权提升	
		杨雨林
397	俄罗斯学界习近平新时代中国特色社会主义思想研究镜鉴	
		武卉昕
405	陷入困境的国际金融秩序	
		〔意大利〕弗拉迪米洛·贾凯
409	论共产党知识分子问题	〔澳大利亚〕罗兰·博尔
412	当代帝国主义的新表现	〔斯里兰卡〕瓦吉莎·古纳塞克拉
417	比较视域下的"中国时代"	〔喀麦隆〕恩科洛·福埃
422	中国特色社会主义的经验和成就意义非凡	
		〔叙利亚〕萨米·阿布·阿西
425	中国是赞比亚的全天候朋友	
		〔赞比亚〕姆比塔·钦通迪亚·奇塔拉

432	在国际新形势下建设社会主义的重要性	
	〔巴西〕若泽·雷纳尔多·卡瓦略	
436	共筑梦想 发展世界社会主义 〔尼泊尔〕比什努·里贾尔	
438	中国特色社会主义对世界社会主义运动的重大意义	
	〔土耳其〕吉姆·克泽尔切克	
449	马克思主义的当代价值：青年的使命与挑战	
	〔西班牙〕戴维·富恩特	
453	帝国主义、民粹主义和西方马克思主义	
	〔美〕珍妮弗·庞斯德·莱昂	

分报告（四）
在世界动荡变革期推动构建人类命运共同体

459	世界进入新的动荡变革期与构建人类命运共同体	贺新元
465	构建人类命运共同体面临的现实挑战和应对策略	任 洁
471	世界进入新的动荡变革期与构建人类命运共同体	孙应帅
479	构建人类命运共同体与新时代新征程中国共产党使命任务的逻辑关联研究	王钰鑫 涂佳妮
485	"一带一路"倡议与新型经济全球化	王中保
490	人类命运共同体视域下全球数字治理风险及其应对	罗理章
498	处于新的动荡变革期的世界更加需要构建人类命运共同体	李淑清 卞怡力
505	构建人类命运共同体 推动世界多极化进程	
	〔俄罗斯〕安德烈·维诺格拉多夫	
509	共同承担变化世界的责任	
	〔德〕霍尔格·弗里德里希	

分报告（五）
推动构建人类命运共同体与反对霸权主义和强权政治

515	人类命运共同体视域下社会主义政党应有的责任担当	
		陈海燕　杨修文
521	西方新帝国主义批判	
	——以西方对新兴国家崛起的对抗性思维为批判基点	孙　帅
527	美国战争资本主义模式审思	杨柠聪
533	在21世纪恢复与加强无产阶级的国际团结	唐　鑫
539	新中国对世界和平与发展的贡献	苑秀丽　刘芷由
545	《国际共产主义评论》的理论主张和历史贡献	
		王喜满　巩效忠
551	反霸权主义斗争中的回旋镖辩证法与中国的核心作用	
		〔法〕帕特里克·图雷
560	建立一个更加公正、平等的社会主义世界　〔南非〕诺尔曼·舒舒	
563	反帝国主义文化霸权之于构建人类命运共同体的意义	
		〔瑞士〕鲁迪·阿方索·阿尔维斯
568	霸权与全球治理　〔南非〕卡西乌斯·卢比斯	
575	阶级斗争的人民视角　〔加纳〕布莱斯·图罗	
578	加强政党自身建设与团结合作　共同构建人类命运共同体	
		〔阿根廷〕马塞洛·法比安·罗德里格斯
582	高举社会主义旗帜的古巴	
		〔古巴〕赫尔西娜·阿丰索·贡萨雷斯

585	构建人类命运共同体理念是21世纪的新范式	
		〔秘鲁〕伊尔德布兰多·卡华纳
588	和平，人类的共同利益	〔法〕多米尼克·巴里
592	构建全球命运共同体与反对霸权主义和强权政治	
		〔黎巴嫩〕阿德汉·赛义德
594	加强全球南方团结，反对帝国主义	〔日〕大西广
597	法西斯主义与帝国主义	
	——全球和平发展面临的两大威胁	〔美〕加布里埃尔·罗克希尔
600	走向全球左翼联合阵线	〔埃及〕麦姆多·哈巴什

会议综述

605	应对世界新的动荡变革期　携手构建人类命运共同体　推动世界社会主义走向振兴	
	——"第十三届世界社会主义论坛"综述	于海青　务婧博

主旨报告

推动构建人类命运共同体
促进世界社会主义新发展

——在第十三届世界社会主义论坛上的主旨报告

（2023年11月28日，北京）

中国社会科学院院长 高 翔

尊敬的各位政党领导人、各位嘉宾，

女士们、先生们，

同志们、朋友们：

很高兴同大家相聚在北京，共同出席第十三届世界社会主义论坛。我谨代表中国社会科学院，向出席论坛的中外嘉宾表示热烈的欢迎，并致以诚挚的问候！

今年是习近平总书记提出构建人类命运共同体重大理念10周年。在这个重要的时间节点，本届论坛以"构建人类命运共同体与世界社会主义发展"为主题开展研讨，时机重要、意义重大。10年前，习近平总书记面对风云变幻的世界，提出构建人类命运共同体理念，为世界点亮了前行之路，为各国人民走向共护家园、共享繁荣的美好未来贡献了中国方案。10年来，推动构建人类命运共同体不但写入中国共产党的十九大、二十大报告，载入《中国共产党章程》和《中华人民共和国宪法》，而且先后写入联合国社会发展委员会、联合国安理会、联合国人权理事会以及联合国大会的一系列重要决议，得到国际社会广泛认同。随着中国和世界的发展，构建人类命运共同体理念的深远影响必将持续彰显，并为世界社会主义的发展提供新的动力源泉。

借此机会，我就构建人类命运共同体理念与世界社会主义发展谈几点看法，同大家交流。

一、构建人类命运共同体理念具有重大的世界意义和时代价值

习近平总书记在中国共产党的二十大报告中指出，"中国始终坚持维护世界和平、促进共同发展的外交政策宗旨，致力于推动构建人类命运共同体"①。构建人类命运共同体理念，是统筹中华民族伟大复兴战略全局和世界百年未有之大变局，着眼全人类共同利益和共同福祉，旨在促进人类社会进步和世界和平发展的中国方案。这一理念立意高远、思想深邃、内涵丰富，贯穿了马克思主义的立场观点方法，汲取了中华优秀传统文化的精华，凝聚了中国共产党百年奋斗的宝贵经验，同时也反映了全人类共同的价值追求。

宇宙只有一个地球，人类共有一个家园。从人类社会发展史看，人类从原始社会一路走来，经历了农业革命、工业革命、信息革命，但无论生产力如何发展进步，都没有改变一个最根本的现实：地球是人类赖以生存的唯一家园。各国有责任共同呵护地球的安全，守护人类的未来。如果为了争权夺利而恶性竞争甚至兵戎相见，最终只会走上自我毁灭的道路。"万物并育而不相害，道并行而不相悖"，只有各国行天下之大道，和睦相处、合作共赢，繁荣才能持久，安全才有保障。

当今时代，全球化无远弗届，在世界范围内优化了生产要素的配置，把一个个孤立的小湖泊、小河流连成了汪洋大海。信息化日新月异，互联网、大数据、量子计算、人工智能迅猛发展，人类交往的世界性比过去任何时候都更深入、更广泛，各国彼此依存和相互联系比过去任何时候都更

---

① 习近平：《高举中国特色社会主义伟大旗帜　为全面建设社会主义现代化国家而团结奋斗——在中国共产党第二十次全国代表大会上的报告》，人民出版社2022年版，第60页。

紧密、更频繁。无论近邻还是远交，无论大国还是小国，无论发达国家还是发展中国家，正日益形成利益交融、安危与共的利益共同体、责任共同体、命运共同体。和平、发展、合作、共赢是时代潮流，也是各国人民的共同呼声。

与此同时，当今世界正处在百年未有之大变局，各种新旧问题与复杂矛盾交织叠加。人类社会面临前所未有的挑战，不稳定、不确定、难预料成为常态。和平赤字不断加深，发展赤字持续扩大，安全赤字日益凸显，治理赤字更加严峻。面对共同的挑战与危机，各国不是乘坐在190多条小船上，而是乘坐在一条命运与共的大船上。正如习近平总书记指出的，"人类面临的所有全球性问题，任何一国想单打独斗都无法解决，必须开展全球行动、全球应对、全球合作"[①]。构建人类命运共同体，是契合时代发展大势的正确选择，是应对各种风险挑战的最佳方案，是世界各国人民的前途所在、希望所在。

二、构建人类命运共同体理念为推进世界社会主义发展提供了新的话语和动力

构建人类命运共同体理念，是马克思主义人类解放思想和共产主义理想的当代呈现。马克思、恩格斯依据唯物史观，在把握人类社会发展规律的基础上，深入剖析了资本主义的基本矛盾，阐明了人类将在历史发展进程中摆脱自身、社会与自然界的束缚，建立实现所有人全面而自由发展的共产主义社会。构建人类命运共同体理念是对马克思主义人类解放思想和共产主义思想的继承和发展，是在历史唯物主义基础上对当下构建合理的国际秩序的创造性回答，展现了共产主义思想在当今的全球化时代具有科学的价值引领和指导作用。

从资本主义发展演变和世界社会主义运动的视角来看，构建人类命运共同体理念进一步证明了社会主义制度的优越性，指明了人类社会发展进

[①] 习近平：《让多边主义的火炬照亮人类前行之路——在世界经济论坛"达沃斯议程"对话会上的特别致辞》，《人民日报》2021年1月26日。

步的方向。面对当前层出不穷的新情况、新问题，世界各国共产党人和进步力量既要重新审视世界社会主义的现实基础和发展前景，也要努力构建新的话语体系，为世界社会主义的新发展奠定理论基础。习近平总书记提出的构建人类命运共同体理念，直面人类生存与发展的现实困境，积极谋划人类前途命运，为世界社会主义运动提供了新的话语支持。

"凡益之道，与时偕行。"人类命运共同体理念的提出和实践，已经在国际上凝聚起团结合作的广泛共识，汇聚起应对挑战的强大合力，也为世界社会主义发展提供了新的动力。经历了苏联解体、东欧剧变的洗礼，以欧洲为代表的西方国家社会进步力量逐步稳定下来。发展中国家的社会进步力量和共产主义组织也在蓬勃发展，得到越来越多民众的支持。人类命运共同体理念所固有的开放性、包容性特征，有助于世界各国社会主义力量在求同存异的基础上化解分歧与隔阂，实现思想和行动的团结和统一，在更大范围内凝聚社会进步力量。

三、构建人类命运共同体需要世界各国社会主义力量的合作和支持

大道之行，天下为公。推动构建人类命运共同体，需要人类社会团结一致、携手同行。世界各国共产党组织、社会主义者和其他形式的进步力量，是在全球范围内推动构建人类命运共同体的重要支柱。目前，在世界100多个国家中，有130多个仍坚持马克思主义性质或保持共产党名称的政党。各国共产党身处不同社会环境、国情条件和社会制度，革命、建设、发展的道路各有不同特点，取得的成绩各有千秋。但毋庸置疑的是，共产党仍然是现代世界政党中的重要力量，对世界政治经济格局和走向具有重要影响，也是推动21世纪世界社会主义发展的生力军。

当前，世界正处于新旧格局转换的大发展大变革大调整的时期，国际社会开始重新评估社会主义理论与实践的历史价值和时代意义。马克思本人被公认为"千年第一思想家"，他所创立的理论学说也得到重新认识和评价。发达国家和发展中国家现存的共产主义组织、各国共产党人，以及其他形式的社会主义力量，相互之间的交流对话与协调合作也日趋活跃。世

界社会主义进程正在艰难求索中寻找未来，正在迂回曲折中走向未来。

习近平总书记指出："尽管我们所处的时代同马克思所处的时代相比发生了巨大而深刻的变化，但从世界社会主义500年的大视野来看，我们依然处在马克思主义所指明的历史时代。这是我们对马克思主义保持坚定信心、对社会主义保持必胜信念的科学根据。"[①]中国共产党始终是马克思主义的坚定信仰者、践行者和发展者，新时代中国特色社会主义的成功实践必将为人类的解放、文明的提升提供新的活力。在百年变局的历史背景下，世界各国共产党人和马克思主义者应该保持对马克思主义的坚定信心，保持对社会主义的必胜信念，共同努力、共同奋斗，推动世界社会主义在21世纪取得新发展，携手共建人类命运共同体。

同志们、朋友们！

"不畏浮云遮望眼，自缘身在最高层。"构建人类命运共同体，需要不断创新理念、凝聚共识、推动实施。近年来，习近平总书记顺应时代潮流、统筹两个大局，相继提出全球发展倡议、全球安全倡议、全球文明倡议，就共同发展、普遍安全、文明互鉴等全面深入阐述中国主张、中国方案，有力回应了国际社会普遍关心的重大问题，深刻宣示了中国共产党推动构建人类命运共同体的坚定意志和不懈追求，充分彰显了大国大党领袖对世界大势的深刻洞察和对人类命运的深厚情怀。

自2004年首届论坛召开以来，世界社会主义论坛已经成功举办12届，国内国际影响力不断扩大，不仅成为世界各国共产党人、马克思主义者和专家学者分享观点、凝聚共识的重要平台，也成为世界各国共产党加强联系、增进友谊的坚实纽带。期待各位与会嘉宾在今天的第13届论坛上深入研讨、充分交流，分享更多真知灼见，为本届论坛增光添彩，为推动构建人类命运共同体、促进世界社会主义新发展贡献智慧和力量。

最后，预祝论坛圆满成功。祝各位嘉宾身体健康，万事如意！

谢谢大家。

[①]《习近平谈治国理政》第二卷，外文出版社2017年版，第66页。

主旨发言

高举构建人类命运共同体的鲜明旗帜 携手建设更加美好的世界

郭业洲

世界正经历百年未有之大变局，世界之变、时代之变、历史之变的特征更加明显。面对"世界怎么了，我们怎么办"这一深刻的世界之问、历史之问、时代之问，习近平以大国大党领袖的宽广战略视野、卓越政治智慧和强烈使命担当，创造性地提出人类命运共同体理念，在历史转折关头为世界发展指明了正确方向，在变乱交织之际为国际合作凝聚了强大共识。习近平还提出全球发展倡议、全球安全倡议、全球文明倡议等新理念新倡议，不断丰富和完善人类命运共同体理念的理论内涵和实践外延。"三大全球倡议"从发展、安全、文明三个维度指明人类社会前进方向，彼此呼应、相得益彰，为建设更加美好的世界提供了来自社会主义中国的解决方案。

一、人类命运共同体理念和"三大全球倡议"体现出马克思主义鲜明的科学性

马克思主义理论的科学性源于辩证唯物主义和历史唯物主义的科学世界观和方法论，这一理论体系为我们认识世界、改造世界提供了强大的思想武器。习近平正是运用马克思主义立场观点方法，把握人类社会历史发展经验和发展规律，洞察世界发展大势，深刻指出"人类生活在同一个地球村里，生活在历史和现实交汇的同一个时空里，越来越成为你中有我、

我中有你的命运共同体"①。人类命运共同体理念和"三大全球倡议"立足于马克思主义基本原理及对时代本质、时代特征、世界格局的深度思考，既深刻揭示了人类社会发展的规律和方向，又为人类社会进步提供了科学的方法和路径，是马克思主义中国化时代化的重要成果，彰显出强大的真理力量。

早在170多年前，马克思恩格斯就指出："各个互相影响的活动范围在这个发展进程中越是扩大，各民族的原始封闭状态由于日益完善的生产方式、交往以及因交往而自然形成的不同民族之间的分工消灭得越是彻底，历史也就越是成为世界历史。"②随着人类社会不断发展进步和经济全球化深入发展，世界各国相互联系、相互依存程度不断加深，形成利益交融、安危与共的利益共同体、责任共同体、命运共同体，人们普遍意识到，只有同舟共济、团结协作才能更好应对各类全球性挑战，推动世界繁荣发展。人类命运共同体理念和"三大全球倡议"继承并发展了马克思主义世界历史理论，主张以和平发展超越冲突对抗，以共同安全取代绝对安全，以互利共赢摒弃零和博弈，以交流互鉴防止文明冲突，以生态建设呵护地球家园，为解决世界之问、时代之问贡献了中国智慧，进一步丰富了马克思主义国际关系理论宝库。

二、人类命运共同体理念和"三大全球倡议"体现出马克思主义鲜明的人民性

习近平指出："一切脱离人民的理论都是苍白无力的，一切不为人民造福的理论都是没有生命力的。"③人民性是马克思主义的本质属性。中国共产党自成立以来，始终把共产主义作为自己的远大理想，致力于为人民谋幸福、为民族谋复兴和为人类谋进步、为世界谋大同。人类命运共同体理念和"三大全球倡议"源自天下为公、协和万邦等中华优秀传统文化基因，集中反映了中国共产党人用世界眼光关注人类命运的深邃历史眼光和博大

---

① 《习近平著作选读》第一卷,人民出版社2023年版,第104页。
② 《马克思恩格斯选集》第1卷,人民出版社2012年版,第168页。
③ 《习近平著作选读》第一卷,人民出版社2023年版,第16页。

天下胸怀。在推动构建人类命运共同体的进程中，中国始终把自身发展寓于各国共同发展之中，把自身前途命运与人类的前途命运紧密相连，既关注人类整体利益，致力于增进全人类共同福祉，又着眼具体的"人"，主动回应各国人民求和平、谋发展、促合作的强烈愿望，致力于为实现和保障人的全面发展创造条件。

中国以高质量共建"一带一路"推动构建人类命运共同体，10年来已拉动近1万亿美元投资，形成3000余个合作项目，助力近4000万人脱贫，切实增进民生福祉、促进共同发展，成为国际社会普遍欢迎的全球公共产品；以实际行动助力国际社会加快落实联合国2030年可持续发展议程推动实现发展的平衡性、协调性、包容性，让发展成果真正转化为人民的获得感和幸福感；积极践行真正的多边主义，把各国人民的共同诉求和共同利益转化为共同行动，共建稳定安宁、持久和平的家园；倡导不同文明和平共处、和谐共生，把世界多样性和文明差异性转化为人类文明发展的活力和动力，共同推动人类文明实现创造性发展。

三、人类命运共同体理念和"三大全球倡议"体现出马克思主义鲜明的实践性

马克思指出："哲学家们只是用不同的方式解释世界，而问题在于改变世界。"[①]实践性是马克思主义固有的理论品格，是马克思主义永葆强大生命力的要义所在。构建人类命运共同体的伟大事业以建设持久和平、普遍安全、共同繁荣、开放包容、清洁美丽的世界为努力目标，以践行全人类共同价值为普遍遵循，以高质量共建"一带一路"为实践平台，以"三大全球倡议"为战略引领，在实践中已经取得累累硕果。从双边到多边，从区域到全球，中国已同数十个国家和地区构建了不同形式的命运共同体，并在卫生健康、气候变化、网络安全等领域提出构建命运共同体的中国方案，携手构建人类命运共同体正在从理念转化为全球亿万民众的生动实践。

10年来，人类命运共同体理念的国际共识日益扩大，已连续6年写入联

[①]《马克思恩格斯选集》第1卷，人民出版社2012年版，第140页。

合国大会决议,并多次写入上合组织、金砖国家等多边机制决议或宣言,全球发展倡议、全球安全倡议得到100多个国家明确支持,全球文明倡议提出不久就获得多国积极响应。许多政党政要和各界人士通过不同方式向我们表示,习近平提出的构建人类命运共同体、"三大全球倡议"等理念,汇集了人类的共同诉求,表达了人类的共同梦想与愿望,彰显了大国大党的国际主义胸怀,是推动世界走向文明和繁荣的中国方案。

四、各国共产党人应为建设更加美好的世界凝聚力量

作为为人类进步事业而奋斗的先锋力量,世界各国的共产党人和广大进步力量更应立足本国实际、把握时代特征、坚定团结一致,以求同存异、相互尊重、互学互鉴的新型党际关系为遵循,践行互惠互利、合作共赢的新理念,走出互学互鉴、共同进步的新道路,成为推动国际关系民主化、维护国际公平正义、构建人类命运共同体的生力军,引领百年未有之大变局朝着有利于人类进步的方向前进。

人类命运共同体理念是习近平新时代中国特色社会主义思想的重要内容,更是习近平外交思想的核心理念。中国共产党将继续高举构建人类命运共同体的鲜明旗帜,同世界进步力量一道,关注人类前途命运;将大力弘扬全人类共同价值,推动落实"三大全球倡议",与各国政党加强沟通、增进互信,在尊重多样性中寻求一致性,努力找到最大公约数,推动更多外国政党与中国共产党相向而行,自觉担负起引领方向、凝聚共识、促进发展、加强合作、完善治理的责任,携手建设更加美好的世界。

在中国共产党近年来举办的中国共产党与马克思主义政党论坛、中国共产党—欧美马克思主义政党交流会等多场国际会议和开展的双多边交流过程中,许多共产党人表达了始终愿为反对霸权主义、维护世界和平、推动人类进步而共同努力的信心和决心。中国共产党将举办更多类似的双多边交流活动,与包括各国共产党人在内的广大进步力量携手,共同为构建人类命运共同体、推动世界社会主义事业发展贡献力量。

(郭业洲时任中共中央对外联络部副部长)

21世纪世界社会主义有着光明灿烂的前程

李慎明

尊敬的高翔院长、滕文生主任、各国外宾、各位领导、各位专家学者：

在发言之前，请允许我代表中国社会科学院世界社会主义研究中心全体工作人员，向2023年、2022年和2021年分别去世的长期大力支持和精心指导我们中心工作的原中央顾问委员会委员李力安同志、中共中央组织部原部长张全景同志、中央政策研究室原副主任郑科扬同志表示沉痛的哀悼和深切的怀念。

习近平总书记在党的二十大报告中明确指出，"当前，世界之变、时代之变、历史之变正以前所未有的方式展开"，"人心所向、大势所趋决定了人类前途终归光明"，"人类社会面临前所未有的挑战。何去何从取决于各国人民的抉择"。[1]这一重大战略判断，一是强调"人类社会面临前所未有的挑战"，我们必须居安思危；二是强调"人心所向、大势所趋决定了人类前途终归光明"，我们必须坚定信心；三是强调"何去何从取决于各国人民的抉择"，这说明了毛泽东在《论持久战》中关于"自觉的能动性是人类的特点"[2]这一朴素但又深刻的真理。21世纪世界社会主义新春天，是各国人民在敢于斗争、敢于胜利的奋斗中赢得，绝不是在敲锣打鼓中坐等送来。以下谈五点个人粗浅的认识。

---

[1] 习近平：《高举中国特色社会主义伟大旗帜　为全面建设社会主义现代化国家而团结奋斗——在中国共产党第二十次全国代表大会上的报告》，人民出版社2022年版，第60页。
[2]《建党以来重要文献选编（1921—1949）》第15卷，中央文献出版社2011年版，第415页。

一、习近平新时代中国特色社会主义思想是帝国主义由垄断、寄生向垂死阶段过渡时期的马克思主义

2017年9月29日,习近平总书记在中共中央政治局集体学习时强调指出:"时代在变化,社会在发展,但马克思主义基本原理依然是科学真理。尽管我们所处的时代同马克思所处的时代相比发生了巨大而深刻的变化,但从世界社会主义500年的大视野来看,我们依然处在马克思主义所指明的历史时代。"①习近平总书记这一重大判断对于实现中国式现代化、推动构建人类命运共同体具有十分重大的战略意义和强烈的现实意义。

按照列宁划分时代的标准,我们可以把马克思、恩格斯所说的资本主义这一"大的历史时代"分别细分为三个较小的历史时代:一是商业资本主义时代。二是工业资本主义时代。在商业和工业资本主义时代,其最深厚的经济基础就是竞争。三是工业资本和银行资本加速集中并日益垄断融合为帝国主义时代。1916年上半年,列宁在其著名的《帝国主义论》中明确地指出:"帝国主义最深厚的经济基础就是垄断。"②"资本主义已经发展到这样的程度","大部分利润都被那些干金融勾当的'天才'拿去了"。③当今世界,正是全球生产的大部分利润都被那些干金融勾当的"天才"拿去了的金融帝国主义时代。当今世界处在马克思主义所指明的历史时代,同时又处于列宁所说的帝国主义时代这一历史时期,而且还处于帝国主义由垄断、寄生即腐朽向垂死阶段过渡这个特定的更小的历史阶段。1937年7月,毛泽东指出:"马克思不能在自由资本主义时代就预先具体地认识帝国主义时代的某些特异的规律,因为帝国主义这个资本主义最后阶段还未到来,还无这种实践,只有列宁和斯大林才能担当此项任务。"④伟大的时代,必然会诞生伟大的思想。如果说,列宁主义、毛泽东思想很好地承担了它们各自的任务,揭示了帝国主义时代从垄断向寄生即腐朽阶段过渡的某些特殊规律的话,那么可以说,习近平新时代中国特色社会主义思想已经并

---

① 《习近平谈治国理政》第二卷,外文出版社2017年版,第66页。
② 《列宁选集》第2卷,人民出版社1995年版,第817页。
③ 《列宁选集》第2卷,人民出版社1995年版,第594页。
④ 《毛泽东选集》第1卷,人民出版社1991年版,第287页。

正在揭示着帝国主义从寄生即腐朽阶段向垂死阶段过渡的某些特殊规律。习近平新时代中国特色社会主义思想就是帝国主义从寄生即腐朽阶段向垂死阶段过渡的马克思主义。只有这样定位，才能真正理解习近平新时代中国特色社会主义思想的时代、世界和历史意义。

二、全球范围内贫富两极分化、社会撕裂及局部战争连绵不绝等多重危机爆发，表明全球第五次资本主义总危机已经到来

2023年8月发布的《2023全球财富报告》显示，"全球最富有的1%的家庭仍占有全球总财富的44.5%"①。我个人认为，资本主义诞生以来，在全球已经产生四次总危机。第一次是以第一次世界大战和十月革命的胜利为标志；第二次是以第二次世界大战以及全球出现了一系列社会主义国家为标志；第三次是以20世纪50年代末资本主义全球殖民体系瓦解为标志；第四次是1971年以美元与黄金挂钩为中心的布雷顿森林国际货币体系的终结、美国被迫同意实现中美关系正常化为标志；第五次是以2008年爆发并至今仍深不见底的国际金融危机为标志。这次总危机极有可能比前四次总危机来得更为猛烈，延续的时段更为绵长，给世界各国人民所带来的灾难更为深重。2022年美国的GDP仅为25万亿美元，截至2023年9月18日，美国国债余额首次突破33万亿美元②，是其GDP的132%。美国公民人均债务负担直逼10万美元，折合成人民币70万左右。这组数据，正是以美国为代表的资本主义总危机本质的简要精准显现。美国经贸、军事、科技、意识形态、规则规制等所有霸权都是建立在美元霸权的基础上的。美国的美元霸权一旦坍塌，其他霸权就必然如多米诺骨牌，都会应声倒下。降临在我们这个世界和地球上的暴风雨，在今后几十年内将会更加猛烈。

---

① 《世界更平等了？瑞银报告：全球百万富翁较2021年减少350万人》，《环球时报》2023年8月18日。
② 《美国国债总额攀升 财政危机或迫在眉睫》，《参考消息》2023年9月21日。

三、坚持底线思维和极限思维，准备应对各种考验

2023年5月30日，习近平总书记强调："要坚持底线思维和极限思维，准备经受风高浪急甚至惊涛骇浪的重大考验。"①其中"极限思维"是首次出现。社会主义彻底胜利亦即帝国主义彻底消亡的具体时间还不好确定，但以下这一点却是肯定无疑的，这就是在帝国主义由垄断、寄生即腐朽的资本主义开始向垂死的资本主义过渡其中包括垂死这个更小的历史阶段，国际金融垄断资本主义的贪婪、疯狂、无耻、残忍、阴险、诡诈等特点向世人暴露、展示得愈充分、愈彻底，就愈能较快地教育全世界的共产党、左翼政党和各国人民。苦难和反面教育是人们觉醒的必经路径之一。

四、压迫剥削愈烈，各国人民反抗斗争便愈烈

2020年8月习近平总书记指出："国际经济、科技、文化、安全、政治等格局都在发生深刻调整，世界进入动荡变革期。"②历史总是在曲折和波澜中向前发展。哪里有压迫、有剥削，哪里就有反抗。蓄之既深既久，反抗必烈必速。1965年1月，毛泽东在同斯诺谈话时说："世界上的人，不受压迫谁起来革命？"③现在，西方的罢工、游行示威等活动，有的有共产党参与的因素，但主要还是本国人民自发组织的运动，这说明，人民已开始觉醒。随着斗争的深入发展，一批批新的马克思主义政党将焕发新生。西方工人阶级会从自在阶级逐步向自为阶级转化，从大量的经济斗争向政治斗争甚至军事斗争中寻找出路。在资本主义总危机可能到来的情况下，拼死反抗必然是更多国家和更多国家人民的唯一抉择。未来三五十年，在西方营垒中，必将有一批有良知的知识分子转到世界左翼甚至社会主义阵营之中。也正是从这个意义上讲，资本主义总危机的到来是世界左翼运动和世界社会主义复兴的最为深厚的经济政治基础，亦是习近平总书记作出的

---

① 《加快推进国家安全体系和能力现代化　以新安全格局保障新发展格局》，《人民日报》2023年5月31日。
② 《十九大以来重要文献选编》(中)，中央文献出版社2021年版，第663页。
③ 《毛泽东思想年编(1921—1975)》，中央文献出版社2011年版，第936页。

"放眼世界，我们面对的是百年未有之大变局"这一重要判断的最为深厚的经济政治基础。

五、当今世界已开始进入大动荡、大觉醒、大发展、大变革、大调整的新时期，世界社会主义灿烂的春天在前

1930年1月，毛泽东在其著名的《星星之火，可以燎原》一文中指出："在对于时局的估量和伴随而来的我们的行动问题上，我们党内有一部分同志还缺少正确的认识。他们虽然相信革命高潮不可避免地要到来，却不相信革命高潮有迅速到来的可能"，"他们似乎认为在距离革命高潮尚远的时期做这种建立政权的艰苦工作为徒劳"。①"我所说的中国革命高潮快要到来，决不是如有些人所谓'有到来之可能'那样完全没有行动意义的、可望而不可即的一种空的东西。它是站在海岸遥望海中已经看得见桅杆尖头了的一只航船，它是立于高山之巅远看东方已见光芒四射喷薄欲出的一轮朝日，它是躁动于母腹中的快要成熟了的一个婴儿。"②毛泽东93年前针对我党第二次国内革命战争的这一论述，对于我们现在认识当前世界左翼和世界社会主义运动，亦有着强烈的现实意义。1955年4月，毛泽东指出："我们称美帝国主义为纸老虎，它还叫嚣，不相信。可以这样说，战争如果打起来，在战争初期和表现形式上，它可能是铁老虎，可是到后来便会成为纸老虎。因为美帝国主义不得人心，人民反对它，它只能是在铁老虎的形式中包含纸老虎的实质。"③1963年3月，毛泽东在会见古巴客人时讲："联系群众永远不会失败。帝国主义和各国反动派脱离群众，他们总有一天要失败的。"④依靠本国人民，依靠世界各国人民，这就是我们的最大底气、最根本力量的源泉所在。

当今世界已开始进入大动荡、大觉醒、大改组、大变革、大发展的新时期。我们坚信：在以习近平同志为核心的党中央坚强正确的领导下，中

---

① 《毛泽东选集》第1卷，人民出版社1991年版，第97页。
② 《毛泽东选集》第1卷，人民出版社1991年版，第106页。
③ 《毛泽东外交文选》，中央文献出版社、世界知识出版社1994年版，第206页。
④ 《建国以来毛泽东军事文稿》(下)，军事科学出版社、中央文献出版社2010年版，第169页。

国特色社会主义必然巍然屹立；世界各国人民在经历种种痛苦之后，必将会更加紧密地联合起来；2050年前后，极可能是世界社会主义理论、运动和制度又一个光明灿烂的新春天。

（李慎明系中国社会科学院世界社会主义研究中心主任，中国社会科学院原副院长、研究员）

携手构建人类命运共同体
打造人与自然和谐共生美好未来

〔西班牙〕何塞·路易斯·森特利亚

当我们谈及建设一个人与自然和谐共生的、全人类共享美好未来的共同体时，就不得不提到社会主义思想在全球的发展。因为只有在社会主义社会中，才更容易将人和保护自然置于所有政治、社会和经济行动的中心，以确保一个和平与进步的未来。

众所周知，当前国际局势十分紧张。新冠疫情给世界各国造成了公共卫生安全、社会和经济等多层面的重创。俄乌冲突仍处胶着状态，局势复杂多变，新的矛盾不断出现，使世界越来越接近于某些人所谓的"冷战时期"，这些国家相互"脱节"，在政治、经济和军事上相互对抗。面对这些问题，在世界各国和各国人民之间构建一个人类命运共同体、打造一个人与自然和谐共生的美好未来的倡议就显得尤为重要。

面对那些试图让我们回到冷战时期的人，我们必须捍卫一项倡议，即在1945年《联合国宪章》所载联合国创始原则的基础上，在尊重国际关系基本准则和各国保障自身安全的合法权利的基础上，逐步建设一个更加美好的国际社会。由中华人民共和国主席习近平提出的"一带一路"倡议、全球安全倡议、全球发展倡议、全球文明倡议，以及保护生态环境、推动可持续发展等倡议都与建设一个更加美好的国际社会有着密切的关系。

第一，由习近平主席于2013年提出的"一带一路"倡议。这一全球倡议又被称为"新丝绸之路",以遍布五大洲的基础设施网络为基础,开展涵盖社会、经济和文化等领域的形式多样的合作项目。"一带一路"倡议是历史上最大的国际合作项目,旨在促进中国与世界其他国家之间的社会发展,对提高亚非拉广大发展中国家的生活水平具有重要意义。该项目从一开始就遵循生态可持续性、能源可再生性等原则推进,旨在直接惠及当地民众。这些项目不仅有效帮助解决当地民众面临的一些基础性生活问题,而且还提出有针对性的建议和措施帮助解决其所遭受的贫穷落后和社会不平等等深层次问题。

因此,"一带一路"倡议是一项积极应对挑战的倡议,是实现和平共处国际新秩序的重要途径。在一些维护国际旧秩序的国家不断加大军事开支之际,这一国际新秩序则将投资转向旨在改善地球上所有居民生活条件的投资领域,同时确保对环境的最大尊重,保护全球生态。截至目前,中国已与150多个国家和30多个国际组织签署了共建"一带一路"文件。10年来,"一带一路"倡议为诸多国家的发展作出了积极贡献,给多国人民带去了切实的利益。2023年10月第三届"一带一路"国际合作高峰论坛的成功举办再次展示了中国的全球影响力,表明"一带一路"倡议已经得到世界上越来越多国家的认可和支持。

第二,中国国家主席习近平在2022年4月21日博鳌亚洲论坛上提出的全球安全倡议。该倡议认为,冷战思维只会破坏全球和平框架,不赞同那种国家间拒绝接触、切断供应、横加制裁的做法,以及对不接受美国单一霸权的国家实施制裁和长臂管辖权等行径。该倡议的目标之一是致力于建立共同、综合、合作、可持续的全球安全,这有助于国际社会从多边国际秩序出发,按照联合国宪章的原则,努力维护世界和平与安全,从而通过对话与协商和平解决国家间争端,反对双重标准,反对将单方面制裁作为国际政策的一项内容,秉持安全不可分割原则,在尊重主权和领土完整以及不干涉他国内政等原则基础上,建立有效和平衡的安全架构,抵制以牺牲他国安全为代价来实现一国安全的企图。该倡议还倡导积极合作,共同应对地区争端、恐怖主义、气候变化、网络安全、生物安全等全球性问题。

全球安全倡议基于以下几个核心议题:坚决维护联合国的权威和地位,

共同践行真正的多边主义；继续坚持通过对话协商以和平方式解决国家间的分歧和争端的总体思路，共同致力于寻求政治解决方案来应对国际冲突；坚持统筹维护传统领域和非传统领域安全，共同完善全球安全治理体系；兼顾发展与安全，共同推动全球经济强劲复苏；构建地区安全框架，共同维护世界和平与稳定。归根结底，这一倡议旨在推动世界摆脱当前的对抗态势。因为对抗只会给全人类带来严重后果。因此，我们需要正视这一问题并展开积极讨论。

第三，习近平主席在第七十六届联合国大会上提出的全球发展倡议。全球发展倡议旨在推动发展，建设开放型世界经济，构建全球治理体系，以更加公平合理的制度环境，共同培育全球发展新动力，加快推动科技成果转移转化和知识共享，促进现代产业发展，加快推进发展方式向绿色低碳转型，实现全球更加强劲、绿色、健康发展。这一发展倡议旨在建立一种为世界各国人民谋福祉、人与自然和谐相处的新型世界治理模式。这一治理模式，在联合国的框架内进行，将彻底铲除殖民主义、富国与穷国之间不平等的依附关系，并有助于《联合国宪章》和联合国2030年可持续发展议程目标的实现。

全球发展倡议是习近平主席在2021年9月提出的。彼时，世界各国尚处于抗击新冠疫情的严峻时刻。时至今日，我们仍在应对这场疫情带来的巨大冲击。从这一角度出发，近几年来抗击新冠疫情及其在全球造成的各类影响的抗争无不向我们展示着一些理念的正确性，如所有国家必须相互合作，携手面对全人类共同面临的挑战，维护共同利益。假如没有一个和平、安全的国际关系框架，任何发展都无从谈起。

第四，习近平主席2023年3月出席中国共产党与世界政党高层对话会时提出的全球文明倡议。该倡议旨在推动人类历史上发展起来的各种文明所拥有的共同价值观的发展。这些价值观建立在公正、平等和自由的基础上，尊重地球上每个地方的不同现实、文化和社会特点，使每个民族都能选择自己的道路，努力实现现代化，改善人民的生活条件，而不强加照搬某种固定的模式。全球文明倡议的基础是不将一己价值观模式强加于人，不搞意识形态对抗，捍卫多极关系模式，允许世界各民族交流观点和价值观，以消除殖民主义这种试图强加社会、文化和经济霸权的思想，从而建立横向平等的国际关系。

全球局势愈是紧张，国家和地区之间的依存关系就愈是紧密，就愈有必要构建一种新的国际秩序，来促进国与国之间更加良好、更加全面的合作，共同应对全人类的发展挑战，共享资源和技术进步，以扩大共同利益，实现机遇共享。而要想实现新的全球治理，就需要构建人类命运共同体，开启一项"重建地球的宏伟工程"。

首先，这一"工程"必须拥有足够规模的社会、政治和经济支撑，必须拥有清晰明确的运作规则，以避免当代资本主义基本矛盾的全球化扩展所带来的弊端，如新殖民主义、社会不公和生态破坏等问题。解决发展的不平衡不充分问题仍然是当今世界的一个重要问题，南北国家之间仍存在着巨大的差距。因此，我们必须携手共建一个没有贫困、共同繁荣的世界。其次，这个关乎全人类的宏伟工程，必须构建一个远离恐怖暴力的安全世界。任何国家都不能以牺牲他国安全为代价谋求自身的安全。人类的未来，必须由生活在地球上的所有国家和民族所共同决定。从这个意义上讲，在国际关系中，我们应该呼吁更大程度的团结一致，抵制霸权主义和强权政治。再次，我们必须构建一个开放包容、远离封闭孤立的世界。我们应该认识到，世界上的各个种族、各种文明之间，不存在优劣之分。正如习近平主席于2017年1月18日在联合国日内瓦总部演讲时强调的："文明没有高下、优劣之分，只有特色、地域之别。文明差异不应该成为世界冲突的根源，而应该成为人类文明进步的动力。"[①]最后，我们必须充分尊重自然，注重人与自然的和谐发展，走可持续发展之路，携手坚持绿色低碳，建设一个清洁美丽的世界。

综上所述，"一带一路"倡议、全球安全倡议、全球发展倡议、全球文明倡议等中国倡议都是构建人类命运共同体的重要途径。习近平主席提出的构建人类命运共同体理念是一个内涵丰富、不断发展的思想体系，这些倡议也是该思想体系的重要组成部分。我们必须清醒地认识到，如果不在人与自然和谐共生的基础上构建人类命运共同体，就谈不上构建促进全人类共同发展的人类命运共同体。挑战已经摆在我们面前，问题在于我们是

---

① 《习近平著作选读》第一卷，人民出版社2023年版，第568页。

否能够认识到未来掌握在我们手中。唯有如此，我们才能共同建设一个全人类与自然和谐共处、共享和平与进步的命运共同体。

［何塞·路易斯·森特利亚（José Luis Centella）系西班牙共产党主席、欧洲左翼党副主席；译者楼宇系中国社会科学院马克思主义研究院助理研究员］

人类命运共同体、政党价值与中国式现代化的当代意义

〔俄罗斯〕尤里·塔夫罗夫斯基

一、人类命运共同体与俄罗斯的命运

俄罗斯莫斯科的一些大学生是第一批听到"人类命运共同体"理念的外国人。2013年3月,中国国家主席习近平在莫斯科国际关系学院发表讲话时谈了"人类命运共同体"理念。从那一时刻算起,中国国家领导人的第一批听众已经成长为经验丰富的外交官,而这一理念在其缔造者的各种发言和讲话中、在中国哲学家和政治学家的阐释中不断地得到拓展和深化。"人类命运共同体"理念在最初提出的时候,其内涵外延并不十分清晰,但是现在该理念已经永远地汇入到世界主要大国的理论研究文本和现实政策之中。

我在给学生们上课、出席学术会议并发言的时候,在我国(指俄罗斯)的一些主要电视频道参加访谈节目的时候,经常有人要求我不仅要讲解一下中国的"人类命运共同体"理念,还要讲解一下它与俄罗斯未来的关系。美国人认为他们的国家是全世界的"灯塔",而中国人正在建造一座取代它的"灯塔"。是这样吗?知名电视节目主持人曾问过我。幸运的是,我了解中国共产党人的理论创新,知道中国的实际情况,因此我能够切合实际地回答这类问题。

通常我会说，在这个正在经历百年未有之大变局的世界上，除了中国，没有任何一个其他国家提出了人类的长期发展规划。世界欠缺这样的规划，欠缺一个大家都能够接受的共同目标，为了找到自己国家的发展方向，各个国家要不断地进行探索，这有时候是极其痛苦的。在最好的情况下，他们将不可避免地把宝贵的时间和资源浪费在试验和试错上，眼睁睁地看着执政党及其领导人不断更替。在最坏的情况下，将会出现对立方针之间的冲突。无论是美国，还是俄罗斯，都没有为自己国家制定长期的发展规划，更别说为全人类考虑了。

中国提出了"人类命运共同体"理念之后，根据其自身的发展经验——中国拥有约14亿人口，占全世界人口数的1/5——承担起思考全球未来发展趋势的重任。与此同时，它还承担起了解决政治、经济、人道主义甚至军事问题的责任。在美国主导的全球主义、美国霸权主义衰落的大背景下，在全球绝大多数人都遭受到不公正对待的背景下，中国主张以现代国家关系为基础，建设基于平等和互利原则的新的全球秩序。

问题在于，中国能胜任这一责任吗？在一个名叫"苏联共产党"的共产党政权失败之后，中国共产党人有什么权力阐释他们对人类未来的愿景呢？苏联共产党也曾经拥有众多阐述"人类光明未来"的理论家，强大的军队和经济，领导过社会主义阵营和"社会主义发展取向的"发展中国家。作为原来的苏共中央意识形态部门的一名工作人员，我非常熟悉苏共喊出的口号："共产主义是人类的光明未来"和"党郑重承诺：这一代苏联人将生活在共产主义制度下！"在我看来，苏共和苏联断送在执政党言与行之间的不一致上。对比中国共产党近十年来的言与行，我认为，中国共产党言行一致，这是它与苏共的显著不同。

11年前，当时还是新当选的中共领导人的习近平提出了一个长期发展规划——"中华民族伟大复兴的中国梦"。它曾经是，现在仍然是国家唯一的长期发展规划。与"构建人类命运共同体"的长期愿景一样，"中国梦"规划最初看起来也只是一个草图，缺少详细的规划和具体的细节。2021年中国共产党成立100周年是唯一的一个标志。第二个"百年"，即2049年中华人民共和国成立一百周年，被宣布为"要实现中华民族伟大复兴的中国梦"。在第一个百年之际，承诺建设成"一个小康社会"。无论是中国国内，还是国外，都曾有人怀疑这一承诺是否真能够兑现。要知道，那时候可是有1亿人生活在贫困线以下！但早在2020年，中国就创下了史无前例的世界纪录——打赢脱贫攻坚战，在全国范围内消除了极度贫困！单凭这一项成就，就在中华文明史和世界历史上书写下了最华彩的篇章。

在此，我通常会提醒听众，根据俄罗斯国家统计局的官方数据，2023年的第三季度，俄罗斯生活在贫困线以下的人口为1960万，占俄罗斯总人口数的13.5%。

但是，除了近十年的脱贫攻坚外，"小康生活"规划还取得了其他成果。中国人均国民收入翻了一番，GDP增长了1倍。值得一提的是，"中国梦"前10年的成就究竟付出了多少努力？在那些年间，我为撰写几本关于中国主题的著作（《习近平：中国梦的几个阶段》《习近平：新时代》《新丝绸之路：21世纪的大工程》）收集材料，并在中国各地进行了3—4次的旅行。我的足迹踏遍了丝绸之路所涉及的中国各个地区，从丝绸之路的起点，到干净整洁的百万人口大城市，再到那些不久前还喝不上干净饮用水的山村。在甘肃省的一个由政府出资为干旱地区建设的扶贫安置村，一位来自北京的年轻挂职干部请我吃午饭，他在当地挂职2年。与当地人不同，他讲着一口流利的普通话，充满自豪地介绍菜单中的每一道菜，做菜所使用的食物原料都取自当地的农村。看着这位年轻的"改革的支持者"，我想起了小说《钢铁是怎样炼成的》……

事实上，在过去的这十年间，整个中华民族都经历了"钢铁般的磨炼"。遭遇史无前例的新冠疫情，遭受到来自充满嫉妒的且此前还是伙伴的西方的贸易和技术制裁，感受到香港、新疆和台湾"颜色革命"的寒气，中国人并没有因此而灰心丧气。我认为主要是如下几个原因：一是中国人把民族伟大复兴视为长期目标，并在所取得的一个又一个成功的基础上，坚信这个目标必定实现。二是坚信"中国特色社会主义"这一社会经济制度的有效性。这一模式是共产党通过不断试错、通过理论创新和实践创新建立起来的。在我看来，计划经济和稳定的政治组织在全国范围内对市场经济进行指导和调节，这是在直线上能够高速向前，在转弯的时候能够保持稳定的主要原因。

习近平的创见是21世纪马克思主义和世界政治学领域的重大理论突破。

2021年7月1日，他在庆祝中国共产党成立100周年时说："我们坚持和发展中国特色社会主义，推动物质文明、政治文明、精神文明、社会文明、生态文明协调发展，创造了中国式现代化新道路，创造了人类文明新形态。"①

晚些时候，在中国共产党与世界政党领导人峰会上，习近平做了一个非常重要的澄清："现代化道路并没有固定模式，适合自己的才是最好的，不能削足适履。每个国家自主探索符合本国国情的现代化道路的努力都应该受到尊重。中国共产党愿同各国政党交流互鉴现代化建设经验，共同丰富走向现代化的路径，更好为本国人民和世界各国人民谋幸福。"②

因此，中国人自己推翻了建造一个要决定全人类和每一个国家发展的"世界灯塔"的可能性。"一带一路"倡议践行十年的经验证明了这一点，我在文章和演讲中把"一带一路"倡议称为未来"人类命运共同体"的一种有效模式。甚至批评这一倡议的人也一致认为，中国在提供发展援助时没有附加政治或意识形态条件。正是这种不同于西方甚至苏联的援助模式，使得"一带一路"对几十个发展中国家，乃至于相当发达的国家都极其具有吸引力。

在普京总统和习近平主席的领导下，"新时代战略伙伴关系"的十年历史也证明了"人类命运共同体"理念对俄罗斯而言，是可以接受的。走自己的道路，维护自己的民族国家利益，两个伟大的核心大国，即使在相邻地区，如中亚，一次也没有成为彼此的障碍。相反，在西方加紧对俄罗斯和中国发动"冷战"的背景下，双方国家不断提高战略伙伴关系的层级。即便中国GDP比俄罗斯高10倍，也不妨碍两国在贸易、基础设施建设、科学和人文交流等领域的平等互利合作。俄罗斯对中国及其"人类命运共同体"理念并不嫉妒。俄罗斯有自己的"大欧亚"概念，与中国的"人类命运共同体"理念并不冲突。俄罗斯和中国在上海合作组织和金砖国家框架下的合作也没有竞争，反而对构建"人类命运共同体"起到了协同作用。

---

① 习近平：《在庆祝中国共产党成立100周年大会上的讲话（2021年7月1日）》，《人民日报》2021年7月2日。

② 习近平：《加强政党合作　共谋人民幸福——在中国共产党与世界政党领导人峰会上的主旨讲话》，《人民日报》2021年7月7日。

21世纪俄罗斯的命运和中国的命运交织在一起。全人类的命运将取决于包括俄中两国在内的所有国家进步力量的共同努力。

二、中国共产党的理论创新与当代中华文明

中国共产党的理论创新是为中华民族的伟大复兴服务的。我将共产党在当代中国文明中的作用比作设计师充满灵感的作品。他想建造一座从未有过的美丽大厦，他奠定了坚实的基础，他开始一层接一层地建造这座大厦，并不知疲倦地坚持完成他的计划，直到今天。

在给学生上课的时候，在电视台录制节目的时候，我还使用另一个俄罗斯观众比较容易理解的比喻。中国共产党有近1亿名党员，他们隶属于400万个党组织。他们就像一个遍布中国的神经网络，其中每一名共产党人都是一台电脑，而党组织是计算机的路由器。整个网络连接到一台名为中共中央的超级计算机上，超级计算机收集网络上任何一个点的最新状态信息。信息经过处理、分析，然后做出决定，并返回路由器和个人计算机作为执行信号。

这个庞大的神经网络从整体上确保了一个拥有14亿人口的国家的治理能力。同时，它发挥了创造性作用，制定未来发展方案，及时为国家提供在不断变化的国际和国内环境中前进的有效途径。在习近平担任党和国家领导人后，"超级计算机"开始更有成效地运行。

中国共产党的十八大以来，习近平展现了其独特的领导风格。它可以与"大写意"的书法风格，与绘画大师的"泼墨法"相提并论，这类书画大师用一个动作就创造出了整幅图像。这种风格体现在对"中国梦"的长远规划中——到2049年实现中华民族的伟大复兴。习近平的政治笔法强调的是经济和社会发展的质量，而非数量。这体现在加快建设小康社会，体现在"新常态"概念上，即国民经济从不惜一切代价扩大出口转向平衡发展，注重满足本国消费者的需求。"依法治国"或"打虎拍蝇"的战略意味着不是选择性地而是系统性地打击腐败。在新的"双循环"理念中，继续并加强了从外向型市场向内向型市场的转变。

象形文字"梦"（梦想）的这些关键元素是用一笔绘就的，并辅以相应

的策略。军事改革使解放军成为一支现代化的战斗力量。创新发展和鼓励科学让中国在太空、控制论和人工智能领域取得了卓越成就。在过去几十年的工业冲击中牺牲的环境得到了大规模的改善。"一带一路"倡议非常富有成效，成为中国和世界大部分地区发展的地缘经济轴心。"从暗处走了出来"，这已经不可逆转，虽然引发了习惯霸权的华盛顿的冷战，但也为中国获取了新的世界地位，使中国更接近成为世界上最强大的国家。"新时代"的最初几个月采取的加强与俄罗斯战略伙伴关系的方针证明是及时的，这让中国避免了西方集中力量遏制中国。

在中共第二十次全国代表大会上，"中国梦"的爱国主义和人道主义理论立场使得理论获得了进一步的发展。"全面建成小康社会""共同富裕"，这就是党的新目标。整个中华民族创造的财富现在将更加公平地分配。自2021年以来，中国不再有穷人，但约有6亿人每月靠1000元生活。与此同时，拥有约100万美元资产的家庭数量约有800万。

在中共第二十次全国代表大会上，习近平再次证明了自己是一个理论家，并提出了"自我革命"思想。在不否认自己前辈成就的情况下，他实际上放弃了过去几十年的政策，为执政党的自我完善和自我净化铺平了道路。在会上宣布的"新征程"预示着给中国注入了新的动力，预示着新发展战略的出台。

中国共产党在新冠疫情后时期保住了中国的经济复苏、社会稳定，并在世界治理中发挥更大作用，不久前又提出了另一项理论创新，这次指向了精神生活："建设文化强国，建设中华民族现代文明。"这是2023年6月2日习近平参观中国国家版本馆和中国历史研究院时提出的任务。

在党的其他领导人的陪同下，习近平主席带着浓厚的兴趣观摩古代手稿，聆听专家们的讲解，让历史学和考古学焕发出新的生机。随后举行了文化传承发展座谈会并发表重要讲话。习近平强调"在新的起点上继续推动文化繁荣、建设文化强国、建设中华民族现代文明"[①]。根据习近平的计划，自2012年开始实施的"中华民族伟大复兴"的长期规划必须建立在数

[①]《习近平在文化传承发展座谈会上强调　担负起新的文化使命　努力建设中华民族现代文明》，《人民日报》2023年6月3日。

千年传承的坚实基础上。因此，他强调"做好中华文明起源的研究和阐释"的重要性。习近平指出，中华文明历史悠久，源远流长。他谈道："只有全面深入了解中华文明的历史，才能更有效地推动中华优秀传统文化创造性转化、创新性发展，更有力地推进中国特色社会主义文化建设，建设中华民族现代文明……中华文明具有突出的连续性，从根本上决定了中华民族必然走自己的路。"①

通过他的讲话可以发现，中华文明五千年的历史不仅要服务现在，还要服务中国的未来。"在新的历史起点上……要坚定文化自信，坚持走自己的路，立足中华民族伟大历史实践和当代实践，用中国道理总结好中国经验，把中国经验提升为中国理论，实现精神上的独立自主。"②

中国共产党的理论创新令人印象深刻的地方不仅仅在于它自身的创新，还在于它汲取了中国思想和欧洲思想的精髓。马克思主义汲取了欧洲文明两千多年发展经验的精华。把"中国梦"理论连接到马克思主义上，再吸纳五千年中华文明的财富——儒释道及其他伟大的思想流派的思想。今天的"设计师"能够在不脱离理论基础的情况下，在实践中，无需此前还需要的那种"摸着石头过河"的冒险实验，就能够建造起"中华民族伟大复兴"的闪光大厦。中国共产党深知"实践是检验真理的唯一标准"。

三、中国式现代化对发展中国家的意义

中国创造了一个名为"中国特色社会主义"的高效经济和社会发展模式之后，或多或少地向美国所维护的自由民主模式构成了存在主义式的挑战。中华人民共和国用其自身取得的成就证明，可以构建另一种完全不同的社会经济制度。美国人自己都得承认，整个世界将不得不在所谓的"民主和独裁之间做出最终选择"。早在2021年3月31日，拜登在匹兹堡首次承认"美国和中国在世界其他地方存在竞争"。为了阻止中国社会主义取得新

---

① 《习近平在文化传承发展座谈会上强调　担负起新的文化使命　努力建设中华民族现代文明》，《人民日报》2023年6月3日。
② 《习近平在文化传承发展座谈会上强调　担负起新的文化使命　努力建设中华民族现代文明》，《人民日报》2023年6月3日。

成就，拜登及其团队宣布动员其在全球的那些盟友，这就是2021年年底举行"民主峰会"的意义之所在。美国把其意识形态和信息潜能都用在了针对"中国特色社会主义"的中国制度的根基上，用在了针对中国共产党上。从那时起，流逝的时光表明，打击中国社会主义、遏制中国的企图失败了。

中国迈向成功的道路，其吸引力不断提升。"中国特色社会主义"理论是中国道路的思想基础。我们亲眼见证了，该理论和实践拓展到全球具有怎样的历史意义。

在中国共产党与世界政党领导人峰会召开和举办其他庆祝活动的过程中，甚至连仿效共产国际经验并创建某种诸如"中国特色社会主义国际"的暗示都没有。这是与美国人及其"民主峰会"的主要区别。在"中国特色社会主义"这一公式中有太多中华文明之外的独特的东西，中华文明也被称为汉字文明和儒家文明。属于中华文明的不是只有中国，日本、越南、新加坡、韩国都属于中华文明。已经存在了2500年的汉字—儒家矩阵决定了这些国家和地区的发展。他们有时是中国的一个组成部分，有时又受到其他文明的影响，有时又获得了机会，可以走自己的路。其中一些国家率先走上了现代化道路，赶超了中国，日本就是这样。其他国家也通过使用西方的技术和管理方法取得了成功，比如韩国、新加坡和越南。

我认为，作为儒家象形文字的一个组成部分，中国的发展经验和模式将会加速在东亚的传播。然而，正是儒家象形文字的独特性将阻碍中国模式在全球层面的应用。正是这一点，像西方文明的犹太-基督教基础，将成为一个需要时间和努力才能克服的障碍。尽管如此，中国对社会主义理论的新解读和新应用将具有世界意义并在全球层面得到应用。用习近平的话就是"实现了从高度集中的计划经济体制到充满活力的社会主义市场经济体制、从封闭半封闭到全方位开放的历史性转变"[1]。

自20世纪80年代初以来，西方通过将中国拉拢进反苏阵营，通过为新盟友提供财政、经济和军事支持，希望中国与社会主义脱钩，希望中国"改旗易帜"。这种"建设性拉拢"理念没有达到预期目的。中国在西方拿

---

[1] 习近平：《在庆祝中国共产党成立100周年大会上的讲话》，《人民日报》2021年7月2日。

走了它需要的那些东西，抛弃了多余的一切东西。社会主义的火种在不被外界关注的各个科研中心和党校等机构被保存下来，并保护起来。待时机成熟时，中国共产党对外显现出熊熊烈焰。她可以大声地宣称"不忘初心、牢记使命"。

关于世界社会主义终结的谎言"夸大其辞"。在中国、越南、朝鲜和老挝，新社会主义作为一种国家主导的思想极为盛行。在我们的地球上已经不是马克思和恩格斯所写的"共产主义的幽灵"在游荡，而是经过实践检验的新的社会政治模式——中国特色社会主义——稳步前行。这种"具有民族特色的新社会主义"经济和社会模式可以在其他国家被效仿。符合我国（指俄罗斯）的实际的，就是建设俄罗斯的新社会主义。

现在，俄罗斯正面临着社会和经济生活的紧急和重大改革。苏联解体后强加给我们的自由资本主义模式失败了。这是因为来自美国和比利时的叶利钦的"顾问们"推行的殖民主义方案，该模式本身已经行将就木，它注定会将西方国家引入经济停滞和衰退，带来政治和精神生活中的那些可怕现象。显然，我们不能继续按照这些处方生活。但俄罗斯社会尚未就新的发展模式达成共识。在媒体和政治精英继续坚持"以美国为中心"的背景下，俄罗斯的全体中国问题专家正在一起提出倡议，建议把中国模式作为一种选择进行讨论。同时，他们承认，中国特色社会主义有其独特性，这是因为中华文明、中国历史、语言甚至地理都具有独特性。但当今世界没有其他有效且成功的发展模式。

政治现实促进了俄罗斯新社会主义思想的发展。俄罗斯和中国迈入了全面战略伙伴关系的新阶段，可以称之为"战略协作"。自2023年3月普京总统与习近平主席会晤以来，这一阶段正在迅速加入新的内容。两位国家元首、两位最高统帅在新的会晤及与国防部长、安全机构负责人和其他"安全部队"领导人的会谈中详细阐述了协作内容。经济合作发展规划在政府首脑及其副手、部长、国有企业负责人和主要企业家的会谈中具体化。议会、政党和社会组织的领导人也在会面。

但是，俄罗斯和中国都缺乏另一种形式的"战略协作"——思想上的战略协作。我们必须更好地了解彼此实践活动的理论来源。了解一个事实上成为我们盟友的国家的领导人的基本观点，我们将能够更准确地预测他对国际事件、双边合作发展和国内事件的反应。俄罗斯和中国都需要这样的相互理解，因为以美国为首的西方联合起来对我们这两个不"顺从"的大国发动了"冷战"。这场全球战争的西部战线已经从芬兰延伸到土耳其，而在乌克兰部分地区正在开展军事行动。东线依靠的是日本、韩国、菲律宾和澳大利亚。成立了新的军事政治联盟——奥库斯和四方安全对话。

在俄乌战争进行中，俄罗斯的经济和社会生活发生了根本性改变。计划经济、国有经济急剧增加。私营部门也以国家利益为导向，并从动员中获得不少利益。俄罗斯社会摆脱了与西方和平共处的幻想。自由资本主义思想被边缘化，对社会主义的兴趣迅速增长，特别是在年轻人中。苏联时代的电影和音乐越来越流行，对斯大林及其战略的研究也越来越流行。社会调查问卷显示，大约50%的年轻人希望生活在社会主义制度下。在西方进行经济制裁的情况下，市场充斥着中国商品。它们的高质量改变了人们对中国的陈旧刻板印象，激发了人们对"中国奇迹"背后原因的思考。

实际上，在俄罗斯，逐步过渡到对社会主义模式进行新的理解和应用的物质和精神前提正在不断成熟。俄罗斯的各个政党中没有社会主义政党，但有"从事脑力劳动的重型坦克"，致力于研究俄罗斯新社会主义思想的科研团队。我认为，俄罗斯很快就会需要这种选择。

［尤里·塔夫罗夫斯基（Юрий Тавровский）系俄中友协副主席；译者陈爱茹系中国社会科学院马克思主义研究院研究员］

大会发言

携手构建人类命运共同体
是世界历史发展的鲜明旗帜

李　毅

2023年10月18日，第三届"一带一路"国际合作高峰论坛在北京举办，习近平主席在开幕式上发表题为《建设开放包容、互联互通、共同发展的世界》的主旨演讲，在国内外引起热烈反响。共建"一带一路"是中国共产党携手各国人民构建人类命运共同体的生动实践。

170多年前，马克思恩格斯说："各民族的原始封闭状态由于日益完善的生产方式、交往以及因交往而自然形成的不同民族之间的分工消灭得越是彻底，历史也就越是成为世界历史。"[1]在人类历史发展进程中，日益加深的交往合作，成为不可阻挡的世界化潮流，这就是由民族历史向世界历史的转变。"这个世界，各国相互联系、相互依存的程度空前加深，人类生活在同一个地球村里，生活在历史和现实交汇的同一个时空里，越来越成为你中有我、我中有你的命运共同体。"[2]这是习近平主席于2013年3月首次提出人类命运共同体重要理念。人类命运共同体，关乎世界历史发展的实践蓝图、价值基础、交往规则、治理理念等若干方面，是引领世界历史走向和人类文明进步方向的鲜明旗帜。

---

[1]《马克思恩格斯选集》第1卷，人民出版社2012年版，第168页。
[2]《习近平谈治国理政》，外文出版社2014年版，第272页。

一、构建人类命运共同体是站在历史正确的一边，站在人类进步的一边

宇宙只有一个地球，人类共有一个家园。在一定意义上，我们赖以生存的星球无时无刻不在面临着已知的和未知的危机。当前，世界百年未有之大变局加速演进，全球经济复苏乏力，单边主义、保护主义明显上升，经济全球化遭遇逆流，地区热点问题此起彼伏，局部冲突和动荡频发，人类面临许多共同挑战。这是我们必须面对的现实课题。站在历史的十字路口，越来越多的人意识到，相对于物质财富的积累，尤为紧迫的是，要找到世界历史发展的思想和精神指引。

全球性挑战需要全球性应对。正像世界历史不是从来就有的，而是历史发展到一定阶段的产物，各国的相互依存、人类携起手来朝着共同的方向努力前进是历史大势。世界很小，我们共享一个家园、一片蓝天；世界很大，容得下五个大洲、所有国家。"没有哪个国家能够独自应对人类面临的各种挑战，也没有哪个国家能够退回到自我封闭的孤岛。"[1]人类命运共同体顺应了经济全球化时代呼唤国际合作的大趋势，为引领世界历史走向提供了正确的价值坐标。正如第71届联合国大会主席彼得·汤姆森（Peter Thomson）所说的，构建人类命运共同体是"人类在这个星球上的唯一未来"[2]。

理念引领行动，方向决定出路。构建人类命运共同体是我们不断深化对人类社会发展规律认识，对建设一个什么样的世界、怎样建设这个世界给出的中国方案，体现了中国共产党人的世界观、秩序观、价值观，顺应了各国人民的普遍愿望，指明了世界文明进步的方向，是新时代中国特色大国外交追求的崇高目标。新时代以来，构建人类命运共同体从中国倡议扩大为国际共识，从美好愿景转化为丰富实践，从理念主张发展为科学体系，成为引领时代前进的光辉旗帜。中国始终用实际行动证明：从双边到多边，从区域到全球，构建人类命运共同体理念取得全方位、开创性的丰

---

[1]《习近平谈治国理政》第三卷，外文出版社2020年版，第46页。
[2] 俞可：《共绘全球化4.0的同心圆》，《人民日报》（海外版）2019年1月21日。

硕成果，共建"一带一路"、全球发展倡议、全球安全倡议、全球文明倡议落地生根，给世界带来的是繁荣稳定的巨大红利，创造的是扎扎实实的民生福祉。

二、构建人类命运共同体是人类追求共同利益的载体，更是弘扬全人类共同价值的体现

世界历史本质上是世界各国普遍交往的历史，国与国之间的交往关系成为世界历史的重要内容。在交往的过程中，我们应认识到：一方面，人类的整体利益和根本利益是真实客观的存在，只有依靠世界各国人民的共同努力才能有效维护。马克思指出，"人们奋斗所争取的一切，都同他们的利益有关"[1]，"'思想'一旦离开'利益'，就一定会使自己出丑"[2]。人类社会天然就是一个利益共同体。共同利益是国际交往合作的客观基础和主要动力。人类命运共同体正是世界不同国家、不同地区之间利益协调与合作共赢的产物。另一方面，世界是多姿多彩的，每个国家都有其独特的价值观念，我们不能否认价值的客观性，进而把价值主观化、实用主义化；更不能唯我独尊以自身利益为取向，把自身价值强加于人。

面对全球性危机，各国不是乘坐在200多条小船上，而是乘坐在一条命运与共的大船上。2015年，中国提出全人类共同价值，旨在超越地域、民族、肤色等差别，以人类共同利益为交汇点，凝聚不同文明的价值共识。我们应深刻认识到，尽管世界大变局加速演进，世界之变、时代之变、历史之变正以前所未有的方式展开，世界进入新的动荡变革期，但人类发展进步的大方向不会改变，世界历史曲折前进的大逻辑不会改变，国际社会命运与共的大趋势不会改变，构建人类命运共同体符合世界历史的发展需要、符合人类自身的根本利益、符合世界人民的共同期盼。

---

[1]《马克思恩格斯全集》第1卷，人民出版社1956年版，第82页。
[2]《马克思恩格斯文集》第1卷，人民出版社2009年版，第286页。

三、构建人类命运共同体顺应时代前进潮流，促进世界和平发展

人类命运共同体理念基于深厚的中国文化底蕴，源于中国式现代化的道路实践，吸收借鉴人类社会优秀文明成果，具有悠久的历史传承和鲜明的时代印记。中华文明具有突出的连续性、创新性、统一性、包容性、和平性。这"五性"从根本上决定了中华民族交往交流交融的历史取向、价值取向，决定了中华文明对世界各国文明兼收并蓄的开放包容。维护世界和平、促进共同发展，既是我们的精神基因，也是我们发展的价值观。

世界各国文明也同样蕴含着构建人类命运共同体的历史智慧。比如，俄罗斯有谚语"风雨同舟就能无惧风雨"；德国有谚语"一个人的努力是加法，一个团队的努力是乘法"；非洲有谚语"一根原木盖不起一幢房屋"；阿拉伯有谚语"独行快，众行远"；等等。构建人类命运共同体理念，体现了深厚的世界文化渊源，反映了和平发展、团结共生、合作共赢等不同文明之间的互融共通。

"物之不齐，物之情也。"文明的差异多样，是世界的客观存在。每一种文明都扎根于自己的生存土壤，凝聚着一个国家、一个民族的非凡智慧和精神追求。人类只有肤色语言之别，文明只有姹紫嫣红之别，但绝无高低优劣之分。文明需要对话、交流、互鉴，文明可以讨论，也可以争论，但是文明不能对立，更不能冲突。以古丝绸之路为例，这不仅是一条通商易货之道，更是一条文明交流之路，其孕育了和平合作、开放包容、互学互鉴、互利共赢的丝路精神。正像习近平主席所讲，古丝绸之路之所以名垂青史，靠的不是战马和长矛，而是驼队和善意；不是坚船和利炮，而是宝船和友谊。[1]

人类社会进步不仅需要丰裕的物质力量，更需要向上的精神力量。构建人类命运共同体，是以建设持久和平、普遍安全、共同繁荣、开放包容、清洁美丽的世界为努力目标，以推动共商共建共享的全球治理为实现路径，以践行全人类共同价值为普遍遵循，以推动构建新型国际关系为基本支撑，

---

[1] 参见《习近平谈治国理政》第二卷，外文出版社2017年版，第507页。

以落实全球发展倡议、全球安全倡议、全球文明倡议为战略引领，以高质量共建"一带一路"为实践平台，推动各国携手应对挑战、实现共同繁荣，推动世界走向和平、安全、繁荣、进步的光明前景。人类命运共同体理念必将焕发出更加鲜明的真理力量，凝聚起团结合作的广泛共识，汇聚起应对挑战的强大合力。让我们携起手来，共行天下大道，共同创造人类更加美好的未来。

[李毅系中共中央党校（国家行政学院）副校（院）长、教授]

高举马克思主义伟大旗帜
共创人类美好未来

张东刚

纵观世界局势，百年未有之大变局加速演进，世界进入新的动荡变革期，世界社会主义发展呈现出新态势。资本主义在走过自己的黄金时代后已经暴露出系统性的制度危机，社会主义在经历短暂低潮之后重新焕发出勃勃生机，"资强社弱"的格局开始转变，"东升西降"的趋势更加明显，"西方中心主义"的禁锢逐渐破除，中国式现代化的成就举世瞩目，中华民族伟大复兴已经成为世界社会主义发展的增量，也成为世界政治经济秩序加速调整、全球治理体系深度变革的最强动力。可以说，新时代中国特色社会主义是当今中国的科学社会主义，也是世界范围内最具有示范力、创新力、影响力的科学社会主义实践。

一、持之以恒推进理论创新，为科学社会主义发展提供思想指引

思想是行动的先导，理论是实践的指南。党的十八大以来，中国共产党对科学社会主义理论发展的突出贡献之一就是概括并提出习近平新时代中国特色社会主义思想。习近平新时代中国特色社会主义思想展现了中国共产党人对社会主义发展规律的最新认识，其中许多原创性的理论观点蕴含着马克思主义世界观和方法论新的时代因素。比如，习近平总书记从世

界社会主义500年的视野理解中国特色社会主义的历史渊源与演进逻辑，阐明社会主义发展的必然性趋势和阶段性特征；提出中国共产党的领导是中国特色社会主义最本质的特征，阐明无产阶级政党与社会主义之间的本质性联系，等等。这启示我们，要以发展的眼光审视当代社会主义和资本主义的发展现状，基于马克思主义的立场、观点、方法不断对新问题作出新回答，对新思想作出新阐释，对新实践作出新概括。

二、持之以恒拓展现实图景，为实现社会主义现代化打造实践样板

100多年前，也就是十月革命胜利后不久，面对革命后出现的新情况，列宁在《怎样组织竞赛?》一文中指出："现在一切都在于实践，现在已经到了这样一个历史关头：理论在变为实践，理论由实践赋予活力，由实践来修正，由实践来检验。"[①]中国共产党团结带领中国人民创造了经济快速发展和社会长期稳定的"中国奇迹"，宣告了"历史终结论"的终结、"社会主义失败论"的失败、"中国崩溃论"的崩溃。以中国共产党第二十次全国代表大会为标志，中国进入了全面建设社会主义现代化国家阶段，开始了社会主义与现代化相结合的全新时期，中国特色社会主义正成为社会主义实践的一个样板。这启示我们，世界社会主义正在从挫折走向复苏、从失落走向自信、从低潮走向复兴，我们应当科学把握这种局势转换、时代更迭的逻辑，把握自身在社会主义运动中的历史方位，扎根实践沃土、立足本国实际、回答时代命题、呼应人民期盼，不断提出在社会主义道路上实现现代化的实践性、建设性、操作性方案，推动科学社会主义理论与实践的双重跃升，全面超越西方资本主义现代化模式，展现社会主义现代化的新风貌。

[①]《列宁全集》第33卷，人民出版社2017年版，第212页。

三、持之以恒擘画全球愿景，为推动世界社会主义发展凝聚奋斗合力

正如《共产党宣言》指出的，共产主义不是一种狭隘的地域的运动，无产阶级要获得彻底解放必须解放全人类。科学社会主义是着眼于全人类解放的事业，自始至终关注人类向何处去的重大问题。习近平总书记科学判断世界发展现状与趋势，准确定位中国与世界的关系及其变化，提出构建人类命运共同体理念、"一带一路"倡议、"三大全球倡议"，以开创人类文明新形态的历史自信深化了马克思主义世界历史理论，为解决人类社会发展难题贡献了中国智慧、中国方案、中国力量，引领了世界社会主义发展的方向和路径，展现了科学社会主义对人类文明进步的卓越贡献。

宏伟蓝图不会轻松实现，前进道路必然风雨兼程，只要我们始终高举马克思主义的伟大旗帜，坚持社会主义发展方向，勇扛历史重担，把准时代脉搏，继往开来、勇毅前行，就一定能够开辟世界社会主义理论发展的新境界，开创世界社会主义实践创新的新局面，在人类社会发展史上书写更加华丽的篇章。让我们共同探索世界社会主义和人类未来发展的重大理论和实践问题，共同推进世界社会主义的理论创新和实践探索。

（张东刚系中国人民大学党委书记、教授）

构建人类命运共同体理念是当代中国共产党人对人类文明和进步的重大贡献

黄一兵

10年前，习近平总书记提出构建人类命运共同体理念，目的就是回答"人类向何处去"的世界之问、历史之问、时代之问，为彷徨求索的世界点亮前行之路，为各国人民走向携手同心共护家园、共享繁荣的美好未来贡献中国方案。10年的实践充分证明，这一理念符合全人类共同利益，反映了世界人民追求和平、正义、进步的心声，汇聚了各国人民共建美好世界的最大公约数，对于推动各国团结合作、共创人类美好未来具有重要意义。

一、构建人类命运共同体理念是对马克思主义的丰富和发展、是对中华优秀传统文化的继承和弘扬

构建人类命运共同体理念与马克思主义的共同体思想一脉相承。马克思在深入分析共同体的古典形式和现代形式的过程中，强调超越自然的"部落共同体""封建共同体"和资本主义社会的"虚幻的共同体"的必要性与可能性，进而实现"自由人的联合体"。马克思特别强调，在市场不断扩大、需求不断增加的时代，历史正在转变为世界历史。因而，在"以物的依赖关系"为基础的现代社会，人们应该在普遍交往的同时摆脱"虚幻

的共同体"的束缚，在联合起来的劳动实践中实现自我，在世界历史性的物质生产和精神生产中获得人类解放，实现自由与全面发展。构建人类命运共同体从根本上说，就是倡导人们在分工和交往不断扩大的过程中实现自由的联合，在共同劳动中摆脱异己力量的支配，从而在融入世界历史进程的物质生产和精神生产中获得自由与全面发展。实现这样的目标，就要改变不适应时代发展要求的生产方式和价值观念，抵制以保护主义、单边主义为基础的国际政治旧秩序，使全球治理体系朝着更公正合理的方向发展。构建人类命运共同体的理念把马克思主义"共同体"的理论从一种具有终极意义的价值观念和理想追求，转变为一种具有重要现实意义的世界范围内的社会实践活动，推动了人类历史的进步和人类社会的发展，对于世界社会主义运动具有重大的历史意义和现实意义。

构建人类命运共同体理念传承中华优秀传统文化，彰显中华文明的突出特性。中华文明有5000多年历史，具有突出的连续性、创新性、统一性、包容性、和平性。构建人类命运共同体理念扎根中国深厚历史文化土壤，是对中华优秀传统文化的创造性转化、创新性发展。天下大同、协和万邦是中华民族自古以来对人类社会的美好憧憬，也是构建人类命运共同体理念蕴含的文化渊源。构建人类命运共同体理念吸收中华优秀传统文化中"以和为贵，和而不同"的价值观、"大道之行，天下为公"的世界观、"义利并举，以义为先"的义利观、"己所不欲，勿施于人"的道德观、"道法自然，天人合一"的生态观。千百年来，经过中国人民的理论构建与躬体力行，追求天下之义、天下之利、天下之和，已升华为中华民族独特的精神标识，并为构建人类命运共同体理念提供了源源不断的智慧滋养。

二、构建人类命运共同体理念是一个系统完备的科学理论体系

党的十八大以来，习近平总书记在一系列重大场合多次深刻阐述构建人类命运共同体理念，推动构建人类命运共同体理念的内涵不断深化拓展，

逐步发展形成了一个内涵丰富、逻辑严密的科学理论体系。这一体系描绘了构建人类命运共同体的美好愿景，提出推动建设"五个世界"的总目标，即坚持对话协商，建设一个持久和平的世界；坚持共建共享，建设一个普遍安全的世界；坚持合作共赢，建设一个共同繁荣的世界；坚持交流互鉴，建设一个开放包容的世界；坚持绿色低碳，建设一个清洁美丽的世界，为人类未来锚定了更明确的目标、描绘了更清晰的图景。这一体系勾画了构建人类命运共同体的发展格局，提出"五位一体"的总体框架，包括伙伴关系、安全格局、发展前景、文明交流、生态体系等五个方面，开创了国际交往的新格局。这一体系塑造了构建人类命运共同体的价值追求，提出和平、发展、公平、正义、民主、自由的全人类共同价值，勾画出超越差异分歧的价值同心圆，为推动构建人类命运共同体提供了价值支撑，为人类文明朝着正确方向发展注入了强大精神动力。这一体系确立了构建人类命运共同体的行动方案，提出促进共同发展繁荣的全球发展倡议、实现普遍安全的全球安全倡议、坚持文明交流互鉴的全球文明倡议，科学回应人类社会共同面临的解决发展赤字、破解安全困境、加强文明互鉴的时代课题，为推动构建人类命运共同体提供了坚实支撑。这一体系指明了构建人类命运共同体的根本路径，提出推动构建相互尊重、公平正义、合作共赢的新型国际关系，走出了一条国与国交往的新道路，开辟了不同文明、不同制度国家和平共处、共同发展的世界历史新篇章。这一体系搭建了构建人类命运共同体的实践平台，提出共建"一带一路"倡议，跨越不同文明、文化、社会制度、发展阶段差异，开辟了各国共同发展的新道路，成为深受欢迎的国际公共产品和国际合作平台，为推进经济全球化健康发展、破解全球发展难题和完善全球治理体系作出积极贡献。

三、构建人类命运共同体理念赋予了中国式现代化崇高的时代使命

中国共产党把推动构建人类命运共同体明确为中国式现代化的本质要求之一，以中国式现代化为桥梁和纽带，把中华民族伟大复兴与全人类的

前途命运紧密结合起来。构建人类命运共同体理念赋予中国式现代化崇高的使命。

中国共产党诞生于人类解放事业的大潮中,自成立之日起,就把改变民族命运的进程与促进世界和平发展的大势联系在一起,义无反顾承担起拯救中华民族于水火的崇高使命,责无旁贷肩负起推动人类文明进步的神圣职责。中国共产党始终坚持共产主义理想,始终关注人类前途命运,顺应人类社会发展规律,在世界发展的时代潮流中把握中国的革命、建设和改革,不断为推动世界永续和平发展作出新的贡献。胸怀天下成为我们党百年奋斗的重要历史经验之一。习近平总书记明确提出"中国共产党是为中国人民谋幸福的党,也是为人类进步事业而奋斗的党"[1],强调"天下一家"、命运与共,主张各国和衷共济、建设光明未来。这充分展现了中国共产党人的天下情怀和大国担当。

实现现代化是世界各国的共同梦想。习近平总书记指出:"解决好民族性问题,就有更强能力去解决世界性问题;把中国实践总结好,就有更强能力为解决世界性问题提供思路和办法。"[2]中国式现代化取得的成功实践,为世界提供更多机遇,为国际合作注入更强动力,为全人类进步作出更大贡献,极大地改变了世界现代化的版图,为推动构建人类命运共同体探索了规律,奠定了实践基础。中国式现代化开辟的崭新道路,既有基于自己国情的中国特色,也有各国现代化的共同特征,为发展中国家贡献了具体可借鉴的历史经验,提供了有别于西方现代化的另一种现代化模式,极大拓展了发展中国家走向现代化的路径选择,为共同实现和平发展、互利合作、共同繁荣的世界现代化,携手迈向人类命运共同体的美好未来,提供了更为健康、更可持续的选择。

构建人类命运共同体理念,站在历史正确的一边,站在人类进步的一边,为国际关系确立新思路,为全球治理提供新智慧,为国际交往开创新格局,为美好世界描绘新愿景。

人类的前途是光明的,但光明的前途不会自动到来。构建人类命运共

---

[1]《习近平谈治国理政》第三卷,外文出版社2020年版,第436页。
[2]《习近平谈治国理政》第二卷,外文出版社2017年版,第340页。

同体既是一个宏伟目标，也是一个历史过程，需要一代又一代人接力跑才能实现。我们坚信，只要世界各国人民团结起来，共行天下大道，始终向着构建人类命运共同体的正确方向前进，就能够为人类创造一个更加美好的未来！

（黄一兵系中央党史和文献研究院副院长、研究员）

以中国式现代化推动构建人类命运共同体

李殿仁

习近平主席提出人类命运共同体理念至今已经走过10年历程。10年间，习近平主席在多个场合进一步阐述丰富发展该理念，并提出了全球发展、全球安全、全球文明"三大倡议"，为这一伟大理念提供了坚实支撑。10年来，这一伟大理念载入了中国共产党章程、中华人民共和国宪法，成为9800多万中国共产党党员、14亿多中国人民的共同认识和国家意志。10年来，全世界各种国际性会议和各国有关人士都在讨论研究这一伟大理念，高度认同、积极支持这一理念。该理念若干次被联合国写入有关文件，成为世界的共识、人类的追求。多国一致认为，这一伟大理念超越了不同政治制度、不同意识形态和不同社会文明形态，为当前国际社会面临的主要全球性议题和深层次矛盾提供了解决方案，把人类社会的理想愿景推进到了新的境界。

中国共产党的二十大提出的以中国式现代化全面推进中华民族伟大复兴的使命任务，凝聚了党心民心，同样引起了世界各国的广泛关注，让人们看到了一个依靠自身力量，依靠团结奋斗建成现代化国家的光辉榜样。

构建人类命运共同体回答的是建设一个什么样的世界和怎样建设世界的问题，中国式现代化回答的是建设一个什么样的现代化中国和怎样建设现代化中国的问题。这两大历史命题回应了时代之问、世界之问、人民之问，引起了世界各国的广泛兴趣和深度思考。这两大历史命题是相辅相成、相互影响、相互促进的开拓性创新性理论、创造性革命性实践。用中国式现代化引领和推动构建人类命运共同体，用人类命运共同体来检验和推进中国式现代化建设，二者相得益彰、相互辉映。

第一，从中国式现代化的特色看，中国式现代化是至今为止世界上高质量高品位高标准的现代化，是同构建人类命运共同体高度契合的现代化。

一是人口规模巨大的现代化。迄今为止，全世界实现现代化的国家和地区不超过30个，人口不超过10亿人。中国14亿多人口实现现代化，这就使世界迈入现代化的人口翻了一番多，将彻底改写现代化的世界版图。大有大的难处，遇到的困难和矛盾会更多更复杂。这需要付出艰辛的努力，进行顽强的斗争。大有大的好处，只要万众一心什么困难都能克服，什么挑战都能应对，像大海经得起风暴，抗得住侵袭，风暴过了许多微滩小溪不见了，大海依旧存在，这就是大的好处。中国14亿多人实现现代化将给世界人民以莫大的鼓舞，也给其发展提供良好的机遇，庞大的市场、实践的经验，这对推动构建人类命运共同体是巨大贡献。

二是全体人民共同富裕的现代化。共同富裕是世界人民的共同追求。中国式现代化体现社会主义的本质要求，着力维护和促进社会公平正义，着力促进全体人民共同富裕，坚决防止两极分化，先通过团结奋斗把"蛋糕"做大，再通过正确处理增长和分配的关系把"蛋糕"分好。中国式现代化不搞平均主义，也不是福利主义，而是尽力而为，量力而行，循序渐进，允许略有差别的共同富裕。这就以自身的实践打破了对西方式现代化的迷信，超越了线性发展的逻辑，超越了资本主导的逻辑，超越了国强必霸的逻辑，走出了一条人间正道。既让发展中国家看到了实现现代化的光明大道，也让已经实现现代化国家的底层老百姓看到了共同富裕的希望，唤起他们争取真正自由平等、追求幸福的认知和斗志。

三是物质文明和精神文明相协调的现代化。物质贫困不是社会主义，精神贫乏也不是社会主义。中国式现代化的目标是促进物质全面丰富和人的全面发展。中国式现代化让世人看到，当高楼大厦在中国大地上遍地林立时，中国民族精神的大厦也相应巍然耸立。这与西方那种以资本为中心、两极分化、物质主义膨胀、对外扩张掠夺的现代化有着本质的区别，让世界人民明白现代化首先是人的现代化，人要有精神，人要有尊严，人要有主见，人要自己当家作主。

四是人与自然和谐共生的现代化。天人合一是中华民族的传统哲学思想和生存之道，也是中华民族繁衍生息发展进步的重要理念。中国式现代化一开始就把人与自然和谐共生提上日程并在实践中加以落实，而不是走西方先污染后治理或者污染别人发展自己的老路。地球是人类生存发展的共同家园，各国是同舟共济的命运共同体。环境与每个人息息相关，清洁美丽是人人享有的公权，而不是少数人独霸的私权。建设生态文明，推动绿色发展，走出一条生产发展、生活富裕、生态良好的文明发展道路，顺应历史发展潮流、民心所向，为世界生态文明发展提供了借鉴。

五是走和平发展道路的现代化。坚持和平发展，在坚定维护世界和平与发展中谋求自身发展，又以自身发展更好维护世界和平与发展，推动构建人类命运共同体，是中国式现代化的突出特征。这就与那些依靠战争、贩奴、殖民、掠夺来实现现代化的血腥罪恶划清了界限。中国坚决反对把自身安全建立在别人不安全基础上，坚决反对把自身发展建立在限制别人发展的前提下，坚决反对把自己看成优等民族、把别人看成劣等民族的强盗逻辑，坚决反对和摒弃肆意掠夺别国财富、攫取别国资源等罪恶路径。中国式现代化的和平发展之路行得通、走得稳，行得正、走得远。

第二，从中国式现代化的本质要求看，中国式现代化为世界上那些既想实现现代化又想保持本民族特色的国家，提供了新的选择，开辟了新的路径，创造了人类文明新形态。

中国式现代化的本质要求是：坚持中国共产党领导，坚持中国特色社会主义，实现高质量发展，发展全过程人民民主，丰富人民精神世界，实现全体人民共同富裕，促进人与自然和谐共生，推动构建人类命运共同体，创造人类文明新形态。这九条本质要求是对人类社会发展规律的深刻把握，是对世界现代化实践经验的深刻总结，又是对新时代实现现代化崭新道路的深入探索，条条都有根据有来源，有理论基础、实践基础、群众基础，需要深刻领会、准确把握、全面贯彻。

一是中国共产党领导的社会主义现代化，而不是什么别的现代化。中国共产党的领导是其本质特征、最大优势。社会主义是历史选择。为人民谋幸福、为民族谋复兴、为人类谋进步、为世界谋大同是中国共产党的历史使命。这四个"谋"是中国共产党自成立以来100多年奋斗的全部理论和全部实践，也是第二个百年继续团结奋斗的使命任务和奋斗目标。中国共产党是中国式现代化的开拓者、引领者、推动者，又是中国式现代化的领导核心和政治保障。有了中国共产党的全面正确领导，有了社会主义基本制度的有力保障，中国式现代化就能健康顺利地推进，如期如愿地实现。

二是推动构建人类命运共同体。首先要明确人类命运共同体的基本内涵，就是共同建设持久和平、普遍安全、共同繁荣、开放包容、清洁美丽的世界。其次要明确迈向人类命运共同体的路径，必须做到"四个坚持"，即坚持各国互相尊重、平等相待；坚持合作共赢、共同发展；坚持实现共同、综合、合作、可持续发展的安全；坚持不同文明兼容并蓄、交流互鉴。再次要明确人类应该要同舟共济、守望相助。科技进步和交通工具的发达，数字化和互联网的广泛应用，已经把人类居住的星球变成了"地球村"，各国利益的高度交融使不同国家成为共同利益链条上的一环，任何一环出现问题都可能导致全球利益中断。各国公民也就是地球村公民，全球利益也就是自己的利益。全球发展的机遇、应对的挑战人人有份，谁也不可能独善其身。任何国家要想发展自己，必须让别人发展；要想自己安全，必须让别人安全；要想自己活得好，必须让别人活得好。最后还要明确，推动构建人类命运共同体，需要不同社会制度、不同意识形态、不同历史文化、不同发展水平的国家在国际事务中利益共生、权力共享、责任共担，形成共建美好世界的最大公约数。

三是坚持高质量发展，为构建人类命运共同体作出更大贡献。高质量发展是中国式现代化的首要任务，是贯彻新发展理念的根本体现。习近平主席提出的创新、协调、绿色、开放、共享的新发展理念是高质量发展的基本遵循，满足人民日益增长的美好生活需要是高质量发展的根本目的，解决发展不平衡不充分的矛盾是高质量发展的着力点，注重科技创新是高质量发展的第一引领力和根本动力。世界好中国才会好，中国好世界会更好。中国在建设现代化国家过程中，坚持高质量发展，做强自己惠及世界，会给世界各国创造发展机遇提供发展空间，让世界分享中国发展红利，搭乘中国发展快车。

第三，从中国式现代化必须要把握的重大原则看，前途光明、任重道远，必须团结奋斗，准备经受风高浪急甚至惊涛骇浪的重大考验。

全面建设社会主义现代化国家，推动构建人类命运共同体，是一项前无古人的伟大而艰巨的事业，绝不是敲锣打鼓就能实现的，会遇到许多可以预料和难以预料的困难和挑战。这些挑战包括：大自然带来的公共危机事件；敌对势力干扰破坏，像制裁、围堵、打压、脱钩断链，甚至制造事端挑起冲突和战争等；各种思潮的不同见解争论不休，甚至相互攻击；我们自己的能力不够、经验不足，会出现工作失误，甚至犯错误；等等。尤其是霸权主义不愿意看到中国的复兴和发展中国家的崛起，为维护其霸权地位推行强权，挑拨离间，制造事端。各种"黑天鹅""灰犀牛"事件随时都可能发生。我们必须增强忧患意识，坚持底线思维甚至极限思维，未雨绸缪，准备经受风高浪急甚至惊涛骇浪的重大考验。

中国共产党的二十大报告提出了中国式现代化必须牢牢把握五项重大原则，即坚持和加强党的全面领导，坚持中国特色社会主义道路，坚持以人民为中心的发展思想，坚持深化改革开放，坚持发扬斗争精神。这"五个坚持"是我们奋勇前进的指路明灯，克敌制胜的锐利武器。这"五个坚持"指导我们实际行动的方方面面，贯穿斗争的全过程。这里特别需要注意把握以下几点。

一是相信自己的选择，坚定必胜的信心。历史条件的多样性，决定了各国选择发展道路的多样性。世界上既不存在定于一尊的现代化模式，也不存在放之四海而皆准的现代化标准。中国式现代化既遵循了世界各国实现现代化的一般规律，又具备了中国特色的特殊规律，是在总结历史经验、实践经验，分析各方面矛盾运动的规律中探索出的正确道路。找到一条正确道路并不容易，坚持沿着这条道路走下去达到目的更不容易。这条道路是康庄大道，但不是平坦笔直的大道，而是艰难崎岖的奋进之道。像中国革命一样，不经浴血奋战哪能推翻三座大山。像社会主义革命和建设一样，不经艰苦奋斗哪来社会主义的政治制度、经济制度、文化制度，哪来自立于世界民族之林的尊严和地位。像改革开放一样，不经过解放思想，敢闯敢干，哪来快速发展的生机活力。进入新时代不进行具有许多不同历史特点的伟大斗争，哪能取得历史性成就、全面根本性跃升，让我们伟大祖国从世界舞台边缘走近世界舞台中央。要坚定道路自信、理论自信、制度自信、文化自信，善于运用习近平新时代中国特色社会主义思想武装头脑、指导实践、推动工作，咬定青山不放松，道不改，志不移，一代人接着一代人干，不达目标决不罢休。

二是依靠自己的力量，把发展进步的命运掌握在自己手中。当今世界，虽然许多国家都在努力建设现代化，但真正全面实现现代化的国家并不多。一些发展中国家不顾自身国情和历史方位，全盘照搬西方模式，结果发展过程极为艰难。事实证明，人类历史上没有一个民族、一个国家可以依赖外部力量，照搬外国模式，跟在他人后面亦步亦趋实现强大和振兴。这就像《国际歌》里唱的："从来就没有什么救世主，也不靠神仙皇帝，要创造人类的幸福，全靠我们自己。"坚持把国家和民族发展放在自己力量的基点上，把发展进步的命运牢牢掌握在自己手中。坚持独立自主、自立自强、自力更生，同时有针对性地学习借鉴外国有益的经验。集中精力办好自己的事应该成为中国式现代化建设的基本方针和基本遵循。核心技术、大国重器，买不来、要不来、借不来。同样的道理，现代化也买不来、要不来、借不来。我们不仅敢于和善于打烂一个旧世界，还要敢于和善于建设一个新世界。

三是团结奋斗，踔厉奋发。这是中华民族的精神本色，是中华文明5000多年延续不断、历久弥新的密码真谛。以中国式现代化全面推进中华民族伟大复兴，推动构建人类命运共同体是全党全国人民的历史使命和神圣职责，是继承和超越前人、惠及和激励后人的伟大事业，是多少代中国人的梦想和奋斗目标。宏伟的目标、艰巨的任务、复杂的矛盾、历史的使命呼唤着我们挺身而出团结奋斗。我们正经历世界百年未有之大变局，世纪疫情、巴以冲突、乌克兰危机以及许多热点地区和公共危机事件，加剧了大变局的演进，世界进入新的动荡变革期，和平赤字、发展赤字、治理赤字等是摆在人类面前的严峻挑战。形势环境变化之快、矛盾风险挑战之多、治国理政考验之大，前所未有。这个时候最需要的就是团结奋斗。不能分裂，不能懈怠，不允许犹豫彷徨。团结要有核心，斗争要有方向。团结的核心就是习近平同志和以习近平同志为核心的党中央，奋斗的方向就是习近平新时代中国特色社会主义思想所指引的方向。要巩固加强党内团结、党同人民群众的团结、海内外中华儿女的大团结，营造党永不脱离群众、全心全意为人民服务，人民群众自觉拥护接受党的领导的政治氛围、工作氛围、生活氛围，形成思想上政治上行动上高度一致的磅礴力量。

团结奋斗是中国共产党和中华民族历史的自觉、传世的基因、鲜明的品格。自强不息精神是中华民族的一大瑰宝，是推动中国人民不断进步的强大力量。幸福都是奋斗得来的，奋斗就是幸福。对待世界上的一切事物都要根据具体情况作出自己的判断，有坚定的立场、明辨的是非、鲜明的态度，始终坚定站在历史正确的一边、站在人类文明进步的一边。既敢于斗争敢于胜利，又善于斗争善于胜利。中国人蔑视墙头草随风倒，更鄙视两面派、叛徒卖国贼。不怕压、不怕迫、不怕鬼、不信邪、不怕威胁、不怕流血牺牲，也不受蛊惑引诱，不信巧言花语。勇于刀刃向内、敢于自我革命，坚持党要管党、全面从严治党，是中国共产党人最鲜明的品格，也是我们党最大的优势。在全面建设社会主义现代化国家的新征程上，以习近平同志为核心的党中央弘扬伟大建党精神，以伟大自我革命引领伟大社会革命，以中国式现代化全面推进中华民族伟大复兴，踔厉奋发、勇毅前行，正奋力走好新时代的赶考路，在创造经济健康持续发展、社会长期稳定两大奇迹的基础上创造人类文明新形态。

当然，我们的认识还有待深化，工作有待加强，但我们满怀信心，坚信增强"四个意识"、坚定"四个自信"、捍卫"两个确立"、做到"两个维护"，我们就一定能够实现建成社会主义现代化强国的梦想，一定能够为构建人类命运共同体作出伟大贡献。

（李殿仁系国防大学原副政治委员、中将）

反对霸权主义和强权政治
积极推进人类命运共同体建设

孔　丹　王湘穗

当今世界，以霸权为中心的全球政治秩序趋于瓦解，多中心的世界正开始显现。正如习近平主席所指出的那样："世界已经成为你中有我、我中有你的地球村，各国经济社会发展日益相互联系、相互影响，推进互联互通、加快融合发展成为促进共同繁荣发展的必然选择。"[1]与之相应，构建人类命运共同体理念已经写入联合国决议，已为人类社会发展提供了前进的路标。

一、当前世界秩序的底层逻辑仍然是弱肉强食的"丛林法则"

我们目前所处的现代世界体系，是15世纪末从欧洲发端，经过数百年扩张，逐步扩展至全球范围的资本主义制度体系。资本主义的原始积累和扩张，从一开始就充满了暴力与血腥。伊比利亚半岛上的葡萄牙人和西班牙人，最早利用在北非、西非沿岸的奴隶贸易，推动了资本的原始积累；在打通美洲航线之后，欧洲殖民者先是杀害大量原住民、劫掠美洲数千年积累的财富，继而以大规模奴隶贸易为支撑，实现了对所谓

---

[1] 习近平：《开放共创繁荣创新引领未来：在博鳌亚洲论坛2018年年会开幕式上的主旨演讲》，人民出版社2018年版，第7页。

美洲"无主之地"的侵占。就像马克思所说的那样,"资本来到世间,从头到脚,每个毛孔都滴着血和肮脏的东西"①。在几百年里,西方国家凭借着先进武力,掠夺殖民地、控制全球资源和市场,完成了资本的原始积累,实现着持续扩张,最终形成了由贫富鸿沟隔开的两个世界:一个是拥有10亿人的发达国家集团的"花园",另一个是拥有70亿人的南方国家"丛林"。

回顾历史不难发现,发达国家之所以发达,很大程度上是靠对南方国家的掠夺起家的。以中国和印度为例,中国在成为半殖民地国家的100年里,仅付出的所谓各种"赔款"就高达9.5亿两白银,超过清政府1901年度财政收入的十多倍;而作为英国殖民地的印度,更是被视为"帝国能下金蛋的鹅",在活塞、刀剑和金钱组成的现代暴力的掠夺下,印度至少有10亿英镑的财富流向了英国。据经济史学家的研究,英国实现工业革命的资金很大程度上来自印度。而日本工业革命和金本位制改造所需资金,则来自勒索中国的战争赔款。同样,美国之所以能够登顶全球霸主,很大程度上依靠第一次和第二次世界大战时期所发的战争财。

时至今日,全球资本的最大化积累依然要靠来自全球南方国家提供的超额利润,即一种"国家剩余价值"。因此,在占据西方思想界主流的现实主义理论家眼里,目前国际社会的主体还是恃强凌弱的"丛林社会",弱肉强食的"丛林法则"是其中唯一真实的法则。资本帝国、强国占据世界丛林社会食物链的顶端,容不得任何国家、任何人挑战它们主导的现实秩序。中国率先提出要构建人类命运共同体,打破丛林世界的底层规则,必然会受到来自全球资本集团的敌视,并遭受豺狼虎豹们的拼死反抗。对此,我们要有清醒的认识。

二、霸权主义和强权政治是导致全球分裂的重要原因,也是人类走向共同发展、共同安全道路的绊脚石

作为国际政治范畴的霸权主义,是现代资本主义发展到帝国主义时代

---

① 《马克思恩格斯文集》第5卷,人民出版社2009年版,第871页。

的产物，它主要指资本帝国、强国凭借其军事和经济实力，建立由其操控的国际体系和全球秩序，运用各种暴力手段和威胁使用暴力的方式获取自身利益最大化的观念与行为。而强权政治则是霸权主义在国际政治领域的重要体现，主要表现为霸权国家凭借强力干涉小国、弱国的内政外交，在国际政治中信奉"强权即公理"，行事霸道，超越国际法，在世界范围称王称霸。

自资本主义全球体系进入帝国主义阶段，霸权主义和强权政治便大行其道，霸权与强权成为资本强国获取利益的主要方式与工具。从唯我独尊、以我为准，一切从实力出发、以强权行事的政治霸权，到以获得垄断利润为目标的经济霸权，动辄制裁他国的贸易霸权，收取高额专利费用、禁止他国超越的科技霸权，随意使用武力和以武力相威胁的军事霸权，垄断媒体、控制传播、扼制不同声音的信息霸权，滥发货币、操控汇率、通过制造危机实现"薅羊毛"的金融霸权等，各种各样的霸权都已成为资本帝国巧取豪夺的工具与手段。可以说，霸权主义和强权政治是导致目前全球性不平等、不公平的重要原因，也是世界普遍存在严重贫困、战乱频发的根源。

需要特别指出的是，处于丛林世界食物链顶端的霸权国家，长期独占着丰厚的"霸权红利"。对其而言，任何理性批判或是道义谴责，都比不上实实在在的利益更加重要。这是霸权国家一定要维护全球霸权、坚持强权政治的根本原因。毋庸讳言，霸权主义与强权政治是维持世界不公平、不平等秩序的重要保障，是横亘在构建人类命运共同体道路上的绊脚石。

三、在世界政治领域确立"共商、共建、共享"的基本原则，努力构建人类命运共同体

构建人类命运共同体的全球架构，其核心就是要和平不要战争、要发展不要贫穷、要合作不要对抗、要共赢不要单赢。我们要推动各国加强协调与合作，把本国人民利益同世界各国人民利益统一起来，朝着构建人类

命运共同体的方向前行。在这个过程中，必须坚持"共商、共建、共享"的基本原则，反对霸权主义和强权政治。

所谓"共商"，即在尊重文明多样性、加强文化包容性、承认利益多元化的基础上，有事共同商议，遇到分歧协商解决，不强加于人；在制定全球框架和世界秩序的过程中，各国各族人民要进行广泛充分的商议。当今世界国家和地区之间虽然存在着种族、宗教、文化、习俗等差异，但我们相信各国人民都拥有共同的愿望，那就是追求和平、富足、自由、和谐。构建人类命运共同体理念在一定程度上体现了各国人民的根本利益，能够促使人类创造更美好的生活，满足人民对美好生活的向往，因而可以得到国际社会的广泛认同。通过共商可以摒弃以邻为壑、你输我赢、排他结盟、独占独享等陈旧观念和做法，重新界定国际关系中的权利、利益、责任等概念，在国家主权根本原则不变的条件下，突出国际关系中的关联权利、关联利益、关联责任，推进相互了解、平衡彼此利益、调和化解矛盾、凝聚形成共识。

所谓"共建"，即共同参与推进全球秩序的建设，以共同行动推动全球议程和世界秩序的构建与维护；各国在全球治理体系变革中应该互助合作，实现各国之间的有效融合与一致行动。

所谓"共享"，即通过制度化的合作实现多方共同获益，世界各国人民能够拥有普遍的安全、共同享有发展的成果。构建人类命运共同体，不能只是少数国家的发展和繁荣，而是要追求世界各国的普惠和均衡发展，使各个国家和地区一起驶入互利共赢和共同繁荣的轨道。

构建人类命运共同体，必须反对单一国家或特殊集团的利益最大化，不搞小圈子，推动互利共赢的全球体制和机制建设。国际社会要共同努力改革和完善现有国际规则体系，同时进行全球架构的再设计，作出更有效的相关制度安排，使世界各国及其人民在合作与开放中有更多的获得感、幸福感和安全感，为合作与开放提供持久动力和更加有力的保障。正如习近平主席指出的那样，"世界命运应该由各国共同掌握，国际规则应该由各国共同书写，全球事务应该由各国共同治理，发展成果应该由各国共同分享"①。在中国人看来，一个美好的全球架构不是来自上苍的馈赠，也不是来自人们头脑中的幻想，而是由世界人民相互协商、共同创造的结果。共商、共建、共享，是中国的全球治理观，反对霸权主义和强权政治是其题中应有之义。

（孔丹系中信改革发展研究基金会理事长；王湘穗系北京航空航天大学教授）

---

① 《习近平谈治国理政》第二卷，外文出版社2017年版，第540页。

中国式现代化进程中党的领导

辛向阳

党的二十大报告在阐明中国式现代化宏伟蓝图、鲜明特征、本质要求和遵循的重大原则时,十分强调坚持党的领导的无比重要性。报告在阐述本质要求时明确指出:"坚持中国共产党领导,坚持中国特色社会主义,实现高质量发展,发展全过程人民民主,丰富人民精神世界,实现全体人民共同富裕,促进人与自然和谐共生,推动构建人类命运共同体,创造人类文明新形态。"也就是说,坚持中国共产党领导是中国式现代化本质要求中最重要的要求。报告在阐明全面建设社会主义现代化国家必须牢牢把握的重大原则时首先强调的就是"坚持和加强党的全面领导"。可以讲,没有中国共产党的领导,就不可能顺利推进中国式现代化。2023年2月7日在新进中央委员会的委员、候补委员和省部级主要领导干部学习贯彻习近平新时代中国特色社会主义思想和党的二十大精神研讨班开班式上的讲话中,习近平指出:"党的领导直接关系中国式现代化的根本方向、前途命运、最终成败。"他阐明了党的领导的四个作用:党的领导决定中国式现代化的根本性质,只有毫不动摇坚持党的领导,中国式现代化才能前景光明、繁荣兴盛;否则就会偏离航向、丧失灵魂,甚至犯颠覆性错误。党的领导确保中国式现代化锚定奋斗目标行稳致远,我们党的奋斗目标一以贯之,一代一代地接力推进,取得了举世瞩目、彪炳史册的辉煌业绩。党的领导激发建设中国式现代化的强劲动力,我们党勇于改革创新,不断破除各方面体制机制弊端,为中国式现代化注入不竭动力。党的领导凝聚建设中国式现代化的磅礴力量，我们党坚持党的群众路线，坚持以人民为中心的发展思想，发展全过程人民民主，充分激发全体人民的主人翁精神。

党的领导决定中国式现代化的根本性质，用科学理论指导中国式现代化的推进。毛泽东思想中不仅包含着对"四个现代化"蓝图的描绘，而且提出了现代化过程中处理好十大关系和人民内部矛盾等思想。中国特色社会主义理论体系中有着丰富的现代化论断，从"中国式现代化"概念的提出到"21世纪中叶基本建设富强民主文明和谐的社会主义现代化国家"的宏伟目标，从70年"三步走"战略到50年"新三步走"战略，从强调深刻把握现代化的三大规律到抓住重要战略机遇期的论断，现代化理论不断丰富拓展。进入中国特色社会主义新时代，习近平新时代中国特色社会主义思想的现代化观极大地推进了现代化理论的发展。在二十届中央政治局第一次集体学习时的讲话中，习近平指出："要深刻理解中国式现代化理论是基于中国国情、中国现实的重大理论创新，体现了我国现代化发展方向，是对全球现代化理论的重大创新。只有这样，我们才能全面把握中国式现代化的理论体系和实践要求，也才能更加坚决地防范照搬照抄西方现代化模式的思维方式。"中国式现代化理论，是党的二十大的一个重大理论创新，是科学社会主义的最新重大成果。中国式现代化理论至少包括九论：宏伟蓝图论，在全面建成小康社会的基础上，从2020年到本世纪中叶分两步走建设社会主义现代化强国，成为综合国力和国际影响力领先的社会主义现代化强国；深厚基础论，中国式现代化深深植根于中华优秀传统文化，体现科学社会主义的先进本质，借鉴吸收一切人类优秀文明成果，代表人类文明进步的发展方向，展现了不同于西方现代化模式的新图景，是一种全新的人类文明形态；共同特征论，中国式现代化具有各国现代化的共同特征，比如要从农业社会向工业社会、信息社会转变，从农业经济向工业经济、数字经济转变，从农业文明向工业文明信息文明转变；鲜明特色论，系统阐述了中国式现代化的五个鲜明特征，深刻区分了中国式现代化与西方现代化的不同；本质要求论，明确提出了中国式现代化的本质要求，从坚持党的领导和中国特色社会主义，从五大建设和构建人类命运共同体、创造人类文明新形态的角度强调了中国式现代化的性质、精髓和核心要义；重大原则论，确立了推进中国式现代化必须遵循的重大原则，使中国式现代化不会走老路、邪路，也不会走弯路、死路；哲学六观论，中国式现代化蕴含的独特世界观、价值观、历史观、文明观、民主观、生态观等及其伟大实践，是对世界现代化理论和实践的重大创新；世界意义论，中国式现代化，打破了"现代化=西方化"的迷思，展现了现代化的另一幅图景，拓展了发展中国家走向现代化的路径选择，为人类对更好社会制度的探索提供了中国方案，中国式现代化为广大发展中国家独立自主迈向现代化树立了典范，为其提供了全新选择；重大关系论，推进中国式现代化是一个系统工程，需要统筹兼顾、系统谋划、整体推进，正确处理好顶层设计与实践探索、战略与策略、守正与创新、效率与公平、活力与秩序、自立自强与对外开放等一系列重大关系。

党的领导确保中国式现代化锚定奋斗目标行稳致远，确保中国社会主义现代化建设正确方向。偏离了正确轨道，就可能使现代化的进程中断。党的二十大报告指出："坚决维护党中央权威和集中统一领导，把党的领导落实到党和国家事业各领域各方面各环节，使党始终成为风雨来袭时全体人民最可靠的主心骨，确保中国社会主义现代化建设正确方向，确保拥有团结奋斗的强大政治凝聚力、发展自信心，集聚起万众一心、共克时艰的磅礴力量。"党的领导的作用体现在：第一，保证全面深化改革的正确方向。社会主义现代化建设的动力和活力来自于改革开放，但改革开放是有方向、有立场、有原则的。我们党领导的改革是全面改革，我们不断推进改革，是为了党和人民事业更好发展，是为了更顺利地推进中国社会主义现代化建设事业，而不是为了迎合某些人的"掌声"，更不能把西方的理论、观点生搬硬套在自己身上。第二，保证全面依法治国的正确方向。我们党深刻认识到，法治建设是有方向的，全面依法治国必须坚持党的领导，走中国特色社会主义法治道路，决不能搞"西方宪政"那一套。习近平同志一再强调：全面推进依法治国，必须走对路，如果路走错了，南辕北辙了，那再提什么要求和举措也都没有意义了，"全面推进依法治国这件大事能不能办好，最关键的是方向是不是正确、政治保证是不是坚强有力，具体讲就是要坚持党的领导，坚持中国特色社会主义制度，贯彻中国特色社会主义法治理论"。走中国特色社会主义法治道路就要旗帜鲜明地反对西方那种"司法独立"和"宪政"思潮。习近平同志指出："一些外国政要也经常跟我谈'法治',听下来他们认为法治只是一种模式,就是他们搞的那一套东西,不亦步亦趋跟他们就要被打入'另类'。"第三,保证现代化的良好政治生态,特别是清除阻碍现代化顺利发展的腐败问题。缪尔达尔是瑞典学派的领袖之一,制度经济学的主要代表,发展经济学的先驱人物。他在1968年出版的《亚洲的戏剧——南亚国家贫困问题研究》提出了一个重要观点:"腐败行为对任何实现现代化理想的努力都是极其有害的。腐败盛行造成了发展的强大障碍与抑制。"中国共产党以零容忍的态度坚决反对腐败,特别是中国共产党始终代表最广大人民根本利益,与人民休戚与共、生死相依,没有任何自己特殊的利益,从来不代表任何利益集团、任何权势团体、任何特权阶层的利益。在2022年12月的中央政治局民主生活会上,习近平再次明确指出:"我们党始终代表中国最广大人民的根本利益,从来不代表任何利益集团、任何权势团体、任何特权阶层的利益。"

党的领导激发建设中国式现代化的强劲动力,主要体现在:第一,不断把改革推向深入,能够啃下各种难啃的硬骨头,能够走过各种险滩激流。新时代10年,在党的领导下,敢于面对新矛盾新挑战,冲破思想观念束缚,突破利益固化藩篱,坚决破除各方面体制机制弊端,各领域基础性制度框架基本建立,许多领域实现历史性变革、系统性重塑、整体性重构。在全面建设社会主义现代化强国的新征程上,只有坚持党的领导,才能够攻克一个又一个改革的难关、险关。第二,能够不断完善中国特色社会主义制度体系,让制度真正成为改革发展的强大动力。中国特色社会主义制度和国家治理体系是以马克思主义为指导、植根中国大地、具有深厚中华文化根基、深得人民拥护的制度和治理体系,是具有强大生命力和巨大优越性的制度和治理体系,是能够持续推动拥有近十四亿人口大国进步和发展、确保拥有五千多年文明史的中华民族实现"两个一百年"奋斗目标进而实现伟大复兴的制度和治理体系。我国国家制度和国家治理体系具有十三个方面的显著优势,但最根本的是党的领导的优势。中国共产党领导是中国特色社会主义最本质的特征,是中国特色社会主义制度的最大优势。

党的领导凝聚建设中国式现代化的磅礴力量,主要体现在:第一,党能够凝聚起亿万人民群众的创造力,通过蓝图设计、制度构建、提供机会、扫除腐败等为广大人民群众的创业创新创造提供最为广阔的舞台。人民是历史的创造者，创造是需要各种舞台的，不仅有各种小舞台，还有大舞台；不仅有国内舞台，还有国际舞台。第二，党能够把各种社会阶层社会群体的利益整合起来，不仅保持社会稳定和谐，而且凝聚起最强大的力量。习近平指出："在现代化的历史进程中，处理好这对关系是一道世界性难题。中国式现代化应当而且能够实现活而不乱、活跃有序的动态平衡。"这个难题在于现代化进程中不断产生很多新的社会群体和社会需求。时任中共中央政治局常委、书记处书记的刘云山同志在2013年11月19日《人民日报》上发表的文章中再次强调指出，认真研究工人、农民、干部、知识分子等不同群体的利益诉求和政策诉求，包括注意关注蚁族、北漂、海归、海待、散户等社会上新出现的人群。2013年12月的中央农村工作会议指出，要重视农村"三留守"问题，健全农村留守儿童、留守妇女、留守老年人关爱服务体系。2022年3月，习近平总书记在看望参加全国政协会议的农业界、社会福利和社会保障界委员时指出，要补齐农村社会福利短板，加强对农村老年人、儿童、"三留守"人员等特殊和困难群体的关心关爱。2015年5月18日，在中央统战工作会议上的讲话中，习近平指出，新经济组织、新社会组织中的知识分子，如律师、会计师、评估师、税务师等专业人士，是改革开放以来快速成长起来的社会群体。随着互联网快速发展，包括新媒体从业人员和网络"意见领袖"在内的网络人士大量涌现。在这两个群体中，有些经营网络、是"搭台"的，有些网上发声、是"唱戏"的，往往能左右互联网的议题，能量不可小觑。

总之，党的领导直接关系中国式现代化的根本方向、前途命运、最终成败。党的领导决定中国式现代化的根本性质，确保中国式现代化锚定奋斗目标行稳致远，激发建设中国式现代化的强劲动力，凝聚建设中国式现代化的磅礴力量。

（辛向阳系中国社会科学院马克思主义研究院院长、研究员）

中国社会主义的世界意义

张维为

短短数十年间,中国从一个一穷二白的国家一跃成为世界最大的经济体(根据购买力评价),形成世界上最完整的产业链,成为世界最大的货物贸易国,完全消除了极端贫困,创造了世界最大的中产阶层,向全世界输出最多的游客。中国还基本实现了全民医保和养老,至2021年中国人均预期寿命已高于美国两岁。这是人类历史上第一次一个社会主义大国实现了全面的崛起,这永远改变了中国,也改变了世界。

一、和平崛起与"中国突破"

18、19世纪世界上崛起的第一批国家,如英国、法国等,其人口是千万级的;20世纪崛起的第二批国家,如美国、日本等,其人口是上亿级的;而今天21世纪中国的崛起,其人口是10亿级的,超过前两批国家人口的总和。历史上西方大国崛起的历史几乎就是一部掠夺、殖民和战争的历史,而中国人民高举社会主义旗帜,硬是通过自己的奋斗、智慧乃至牺牲,实现了人类历史上绝无仅有的和平崛起,并成为带动整个世界经济增长的火车头,今天中国对世界经济增长的贡献超过西方七国集团(G7)的总和。

由于历史原因,中国错过了第一次工业革命和第二次工业革命,然而新中国成立以来,在前30年奠定的政治、经济、社会基础上,又通过40多年的不懈奋斗,终于迎来了现代化事业的腾飞。中国大致以每十余年完成一场工业革命的速度，实现了"集四次工业革命为一体"的崛起。从20世纪80年代到90年代初的十余年，中国通过大力发展乡镇企业，完成了以纺织业等轻工业为主的第一次工业革命；从20世纪90年代初到21世纪初的十余年，大致完成了以电力、内燃机、家用电器、石化工业、中高端基础设施等为主的第二次工业革命。随之，中国与西方国家几乎同步进入了以通信产业为代表的第三次工业革命，并迅速成为第三次工业革命的佼佼者。现在中国已经进入了以大数据、人工智能、量子通信等为代表的第四次工业革命的"第一方阵"。正如习近平总书记在庆祝改革开放40周年大会上的讲话中指出的："我们用几十年时间走完了发达国家几百年走过的工业化历程。在中国人民手中，不可能成为了可能。我们为创造了人间奇迹的中国人民感到无比自豪、无比骄傲！"①

"集四次工业革命为一体"的崛起使中国成为突破"外围-中心"依附体系的唯一的超大型社会主义国家。在旧的依附体系下，西方国家处于中心，发展中国家处于外围，中心国家通过对外围国家的超级剥削而赚得盆满钵满，外围国家则长期处于贫穷落后的状况。然而，"中国突破"使中国避免落入西方依附体系，并促使世界多极化的新格局的形成。在这个格局中，中国既是外围国家（发展中国家）最大的贸易、投资、技术伙伴，同时也是中心国家（西方国家）最大的贸易、投资、技术伙伴。基于这一理论突破，我们在2018年准确地预测了美国将输掉其发动的中美"贸易战"和"科技战"，因为美国对中国的经济依赖已经超过了中国对美国的依赖，而中国又是唯一能够向全世界提供四次工业革命的产品、服务和经验的国家，即使在技术方面，中国也在越来越多的领域内赶上乃至超越美国。

二、中国"硬实力""软实力"的广泛影响

中国和平崛起的意义还在于事实上推动整个世界进入了觉醒年代。这种觉醒几乎是围绕着对中国和美国的认知而展开的。多数发展中国家今天面临的最紧迫问题仍然是贫困、饥饿、疾病、战乱等。这也是为什么它们

---

①《十九大以来重要文献选编》(上)，中央文献出版社2019年版，第728页。

今天几乎都把目光投向社会主义中国,"向东看""借鉴中国"已成为世界潮流。

越来越多的人认识到中国的"良政还是劣政"范式超越西方"民主还是专制"范式、"民心"和"民意"结合的模式超越西方仅依靠"民意"的模式、"选拔+选举"模式超越西方单依靠选举的模式、社会主义市场经济超越西方新自由主义经济、自由与自律平衡的价值观比西方绝对化的自由价值观更具现代性。正是在这样的背景下,中国发起的"一带一路"倡议已经成为推动南方国家实现现代化并改革现有单极世界秩序的重要引擎,这个引擎既有"硬实力"又有"软实力"。

就"硬实力"而言,中国具有世界上最大规模的全产业链优势,往往可以为南方国家的众多行业提供"整体解决方案"(total solution),从基础设施到重工业到数字产业都是这样。比方说,过去10年间,中国在非洲参与建设6000多公里的铁路、6000多公里的公路、80多个大型电力设施。比方说,仅2年左右的时间里,中国就帮助苏丹、乍得、土库曼斯坦等国家建立起了上下游一体化的现代石油石化工业体系。

同时,中国自己就是世界最大的消费市场,可以吸收和消化共建"一带一路"国家的大量产品,中国可以向外部世界提供从第一次工业革命到第四次工业革命几乎所有的产品、服务和经验。同样,"一带一路"、金砖机制等带动的"全球南方"崛起已经震撼这个世界。我们今天甚至可以这样说,在"全球南方"的内部,要资源有资源,要资金有资金,要市场有市场,要技术有技术,要思想有思想。"要思想有思想"就是"软实力","一带一路"倡议所奉行的"共商共建共享"理念就是推动改革单极世界秩序的重要"软实力",它也是迄今为止最先进的全球治理理念,它源于中国,属于世界。

三、中国理念的文明渊源与时代意义

"共商共建共享"理念的三个组成部分也好,作为一个整体也好,都源于中国式现代化的成功经验,也源于源远流长的中华文明。它是中国"把马克思主义同中华优秀传统文化相结合"的产物,也是一种全新的全球治理观和国际关系民主化的重要实践。

我们不妨把这一理念所包含的三个组成部分简单梳理一下。"共商",从文明传承来看,源于中国古人崇尚的"兼听则明,偏听则暗""集思广益"等理念和实践,以及中国古代政治中的"朝议"传统和民间的"乡议"等历史传承。它也源于中国式现代化进程中广泛采用的"协商民主"。比如,中国以协商民主的决策方式成功制定一个又一个的五年规划,带来了中国的全面崛起,这与西方国家每隔四五年举行一次选举、然后"赢者通吃"的所谓"民主"形成了鲜明的对照。中国还一贯主张"国际关系民主化",通过"友好协商、求同存异"来解决国与国之间的分歧。

"共建",从文明传承来看,源于中国人笃信的"言必信,行必果""知行合一"等文化传承。与面对世界末日时躲到诺亚方舟的西方神话不同,中国是"大禹治水"的传统,领袖率先垂范,带领民众与洪水抗争直至胜利。它也源于中国式现代化进程中的"齐心协力""实干兴邦"等理念与实践。

"共享",从文明传承来看,源于中国生生不息的共享文化,从孔子的"不患寡而患不均,不患贫而患不安"到孟子的"老吾老,以及人之老;幼吾幼,以及人之幼",到中国历代先贤普遍崇尚的"天下为公"精神,都体现了共享文化。"共享"也源于中国式现代化过程中的"同甘共苦""共同富裕"等理念和实践,符合中国对外合作一贯遵循的"平等互利,合作共赢"原则。

"共商共建共享"背后的逻辑与西方奉行的"分而治之"逻辑截然不同,它秉承中国人笃信的"合则兴"及"天下为公"的逻辑,中国式现代化就是这样一路走来并取得成功的。"一带一路"也是这样一路走来,取得了丰硕的成果。实践证明,"实事求是""民本主义""共商共建共享""合则兴""天下为公"等理念代表了越走越宽广的人间正道。

今天的世界正面临两种前途的选择:一种是有利于少数国家和资本力量的单极世界及其秩序安排,其特点是零和游戏、极度自私、霸权主义,已经摇摇欲坠的美国单极霸权主导的国际秩序就是这种世界的体现;另一种是有利于绝大多数国家和人民的主权平等的多极世界及其秩序安排,以人类命运共同体为导向,实现最大限度的合作共赢。习近平总书记提出的

"全球发展倡议""全球安全倡议""全球文明倡议"则是后一种选择的代表。

世界已经进入了"后西方时代""后美国时代""新的觉醒年代",这不是说美西方不重要了,而是表明美西方不再代表历史前进的方向。在这样的时代里,中国应承担起一个社会主义大国的责任,与全球南方国家、金砖国家等一起,积极改革现有的、极不公正的单极国际秩序,并且团结一切可以团结的力量,包括西方国家内部的一切积极力量,为实现人类命运共同体的光明前景而奋斗。

(张维为系复旦大学中国研究院院长、国家高端智库理事会理事)

中国"六大全球倡议"促进人类命运共同体构建

程恩富　陆　夏

2023年10月18日，习近平主席在第三届"一带一路"国际合作高峰论坛开幕式上发表主旨演讲时宣布："中方将在本届论坛上提出全球人工智能治理倡议，愿同各国加强交流和对话，共同促进全球人工智能健康有序安全发展。"①至此，自2013年3月习近平主席在莫斯科国际关系学院首次在国际上提出"人类命运共同体"重要理念并形成倡议，2013年10月提出"一带一路"倡议，再到2021年9月、2022年4月、2023年3月分别提出"全球发展倡议"、"全球安全倡议"和"全球文明倡议"，我国已经提出了促进人类社会共同和平与发展的"六大全球倡议"。其中，"人类命运共同体倡议"是所有倡议的核心理念。正如党的二十大报告指出："构建人类命运共同体是世界各国人民前途所在"，"推动构建人类命运共同体，创造人类文明新形态"已成为中国式现代化的本质要求。纵观过去十年"人类命运共同体"理念的实践以及各个倡议所取得的丰硕成果，以全人类共同命运为核心价值观念的人类命运共同体理念，已经得到国际社会日益广泛的支持和认同。第七十一届联大主席汤姆森高度评价说：构建人类命运共同体是"人类在这个星球上的唯一未来"。

---

① 习近平：《建设开放包容、互联互通、共同发展的世界——在第三届"一带一路"国际合作高峰论坛开幕式上的主旨演讲》，《人民日报》2023年10月19日。

人类进入 21 世纪的今天，伴随科技的飞速发展，新质生产力的进步，世界发生了翻天覆地的变化。在全球都在强调和平与发展的同时，地区冲突、局部战争、经贸受阻、贫富分化、气候危机、结盟行霸等，不断给对人类未来的共同发展带来了前所未有的挑战，使人类进入到了一个充满了动荡和挑战的世界历史进程之中。每个国家都不可能再将自己封闭起来，逆潮流而动，退出各国普遍交往、相互依存的这一世界态势。人类命运共同体理念与倡议的提出，正是呼应当前世界历史进程、顺应历史发展潮流的最佳选择，是马克思主义世界历史视阈下实现现阶段全人类繁荣发展的中国式创新。它既反映了世界各国人民普遍认同的价值理念和诉求，也跨过了不同意识形态、不同社会制度和发展水平上曾经难以逾越的鸿沟。从共建"一带一路"倡议到近三年四大全球倡议的提出，无不深刻体现了这一人类命运共同体理念的深刻内涵和价值意蕴。"和平合作、互学互鉴、互利共赢"的全球合作观，"共同、综合、合作、可持续"的安全观和"共商、共建、共享"的全球治理观，为世界发展进步指引前进方向。

"六大全球倡议"是中国站在历史的潮头，尝试为人类不可分割的共同命运所贡献的中国智慧。党的二十大报告指出，中国式现代化是走和平发展道路的现代化。我国不走一些国家通过战争、殖民、掠夺等方式实现现代化的老路，那种损人利己、充满血腥罪恶的老路给广大发展中国家人民带来深重苦难。我们坚定站在历史正确的一边、站在人类文明进步的一边，高举和平、发展、合作、共赢旗帜，在坚定维护世界和平与发展中谋求自身发展，又以自身发展更好维护世界和平与发展。"[①]只有尊重世界的多样性和各国人民自主选择发展道路的权利，推动构建人类命运共同体，才能真正逐步实现人类的美好理想。因此，我们应当：

---

① 习近平：《高举中国特色社会主义伟大旗帜　为全面建设社会主义现代化国家而团结奋斗——在中国共产党第二十次全国代表大会上的报告》，人民出版社 2022 年版，第 24 页、第 61 页、第 63 页、第 23 页。

一、秉持"六大全球倡议"合作理念,坚决与各种错误思维作斗争

理念是行动的先导。"六大全球倡议"首先是一种全球新型合作关系的重要理念,它突破了以美国为代表的西方霸权以强权来维护国际政治经济秩序的全球治理理念,取而代之的是在尊重他国意愿的基础上共谋政治、经济、文化、科技等领域交流合作的可能性。"六大全球倡议"所体现出来的这种合作理念是世界各国能够真诚接受以及互相配合去践行各项倡议的基础。因此,不管是哪一项全球倡议,我们都应不忘初心,始终将这一理念作为未来开展国际交流、推进各项倡议达成的基础,同时也是未来更多全球倡议达成的基础。

一方面,我们要坚决同固守霸权思维、冷战思维、零和思维等传统的西方国际交往理念和理论作斗争。20世纪70年代初,美国经济学家C.P.金德尔伯格在国际经济领域提出了有关国际关系的经典理论——霸权稳定论。该理论认为,国际体系的稳定依赖于霸权的支配,当霸权衰落时原有国际体系就会发生动荡,直到新霸权国确立,因此,霸权是维持国际稳定秩序的充分必要条件。这类观点早已成为美西方推行霸权主义的重要理论依据。事实上,二战以来乃至进入21世纪以来,美国通过霸权来充当世界警察的角色不但没有带来国际体系的稳定,恰恰因为它借由冷战思维四处煽风点火,唯恐天下不乱地制造各种事端,导致了战争与混乱在世界各地频发,成为世界政治经济秩序"不稳定"的始作俑者。多年来,我们一直倡导建立国际政治经济新秩序,力图打破霸权主义旧秩序,但效果甚微。直至人类命运共同体理念与倡议的提出,才真正使我们拥有和掌握了能够与传统西方霸权理念与理论作斗争的武器。因此,我们要继续揭露和批判西方霸权的错误理念,在全球范围内树立新的全球治理新思维。

另一方面,我们要坚决对西方诋毁我国"新殖民主义""新帝国主义"的谬论说"不"。近年来,西方某些国家炮制"中国威胁论""中国经济侵略论""中国文化渗透论"等,制造舆论宣称中国在全球推行"新帝国主义",不遗余力诽谤中国,给我们在构建人类命运共同体倡议的道路上设置障碍。事实上,这充分折射出美西方霸权主义的衰落及其在垂死挣扎中皆

有对中国的污名化来打压中国的邪恶本质。我们要从历史、政治、经济、舆论等各个方面深刻揭露其真实面目，坚决抵制这些错误言论，并继续用实际行动证明，我们绝不会像美西方国家那样走霸权霸凌的道路，在国际交往中我们绝不通过压制他国、使他国被迫屈服的方式来开展国际经贸等领域的合作，而是互相尊重，携手共创人类美好未来。

二、构建"六大全球倡议"的对话机制，消除全球合作、交流、治理的隔阂

对话是解决分歧和争端的良药。"六大全球倡议"的提出，向全世界发出了互利互惠、共同促进各国在经贸往来与经济发展、安全共享、文明交流、科技共创等领域的合作倡议。但是这些倡议能否被理解、被采纳、被共同践行，还亟需建立世界各国之间更好的对话机制，以增进大家对倡议的认同、消除可能产生的误解。如"一带一路"高峰论坛、北京香山论坛、"全球发展倡议之友小组"等都取得了丰硕的对话成果，促进了相关全球倡议的实施。

基于此，未来我国政界、学界、商界、军界应在进一步丰富和深化现有对话平台功能的基础上，构建和完善服务于各类全球倡议的更丰富的对话机制或对话网络，定期举办基于平台的双边或多边会谈，公开发布论坛成果，打造更多合作项目，尤其是要多多开展民间互动友好往来活动，以寻求共同利益交汇点，加强合作伙伴关系，以不断消除不同国家之间、不同文明之间、不同种族民族之间的顾虑和隔阂。此外，有关于全球文明倡议和全球人工智能倡议的官方和民间对话平台，还需要更快更好地搭建起来，以促进两项全球倡议的实施。

三、坚持"六大全球倡议"的行动导向，扎实推进各项全球倡议的务实实践

行动是一切成功的根本。要坚持"六大全球倡议"的行动导向，继续把工作落到实处，将愿景转化为现实，扎实推进倡议的务实实践。一方面，

要努力实现全球倡议合作组织合理扩容，推动全球治理机制变革。人类命运共同体的构建离不开更多国家的加入与支持，尤其是全球南方国家之间的互助合作。要推进各项全球倡议的实践，需要不断以各类组织平台为依托持续发声，带动更多国家融入全球倡议的合作之中。2024年1月1日，沙特、埃及、阿联酋、伊朗、埃塞俄比亚成为金砖国家正式成员，金砖国家从原来的金砖5国扩容为10个正式成员国，就是一项很好的举措。未来上海合作组织也将继续扩容。通过组织扩容，可以协调更多新兴经济体和发展中国家的多边行动，提升全球南方国家之间的合作广度和深度，有利于更加公正的全球治理体制的变革。

另一方面，要努力创立各类促进全球倡议实践基金或增扩基金规模，为全球合作尤其是南方合作注入经济实力。如为了促进全球各国的共同发展，自2022年起我国就宣布将加大对全球发展合作的资源投入，把南南合作援助基金整合升级为"全球发展和南南合作基金"，资金规模扩展为40亿美元。这一举措是全球发展倡议务实实践的充分体现，因为通过资金的扩容，为更多国家尤其是南方国家的发展提供了实实在在的物质支持。中国金融机构还会陆续推出100亿美元专项资金，专门用于落实全球发展倡议，这彰显了我国为推动全球发展的诚心和决心。因此，在其他全球倡议中，未来我们也要创新更多类似全球基金，支持全球安全、文明、人工智能等领域的广泛和务实合作。

综上所述，通过共建"一带一路"倡议，共建各国将携手打破西方霸权主导下的不平等经贸秩序，塑造各国互利合作、共同繁荣的经济文化交流新示范，让每个国家在经贸往来、科技创新和文化交流中受益，促进人类命运共同体在基础设施、产业合作等领域的物质实践；通过全球发展倡议，共同加强各个国家、尤其是发展中国家包括"南南合作"在内的互利共赢，缩小与发达国家之间的差距，不断给人民带来更加富裕和美好的生活，促进人类命运共同体在全球发展理念上的一致性；通过全球安全倡议，打破过往零和博弈、丛林法则带来的安全争端，塑造对话和平的安全共享新思路，促进人类命运共同体的构建；通过全球文明倡议，打破西方文明迷思，改变西方中心主义对文明的分割，塑造多样文明交流互鉴新观念，促进人类文明的相互交流与学习，共同推动人类文明的进步，促进人类命运共同体的凝聚力；通过全球人工智能治理倡议，凝聚对人类未来可能造成风险和挑战的普遍共识，塑造有关人工智能国际治理与合作的新尝试，提升发展中国家的主动权和话语权，促进人类命运共同体在更多领域的共建共享。

简言之，伴随着多个全球倡议的提出，人类命运共同体理念的内涵也越来越丰富，形成了更加完备和科学的理念体系和战略举措，这必将不断为人类的共同发展和进步指明前进的方向，并提供更多领域的国际合作方案。从思想理论高度来认知，以人类命运共同体构建为核心的"六大全球倡议"，属于新时代中国特色新国际主义思维，是习近平新时代中国特色社会主义思想的世界观和方法论在国际关系和对外交往领域的重大创新。而国际上某些自称为左派的学者和政治家，污蔑中国的全球倡议及其践行是所谓与美国争霸的新帝国主义，这一谬论完全混淆了是非。

（程恩富系中国社会科学院学部委员、世界政治经济学学会会长；陆夏系上海财经大学马克思主义学院副研究员）

人类命运共同体思想的理论基础

刘润为

人类命运共同体思想是习近平新时代中国特色社会主义思想的重要组成部分。从马克思主义国际战略思想发展的角度，对这一重要思想进行追根溯源的探讨，对于我们深化理论自觉、增强理论自信，扎实推动构建人类命运共同体的进程，具有积极的意义。

一、人类命运共同体思想的内涵

2013年3月，习近平同志在莫斯科国际关系学院发表演讲，首次向国际社会发出构建人类命运共同体的倡议。此后，经过不断丰富和完善，人类命运共同体思想已经成为一个完整的国际战略思想体系。撮其大要，可以归结为以下五个方面：

一是明确了人类社会发展的理想目标。这个目标就是"建设持久和平、普遍安全、共同繁荣、开放包容、清洁美丽的世界"[1]。二是明确了霸权主义是构建人类命运共同体的最根本、最严重的威胁。三是明确了中国倡导的国际伦理原则。概括地说，这个原则就是共同生存、共同管理、共同发展。四是明确了中国共产党和社会主义中国的国际方位。中国共产党是为中国人民谋幸福的政党，也是为人类进步事业而奋斗的政党，始终把为人

---

[1]《习近平谈治国理政》第三卷，外文出版社2020年版，第46页。

类作出新的更大贡献作为自己的使命。五是明确了中国特色大国外交的基本方略，即中国将永远高举和平、发展、合作、共赢的旗帜，坚持在和平共处五项原则基础上发展同各国的友好合作，推动建设相互尊重、公平正义、合作共赢的新型国际关系。以上五个方面，是人类社会发展规律与世界人民意志的统一，中华民族复兴与全人类发展繁荣的统一，远大目标与阶段性使命的统一，斗争的原则性与策略的灵活性的统一。整个战略思想闪烁着辩证唯物主义、历史唯物主义方法论的光芒。

二、人类命运共同体思想是对马克思主义国际战略思想的继承和发展

2017年9月，习近平同志在十八届中央政治局第四十三次集体学习时指出："尽管我们所处的时代同马克思所处的时代相比发生了巨大而深刻的变化，但从世界社会主义500年的大视野来看，我们依然处在马克思主义所指明的历史时代。"[①]这是一个极具历史感的科学论断。正是这个论断，成为我们观察世界历史变化与马克思主义国际战略思想发展的逻辑起点。

那么，这个大尺度的历史时代指的是什么呢？就是马克思、恩格斯在《共产党宣言》中所说的"资产阶级时代"，即资产阶级占统治地位的世界历史时代。生产的社会化与资本主义私人占有的基本矛盾将贯穿于这个历史时代的始终。社会主义与资本主义的斗争，实质上是生产的社会化与资本主义私人占有的斗争。但是在不同的具体阶段，这种斗争总是要表现出不同的特点和形式，因而马克思主义国际战略思想也总是呈现出不断发展的趋势。

19世纪中叶，尽管欧洲的多数国家尚未完成推翻封建制度的资产阶级民主革命，但是资本主义已经基本上形成世界体系，无产阶级已经作为自为的阶级登上世界政治舞台，进行反对封建主义、资本主义的斗争。而反对封建主义的斗争，则是反对资本主义斗争的直接序幕。从资产阶级时代的这样一些特点出发，马克思、恩格斯强调，在反对资本主义的斗争中，

---

① 《习近平谈治国理政》第2卷，外文出版社2017年版，第66页。

必须实现全世界无产者的联合，无产阶级与农民阶级、城市小资产阶级的联合；在反对封建主义的斗争中，无产阶级还必须实现与资产阶级的联合，从而创立了无产阶级国际主义的世界战略思想。

20世纪上叶，列宁在考察资本主义的历史特别是它的新变化以后，又依据马克思、恩格斯的学说，指出资产阶级时代已经发展到帝国主义阶段，帝国主义是资本主义的最高阶段。根据这个时代的特点，列宁提出不但要实现"全世界无产者和被压迫民族联合起来"[1]，还要联合次要敌人，打击主要敌人，建立最广泛的国际统一战线。这就是列宁为第一个无产阶级政权确立的国际战略思想。正是在这一战略思想指导下，社会主义俄国躲过覆灭的劫难，社会主义苏联取得快速发展，同时有力地推动了世界社会主义运动。二战以后，在帝国主义时代出现一个社会主义阵营，不能不说是因为列宁打下了雄厚的理论家底和实践家底。

历史的车轮滚动到20世纪中叶，帝国主义时代又出现了许多新的特点。这一阶段可以称为帝国主义时代中社会主义与资本主义对抗，资本主义占据上风的时代。正是依据帝国主义时代出现的这些变化，毛泽东在总结新中国外交实践的基础上提出三个世界划分的思想。

毛泽东的三个世界划分思想，不仅反映了中国人民也反映了世界人民特别是发展中国家人民的意志，不仅是指引我国外交也是指引世界人民特别是发展中国家人民争取和平发展的强大思想武器。正是在这一战略思想指导下，我国的外交事业不断从胜利走向更大胜利，我国的国际威望越来越高，我们的朋友遍天下。

然而，自20世纪八九十年代之交起，世界格局又发生了巨大变化。国际资本的任性，使得它们在不到20年的时间内就把资本主义的基本矛盾再一次弄到激烈对抗的程度，世界历史进入了帝国主义时代中资本主义走向衰落，社会主义开始复兴的时代。"这是最好的时代，也是最坏的时代"。这个世界到底怎么了？人类向何处去？世界上的事情应当怎么办？中国作为最大发展中国家应当有怎样的担当？人类命运共同体思想继承马克思主义国际战略思想的基本成果，坚持用马克思主义的宽广眼界观察世界，对

---

[1]《列宁全集》第40卷，人民出版社2017年版，第73页。

这些关系人类命运的重大问题作出了深刻的科学的回答，充分表现了中国共产党人和中国人民出以公心、行以公道的磊落襟怀和崇高品格，所以一经提出便形成巨大的文化软实力。

从以上简略的回顾可以清晰地看出，马克思主义国际战略思想的发展是一个既一脉相承又不断飞跃的过程。资产阶级时代没有变，这是列宁继承马克思、恩格斯世界战略思想的依据；帝国主义时代没有变，这是毛泽东继承列宁国际战略思想的依据；三个世界的总体格局没有变，这是习近平同志继承毛泽东国际战略思想的依据。资产阶级时代演进到帝国主义阶段，这是列宁发展马克思、恩格斯世界战略思想的动因；帝国主义时代演进到社会主义与资本主义对抗，资本主义占据上风的阶段，这是毛泽东发展列宁国际战略思想的动因；社会主义与资本主义对抗，资本主义占据上风的时代演进到资本主义走向衰落，社会主义开始复兴的阶段，这是习近平同志发展毛泽东国际战略思想的动因。毫无疑问，在新的时代，坚持人类命运共同体思想，就是坚持马克思、恩格斯、列宁、毛泽东的国际战略思想。

三、关于人类命运共同体思想的几个认识问题

明确人类命运共同体思想的理论基础，是正确把握这一战略思想的前提。丢掉这个基础，也就等于丢掉了它的基因、它的本色。如此一来，人们对于这一战略思想的解读就会成为无根无系的浮萍，随着社会舆论的风浪飘摇不定，有的甚至会达到谬以千里的地步。

有人把这一战略思想说成一种普世价值，因而欢呼中国共产党人放弃了马克思主义的立场。这完全是一种恶意的曲解。论者采用了唯心主义最为惯用的手法。一是阉割这一战略思想的理论内容。人类命运共同体思想是一个完整的国际战略思想，内涵相当丰富，具有鲜明的第三世界的归属性、被霸凌国家和民族利益的代表性和反对霸权主义的倾向性。然而论者却仅仅提取人类命运共同体这一概念，并且把它抽象到近乎纯粹语言符号的程度，于是他们说，要构建人类命运共同体啦，让我们不分剥夺者与被剥夺者、压迫者与被压迫者，一起相亲相爱热烈拥抱吧。这哪里是人类命

运共同体思想呢？这种遮盖鹿角，然后指鹿为马的伎俩，尽管比古代的赵高多了一点花样，毕竟不能改变鹿就是鹿、马就是马的事实。说到底，这些人之所以要在人类命运共同体上煞费这样的苦心，就是要磨灭人类命运共同体思想的革命锋芒，从而消解它在国际社会的巨大影响力。对于这样的图谋，必须予以揭露和回击。

有人认为构建人类命运共同体不具备可能性，说羊和狼怎能共处呢？这是一种形而上学的绝对化的观点。不错，在一般情境下，羊和狼是不能成为共同体的。如果羊天真地以为可以高枕无忧地与狼共处，甚至把狼当作自己的朋友，那么等待它的一定是非常悲惨的结局。但是在特殊情境下，则完全可以是另外一种结果。从历史经验上看，这种特殊情境大致有两种：一是在羊与狼势均力敌时。如二战以后社会主义阵营与帝国主义阵营相互对立，但是并未爆发大规模的武装冲突。二是在羊处于相对弱势时，能够充分利用狼与狼之间的矛盾。比如上世纪70年代，在我国面临两霸的威胁时，我们党审时度势，利用美苏矛盾，毅然决定收回一个拳头，与美实现关系正常化，同时又不给美国当枪使，公开揭露美国在与苏争霸中想打"中国牌"的图谋，从而实现了战略平衡，有效保障了国家安全。

有人对社会主义中国的外交路线提出质疑，说前30年实行"一边倒"，弄得"几经危机"；改革开放以后，"与发达国家为友"，结果是经济快速发展；现在搞"一带一路"，把开放的重点放到发展中国家一边，是像孟母起初那样择错了"邻居"。这不能不说是一种颠倒历史、倒颠是非的论点。在新中国成立初期，不是我们不愿向西方开放，而是西方对我们实行封锁，岂止封锁，简直必欲扼杀而后快。在这样特定的国际形势下，不实行"一边倒"的外交策略，不义无反顾地加入社会主义阵营，我们又能怎样呢？事实上，正是因为我们加入了社会主义阵营，才为新生的人民共和国赢得了相对安全的外部环境，而且得到了苏联及其他一些社会主义国家的宝贵经济援助，从而加快了我国工业体系建设的进程，这是有良心的中国人永远都不能忘记的。此后，苏共领导集团蜕变为社会帝国主义，对我国的安全和发展构成了更大的威胁。面对变化了的国际形势，我们党因势而谋，毅然决定放弃"一边倒"的战略。正是这种重大的战略调整，为以后的改革开放创造了基础性的外部条件。应当特别指出的是，即使在改革开放以后，我国也没有专"与发达国家为友"而抛弃第三世界的朋友，三个世界划分思想仍然是我国外交的指导思想。

令人遗憾的是，在一段时间内，我们在实施国际战略方面确实出现了一些问题。比如有的部门和个人嫌贫爱富，不爱理睬当年用轿子把我们抬进联合国的非洲朋友；在国际场合只讲"五常团结"，而不讲和广大发展中国家的团结；以"反恐"为名，不支持巴勒斯坦人民的正义斗争；以"维护核不扩散"为由，配合霸权主义对伊朗、朝鲜等发展中国家实施"制裁"……其结果是霸权主义不领情，发展中国家不满意，使我们在国际斗争中时常陷入两边不讨好的尴尬处境。令人欣慰的是，党的十八大以来，以习近平同志为核心的党中央在关键历史阶段校正了中国国际战略的方向，把外交工作的重点坚定不移地放到广大发展中国家一边。"一带一路"建设如火如荼，上海合作组织不断强化，中阿合作论坛、中非合作论坛成效显著，中朝友好得到巩固，出访众多发展中国家和发达国家硕果累累……所有这些，正在重建社会主义中国的崇高威望，正在为我国赢得国际斗争的更大主动权，正在为人类社会的和平发展开辟宽阔平坦的大道。如今，构建人类命运共同体的主张不仅受到广大发展中国家的热烈拥护，也为多数发达国家所认同，因而被写入联合国的数个文件，真正成为一种全球性的共识。这是继毛泽东提出三个世界划分思想之后，又一次为社会主义中国赢得的伟大光荣和骄傲！如此卓著的外交成就如日月经天，怎么就是择错了"邻居"呢？

有道是"走自己的路，让别人去说吧"。构建人类命运共同体的道路不可动摇，构建人类命运共同体的潮流不可阻挡。展望人类的未来，必定是一个充满阳光的大同世界！

（刘润为系中国红色文化研究会会长）

强国建设、民族复兴
是中国新时代新征程的主旋律、最强音

林建华

中国是一个拥有百万年人类史、一万年文化史、五千多年文明史的世界文明古国。在漫长的历史进程中，"中国""中华民族"是深深镌刻在中国人民基因中、汩汩流淌在中国人民血液中的最美词语。中国人民和中华民族创造了中华文明，为人类文明进步作出了不可磨灭的贡献。葆有清醒的历史自觉和高度的历史自信，新时代中国共产党人正在建设中华民族现代文明。

循迹溯源，1840年西方资本主义列强发动鸦片战争以后，中国遇到了数千年未有之强敌、处在三千年未有之大变局，国家蒙辱、人民蒙难、文明蒙尘。1921年中国共产党的诞生，是开天辟地的大事，深刻改变了近代以后中华民族发展的方向和进程，深刻改变了中国人民和中华民族的前途和命运，深刻改变了世界发展的趋势和格局。建设社会主义现代化国家，实现中华民族伟大复兴，是中国共产党人百余年矢志不渝的目标愿景和不屈不挠的艰辛探索。

习近平总书记在党的二十大报告中指出："从现在起到本世纪中叶，全面建成社会主义现代化强国、全面推进中华民族伟大复兴，是全党全国人民的中心任务。"在第十四届全国人民代表大会第一次全体会议上，习近平总书记强调："强国建设、民族复兴的接力棒，历史地落在我们这一代人身上。"新时代新征程，强国建设、民族复兴是中国共产党团结带领中国人民和中华民族接续奋斗的主旋律、最强音。

一、全面建成社会主义现代化强国，既有任务书，也有施工图

一百余年来，中国共产党人所做的一切，都是为了在中国大地上实现现代化而创造必要的条件。毛泽东同志指出："中国人民有志气，有能力，一定要在不远的将来，赶上和超过世界先进水平。"中华人民共和国成立以来，从第一个五年计划到第十四个五年规划，一以贯之的主题就是把中国建设成为社会主义现代化国家。

进入新时代以来，对于建设什么样的社会主义现代化国家、怎样建设社会主义现代化国家，中国共产党在认识上不断深入、战略上不断成熟、实践上不断丰富，成功推进和拓展了中国式现代化。习近平总书记在党的二十大报告中明确指出，"到本世纪中叶把我国建成富强民主文明和谐美丽的社会主义现代化强国"，同时，"把我国建设成为综合国力和国际影响力领先的社会主义现代化强国"。习近平总书记还指出："我们这么大一个国家，就应该有雄心壮志。"

现代化是人类社会发展、人类文明进步的必由之路。中国式现代化既有各国现代化的共同特征，更有基于自己国情的中国特色。中国式现代化是人口规模巨大的现代化，是全体人民共同富裕的现代化，是物质文明和精神文明相协调的现代化，是人与自然和谐共生的现代化，是走和平发展道路的现代化。中国式现代化是现代化新途，摒弃了西方以资本为中心的现代化、两极分化的现代化、物质主义膨胀的现代化、对外扩张掠夺的现代化老路。中国式现代化的本质要求是，坚持中国共产党领导，坚持中国特色社会主义，实现高质量发展，发展全过程人民民主，丰富人民精神世界，实现全体人民共同富裕，促进人与自然和谐共生，推动构建人类命运共同体，创造人类文明新形态。中国式现代化，体现了科学社会主义的先进本质。中国式现代化理论，是科学社会主义的最新重大成果。中国式现代化，展现了不同于西方现代化的新图景，创造了世界现代化新形态、人类文明新形态。

新征程，中国共产党制定了全面建设社会主义现代化国家宏伟大厦的施工图。这座大厦的"四梁八柱"主要是：1.高质量发展是全面建设社会主义现代化国家的首要任务；2.人民民主是社会主义的生命；3.坚持中国特色社会主义文化发展道路；4.物质富足、精神富有是社会主义现代化的根本要求；5.尊重自然、顺应自然、保护自然是全面建设社会主义现代化国家的内在要求；6.教育、科技、人才是全面建设社会主义现代化国家的基础性、战略性支撑；7.在法治轨道上全面建设社会主义现代化国家；8.推进国家安全体系和能力现代化是全面建设社会主义现代化国家的必然要求；9.如期实现建军一百年奋斗目标、加快把人民军队建成世界一流军队是全面建设社会主义现代化国家的战略要求；10."一国两制"是中国特色社会主义的伟大创举、实现祖国完全统一是全体中华儿女的共同愿望；11.全面建成社会主义现代化强国、实现中华民族伟大复兴必须有和平的国际环境；12.全面建成社会主义现代化强国、实现中华民族伟大复兴，关键在党。

中国式现代化是中国共产党领导的社会主义现代化，而不是别的什么现代化。现代化的本质是人的现代化，现代化的最终目标是实现人自由而全面的发展。习近平总书记指出，中国式现代化，"这是人类历史上规模最大的现代化，也是难度最大的现代化"。惟其艰巨，所以伟大；惟其艰巨，更显荣光。

二、实现中华民族伟大复兴是中国共产党人的初心使命和奋斗主题

中国人民是伟大的人民，中华民族是伟大的民族，中华文明是伟大的文明。实现中华民族伟大复兴，是近代以来中华民族最伟大的梦想。

中国共产党是为中国人民谋幸福、为中华民族谋复兴的党，同时是为人类谋进步、为世界谋大同的党。一百余年来，中国共产党团结带领中国人民进行的一切奋斗、一切牺牲、一切创造，归结起来就是一个主题：实现中华民族伟大复兴。

实现中华民族伟大复兴的中国梦，其基本内涵是国家富强、民族振兴、人民幸福。具体而言，在历史大视野中，实现中华民族伟大复兴，就是使中

华民族重现曾经拥有的辉煌，自信自立自强，尽展恢弘气象；在世界大格局中，实现中华民族伟大复兴，就是使中华民族重新锻铸自己的地位，屹立世界民族之林，引领时代浩荡潮流。这就是中华民族伟大复兴的时空坐标。

一百余年来，无论弱小还是强大，无论顺境还是逆境，中国共产党都初心如炬、使命如磐，精彩演绎了实现中华民族伟大复兴的主题叙事和生动故事，奋笔书写了中华民族几千年历史上最恢宏的壮丽史诗。同一个主题，一百余年一以贯之，这在世界政党发展史上绝无仅有。

实现中华民族伟大复兴，是中国人民和中华民族的最高利益和根本利益，凝聚起中国人民和中华民族不可阻挡的磅礴力量。为了实现中华民族伟大复兴，中国共产党把马克思主义基本原理同中国具体实际相结合、同中华优秀传统文化相结合，团结带领中国人民，浴血奋战、百折不挠，创造了新民主主义革命的伟大成就，为实现中华民族伟大复兴创造了根本社会条件；自力更生、发愤图强，创造了社会主义革命和建设的伟大成就，为实现中华民族伟大复兴奠定了根本政治前提和制度基础；解放思想、锐意进取，创造了改革开放和社会主义现代化建设的伟大成就，为实现中华民族伟大复兴提供了充满新的活力的体制保证和快速发展的物质条件；自信自强、守正创新，统揽伟大斗争、伟大工程、伟大事业、伟大梦想，创造了新时代中国特色社会主义的伟大成就，为实现中华民族伟大复兴提供了更为完善的制度保证、更为坚实的物质基础、更为主动的精神力量。历史雄辩证明：只有创造过辉煌的民族，才懂得复兴的意义；只有经历过苦难的民族，才对复兴有如此深切的渴望。习近平总书记指出："当今世界，要说哪个政党、哪个国家、哪个民族能够自信的话，那中国共产党、中华人民共和国、中华民族是最有理由自信的。"

三、全面建设社会主义现代化国家、全面推进中华民族伟大复兴，最根本在于有习近平总书记掌舵领航、有习近平新时代中国特色社会主义思想科学指引

新时代新征程，中国共产党、中国式现代化、全面建成社会主义现代化强国、实现中华民族伟大复兴，是紧密联系在一起、有机结合为一体的。

实现新时代新征程各项目标任务，关键在党。党的领导直接关系中国式现代化的根本方向、前途命运、最终成败，直接关系能否全面建成社会主义现代化强国奋斗目标。习近平总书记指出："没有中国共产党，就没有新中国，就没有中华民族伟大复兴。"

中国共产党人是马克思主义者。马克思主义是我们立党立国、兴党兴国、强党强国的根本指导思想。这是因为，马克思主义"为人类求解放"的主题，与中国共产党人实现中华民族复兴的主题、建设社会主义现代化国家的主题、坚持和发展中国特色社会主义的主题高度契合，与中华优秀传统文化"为世界求大同"的愿景、与新时代中国共产党人推动共建人类命运共同体的理念高度契合，且彼此成就。

中国共产党是时刻保持解决大党独有难题的清醒和坚定的政党。中国共产党拥有百余年历史、9800多万名党员，局部执政、连续全面执政90余年，创造了经济快速发展奇迹和社会长期稳定奇迹。立足世界百年未有之大变局、实现中华民族伟大复兴战略全局"两个大局"，聚焦聚力全面建成社会主义现代化强国奋斗目标和实现中华民族伟大复兴宏伟目标，如何始终不忘初心、牢记使命，如何始终统一思想、统一意志、统一行动，如何始终具备强大的执政能力和领导水平，如何始终保持干事创业精神状态，如何始终能够及时发现和解决自身存在的问题，如何始终保持风清气正的政治生态，都是我们这个大党必须解决的独有难题。解决"六个如何始终"独有难题，旨在确保党永远不变质、不变色、不变味，为强国建设、民族复兴提供坚强保证。

新时代，党和国家事业取得历史性成就、发生历史性变革，最根本在于有习近平总书记掌舵领航、有习近平新时代中国特色社会主义思想科学指引。新征程，强国建设踔厉奋发，民族复兴笃行不怠。强国建设、民族复兴，我们都是参与者、都是当事人。实现第二个百年奋斗目标，也就是一两代人的事，我们正逢其时、不可辜负。

全面建设社会主义现代化国家、全面推进中华民族伟大复兴，实际上是一个问题的两个方面。早在2014年3月，习近平总书记在德国访问时就指出："中国已经确定了未来发展目标，这就是到2020年全面建成小康社会，到本世纪中叶建成富强民主文明和谐的社会主义现代化国家。我们形象地把这个目标概括为实现中华民族伟大复兴的中国梦。"辩证地看,强国建设是民族复兴的必要条件和重要基础,民族复兴是强国建设的根本目标和意义所在。强国建设、民族复兴,行则将至,行则必至。"强国复兴",必将成为新征程中国社会政治生活中的关键词、高频词,必将由新时代中国共产党人载入史册。

(林建华系中国社会科学院中国式现代化研究院党委书记、教授)

中国式现代化对发展中国家
走向现代化的方法论意义

陈志刚

现代化是生产力发展到一定阶段的产物，是人类文明发展与进步的显著标志，是世界各国孜孜以求的共同目标。中国共产党领导人民用70多年的时间，走完了发达国家二三百年走过的工业化历程，创造了中国式现代化道路，创造了人类文明新形态。中国式现代化，"破解了人类社会发展的诸多难题，摒弃了西方以资本为中心的现代化、两极分化的现代化、物质主义膨胀的现代化、对外扩张掠夺的现代化老路，拓展了发展中国家走向现代化的途径，为人类对更好社会制度的探索提供了中国方案"[①]。中国式现代化丰富发展了人类现代化理论，为广大发展中国家走向现代化提供了重要的方法论借鉴。

第一，坚持从本国国情和文化传承出发，独立自主地探索自己的现代化道路。中国式现代化既有各国现代化的共同特征，符合现代化发展的普遍规律，积极推进工业化、城镇化、信息化，积极发展民主、法治；也有中国自己的鲜明特色，始终坚持社会主义的方向，始终立足自己的历史传承和独特国情，把国家和民族发展放在自己力量的基点上，坚持民族自尊心和自信心，坚定不移走自己的路。中国式现代化，是中国共产党"把马克思主义基本原理同中国具体实际相结合、同中华优秀传统文化相结合"

---

① 习近平：《以史为鉴、开创未来　埋头苦干、勇毅前行》，《求是》2022年第1期。

的产物,具有深刻的理论逻辑、历史逻辑、实践逻辑。习近平总书记明确指出:"一个国家选择什么样的治理体系,是由这个国家的历史传承、文化传统、经济社会发展水平决定的,是由这个国家的人民决定的。我们今天的国家治理体系,是在我国历史传承、文化传统、经济社会发展的基础上长期发展、渐进改进、内生性演化的结果。"[1]中国式现代化的成功实践充分证明,"治理一个国家,推动一个国家实现现代化,并不只有西方制度模式这一条道,各国完全可以走出自己的道路来"[2]。近年来,一些发展中国家照搬西方的政治制度和政党制度,并没有带来福音,反而导致了政治动荡、经济停滞、社会分裂、民族冲突、战乱频仍。正反两反面的实践表明,广大发展中国家只有真正从各自国家的历史文化、社会性质、经济发展水平出发,独立自主地选择自己的道路,而决不照搬照抄别国道路,才能取得成功。

第二,始终坚持和加强党的领导,激发广大人民的积极性和创造性。中国式现代化是中国共产党领导的社会主义现代化。中国共产党的领导是中国特色社会主义的最本质特征,是中国特色社会主义制度的最大优势。党的领导决定中国式现代化的根本性质,只能是社会主义现代化,确保中国式现代化锚定奋斗目标行稳致远,激发中国式现代化的强劲动力。中国式现代化之所以能够战胜一切艰难险阻,取得举世瞩目的成就,关键在于我们一方面有中国共产党的强有力领导,另一方面坚持以人民为中心的发展思想,始终维护最广大人民群众的根本利益,获得了最广大人民群众的支持,激发了最广大人民群众创造和革新的活力。党坚持总揽全局、协调各方,使得我们具有集中力量办大事、办难事的优势。发展中国家的经济薄弱、技术落后,能否有一个坚强有力的政党领导,建立起一个团结一切可以团结的力量的体制机制,避免各种政治内耗,这是实现现代化的根本政治保证。

第三,坚持守正和创新的统一,始终在坚持马克思主义的基础上又发展马克思主义,不断推进理论创新、制度创新和实践创新。"守正创新是我

---

[1]《习近平关于全面深化改革论述摘编》,中央文献出版社2014年版,第21页。
[2]《习近平关于社会主义政治建设论述摘编》,中央文献出版社2017年版,第7页。

们党在新时代治国理政的重要思想方法。守正才能不迷失方向、不犯颠覆性错误，创新才能把握时代、引领时代。中国式现代化的探索就是一个在继承中发展、在守正中创新的历史过程。"①中国式现代化是在经济文化落后的基础上建设的，而且面临一球两制的国际形势，这些不同于马克思对未来社会的设想，决定了我们的社会主义现代化建设不能照搬马克思的"本本"，而必须把马克思主义基本原理和中国处于社会主义初级阶段这一最大的实际相结合，不断推进马克思主义中国化时代化的理论创新，不断推进中国特色社会主义的制度创新、文化创新、实践创新。在改革开放的伟大实践的基础上，我们开创、坚持、捍卫、发展了中国特色社会主义，坚持走中国式现代化道路，既不走封闭僵化的老路，也不走西方资本主义现代化的邪路。党的十八大以来，习近平总书记立足"两个大局"，构建了中国式现代化理论，深刻地阐明了中国式现代化的科学内涵、鲜明特色、本质要求、重大原则，把中国式现代化推进和拓展到一个新阶段，为全面建设社会主义现代化国家、全面推进中华民族的伟大复兴提供了重要指导，丰富发展了马克思主义现代化理论。发展中国家探索现代化道路，既必须守马克思主义之"正"，守现代化一般规律之"正"，也必须敢于从自己的国情和文化传承出发，进行理论创新、制度创新、文化创新、实践创新。

第四，坚持效率与公平的统一，正确发挥政府和市场两方面的作用。在马克思看来，资本主义社会有效率而没有公平，而共产主义社会应该实现效率和公平的统一，"联合起来的生产者，将合理地调节他们和自然之间的物质变换，把它置于他们的共同控制之下，而不让它作为一种盲目的力量来统治自己；靠消耗最小的力量，在最无愧于和最适合于他们的人类本性的条件下来进行这种物质变换"②。中国式现代化作为社会主义现代化，贯彻了马克思的这一原则，"既要创造比资本主义更高的效率，又要更有效地维护社会公平，更好实现效率与公平相兼顾、相促进、相统一"③。其实现机制就是把社会主义和市场经济结合起来，正确发挥政府和市场"两只手"的作用。把社会主义和市场经济结合起来，这是中国共产党在理论和

---

① 习近平：《推进中国式现代化需要处理好若干重大关系》，《求是》2023年第19期。
② 《马克思恩格斯文集》第7卷，人民出版社2009年版，第928—929页。
③ 习近平：《推进中国式现代化需要处理好若干重大关系》，《求是》2023年第19期。

实践上对马克思主义以及西方自由主义的重大突破。中国的社会主义市场经济并不是资本主义市场经济，并不以私有化为目标。改革开放以来，虽然中国所有制结构进行了调整，但始终坚持公有制主体地位不动摇，发挥国有经济主导作用，坚持"国有企业是推进国家现代化、保障人民共同利益的重要力量"[1]。中国始终坚持既毫不动摇巩固和发展公有制经济，也毫不动摇鼓励、支持、引导非公有制经济发展；既充分发挥市场在资源配置中的决定性作用，又强调要更好发挥政府作用，"保持宏观经济稳定，加强和优化公共服务，保障公平竞争，加强市场监管，维护市场秩序，推动可持续发展，促进共同富裕，弥补市场失灵"[2]，确保广大人民群众都能公平地分享现代化发展的成果。对广大发展中国家来说，实现现代化不能搞单打一，既要充分发挥资本在资源配置中的决定性作用，积极利用资本，又要加强政府的规划引领、监督，规范和遏制资本，防止资本野蛮生长。既要做强做大做优公有制，掌握国民经济命脉，从而维护民生需求、加强宏观调控，防止少数寡头垄断经济、控制政权，也要积极鼓励民营经济的发展，不断增强社会活力。

第五，坚持独立自主和对外开放的统一，使现代化既有坚实的内在基础，又能够利用人类文明的优秀成果。近代以来的中国历史告诉我们，没有民族独立就没有现代化。民族独立是实现现代化的前提，现代化是民族独立的保障。70多年来，中国一方面坚持独立自主、自力更生的战略方针，坚定不移地通过建设强大的国防和独立的工业体系，坚决反对霸权主义，维护了国家主权的完整独立，独立自主地探索中国式现代化道路，独立自主地研发核心技术、颠覆性技术，把国之重器掌握在自己手里。另一方面，中国又敢于打破封锁和封闭，积极顺应经济全球化的发展趋势，不断提高对外开放的广度、力度、水平，走在人类文明发展的大道上，既吸取发达国家的经验，又在国际竞争中壮大自己的力量，既坚持引进来，又坚持走出去，通过不断开放发展的成效来强化独立自主的力量，与发达国家既竞争又合作。内因是事物发展的根据，外因是事物发展的条件。像中国这样

---

[1]《十八大以来中央文献选编》(上)，中央文献出版社2014年版，第501页。
[2]《十八大以来中央文献选编》(上)，中央文献出版社2014年版，第500页。

一个有着14亿多人口的大国，任何时候都必须把发展放在自己力量的基点上。尤其是在西方发达国家遏制、围堵、打压不断加大的形势下，在关系国家发展命脉的核心技术上依赖外国，是靠不住的，只能受制于人，把自己陷于危险境地。同样，经济全球化是历史发展的趋势，闭关自守是违背历史发展潮流的，只能使自己更加落后。中国在明清时期有深刻的教训。对广大发展中国家来说，既要努力争取在自己的特色产业、优势产业上做大做强，不断增强经济发展的内生动力、提升技术水平，又必须顺应经济全球化趋势，坚持开放发展、合作共赢。

第六，坚持长远目标和短期目标的统一，分阶段推进现代化。经济文化落后的基础决定了中国式现代化不可能急于求成、一蹴而就，而必须接续奋斗。在现代化的推进方式上，中国共产党一直高度重视长期战略和短期目标的统一，坚持科学规划、逐步推进，一步一个台阶。建国之初毛泽东同志曾提出了"两步走"的战略部署，经过艰苦的努力，我们在上世纪70年代建立了一个独立的、比较完整的工业体系和国民经济体系。改革开放以后，立足社会主义初级阶段的实际，邓小平同志提出了从温饱到小康，再到基本实现现代化的"三步走"战略部署。1995年，由于中国提前完成了原定2000年需要完成的小康目标，极大地提振了人民的信心。为了更好地完成基本实现现代化的目标，江泽民同志在1997年党的十五大提出了"两个百年"目标，形成了"新三步走"的战略部署。新时代，习近平总书记立足我国经济快速发展的奇迹，顺应人民群众的期待，在完成全面建成小康社会这第一个百年目标之后，又进一步提出了"两步走"的战略安排。通过这一系列分阶段的战略部署，中国式现代化的战略目标日渐变成了现实。另外，中国共产党还围绕着现代化的长期战略，加强对国民经济和社会发展短期目标的科学谋划，从1953年提出第一个五年计划，到2021年提出"第十四个五年"规划，始终坚持长期目标和短期目标结合在一起，把每个五年计划和每届政府的目标结合在一起，形成了一届政府接着一届政府干，一棒接着一棒跑的接力赛，实现五年一个小台阶，十年一个大台阶的跨越发展。在远大目标的引领下，在短期目标的激励下，几代中国共产党人在接力赛中跑出了加速度。与中国一样，广大发展中国家，原来的经济基础都比较薄弱，既需要排除干扰、锚定现代化的长远目标，又需要立足现实、持之以恒，分阶段推进，在量的积累中实现现代化的飞跃。

第七，坚持活力和秩序的统一。活力与秩序是现代化发展的永恒主题，二者相互影响、相互促进。活力是现代化发展的动力源泉，秩序是现代化发展及其成果巩固的前提，是现代化活力的保障。既要在活力中保持秩序，又要在秩序中激发活力。中国式现代化，既以改革开放充分激发全社会的创新创造活力，取得了经济快速发展的奇迹，积极推进高质量发展；又大力维护国家安全和社会稳定有序，确保活而不乱、行稳致远，取得了社会长期稳定的奇迹。改革开放初期，我们曾提出"发展是硬道理""改革开放是决定中国命运的一招""稳定压倒一切"等重要论断，坚持把改革的力度、发展的速度和社会可接受的程度结合起来，正确处理改革与稳定发展的关系、活力与秩序的关系。党的十八大以来，以习近平同志为核心的党中央一方面以全面深化改革激发现代化发展的活力，另一方面又深刻把握我国发展所处的历史方位、国家安全所面临的形势任务，把安全问题摆在非常突出的位置，提出了关于统筹发展和安全的理论，要求"把安全发展贯穿国家发展各领域和全过程，防范和化解影响我国现代化进程的各种风险"[1]。在2023年中央经济工作会议上，习近平总书记强调指出："必须坚持高质量发展和高水平安全良性互动，以高质量发展促进高水平安全，以高水平安全保障高质量发展，发展和安全要动态平衡、相得益彰。"[2]这充分表明了中国式现代化坚持活力与秩序的高度统一。对广大发展中国家来说，必须在确保国家安全和社会稳定的前提下，有序推进改革，充分激发社会各阶层的活力。

第八，坚持中心工作和全面推进的统一。中国式现代化的进程，是分阶段、分领域推进的进程，是从单一工业化到全面现代化的进程。新中国成立后，比较强调的是工业化进程，虽然提出了四个现代化目标，但四个现代化说到底仍然属于物质文明的层次，可以说目标比较单一。不过，这有它的合理性，因为贫穷不是社会主义，物质文明的发展，特别是科学技

---

[1]《中国共产党第十九届中央委员会第五次全体会议公报》，《人民日报》2020年10月29日。
[2]《中央经济工作会议在北京举行》，《人民日报》2023年12月13日。

术的发展是维护国家安全，甚至整个文明社会存在的基础。马克思曾明确指出："如果没有这种发展，那就只会有贫穷、极端贫困的普遍化；而在极端贫困的情况下，必须重新开始争取必需品的斗争，全部陈腐污浊的东西又要死灰复燃。"①改革开放之后，我们进一步强调两个文明一起抓。党的十八大提出了五大文明协调发展。党的二十大明确提出要"全面"建设社会主义现代化国家。从单一到全面，这反映了现代化的内涵和外延的不断拓展，反映了我们认识的深化，以及人民对美好生活需要的不断提升。但是，从改革开放到现在，我们依然强调，必须始终坚持以经济建设为中心不动摇，这也体现了我们坚持中心工作与全面推进的辩证统一。对广大发展中国家来说，必须始终坚持经济建设为中心不动摇，不断巩固现代化发展的物质基础，在此基础上再全面推进现代化。

总之，中国式现代化之所以取得成功，就在于我们正确处理好了一系列重大关系，蕴含着深刻的辩证法，深化发展了我们对共产党执政规律、社会主义建设规律、人类社会发展规律的认识，为广大发展中国家实现现代化提供了示范和借鉴。习近平总书记曾明确指出，我们不"输入"外国模式，也不"输出"中国模式，不会要求别国"复制"中国的做法。②由于各国国情不同，历史文化不同，中国式现代化并不能为广大发展中国家直接提供现成的方案，但可以提供方法论上的有益借鉴。

（陈志刚系中国社会科学院马克思主义研究院副院长、研究员）

---

① 《马克思恩格斯文集》第1卷，人民出版社2009年版，第538页。
② 《习近平外交文集》第2卷，中央文献出版社2022年版，第91页。

中国式现代化是超越西方文明的新形态

彭光谦

现代化，对中国来说，并不是一个陌生概念。早在新中国成立之前就提出来了。中国领导人毛泽东主席、周恩来总理都一再强调要在中国实现工业、农业、国防、科学技术四个现代化。这在中国耳熟能详，妇孺皆知。

1945年4月24日，抗日战争尚未结束，在党的七大的政治报告《论联合政府》中，毛泽东主席就提出"在抗日结束以后……中国工人阶级的任务，不但是为着建立新民主主义的国家而斗争，而且是为着中国的工业化和农业近代化而斗争"[①]。

新中国成立后，在1954年第一届全国人大一次会议开幕式上，毛泽东主席强调要"将我们现在这样一个经济上文化上落后的国家，建设成为一个工业化的具有高度现代文化程度的伟大的国家"[②]。

1957年2月27日，毛主席在《关于正确处理人民内部矛盾的问题》的讲话中说："将我国建设成为一个具有现代工业、现代农业和现代科学文化的社会主义国家。"[③]1959年12月至1960年2月，毛泽东主席在读苏联《政治经济学教科书》时说："建设社会主义，原来要求是工业现代化，农业现代化，科学文化现代化，现在要加上国防现代化。"[④]由此，毛主席首次较

[①]《毛泽东选集》第3卷，人民出版社1991年版，第1081页。
[②]《毛泽东文集》第6卷，人民出版社1999年版，第350页。
[③]《毛泽东文集》第7卷，人民出版社1999年版，第207页。
[④]《毛泽东文集》第8卷，人民出版社1999年版，第116页。

完整地提出了"四个现代化"的设想。

1975年1月，在第四届全国人民代表大会第一次会议上，周恩来总理在《政府工作报告》中宣布实行两步走，全面实现四个现代化的总体规划，即："从第三个五年计划开始，我国国民经济的发展，可以按两步来设想：第一步，用十五年时间，即在一九八〇年以前，建成一个独立的比较完整的工业体系和国民经济体系；第二步，在本世纪内，全面实现农业、工业、国防和科学技术的现代化，使我国国民经济走在世界的前列。"①

为全面实现四个现代化的宏伟目标，全党、全军、全国人民上下同心，意气风发，斗志昂扬，创造了一个又一个人间奇迹。仅"一五"期间，中国工业成就远远超过自洋务运动到新中国成立近一个世纪的业绩。1952年工农业总产值如为100%，1976年的指数则达626.6%，增长526.6个百分点。20世纪六七十年代，就独立建成1100个大中型项目，独立研制出原子弹、氢弹、导弹、核潜艇、人造卫星。截至1976年，全国建成大中小水库85400多座，结束了五千年区域性水患、匪患、兵患和近代毒患。建成历代志士仁人梦寐以求，举世无与伦比的廉洁政府。

但总的来看，中国这段时间的"现代化"，大体是作为社会经济、文化、国防、科技等领域的发展指标而提出的。

作为一个新时代创新性的大战略概念，包括发展模式、社会形态、人文内涵、物质基础，中国式现代化是在党的二十大上系统阐述的。它是我们党在新中国成立后70余年的探索与奋斗的基础上，根据新的历史时期的新情况、新形势、新特点、新任务而创造性地提出的科学概念，是中国共产党在新世纪领导全国各族人民在实现中华民族复兴的斗争中的伟大创造。他打破了世界上只存在定于一尊的西方现代化模式的迷思，戳穿了"现代化等于西方化"的谎言，丰富和发展了新时代人类文明的崭新形态。习近平总书记指出："中国式现代化，深深植根于中华优秀传统文化，体现科学社会主义的先进本质，借鉴吸收一切人类优秀文明成果，代表人类文明进步的发展方向，展现了不同于西方现代化模式的新图景。"②它不仅揭

---

① 《周恩来选集》(下)，人民出版社1984年版，第479页。
② 《习近平在学习贯彻党的二十大精神研讨班开班式上发表重要讲话强调正确理解和大力推进中国式现代化》，《人民日报》2023年2月8日。

示了当代现代化的本质特征，同时展示了基于我国国情的现代化的鲜明特色；不仅对于指导中国发展具有长远的全局性的重大理论意义和实践意义，而且对于促进世界的共同发展，特别是第三世界的发展，促进人类命运共同体的建设，具有普遍意义。

中国式现代化的理论与实践，是对马克思科学社会主义的创造性继承与发展。马克思曾深刻批判西方现代化的弊端与罪恶，深刻揭示以资本为中心的资本主义现代化的实质，从揭示资本主义发展的固有矛盾出发，证明了西方现代化将随着资本主义的灭亡一起走入历史的必然趋势。尤其是马克思在研究东方社会结构、发展道路和特点规律时，敏锐地注意到现代化道路的多样性，得出东方社会完全可以从自身实际出发，跨越资本主义"卡夫丁峡谷"的结论。即经济文化相对落后国家不一定必然重复资本主义的发展阶段和某些具体形式，完全可以另外开辟不同于西方的新的社会发展道路，避免遭受资本主义的制度性灾难，从而胜利走向社会主义。马克思的论断为广大东方国家开辟符合自己特点的现代化道路提供了重要理论依据。为超越西方以资本为中心的现代化老路，使科学社会主义在21世纪的中国焕发出强大生机与活力，开创了无限灿烂的前景。

中国式现代化是占世界五分之一人口的巨大规模的现代化。中国拥有14亿人，超过现有发达国家人口的总和。实现中国式现代化，世界14亿人口整体迈入现代化，必将空前震撼和深刻影响人类历史进程，彻底改写现代化的世界版图。

中国式现代化否定了西方对外疯狂掠夺，对内残酷盘剥的血腥模式，破解了人类社会发展诸多瓶颈式难题，既体现了社会主义建设阶段的特殊规律，也体现了人类社会发展的一般规律，拓展了广大发展中国家走向现代化的多样化道路，为人类对更好社会制度的探索提供了中国智慧和中国方案。

"中国式现代化"与"西方式现代化"是两种不同的社会形态，具有完全不同的性质，不同的内涵和不同的历史命运。中国式现代化作为中国共产党领导下的现代化，是全体人民共同富裕的现代化，是物质文明和精神文明相协调的现代化，是人与自然和谐共生的现代化，是走和平发展道路的现代化。归纳起来，至少有共同发展、文明发展、全面发展、可持续发展、开放式发展和内涵式发展等鲜明特征。

一是共同发展：中国式现代化走共同发展，共同富裕，共同繁荣的道路，是一种新的发展方式和生存方式。西方式现代化是资本主导的现代化，是资本至上，以两极分化为表征的现代化，其出发点和落脚点是少数金融寡头利益的最大化。它听命于资本、受控于资本、服务于资本，无产阶级和广大劳动者始终处于被压迫、被剥削、被统治的悲惨地位。在西方式现代化进程中，仅占全球6%的人口，却吞噬着全球35%的资源。一边是少数人巨额财富的积累，一边是多数人贫困、饥饿、死亡的积累。在这种病态社会，贫富分化与社会的极端不平等性日益加剧，是其始终无法解决的痼疾。当前一些西方国家金融寡头富可敌国，中产阶层塌陷，无家可归者队伍日益庞大，社会撕裂、政治极化，就是这种分化的必然反映。中国式现代化打破了这种人吃人的"资本逻辑"，坚持人民至上，发展为了人民、发展依靠人民、发展成果由人民共享。中国式现代化，有效体现了人民意志，有效保障了人民权益，有效激发了人民活力，体现了社会主义的本质特征，中国式现代化是一种新的生活方式，新的社会形态。正如英国著名哲学家罗素说的：中国人已经发现一种通往幸福生活的方式，并且结合实践之。

二是文明发展：中国式现代化，深深植根于中华五千年文明，致力于建设人类命运共同体，创造文明的新形态。在中华五千年文明发展进程中，传承不息的是和平、和谐、和睦的理念，既坚持"威武不屈，富贵不淫，贫贱不移"的坚毅品格，又信守"强不凌弱，富不侮贫"的社会准则。"以和为贵""和而不同""共享天下太平之福"的追求深深植根于中华民族的精神世界之中。这既是中国式现代化的文明内涵，也是我国对外交往中，共建"一带一路"，共建人类命运共同体一以贯之的行为规范。这种文明内涵，与那些在娘胎里就以尔虞我诈、弱肉强食、大鱼吃小鱼、人吃人的丛林法则为圭臬的西方现代化形成强烈对比。

三是全面发展：中国式现代化坚持物质文明与精神文明相协调，着眼于社会的全面发展，创造物质文明与精神文明的新高度。衣食足，礼义兴，共为一体。物质富足，精神富有是社会主义现代化缺一不可的客观要求。物质贫困不是社会主义，精神贫困更不是社会主义题中应有之义。国家强盛、民族复兴需要物质文明的积累，更需要精神文明的升华。与西方现代化道路不同，中国式现代化不是单一的、畸形的现代化，不仅重视打造磅礴的物质力量，厚植社会主义的物质基础，同时注重锲而不舍地促进物质文明与精神文明相融合，在丰富社会主义的雄厚物质基础的同时，牢固确立社会主义核心价值观、道德观、是非观、荣辱观，完善社会主义行为规范和价值体系，弘扬红色文化、地域文化、乡土文化、吸收世界各民族的文化精华，继承天下为公的中华优秀文化传统，涵养民族文化自觉，增强民族自信心、自豪感、凝聚力和向心力，锻造社会主义新人，夯实中国式现代化的文明底蕴。

四是可持续发展：中国式现代化，坚持可持续发展，坚持人与自然的长期和谐共生。中国式现代化，视人与自然为生命共同体，是人与自然和谐共生的现代化。中国式现代化始终把生态文明建设作为关系中华民族永续发展的根本大计。坚持绿色低碳发展，坚持节约优先、保护优先、自然恢复为主的方针，像保护眼睛一样保护自然和生态环境，坚定不移走生产发展、生活富裕、生态良好的文明发展道路。坚持在开发中保护，在利用中发展，不是竭泽而渔，不是对自然的毁灭性、一次性索取。努力给中华民族子子孙孙，千秋万代创造一个永续发展的美好家园。

中国的现代化道路，否定了独霸人类资源，肆意挥霍人类资源的合理性。美国前总统奥巴马曾妄言，如果中国也过上美国那样的生活，地球根本受不了。似乎整个地球都是美国的后花园，人类资源是美国独享的盘中餐。既然知道地球资源是有限的，就应该更加重视节约资源，科学管理、公正分配，合理利用并努力开发新的资源，而不是任由少数人肆意挥霍与独霸人类社会宝贵资源。

五是开放式发展：中国式现代化，走的是开放式发展的道路。当今世界联系日益紧密，地球村越来越小。任何国家的现代化都不可能关起门来，在与世隔绝的密闭空间里完成。打破互相封锁，对外平等开放，与一切平等待我之民族友好往来，互通有无，互利互惠，是时代的必然要求。在中国式现代化进程中，中国致力于高水平开放，落实全球发展倡议、全球安全倡议、全球文明倡议，以宽阔的胸襟与气度，大步走向世界，深入拓展全球伙伴关系，努力推动构建人类命运共同体，在与世界的互动中，不仅加快自身发展，也为世界的和平与发展做出重要贡献。

六是内涵式发展：中国式现代化，走内涵式发展的道路，坚持以自己的诚实劳动创造世界，不是走外延式的劫掠与扩张之路。一部西方现代化史，就是一部永不休止的军事征服，民族灭绝，奴隶买卖，海盗洗劫，资本欺诈的历史，是杀人越货，靠吸吮弱小民族的鲜血而生存的血腥史。历史学家汤因比指出，西方和西方化的国家正是在这条充满灾难、通向毁灭的道路上你追我赶，走火入魔的。中国式现代化彻底推翻了西方这桌人肉宴席，彻底否定了这条罪孽深重的反人类的现代化之路。中国式现代化坚定站在历史正义一边、站在人类文明进步的一边，高举和平、发展、合作、共赢旗帜，增强发展的内生动力，依靠自己的汗水和智慧，充分挖掘自身发展潜力，发展自己，在坚定维护世界和平与发展中谋求自身发展，又以自身发展更好维护世界和平与发展。

西方外延式的现代化今天很难照旧走下去了。昨天还趾高气扬的暴发户，今天正一步步沦为破落户。这些年，美国穷兵黩武，耗尽资源；不劳而获，坐吃山空；挥霍无度，债台高筑；争权夺利，捉对厮杀。这样的"现代化"肯定是搞不长的。20世纪80年代曾提前10年准确预言苏联解体的挪威人约翰·加尔通最近预言，西方现代化的代表美国近年将走向衰亡。新加坡原常驻联合国代表马凯硕强调，西方现代化的领头羊美国的衰败，将是自杀，不是他杀，是西方文明的内在缺陷带来的必然结果，怪不得别人。

历史将证明，中国式现代化的蓬勃发展和西方式现代化的衰落都是不可避免的。

（彭光谦系华语智库理事长）

世界之变与中国之治
——中国式现代化的理论意蕴与国际意义

张树华

当前,中国之治与西方之乱形成鲜明对比,资本主义体系困境与社会主义思想复兴等国际政治景象并存。世界大国有关民主、人权、自由等问题的争论更加尖锐,围绕制度、道路的竞争日益激烈。中国式现代化,是中国共产党领导的社会主义现代化,既有各国现代化的共同特征,更有基于自己国情的中国特色。中方愿同各国一道,努力以中国式现代化新成就为世界发展提供新机遇,为人类探索现代化道路和更好的社会制度提供新助力,推动构建人类命运共同体。

一、中国式现代化成功的政治保证及关键秘诀是什么?

1949年,在党的七届二中全会上,中国共产党郑重提出"现代化"这一任务;1964年召开的第三届全国人民代表大会第一次会议正式提出了"四个现代化"的宏伟目标,以及分两步走实现"四个现代化"的伟大设想;1978年,以党的十一届三中全会为新的历史起点,全党的工作重点和全国人民的注意力进一步转移到社会主义现代化建设上;党的十八大以来,以习近平同志为核心的党中央不忘初心、牢记使命,深入阐释了对中国式现代化道路的认识,强调中国式现代化体现科学社会主义的先进本质。

中国式现代化与西方现代化在价值本质、实现路径以及最终目标上均有不同。西方社会迈向现代化的进程中充斥着血与泪、炮与火，对外殖民扩张，对内残酷压迫，是对内不平等、对外不公平的、失衡的、断裂的现代化。而中国式现代化让全体人民获益，最终目标是实现共同富裕和中华民族伟大复兴。中国式现代化坚持以人为本、以发展为先，强调一切从实际出发，自立自强，这是其顺利前行的关键因素。

中国式现代化具有三个鲜明的政治特征：一是始终坚持中国共产党的领导，二是始终坚持以人民为中心，三是始终坚持自主性和内生性。中国式现代化始终坚持系统观念和辩证思维，坚持"五位一体"，统筹推进"四个全面"战略布局，从而实现了发展合力最大化。

中国式现代化成功的关键在于科学处理了改革、发展、稳定的关系，做到了经济社会发展的协调有序，实现了稳定性与秩序性的统一、发展性与协调性的统一、系统性与效能性的统一。

二、中国式现代化为世界带来了什么？

中国式现代化成就"中国之治"，能够为世界百年未有之大变局注入更多稳定性。新中国70多年的建设实践成就辉煌，冲破了西方世界固守的理论教条和逻辑束缚，打破了西式自由民主和自由市场模式一统天下、无往而不胜的"神话"，不仅迎来了中华民族从站起来、富起来到强起来的伟大飞跃，也为世界上谋求自主发展的广大发展中国家探索新的选择贡献了中国智慧和中国方案。

从"一带一路"倡议到中国国际进口博览会，从博鳌亚洲论坛到亚洲文明对话大会，中国为世界发展提供的国际公共产品和交流互鉴平台，背后秉持的始终是构建人类命运共同体理念，这也是中国式现代化所擘画蓝图的重要组成部分。

世界百年未有之大变局下，中国以共同发展的理念，推动共商、共建、共享，推进世界各国文明各美其美、美美与共，共同迈向天下太平、世界大同。中国式现代化向世界提供的这一独特性供给，对于增强未来的确定性和展现人类社会发展的光明前景具有重大而深远的意义。

三、中国式现代化提供了怎样的宝贵经验？

思想展现力量，方向决定命运，道路决定成败，制度决定兴衰，政策决定输赢。中国式现代化是当代世界伟大而成功的政治实践，拓宽了世界各国的发展道路，为非西方国家提供了宝贵的发展经验，用中国的逻辑展示了世界多样化发展的主要脉络。世界历史发展正处于十字路口，何去何从，具有强烈而鲜明的不确定性。在当今复杂的国际形势下，中国式现代化彰显出愈加宝贵的共同价值意蕴和普遍意义。

中国式现代化，是领导与民心、治理与进步、法治与德治、自由与秩序、权利与责任、廉洁与效能、发展与安全等政治价值和治理要素的有机统一。要看到中国式现代化蕴含的中国之理、中国之学、中国之道既有中国特色，同时也具有一定的共性和普遍性。

当今世界，中国之治是世界百年未有之大变局中稳定而亮丽的壮丽景观。中国式现代化的"版权"属于中国，而实践应用为世界共享。中国作为世界最大的发展中国家，面临的发展问题和发展目标与其他广大发展中国家具有相近性，对于后者实现自身现代化而言，中国式现代化无疑提供了中国智慧和中国方案的有益借鉴。因此，中国式现代化既是中国的，也是世界的。

四、解码中国之治、建构中国之学、弘扬中国之道

"中国之治"是中国式现代化生动而独特的政治表达。中国之治超越了西方理论的"政治现代化"路径，破解了现代化和民主化之间的"悖论"。中国之治既遵循制度与道路的规定性，也重视实践的能动性，以相对灵活、及时有效的关键之策推动改革。

中国之治以深厚的文化底蕴和人文关怀，彰显了大国治理的韧性精神与价值追求。在当今世界，中国之治是中国道路、中国经验、中国理论的有机统一，是中国自主知识体系成长的丰厚土壤。中国自主的知识体系要超越西方中心主义的学术视角，跳出西方话语及逻辑假设，提出和回应有关时代性、民族性、全球性的重大问题。中国自主知识体系还要放眼世界，

从中国发展、中国奇迹、中国之治中提炼出可以与世界分享的哲理、道理、学理，提炼中国之治的核心概念，向世界传播中国之道。

（张树华系中国社会科学院政治学研究所所长，中国政治学会常务副会长）

新时代中国特色社会主义
日益成为世界社会主义事业的中流砥柱

王传利

一、世界社会主义运动发展的不平衡性

无论是世界资本主义，还是世界社会主义，其发展都是不平衡的。就世界资本主义的发展而言，从最早出现资本主义萌芽的意大利，到新航路开辟后率先走上殖民扩张之路的葡萄牙、西班牙和荷兰，再到工业革命时代的英国和法国，最后到帝国主义时代的德国和美国，世界资本主义发展的领头羊国家处于不断变化之中。对于这种世界资本主义的重心转移现象，列宁指出"在资本主义世界中从来没有而且不会有什么平衡，什么谐和，什么均匀"①。

世界社会主义运动的发展也是不平衡的。工业革命率先在英国出现，使英国最早出现了无产阶级及其无产阶级革命运动。宪章运动的爆发，标志着英国工人阶级作为一支独立的政治力量率先登上了世界历史舞台，英国工人阶级站在了当时国际工人运动的最前列。1871年3月18日，巴黎爆发了无产阶级革命，建立起了人类历史上第一个无产阶级政权——巴黎公社，标志着法国无产阶级站在了当时世界社会主义运动的最前列。马克思高度评价了巴黎公社的世界历史意义："公社的原则是永存的，是消灭不了

---

① 《列宁选集》第3卷，人民出版社1995年版，第792页。

的;这些原则将一再凸显出来,直到工人阶级获得解放。"①巴黎公社失败后,德国工人运动走在了时代前列。

列宁领导俄国布尔什维克党,不失时机地发动了十月革命,最终建立了世界上第一个无产阶级专政的社会主义国家,俄国成为世界社会主义运动的中心。在苏联和共产国际的影响下,中国、朝鲜、越南、古巴等国以及东欧许多国家都走上了社会主义道路,一度在世界上形成了一个强大的社会主义阵营,极大地推动了殖民地国家和被压迫民族争取国家独立和民族解放的斗争,促进了世界殖民体系的瓦解,深刻改变了世界政治格局,推动了世界历史进程。十月革命永载史册。

二、中国特色社会主义焕发出勃勃生机

中国特色社会主义事业取得的重大成就,尤其是新时代中国特色社会主义事业的成功,很大程度上改变了冷战结束后世界社会主义运动一度被动的局面。新时代中国特色社会主义日益成为世界社会主义事业的中流砥柱。

首先,苏东剧变后,中国共产党人没有被挫折、失败所吓到,没有随波逐流、改旗易帜,而是在极端困难的国内外局势下坚持马克思主义的指导地位,坚守社会主义的发展方向,开辟出一条符合中国国情和时代发展要求的中国特色社会主义道路。习近平指出,中国特色社会主义事业的成功"使具有500年历史的社会主义主张在世界上人口最多的国家成功开辟出具有高度现实性和可行性的正确道路,让科学社会主义在21世纪焕发出新的蓬勃生机"②。

其次,百年来中国共产党在理论与实践两个方面取得了重要成果和重大成就。中国共产党坚持把马克思主义基本原理同中国具体实际相结合、同中华优秀传统文化相结合,及时回答时代之问、人民之问,先后形成了毛泽东思想、中国特色社会主义理论体系和习近平新时代中国特色社会主

---

① 《马克思恩格斯文集》第3卷,人民出版社2009年版,第607页。
② 习近平:《在庆祝中国共产党成立95周年大会上的讲话》,人民出版社2016年版,第4页。

义思想，"马克思主义的科学性和真理性在中国得到充分检验，马克思主义的人民性和实践性在中国得到充分贯彻，马克思主义的开放性和时代性在中国得到充分彰显"[①]。马克思主义在中国大地上展现出强大、有说服力的真理力量。

再次，中国共产党展示出强大的治理能力，展示出社会主义制度的优越性。资本主义不但无力解决全球之乱，反而乱上添乱。如果说在资本主义制度范围内无法解决目前呈现的全球性问题的话，那么，新时代中国特色社会主义事业的成功，则彰显了用社会主义解决这些问题的可行性。随着世界格局的变化和国际体系的变迁，资本主义和社会主义两种社会制度在人类历史的长河中呈现出此消彼长的态势，社会主义赢得了比资本主义更广泛的制度优势。

最后，百年大党独特的优秀品质。百年大党，百炼成钢。她汇集了中华民族亿万的优秀子孙，规模庞大，组织严密，纪律严明，全党服从中央。党中央一声号令，能够立即将党的组织力转化成执行力，形成排山倒海、气吞山河的磅礴之力，战胜任何来自政治、经济、文化、社会等领域和自然界出现的困难和挑战。百年大党之所以有力量，还在于她根基在人民，血脉在人民，力量在人民，具有密切联系群众的政治优势，具有执政兴国的最大底气。无论面对如何强大的对手，面临如何严峻的挑战，党总是下定决心，不怕牺牲，排除万难地夺取胜利。党敢于批评与自我批评，敢于刀刃向内，坚决反对党内的现象，敢于大刀阔斧地清除一切侵蚀党的健康肌体的病毒。百年大党还具有独立自主的立党重要原则，具有坚持国情出发的独立自主的前进定力，具有从人类发展大潮流、世界变化大格局、中国发展大历史正确认识和处理同外部世界关系的胸怀，具有团结一切可以团结的力量的统一战线的制胜法宝。

[①]《中国共产党第十九届中央委员会第六次全体会议公报》，人民出版社2021年版，第14页。

三、新时代中国特色社会主义事业具有世界意义

马克思恩格斯曾预测，太平洋将取代大西洋，就像历史上大西洋取代地中海一样，这是不可扭转的历史趋势。列宁提出过，在亚洲，"数亿人正在觉醒起来，追求生活，追求光明，追求自由"①。1962年，毛泽东曾预言："从现在起，五十年内外到一百年内外，是世界上社会制度彻底变化的伟大时代，是一个翻天覆地的时代，是过去任何一个历史时代都不能比拟的。"②中国共产党人没有辜负马克思列宁毛泽东，如今的社会主义中国焕发出勃勃生机，中国式现代化为人类社会发展提供了新的选择，中国智慧、中国方案、中国力量。

新中国成立七十多年来，新中国一直以勤劳勇敢、爱好和平的形象出现在世界舞台上。新中国成立之初，中国就提出了和平共处五项原则，成为国际关系基本准则和国际法基本原则。党的十八大以来，习近平提出的"一带一路"倡议和构建人类命运共同体的理念，为建设一个持久和平、普遍安全、共同繁荣、开放包容、清洁美丽的世界贡献了中国智慧和中国方案，为人类和平与发展崇高事业作出了重要贡献。展望未来，我们完全可以断定：一个发展起来的社会主义中国，一定会对世界和平做出贡献。

新时代中国共产党人"坚持和发展中国特色社会主义，推动物质文明、政治文明、精神文明、社会文明、生态文明协调发展，创造了中国式现代化新道路，创造了人类文明新形态"③。中国式现代化的文明形态，不仅突破了传统的社会主义文明形态，而且全面超越了西方资本主义的文明形态，始终坚持人民至上，坚持和平发展，坚持胸怀天下，积极学习吸收借鉴人类文明的一切有益成果，成为顺应人类文明发展规律、代表人类文明前进方向的先进文明形态。它深刻改变了人类文明的世界格局，充分彰显了社会主义文明相对于资本主义文明的优越性，为世界社会主义事业的复兴、发展中国家实现现代化和全人类的和平发展展示了一条新路，必将影响人类文明走向更加美好的未来。

---

① 《列宁专题文集·论资本主义》，人民出版社2009年版，第82页。
② 《毛泽东文集》第8卷，人民出版社1999年版，第302页。
③ 习近平：《在庆祝中国共产党成立100周年大会上的讲话》，人民出版社2021年版，第14页。

三十多年前苏东剧变时,我们以悲壮的心情探讨世界社会主义的前途命运。今天我们欢聚一堂,满怀希望地探讨世界社会主义的未来。可以预料,在不久的将来,我们将不可逆转地迎来世界社会主义的高潮,迎来赤旗的世界!马克思恩格斯列宁将在天国检阅已经势不可挡的雄壮的无产阶级革命队伍!

(王传利系清华大学马克思主义学院长聘教授)

中国式现代化对拉美的意义

徐世澄

国家主席习近平在第三届"一带一路"国际合作高峰论坛开幕式发表的主旨演讲中说,"中国正在以中国式现代化全面推进强国建设、民族复兴伟业。我们追求的不是中国独善其身的现代化,而是期待同广大发展中国家在内的各国一道,共同实现现代化。世界现代化应该是和平发展的现代化、互利合作的现代化、共同繁荣的现代化"①。

什么是现代化?北京大学教授钱乘旦认为,"人们通常认为,西方的力量来自工业化,因此把工业化看作现代化的唯一内容。这种看法是错误的。现代化不等于工业化,现代化的起点也不在工业革命","把它从中世纪的农业社会转变成现代的工业社会。变化的范围涉及政治、经济、文化、社会、思想、行为等方方面面,因此是一个全方位的转变","现代化不仅意味着经济增长,而且意味着社会的全方位变化。对任何国家来说,现代化均包含三项任务:一是建立现代国家,二是发展现代经济,三是建设现代社会。这三项任务相互衔接又彼此重叠:没有现代国家就不能发展现代经济,现代经济发展又必定呼唤建设现代社会。比较成功的现代化国家都是能将这三项任务有机配套的国家。认识到这一点,就明白了什么是'全方位的现代化'"②。

---

① 习近平:《建设开放包容、互联互通、共同发展的世界:在第三届"一带一路"国际合作高峰论坛开幕式上的主旨演讲》,人民出版社2023年版,第7页。
② 钱乘旦:《把握中国现代化的历史方位》,《人民日报》2018年1月5日。

一、中国的现代化进程

中国现代化进程从1840年开始,至今为止可分为三个阶段,第一阶段从1840年至1949年,第二阶段从1949年至1978年,是新中国成立至改革开放开始前"四个现代化"实施阶段。第三阶段从1978年至今,是中国式现代化实施阶段。"在新中国成立特别是改革开放以来长期探索和实践基础上,经过十八大以来在理论和实践上的创新突破,我们党成功推进和拓展了中国式现代化。"[1]

1964年12月,在第三届全国人大第一次会议上,根据党中央和毛泽东的提议,周恩来总理正式提出要在20世纪内实现四个现代化的奋斗目标。1975年,周恩来再次提出"向四个现代化的宏伟目标前进"[2]。1978年,邓小平提出"在20世纪内,全面实现农业、工业、国防和科学技术的现代化……是我国人民肩负的伟大历史使命"[3]。

改革开放之后,我们党提出社会主义现代化建设"三步走"战略目标。在解决人民温饱问题、人民生活总体上达到小康水平这两个目标提前实现的基础上,我们党又提出"两个一百年"奋斗目标。经过长期努力,党和国家事业发生历史性变革,中国特色社会主义进入新时代。2017年,在党的十九大报告中,习近平同志清晰擘画了全面建成社会主义现代化强国的时间表、路线图。在2020年全面建成小康社会、实现第一个百年奋斗目标的基础上,再奋斗15年,在2035年基本实现社会主义现代化。从2035年到21世纪中叶,在基本实现现代化的基础上,再奋斗15年,把我国建成富强民主文明和谐美丽的社会主义现代化强国。从全面建成小康社会到基本实现现代化,再到全面建成社会主义现代化强国[4]。习近平总书记在二十大报告中强调,"是人口规模巨大的现代化","是全体人民共同富裕的现代化","是物质文明和精神文明相协调的现代化","是人与自然和谐共生的现代化","是走和平发展道路的现代化"[5]。从中共十九大到二十大,是"两个

---

[1]《习近平著作选读》第一卷,人民出版社2023年版,第18页。
[2]《习近平著作选读》第一卷,人民出版社2023年版,第479页。
[3]《邓小平文选》,人民出版社1983年版,第82页。
[4]《习近平著作选读》第二卷,人民出版社2023年版,第22-24页。
[5]《习近平著作选读》第一卷,人民出版社2023年版,第18-19页。

一百年"奋斗目标的历史交汇期。

中国式现代化覆盖人口多、影响范围大，为人类实现现代化提供了新的选择，为世界现代化实践提供了可供借鉴的中国理论和中国方案，具有重大启示意义。中国式现代化不是西方国家现代化的"翻版"，它找到了社会主义的现代化新道路，开辟了后发国家的现代化新模式，具有深远的世界意义，将对包括拉美和加勒比国家在内的发展中国家和新兴经济体的现代化进程与实现路径提供范式意义上的经验参照。

二、中国式现代化对拉美国家和发展中国家的启示

自改革开放头40年中国经济年均增长率超过9%，到2010年下半年，中国成为全球第二大经济体。2022年9月13日，中国国家统计局发布党的十八大以来中国经济社会发展成就系列报告。数据显示，近十年间，中国对世界经济增长的平均贡献率超过30%，位居世界第一。[①]根据《2022年度中国对外直接投资统计公报》，2022年，中国对外直接投资流量为全球第2位，连续11年位列全球前三，连续七年占全球份额超过一成。2022年末，中国对外直接投资存量连续六年排名全球前三。2022年末，中国境内投资者共在全球190个国家和地区设立境外企业4.7万家。[②]这说明中国已成为世界经济增长的主要驱动力量。中国积极参与经济全球化进程，在与世界的良性互动中实现了经济快速发展，成功开辟和推进了中国式现代化，拓展了发展中国家走向现代化的路径选择。

拉美国家和发展中国家在实现现代化进程中遇到一些挑战和问题，归纳起来主要有：发展模式没有很好地实现转换；国家战略和政府政策偏差；产业结构单一，少数几种农矿原料类初级产品的生产在国民经济中占相当大的比重；创新能力不足；腐败多发；收入不均，贫富两极分化，贫困问题严重；市场机制不够完善、市场化程度低，等等。

中国式现代化对拉美国家的主要启示是：

[①]《国家统计局发布经济社会发展成就系列报告 综合国力显著增强》，https://cn.chinadaily.com.cn/a/202209/13/WS63208655a310817f312ede2e.html。

[②]《中国对外投资规模保持世界前列》，http://news.china.com.cn/2023-10/07/content_116729371.shtml。

第一，要坚定不移把发展作为执政兴国的第一要务，要制定战略目标。中国党和政府在不同历史阶段，根据国际国内形势和我国发展条件，提出相应战略目标引领现代化建设的发展。中国式现代化的经验表明，一个国家政府及其执政党在不同的历史时期，应该制定相应的战略目标。拉美一些国家政府和执政党由于受政治制度的限制，一届政府任期4至5年，难以提出中长期的现代化建设的目标；有的虽然提出了中长期目标，也难以实施。

第二，要有正确的适合本国国情的现代化发展战略和模式，要保持国民经济有较快的增长速度。中国式的现代化道路是中国改革开放以来形成的与西方国家和苏联东欧国家不同的、独特的一种发展模式。在处理稳定、改革和发展三者的关系方面，中国找到了平衡点。拉美现代化进程如从19世纪70年代起算，150多年来，拉美地区先后经历了古典自由主义、发展主义、新自由主义和后新自由主义即新自由主义替代四种现代化战略，和初级产品出口、进口替代工业化、新型出口导向和再工业化四种经济发展模式，也有学者把拉美现代化发展模式概括为"依附发展模式"和"自主发展模式"两种主要模式。对拉美国家来说，各国国情不同，很难实施统一的现代化模式，必须找到适合本国国情的现代化模式，才能保持国民经济有较快的增长速度。

第三，要建立比较完整的市场经济体制。中国社会主义市场经济体制的确立不是一蹴而就的。中共十二大提出计划经济为主，市场调节为辅；中共十三大提出社会主义有计划商品经济的体制是计划与市场内在统一的体制。中共十四大明确提出，我国经济体制改革的目标是建立社会主义市场经济体制。中共十四届三中全会通过了《关于建立社会主义市场经济体制若干问题的决议》，建立了社会主义市场经济体制的基本理论框架，社会主义市场经济理论基本形成。党的十八届三中全会通过了《中共中央关于全面深化改革若干重大问题的决定》，提出要"使市场在资源配置中起决定性作用"。21世纪初，中国95%以上的商品和资源实现了市场配置，市场经济体系至此基本建立。中国社会主义市场经济的建立，极大地调动了社会各方面的生产积极性，极大地解放了社会生产力，推动了国民经济的迅速发展，促使中国国际地位不断提高，使人民生活总体上达到了小康水平。

而拉美有的国家,虽然已开始认可市场在国民经济发展中能起一定作用,但仍坚持中央计划经济制度,从而影响本国经济的发展。

第四,要精准地逐步解决贫困问题。拉美国家要实现现代化,一个迫切的任务是要逐步减少贫困,解决贫困问题。长期以来,贫困始终是阻碍拉美经济发展的根本问题,也是国际社会所关注的问题,但至今仍没有得到明显改善。据联合国拉美经委会报告,到2022年年底,拉美贫困人口占总人口的32.1%,2.01亿人;极端贫困人口占总人口的13.1%,8200万人。实现共同富裕,是中国共产党和政府的使命担当。1978年,中国农村贫困人口有7.7亿,到2021年,我国脱贫攻坚战取得了全面胜利,完成了消除绝对贫困的艰巨任务。2023年,卢拉在接受中央广播电视总台《高端访谈》时表示,"我对中国取得的非凡成就感到十分钦佩。要知道让几亿人脱离贫困,这可不是一件简单的事情","比如2012年巴西消除了饥饿现象,但是现在又出现了饥饿人口,这说明巴西的政治经济缺乏连续性,而中国不是这样的。因此,我认为我们需要友好、认真、谦虚地向中国学习"。"我觉得中国最让人钦佩的是,能够在保持意识形态和政党建设的同时,创造出一种高速度发展的经济模式。"[1]

第五,要坚持和扩大开放,将本国经济与世界经济相连接,融入全球化。改革开放45年来,中国经济实行对外开放战略,对外开放是中国的基本国策。中国积极吸引外资的经济发展政策,则使得中国的国内市场与国际市场接轨的进程进一步加快。中国已从国际产业转移的接受者、世界加工制造业重要基地,逐步成为世界新技术的策源地,中国经济对世界市场和世界经济的影响力将进一步增强。习近平总书记在庆祝改革开放四十周年大会的讲话中说:我们要支持开放、透明、包容、非歧视性的多边贸易体制,促进贸易投资自由化便利化,推动经济全球化朝着更加开放、包容、普惠、平衡、共赢的方向发展。他强调:"我们要以共建'一带一路'为重点,同各方一道打造国际合作新平台,为世界共同发展增添新动力。"[2]中国加大对拉美等发展中国家的援助力度,促进缩小南北发展差距。中国支

---

[1]《中国电视报 特刊》第39期,2023年10月12日第7版。
[2] 习近平:《在庆祝改革开放40周年大会上的讲话》,人民出版社2018年版,第34页。

持多边贸易体制，促进自由贸易区建设，推动建设开放型世界经济。中国在"一带一路"建设中将设施联通作为重点，为广大发展中国家现代化建设提供基础设施建设经验、技术设备、资金、人才，加快了对拉美和发展中国家在现代化道路上的追赶脚步。拉美和发展中国家要发展本国经济，实现现代化，必须实行对外开放政策，将本国经济融入全球化进程。

第六，要把实现人民对美好生活的向往作为现代化建设的出发点和落脚点。中国的现代化全方位改善人民生活质量，提高人的发展能力，激发人的创造力，促进人的全面发展和社会全面进步。拉美不少国家领导人也把改善和提高本国人民的生活水平作为自己执政的目标。但多数拉美国家贫富差异悬殊，两极分化严重。拉美国家执政党和政府也应该把促进全体人民共同富裕、防止两极分化作为实现本国现代化的奋斗目标。厄瓜多尔左翼总统在2007—2017年执政期间，曾提出"美好生活社会主义"和"21世纪社会主义"，但2017年之后，由于右翼在厄瓜多尔上台执政，不再提及。

第七，要加快建设创新型国家。无论是中国科技的发展，还是拉美等发展中国家科技的发展，绝不能简单地照搬发达国家科技发展模式，也绝不能跟在发达国家的后面亦步亦趋，必须面向世界前沿，从本国现代化进程的实际需求出发，改革创新，探索出具有本国特色的科技创新道路，实现本国科技的跨越发展，有力支撑本国的现代化建设。必须坚持创新、协调、绿色、开放、共享的发展理念，推动新型工业化、信息化、城镇化、农业现代化同步发展。积极实施创新驱动发展战略。创新能力不足、无法有效推动产业转型升级，是拉美等不少发展中国家陷入"中等收入陷阱"、无法迈向高收入国家的主要因素。2023年4月21日，萨尔瓦多副总统费利克斯·乌略亚在接受《高端访谈》时表示，"我想看看你们（中国）如何发展所有这些新产业、新技术。我们真的很想知道你们是如何从一个第三世界、不发达国家、农业国家在很短时间内成为世界上最杰出的大国之一，不仅在经济方面，而且在工业和技术方面世界领先。因此，对于像我们这样的小国来说，这可能是一种启发"[①]。

[①]《中国电视报 特刊》第39期，2023年10月12日第11版。

第八，形成能够团结全国人民的坚强领导核心。中国之所以能够找到正确的现代化道路，关键在于有中国共产党的正确领导。中国社会主义现代化建设之所以能取得辉煌成就，最根本的是有中国共产党这个坚强领导核心。依靠先进政党的领导力量，我国社会主义现代化才有科学理论和正确路线方针政策的指导，才能取得举世瞩目的伟大成就。实现国家现代化需要先进政党的坚强领导，对于拉美国家来说也是如此，走向现代化，需要先进政党选择现代化道路、制定现代化方案、推进现代化实践，最终实现现代化目标。2022年12月9日，古巴国家主席迪亚斯-卡内尔在参加《高端访谈》节目时表示，习近平主席的思想"这对于中国的现代化进程和在新时代建设现代中国的目标来说，也是意义重大的"，"我深入学习了中共二十大报告和他（习近平主席）在二十大闭幕式上的演讲。我必须指出，这些文件对古巴有着重要的借鉴意义。关于怎样处理当今世界上的一些问题，以及如何建设中国特色和古巴特色的社会主义，我们双方在理念和思想上有诸多共识"[1]。

第九，把握国内国际两个大局，在互利共赢中构建人类命运共同体。习近平同志创造性地提出构建人类命运共同体的重大命题，先后提出"一带一路"倡议、全球发展倡议、全球安全倡议、全球文明倡议，引领中国特色大国外交，积极推进全球治理体系变革，使中国的现代化顺应和平、发展、合作、共赢的时代潮流，使中国负责任、具备全球领导力的大国形象日益深入人心。中国坚持走和平发展道路，既积极争取和平的国际环境发展自己，又以自身发展促进世界和平，让世界分享中国的机遇，为世界发展注入强大正能量，使各国人民受益，使全人类受益。这些倡议得到拉美和发展中国家的欢迎。2022年12月23日，委内瑞拉总统马杜罗在参加《高端访谈》节目时表示，"习近平主席就是一位新时代的思想家，因为他一直在强调人类命运共同体，强调全球安全体系，强调关爱地球、和谐共存，强调世界各国人民和政府之间的互补和团结，不同于西方所宣传的单极霸权世界。[2]"

---

[1]《中国电视报　特刊》第39期，2023年10月12日第4版。
[2]《中国电视报　特刊》第39期，2023年10月12日第6版。

世界上有各种发展模式，发展模式的多样性应该得到尊重。各种发展模式应该和睦共存、互相学习、共同进步。每个国家应该根据各自的国情，建立本国的发展模式，吸取别国的经验，但是，不应照抄照搬。中国特色社会主义现代化道路的成功表明，西方国家的现代化道路并不是通往现代化的唯一之路，世界的发展道路是丰富多彩的。一些现代化后发国家往往在建构现代文明的进程中，遇到比率先实现现代化的国家更为复杂的矛盾和问题。率先实现现代化的国家的发展模式常常具有一定的示范意义，被发展中国家模仿或接受。然而，率先实现现代化的国家的国情与后发国家不同，单纯模仿率先实现现代化国家的发展模式，往往会给发展中国家的现代化进程带来一系列困境。而中国作为发展中国家，它的中国特色社会主义发展道路的成功实践，揭示了人类文明发展的多样性，打破了西方所谓的"历史终结论"，表明西方模式并非唯一正确，为广大发展中国家提供了积极示范。中国特色社会主义现代化道路之所以令人瞩目，最根本的原因在于中国拒绝照搬照抄，坚持从本国实际出发，不断汲取世界上一切先进经验和有益成果，并将其融入到本国发展的具体实践当中，从而走出了一条独立自主的发展道路。世界上不可能有两个完全一样的国家能够采取完全一样的发展模式。拉美和广大发展中国家可以积极借鉴中国经验，但不应简单地移植中国经验，而是要根据本国的国情选择各自发展道路。正如习近平总书记在中国共产党与世界政党领导人峰会上所说的：现代化道路并没有固定模式，适合自己的才是最好的，不能削足适履。每个国家自主探索符合本国国情的现代化道路的努力都应该受到尊重。①

（徐世澄系中国社会科学院荣誉学部委员、拉丁美洲研究所研究员、世界社会主义研究中心常务理事）

---

① 《习近平著作选读》第二卷，人民出版社2023年版，第494页。

脱钩的世界与世界的脱钩
——资本主义旧文明的没落与人类文明新形态的诞生

张文木

本文讲三个问题：一是引领世界的民族一定是能为世界提供新文明的民族；二是脱钩的世界，讲的是封建社会和与之并存的资本主义脱钩；三是世界的脱钩，讲的是当代资本主义和与之并存的社会主义脱钩；社会主义文明新形态呼之欲出。

第一，能引领世界的民族一定是能为世界提供新文明的民族。

历史上能引领世界的民族，光靠武力和财富是不够的，必须有文明创新能力及成就，能为世界提供更先进文明的民族它的历史就比较稳定和久远。古罗马曾在实践中创新出"公民文明"，其统一的道统和同一的法统引领欧洲上千年。此间中国从春秋至隋朝，在同一道统即儒文明下中国则出现法统的频繁更迭，战乱多于统一；同期西方以地中海为中心形成的古罗马文明则在同一道统下保持着法统的连续性，统一远大于战乱。

罗马从共和国转入帝国后，它的公民制度便整体性地使罗马人民从被压迫民族异化为压迫民族，由此导致罗马的衰落；此后欧洲陷入"黑暗时期"①,世界文明线索也由此东渐。东方中国以仁学为核心的儒家文明担当起世界中世纪的文明牵引者的历史重任。且不说儒家文明当时对东亚的影响,即使在欧洲文艺复兴中华儒家思想也有很大的影响。这一时期欧洲全面战乱并陷入"三十年战争"②后的分崩离析,罗马时期的统一的道统和法统不复存在。这是欧洲中世纪知识分子仰慕东方中华文明动因。

但是包括儒家文明在内的封建社会的文明都是以纵向等级社会的意识形态为前提的,它对社会治理是靠垂直等级式的秩序,这样的文明优点是可以有力调动社会资源并保持社会稳定,其不足之处是无力于横向开发和扩张社会资源。这可以从中国明朝郑和与西方达·迦马同样的世界性航海对世界产生的完成不同的影响中得以证明。

1840年中英鸦片战争敲响了中世纪封建文明的全面衰落的暮钟,此后欧洲从大不列颠岛奏响资本主义新文明的序曲,其特点是资本依托民间公司而非皇室垂直官僚系统扩展经济活动并将以前的手工业大规模的扩展为大工业。公司董事的任命不以皇室敕令而以其资本参股的比例为原则。这打破了封建社会人们对皇室的垂直等级制的依附,大大解放了社会生产力,真正实现了皇亲国戚之外平民天然就有的"王侯将相,宁有种乎"的理想,而公司制给没有进入垂直等级体制的广大平民提供实现出人头地的平台,因而受到平民社会的极大欢迎。这种新文明被称作"资本主义文明"。这种文明相对于封建文明来说,具有更广大的社会基础和很强的生命力和创造力。我们今天在批评资本主义的个人主义的同时,我们不要忘记它也曾经给人类社会做了很大的贡献,如果不理解这一点我们就不能准确地理解资

---

① 欧洲历史划分为古典时代、中世纪和近现代;中世纪始于公元476年西罗马帝国的灭亡,终于公元1453年东罗马帝国的灭亡,最终融入文艺复兴运动和大航海时代(地理大发现)中。中世纪历史自身也分为前、中、后三个阶段。中世纪早期欧洲没有一个强有力的政权来统治,封建割据带来频繁的战争,天主教会对人思想的禁锢,造成科技和生产力发展停滞,人民生活在毫无希望的痛苦中,所以中世纪或者中世纪早期在欧美普遍被称作"黑暗时代"。

② 三十年战争(1618—1648年),是由神圣罗马帝国的内战演变而成的一次大规模的欧洲国家混战,也是历史上第一次全欧洲大战。参战各国于1648年签订《威斯特伐利亚和约》,《威斯特伐利亚和约》削弱了哈布斯堡王朝的统治,加深了德意志政治上的分裂,划定了欧洲大陆各国的国界,它使本已破碎只靠宗法权维系的"神圣罗马帝国",从法律上结束,神圣罗马帝国内的诸侯本来众多的只有宗法自主权城邦,固化为有主权的众多国家。与中国周王朝破碎的宗法法为秦王朝统一的进程相似但结果相反,欧洲中世纪破碎的地缘政治形势由此在法律上固化。由此欧洲人彻底告别并忘却了欧洲曾有过的在"罗马帝国—查理曼帝国—神罗马帝国"连贯宗法权名义下的大一统历史。这是欧洲中世纪落后于中国的主要原因。

本主义的进步性,更不能准确地理解资本主义文明衰落的原因。马克思最先发现资产阶级文明的这一特点,他写道:

资产阶级在历史上曾经起过非常革命的作用。资产阶级在它已经取得了统治的地方把一切封建的、宗法的和田园诗般的关系都破坏了。它无情地斩断了把人们束缚于天然首长的形形色色的封建羁绊,它使人和人之间除了赤裸裸的利害关系,除了冷酷无情的"现金交易",就再也没有任何别的联系了。它把宗教的虔诚、骑士的热忱、小市民的伤感这些情感的神圣激发,淹没在利己主义打算的冰水之中。它把人的尊严变成了交换价值,用一种没有良心的贸易自由代替了无数特许的和自力挣得的自由。总而言之,它用公开的、无耻的、直接的、露骨的剥削代替了由宗教幻想和政治幻想掩盖着的剥削。[1]

不断扩大产品销路的需要,驱使资产阶级奔走于全球各地。它必须到处落户,到处创业,到处建立联系。资产阶级,由于开拓了世界市场,使一切国家的生产和消费都成为世界性的了。不管反动派怎样惋惜,资产阶级还是挖掉了工业脚下的民族基础。古老的民族工业被消灭了,并且每天都还在被消灭。它们被新的工业排挤掉了,新的工业的建立已经成为一切文明民族的生命攸关的问题;这些工业所加工的,已经不是本地的原料,而是来自极其遥远的地区的原料;它们的产品不仅供本国消费,而且同时供世界各地消费。[2]

资产阶级使乡村屈服于城市的统治。它创立了巨大的城市,使城市人口比农村人口大大增加起来,因而使很大一部分居民脱离了乡村生活的愚昧状态。正象它使乡村从属于城市一样,它使未开化和半开化的国家从属于文明的国家,使农民的民族从属于资产阶级的民族,使东方从属于西方。[3]

---

[1]《马克思恩格斯选集》第1卷,人民出版社1972年版,第253页。
[2]《马克思恩格斯选集》第1卷,人民出版社1972年版,第254–255页。
[3]《马克思恩格斯选集》第1卷,人民出版社1972年版,第255页。

资本主义文明用平面的资本扩张打倒了托马斯·阿奎那[①]描述的纵向的封建等级社会组织系统,资本主义从更广阔的领域释放了社会各阶层的自由和创造性。在封建垂直体系之外出现平民组成阶级、政党由此产生的革命,它给社会提供了巨大的创造空间。但是资本主义用资本横向扩张的公司制打倒了封建社会人的等级制后,却又掉入资本等级制的陷阱。公司制度的前提是资本绝对优先,人在公司中的地位是由股份多少决定的,人的社会地位的贵贱是由资本决定的。于是一切人和物乃至学者和科学都成了屈膝于资本脚下的奴仆。人们创造生产力的目的不是为了人的精神提升而是为了资本增殖。资产阶级从封建等级制那里夺回的自由又在追逐资本中交给了资本;资本又最终褫夺了资产阶级的自由。马克思说:"资产阶级用来推翻封建制度的武器,现在却对准资产阶级自己了。"[②]

中世纪欧洲以犹太人为主体的工商阶级帮助欧洲皇室打倒天主教并发展起巨大的资本主义生产力后,他们便居功要与欧洲皇室平分政权,将公司的股份比例高低的原则而非宗法血统的原则用于评判人的地位升迁标杆。欧洲皇室不接纳不认可这一原则,他们把这些资产阶级精英们赶到北美。这些人就在"五月花号"船上制定建国新原则,用有限股份公司制的原则建立了国家:国家不掌握银行,国家行政通过业绩好坏得到商业银行的贷款。这一方面可以迅速调动更大规模的资本,推动了生产力的迅猛发展,美国因此强势崛起;另一方面,追求绝对自由就不能有行政等级权力,但个体自由之间谁当平衡物呢?只有资本。这样,资本主义在解放人的同时也使人失去了自由。资本主义历史运动的结果成了物(资本)统治了人,这确实出乎资产阶级初衷。

当历史进入21世纪,资本主义日益走向反动,世界由此出现了"百年未有之大变局",但这一切恰恰是从资本主义的进步性异化而来的,并不是

[①] 托马斯·阿奎那(Thomas Aquinas,约1225—1274年),中世纪欧洲神学家。力主教会的权力至高无上。认为如同神高于人,灵魂高于肉体一样,教会高于世俗的国家。教皇是基督的代理人,政权应由他掌握,国家必须服从教会,国王必须顺从教皇。他还极力维护封建君主的统治权力,认为君主制是最好的政治形式。他坚持个人的意志必须服从上帝规定的道德律即"上帝法"。他强调,个人必须抛弃尘世的欲望,甘主贫困,寄希望于来世;同样,社会的秩序,人与人的关系,也必须遵循上帝的目的,按照严格的教阶和封建等级阶梯,严格服从封建教会和国家的利益。

[②]《马克思恩格斯选集》第1卷,人民出版社1972年版,第257页。

天然的。

今天资本主义的衰落产生于它的文明里面具有的价值与使用价值分离及由此产生的导致其内部矛盾不可调和的否定的因素。价值与使用价值分离是资本主义得以平面扩张的动力，工业文明需要市场，市场必然导致资本需要无限量的雇佣劳动力，这样在国内必然造成资本家与无产者的对立，在国外就是资本的宗主国与殖民地、继而北方世界与南方世界的对立。这种对立是不可调和的，因此这种文明是进步的资本主义与落后的奴隶制的混合体，有相当的残酷性，比如说英国对印度的征服和剥削以及对非洲的奴隶买卖都是比较残酷的，它是进步中的落后，是新文明中的新型奴隶制，因而它是维持不下去和长久不了的。从17世纪诞生到20世纪初，它就走向到其由盛转衰的节点。1916年列宁为此专门写了《帝国主义是资本主义的最高阶段》，将20世纪进入垄断阶段的资本主义称为"新资本主义"，他说："对于欧洲，可以相当精确地确定新资本主义最终代替旧资本主义的时间，那是在20世纪初。"①

第一次世界大战中英国工业"宗主国+殖民地"模式的资本主义受到世界范围出现的民族民主运动的挑战，说明它已经失去世界治理的能力并走向了衰落。与之相应，代替英国工业文明的新文明形态呼之欲出：一是苏联提供的社会主义文明，另一是美国提供的以金融为核心的"工商文明"。前者是历史的进步，后者则是资本主义的回光返照。第二次世界大战以后，这两种文明取代了英国的殖民文明，双双登上历史舞台并由此形成"两个阵营"近半个世纪的平行共存。

携二战胜利，美国工商文明为英国的"宗主国+殖民地"即"资本主义奴隶制"高调奏响了凄艳的挽歌。英国工业主义靠国内无产阶级和资产阶级的分裂来推动社会发展。而美国的工商文明靠国际南方和北方的分裂推动了世界的发展，这种发展有它一定的进步性，但到帝国主义阶段后它就很快就进入衰落期，其反动性大于进步性。

社会的迅速发展又造成了资本高度垄断，高度垄断又造成不掌握银行的国家对资本的高度依赖，并因此丧失独立性，国家乃至社会成为资本的

---

①《列宁选集》第2卷，人民出版社1972年版，第743页。

可以任意摆布的奴仆。20世纪初掌握大量资本的华尔街财团——艾森豪威尔称之为"军工复合体"——反客为主,形成对国家的控制。列宁说这时的资本主义是"新资本主义"①。

垄断资本的本质是资本对人的控制从而实现对国家的垄断。有限股份公司制的资本优先原则在这时就表现得淋漓尽致:最优先的话语权永远属于公司中股份份额最大的人。结果实体经济便拜倒在金融的脚下,金融又倒在高利贷脚下。列宁说:"银行资本和工业资本已经溶合起来,在这个'金融资本'的基础上形成了金融寡头。"②一切都要向表现为货币的高利贷资本让路,最后美国政治从正常的民族国家走向帝国,从屈服资本到屈服于货币,结果是金融统治了实体经济,而货币即高利贷统治了金融。

这个资本从进步转为反动的进程在20世纪初美国提供的"工商文明"中开始加速。其典型表现是从金融资本主义异化为高利贷资本。马克思在《资本论》中道出了金融与高利贷的本质区别,他写道:

在商业资本中,两极,即投入市场的货币和从市场中取出的增大的货币,至少还以买和卖,以流通运动为媒介。在高利贷资本中,G—W—G′形式简化成没有媒介的两极G—G′,即交换成更多货币的货币。这种形式是和货币的性质相矛盾的,因而从商品交换的角度是无法解释的。③

这时的美国经济从马克思描述的"G(货币)→W(商品生产)→G′(增值货币)"即通过生产增值的公式进入"G→G′"即货币通过货币的高利贷公式。经营令各国特别是令欧洲民众极为憎恶的高利贷④在21世纪初却成了美国推动国家经济发展的杠杆和美国人的寄生方式。

---

① 在同文的其他地方,列宁还用"最新资本主义时代""资本主义发展的最新阶段"来概括自由资本主义进入垄断资本主义即帝国主义时代的特点。参见列宁:《帝国主义是资本主义的最高阶段》,《列宁选集》第2卷,人民出版社1972年版,第796、797页。

② 《列宁选集》第2卷,人民出版社1972年版,第808页。

③ "在高利贷资本中,G—W—G′形式简化成没有媒介的两极G—G′,即交换成更多货币的货币。"马克思:《资本论》第1卷,人民出版社1975年版,第187页。

④ "由此产生了民众对高利贷的憎恶,这种憎恶在古代世界达到了极点。"马克思:《资本论》第3卷,人民出版社1975年版,第675页。

第二次世界大战后，资本的集中导致美国经济迅速向高利润的军工帝国主义和高利贷领域集中，至20世纪80年代后，美国从列宁说的金融帝国主义蜕变为高利贷帝国主义。至此，美国失去引领世界文明的能力和资格。美国的"发展"最终完成了不仅将本国人民而且将世界人民自由异化为资本的意志、将人送到物即资本的膝下的历史过程。就这样，20世纪初，美国帝国主义就从其进步性的"最高阶段"，到21世纪初垂直堕入没落阶段。

发轫于不列颠岛国的资本主义在三百多年中就这样完成了它的"否定之否定"的过程：16世纪从欧洲封建社会中脱颖而出的荷兰资本主义工商文明，到17世纪便由英国创新的工业+殖民文明取代，至20世纪，资本主义又从英国注重实业的工业文明返归到美国的工商文明。与荷兰工商文明转入英国的工业文明的路线不同，美国的工商文明则异变为反文明的高利贷经济。20世纪80年代，美国就从尚有实体经济的金融帝国走向了高利贷帝国。原本是通过生产增值的金融，被美国资本集团转入通过破坏人类生产与和平生活以扩大和加剧借贷需求的高利贷。高利贷让美国收割了世界的剩余价值以滋养美国，20世纪90年代到21世纪初美国人的生活非常好；与此相应的结果是美国放弃了本国的实体经济并完全依靠美元霸权收割世界财富。进入90年代，美国逐渐放弃实体生产，异化为直接向南方国家发放高利贷来获取暴利的反文明国家。

与服务于生产的金融资本不同，金融需要生产而增值，高利贷需要由破坏生产带来的借债增长而增值；金融资本家需要生产因而他至少需要受其剥削无产阶级，而高利贷资本家剥削的对象不是某个阶级而是整个人类；它破坏的对象不再是某个国家，而是一切国家；它需要的不是毁灭某种文明，而是要毁灭一切文明，并始终与一切文明相对立。因此，依靠高利贷存在的集团，比如今天的华尔街资本垄断集团，没有阶级属性，没有民族属性，只有反文明和反人类的属性。

今天的美国相当于一个得了糖尿病的人，实体经济衰竭了，肾虚火大，不生产，只有加息吃高利贷了。这次俄乌冲突，在其中要的不是和解而是军火生意，而这种生意是以反人类为前提的，美国在这场战争中已没了主义，只有生意。以战争为生意的国家就等于宣布与人类就作对了。美国就是这样从一个生产大国到今天已堕落为需要世界危机和灾难的国家，它已完成了自我否定，其曾经创造的文明从辉煌返祖到马克思说的"洪水期前的形态"[①]。

综上所述，我们看到：今天的美国正在被动地与文明世界脱钩；世界也正在与以美国为代表的旧文明即资本主义文明脱钩；世界呼唤充分吸收和扬弃了资本主义文明优秀成果（比如市场经济）基础上形成的高于资本主义的人类文明新形态。

历史是螺旋式上升的：古代的人本主义——它是人类早期朴素的共产主义，到中世纪和近代为私有制所否定。近代资本取代人本。20世纪以英国为牵引力量的资本主义进入帝国主义阶段，21世纪后以美国为代表的资本主义文明在大灾难中进入末途，世界需要新的人本主义即社会主义文明取代资本主义文明。这就是马克思、列宁给我们指出的共产主义前景。

社会主义是以人为本——它在马克思主义的语境中当然首先是以劳动人民为本，如果世界再不能以人为本，世界就面临着不可逆的毁灭，因为今天的资本主义需要的不是进步而是毁灭。今天的世界文明已与资本主义的高利贷资本不可调和并加速脱钩。

列宁在一百多年前曾经预言："先进的亚洲，落后的欧洲。"[②]今天中国人民的伟大斗争正在验证着列宁的预言，充分继承和扬弃了中国优秀传统文化和资本主义文明优秀成果基础上形成的中国新时代中国特色社会主义及由此产生的"人类文明新形态"如破晓的红日冉冉升起并为更多的国家接受。

"无产阶级必须解放全人类，才能最后解放自己。"[③]中国人民的命运和世界人民的命运连在一起，我们共同奋斗！

（张文木系北京航空航天大学战略问题研究中心教授）

[①] 马克思：《资本论》第1卷，人民出版社1975年版，第186页。
[②] 《列宁选集》第2卷，人民出版社1972年版，第449页。
[③] 中央统战部研究室编：《历次全国统战工作会议概况和文献》，档案出版社1988年版，第7页。

中国式现代化的世界观

田鹏颖

当今,人类文明走到了新的十字路口。从世界范围来看,经济复苏缺少动力,贫富之间差距拉大,生态环境破坏仍在进行,冷战思维阴魂不散,世界现代化的一系列难题摆在我们面前。是坚持共同富裕还是容忍两极分化,是竭泽而渔还是人和自然和谐共生,是零和博弈还是合作共赢,是坚持物质至上还是"两个文明"协调发展,是照抄照搬还是走适合自己国情的发展道路,我们究竟应当作出怎样选择?

面对这些人类社会现代化之问,中国以独特的现代化道路、理论、制度、文化向世界表明了中国式现代化的态度和立场。而要深刻理解中国式现代化的基本立场观念,就需要我们从中国式现代化的世界观入手,剖析其中蕴含的道理、哲理。

本文主要谈四个方面,即坚持人民至上、坚持独立自主、坚持立己达人、坚持守正创新。

一是坚持人民至上。坚持人民至上理念是中国式现代化的根本立场和价值追求,是习近平新时代中国特色社会主义思想的重要世界观和方法论,具有充分的逻辑理据。马克思主义是人民的理论,在马克思恩格斯的视域下,未来社会是实现人的自由全面发展的社会,而实现共产主义社会根本上依靠的就是人类本身的力量。马克思主义人民性思想为未来社会更好发展指明了根本方向,是中国式现代化坚持人民至上理念的理论之源。因此,坚持人民至上理念是马克思主义人民性的时代表达,在中国式现代化看来,坚持人民至上是世界现代化第一原则。如果不把人的全面发展放在首位，而是始终以资本逻辑来支撑，那这个现代化可能对少数人是幸福，而对大多数人则可能是不幸。中国共产党自成立之日起，便代表最广大人民的根本利益，为绝大多数人谋利益，以实现人的现代化为目标，用好"群众路线"的法宝，善于充分发挥人民的力量，是中国式现代化取得辉煌成就之密钥，换言之，在幅员辽阔、人口众多且现代化起步晚、基础薄弱的大国，能用几十年的时间走完发达国家几百年走完的道路，一个重要的原因是中国共产党始终站稳人民立场，尊重人民主体地位，团结带领广大中国人民齐心协力、大刀阔斧地建设现代化，取得了全面建成小康社会、消除绝对贫困等胜利。为实现全人类现代化宏伟目标作出更大贡献，中国共产党向世界表达着中国式现代化的成功经验及其蕴含的价值观念和原则立场。自18世纪英国开展工业革命率先迈进现代化以来，世界现代化已有二百余年的历史，但是按照国际衡量标准，已经实现了现代化的国家只占全球的十分之一，实现全人类的现代化之目标道阻且长。面对世界现代化的任务和目标，中国共产党以人类情怀向世界表达现代化的方向和必须依靠的力量，即坚持人民至上理念，人民是历史的创造者，是推进中国式现代化最坚实的根基、最深厚的力量，实现全人类现代化，根本上也要依靠全人类的力量。正如习近平总书记所指出的，"现代化道路最终能否走得通、行得稳，关键要看是否坚持以人民为中心"。只有坚定现代化的人民性，才能把准正确的行进方向，而只有方向正确，人类社会现代化发展才能蹄疾步稳。总之，坚持人民至上不仅仅是中国式现代化的理念，也是中国为解决世界现代化难题所表达的中国态度和立场，中国共产党和中国人民深切希望，现代化发展成果要更多更公平地惠及全体人民，打开现代化发展新局面。

二是坚持独立自主。以独立自主原则走出"中国式"的现代化道路。中国式现代化既遵循现代化的一般规律，又具有本国特色，坚持独立自主原则是"中国式"的前提。英国、法国、美国等国家的现代化起步早，曾长期处于世界现代化的主导地位，孕育了西方中心主义的世界观，掌控了现代化叙事及发展模式。后发国家学习、借鉴先发国家的发展经验本在情理之中，但是在中心主义、文明优势的观念原则裹挟下，学习、借鉴变了味，欠发达国家跟在发达资本主义国家后面亦步亦趋，而某些发达国家为维护自身的优势地位，对各个国家的现代化选择颐指气使地说教、指责，逐渐形成中心——依附等现代化样态。20世纪90年代，社会主义阵营瓦解，苏联模式崩溃，资本主义国家将文明优势论发展到顶峰，福山曾妄言"人类历史在民主制普遍实现之后，就走到了它的终点"[1]，这一将资本主义视为终结的形而上学的历史观与资本主义现代化的世界观相一致，均秉持着"世界上只有一种现代化理论、模式，那便是资本主义现代化模式"的观点原则，然而，现代化从来不是某个国家的特权，中国在建设现代化的征途中摸着石头过河，从本国具体实际出发，走出了不同于西方、苏联的现代化之路，创造了现代化的"新版本"。坚持独立自主是中国式现代化的重要原则和行动指南，是中国式现代化世界观的具体表达。当一些发展中国家走向依附发展的道路而陷入瓶颈甚至退化时，中国以大国之担当，以中国式现代化的成功为依据，向世界表明"人类历史上，没有一个民族、没有一个国家可以通过依赖外部力量、跟在他人后面亦步亦趋实现强大和振兴。那样做的结果，不是必然遭遇失败，就是必然成为他人的附庸"[2]。中国共产党和中国人民在百年奋斗的实践中，最懂得"独立自主"的重要性和必然性，"鞋子合不合脚，只有自己穿了才知道"[3]。中国坚持独立自主，已然走出一条"中国式"的道路，实现了发展的奇迹，同时，我们希望世界各国都能在坚持独立自主的基础上，把握现代化的普遍性与特殊性的统一，现代化道路才有可能越走越宽广。

三是坚持立己达人。自古以来，立己达人精神便影响着中华民族在处理内外关系的态度和立场。古代中国经济在鼎盛时期曾创造了全世界三分之一的经济财富，近代以来，由于西方帝国主义的侵略、压迫，经济和社会的发展被迫中断。中国共产党以国际视野洞悉革命之走向，希冀以中国的革命为世界反法西斯战争作出贡献。毛泽东曾指出："我们是马克思列宁主义者，我们的国家是社会主义国家，不是资本主义国家，因此，一百年，

---

[1] [美] 弗朗西斯·福山:《历史的终结及最后之人》，黄胜强、许铭原译，中国社会科学出版社2003年版，第55页。
[2] 习近平:《在纪念毛泽东同志诞辰120周年座谈会上的讲话》，人民出版社2013年版，第21页。
[3]《习近平著作选读》第一卷，人民出版社2023年版，第105页。

一万年，我们也不会侵略别人。"①中国不仅不侵略别国，还始终愿意为世界发展作出更大贡献。在推进现代化的进程中，我们正确处理自我与他者的关系，旨在以中国式现代化推进世界发展，从不与他国恶意竞争，真心实意地帮助其他国家发展，以大胸怀、大境界、大情怀、大担当与世界其他国家贡献发展成果和发展智慧。中国从未吹灭别人的灯、阻挡别人的路，但是某些国家却在极端利己主义世界观的操控下，从未放弃通过打压遏制别国现代化来维护自身发展的"特权"，他们深陷修昔底德陷阱无法自拔。西方现代化，离不开世界其他国家的生产力、能源、市场等要素，相比于后发现代化国家而言，掌握着更多的发展资料、机会，并长期处于优势地位。作为现代化的受益者，不仅不愿承担大国责任，反而阻挡、抑制他人发展的步伐，通过各种手段，卡住别人的脖子，然而，人类早已是一荣俱荣、一损俱损的命运共同体，国家本位、意识形态浓厚的观念原则早已落后于现实，成为世界现代化的痼疾。面对世界之难题，中国式现代化阐明利己达人的观念主张，呼吁世界各国尤其是发达国家打破时空、制度的禁锢，以整体意识、全球思维，共同做大人类社会现代化的"蛋糕"，厚植人类情怀、提升思想境界，以自身的现代化成果更多更公平惠及世界人民。

四是坚持守正创新。守正创新，是保持现代化进程的持续性的条件。任何一种现代化理论和模式都不是一成不变的，而是随着实践的深入而丰富和发展，也只有不断创新突破，才能为现代化进程注入源源不断的强大活力。回望历史，某些国家固守旧观念、旧理论、旧方案，落后于世界发展大势，禁锢了社会的发展和人类文明的进步。比如，以美国为首的资本主义国家固守利己主义、中心主义的世界观，盲目坚持西方现代化的体制机制，用百年前的"国强必霸"的丛林法则来度量他人，正所谓"身体已经进入21世纪，但是脑袋还停留在20世纪"，不仅不利于自身应对发展中的新问题，更妨碍了世界其他国家的发展进步。中国在实现现代化的道路上始终坚持马克思主义指导、社会主义本质、中国共产党的领导、"两个结合"不动摇，在守正中创新，不断取得中国式现代化理论和实践两个维度上的创新突破。举例来讲，首先，以守正创新理念推进社会主义经济现代

---

① 《毛泽东文集》第8卷，人民出版社1999年版，第301页。

化。中国共产党深刻把握计划与市场、社会主义与资本主义的规律，突破了"计划等于社会主义"的思维定式，创造性地开辟了社会主义市场经济理论和实践，创造了经济快速发展且社会长期稳定的奇迹。而随着经济现代化发展程度的深化，经济领域不断迎来新的问题和新的挑战，发展的不平衡和不充分问题凸显，两极分化初见端倪等发展中不可避免的难题考问着中国式现代化。我们党及时破除体制机制弊端，作出社会主要矛盾已经发生转变的战略判断，逐步形成高质量发展的理念，以期谱写中国式现代化新篇章。其次，就中国式现代化理论而言，其内涵不断丰富、体系不断拓展，改革开放之后，邓小平提出中国式的现代化，以实现小康社会为目标，并制定了"三步走"的战略部署。新时代以来，我们党提出"走中国式现代化道路"，实现全面建成小康社会的目标，制定了"新三步走"规划，再到我们党提出中国式现代化的中国特色、本质要求、战略安排、重大原则等，中国式现代化不断得以创新和发展。再次，以中国式现代化的具体实践为基础，守正创新意识也逐步得到强化。我们不断推进理论和实践创新，既给出了世界各国现代化都应树立的基本原则，同时也符合人类社会发展的一般规律。

综上所述，人民至上、独立自主、立己达人、守正创新这四条原则立场是中国共产党在推进中国式现代化实践中的智慧凝结，走出了实现强国建设、民族复兴的一条康庄大道，是我们取得一个又一个胜利的密钥。中国共产党坚持胸怀天下，形成了中国式现代化与世界现代化关系的正确世界观，为回答世界现代化之问，推进人类社会现代化行稳致远，以大担当、大境界、大胸怀向世界表达中国实践的智慧、把握的规律、行动的原则。

（田鹏颖系东北大学马克思主义学院教授）

社会主义理想是否在西方重生？
——从西方"民选体制"内部矛盾的激化谈起

郑若麟

自苏联解体以来，西方舆论几乎形成一种共识，即"社会主义制度已经死亡"。然而正是在这种背景下，指出今天资本主义贫富差距正在急剧拉大的《21世纪资本论》的作者、法国左翼经济学家托马斯·皮凯蒂于2020年8月出版了一本新著—— *Vivement le Socialisme*（《社会主义万岁》），开始探讨未来法国体制的可能走向。他在此书的前言里写道："如果有人于1990年对我说，我将在2020年出版一本文集，题为《社会主义万岁！》，我一定会认为这是一个恶劣的玩笑……然而30年后的2020年，超级资本主义走得实在太远了，我现在确信，我们必须重新思考如何超越资本主义，建立一种全民参与且分权的、联邦式且民主的、环保的、混合的及女性化的新形式的社会主义……历史将判定'社会主义'这个词是否已经彻底死亡并被取代。而对于我来说，我现在认为这个词还有救，甚至可以说这个词最适合用来描述资本主义替代经济体系的思想。"[①]

皮凯蒂认定，仅仅"反对"资本主义和新自由主义是不够的，还需要"支持"某些其他东西，即人们想寻找出替代资本主义的东西，某种人们头脑中理想的社会形态，而它究竟叫什么则并不那么重要。他继续写道："我们的共识是，目前的这种资本主义体系，只要它继续在扩大不平等，并且

---

① Thomas Piketty, *Vivement le socialisme*: Chroniques 2016-2020, Paris: Le Seuil, 2020, p.7.

在榨干地球，那它就是没有前途的。"这几乎是在说，资本主义正在书写其终止符。当然，皮凯蒂也承认："只要没有明确提出的可替代系统，那么现行资本主义还会继续长久地存在下去。"①这时，中国的崛起和成功就会自然而然地形成一个"可替代系统"。问题只是人们将会在何时认识并承认这一点。

那么，皮凯蒂认定的"没有前途的资本主义体系"究竟发生了什么事？

皮凯蒂对西方资本主义体系能否继续下去，提出了两个条件，一个是平等问题，一个是环境保护问题。环保问题更多地涉及气候变暖问题。这里主要先剖析"不平等"的原因与后果，以及它正在从哪个方面推垮资本主义制度。

皮凯蒂对"资本主义扩大不平等"现象的调查结果是绝对令人咋舌的：全球前1%的超富裕阶层拥有全球资产总量的38.8%，而后50%的贫困阶层仅拥有全球资产总量的2%。由此我们可以看到，保障资本主义经济体系的西式"民选体制"正在引发类似皮凯蒂等学者的疑问。换言之，这可能是自第二次世界大战以来，世界首次真正从深层次对西方"民选体制"似乎与生俱来的优越性和合理性产生疑虑。如果"民选体制"不能保障"平等"，那么"自由、博爱"就是一句空话。事实上，西方发达的"民选体制"国家都产生了贫富两极分化现象，而且正在急剧恶化的过程中。

西方所谓的"民主体制"实质上是一种"民选体制"，与真正的"民有、民治、民享"的理想差之远矣。这种"民选体制"得以顺利运行有两大先决条件，一是其经济必须处于持续发展状态，二是其经济状态必须远远超出其他体制的国家。现在很明显，这两大先决条件正由于贫富两极分化，以及中国的迅猛崛起而处于瓦解的门槛上。更重要的原因，则是如同百年前一样，置身于"民选体制"幕后的真正意义上的统治集团——资本（包括跨国金融资本和民族产业资本），其内部开始出现利益分野的时候，如何调节甚至化解这一矛盾，正在成为历史走向的关键。我们千万不能忘记，两次世界大战都始于西方资本主义内部。

西方内部民族产业资本和跨国金融资本利益分道扬镳，并产生激烈矛

---

① Thomas Piketty, *Vivement le socialisme*: Chroniques 2016-2020, Paris: Le Seuil, 2020, p.7.

盾与冲突的标志就是经济全球化。直到20世纪八九十年代，经济全球化还在以席卷之势遍扫全球时，跨国金融资本与西方各国产业资本依然共同在向世界其他地区实施"经济殖民"，以图携手获利。两者利益趋同，共同对广大非西方的发展中国家"割韭菜"，因而双方能够和平共处。跨国金融资本寻求的是资本在全球自由流动，从而牟取利益最大化。金融资本通过跨国投资、交叉持股甚至家庭联姻等多种方式，形成一个庞大的跨国垄断金融利益集团，进行多面投资，并通过对全球其他产业资本的控股而持续在经济全球化中受益。西方产业资本近年来却由于中国等发展中国家迅猛崛起而在产品竞争中处于下风，其直接后果便是企业倒闭、失业率上升、经济增长停滞，等等。因此，西方产业资本开始转向反对经济全球化，试图用"逆全球化""重新工业化"等方式来阻止中国等国家对西方产业资本冲击，恢复西方产业资本对中国等发展中国家一度远远超前的优势地位。而产业资本的反全球化明显得到了西方工薪阶层等中产阶级和无产阶级的支持。于是，产业资本与跨国金融资本在对待经济全球化问题上便产生了尖锐对立。这一对立遂即导致"民选体制"运行本身出现问题。如同百年前一样，美欧"民选体制"国家都出现了极右翼膨胀的现象。

产业资本是具有国界的，而金融资本则具有鲜明的跨国特性。过去，具有国界的产业资本之间发生冲突时，会导致战争，甚至是世界大战。而今天民族产业资本与跨国金融资本发生冲突会导致什么样的后果，则是一个新的课题。但我们至少已经观察到，两大资本之间的冲突将是极其剧烈的。例如，美国作为一个"民选体制"国家的"样板"，居然也发生败选的一方冲进国会山进行抗议的行动。支持特朗普的7500万"蓝领红脖"选民甚至不接受败选的结果。过去，"民选体制"国家之所以可以两派轮流执政，是因为双方的幕后老板都是同一批力量——利益联合的产业资本与跨国金融资本。然而，今天产业资本开始质疑跨国金融资本在美国上台执政的合法性。这会不会导致更为严峻的后果，我们不得而知。事实上，几年前特朗普的当选几乎可以说是美国产业资本对跨国金融资本的一次逆全球化"政变"。特朗普曾在一场非常著名的挑战"影子政府"的演讲中将他的对手描述成"由大财团和媒体公司资助的华盛顿当权派"，将他的选举称为"我们国家生死存亡的斗争"，将他的执政形容为"将决定我们是一个自由的国度，还是我们只有民主的假象、实际却被一小撮全球特殊利益集团控制"。这个"一小撮全球特殊利益集团"无疑就是指跨国垄断金融资本。今天西方国家内部潜伏的巨大危机，就是缘于反对"一小撮全球特殊利益集团"的力量正在以极右翼的面目在西方世界迅猛崛起。这类似于第二次世界大战前夕，在政治、经济和社会面临全面危机的西方正出现在我们的眼前。

在这种背景下，我们可以预感到，世界格局正在重演百年前的态势。这一态势究竟是如皮凯蒂所希望的那样，导致人们研究西方有无可能重新走向社会主义，还是会导致一场新的就如俄罗斯总统普京所说的"所有人反对所有人"的冲突、战争甚至是世界大战、核战争？不要忘记，西方解决内部危机的手段就是向外发动战争！俄乌冲突不够、巴以冲突不够，是否还会有新的战争？这是我们需要严肃认真去研究、思考的问题。

（郑若麟系太和智库高级研究员）

当今世界、中国经验与社会主义的发展前景

〔俄罗斯〕德米特里·诺维科夫

一、新时代中国特色社会主义建设的成就及其世界意义

新时代中国特色社会主义建设的成就要放在全球背景下，通过对比的方法，才可以得到更加清晰的展示。

20世纪，成立联合国是第二次世界大战取得的主要成就之一。

成立联合国主要是想解决如下的一些任务，主要有：

——避免人类再次爆发新的世界大战；

——建立阻止武力冲突的机制，构建起稳定的集体安全机制；

——防止法西斯主义和其他的反人类思潮的再次出现；

——促进合作理念、人道主义、对话、平等和互利观念的传播；

——尊重各国主权、体现他们的共同利益，积极开展对话；

——探索迈向更好未来的有效途径。

多年来，为实现可持续发展目标，联合国付出了许多努力。尤其是将在全球消除贫困的时间点选在了2030年。如今，在解决贫困问题方面，只有中国取得了巨大的成就。

根据专家提供的数据，亚太地区绝大多数国家在实现可持续发展目标方面落后了整整35年。但是，到2065年是否能达成预期目标也还是无法保证。首先，各种各样的因素都可能干扰可持续发展目标的实现，比如，新

冠疫情影响了诸多国家的发展。其次，世界各个地区局势都在不断恶化。人类发展指数30年来首次下降。世界贫困人口数量增加了1亿多，近8亿人生活在饥饿中。习近平在2022年世界经济论坛视频会议的演讲中指出，"全球发展进程正在遭受严重冲击，南北差距、复苏分化、发展断层、技术鸿沟等问题更加突出"，呼吁世界齐心合力"跨越发展鸿沟，重振全球发展事业"。①在全球贫困加剧的同时，就业、教育、医疗保健和粮食保障等领域业已极其复杂的状况在不断恶化。2023年3月15日，在中国共产党与世界政党的高层对话会上，习近平强调指出，在人类文明的当前发展阶段，"多重挑战和危机交织叠加，世界经济复苏艰难，发展鸿沟不断拉大，生态环境持续恶化，冷战思维阴魂不散……"②

世界人民面临着一个尖锐的问题：怎么办？为了治病，必须探因。人类面临的全球性问题的原因何在？所有这些问题都与一个总的原因，一个最主要最大的超级问题相关——资本主义总危机的深化。列宁在第一次世界大战期间撰写的著作中就论证了，资本主义已经过渡到了帝国主义阶段，已经失去了自己的历史进步作用，进入到了衰退阶段，进入到了腐朽阶段，进入到了爆发深层次危机阶段。由此可见，在资本主义框架下，全球问题无法得到解决。

面对当前的各种威胁，正是中华人民共和国给予了有力的回应。当套着资本主义枷锁的国家距离实现联合国发展目标越来越远时，中国阔步向前。中国不是在2030年，而是提前10年解决了脱贫任务，根本原因就在于中国选择的是立足于广大人民群众根本利益的社会主义发展道路。习近平强调，中共"之所以能够在革命、建设、改革各个历史时期取得重大成就，能够领导人民完成中国其他政治力量不可能完成的艰巨任务，根本在于掌握了马克思主义科学理论，并不断结合新的实际推进理论创新"③。

2022年7月，在参加中国共产党与世界马克思主义政党论坛时，俄共中

---

① 习近平：《坚定信心 勇毅前行 共创后疫情时代美好世界——在2022年世界经济论坛视频会议的演讲（2022年1月17日）》，《人民日报》2022年1月18日。
② 习近平：《携手同行现代化之路——在中国共产党与世界政党高层对话会上的主旨讲话》，《人民日报》2023年3月16日。
③ 习近平：《开辟马克思主义中国化时代化新境界》，《求是》2023年第20期。

央主席久加诺夫发言强调，中国的发展经验对当今世界越来越具有普遍意义。众所周知，中国不把自己的发展道路强加于其他国家。但是，每一个在思考的人都应该能够分析局势并得出结论，如果像中国这样的一个大国面对世界经济危机却能够迅速发展，那么这一定是有原因的。如果能够研究清楚这些原因并进行学习，中国经验对其他国家的发展绝对会十分有益。

二、中国共产党的领导是中国社会主义建设取得成功的关键

中国取得了令世人瞩目的成就。原因何在？如果能够研究清楚这些原因并进行学习，中国经验就能够为其他国家探索本国发展道路提供启示和启发。当然，现在北京在世界上有朋友，亦有敌人。然而无论是朋友还是敌人，他们中的大多数人都惊叹于中国取得的成就，很多人都在谈论"中国奇迹"。但是，我们要搞清楚的是，中国作为世界发展的"火车头"，不是靠"奇迹"，而是靠中国共产党领导中国人民进行的艰苦奋斗。

我始终认为，研究中国经验不能仅囿于经济增长数据，而是要好好地研究经济增长，脱贫攻坚并巩固国家安全，中华人民共和国在国际舞台上威望和地位的提升，生态问题的解决等，这些在中国都能找到根源。而这就是中国共产党推行的成功的有创造性的政策。

俄罗斯有一些专家学者，他们在参与探求世界各国发展原因的辩论中常常指出，中国能够取得成功就在于中国人民勤劳勇敢。这些专家学者很狡猾，他们这样说可以取悦中国人，但是，他们的答案离题万里。因为他们没有承认中国共产党在国家发展和社会发展中所起的主要作用。的确，中国人民非常勤奋。但是，勤奋是中国人民的天性，在中华民族五千年的发展中，中国人民始终都非常勤奋，但是这种民族性无法也没能捍卫中国在19世纪和20世纪上半叶免遭列强欺侮。而中国共产党的政策能够捍卫国家利益，正是中国共产党引领中国人民解决了各种各样的难题，让他们发挥聪明才智，展现自己的才能，展现自己热爱劳动的天性，发挥出其自身的潜能。由此可见，中国共产党的领导才是中国社会主义建设取得成功的关键。

无论是在国内还是国际上，俄共都肯定中共为世界社会主义事业做出

的突出贡献。中国人民最优秀的儿女——孙中山、毛泽东、几代的中国革命者——将自豪地看到，他们的祖国今天变得更加强大和美丽。我们，俄罗斯共产党人坚信，在中国共产党的领导下，两个百年的奋斗目标一定会成功实现！

三、中国式现代化所具有的时代价值和意义

中国共产党第二十次代表大会具有真正的历史意义。中国踏上了新时代中国特色社会主义建设的新征程。国家正在进行中国式现代化建设。现代化不仅仅是一个听起来总是很现代甚至时尚的词语。在当代中国的实践中，现代化意味着一个长期的过程和一项重要的发展使命。具有重要历史意义的中国共产党第二十次代表大会将党的目标定位在"以中国式现代化全面推进中华民族伟大复兴"[1]。

中国是基于总结各国现代化的历史和经验，并立足于全人类的进步来思考中国式现代化的。在中国共产党与世界政党高层对话会上，习近平主席指出："人类社会发展进程曲折起伏，各国探索现代化道路的历程充满艰辛"[2]。为了成功实现现代化，需要了解历史经验。诸如工业革命、工业化、科技革命等现象对于人类发展具有重要意义。

历史上最成功的现代化是与共产党的活动紧密联系在一起的。伟大的社会主义革命胜利后，列宁提出了国家的电气化计划。这为斯大林领导的苏联工业化和最初的几个五年计划奠定了基础。

2023年11月13日，俄共中央委员会发表了标题为"同列宁一起向未来"的《告俄罗斯人民书》[3]。苏维埃俄国的奠基人——列宁在100年前的1924年1月21日去世。但是，列宁的死成了他永生的开始。

俄共中央的《告俄罗斯人民书》提到了列宁的3个伟大贡献：

---

[1]《高举中国特色社会主义伟大旗帜　为全面建设社会主义现代化国家而团结奋斗》,《人民日报》2022年10月17日。

[2]《携手同行现代化之路——在中国共产党与世界政党高层对话会上的主旨讲话(2023年3月15日,北京)》,《人民日报》2023年3月16日。

[3]《В будущее – с Лениным！Обращение Центрального Комитета КПРФ к народу России》https://kprf.ru/party-live/cknews/222449.html，2023.11.13。

一是列宁对科学的贡献。列宁发展了马克思主义，将马克思主义推进到马克思列宁主义阶段。

二是列宁对国际共产主义运动实践的贡献。列宁创建了布尔什维主义，建立了先锋队类型的政党并引领它走向胜利。

三是列宁对推进历史进程的贡献。列宁组织俄国劳动人民胜利进行了社会主义革命，领导苏维埃政府，开始了成功的社会主义变革。创立了红军，确保了在同外国干涉者和内部反革命分子斗争中的胜利，为建立苏维埃社会主义共和国联盟创立了基础。

在第一个五年计划年间，苏联建成了9000多座工厂。工业产值与1913年相比几乎增长了7倍。建立了新的经济部门——机床制造、拖拉机制造、化学工业、航空制造等。在苏联成立后的前30年，工业生产几乎增长了12倍，在这30年间，美国工业增长仅为1倍，英国增长了60%。整体而言，20世纪二三十年代的苏联可以说是列宁斯大林的社会主义现代化时期。其直接后果是推动了1917年十月革命的继续。

在世界历史随后的100年发展历程中，只有一个国家取得了如此令人瞩目的成就，这个国家就是中国。在20世纪和21世纪之交，它飞速发展。

苏联和中华人民共和国成立的时间不同，条件不一样。但是，在具有各自特色的同时，它们具有如下的一些共同之处：

一是都是规模宏大的快速发展阶段；

二是变革都取得了令人瞩目的成就；

三是都是在建设社会主义的过程中并在共产党的领导下进行的现代化。

如此来看，人类历史上最伟大的现代化都是社会主义的现代化。

每个国家的现代化与整个人类文明的进步紧密相连。中国对这一进步做出了巨大且日益增多的贡献。中国共产党不断证明，中国社会发展不是靠牺牲其他国家和人民的利益，而是同其他国家和人民一道发展。因此我想说：世界合作比世界剥削更能给各国人民带来好处，而且对任何国家而言，都概莫能外。

可以说，全世界都对现代化问题感兴趣。同时，在理解现代化的目标、方式方法、前景等方面却存在着很大的差异。

美国和欧盟诸国努力想保住他们的霸权。为此，他们在解决现代化问题的时候，是"做减法"。他们认为，由他们亲手建立起来的新殖民主义体系才是符合理想的世界，因为在这个世界上他们能够占据主导地位并掠夺世界的其他组成部分。为了达成自己的目的，帝国主义者使用一系列手段，首先就是美元霸权体系下的不平等交换；其次是借助于债务绞索让其他国家和民族处在从属地位；再次是通过"颜色革命"推翻自己不满意的政府；最后就是军国主义及使用武力。今天我们看到，美国及其盟友在不断地提升军事能力，北约继续向芬兰和瑞典扩张，反对中国的新军事联盟——奥库斯正在形成。

西方国家执行无耻政策并谋求掠夺的证明之一，就是其停止执行黑海港口农产品外运协议涉及俄罗斯的部分。根据联合国纲要，俄罗斯将向贫困的非洲国家提供粮食。取代协助粮食运输，西方国家政府将其据为己有。

西方集团需要"带着减号"的现代化，因为西方执政阶层认为，这可以防止西方承担资本主义危机的后果，但同时，它又不拒绝资本主义本身。对帝国主义者而言，新殖民主义就是避免完整的、具有决定性意义的、全方位现代化的手段。对资本主义国家而言，完整的、具有决定性意义的、全方位的现代化，就是社会主义革命。

大多数民族和国家理解的现代化与全球资本的掌控者所理解的现代化完全不同。对大多数民族和国家而言，现代化就是完善自己的社会经济制度，现代化的任务就是巩固主权，摆脱经济和技术的落后性，改善民众生活。这些国家是帝国主义、霸权主义、侵略和新殖民主义的反对者。

四、"一带一路"倡议、构建人类命运共同体、全球文明倡议积极推动世界关系新体系的构建

2013年，习近平主席提出了"一带一路"倡议。10多年来，它卓有成效，取得了令人瞩目的成就。现在，中国已经同152个国家和32个国际组织签署了共建"一带一路"合作文件。在"一带一路"合作框架下，中国积极建设铁路、公路、电站、码头，为共建国家创造了42万个就业岗位，让近4000万人摆脱了贫困。"一带一路"倡议促进了世界关系新体系的构

建，形成了不给殖民主义生存空间的新型经济关系雏形。

世界变了，近些年发生了一些很重要的历史性事件。比如，金砖国家、上合组织、东盟在不断扩大。巴西、哥伦比亚等拉美国家左翼力量取得成功，尽管美国执行严酷的封锁政策，但是没能扼杀古巴。美国没能消灭叙利亚，还从阿富汗逃窜。非洲国家奋起与新殖民主义展开斗争。美国企图在委内瑞拉推行瓜伊多领导的"颜色革命"，在白俄罗斯推行季哈诺夫斯卡娅领导的"颜色革命"，在尼加拉瓜推行"颜色革命"，均以失败告终。帝国主义者越来越难以推行霸权政策。

新世界秩序的基础正在构建，新时代中国特色社会主义建设成就对此具有重要意义。与西方不同，北京不是基于利己主义立场。这鲜明地体现在习近平主席提出的"构建人类命运共同体"理念中。

俄罗斯是最早支持"一带一路"倡议的国家之一。2015年习近平与普京共同签署联合声明，推进丝绸之路经济带建设同欧亚经济联盟建设对接。

俄共利用自己的影响力积极支持俄中友好合作。与中华人民共和国驻俄罗斯联邦大使馆和俄中友好协会一起，在莫斯科筹办庆祝中国共产党成立100周年的活动。2022年俄共"红色在线"电视台开始播出"今日中国"节目，俄罗斯观众可以通过这个节目看中国的影视剧和各类纪录片等，深入了解和认识新时代中国。

俄共认为，莫斯科和北京可以也应该携手推进构建人类命运共同体。

北京在国际舞台上的立场始终是建设性的。习近平的全球文明倡议是对各种和平威胁的有力回应，他主张各国为共同的和可持续性发展创造性地开展工作。社会主义的人道主义潜力在这里得到了充分体现。中国已经证明，和平发展完全符合中国的利益。社会主义不需要用战争来证明自己占优势地位。侵略与它格格不入。社会主义相信自己的力量，因为进步站在它这一边。因此，中国建议世界和平共处并促进各个民族之间的友谊。

全球文明倡议是对人类命运共同体理念的进一步发展，它为解决早已存在的各类争端和冲突提供了重要的解决方案。一个很好的例子就是中国成功调解沙特阿拉伯和伊朗之间的关系。这一消息在2023年年初从北京传出，引起了全世界的轰动。

全球文明倡议为推进"一带一路"项目注入新动力。它已成为各国为了共同福祉加强经济合作,实现互利共赢的坚实思想基础。

俄共认为,习近平提出的全球文明倡议将有助于改善国际局势,它为推动商业和人文交流提供了动力,将促进解决当今世界积累下来的各种问题。此类问题何其多也!

西方政府的政策看起来完全不同,它越来越具有破坏性。正在开展一场"清除"俄罗斯文化的运动。德国宣布,它的大学将停止与孔子学院的合作。欧洲也在嘲讽其自己的传统。那些推动极少数群体利益的人,藐视本国大多数公民的意见。

俄罗斯和中国致力于维护在国际舞台上构建起和平与建设的价值观。中国国家主席习近平和俄罗斯总统普京的定期会晤证实了这一点。很多事情取决于中俄两国在动荡世界中合作的成功。如今,多极公正世界的支持者围绕着金砖国家、上合组织,围绕着中国和俄罗斯的立场团结在一起。实际上,这些国家是当今世界上爱好和平的多数。对他们而言,最重要的是采取共同而有效的斗争措施,反对西方帝国主义集团极其危险的冒险主义政策。

巩固俄罗斯和中国人民友谊的条件之一就是互相理解。2023年,在莫斯科新建了一个习近平新时代中国特色社会主义思想研究中心。俄共愿意积极支持该中心的工作,并参与该中心的项目。

五、世界左翼力量需要联合起来,进行争取实现社会主义的斗争

首先要说明的是,苏联被摧毁完全不是"历史的终结"。它不意味着资本主义总危机的停止,有两点可以证明:

一是,美国及其盟友赢得了针对苏联的胜利,没有让资本主义稳定下来,相反,资本主义危机不断深化。

二是,在世界舞台上,中国扛起了争取社会主义斗争的红旗。考虑到中国人口占世界人口的比例和中国经济在世界经济中所占的比重,中国的成功就代表着世界社会主义的成功。正是中华人民共和国对当前国家层面和世界层面的各种威胁给予了有力回应。

现如今，世界左翼力量互动的新方式正在出现。2023年4月22日，国际反法西斯论坛在白俄罗斯首都明斯克市举行。这是俄罗斯联邦共产党、白俄罗斯共产党和"共产党联盟-苏联共产党"共同筹备的国际论坛。来自世界各国的50多个政党的代表参加了该论坛，其中包括中国、越南、古巴、委内瑞拉、德国、葡萄牙、吉尔吉斯斯坦、摩尔多瓦、格鲁吉亚等国。通过了总结性文件：让人类远离法西斯主义，争取世界各民族联合宣言，论坛的主导思想得到了左翼政党的广泛支持。10月27至28日，在意大利首都罗马市召开了欧洲争取和平会议。与会者认为，在国际层面，需要动员千百万人反对军国主义和帝国主义。会议要求停止军备竞赛，解散北约，停止为乌克兰提供武器，停止仇视俄罗斯的运动并结束对俄罗斯的制裁。

2023年10月21日，俄共中央委员会对当前国际形势进行了评估。在俄共中央主席久加诺夫的报告中强调指出，美国越来越咄咄逼人，其正面临着实现世界霸权、确立全球金融资本霸权和建立新殖民主义体系的挑战。为此，帝国主义者开始启动各种金融、经济、军事警察和信息能力。奥库斯军事集团和其他联盟正在形成，第二次世界大战的历史正在遭到歪曲，欧洲为反纳粹战士修建的纪念碑被拆除，纽伦堡法庭的判决被无视。可见，在资本主义危机加剧的背景下，反动趋势在增长。但这是一个找不到出口的僵局。在这条道路上，哪怕是一项重大的创造性任务都无法得到解决，哪怕是一个人类的全球性威胁都不可能被战胜。

在这种情况下，社会主义替代资本主义的重要意义不断增长。争取社会主义斗争的主体是工人阶级、人民中的其他劳动阶层和各个国家中始终如一的爱国主义者。今天，这场斗争与反对帝国主义、军国主义和新殖民主义的斗争紧密地联系在一起。这是争取和平、公正和社会主义的战斗。为了赢得胜利，共产党人结合自身取得的实际成就，向世界人民展现出能够吸引人的未来的形象。20世纪社会主义曾取得了伟大的成就，21世纪也必将取得伟大的成就。

[德米特里·诺维科夫（Дмитрий Новиков）系俄罗斯联邦共产党中央委员会副主席、国家杜马国际事务委员会第一副主席；译者陈爱茹系中国社会科学院马克思主义研究院研究员]

中国特色社会主义与欧洲社会主义的复兴

〔匈牙利〕蒂尔默·久洛

当今世界正面临着多重风险与挑战。资本主义制度深陷危机，匈牙利也深受其害。欧盟正在失去竞争力，欧洲的安全结构已经崩溃，冷战思维挥之不去，人类正面临世界大战的威胁。资本主义无法解决人类面临的各种问题，人们正在寻找新的行之有效的解决方案。套用马克思主义的表述，可以这样说：现在革命形势还没有到来，但是革命形势是可以到来的！我们不知道什么时候会发生，但我们知道，我们应该知道，这是可能发生的。

我们社会主义政党和组织应该给出答案，并找到一种行之有效可以持续摆脱危机的方法。欧洲社会主义政党的未来岌岌可危，但如果我们能做到这一点，我们将在新的世界秩序中占有一席之地。欧洲是马克思主义的摇篮，见证了第一次社会主义革命和第一个社会主义国家的诞生。现在，欧洲社会主义——共产主义运动正努力寻找自己的位置。该运动内部存在分歧，几乎在所有重要问题上都存在不同的意见。尽管如此，欧洲的社会主义依然存在。

欧洲社会主义政党需要振兴、重组和现代化。我们需要进行能够结合国家民族特色的实践，捍卫我们国家的主权、语言和传统。我们应该指出，资本主义无法复兴欧洲，这是我们社会主义政党的任务与使命。我们无法摧毁资本主义给欧洲带来的一切，但我们应改变欧洲的治理体制，用以人民利益为基础的社会主义制度取代以利润为基础的资本主义制度。

中国特色社会主义坚定了我们的社会主义信念，鼓舞我们继续斗争。

几十年来，欧洲社会主义思想的发展与中国社会主义思想的发展是割裂的，甚至是彼此孤立的。我们现在应该承认过去的错误，利用中欧社会主义思想并行发展的优势。这是一个巨大的知识和理论宝库。请允许我用一些具体的例子来说明中国特色社会主义对我们欧洲共产主义者，乃至对整个欧洲社会主义振兴的意义。

我们需要理论上的复兴。社会主义在欧洲的崩溃不仅意味着社会主义执政党的倒台，而且导致了意识形态上的混乱，甚至是理论上的灾难。欧洲社会主义运动的理论水平下降了，有些政党转向修正主义，有些政党认为教条主义可以挽救自己。政治思维被局限在欧洲大陆的空间内，很少有人能够打开视野，放眼欧洲以外的社会主义理论新发展和新成就。好消息是，现在我们可以看到一些政党已经开始对其历史进行深入分析。我们看到了应对实际挑战的积极探索，首先是理解马克思主义的现代方法。我们应该继续勇敢地寻求真理、揭示真理、应用真理。

作为马克思主义者，我们需要对具体现实进行具体分析。马克思主义是活的、发展的理论。马克思主义是世界社会主义运动的共同财富，但每个党都有权利和责任根据具体国情运用马克思主义。中国特色社会主义的实践证明了这一点。将马克思主义与欧洲具体现实结合起来，则是我们欧洲社会主义政党的责任。我们要走理论创新之路，既要对外开放，又要独立自主，坚持走民族发展道路。所以，我们可以坚持和发展马克思主义，这是我们真正需要的。

我们需要深入研究中国共产党的经验。我们知道，有些共产党不能完全接受中国共产党对马克思主义的新探索和新发展。对此，我们应继续和他们讨论。我们相信能够使新一代的领导者改变观点和态度。我们坚信，中国特色社会主义是马克思主义在中国国情下的现代应用和发展。习近平新时代中国特色社会主义思想是马克思主义适应中国国情、适应时代需要的新突破，是重要的理论成果，是实践的行动指南。

2023年6月，习近平主席谈到了"两个结合"的意义，即将马克思主义基本原理同中国具体实际相结合、同中华优秀传统文化相结合。我们需要在欧洲遵循类似的方式，把马克思主义同欧洲各国丰富的文化和文明遗产结合起来。中国共产党人反思现代化模式的经验，在政治和思想上对我们大有裨益。这并不是对中国经验的强行推销，甚至不是针对他国的方案建议，而是最新的理论研究和实践经验的真诚分享。

我们需要摆脱"历史终结论"。在欧洲社会主义国家崩溃之后，社会主义在整个欧洲工人运动中的影响跌到谷底。但是，我们应该相信，未来是属于我们的。我们应该有继续战斗的勇气和能力。中国式现代化的理论和实践为我们破解现代社会的基本问题提供了新方案。中国全面脱贫的胜利表明，即使是最困难的问题也可以得到解决。

我们需要新的现代合作形式。在目前的动荡时期，创造革命形势的可能性需要有效的协调而不是频繁的会议，需要更多的行动而不是文件。这意味着我们需要全面现代化。中国共产党在现代化建设中积累了非常重要和具有启发性的经验。2023年中国共产党举办的"中国与世界政党高层对话会"是现代思维和行动的典范。中国社会科学院组织的系列会议也为这一进程作出了重要贡献。互联网成为宣传阐释中国特色社会主义的重要思想武器，可以在所有的网络平台上见到关于中国特色社会主义的内容，新的理论成果能够得到及时发表，其中许多被翻译成外文。

我们需要在国际事务中有明确的方向。我们应该尽最大努力避免世界大战，提出一个多极世界的新方案。我们希望建立一个多极世界，不同社会制度的国家可以共存与合作。中国坚持走和平发展道路，中国发展的最终目的是改善人民生活。我们的纲领应该是捍卫世界和平、促进人类进步，推动构建人类命运共同体。我们欧洲社会主义政党将尽最大努力复兴社会主义，夺回失去的阵地，也许还会获得新的阵地。我们支持中国为全面建成社会主义现代化国家所做的努力。我们衷心祝愿中国继续取得伟大的成就。

［蒂尔默·久洛（Thürmer Gyula）系匈牙利工人党主席；译者秦振燕系中国社会科学院马克思主义研究院助理研究员］

中越携手为当代世界社会主义的发展作出贡献

〔越南〕武文福

中国共产党以马克思列宁主义、毛泽东思想、邓小平理论、"三个代表"重要思想、科学发展观、习近平新时代中国特色社会主义思想作为自己的行动指南，越南共产党以马克思列宁主义、胡志明思想为指导思想，两国的政界和学术界都根据时代的进步坚持和发展马克思列宁主义理论。因此，各国马克思列宁主义理论体系的本土化和实际运用有许多相似之处。中越两国在社会主义建设事业中突出的特点是，中国坚持的是以公有制为主体、多种所有制经济共同发展，按劳分配为主体、多种分配方式并存，社会主义市场经济体制是中国现阶段的基本经济制度，越南在向社会主义过渡时期正在实行的是社会主义定向的市场经济体制。

虽然中越两国在市场经济制度的名称上并不完全相同，但实际上两国的市场经济制度都是新型市场经济制度。两国的经济基础都在共产党领导下得以试验和实践，并且两国都以马克思主义作为指导思想，中国特色社会主义有十四个坚持，越南社会主义有八个特征。中越两国的社会主义特征具有相似性，这些特征也是两国建设社会主义现代化事业的基础，对当代世界社会主义的共同发展作出了巨大的贡献。

中国在社会主义现代化建设的各个阶段所取得的伟大成就，不仅肯定了社会主义现代化建设对于中国发展的重大意义，也以"构建人类命运共同体"为世界发展贡献了全新的中国方案。中国社会主义现代化建设既是对马克思主义的肯定，同时也经过了现实社会主义建设实践的检验。

习近平总书记在庆祝中国改革开放40周年大会上的讲话中表示："前进道路上，我们必须坚持马克思列宁主义、毛泽东思想、邓小平理论、'三个代表'重要思想、科学发展观、新时代中国特色社会主义思想为指导，坚持解放思想和实事求是有机统一。发展21世纪马克思主义、当代中国马克思主义，是当代中国共产党人责无旁贷的历史责任。"①这意味着中国的改革开放事业具有社会主义全面发展的属性，坚持和发展这一事业也是"伟大斗争"的体现。

对于越南共产党来说，经过近40年的革新发展，越南共产党已经形成关于社会主义模式和越南社会主义道路的若干基本理论观点。

第一，坚持和发展了党的思想基础。在马克思列宁主义旗帜指引下，越南共产党领导越南革命事业从胜利走向胜利。基于革新事业的要求，越南共产党作出决定："越南共产党以马克思列宁主义和胡志明思想为思想基础和行动指南。"②这是极其重要的问题，对于新时期越南的革新事业和革命前途具有十分重大的意义。

第二，明确了社会主义的发展方向和建设越南社会主义的模式。经过近40年的革新，越南共产党在革新事业各主要领域中将社会主义作为基本方向，明确指出国家在新的时代背景下在社会主义进程中要防范偏离社会主义方向的风险。最为关键且具有方向性的观点是，要维护越南共产党的执政地位和领导地位，提高社会主义法权国家管理效率，发挥人民主体作用。

第三，创新并发展了越南社会主义定向的市场经济理论。越南共产党在1986年12月召开的第六次全国代表大会上明确：经济社会发展是中心任务，党的建设是关键任务。社会主义定向的市场经济是越南向社会主义过渡时期的总体经济模式。这是一种市场经济的形态，既遵循市场经济的规律，又体现着社会主义的本质原则并受其引导和支配，为越南劳动人民和全民族的利益服务。

---

① 《习近平谈治国理政》第三卷，外文出版社2020年版，第183页。
② Đảng Cộng sản Việt Nam: *Văn kiện Đảng toàn tập*, Nxb. Chính trị quốc gia, Hà Nội, 2007, t.51, tr.147.

第四，形成了属于人民、来自人民、为了人民的越南社会主义法权国家理论。越南建设的社会主义法权国家必须维护其革命本质和阶级本质，真正成为人民行使当家作主权利的有效工具。通过法权、依法管理的方式，提高法制的地位和作用，要求社会上每个组织、每个公民都要履行尊重和遵守法律的义务，同时弘扬民族道德和民族文化价值。

第五，不断深化和发展了对具有浓郁民族本色、多样性且统一的越南先进文化的认识。在立足传统文化，吸收人类文明精华的基础上，越南共产党逐步建立了一套新的、现代的越南民族文化价值观。这一价值观作为国家快速实现可持续发展的目标、基础和动力，能够不断改善人民物质生活和精神生活。

第六，形成了开放和融入国际的理论。越南共产党制定并不断完善经济全球化背景下国家对外开放和融入国际的外交理论体系和路线。"奉行独立自主、和平友好、合作发展、对外关系多元化和多边化的外交政策。在《联合国宪章》和国际法平等、合作、互利基本原则的基础上，确保国家和民族的最高利益。将民族力量与时代力量相结合，积极主动地全面深入融入国际社会。越南是国际社会的朋友、值得信赖的伙伴和积极、负责任的成员。"[①]

第七，发展了越南共产党的执政理论。在革新时期，越南共产党十分注重总结政治、思想、道德、组织和干部等涉及国家经济和社会生活的各种问题。

第八，明确和激发了越南革命的巨大动力。民族大团结是党的战略路线，是赢得建设和保卫祖国事业胜利的力量源泉和决定性因素。民族大团结的坚实基础是党领导的工人阶级、农民阶级和知识分子队伍的联盟，是党和人民的紧密联系，是人民对党和国家的信任，是越南各阶级、各民族、各宗教、海内外越南人之间的团结，是越南人民同世界上热爱和平与进步的人之间的团结。

综上所述，通过全面领导革新事业，越南共产党逐步形成、发展并不断完善了国家按照社会主义定向全面进行革新的路线。这也是关于社会主

---

① Đảng Cộng sản Việt Nam: *Văn kiện Đại hội Đại biểu toàn quốc lần thứ XIII*, Sđd, t. I, tr. 161-162.

义模式和越南社会主义道路的理论形成、补充和逐步完善的过程。

　　自中国改革开放和越南革新开放以来，社会主义现代化事业取得了巨大成就，这些成就是坚持马克思列宁主义的具体体现，符合各国实际，共同为世界社会主义日益发展的命运作出贡献，为推动构建人类命运共同体作出贡献。

　　[武文福（Vũ Văn Phúc）系越南共产党中央机关科学委员会副主席，越南共产党中央宣教部原副部长；译者黄姝敏系中国社会科学院大学2023级博士研究生]

中国是世界动荡变革期的稳定力量

〔捷克〕卡特日娜·科内奇纳

我们相遇于技术创新迅猛发展的特殊时代,为此我们也正在学习如何与人工智能共存。然而,许多人拒绝调整思维模式以适应这个新时代。这也是一个大国霸权、强权政治走向衰败的时代。但是,霸权大国及其盟友拒绝接受这一事实,即世界正在坚定地走向多极化,这是国家发展不平等的结果。

我来自一个反对共产主义浪潮仍然占上风的国家,那里很大一部分左倾思想的人民还没有从20世纪80年代后期遭受的失败中恢复过来。他们无法克服他们的抑郁和内疚。作为欧洲议会的议员,我必须补充一点,对当前变革基础的误解不仅在欧洲议会中普遍存在,而且在大多数欧洲政治家中也普遍存在。我认为,在座的每个人都理解政治家和媒体行为的差异,在相当大的程度上,甚至在欧洲和全球"南方国家"的公众舆论中也是如此。

毋庸置疑,世界上最重要的变化的承载者是中国。它正成为最具经济活力的国家。自1997年亚洲金融危机以来,历史一次又一次地证明,它是不确定时期的稳定因素。由于中国幅员辽阔,注定会极大地影响世界上发生的事情。它的社会主义立场赋予了这种影响新的形式。我要说的是,东欧的共产党人可能还在疑惑,为什么中国的社会主义发展到了新阶段,而我们却开始面临一系列的失败。

在寻找这个问题的答案时，我想强调几个重要的事实。最重要的是，中国共产党坚持走马克思主义经典理论家和中国革命领袖指引的路线。可以说，自1927年秋收起义以来，中国共产党的领导向我们表明，仅仅了解书本和理论是不够的，关注人民的需要也是十分必要的。20世纪70年代，虽然现存的其他社会主义国家也幸存下来了，但是其官僚主义的治理方式导致这些国家的经济增长放缓，这反过来又损害了社会主义思想和共产党的威信。另一方面，中国的改革开放政策表明，中国特色社会主义并不敌视市场体制的优点，而是能够克服市场体制的主要弊端。这些对外开放的改革举措和政策为社会主义注入了新的动力。

中国共产党的领导成功地将充满活力的经济与社会主义方向结合起来。其实施的政策是为了改善所有人的生活水平，而不是单纯追求数据统计。即便在新冠疫情大流行的艰难时期，中国也一直在持续开展脱贫攻坚战斗，这令人印象深刻，并鼓舞了全世界。与此同时，"拍蝇打虎"的反腐败斗争有助于保持人民对中国共产党和国家领导的高度信任，从而促进人民团结，这正是当前日益混乱的世界所迫切需要的。

与当时执政的我国的共产党人不同，中国共产党人对创新持开放态度。在现代，中国不再是世界工厂，反而成为了世界上最重要的实验室之一。中国成为了一个创新中心，这可以从专利申请的数量上体现出来。中国是许多电子领域的先驱，也是人工智能发展的先锋。中国是世界上最大的绿色经济投资国。所有这些都是在考虑到经济增长和公民社会保障的必要性的情况下实现的，这也是中国不同于欧盟的做法。可以说，中国古代哲人的智慧在中国共产党的执政过程中得以体现。在这些哲学家看来，正义与和谐是统一的，人类社会的和谐也需要人与自然的和谐。

这听起来可能有点矛盾，但是中国已成为我们无与伦比的榜样。中欧小国不可能采取与东亚大国相同的做法。但是中国对我们来说是一个榜样，因为它不仅找到了自己的社会主义道路，还成功地赋予了社会主义以中国特色。由此来看，如果东欧共产党在1989年之前能够更多地尊重现实而不是墨守成规，更多地了解人民需求而不是教条主义，更多地考虑国家的政治文化而不是死板地模仿他国政策，情况也许会有所不同。正如习近平同志在中国共产党的二十大报告中所说："跳出治乱兴衰历史周期率的答案……是自我革命。"

和谐社会不仅需要人与自然的和谐，也需要国与国之间的和谐。中国成为经济全球化的先锋。金砖国家、上海合作组织等组织成为新型国家间关系的典范。"一带一路"倡议在实现目标的过程中取得的成就，在10年前是大多数人无法想象的。以互利共赢为原则的经济，创造一个没有边缘的世界。这是有益的合作，也是患难与共的团结。中国在联合国的活动，包括其参与的维和和建设和平行动，为其他国家树立了一个明确的榜样。我认为，我可以代表整个捷克和摩拉维亚共产党表示，我们完全支持中国所提出的和平结束乌克兰战争的建议。

中国的外交政策寻求建立一个"命运共同体"，但这有时仍被误解是怀有恶意的。在西方媒体的报道中，有关中国成就和中国政策的真实目的的信息很少出现。相反，他们把中国政策抹黑成19世纪殖民列强的政策。对失去特权的恐惧导致目前享有特权的国家对中国采取对抗态度。其表现为制裁，试图建立"一带一路"倡议的替代方案，并开始新的军备竞赛。在一些中欧国家，违反"一个中国"原则、参加其他各种反华运动已成为常态，这对我们来说是不可接受的。对抗性做法的结果是，北约成员国的最高代表签署了一项新的战略构想。该构想表示，中国的野心和政策"挑战了我们的利益、安全和价值观"。

西方仍在不断学习理解中国。他们学习了解欧洲或北大西洋地区并非唯一文化中心的历史。然而，在一些国家，对抗性的做法仍然战胜了合作的呼吁。在这里，国际政治仍然被视为零和博弈，即对中国实施全面遏制、围剿和打压，世界被视为陷入修昔底德陷阱，战争是唯一可能的结果。我们坚决反对这些对抗性观点，支持习近平主席于2022年4月宣布的全球安全倡议等项目。

我们已经选择了我们要走的路。这就是社会主义人道主义道路，这是我们共同的愿景。

亲爱的同志们、朋友们，最后我想说的是，对于捷克和摩拉维亚共产党来说，与中国共产党的关系不仅为我们提供了知识来源，也是我们恢复自信的途径之一。我祝愿你们和全体中国人民，在实现中华民族伟大复兴的宏伟目标中，实现你们为自己设定的各项目标！

〔卡特日娜·科内奇纳（Kateřina Konečná）系捷克和摩拉维亚共产党中央委员会主席、欧洲议会议员；译者秦振燕系中国社会科学院马克思主义研究院助理研究员〕

中国稳定、和平与进步的作用

〔意大利〕阿尔贝托·隆巴尔多

我们要强调中国在世界上，特别是在非洲和拉丁美洲等发展中国家发挥的作用。当然，帝国主义的宣传试图诋毁这种作用，将其等同于殖民主义和新殖民主义在这些大陆的掠夺性政治。事实上，中国政治的道路和目标是与之相反的，这一点没有成为美国宣传受害者的人都很清楚。

中国对与之有贸易往来的国家实行的共赢政策正朝着这个方向发展，它有两个优势：一是它是可持续的，因为它为这些国家提供了随着时间的推移逐步实现自治和稳定的工具；二是在尊重这些国家政治独立的同时，它允许这些国家为社会解放创造条件。这两个优势都是无法"输出"的，没有一种制度模式对所有国家都是有效的、可执行的。中国深知这一点，因为它几十年来一直是殖民主义的受害者，直到中华人民共和国成立。但理论上的问题在于，这种援助是否符合马克思主义的背景，它在多大程度上是一种创新，以及在多大的程度上可以实现连续性。1870年4月《马克思致齐格弗里德·迈耶尔和奥古斯特·福格特》一文可以作为参考：

爱尔兰是英国土地贵族的堡垒。对这个国家的剥削不仅是他们的物质财富的主要来源，而且也是他们最大的精神力量。英国土地贵族事实上代表着英国对爱尔兰的统治。所以，爱尔兰是英国贵族用来保持他们在英国本土的统治的重要工具。

另一方面，如果英国军队和警察明天从爱尔兰撤走，那么爱尔兰立刻就发生土地革命。而英国贵族如果在爱尔兰被推翻，其后果就是他们在英国也必然会被推翻。这就为英国的无产阶级革命创造了前提。①

如果我们扩大英爱关系，并将其投射到全球范围内，毫无疑问，今天，整个帝国主义世界就代表了当年马克思笔下的英国，这个帝国主义世界的大部分利润都寄托在对被政治、金融、经济和军事枷锁束缚的全世界的掠夺上。因此，我们可以借用马克思的话说：帝国主义金融和经济贵族在非洲（及其他地区）的倒台，反过来又必然导致其在西方的衰落。这就满足了西方无产阶级革命的前提条件。因此，中国的政策不仅对中国或非洲，而且对欧洲和北美都发挥着极其宝贵的作用。

"一带一路"倡议是一个非凡的构想，可以让各国人民走上共同发展的道路，建设一个更美好的世界。世界无法通过美好的言辞或示威游行得到改善，这些言辞要求和平、保护环境和消除饥饿。这些都是宝贵的东西，但多年来，我们在自己的国家看到，这些都成为资本主义和西方帝国主义的粉饰手段。要使世界变得更美好，就必须采取具体行动，利用现有的实际社会和经济手段。要开始让落后国家摆脱新殖民主义的附庸和剥削条件，世界才会向更好的方向发展。

自诩为"民主国家"的国家对所谓"独裁国家"发起的反对运动，给稳定和进步带来了严重威胁。中国要求相互尊重和人人平等，而资本主义制度却竖立起最陈旧、最有害的保护主义壁垒。几个世纪以来，殖民主义和新殖民主义使世界人民忍饥挨饿、饱受剥削。如今，这些人却在谈论中国的"债务陷阱"和"资源掠夺"。他们害怕各国脱离他们的势力范围和美元的货币独裁统治。他们害怕非洲、亚洲和拉丁美洲的经济发展。因为经济发展使这些国家虽仍为被榨取的殖民地，但也为其现代工人阶级的形成创造了条件。世界目前处于一个充满不确定性的阶段。一方面，我们似乎正处于悬崖边缘，而另一方面，一个和平与繁荣的时代可能会开启。我们在过去几十年中所处的中间地带似乎已经关闭。

战争与压迫的力量同和平和进步的力量，两股力量正在激烈碰撞。前

---

① 《马克思恩格斯选集》第4卷，人民出版社2012年版，第483–484页。

者统治下的国家现在已成为日益脱离政治控制的经济和金融精英的俘虏，且这些精英实际上已经掌握了权力杠杆，不听命于任何人。全人类的命运从来没有像此刻这样——不是向好的方向发展，就是向坏的方向发展。中国领导人审慎和高瞻远瞩的政策从未像现在这样在全世界发挥稳定与和平的作用。国际共产主义运动、进步运动、工会和专业组织运动、知识分子、所有热爱和平和人民自由的人对中国的支持，不仅是捍卫社会主义成就和中国进步的根本，而且最重要的是反对来自"西方"的战争之风的根本。

习近平主席回顾了过去十年来他所提出的建议。中国共产党愿同各国政党一道，推动共建"一带一路"高质量发展。中国共产党将致力于维护国际公平正义，促进世界和平稳定。无论发展到什么程度，中国永远不称霸、永远不搞扩张。①这就是新的倡议——从经济和政治到文化因素要产生质的飞跃。

这一提议符合之前多次出现的多极化论述，但将其提升到了更高的水平，提升到了文化层面，提升到了单极化支持者甚至无法企及的高度：一种源于各国人民在其数千年历史中形成的对所有文化的理解、尊重和共存的文化。这与西方人的习俗——而非文化——强加给这个现在被其破坏的世界的扁平同质化，相距甚远。这是对与企业全球主义相对立的各国人民的国际主义的具体诠释。

再来说一下单极化。和平、发展、公平、正义、民主和自由，帝国主义者总是把这些词在现实中完全颠倒过来，变成它们的反面：战争、贫困、不平等、傲慢、寡头政治和压迫。是时候让那些被帝国主义推倒和玷污的旗帜焕然一新，在全人类面前重新飘扬了。

[阿尔贝托·隆巴尔多（Alberto Lombardo）系共产党（意大利）总书记，意大利巴勒莫大学工程系教授；译者李凯旋系中国社会科学院马克思主义研究院副研究员]

---

① 习近平：《携手同行现代化之路——在中国共产党与世界政党高层对话会上的主旨讲话》，《人民日报》2023年3月16日。

中国的发展推动全球共同繁荣

〔秘鲁〕路易斯·比亚努埃瓦

当前,国际形势错综复杂,马克思主义和世界社会主义的发展与振兴正处于重要时刻。因此,我们应携手并肩,为推动习近平主席提出的构建人类命运共同体倡议、发展世界社会主义的美好愿景做出贡献。

从1949年中华人民共和国成立,到1978年改革开放,再到现在的新时代,中国发生了翻天覆地的变化。中国在经济、社会和政治等多个领域经历了非同寻常的发展。与此同时,中国在国际层面也取得了令人瞩目的成就。比如,中国在"双赢"愿景的框架下规划和发展了一系列国际项目;以金砖国家等机制为中心,积极构建多极世界新秩序;以民主和相互尊重的方式建立经济、金融和互惠利益关系,强调共同发展,构建美好未来。这些中国的倡议和模式,完全不同于美国强加他国的单一大国政治霸权,在全球多国引起积极而广泛的响应。

2013年,习近平主席提出了"一带一路"倡议。这条21世纪的新丝绸之路对构建人类命运共同体、实现世界现代化以及促进全人类的福祉具有重要意义。"一带一路"以欧亚大陆为起点,延伸至世界各地。这一倡议广受欢迎,已经有150多个国家加入"一带一路"大家庭。

中国是秘鲁以及其他许多拉美国家的主要经贸伙伴,秘鲁所属的拉丁美洲和加勒比地区也从"一带一路"倡议中获益匪浅。由中资企业承建的钱凯港项目,将使秘鲁在太平洋拥有重要的战略商业位置,带动整个南美洲深度融入全球贸易圈。此外,还计划修建一条两洋铁路,将巴西南部的一个港口与秘鲁的钱凯港连接起来，这将进一步把秘鲁与其他"一带一路"项目的互联互通，有力促进商业、金融、文化等方面的交流。我们不由憧憬，在未来某一天，高速列车沿着这条两洋铁路行驶，以每小时330公里的速度，从巴西、乌拉圭、阿根廷、巴拉圭、玻利维亚和秘鲁等国装载大豆和其他产品，并将其装载到运力达40万吨的高速轮船上。这条铁路将极大地促进拉丁美洲，特别是南美洲的发展。除了拉美，还有非洲的例子。中国与非洲开启了多种多样有利于经济发展和互利共赢的合作项目，其中包括对成千上万的年轻人进行技术培训。这将把我们拉丁美洲和加勒比地区的几代人甩在后面。

面对中国蓬勃的发展，近年来，美国的对华态度咄咄逼人，肆意挑衅。美国处心积虑干扰"一带一路"项目继续在全球推进，使用经济和其他手段试图阻止中国倡议，打压中国融资。美国一直视拉美地区为自己的势力范围，因此，他们也试图干涉中国和拉美的合作。

但无论如何，美国的霸权都在削弱，中国的发展则势不可挡。毋庸置疑，中国的蓬勃发展与习近平主席的外交思想和坚持经济全球化的正确方向有着密切的关系。

1949年，中国还是一个非常落后的国家，然而到了21世纪，中国在经济体量、国际竞争力、现代化和技术创新等方面已经赶上甚至超过了发达国家。这一事实充分表明了中国社会主义制度的优越性和巨大的发展潜力。中国用了70多年的时间，让一个曾经四分五裂、贫穷落后的旧中国成为一个多民族安居乐业的国家。

当今的中国，已经成为世界大国，告别了工业落后的面貌，成为全球工业的领导者；告别了薄弱技术能力，成为一个不断创新的国家；告别了陈旧的交通系统，成为现代基础设施的世界引领者。曾经的中国，被认为是全球最大的农业社会，而现在的中国已经是世界上最大的城市型社会。中国已从一个拥有大量文盲人口的大国发展成为一个人力资源丰富的强国。中国曾经是一个人口众多、军事和技术力量薄弱的国家，如今在各方面都跻身于世界前列。所有这些变化，都证明了中国社会主义现代化道路的成功和取得的伟大成就。

社会主义现代化本质上是人的现代化，因此，我们可以用教育水平来衡量社会主义现代化的成功与否。社会主义现代化是中国逐步缩小与发达国家差距、实现中华民族伟大复兴的历史进程。

需要强调的是，所有这些成就的基础源自社会主义。中国走向社会主义现代化的进程，也是中国站上世界舞台中央、完成民族伟大复兴的进程。与美国相比，中国在GDP总量、出口额、生产能力、专利发明数量等方面都有了长足的进步。21世纪以来，中国进入全面建设小康社会，加快推进社会主义现代化的新的发展阶段。目前，中国已经实现了第一个百年奋斗目标，在中华大地上全面建成了小康社会，并向着全面建成社会主义现代化强国的第二个百年奋斗目标迈进。

中国共产党坚定不移地走中国特色社会主义道路，这不仅源于对自然规律的认识，更源于对社会规律和人类规律的认识，中国共产党在中国特色社会主义道路上，坚持以人为本，严谨而坚定地追求目标，同时不断进行理论和实践的创新。正因如此，中国共产党能始终激励中国人民为自己的利益和未来而奋斗，孜孜不倦地投入建设社会主义的伟大事业。

作为秘鲁共产党，我们深知，每个党派都应该根据每个国家的实际情况，全面加强党的建设，通过各种活动增进组织和管理能力的提升，特别是与人民融合的能力，了解人民的需求和愿望，以更好地为他们排忧解难。我们将继续加强与中国共产党的团结、合作与交流。

繁荣发展是世界各国、一切社会的共同目标，而中国，已为此作出了杰出的贡献。

[路易斯·比亚努埃瓦（Luis Villanueva）系秘鲁共产党（团结）总书记；译者楼宇系中国社会科学院马克思主义研究院助理研究员]

社会主义运动的复杂现实与新前景

〔尼泊尔〕普拉迪普·库马尔·贾瓦里

一、社会主义运动面临的复杂形势与挑战

经济全球化的力量以各种前所未有的方式将我们的世界交织在一起，创造了一幅超越地理边界的互联互通的锦绣画卷。经济全球化虽然促进了经济增长，加强了贸易往来，推动了知识、技术与文化的交流，但也加剧了现存的不平等，扩大了社会差距和经济差距，并带来了环境恶化、政治不稳定等新挑战。

跨国公司的崛起引发了人们对以更新、更复杂的形式出现的劳动剥削的担忧，以及对破坏环境造成的致命代价的忧虑。资本的自由流动造成了金融脆弱性和经济危机，低收入国家更因之危机重重。

21世纪见证了当代挑战的涌现，这些挑战威胁着我们社会的结构和我们居住的地球。气候危机迫在眉睫，其对生态系统、经济和人类福祉造成的破坏性影响令人触目惊心。颠覆性的技术进步在激发巨大潜能的同时，也对本土知识和技艺构成了挑战，造成了一些道德困境，加剧了人们的工作不安全感，助长了侵犯隐私的行为。极端主义正以文化和其他各种形式阻碍我们建设一个充满共存共生、兼容并包、和而不同之精神的世界，我们的崇高努力面临着严峻挑战。

大流行病揭示出我们这个互通互联的世界的脆弱性，新冠疫情暴露了我们的医疗体系、全球供应链和全球治理中的漏洞。在这个高度相互依存

的时代，我们的命运交织在一起。我们面临的上述新挑战不是任何一个国家或多国集团能够单独解决的。我们必须认识到，我们命运与共，必须共同努力开辟通往可持续发展的、公正平等的美好未来。

二、构建人类命运共同体的重要意义

我们正亲历全球权力平衡的重大转变。西方国家长达两个世纪的全球统治地位正急剧下降。它们的军事力量看似不可战胜，而今却因其在阿富汗、伊拉克、叙利亚、利比亚以及世界其他地区造成的后果而饱受质疑。它们的创新优势和技术优势逐渐落后于中国和韩国等新兴大国。最重要的是，中国、印度和巴西等新兴经济体对西方国家的经济主导地位提出了挑战。金砖国家2023年在全球国内生产总值中所占的份额已经超过七国集团。正在推进的金砖国家货币倡议、去美元化以及双边贸易本币结算倡议，彰显了国际金融秩序的快速变化。关于民主、人权、发展、文明、价值的说辞和定义不断演变，并被赋予新的内容和涵义。由此而言，世界秩序正在急剧变化。

西方大国非但没有承认这一新现象，没有根据权力平衡的变化为重新构建全球秩序做准备，反而竭尽全力破坏发展中经济体的崛起。它们的竭力阻挠造成了不必要的国际压力。任意地划分"我们"和"他者"，会引发各方都不愿看到的敌意。这样的破坏活动不符合全球大多数人对世界和平、和谐、共存、多元的期待与向往。

全球经济、创新和人口结构的重心正向亚洲转移，这给我们带来了新的机遇与挑战。中国的和平崛起是一种新现象。中国使8亿人口摆脱了贫困，为全球减贫事业和人类文明作出了重大贡献。中国的和平崛起正在帮助发展中国家在联合国和其他多边论坛上重塑议程。当经济全球化和自由化的支持者转而倾向于保护主义的时候，中国提供了一个基于包容和公平原则的经济全球化新视角。在如此复杂的形势下，构建人类命运共同体这一目标的意义空前凸显。

三、社会主义是唯一正确的选择

虽然全球财富大幅增长,但并非所有国家都从繁荣和发展中获益。在贸易、投资和技术转让方面的机会不平等是全球经济结构不公正的表现。世界上仍有近10亿人口处于绝对贫困中。各国之间经济发展不平衡、国家内部的国民收入分配不均衡以及剥削性的劳动力市场关系乃是造成这种状况的主要原因。

这需要一个替代方案。毫无疑问,社会主义是唯一正确的选择。世界社会主义运动有着悠久而丰富的历史,它植根于社会正义、平等和人类解放的理想。从19世纪的早期社会主义思想家到20世纪的革命运动,社会主义一直在挑战现状,倡导更平等的财富分配和权力分配,引领争取正义的斗争,其理想已成为数以百万计工人阶级的愿景。

虽然社会主义处于防御阶段,但如今正以不同的方式前进。一些国家正努力建设有自身特色的社会主义。各国的共产党都在为夯实社会主义的基础做准备。工会运动正在努力保护工人阶级享有体面劳动和有尊严的生活的权利。受马克思主义的启发,各种社会运动都在为社会正义、和平、环境保护和权利保障而斗争。

马克思主义是工人阶级解放的意识形态。马克思主义不是解决问题的现成的规范性公式,而是一种分析、解释和改造社会的方式。每个国家、社会的性质和特点各不相同,具有独特的发展历史、社会经济结构和文化传统。这些独特性和差异性,要求我们必须走一条有自身特色的社会主义革命和建设道路。

我们一定能够创造性地回答随着时间的推移而出现的新问题,并对我们所处的特定社会的客观情况作出客观的评估。《共产党宣言》发展以来,世界发生了巨大的变化。劳动形式、生产关系、剥削方式、资本主义特征、国家关系、生产方式、商业、消费、科学技术水平以及世界政治都发生了重大变化。发展社会主义的紧迫性进一步增强。马克思主义作为一门科学,能够为这些问题提供客观的答案。创新性思维是实现这一目标的必要条件。

21世纪的世界社会主义运动既面临重重障碍,也会迎来柳暗花明。苏联解体和传统社会主义政党的衰落导致了对社会主义理想和策略的重新审视。然而，由于全球不平等的持续存在以及人们对替代经济模式的必要性的认识不断深化，社会主义思想和运动又焕发出勃勃生机。

四、尼泊尔共产主义政党的社会主义探索与实践

在马克思主义原理的启发下，尼泊尔共产党（联合马列）克服一切困难，向社会主义迈进，实现马克思主义在尼泊尔的创新性发展。尼泊尔共产党参与了1951年的尼泊尔民主斗争，领导了长达30年的反对君主专制和专断的"潘查亚特"（Panchayati）体制[①]的民主运动，并率先发动了2006年的四月革命[②]，进而建立了民主共和国[③]，并起草了具有进步意义和社会主义倾向的新宪法。如今，尼泊尔共产党（联合马列）已经成为共产主义运动和民主运动的主要力量。尼泊尔共产党在执政期间，确立了社会保障和正义的方针；开创了人民参与和当家作主的新发展模式；启动实施各种战略基础设施建设；成功完成了地震灾后重建；实现了人们期盼已久的经济快速增长和摆脱最不发达国家地位的目标；通过与中国签署《中尼过境运输协定》，在外交上为突破"陆锁国"所受到的各种制约开辟了道路；确定了主权平等原则，强调国家不分土地面积大小、人口多少，一律平等。我们正尽最大努力，为建设具有尼泊尔特色的社会主义打好基础。

五、全球合作的新典范与新前景

面对复杂的形势和严峻的挑战，构建人类命运共同体理念成为照亮我们前进方向的一束光。它倡导塑造全球合作的新典范，这一典范超越意识形态的差异，以人人享有更美好未来的共同追求将我们团结在一起。我们

[①] "潘查亚特"是一种源于古印度的"评议会"制度。1960年，尼泊尔国王马亨德拉（King Mahendra）实行"潘查亚特"体制，禁止所有政党公开活动。1990年，尼泊尔爆发大规模抗议活动，要求取消"评议会"制度，比兰德拉国王（King Birendra）妥协，宣布废除评议会，实行君主立宪的多党议会制。——译者注

[②] 2005年2月，尼泊尔国王贾南德拉（King Gyanendra）宣布"亲政"，取缔政党。2006年4月，尼泊尔共产党（联合马列）等政党组成的"七党联盟"和尼泊尔共产党（毛主义）联合反对国王的决定，国王被迫宣布恢复议会，还政于民。——译者注

[③] 2008年5月，尼泊尔制宪会议通过决议，宣布建立尼泊尔联邦民主共和国。——译者注

必须尊重各国独立自主地选择自己的政治制度、发展道路和文化遗产,努力做到求同存异、和谐共处。我们必须拒绝集团政治,走尊重各国主权和领土完整的自主发展道路。我们必须展开对话,互学互鉴。我们必须努力建立一个所有国家都能繁荣发展并分享经济全球化利益的世界。我们必须摒弃零和思维,寻求互利共赢的伙伴关系。我们必须坚持《联合国宪章》的原则,加强多边合作,有效应对全球挑战。

构建人类命运共同体并非易事。这需要所有国家、组织和个人的协调努力。我们所面临的挑战要求我们必须抓住机会,开辟出一条新的道路,为全人类创造一个更加公正、平等和可持续发展的未来。

〔普拉迪普·库马尔·贾瓦里(Pradeep Kumar Gyawali)系尼泊尔共产党(联合马列)副总书记;译者唐芳芳系中国社会科学院马克思主义研究院副研究员〕

当今世界大变局中的地缘政治要素分析及中国的重要作用

〔阿根廷〕阿蒂利奥·博隆

纵观人类政治文明演进史，前几次变局都产生于相同的社会文化和政治背景之下，更确切地说，它们都发生在拥有相同文明和地理环境的"西方世界"。第一次世界格局重构始于哥伦布发现美洲新大陆。16世纪，美洲殖民地矿产资源出口减少，使本就落后的欧洲经济雪上加霜，随着耗资巨大的"无敌舰队"拖垮了西班牙王室并最终惨败于英格兰海军，第一代全球霸主的鼎盛时期落下帷幕。在由此引发的贸易和金融危机中，荷兰获得了短暂的崛起，随后世界霸权再次更迭，落入大英帝国之手。英国工业资本的蓬勃发展成就了其"日不落帝国"的称号，全球经济重心由亚洲转移到大西洋，英国成为世界经济的中心。一战后，英国的世界霸主地位遭到挑衅，在经历了大萧条和二战以后，英国干预欧洲和世界事务的能力已是强弩之末，新兴资本主义国家虎视眈眈。这一切历史条件为美国的迅速崛起、继而成为超级大国铺平了道路。不难看出，以上霸权的屡次更迭都发生在具有相同价值观、宗教信仰（如天主教和新教是同属基督教的不同派别）、政治传统和法律制度的国家和民族之间，有的甚至语言相同或相近，如荷兰语和英语便是同宗同源。

相较而言，当今世界正在经历的百年未有之大变局无疑是一个更加复杂的进程，利用霸权主义和强权政治统治世界五百多年、剥削和压迫其他国家和地区甚至使之沦为殖民地和陷入不发达境地的西方霸权，至此有望被终结。在这一次世界格局的"大洗牌"中，冲突各方呈现出巨大的差异：语言不通，信仰不同，文化习俗、政治传统和社会结构相去甚远。简言之，它们是来自全球各地、形成于不同文明范式的迥异个体。在我看来，这正是此次变局有别于过去经验的决定性因素。如果说此前国际秩序的改变都发生在同一文明框架之内，那么当下的地缘政治波动则是截然不同的文明体系之间的博弈。我们面临的不仅是经济利益的冲突，还有信仰、价值观、意识形态、生活方式以及政治和文化传统等全方位的冲击。

关于当前世界大变局的第二个要素是气候问题。如今，我们已不能简单地谓之"气候变化"，称之为"气候灾难"或更为准确。我们亦不再谈论"全球变暖"的话题，因为在以无节制的资本积累为最高目的的资本主义逻辑影响下，地球正以一种被毁灭的方式而消耗。2022年，美国加利福尼亚州遭遇了1200年以来最严重的干旱，曾经波澜壮阔的科罗拉多河水量骤减几近干涸，许多河段仅余一条浅溪。在阿根廷，由于除草剂的滥用，巴拉那河河床中沉积的致癌物质浓度已然超过了潘帕斯平原。骇人的火灾、极端的干旱、恐怖的洪水以及严重的水体污染等自然灾害正在世界各地的农村、城市和森林中肆虐，而人类的健康也在遭受着新冠疫情以及其他致命流行病的威胁。以上种种皆表明，我们正处于资本主义文明周期的终点，资本主义文明已不可持续，地球和已知的各种自然资源都遭到了毁灭性破坏，甚至危及人类自身的生存。

不幸的是，文明范式的更迭和国际新秩序的建立往往都伴随着暴力因素，当今世界亦不例外。美国挑起俄乌冲突、支持以色列在加沙地带实施种族灭绝暴行以及对中国发出赤裸裸的战争威胁，无一不是霸权主义的体现。这也是此次变局的另一主要特征：在西方之外出现了一股与之对立的且在实力上能与之抗衡的大国势力，对此美国及其盟友感受到了威胁，遂四处煽风点火、挑起冲突抑或直接发起军事行动来维护自身霸权地位。中国国家主席习近平一再呼吁和强调各方应在国际关系中遵守国际法和公认的国际关系基本原则，用统一适用的规则来明是非、促和平、谋发展；各国领导人应在相互砥砺、合作共赢的人间正道上携手同行。与此形成鲜明对比的是，以美国为首的西方利益集团动辄诉诸武力，将战争作为缓解世界地缘政治棋局重组所必然带来的国际紧张局势和矛盾冲突的主要手段。

眼下在乌克兰和加沙愈演愈烈的暴力冲突和武装对峙表明，美国、欧盟和北约领导人无意通过谈判达成解决方案。在俄罗斯问题上，美国的战略家们一直坚称，无论俄罗斯是否改变了其经济社会结构和政治体制，这个国家始终是个威胁。1992年，时任老布什政府国防部副部长的保罗·沃尔福威茨（Paul Wolfowitz）发出警告，称尽管苏联已经解体、苏共政权已经垮台，但俄罗斯依然是美国在东欧、中东和欧亚地区推行有利于自身政策的重大障碍，因此必须削弱其力量。多年后，另一位著名的美国专家兹比格涅夫·布热津斯基（Zbigniew Brzezinski）断言，21世纪初俄罗斯和中国的结盟将会是对美国而言最糟糕的情况。因此，美对俄政策应立足削弱其实力，尽可能使之分裂成几个小国，一如当初美国对南斯拉夫所做的那样。此后，白宫顾问理查德·奈菲（Richard Nephew）在其出版的《制裁的艺术》（*The Art of Sanctions*）一书中非常详细地介绍了如何对第三国进行施压与勒索，首当其冲的便是俄罗斯和伊朗。几乎同时，美国著名智库兰德公司（RAND Corporation）在其发布的报告《使俄罗斯过度扩张而失衡》（*Overextending and unbalancing Russia*）中抛出了与奈菲相同的观点。报告在地缘政治问题上给出了一个关键建议，即在俄乌边境部署致命武器以逼迫俄罗斯做出强烈反应对乌克兰宣战，"过度扩张"从而掉入美国预设的战略圈套。接下来，摧毁和分裂俄罗斯将为美国及其西方盟友（除了日本、韩国）全力对抗中国铲平道路。唇亡齿寒，失去俄罗斯的军事和技术支持、陷入孤立无援境地的中国将无力抵抗西方列强的侵蚀。看清楚了！这就是美国的阴谋！

值得注意的是，美国政府在官方文件中对中国的界定，已经从曾经的经济领域的竞争对手改为宣称中国是唯一一个既有重塑国际秩序意图，又越来越有经济、外交、军事和科技实力来达成这一目标的国家。即便在如此波诡云谲的国际形势下，我相信，中国依然能够经受住风高浪急甚至惊涛骇浪的重重考验。首先，一如基辛格所述，中国不是一个扩张主义国家，甚至它是世界上唯一一个修建城墙来避免被侵略的国家。如此规模的经济体量以及在国际贸易中的重要地位，并不意味着中国势必走上西方霸权和帝国主义的老路，与之相反，这些硬实力使得中国政府和中国人民有能力坚定地走自己的和平发展路线，并为国际冲突劝和促谈，推动世界各国停火止战，缓和全球紧张局势。今天，美国官方承认的海外军事基地就多达800余个，与之相比，俄罗斯有15个并主要部署在曾经的苏联成员国，而中国仅在位于非洲东北部的吉布提共和国设立了一处保障基地，旨在为中国军队赴亚丁湾、索马里海域执行护航行动以及开展人道主义救援等国际维和任务提供有力支持和保障。事实摆在眼前，无需赘述那些政治理论，简单的算数便足以粉碎那些污蔑中国是"帝国主义"或"扩张主义"国家的谬论。

20世纪七八十年代至21世纪初，中国的经济和科技飞速发展，在推动社会公平正义的进程中也取得了长足进步，实现了消除绝对贫困的壮举。这正是让美国及其盟友忧心忡忡的原因之一。中国的领导人们深知美帝国主义绝不会容忍一个强大的中国就此崛起，今天美国的所作所为无疑验证了这一点。尽管如此，中国已经不可阻挡地崛起，在世界地缘政治舞台上扮演着越来越重要的角色。随着近年来在某些先进的技术领域赶超美国，中国将进一步成为吸引全球优质要素资源的强大"引力场"。面对中国在5G、人工智能和机器人等信息产业领域的迅猛发展，美国体会到了前所未有的挫败感，愈加激发了其侵略本性，于是四处散播"中国威胁论"，称"再不阻止中国就晚了"。

事实上，中国的确在全球各领域发挥着非比寻常的作用。当前，中国已经成为汽车、电脑、手机等关键生产和制造行业的全球领跑者。中国的科技发展令人赞叹，无疑对日益衰落的美国霸权构成了巨大威胁。因此，拜登政府上台之初就发布了新的《国家安全战略》报告，明确指出中国才是美国需要战胜的真正敌人。于是乎，美国频繁挑动台海局势，在中国领导人反复呼吁乌克兰、加沙和其他军事冲突地区采取和平对话和外交谈判时，美国却选择继续拱火。2023年，中方斡旋促成了伊朗和沙特阿拉伯恢复外交关系，这无疑是中国的一大外交成就，为缓解沙伊两国历史性冲突和维护世界和平做出了巨大贡献。毫不意外，美国对此感到愤怒和难以置信。总而言之，美国发动战争，而中国缔造和平，中国在复杂多变的国际舞台上扮演着至关重要的角色。

世界地缘政治格局的重构证实，一个多极、多中心的多元世界已然成为现实，激动人心的大变局已经开启，新的世界大国和权力中心正在重新勾勒国际舞台的轮廓。幻想统治整个21世纪的美单边主义霸权，在经历了短短十几年后偃旗息鼓。2005年，美洲自由贸易区（Free Trade Area of the Americas）组建失败，美国在拉丁美洲和加勒比地区实现单极统治的计划落空，成为建立"新美国世纪"的野心注定破灭的首个预兆。阿富汗战争的惨败使得美国颜面尽失，对伊拉克发动的"反恐战争"结局至今未有定论，在中东和东南亚挑动事端却接连受挫，以及美国国内日益加深的经济危机，无一不加速了"雄鹰"的坠落。单极主义不过是美帝的南柯一梦，反而促使全球加快了迈向多中心世界格局的步伐。

在此，我愿毫不犹豫地将这场大变局称为"后霸权时代"，因为当下没有任何一个西方老牌强国有可能通过武力将其自身利益和意志强加给国际体系中的任何其他国家。与此同时，世界地缘政治舞台上的新主角们，尤其是迅速崛起的中国，坚定地推动和加强国际合作，明确表态建立全球霸权不符合多国利益，只会加深世界的不公正，使整个国际体系陷入新的、更致命的战争。在这个冉冉升起的新世界，我们正迎来史无前例的机遇，有望为所有国家和民族建立一个更加安全、稳定和繁荣的国际新秩序。虽然俄乌冲突和加沙危机以及其他紧张局势的根源尚未解决，但后霸权时代新秩序的曙光已经照耀四方，这让全世界爱好和平的人民心中充满了希望。

[阿蒂利奥·博隆（Atilio A. Boron）系拉美知名左翼学者，阿根廷布宜诺斯艾利斯大学前副校长、拉丁美洲社会科学理事会前秘书长；译者楼宇系中国社会科学院马克思主义研究院助理研究员，张若兰系阿根廷布宜诺斯艾利斯大学研究生]

中国式现代化对发展中国家的启示意义

〔古巴〕阿尔弗雷多·加西亚·希梅内斯

2022年10月召开的中国共产党第二十次全国代表大会提出，中国共产党的中心任务是团结带领全国各族人民全面建成社会主义现代化强国、实现第二个百年奋斗目标，以中国式现代化全面推进中华民族伟大复兴。作为一种全新的人类文明形态，中国式现代化在中国的发展史、现代化史、社会主义史，乃至人类发展史上都具有重要意义。

中国式现代化是中国近百年来社会经济发展的必然选择，是一场交织着艰辛与勇毅、苦难与辉煌、光荣与梦想的伟大历程。随着1921年中国共产党成立，中国找到了现代化建设的支柱和行动指南。正是在中国共产党的坚强领导下，中国开启了独立自主建设现代化国家的宏伟征程。20世纪50年代，鉴于当时的国情和发展需求，中国提出了建设"四个现代化"战略目标，即工业现代化、农业现代化、国防现代化和科学技术现代化。此后，邓小平又进一步明确了要实现中国特色社会主义现代化，提出了"中国式现代化"概念。中国共产党第十八次全国代表大会以来，在习近平的领导下，中国已经迈上全面建设社会主义现代化国家的新征程。

中华人民共和国的崛起是当代国际关系历史中最重要的事件之一。改革开放以来，中国经济一直保持着令人瞩目的增长速度，这在现代历史上是前所未有的事。中国的国内生产总值（GDP）一直保持着10%左右的年增长率，也就是说平均每8年至少翻一番。中国人民的生活水平显著提高。2008年，中国的绝对贫困人口从2.5亿减少到1500万。到2021年，中国完成了消除绝对贫困的艰巨任务。中国从一个贫穷落后的国家发展成为世界第二大经济体、全球第一货物贸易大国、全球最大的外汇储备国和制造业大国，建立了世界上规模最大的教育体系、社会保障体系和医疗卫生体系。换言之，中国用短短几十年时间完成了发达国家用两三百年才能完成的工业化进程，实现了跨越式赶超。

毋庸置疑，中国在当今世界扮演着越来越重要的角色。作为世界第二大经济体，中国拥有重要的经济地位和极大的发展潜力。中国提供了一种与西方传统模式不同的发展模式，走出了一条不同于西方国家发展历程的发展之路。这条道路充分考虑到中国各领域的现实情况，基于实践经验形成了一个制度化、架构清晰的完整体系。

不同于西方模式，中国式现代化具有以下显著特征：以人民为中心，而非以资本为中心；追求全体人民共同富裕，而非两极分化；实现物质文明和精神文明协调发展，而非一味追求物质消费；人与自然和谐共生，而非生态环境恶化；倡导和平发展，而非通过战争肆无忌惮地掠夺。值得强调的是，人民是中国式现代化的核心。一方面，中国共产党是一个为人民服务的政党。另一方面，中国文化体现了人人平等和追求全人类共同利益的理念。中国式现代化构建了一个国际平台，促进了世界各国的交流和经验分享，加深了各国对当前面临的诸多挑战的认知。

2017年10月，习近平总书记在中国共产党的十九大报告中为中国勾勒出了一张雄伟蓝图，即到本世纪中叶将中国建成综合国力和国际影响力领先的社会主义现代化强国。从那时起，中国为发展中国家走向现代化开辟了新路径，为那些希望加速发展同时又保持独立的国家提供了新选择。

需要指出的是，尽管中国拥有巨大的经济潜力，并已成为世界第二大经济体，但中国仍然是一个发展中国家。这一点在中国与其他发展中国家之间的政治关系和经济互动中具有重要意义。中国共产党对此十分重视，出台了一系列面向亚洲、非洲和拉丁美洲等广大发展中国家的政策。例如，中国政府于2008年11月发布第一份《中国对拉丁美洲和加勒比政策文件》，为中拉之间的广泛合作奠定了基础，并为双边贸易和投资框架指明了方向。2016年11月，中国政府发布第二份《中国对拉丁美洲和加勒比政策文件》，引领中拉全面合作伙伴关系不断迈上新台阶。在拉丁美洲和加勒比地区，中国已与其主要合作伙伴建立了不同类型的战略伙伴关系，并取得了长足进展，如中国与巴西、墨西哥及智利分别于2012年、2013年和2016年将双边关系提升为全面战略伙伴关系。

需要强调的是，中拉经济具有很强的互补性。虽然中国在经济领域取得了令人瞩目的发展，但这不会改变中国仍是一个发展中国家的事实。中国政府强调其发展中国家的身份认同，积极倡导"南南合作"和构建新型国际秩序的外交政策，以解决中国与其他发展中国家之间的经济发展不平衡问题。中国作为一个发展中国家的身份为其提供了一个独特的视角，使中国可以更好地了解其他发展中国家的需求，并为它们提供帮助。中国令人赞叹的经济增长，是在没有国际金融机构干预且遵循中国国内实际情况制定行之有效的经济政策的情况下所取得的伟大成就。此外，中国明确指出不干涉其他国家内政。上述种种，使中国在发展中国家中更具引领性和吸引力。

中国式现代化对发展中国家经济的影响，植根于"南南合作"，并遵循和平共处、相互尊重、互不干涉、合作共赢等原则。长期以来，拉美国家与发达国家的关系是一种依附型发展模式。中国为拉美国家在国际体系中摆脱依附关系提供了历史性契机。受益于与中国的经贸往来，广大拉美和非洲国家的经济得到了发展，贫困问题也得以改善。与此同时，中国与拉美和非洲国家的伙伴关系为中国提供了发展长期战略关系的机会，从而带来了双赢的结果。

因此，发展中国家与中国的经贸关系是互惠互利的。发展工业是一个国家提升竞争力、实现财政盈余、提高储蓄率和改善基础设施供应、推动工业现代化，以及减少贫困的最佳途径。与此同时，发展中国家的国际收入增长也使其政府，特别是拉美国家的政府，能够实施关键领域的现代化项目，如交通运输和信息通信等基础设施建设，从而大大减少贫困率。拉美国家财政收入因对华出口额增加而受益，人民也因获得来自中国的物美价廉的进口商品而受益。与西方国家的投资不同，中国提供的资金涉及面更为广泛，内涵也更为丰富。中国的对外合作模式是一种"混合模式"，除了商业和投资流动之外，还包括援助合作、债务豁免、提供技术培训和奖学金等，旨在帮助其他发展中国家，助力它们克服经济增长受制于结构性因素的影响。需要指出的是，中国的对外合作模式不同于传统的援助模式，旨在通过政治对话、经贸协议、提供用于基础设施建设的包括非优惠贷款在内的多元投资形式等，构建一种合作共赢、共同发展的战略伙伴关系，进而推动国际经济关系的平衡发展，促进世界的和平与繁荣。

中国在全球南方的合作受到了非洲和拉美国家的普遍欢迎。一方面，中国提出了构建人类命运共同体的理念，从一个全新视角出发，倡导世界各国协力发展，共同应对挑战，寻求互利合作；探索加强不同文明之间交流互鉴的新方式，寻求人类共同利益和共同价值的新内涵，并通过多边合作寻求应对多重挑战的新途径，进而实现包容性发展。另一方面，中国提出了"一带一路"倡议。该倡议将包括中国在内的全球发展置于中心，以人为本，关注民生，致力于改善全球治理和提高国际合作的水平。"一带一路"倡议对破解和平赤字、发展赤字、安全赤字和治理赤字的重要性不可估量，有助于共建国家走出国际金融危机，增强发展中国家消除贫困和摆脱落后的信心。此外，该倡议提供了一种替代当前新自由主义全球化的选择，对发展中国家摆脱依附关系极为重要。总而言之，"一带一路"倡议是国际发展领域的一项伟大创举。

中国的现代化道路克服了西方以资本为中心的现代化模式，打破了"现代化＝西方化"的迷思，开辟了一条通往富裕生活的新道路，为发展中国家的现代化提供了新的选择。中国式现代化将推动发展中国家的整体发展。

古巴和中国都是共产党领导下的发展中国家，都是社会主义道路上命运与共的同路人。中古两国正在走各具特色的社会主义现代化道路，并取得稳步进展。与此同时，中古两国在建设社会主义的过程中面临着同样的挑战。两国应加强经验交流，为推动构建一个以人类福祉为中心的、更加公平的国际社会而努力。我们认识到，中国为实现现代化和民族复兴所选择的道路是一条切实可行的且极具参考价值的道路。当今的中国，在发展领域和社会公正方面都取得了不容置疑的辉煌成就。马克思主义中国化也充分证明了理论创新的重要性，各国都应基于本国具体国情开展马克思主义理论的创新。古巴和中国的关系，是一个社会主义小国和大国之间的关系，是在平等和相互尊重的基础上开展国际合作的典范。

不平等、社会排斥、单边强制措施和自私自利只会将人类引向深渊。世界各国携手并肩、为了全人类的共同利益去建立一个国际政治经济新秩序，才是有效应对全球挑战的唯一途径，也是将这艘世界各国命运与共的巨轮驶向安全港湾的唯一途径。我们坚信，一个更加美好的世界是可能的，也是必要的。

［阿尔弗雷多·加西亚·希梅内斯（Alfredo García Jiménez）古巴社会与人文科学研究院副院长、研究员；译者楼宇系中国社会科学院马克思主义研究院助理研究员］

为推动经济全球化贡献中国智慧

〔英〕罗伯特·格里菲斯

随着世界上多个经济体从新冠疫情的影响中复苏,全球经济一体化的趋势正在重新显现。无论是跨境资本流动、商品和服务贸易,还是劳动力迁移,都表明全球经济一体化程度显著提高。然而,这些因素和趋势主要由西方金融中心和跨国公司掌控。在过去的45年,这一资本主义全球化进程加速发展。20世纪80年代,美国、英国和西欧相继推行新自由主义政策,20世纪90年代,苏联和东欧社会主义制度的崩溃以及随之而来的"金融化",都推动了世界经济全球化进程。即便2008年席卷全球的国际金融危机,也没有对经济全球化进程造成长期阻碍。

在全球经济一体化进程中,欧盟区域经济一体化进程加速发展,在全球范围内遥遥领先。《马斯特里赫特条约》《阿姆斯特丹条约》和《里斯本条约》逐渐消除了阻碍资本、劳动力、商品和服务在欧洲大陆自由流动的壁垒。在此基础上,欧盟开始实施一个长期计划,该计划备受垄断资本及主流保守派、自由派和社会民主派政客的青睐。他们提倡建立一个"欧洲合众国",不仅实现经济和金融的高度一体化,而且与北约合作,实现军事的高度一体化。

资本主义全球化的主要受益者是工业金融公司,这些工业金融公司的总部主要遍布于最发达的资本主义国家,如韩国设有多家新兴工业金融公司。尽管中国和印度的公司分布越来越广,规模越来越大,但其中大多数公司仍然集中在最发达的资本主义国家。其他社会成员也从中获益,尤其是从资本主义全球化的"国际性"中获益，其中包括拥有必要技能、流动性和灵活性的知识分子和工人阶级。然而，资本主义全球化进程中也有许多输家。在灵活机动、不断扩大和不够稳定的劳动力市场上，一些工人的工作或技能失去了价值。据国际工会联合会（ITUC）的数据，自1980年以来，资本主义全球化进程中属于输家的国家的工会失去了谈判能力，也失去了参与集体谈判和采取工业行动的许多合法权利。在英国、希腊和加拿大，情况与克罗地亚、格鲁吉亚和菲律宾一样，而且自2008年国际金融危机以来，这种趋势还在加速。因为失去了可能会"扭曲市场"的国家支持，数以百万计的小农户和小商人在竞争性进口和投资面前难以幸存。

英国也面临着上述境遇，由于被不受约束的市场力量所抛弃，当地社会团体和整个地区都在努力维持生存，而市场力量只关心借助资本和劳动力的自由流动以及在最适合的地方开展业务的权利，实现利润最大化。英国出台的新自由主义政策，一定程度上禁止或限制使用国家补贴和激励措施、公有制和经济计划，许多地方的城市和农村社区在市场力量不受约束的作用下挣扎求存。

英国人普遍认为，应该由他们的直选代表进行经济和政治决策。这就解释了2016年大多数选民投票支持退出欧盟的原因。英国保守党政府已经对他们实施了6年的财政紧缩和私有化政策，却没有在工业、住房、交通和公共服务领域进行急需的投资。既然如此，他们为什么要投票支持保守党政府的提议，即留在欧盟？"资本主义全球化"发展模式的矛盾之一在于，它减少了新兴工业化国家和老工业化国家部分工人之间的收入和财富不平等，但也加剧了发展中国家内部以及发展中国家与最不发达国家之间的不平等。全世界工人和工会权利保障最差的地区是北非和中东。

在向竞争对手的产品和资本开放本国经济的国家，民众失去了未开放前的国家补贴和被资本力量指责为"扭曲市场"行为的原有政策支持，这里的工人、农民和小商人成了最大的输家。例如，随着全球经济从新冠疫情相关的衰退中复苏，拉丁美洲和加勒比地区的外商直接投资在2022年增长了51%；但根据国际货币基金组织的数据，最不发达国家的外商直接投资却下降了16%。这种持续的不平衡在一定程度上反映出，欠发达经济体缺乏的是必要的基础设施（来吸引高质量的转型投资），而不是西方帝国主义为剥削廉价劳动力、掠夺原材料而进行的掠夺性投资。

中国的"一带一路"倡议表明，存在一种不同的经济一体化、现代化和发展模式的可能性。习近平主席提出的构建人类命运共同体理念、人与自然和谐相处的理念，体现了开创性的胆识与全局性的视野。中国正从相对经济实力的角度推动构建新的未来，并在当前与合作伙伴国家的实践中实现这一构想。自2013年习近平主席提出"一带一路"倡议以来，中国已与150多个国家和30多个国际组织签署了200多份"一带一路"文件，为沿线国家创造了42万个就业岗位，帮助约4000万人摆脱贫困。

"一带一路"倡议主要由中国的银行提供资金，并由中国百余家巨型跨国企业（通常与当地企业合作）推动，致力于为过去因殖民和新殖民剥削及债务问题而陷入落后的国家提供交通、能源、通信、环境和文化基础设施。因此，中国的跨国公司目前拥有世界第三大对外直接投资存量（价值近3万亿美元），超过了英国、德国、日本和法国，也就不足为奇了。根据2023年《财富》世界500强排行榜，在全球最大的500家跨国公司中，中国企业有142家。当然，西方媒体关注的重点是，"一带一路"倡议这样一个庞大的计划中，可能会出现一些不可避免的问题。当然，这些问题有的实际存在，而有些是臆想的。这表明，与当地社区、工会、农民和贸易商沟通时，保持友好协商是非常必要的。

在债务减免和重组方面，中国的银行充分理解当地情况并灵活应对。与来自西方国家、欧洲中央银行、国际货币基金组织或世界银行的贷款不同，中国提供的贷款没有任何附加条件：不削减公共服务或劳工标准，不实行私有化，不强行进入国内市场，不支付政治或军事费用。七国集团的资本主义大国以其6000亿美元的"全球基础设施和投资伙伴关系"项目对"一带一路"倡议作出回应。该项目已两次重新启动，三次重新包装，旨在与中国的"一带一路"倡议形成对抗，而非互补。七国集团倡议的本质已经越发暴露出来。从公开披露的计划中不难发现，受益方主要是美国的能源和军备公司。发展中国家正在接受赠款和贷款，用以建设进口美国液化天然气的设施，并使用美国提供的产品来更新其安全系统。

与此同时，中国的"一带一路"倡议继续推进公路、铁路、港口、机场、光纤电缆、通信网络和文化中心等基础设施建设。中国的投资正在帮助发展中国家应对当前全球经济的挑战，寻求发展机遇。这与西方式的殖民主义和新殖民主义截然不同。这种新型的现代化，使发展中国家能够更有利地参与全球经济。

中国式现代化的发展目标是到2050年建成富强民主文明和谐美丽的社会主义现代化强国。在21世纪的头25年，帝国主义给发展中国家和世界带来了各种危机、安全威胁、气候混乱、冲突和战争，而中国式现代化与之大为不同。这是一种新型的现代化，而非建立在单方面超级剥削基础上的发展模式。我们正在见证一种新形式的经济一体化的出现，其基础是团结一致、可持续性和互惠互利。这是一种渐进式一体化，甚至是社会主义一体化。

[罗伯特·格里菲斯（Robert Griffiths）系英国共产党总书记；译者李鑫系山东大学马克思主义学院2018级博士研究生，日本早稻田大学政治学研究科联合培养博士研究生]

构建人类命运共同体
反对霸权主义和强权政治

〔尼泊尔〕库马尔·卡尔基

当前的资本主义世界秩序没能创造一个平等的全球社会,却危及人类的未来。第二次世界大战后建立的世界秩序主导着世界事务,内在地滋生了不稳定、歧视和暴力。因而,是时候用一个促进平等、合作、和谐的世界秩序来取代当前秩序了。在建立新的世界秩序的斗争中,至关重要的环节是培育平等、自由的社会主义新价值观,引领人类社会走向更美好的未来。

求知的目的是认识当今世界,并改造世界,推动它走向更美好的未来。马克思主义是指导我们改造世界的最佳思想武器,它告诉我们,改造世界的行动揭示了必然世界。由美国主导的当代世界秩序使很多人颠沛流离,使我们的星球动荡不安。美国主导下的制度允许有的人打着民主的幌子进行破坏性行动,例如暗杀民选领导人、屠杀无辜人民。走出困境的关键在于:将社会主义理念运用于我们的政治和经济政策中,开辟新的前进道路。

现代化有利于经济、物质、技术等领域的发展,但社会主义现代化不仅仅是这些领域的现代化。中国式现代化不仅推进不同领域的显著发展,而且发展成果惠及全体人民、惠及周边。例如,中国生产了物美价廉的鞋子,让尼泊尔加德满都的百姓都能买得起,让每个人穿上了鞋,结束了从前每到夏天人们的脚就因钩虫侵入而感染的日子。同时,我们应进一步认识到,要引领人类进入自由王国,只发展物质文明是不够的。如果我们陷入帝国主义强权的疯狂竞争中，就会偏离正确的道路，甚至会重蹈苏联的覆辙。我们从发生剧变的社会主义国家中汲取的教训，不在于经济是否发达，武器是否先进，而在于人们是否用理论和社会主义新价值观武装起来，勇于担当，推进社会主义事业。

追求进步的人应专注于发展新的人类价值体系和思维方式。只有在新的价值体系和平等思想的支持下，政治斗争才能取得胜利，经济发展才是可持续的。改变世界的知识建立在对必然世界的认识之上，而这个必然世界目前仍由资本主义制度决定。在我们努力用社会主义制度取代资本主义制度的过程中，新的价值观和新的思维将会破土而出。

马克思主义的世界观和方法论，是客观地研究、评价和分析历史进程及重要事件最可靠的、科学的方法。它为我们提供了分析剥削、歧视和异化根源的工具，以及寻找解决这些问题的途径和方法。社会主义运动是在马克思主义理论的指导下发展起来的。各国的共产党人应重视理论创新，引领价值观，达到普遍性认识，以引导人们摆脱困境。此外，所有共产主义者和不同背景的进步人士都应该携起手来，向自由王国迈进。社会主义和共产主义运动将引领全球发展，让我们团结合作，共同履行促进各国协调发展的义务。

鉴于这些事实，发展水平较高的社会主义国家在与发展中国家的交流中，不仅注重物质和经济方面的发展合作，还应特别注意转变教育理念，改革教育体系，在教育中使用现代技术，推动理论创新。

中国坚持社会主义道路，已经成为社会主义运动的桥头堡。热爱正义的人民，特别是共产主义者和社会主义者，应该支持中国提出人类命运共同体的理念和相关倡议。中国与尼泊尔建立了深厚的兄弟情谊。中尼两国山水相连，尼泊尔社会主义和共产主义运动在曲折中前进。尼泊尔的共产党人希望能借鉴中国的成功经验，使尼泊尔走上更好的发展道路，走向更美好的未来，尼中两国关系也将不断加强。尼泊尔将努力与中国一同走上构建和平、繁荣、进步的人类命运共同体之路。

[库马尔·卡尔基（Surendra Kumar Karki）系尼共（毛）中央委员会书记；译者唐芳芳系中国社会科学院马克思主义研究院副研究员]

老挝人民革命党建设社会主义国家的经验

〔老挝〕凯山·詹辛娜

当前国际形势复杂多变、难以预测。后新冠肺炎时代的世界经济仍面临衰退,并有可能出现长期衰退的趋势。各国之间的经济、贸易、技术冲突和原材料、自然资源、能源竞争日益严重,对全球供应链和分销链产生了重大影响。所有这些都严重冲击到我国人民的生活,例如通货膨胀,能源价格波动,商品价格上涨等,对人民的生活状况造成了负面的影响。

上述情况已形成对所有马克思列宁主义政党领导的挑战,尤其是对在保护和发展国家方面起着领导作用的老挝人民革命党形成了挑战。本文仅就老挝人民革命党在社会主义道路上建设国家的经验教训谈几点看法。

第一,老挝人民革命党坚持沿着社会主义目标和方向发展国家的思想。

老挝人民革命党是执政党,是人民民主政治体制的领导者,是工人、农民和知识分子的先进力量,领导人民沿着社会主义目标和方向前进,执行维护和建设人民民主政权两大战略任务。

在近50年间,在党和凯山·丰威汉主席的领导下,我们始终坚持社会主义意识形态,把马克思列宁主义作为党的理论基础以及组织实施活动的指导方针,通过革命找到了一条符合老挝国情的独特发展道路。这是我国跨越资本主义发展,从殖民地半封建状态向社会主义的目标和方向迈进的途径。这条道路可以全面解决老挝的民族、部落以及阶级等矛盾。经过近40年沿着社会主义道路的改革理论、改革任务的实施,改革成果日益转化为现实。国家取得了巨大成就,发展全面而强劲,具有历史性意义。通过这些成就可以看出对沿着社会主义道路发展国家的意识形态的坚持，也证明了我们对具有老挝特色的愿景的选择是正确的。

党还不断为马克思列宁主义补充和增加新的思想内容。在党的第十次代表大会期间，除了马克思列宁主义外，党还采纳了凯山·丰威汉的观念，作为党的思想理论的另一个基础。我们认为，凯山·丰威汉的思想是有关革命以及保卫和发展民族的使命的全面而深刻的思想体系。通过创造性地、正确地理解并运用和发展马克思列宁主义，把国家的良好基础和人类的伟大事业相结合，成就了我们国家今天的状况。

第二，老挝人民革命党坚持在社会主义道路上发展市场经济。

自党的第四次代表大会（1986年）以来，党制定了社会主义市场经济发展政策，这是多种经济部门、多种所有制形式、多种分配形式和多种生产形式平等、合作、竞争和依法透明运作的基础。在"实现稳固、深刻、全面经济转型"理念的基础上，以社会主义为方向的市场经济政策得到更彻底的恢复，各项监管工作日益完善。党的十一大强调解决公共管理体制中存在的问题，完善各部和中央组织的作用，转变各部的宏观管理职能；为提高中央和地方公共行政组织的活动质量和公共服务质量，制定和修改必要的法律、法规和行政规章，解决影响国家发展的滥用权力现象。

老挝人民民主共和国高度重视国内企业的创建、完善和发展，使其持续强大，包括使企业有效运作，广泛扩大人民合作经济模式。建立自给自足的经济基础，确保按照党确定的社会主义方向建设经济体系，是党的方针政策的重要组成部分；继续从战略、政策和必要措施等方面完善发展国内企业，重点是营造便利的营商环境，鼓励社会关注经济发展，为建设各种形式、层次、规模的企业创造适宜条件；大力发展国有企业。党已经制定了政策以解决国有企业困难和公共债务问题，国有企业效率低下的问题也引起了更多关注。这都有助于巩固经济基础，为国家创造收入。

经济发展日益追求质量化、集中化、绿色化、可持续性，经济增长由广度向深度方向转变。通过改革各个部门和地方的新经济结构，能够创造有质量的经济增长。利用适当的通信技术，提升国家的状况和潜力，使之为生产和尖端服务提供机会和力量，成为创造坚实经济基础和实现自给自足增长的动力，逐步提高经济自立程度；聚焦高质量集中发展，确保国民经济持续强劲增长，宏观经济保持稳定，财政经济困难逐步解决；鼓励发展商品生产和服务业，重点挖掘国家在工业化、现代化建设方面的能力和潜力，在科技成果系统应用于实际发展的基础上，实现绿色可持续发展。

可持续发展是市场经济沿着社会主义道路发展的重要内容之一。此外，党的第十一次代表大会还把优先发展市场经济与社会领域基本要素相联系，着力解决教育、公共卫生、社会弊端、脱贫攻坚等问题；将社会福利的有效性提升到更好的水平。

"考虑到平衡的绿色发展和防止污染……是可持续发展的主要要素，它能保证经济和社会两方面的稳定"，党强调社会各阶层人民通过"树立社会意识"来参与保护和解决环境问题。"经济发展必须与保护自然、保护生态系统和防止污染并行不悖，为创造不破坏自然环境的就业机会准备必要条件"。丰富的自然资源的挖掘和利用必须能够带来最大利益。

老挝在加强与战略友好国家的友谊与合作的基础上，积极与外国合作，创造强有力的转型，以吸引外国投资。老挝还继续实施国际联系和一体化的战略目标，为竞争创造条件，吸引资本、技术和创新，以挖掘和增强国家的潜力和优势。

同时，加快对一些事项的改革，包括在各个地区开展紧急调查和分配生产和服务发展计划，特别是在拥有便利基础设施和较易市场准入的南北和东西经济走廊沿线；提高国际口岸的服务能力，发展符合国际标准的出口货物和跨境货物运输能力，建立企业家使用这些服务的信心，吸引国内外企业家投资我国的重要项目；继续完善经济特区现有政策和管理机制，促进必要的基础设施投资；创造吸引投资的主要领域，重点是生产和服务；重点解决投资项目和投资贸易的难点问题，通过降低服务的复杂性，配合现代化的设备网络，使投资项目和投资贸易更加透明、快捷、简便和系统化；建立与各领域实际因素相关的信息系统，使想要在该领域投资的人能够获得相关信息；解决各种障碍，在不影响国家安全的前提下，为国家发展创造条件，吸引投资和筹集资金。这些都将为我国吸引地区和世界各国的投资和贸易创造良好环境。

为增强我国对外经济合作的区位优势，党的十一大提出要从内陆国家转向与地区和世界各国互联互通的国家。"发展支持互联互通循环的基础设施，在南北、东西经济走廊的主要过境点沿线建立强大的现代物流技术基础，并通过完善与服务相关的立法和管理机制，检查站和过境货物运输，以便将经济与该地区和其他国家联系起来"。关于对外经济合作各部门的责任，党的十一大进一步指出，"在落实我国同战略友好国家合作框架中，增强各方责任、提升主人翁意识"。例如，与东盟成员国、东盟伙伴国以及区域和国际组织开展合作，为吸引投资、获得国外援助、解决经济金融困难和债务问题创造机会和有利条件，推动我国未来几年的发展。党的对外经济合作政策是加强与地区和世界的合作和联系，通过吸引外国投资，扩大市场和贸易伙伴，减少经济脆弱性；它还旨在创造产品和服务的附加值和多样性。实践表明，老挝人民民主共和国的经济发展始终与区域和国际一体化联系在一起，在正确的对外经济合作下，老挝人民民主共和国可以为日益深刻的经济一体化创造条件。党的十一大继续在社会主义道路上加强市场经济发展，以"强转型、深转型、全面转型"为新形势下的发展要求确定方向；市场经济的发展必须建立在提高各种能力和潜力的基础上，建立强大的生产和服务基础，以确保可持续发展和自给自足的能力。党的十一次代表大会重申，"我国今后几年和长期的经济发展必须建立在有效利用自然资源的成本效益基础上；以合理的方式促进所有潜力的发展，扩大对确保绿色和可持续方向的高质量增长至关重要的生产和服务部门"。

第三，继续建设更加完善的人民民主，在社会主义道路上进行有力、深刻、全面的变革。

（一）在党和政治制度建设和完善方面，党必须"坚决解决党内短板，保证各级组织的实际领导作用；要以加强各级党组织建设和提高党员素质为目标，实现党的思想政治理论素质全面提升的新转型；党要不断完善政治制度，大力巩固人民主权；党领导整个政治体系的核心作用得到提升；国家动力系统得到有力、透明和高效的恢复；老挝民族阵线、党的群众组织和其他社会组织的组织结构和活动在宪法和法律的基础上不断得到改善。

（二）继续加强以社会主义为导向的市场经济发展，确定符合新形势下发展要求的方针，保证资源的有效利用和经济效益的提高。促进所有潜力的开发并合理开发所有潜力，确保绿色和可持续方向的质量增长。

（三）提升民族独特的文化价值，不断发展社会精神文明。此外，要加强人民主权,建设民主、平等、公正的社会;支持老挝人民适应新时期国家发展的需要。

(四)继续加强党对国防安全部队的决定性、直接性、全面性领导,积极建设一支强大有效的军队,以提高维护国家主权、维护政治稳定和社会安宁的能力。

(五)在对外合作中发挥主体作用,坚持国家与国家以及我党与外国政党多方位、多层次的合作,创造有利条件,为国家发展带来实实在在的利益。

[凯山·詹辛娜(Kaysone Chansina)系老挝国家政治行政学院党委委员、教学管理部主任;译者贾可卿系中国社会科学院马克思主义研究院研究员]

构建人类命运共同体
反对霸权主义和强权政治

〔美〕罗莎娜·康布隆

科学技术和生产方式的发展使人类现在有能力解决世界饥饿问题，提供优质教育，实现全面医疗保健，消除无家可归的现象，以及提供体面工资的充分就业。换句话说，我们有能力结束世界的苦难，但唯一阻碍我们实现这一目标的就是资本主义制度。在资本主义世界中，1%的人控制了资源、权力和财富。

世界上有80多亿人，绝大多数人有着共同的生活目标和愿望，即有房住、有饭吃，孩子有学上，还有和平的生活。然而，少数人的利益再次与多数人的愿望对立起来。在资本主义国家，那些控制着政治和经济权力的人追逐利润最大化的能力发挥得越大，人类的需求就越将无法满足。这就是困境和挑战所在。因此，"如何构建人类命运共同体"成为当下的一个重要议题。我们都知道，每个国家在解决这一问题方面都有自己独特的条件，同时，每个国家都必须面对不同力量的平衡。

美国几十年来一直企图维护世界霸主地位，利用自身经济和军事实力征服各国，扶植独裁者，推翻民主选举产生的政府，强迫被征服国开放市场，利用他国廉价劳动力和自然资源为其跨国公司谋取利益。美国是一个活生生的矛盾体，它在国外追求帝国主义利益，而在国内却试图以民主国家自居。美国共产党深知，美国发生的任何变化都会产生一定的国际影响。因此，我们明白，美国共产党为促进和平、正义和平等而进行的斗争，将会给世界其他地区带来积极的变化。

美国如今面临的最大威胁或许是法西斯主义正在接管美国政府。极右翼已经存在了几十年，在里根政府时期得到极大推动，从一支边缘力量变成了共和党党内的主导力量。随着2016年唐纳德·特朗普当选总统，所有工人、妇女、移民、环境和我们的民主体制等都遭到来自右翼的恶毒攻击。投票限制、选区划分不公、选举操纵、对媒体的攻击、选票被盗的谎言等都是对美国现有体制的直接攻击。这种法西斯主义的威胁是真实存在的，极右翼势力似乎已经取得了一些胜利。令人十分担忧的是，在意大利、瑞典、刚果等地，以及最近在阿根廷，右翼政党赢得了胜利。所有进步力量都需要正视这一问题。

然而，作为一个政党，我们对当前的斗争非常乐观。我们目睹了美国工人阶级团结一致、为赢得胜利而掀起的运动高潮。美国汽车工人奋起反抗三大汽车公司，赢得了胜利①。工会领导人的策略是公布首席执行官与工人相比高得令人难以置信的薪酬。这让工人以及美国汽车工人联合会清楚地认识到，这种企业关系是多么不公正，必须予以纠正。美国联合包裹运送服务公司（UPS）的司机们也展示了自己的力量，他们主动寻求工会支持，事先告知工会他们所面临的工作条件。他们这样做是为了应对那些为资本家站台、误导社会的企业媒体的宣传。亚马逊和星巴克的工人也在为获得合理的工资、尊严和尊重而斗争。酒店员工、小企业员工、演员和作家团结一致，决心在不同领域赢得属于他们的胜利。

如今，有色人种、妇女以及移民权利团体都在积极组织起来，走上街头。我们有新一代的年轻人，他们不再受政府反共策略的影响。今天，所有民意调查都显示，美国大多数35岁以下的年轻人认为社会主义制度比资本主义制度更好。每天都有大量年轻人加入我们党，这也清楚地反映出这一点。我们也必须认识到，极右翼意识形态已经在许多地方遭到摒弃，社会运动和左翼政党取得巨大成就，如近年来左翼政党在拉美地区取得了积极成果，这使我们感到非常欣慰。

---

① 2023年9月中旬，美国汽车工人联合会（UAW）同时发动了针对三大汽车公司（福特、通用和斯特兰蒂斯）的罢工运动，这在历史上尚属首次。此次罢工约有13000名工人参与，发生罢工的工厂主要位于美国中部地区。——译者注

在墨西哥，随着2018年安德烈斯·曼努埃尔·洛佩斯·奥夫拉多尔（Andres Manuel Lopez Obrador）当选总统，80多年来第一个左翼政党莫雷纳党上台执政。该党取得了一些令人印象深刻的胜利，包括将石油、锂和其他自然资源国有化。他们以人民的需求为中心，提高了最低工资标准，将老年人的养老金翻了一番，为数百万墨西哥人提供免费教育和医疗服务。奥夫拉多尔政府一直非常受欢迎，作为现任总统的盟友，新候选人克劳迪娅·欣鲍姆（Claudia Sheinbaum）有望在2024年成为墨西哥历史上第一位女总统。哥伦比亚曾是美帝国主义在拉丁美洲最狂热的支持者，却选出了该国有史以来第一位左翼总统——古斯塔沃·佩特罗（Gustavo Petro），以及首位黑人副总统弗朗西亚·马尔克斯（Francia Marquez），他们承诺将带来真正的根本性变革。巴西作为拉丁美洲最大的经济体，通过重新选举卢拉·达席尔瓦（Luiz Inácio Lula da Silva），摒弃了雅伊尔·博尔索纳罗（Jair Bolsonaro）的法西斯政府。

事实上，2023年似乎是进步政治新时代的开端，因为拉美地区有12个国家由左翼政府管理。据《经济学人》网站2023年11月13日报道，这代表了该地区高达92%的人口和90%的GDP[①]。在当前这股新的"粉红浪潮"中，一个突出的共同点是，这些左翼政党不仅要满足本国的经济需求，还要提出新的社会选择和新的价值观。我们在智利看到，妇女在社会运动中发挥了主导作用，这体现为其在争取性别平等、儿童保育和组建妇女团体斗争中所取得的成绩。在玻利维亚，一场声势浩大的土著抵抗运动带来了一部新宪法，旨在保护地球母亲和所有生物的权利。在古巴，社会主义民主在古巴生活的方方面面都发挥着重要作用，古巴人民通过了新的《家庭法》坚决保障妇女等群体的权利。在墨西哥、玻利维亚和智利，我们可以看到那些要求得到承认、尊重和土地权的土著和非洲裔群体取得了重要成果。

今天，我们如何开展反对霸权主义和强权政治的斗争呢？美国共产党非常注重在意识形态领域开展斗争。从我们出生那天起，我们就一直在被

---

① "Latin America's Left Right Divide May Be Disrupted in 2024", https://www.economist.com/the-world-ahead/2023/11/13/latin-americas-left-right-divide-may-be-disrupted-in-2024.

灌输所谓的"美国价值观"。这一价值观宣扬个人主义和竞争，不惜一切代价赢得胜利，如果你不成功就是你的错。这些观念与我们作为社会动物的本质背道而驰。这些消极的价值观导致的结果是，美国成为全球抑郁症患病率、自杀率和吸毒率最高的国家。美国在军事预算上花费了9000多亿美元，这些钱主要落入了军工复合体的腰包。美国政府有钱维持800多个海外军事基地，资助乌克兰的代理人战争，支持他国右翼政权，破坏民主政府的稳定性。然而，政府却告诉我们，没有钱来帮助数百万缺乏医疗保健、无家可归和生活在贫困之中的人，没有钱来减免学生债务，没有钱为单身母亲提供托儿服务及为饥饿者提供食品。

在美国共产党党内，我们通过我们的项目、计划和行动，宣传创建社会团体、集体及进行合作的重要性，以此来抵制美国价值观的轰炸。我们深知，爱、友谊和团结对于消除资本主义所滋生的疏远、抑郁和愤怒等情绪非常重要。2023年11月初，我们党组织了一次和平会议。来自全国各地的党员齐聚一堂，讨论我们如何建设一个更加强大的和平联合运动。我们讨论了在有色人群、劳工、青年和妇女以及选举等领域建设和平的问题。我们提出了各种立法议案：一是呼吁在加沙地带实现停火；二是削减军费开支，恢复有利于劳动人民的项目投资；三是禁止核战争；四是呼吁自下而上全面解决贫困和低收入问题。

我们认识到，在美国开展更强大的和平运动是我们的责任，也是我们对反对霸权主义和强权政治斗争的贡献。和平不是没有冲突，而是实现正义，这已成为我们党的指导原则之一。我们知道，这不仅是一个政治问题，也是一个意识形态问题。

此外，对于许多生活在资本主义国家的人而言，争夺工人阶级的新战场越来越频繁地出现在意识形态领域。我们非常需要参与到思想斗争当中，因为下一代人的道德、伦理和社会价值观将通过这些斗争而得到塑造。

如今，我们看到世界资本主义进入衰落阶段。随着两极分化日益扩大，我们看到资产阶级为了维持自己的权力而展开更加激进的意识形态运动。当资本主义国家竭力掩盖其日益加剧的腐朽性的同时，新形式的民族主义、仇外心理、宗教极端主义、反移民和种族主义不断涌现，并成为通过制造不信任、恐惧和指责他人达到分裂目的的意识形态工具。

我们需要一场运动，让人们认识到，我们的所有斗争都是相互联系的。只有将资金从军队转移到人民，我们的各种社会危机才有可能得到解决。只有做到这一点，我们才能改变美国人民对霸权主义的痴迷，转而促进合作和相互尊重。美国共产党在国际共产主义运动中的作用是考虑如何协调各个党派，以建立一项全球运动，解决我们所有国家都面临的问题，如全球变暖、贫困和战争威胁。

此外，如何看待以新的价值观和道德观建设新的文明，这是一个重要的议题。作为马克思主义者，我们欣喜地看到，中国同志率先提出要建设一个基于更先进价值观和与世界其他国家更具合作性关系的新社会。我们坚信，人类文明新形态将是社会主义文明。我们期待着在不久的将来，美国人民将与所有希望构建人类命运共同体的人民友好相处、团结一致！

〔罗莎娜·康布隆（Rossana Duron Cambron）系美国共产党联合主席；译者雷晓欢系中国社会科学院马克思主义研究院副研究员〕

在动荡变化的世界中构建人类命运共同体

〔塞浦路斯〕克里索斯托莫斯·帕西亚迪斯

我们生活在一个必须有效回答基本和关键问题的时代,这些问题将决定人类的进程。这些问题不再给我们留下拖延的余地,也不允许我们作出错误的决定。我们的地球正站在一个十字路口,这是人类赖以生存的关键。

现代资本主义世界的特点是资本与劳动之间日益激烈的对立;尽管事实上工作和生产的形式已经迅速演变,但这种对立不仅存在,而且还在加剧。资本主义继续依赖于对两个基本财富来源的剥削:人类劳动和自然环境。

全球70%以上的人口正在经历日益加剧的不平等。最顶层的财富分配不平等现象加剧,私人财富的增长在国家内部和世界层面内也是不平等的。在过去几十年中,全球千万富翁占据了全球财富增长中不成比例的份额:最富有的1%占据了自20世纪90年代中期以来积累的所有额外财富的38%,而最底层的50%只占据了其中的2%。

社会内部不平等的后果之一是经济增长放缓。在不平等的社会中,医疗保健和教育等领域存在巨大差异,人们更有可能几代人都陷入贫困。虽然技术创新可以支持经济增长,在医疗保健、教育、通信和生产力等领域提供新的可能性,但也有证据表明,它可能导致工资不平等加剧,并使工人流离失所。

资本主义对利润的追求对我们这个星球的生存构成了迫在眉睫的威胁,导致了自然资源的过度开发、森林砍伐和污染,因为企业优先考虑短期利润而不是长期的生态福祉。二氧化碳浓度超过了421/1000000，是人类历史上的最高水平，而全球气温正朝着超过1.5摄氏度的临界阈值的轨道发展。森林砍伐继续以惊人的速度进行，估计每年损失1000万公顷，导致无数物种灭绝。此外，消费主义和一次性产品的强调助长了一种浪费文化，导致塑料污染和环境退化，每年约有800万吨塑料倾倒在我们的海洋中。自1970年以来，野生动物种群数量下降了68%，生物多样性的减少对全球生态系统构成了严重威胁。

今天，资本主义本身正在破坏我们社会的民主原则。自20世纪80年代以来，新自由主义的主导地位给社会带来了令人窒息的压力，而市场暴行和私人利益在很大程度上压倒了社会利益。技术的发展带来了关于意识控制的新的、可怕的事实。恐惧被用来取消常识，民粹主义被用来取代理性思维，阴谋论被用来废除政治思想。现代资本主义世界正在侵蚀对改善和变革的乐观主义和希望，同时助长对政治生活和选举过程的冷漠和索然。

国际关系似乎正在进入一个通过军事冲突解决争端正常化的阶段。世界正在经历前所未有的军事化，这蕴含着全球冲突的巨大风险，核毁灭正比以往任何时候都更加明显。

加沙战争和对巴勒斯坦人民的持续种族灭绝，打破了西方站在历史正确一边的叙述。西方国家行动的前后矛盾，对人权和国际法的选择性敏感，对破坏稳定和干涉他国内政的支持，都将自身利益置于首位，损害了早已被遗忘的西方世界的价值观和原则的可信度和吸引力。

今天，在欧洲和世界各地，极右翼和法西斯主义不仅仅是学术概念。在一些国家，我们正在目睹极右翼势力逐步崛起，法西斯团体通过利用民主及其制度诉诸民粹主义、种族主义和反共主义。

这就是当前资本主义世界的现实。与此同时，中国显然正在走另一条道路。几个世纪以来，当其他超级大国通过威权主义、帝国主义干预和经济战争扩大其政治和商业影响力时，中国通过与其他国家的和平互利政策实现了全球经济和贸易扩张。

十年前，习近平总书记提出了构建人类命运共同体的理念，以捍卫我们的共同家园，为每个人创造更加繁荣的未来。在过去的十年里，中国进一步发展了这一理念，提出了有利于全人类、每个国家和我们共同家园地球的倡议。

通过促进相互理解、公平、合作和共同利益，促进惠及所有人的发展，尊重多样性，创造一个人人享有持久和平、繁荣与安全的世界，以及一个能够维持我们生存的地球的目标就能成为现实。

虽然中国在第二次世界大战结束时受创，但它还是取得了进步。今天，它创造了一种独特的治理模式，是世界上最成功的治理模式之一。

中国共产党领导国家创造了无数的成就。随着中国综合国力不断增强，中国已成为推动全球经济增长的最大引擎。近年来，中国经济对世界经济增长的贡献率约为30%，成为全球经济最大的增长引擎。"一带一路"和其他三项倡议一直处于新技术的前沿；这使参与倡议的国家能够加快发展，而不是走传统的发展道路。

中国的高增长率引起收入的显著增加，从而提高了公民的生活水平，实现了社会质量的显著改善。中国正在有效应对一系列挑战，如缩小贫富差距、减少城乡差距、支持弱势群体、保护生态系统和打击腐败。

这些都进一步强调了两种道路的区别以及世界社会主义发展的必要性。我们需要解决现代世界重大问题的系统性根源。我们需要继续成为能够带来真正社会变革的力量。对人的生命的尊重和价值不能是选择性的，而是普遍和无条件的。

总之，建设一个命运共同体的愿景是人类永恒的最高愿望。正如习近平主席强调的，持续发展与合作是实现人民美好生活和社会稳定的梦想的关键。在这个充满挑战的时代，至关重要的是，我们要发挥带头作用，为全人类共同的未来开辟道路，保障当代人和子孙后代的福祉。

[克里索斯托莫斯·帕西亚迪斯（Chrysostomos Pashiardis）系塞浦路斯劳动人民进步党中央委员会委员；译者覃诗雅系中国社会科学院马克思主义研究院助理研究员]

构建人类命运共同体与世界社会主义发展

〔芬兰〕丽莎·塔希宁

第 28 届联合国气候变化大会（COP28）将于 2023 年 11 月 30 日在阿拉伯联合酋长国召开。世界各国领导人将飞往那里，讲述他们已经或将要做出的良好决策。以前的良好决策和承诺，在落地执行中，或多或少都是有缺失的。

今年每个月的平均气温比以往同时期都高，碳排放量亦创历史新高。尽管许多国家都在减少化石燃料的消耗，但是化石这种消耗仍比以往任何时候都多。生物多样性的丧失问题极其严峻。

这一气候和环境危机的影响在各大洲是显而易见的。如果我们想将气温升幅控制在 2 摄氏度以内，科学家认为必须在 6 年内快速减少温室气体排放来扭转这一恶化趋势。我认为升温控制在 1.5 摄氏度以内的目标已经不现实了。

那么，到底发生了什么？军国主义似乎成为大多数发达国家的应对方案，而不是共同努力拯救我们的地球，使其适合所有人居住。大量的资金和自然资源被用来生产越来越多的武器。全世界军事部门的碳足迹和对环境的破坏是巨大的。美国和北约对此负有一半以上的责任，每年花费 22.4 亿美元来增加人类的破坏力完全是疯狂的行为。而地球上每十个人中就有一个人仍在忍饥挨饿，世界上每十一个儿童中就有一个无法上学。气候变化威胁着地球上的大部分地区——使其要么变得不适合居住，要么环境更加恶劣。

人类削减20%的军费可以消除贫困，为所有人提供干净的水和卫生设施、食物、体面的住房、医疗保健、社会保障和教育。此外，削减军事部门的开支将为实施在许多气候会议上形成的良好决策提供资源。

为什么这种情况没有发生？因为当真正实施有效决策时，资本主义生产方式的局限性将受到挑战。到目前为止，生产温室气体比减少和停止生产更有利可图。直至当前，生产和运输过剩的商品所获取的利润是可观的，而这些商品对于那些有能力购买它们的人来说并不是真正必要的。

各国深处一个感到相互威胁的世界里，很难集中精力应对至关重要的全球威胁。相反，它们落入了军备竞赛的陷阱，试图保证自己有足够的条件防御其他国家。这就是欧洲和美国的情形。乌克兰战争就是其中的一个结果。然而，这种需求永远不会减少，因为所有其他国家都遵循完全相同的逻辑。这种恶性循环只能通过致力于实现和平的外交手段和对话协商才能打破。

俄罗斯在乌克兰冲突中短视地诉诸军事解决方案，以及以色列试图摧毁加沙并将巴勒斯坦人驱逐到埃及的难民营，均表明，我们本应始终能够通过和平谈判解决问题，但却使用了军事手段。

人类的共同命运不能建立在军国主义和日益紧张的局势之上。我们必须为民主、外交和一切能够加强各国及其人民之间和平对话的手段创造空间。人性，可能使我们陷入这种对抗的僵局，但它也为我们提供了所有必要的工具来摆脱这种僵局。

1975年在芬兰赫尔辛基举行了一次重要会议——这是一个典型的例子，说明了如何启动这一进程及其在以外交和协商取代军国主义方面可以发挥何种作用。在这次欧洲合作与安全会议上，美国、加拿大和除阿尔巴尼亚和安道尔以外的所有35个欧洲国家的首脑进行了会晤。赫尔辛基精神持续了好几年。不久之后的2025年7月将是赫尔辛基峰会50周年。2021年11月，我们的总统绍利·尼尼斯托在他的讲话中说，50周年纪念活动将在赫尔辛基举行。现在，这件事将比以往任何时候都更重要，但无论在国家层面还是国际上，都没有人谈论它。

一些和平组织表示，为抵制军国主义，并重拾愿意辩论、合作、谈判和外交手段的赫尔辛基精神，庆祝活动必须由和平运动合作组织。这会不会对欧洲而言是一个新的开始,首先是建立一个共同的安全架构,然后则是像中国所提议的那样建立一个全球安全倡议?

[丽莎·塔希宁(Liisa Taskinen)芬兰共产党主席;译者李凯旋系中国社会科学院马克思主义研究院副研究员,覃诗雅系中国社会科学院马克思主义研究院助理研究员]

建设一个真正代表全人类命运共同体的世界

〔肯尼亚〕布克·恩格萨·奥莫勒

中国和非洲之间的交往源远流长,植根于争取解放的历史斗争。中国的社会主义道路为全球南方国家提供了希望的灯塔。

从毛泽东思想到习近平新时代中国特色社会主义思想,我们以史为鉴。社会主义远非教条,而是对不断变化的历史环境的动态予以回应,从典型的资本主义到帝国主义和无产阶级专政。阿卜杜勒·穆罕默德·巴布、夸梅·恩克鲁玛、朱利叶斯·尼雷尔和阿米尔卡·卡布拉尔等非洲知识分子丰富了我们的集体认知。

在列宁精神的指引下,我们承认所曾经历的挫折和取得的进步。习近平将马克思主义引入全球现代化中心的大胆尝试意义重大。本次会议有助于推动许多尝试建立全球无产阶级先锋队的进程。

继在非洲举行的"人类困境"会议之后,本次会议强调了构建一个能够拯救人类的替代世界的紧迫性。从欧洲尚未止息的战火到法西斯主义的死灰复燃之迹和资本主义系统性危机,全球挑战依然存在。旧秩序正在迅速恶化。

为了应对这些挑战,我们看到了金砖国家、77国集团和中国等多边途径的成立。为了确保最后的胜利,我们仍然需要完善具体的方案,并对我们取得胜利和团结的能力抱有坚定的信心,尤其是在缺乏全球工人阶级先锋队的情况下。这次会议推动我们为解决全球基本问题付出更多的努力,它也是一个反对帝国主义强权的平台。我们每天都在见证中国的社会主义实验，它回答了另一个世界是否可能的问题。

我们的当务之急是争取全球左翼团结一致，反击北半球统治阶级的宣传。讨论的热点话题包括中非关系、帝国主义战争（如北约在乌克兰进行的代理人战争）以及加沙正在发生的人道主义危机。本次会议将为我们提供面向未来再出发的起点。

总之，我们相聚在这里，是为了成为一场全球运动的一部分。这场运动旨在改写未来，创造一个社会主义、合作和正义占上风的未来。团结起来，我们就能建设一个真正代表全人类命运共同体的世界。

社会主义必胜！

〔布克·恩格萨·奥莫勒（Booker Ngesa Omole）系肯尼亚共产党全国副主席兼全国组织书记；译者李凯旋系中国社会科学院马克思主义研究院副研究员〕

在全球动荡和变革的背景下建设人类命运共同体的重要性

〔阿根廷〕伊莉娜·桑特斯特万

当前国际环境下，构建人类命运共同体与发展世界社会主义尤为必要。如果世界上大部分地区的主要政治和社会状况不发生根本性的改变，那么人类将很难拥有一个共同的美好未来。而要做到这一点，就必须实现世界各国人民的民族和社会解放，并在尊重各国国情的基础上推进社会主义建设。就像中国这样，自70多年前由毛泽东等革命家领导的中国革命取得胜利之后，中国共产党带领中国人民建设社会主义并取得了举世瞩目的成就。

我们生活在一个政治、经济和社会多重危机交织的时代，霸权国家与第三世界国家之间存在着巨大的不平等，这种不平等在新冠疫情之后更加恶化，加深了人民对帝国主义政策的屈从。

这种不平等最粗暴的表现形式之一就是贫穷国家和发展中国家的外债现象。国际信贷组织、银行和私人基金强制推行调整政策，而这些政策都重重地压在民众阶层身上。2023年10月，国际货币基金组织和世界银行在摩洛哥马拉喀什举行年会。会上，国际货币基金组织成员国承认全球经济疲软，许多国家无法偿还对该组织的债务。然而，减免或取消债务的可能性甚至都没有得到考虑。因此，富国和穷国之间的差距正在加深，这表明这些金融组织的政策和资本主义在全球范围内的失败。国际货币基金组织的董事们无法或不愿就提高配额以增加贷款能力的承诺达成一致，而这是他们为克服债务国所遭受的危机而提出的唯一解决方案。在已知的条件下继续贷款，就是继续使用同样的"劣质药品"，这将加重第三世界人民的"病情"：服从调整方案，而这些方案会引发通货膨胀，正如我们在我国阿根廷所看到的那样，2023年的通货膨胀指数高达140%。世界银行则通过了"在一个宜居的星球上创造一个没有贫困的世界"的宣言，宣称其目标是应对气候变化。实际上，它决心在十年内建立一个新的平台，提供多达1000亿美元的新贷款。为附属国提供更多债务！

与此同时，反对国际货币基金组织和世界银行年会的社会运动于2023年10月12—15日在摩洛哥马拉喀什举行。来自非洲、亚洲、拉丁美洲和欧洲的社会和环境运动、工会、女权组织、土著人民、农民等参加了这次活动，他们重申要与非法债务以及金融、文化、领土和种族殖民主义作斗争。拉丁美洲和加勒比经济委员会于2023年5月在智利举行了一次财政政策研讨会，讨论了公共债务问题及其对拉丁美洲和加勒比地区国家的经济限制，影响了增长和发展。因此，由于国际信贷组织规定的利率较高，这些债务的还本付息额增加，迫使债务国拨出越来越多的资源来偿还这些债务，从而减少了满足人民需求，甚至是最紧迫需求所需的资金。这样一来，大资产阶级和右翼的政治代表就会一再提出减少财政支出的口号，以此为由减少社会支出，即减少国家应分配给公共教育和卫生、公共服务收费补贴（饮用水、能源、交通等）、对最弱势群体的粮食援助、基础设施工程等重要问题的资源。

然而，这些强制措施并不适用于所有国家，尤其是那些将其政策强加于这些金融机构的国家。最典型的例子是美国，其债务在2023年1月达到31.4万亿美元，成为世界上负债最多的国家。此外，美国还存在巨额财政赤字（占国内生产总值的11.6%），阿根廷也存在这一问题，国际货币基金组织要求阿根廷将财政赤字降至零（阿根廷目前的财政赤字占国内生产总值的4.3%）。然而，美国正试图通过外债机制将其统治强加给世界其他国家，其货币美元是全球商业交易中使用最广泛的货币，尽管我们高兴地注意到，越来越多的国家同意使用其他货币进行贸易，比如人民币。我们欢迎旨在遏制美元和美国这种霸权的倡议，以及促进当地货币交易的倡议，正如中国和金砖国家所做的那样。

帝国主义，特别是美帝国主义，是世界各国面临的诸多问题的始作俑者。实际上，帝国主义的政策将包括美国及其盟国在内的大多数国家引向了灾难。当前的俄乌冲突，美帝国主义难辞其咎。俄乌冲突给欧洲国家的经济造成了巨大的赤字，也影响了基础设施的建设。美国、英国和澳大利亚三国结成的联盟奥库斯（AUKUS），也导致了与法国的冲突，法国曾同意向后者出售潜艇，但美国政府援引上述联盟进行干预，使这一行动受挫。国际货币基金组织和世行强加的政策转化为货币限制、国家货币相对于美元的贬值和高通胀指数，提高了生活成本，影响了人口中最脆弱的群体。一些新兴国家的主权债务相当于其国内生产总值的60%以上，甚至高达80%。拉丁美洲和加勒比经济委员会《公共债务与发展制约因素报告》指出，影响拉美各国的外债成倍增长不仅是由于新冠肺炎疫情造成的情况，因为在过去十年中外债一直在增加。据拉丁美洲和加勒比经济委员会估计，2014—2023年十年间的平均经济增长率为0.8%，低于发生全球债务危机的20世纪80年代，即著名的拉美经济"失去的十年"。

1985年8月，在哈瓦那举行的外债问题会议闭幕式上，菲德尔·卡斯特罗发表了著名的讲话。他认为有必要取消外债，指出这种债务的收取和不公正的经济关系制度是对人权最公然和最野蛮的侵犯。卡斯特罗进一步呼吁建立一个更加公平和公正的世界新秩序。在这一令人难忘的讲话发表近40年后，它仍然完全有效。

我们阿根廷人可以证明这一点：2018年，时任马克里总统向国际货币基金组织贷款550亿美元，其中470亿美元已经支付。根据阿根廷中央银行2020年的一份报告，在2015年至2019年期间，有862亿美元从我国外逃。换句话说，这些数百亿美元的新债务并没有用于建设学校、医院、道路或住房。然而，由于阿根廷现有金融网络存在的漏洞，这些由阿根廷劳动力创造的货币现在却在避税天堂，而对这些货币没有进行任何调查，也没有将其汇回本国。拉丁美洲和加勒比经济委员会认为，这种情况并非拉美地区独有，在所谓的新兴市场和发展中经济体中也有发生。而且，负债水平居高不下，远远高于20世纪90年代末和21世纪初影响新兴市场和发展中地区的各种经济和金融危机之后的水平。

这种持续的负债过程带来的最痛苦的后果之一就是第三世界国家的高度贫困。因此，世界银行关于"在宜居的星球上创造一个没有贫困的世界"

的愿景极具讽刺。一个由美帝国主义政策主导的世界是不可能实现这一愿望的。与美国形成鲜明对比的是，中国为世界树立了一个非凡的榜样。中国已经使7亿多人摆脱了贫困，提前十年实现了联合国2030年可持续发展议程的目标，为全球减贫做出了70%以上的贡献。而在拉丁美洲，2022年有超过2亿人生活在贫困中（占该地区总人口的32%），其中超过8200万人生活在极端贫困中。这是美帝国主义及拉美亲美政府在美国"后院"实施的政策的直接后果，这些政策不仅在经济上，而且在政治和军事上造成了拉美对美国更大的依赖。美国南方司令部司令劳拉·理查森将军直言不讳地宣称，美国对阿根廷、智利和玻利维亚的自然资源，尤其是锂资源感兴趣。

在新冠疫情期间，富国与穷国之间的不平等得到了鲜明的体现：富国获得了三分之二的疫苗，而世界其他地区的人口却没有疫苗。非洲是因国际社会忽视卫生而受害最深的大陆，中国的帮助至关重要。在习近平主席的领导下，中国在国内抗击疫情的同时还向世界其他地区，尤其是贫困国家伸出援手。2020年，中国向100个国家提供了16亿剂疫苗，2021年这一数字上升到20亿剂。相比之下，美国和欧洲国家的疫苗数量超过了其人口需求，但在援助最贫困人口方面却并不慷慨。他们的政治目的是用中国制造病毒的谎言和恶名诋毁中国。他们的经济目标是提高其实验室的利润。此外，尽管古巴是一个被美帝国主义封锁的穷国，但它还是研制出了三种疫苗，用于治疗本国和其他国家的民众。多年来，古巴的医疗队不仅在第三世界国家，而且还在欧洲等国提供援助。与此形成鲜明对比的是，美国不仅没有积极为其他国家的人民提供疫苗，而且在其国内，非洲裔美国人和拉丁裔美国人在接受国家援助时普遍遭受歧视，缺乏应有的医疗保障。

美国及其在世界各地的数百个军事基地，表现出一种非人道和金融化的资本主义模式，一种掠夺性战争和种族灭绝的模式，一种威胁和平和破坏环境的模式。因此，世界必须改变。当务之急就是呼吁变革，这是我们面临的巨大挑战。我们目前正在经历的危机，是资本主义和帝国主义制度的危机，它迫使我们牢记罗莎·卢森堡的那句名言"社会主义或野蛮主义"。只有社会主义才能使人类摆脱贫困和不平等，中国在消除极端贫困的斗争中所取得的成功就是最好的明证。

因此，建设人类命运共同体并不是中立的。只要资本主义、帝国主义以及大型跨国公司和全球金融集团的力量仍然是世界的主宰，它就不容易实现。我们阿根廷解放党认为，只有奉行多边主义，解放被压迫的人民，并根据每个国家和地区的国情实际向社会主义社会迈进，人类才会拥有美好的未来。唯有如此，我们才能更好地去思考和实现构建人类命运共同体的美好愿景。

在这条道路上，我们阿根廷解放党认为，中国、古巴和其他社会主义国家，以及那些虽然不是社会主义国家但拥有进步政府的国家，都可以在建设这个美好社会的过程中发挥作用，从而构建一个更加公正、公平、和谐和可持续发展的世界。

〔伊莉娜·桑特斯特万（Irina Santesteban）系阿根廷解放党总书记；译者楼宇系中国社会科学院马克思主义研究院助理研究员〕

世界社会主义应对的挑战及其新发展趋势

〔孟加拉国〕沙赫·阿拉姆

一、通过构建人类命运共同体战胜多重挑战

在百年未有之大变局中,全球局势错综复杂,"构建人类命运共同体与世界社会主义发展"成为非常重要的主题。我们将通过构建人类命运共同体、发展世界社会主义来战胜多重挑战。

首先,信息技术给我们带来前所未有的机遇和挑战。信息高速公路是20世纪70年代科技革命的成果,它为经济全球化提供了技术推动力。新的信息技术的一个显著特点是超越了民族和国家界限的全球性,但它的发展仍带有阶级偏见色彩。这就是国家领导人为什么需要思考以人为本的外交、坚持经济全球化的正确方向的原因。

我们看到,中国希望通过推动科学技术的进步和飞速发展而造福人类。相比之下,美国科技的发展和增长主要依赖于私人资本和跨国公司,因此,它的目标与人民利益和人类福祉相冲突,这表现为其主要追求利润。

其次,世界政治经济格局发生深刻变化。我们观察到,在这个后冷战时代,宗教、种姓、极端主义都与世界地缘政治交织在一起,其结果是由美国主导的新自由主义经济得以推行。美国打压中国的发展,正在商业、军事、外交和政治等各领域对中国进行制裁,这阻碍了科学技术的发展。美国在台湾问题上的操弄违反国际法,导致战火烧到中国南海地区和东亚。美国之所以加强其与西方盟友之间的伙伴关系而谋求对中国施加外部压力,

主要原因是忌惮中国广阔的发展前景，目的是使中国偏离其追求和平、公平、自由的国际战略。拜登政府的对华政策已经明显地暴露出其战略竞争针对中国的实质。

中国在发展科学技术、扩大开放和消除贫困等方面取得了举世瞩目的成就，不仅惠及中国全体人民、惠及周边，还惠及全球发展。即使是对中国政治制度持不友好态度的国家，也不得不承认中国在总体发展方面取得了成功。中国通过"一带一路"倡议、金砖国家合作倡议、亚洲基础设施投资银行筹建倡议，与美国和西方世界（特别是七国集团）抗衡。中国提出的各项倡议将引领世界走向民主全球化，而不是帝国主义全球化。这将有利于发展中国家摆脱世界经济和应对政治格局演变带来的压力。

二、在世界大变局中发展社会主义

21世纪世界社会主义呈现出新的发展趋势：

第一，扩大对外开放。社会主义国家不再封闭孤立。它们积极参与涉及世界贸易、投资、劳动力迁移、服务交流以及教育、知识和文化产品交流等方面的全球化进程。但这样的机遇来之不易，它是社会主义国家通过激烈而持久的谈判争取到的。对外开放已展现出有利的一面，而有时也会带来新挑战。但在经济全球化进程中，我们难以"独善其身"。

第二，以信息化推动发展。社会主义国家利用新的网络空间，实现远距离的光速连接和通信。现在，我们只需在最偏远的村庄点击一下鼠标，就能在一秒钟内与最发达国家的首都的高级办公室建立联系。这意味着巨大的发展空间在每个人面前展开，同时也意味着不平等关系、交易和结果被扩大。

第三，推动世界多极化朝正确方向发展。当今世界不再是一个社会主义阵营与资本主义阵营对峙的二元世界。然而，随着俄罗斯和中国的崛起，相对于美国和欧洲，可能会出现新型的战略性区域合作联盟，例如"金砖五国""石油输出国组织""东盟""二十国集团""七国集团""南亚区域合作联盟"等。社会主义国家正在战略性地利用世界的多极性来发展自己。

第四，坚持守正创新。所有社会主义国家的共同理想、愿景或长远目标都是实现共产主义，其理论基础是马克思主义以及本土化的原创性贡献。认真研究社会主义国家领导人的思想，不难看到各国的社会主义理论因其实践的历史和自身具体国情经验的不同而各具特色，它们向社会主义和共产主义过渡的道路也各不相同。各国的社会主义实践仍在不断印证和丰富马克思这位伟大思想家的原创性理论。在21世纪，社会主义和共产主义仍然是鲜活而有生命力的理想。

我们未来面临的真正的挑战是：如何在世界的多样性中寻求和谐统一？"公平增长"的发展模式就是一条可行路径。

[沙赫·阿拉姆（Mohammad Shah Alam）系孟加拉国共产党主席；译者唐芳芳系中国社会科学院马克思主义研究院副研究员]

加强共产主义政党国际合作的重要性

〔葡萄牙〕阿尔巴诺·努内斯

一直以来,葡萄牙共产党非常重视共产主义政党及其他进步力量和反帝国主义力量提出的国际倡议。这些倡议有效推动了信息、经验和意见的交流,有利于相关政党达成共识,更好地推进争取经济社会进步、和平以及社会主义的各项事业。

鉴于当前复杂的国际局势,葡萄牙共产党认为应该对以下三个方面予以高度重视。这对人们理解国际格局至关重要。同时,基于当前高度不稳定、不确定的大环境,对于理解世界发展的根本趋势亦有所助益。其一,资本主义结构性危机的加剧突显了其剥削性、压迫性、侵略性和掠夺性,愈发表明了资本主义的继续存在不仅极大地加剧了社会的不公正和不平等,同时也构成了对人类存在本身的威胁。其二,国际格局错综复杂,正处于重新洗牌的进程。美国与其七国集团盟友在全球经济中日渐衰落,与此同时,出现了各种多元化进程,如金砖国家、七十七国集团与中国提出的"一带一路"倡议等,这些进程对于美帝国主义企图继续实施其霸权行径构成了挑战。美帝国主义运用种种手段继续对拒绝向其屈服的国家进行挑衅和侵略,尤其是针对中华人民共和国。其三,自20世纪90年代苏联解体、社会主义阵营瓦解之后,全世界劳动者和人民的斗争仍在继续。我们认为,当前仍然处于抵抗与力量积蓄的进程之中,劳动者和人民的斗争中蕴藏着对于遏制帝国主义愈发侵略性的行动以及沿着社会进步、和平和社会主义的道路前进的强烈信心。

正是在这种大背景下，葡萄牙共产党对于美国在北约和欧盟支持下推动的对抗升级表示十分关切，同时认为巨大风险与真正的革命进步的可能是同时存在的。怀着这种信心，在康乃馨革命即将迎来五十周年之际，葡萄牙共产党开展了纪念活动。1974年4月的康乃馨革命结束了葡萄牙长达半个世纪的法西斯统治和殖民战争，终结了国家垄断资本主义，实现了国有化、土地改革以及劳动控制等重大变革。这些成就为葡萄牙开辟了通往社会主义的道路，使得葡萄牙拥有了欧洲资本主义国家最先进的宪法。尽管这场革命尚未完成，但其留下的深刻印记业已体现在葡萄牙取得的成就、经验和价值观中，得以投射至葡萄牙的现在和未来。葡萄牙共产党已将其纳入社会主义斗争当前阶段的先进民主纲领之中。

目前，葡萄牙共产党正在为终结葡萄牙政府数十年的右翼政治、争取爱国主义的左翼替代方案而奋斗。我们与那些企图清算康乃馨革命、粉饰法西斯主义和殖民主义、推行反民主计划、诬蔑攻击葡萄牙共产党和工人运动的势力进行坚决斗争。我们为反对葡萄牙屈从于北约和欧盟而奋斗，为保障共和国宪法中所确立的和平与合作原则而奋斗。我们将工人阶级和群众斗争的发展、民主人士和爱国人士的汇聚以及党的巩固加强作为根本任务。

我们意识到，无论多么艰难，没有什么能取代各个国家劳动者和进步力量的斗争。与此同时，我们强调国际协作的重要性，特别是在面对诸如此类的维护主权的情况之时：巴勒斯坦人民为维护民族权利而英勇奋斗；面对严峻的封锁，古巴人民坚决捍卫其社会主义革命。

在为争取各国主权和平等权利、争取各国人民间的合作与友谊、反对美国强加其专横的所谓"基于规则的国际秩序"的国际关系的斗争中，葡萄牙共产党高度评价中华人民共和国的突出贡献及中国提出的人类命运共同体理念。中国人民革命的历史意义和中国特色社会主义在经济社会发展中取得的非凡成就是对此贡献的进一步证明。中国所取得的成就向全世界证实，以符合工人阶级和广大群众利益为前提而重新组织社会是可行的。正因如此，帝国主义不惜一切代价寻求对中国的遏制和颠覆，宣称中国为其"战略对手"甚至"敌人"，不断地进行干扰和挑衅，在亚太地区制造紧张局势。

葡萄牙共产党强烈谴责帝国主义对中国的干涉和挑衅，特别是围绕台湾问题，葡萄牙共产党向中国共产党和中国人民表示，支持捍卫中华人民共和国的主权和领土完整。

葡萄牙共产党将继续采取行动，不屈服于帝国主义的压力，敦促葡萄牙继续走与中国互惠互利的道路，继续推进巩固葡萄牙人民与中国人民的友谊。葡萄牙共产党还将致力于加强与中国共产党的友好协作关系。作为爱国主义与国际主义的政党，葡萄牙共产党认同各国情况和任务的多样性，将不遗余力地为共产主义政党间与反帝国主义阵线的加强合作做出自身贡献。

[阿尔巴诺·努内斯（Albano Nunes）系葡萄牙共产党中央委员及中央监督委员会成员、葡萄牙共产党期刊《啊，斗士》主编；译者李凯旋系中国社会科学院马克思主义研究院副研究员，薛晓涵系南开大学外国语学院讲师]

分报告（一）
构建人类命运共同体意义重大

推动构建人类命运共同体
是回答世界之问的中国方案

戴立兴

当前,世界格局正在发生深刻变革,人类社会遭遇多重挑战。面对扑面而来的各种全球性挑战,各国理应超越历史、文化以及地缘和制度的差异,共同呵护好、建设好这个人类唯一可以居住的星球。构建人类命运共同体,是习近平外交思想的核心理念,是对建设一个什么样的世界、怎样建设这个世界给出的中国方案,中国将坚定地落实这一方案,做整个世界的和平力量、稳定力量、进步力量。

一、世界百年未有之大变局加速演进

环顾全球,世界之变正以前所未有的方式展开,全球范围正在发生不同以往的深刻变化。

历史地看,发达国家的政治、经济、社会、文化等矛盾日益加剧,民族主义和民粹主义思潮普遍攀升,极右翼或极左翼政治力量的影响不断扩大。政治极化和社会分裂加重,公平正义问题凸显,短期激烈冲突甚至局部暴乱时有发生。这使得发达国家面临既不能保持现状、又无法在短时间内找到出路的困难处境,使得资本主义制度缺少公平的制度性弊端变得越来越突出。广大新兴经济体和发展中国家的发展同样面临多方面的困难,进一步提升发展水平遭遇越来越多的障碍。一大批国家由于当年殖民者埋藏的祸根和遗留的各种弊病，自身政治、经济、社会、文化等方面存在的问题没有得到较好的解决，加上全球和地区环境的消极影响，特别是全球经济增长乏力、发达国家提供的援助减少、地区争端难以根本解决、外部大国政治介入操弄等，致使发展难题增多和加重。

这些国家各自不同的发展态势导致全球范围内的力量对比，一方面依然保持"西（发达国家）强东（新兴经济体和广大发展中国家）弱"态势；另一方面，从大历史观和总体发展趋势看，继续呈现"东升西降"趋向。发达国家尤其是美国对全球和地区事务的掌控力下降，加大把国内矛盾向外转移的力度，对全球和地区治理造成更大障碍和破坏。这给全球和地区局势造成更多的不稳定性甚至风险。以美国为代表的国际垄断资产阶级极大地破坏了原来由他们自己制定的全球化的一系列规则，特朗普上台后的一系列退群行动就充分体现了这一点。与此同时，广大新兴经济体和发展中国家主动或被动地增强战略自主，加强对所在地区事务的掌控，提升对全球事务的影响。这在短期内增添了地区局势的变数，从长期看则可能推动世界格局的演进。

特别是像中美这样的两个大国，发生冲突对抗后果不堪设想。中美关系作为当今世界最为重要的双边关系，关乎两国人民福祉，关乎人类和世界前途。但不得不指出的是，美方的对华错误认知仍在延续，所做的承诺并没有真正兑现。美方需要认清历史发展大势，客观理性看待中国的发展，积极务实地开展对华交往，言行一致地把承诺落到实处，同中方一道，推动中美关系走上稳定、健康、可持续的发展轨道。

总之，当今世界变乱交织，风高浪急，全球性挑战层出不穷，地缘冲突持续紧张，经济复苏前景堪忧，分裂对抗风险加剧。人类再次走到历史的十字路口。

二、世界之问呼唤构建人类命运共同体

世界形势的深刻变革，向人类提出了"世界怎么了，我们怎么办"的世界之问。世界多极化和经济全球化是人类社会发展的大趋势，但各方对需要什么样的多极化和全球化，看法并不一致。中方的主张是，应当实现

平等有序的世界多极化和普惠包容的经济全球化。对此,中国始终坚持维护世界和平、促进共同发展的外交政策宗旨,致力于推动构建人类命运共同体。

2021年7月6日,习近平总书记在中国共产党与世界政党领导人峰会主旨讲话中指出:"今天,人类社会再次面临何去何从的历史当口,选择就在我们手中,责任就在我们肩上。面对共同挑战,人类只有和衷共济、和合共生这一条出路。"[①]人类命运共同体为世界各国深刻揭示了现代化进程中人类社会的未来发展趋势,指明了共同奋斗方向,对未来全球多元发展具有导向意义。这就是中国为应对世界之变提出的中国方案。

起源于西方的资本主义文明在全球的扩张,产生并日益加剧着三种关系的紧张:人与社会关系紧张、人与自然关系紧张、人与人关系紧张。而构建人类命运共同体有力地解决了资本主义全球扩张之后带来的问题,在人与社会层面主张共融,塑造交流互鉴的文明共同体;在人与自然层面主张共生,建立和谐共生的生命共同体;在人与人层面主张共业,成为同舟共济的关系共同体。

不同于西方"共同体"的同质性和排他性,人类命运共同体强调最大层面的包容。西方文明是信仰同一神的教徒(同质性)命运共同体,很难包容信仰其他神的教徒和不信神的人,并非真正的人类命运共同体。当今世界,美国搞团团伙伙,搞去中国化的一个又一个小圈子,就是这种排他性思维的外交表现。这种一多二分思维与人类命运共同体秉持的一多不分思维形成鲜明对照。

而推动构建人类命运共同体,不是倡导每个国家必须遵循统一的价值标准,不是推进一种或少数文明的单方主张,也不是谋求在全球范围内建设统一的行为体,更不是一种制度替代另一种制度、一种文明替代另一种文明,而是主张不同社会制度、不同意识形态、不同历史文明、不同发展水平的国家,在国际活动中目标一致、利益共生、权利共享、责任共担,从而促进人类社会整体发展。

人类命运共同体理念借鉴并超越了西方共同体思想与人类学,一方面

[①]《习近平出席中国共产党与世界政党领导人峰会并发表主旨讲话》,《人民日报》2021年7月7日。

将人从外界权威中解放出来，另一方面塑造了团结共同的人类价值向度，超越了源于一神论的封闭性与排他性，无疑具有高度的理论和实践价值，是对于"建设一个什么样的世界、如何建设这个世界"的有力回答。

三、构建人类命运共同体必须落在实处

构建人类命运共同体已成为引领当今时代前进的光辉旗帜，也是新时代中国特色大国外交追求的崇高目标。2023年是习近平主席提出构建人类命运共同体理念十周年。十年来，这一理念受到越来越广泛的欢迎和响应，展现出越来越强大的真理力量和实践伟力。2021年9月、2022年4月、2023年3月习近平总书记又接续提出"全球发展倡议""全球安全倡议"和"全球文明倡议"。这些倡议，突破了零和博弈的陈旧思维，站在了人类文明的道义高地，汇聚了各国人民的普遍愿望，在世界百年变局加速演进的历史关头，为人类向何处去指出了正确方向。

第一，"一带一路"倡议塑造互利合作的经济文化新示范。2013年9月和10月，习近平总书记分别在哈萨克斯坦和印尼提出共建"丝绸之路经济带"和"21世纪海上丝绸之路"倡议。"一带一路"倡议，有别于西方霸权霸道霸凌的经济文化交流模式，以互利合作推动经济文化的交流与繁荣，是中国打造的共同发展合作平台，是实现"世界版共同富裕"的生动实践。"一带一路"倡议提出10年来，中国已同151个国家和32个国际组织签署合作文件，给当地带来实实在在的利益和繁荣，为构建人类命运共同体提供了经济互促互利和文化交流繁荣的新示范。

第二，全球发展倡议塑造缩小差距的共同发展新遵循。2021年9月21日，在第七十六届联合国大会一般性辩论上，习近平总书记提出"全球发展倡议"。习近平主席提出全球发展倡议，是为了推动解决发展中国家面临的贫富差距、发展鸿沟等紧迫问题，加快落实联合国2030年可持续发展议程。这一倡议为推动全球共同发展，特别是缩小南北差距问题塑造了新遵循。目前，已有100多个国家和包括联合国在内多个国际组织支持这一倡议，近70个国家加入"全球发展倡议之友小组"。中国正与世界各国共同推动倡议落地生效，为聚焦发展、团结发展、共同发展吹响"集结号"，铺设

"快车道"。

第三，全球安全倡议塑造对话和平的安全共享新思路。2022年4月，习近平总书记出席博鳌亚洲论坛首次提出"全球安全倡议"，为进一步完善全球安全治理提供了新思路。当今世界受到霸权主义、强权政治和新冷战的威胁。"全球安全倡议"根植于多边主义理念，反对单极世界和冷战思维。全球安全倡议根植于多边主义彼此尊重的基础上，以对话和平方式维护各国共同安全，打开了一条"对话而不对抗、结伴而不结盟、共赢而非零和"的共享安全保障新思路。中国走和平发展道路，其他国家也应该走和平发展道路，只有如此，国与国才能和睦相处，人类持久和平才有希望。

第四，全球文明倡议塑造多样文明的交流互鉴新观念。2023年3月15日，在中国共产党与世界政党高层对话会上，习近平总书记首次提出"全球文明倡议"。全球文明倡议塑造了不同文明之间交流互鉴、共同实现现代化的新观念。"全球文明倡议"承认文明多样性，摒弃西方文明优越论和文明必然冲突论，为实现各文明之间的平等交流、构建人类不同文明之间命运共同体塑造了新观念。和平、发展、公平、正义、民主、自由，是全人类共同价值。世界上不存在放之四海而皆准的"普世价值"，无论是"文明冲突论"还是"历史终结论"，都不符合时代潮流，思想根子还是唯我独尊、党同伐异。企图把少数国家的价值观强加给全世界，本身就违背了民主的真谛。

每个国家的前途命运都紧紧联系在一起，没有哪个国家能够独自应对人类面临的各种挑战，也没有哪个国家能够退回到自我封闭的孤岛，要破解困局，就必须开展全球行动、全球应对、全球合作，朝着人类命运共同体的目标迈进。

（戴立兴系中国社会科学院马克思主义研究院研究员）

人类命运共同体的学理分析与学术评价*

刘美平

2013年，习近平主席着眼于世界百年之大变局，提出化解人类风险和促进全球共同发展的人类命运共同体和"一带一路"倡议。十年过去了，人类命运共同体已经深入人心，"一带一路"倡议也是硕果累累。如果说人类命运共同体是人类发展的康庄大道，那么，"一带一路"倡议就是走向这一康庄大道的最佳路径。

一、人类命运共同体的丰富内涵

人类命运共同体是指处于全球共生系统中的世界各国在捍卫"人类权"的前提下，为了确保人类生命权、健康权、交流权、自由权的实现，在国际间取得政治互信、价值认同和贸易自由的条件基础上，利用互联网技术、通信技术以及陆海空交通基础设施，通过配置全球共生资源与能源、共享共生现代科技与信息、融合中西方文化等途径而建立的以应对全球公共危机为目的的国际合作真实共同体。在这里，全球共生系统是人类命运共同体的环境与空间，"人类权"是人类命运共同体的学术范式，政治互信、价值认同、贸易自由和人文交流是人类命运共同体的存在条件，中西现代化技术和基础设施是她的存在载体。

---

* 本文系2021年度国家社科基金后期资助项目"人类命运共同体建构方式研究"（批准号21FKSB019）阶段性研究成果。

人类命运共同体是共生的共同体。全球共生系统包括人与自然之间的生态系统和人与人之间的社会系统。国际社会是海陆一体、东西共融、互通有无的共生体。就共生体与共同体之间的关系而言，共同体是基于人类主观共同意愿而结成的共生存在形式，共生体是共同体原生态的应然内在形式。共生本质源于互益共生的本源存在体系，互益共生体系包括互益共生理念、互益共生环境、互益共生关系和互益共生结果。"互益"既是中国传统文化的精髓，是天人关系、人人关系、国与国关系的最高境界[①]，也是爱好和平的所有国家追求的共同目标，是人类命运共同体框架下的正义性价值取向。

人类命运共同体是具有空间包容的共同体。人类命运共同体是可以在不同范围内建构的共同体，或者说，人类命运共同体的建构范围依据人类危机的爆发范围而确定。从人类命运共同体的空间范围来看，根据危机的传播范围，可以在一个国家范围内展开，也可以在一个地区范围内展开，还可在全球范围内展开。在一国之内爆发的危机，可以构建国家民族共同体；在一个区域范围内爆发的危机，可以建构区域共同体；在全球范围内爆发的危机，则要建构人类命运共同体。

人类命运共同体是需要在一定条件才能存在的共同体。政治互信、价值认同和贸易自由是建构人类命运共同体的必要条件。国际社会如果不存在政治互信和价值认同，就无法进行真正意义上的经贸合作，政治互信为国际合作开辟前进的通道，价值认同为国际合作建立超越意识形态的协作基础。[②]除了政治信任和价值认同，建构人类命运共同体还需要国际贸易。以新冠疫情为例，全球为了应对大疫，国际社会就要在医疗资源、能源和生活物资等方面展开全球配置意义上的国际援助，而国际援助必须通过国际贸易来完成，这就需要陆海空范围内由国际运输承载的国际贸易必须畅通无阻，国际结算必须顺利安全，任何出于自私自利的国际贸易管制或者

[①] 但是由于霸权主义和强权政治的存在，以美国为首的西方国家却千方百计地制造事端，制造矛盾，制造生化武器，让世界成员之间从合作走向分裂，从"互益"走向"互害"，从和平走向战争，这就可以看出，美帝国主义是要千方百计打破人类共同体，让整个世界支离破碎，让国际社会成为分裂体，而大资产阶级集团则可以实现乱中取利的丑恶目的。

[②] 林伯海：《论全人类共同价值与人类命运共同体的辩证关系》，《马克思主义研究》2021年第11期。

国际金融制裁都会阻碍人类共同体的存在与建构。

二、人类命运共同体的学术范式

人类命运共同体有着坚实的学术理论根基。"人类权"就是构成人类共同体理论根基的基本范式。"人类权"的权属包括生命权、健康权、生存权、发展权和文化交流权，生命权、健康权和生存权是人人享有的权利，不分种族和国籍，它具有一般性和无差异性。发展权是建立在生命权、健康权和生存权基础之上的权利，是基于时间意义上的可持续性高级生存方式的实现手段；文化交流权是人类特有的思想活动方式，是人类出于对其他民族文明好奇而产生的交往意愿和交往活动，是人类在意识领域的思想追求。这些权利构成人类特有的权利内容，也是人类最基本的公共权利。

"人类权"是人类在社会共生关系框架下的基本诉求。根据马克思的人类权利观，人的根本属性是社会性，人在社会中结成共同体是为了人能更安全的生存。"人类权"是人的"类权利"的存在形式，也是人区别于动物的特有权利。人类从出于本能的结成初级氏族共同体形式开始，一直在为安全生存捍卫"人类权"而不懈奋斗着。人类从自然状态的共生关系到人类自觉的共生关系，虽然经历了漫长的过程，但是人类在抵御各种风险过程中确保"人类权"的共同目的和强烈动机却一刻也没有停止过，营造和谐共生的社会意义上的共同体就是实现这种"人类权"的行为方式。实现全人类的"人类权"，是人类本能的使然和文化自觉层面的根本逻辑，而社会共生关系是这种根本逻辑存在的大环境。

"人类权"具有优先性、无私性和公共性。首先，"人类权"具有优先性。在主权国家看来，国家主权优先，但是一个国家的主权优先就会排斥其他国家主权的权力空间，个别国家主权优先的实质是霸权优先。美国优先就是这种错误的国家主权优先下的错误逻辑。个别国家主张的主权优先是对全人类"人类权"的践踏，个别民族声称的"白人优先"是对"人类权"的蔑视，"人类权"优先是全球公共卫生危机治理过程中的国际正义伦理底线。从人类卫生健康共同体的角度来看，"人类权"是非特定性公共权利，"人类权"才应是优先的权利，"人类权"优先是对个别国家主权优先和个别种族人权优先的否定。

其次,"人类权"具有无私性。"人类权"的无私性是通过"人类权"的权属内涵来体现的。如前所述,"人类权"包括生命权、健康权、生存权、发展权和文化交流权,人类所具有的生命权、健康权与生存权既是无差异的,也是属于全人类的"类"本质意义上的一般性存在。[1]在这里,"人类权"不属于特定的人群、阶层和国度,她属于全人类,而生命、健康、生存是人类作为"类"的存在的无私需求。"人类权"不应该被任何国家所绑架和控制,而是应该在世界各国的共同呵护中实现人类卫生安全和人民健康存在。地球家园的生命力就在于人类的生命权、健康权和生存权能够实现。

最后,"人类权"具有公共性。"人类权"的公共性源于人类的基本公共利益,基本公共利益是排斥个别国家自私性利益的公共性存在,是优先性与无私性的逻辑生成结果。人类的最基本特性是社会性,人类的社会性必然衍生出人类利益的公共性[2],人类公共利益是人类社会性和公共性的旨归。提供全人类需要的公共利益、实现全人类的公共利益、确保全人类公共利益不受侵害就是人类在公共存在、公共利益与公共交往层面的必然要求。[3]既然人类在地球上是共生共在的,那么,人类对公共利益也应该是非排他性的共享共有,而"人类权"恰恰是确保人类这种非排他性公共利益实现共享共有的法律保障。

三、人类命运共同体的本质特性

首先,从马克思主义共同体思想角度来看,人类命运共同体是真实的共同体。共同体是人的群体存在方式,既有基于血缘关系、地缘关系和家族关系形成的自然共同体,也有以资产阶级为主体的虚幻的共同体,还有基于人类共同利益的真正的共同体。自然的共同体已经远离人们的视线,

---

[1] 张应杭:《论作为人类类本质的理想——对马克思文本中一个命题的新解读》,《哲学研究》2006年第8期。
[2] 汪辉勇:《公共利益的本质及其实现》,《广东社会科学》2007年第1期。
[3] 王敏、王滨:《人类命运共同体的公共性价值指向及其构建路径》,《新疆社会科学》2020年第3期。

虚幻的共同体捍卫的是资本家阶级的特殊利益,只有真正的共同体才关注和实现人类共同利益。马克思指出:"正是由于特殊利益和共同利益之间的这种矛盾,共同利益才采取国家这种与实际的单个利益和全体利益相脱离的独立形式,同时采取虚幻的共同体的形式"①。人类命运共同体就是对虚幻的共同体的超越,是具有全球正义价值取向的世界主义共同体②,是马克思主义意义上的真正的共同体,是人与人之间在共同命运方面的社会性统一。在人类命运共同体中,她包含卫生健康共同体、发展共同体、信任共同体、文化共同体、安全共同体、政治共同体等多个组成部分,人类卫生健康共同体就是人类命运共同体形成与建构的基石。因此,人类命运共同体的真实性就规定了人类卫生健康共同体的真实性,故人类卫生健康共同体也是真实的卫生健康共同体。"人类卫生健康共同体是人类命运共同体在卫生健康领域的具体细化和生动实践"③,是人类命运与共的过程中基于生存意义上的组织形式,是人类命运共同体的最重要组成部分。

其次,从中国优秀传统文化角度来看,人类命运共同体是共享共同体。在中国优秀传统文化中,共享就是群体范围内的分享,群体中可以"争",群体中可以"分","争"则"乱","分"则"享",因此,荀子认为:"人之生不能无群,群而无分则争,争则乱,乱则穷矣。故无分者,人之大害也;有分者,天下之本利也。"④在共享就是分享的前提下,"天下大同"是群体共享人际关系的认知理念,集体主义是共享存在的组织基础⑤,与人为善是共享的慷慨行为。共享意味着全球范围内的主体包容,共享蕴含着不同群体与个体的公平参与,共享需要以正义为前提。人类可以分享天下自然资源,可以分享共同利益,可以分享人类文明。在所有这些可分享对象中,健康就是人类最基础、最重要的共同利益。"全球健康正义是构建人类

---

① [德]马克思、恩格斯:《德意志意识形态》,人民出版社2018年版,第65页。
② 杨通进、宋文静:《人类命运共同体视域下的世界主义全球正义及其核心理念》,《湖北大学学报(哲学社会科学版)》2022年第3期。
③ 梁爱文:《构建人类卫生健康共同体的时代意蕴与实践进路》,《理论月刊》2020年第10期。
④ 方勇、李波译注:《荀子》,中华书局2015年版,第142页。
⑤ 程恩富、伍山林:《以国资收益全民分红的方式促进共享共富》,《海派经济学》2021年第4期。

卫生健康共同体的核心伦理价值"①，人类在这一核心伦理价值理念的指引下，通过共享来实现人类的共同健康福祉，是人类的共同追求。鉴于此，人类命运共同体正是基于人类的命运与共，通过积极合作来实现的共同体，因而是具有共享特质的命运共同体。

最后，从生态主义角度来看，人类命运共同体具有系统性。人是"类"的存在物，人类从动物世界中走来，是区别于动物的"类"，也是从属于整个生态系统中的"类"。人类生活在海陆一体的生态系统中，共存于不同主权国家构成的复杂国际社会系统。国际社会系统的存在依托于海陆生态系统，而海陆生态系统的共生性决定国际社会系统的共存性，国际社会系统只有遵循海陆生态系统生物链内在关系才能安全地生存下去，否则，破坏人与自然的关系，就是破坏人与人关系的开始。从这个意义上来讲，人类拥有健康是人类在生态系统和国际社会系统保持平衡的结果。国家处于人类社会的共生系统之中，国际社会中的每一个主权国家就是系统中的一个共生单元，共生单元之间的关系可以是互利共生、防御共生、偏利共生和互害共生。其中，互利共生是人类不同民族、不同国家之间的最佳系统关系，而偏利共生和互害共生是弱势群体国家一致反对的国际系统关系，但是霸权国家追求的正是弱势国家反对的系统关系。因而，人类命运共同体所期望的正是驱逐霸权实现"人类权"的互利共生社会系统。

四、人类命运共同体的学术评价

人类命运共同体具有多重的学术价值。首先，人类命运共同体第一次提出了人类生存境遇这个重大课题。人类的生存境遇无外乎是三种状态：要么处于和平状态；要么处于战争状态；要么处于战争危险边缘。目前的俄罗斯乌克兰冲突、巴以冲突、红海危机，都是世界局部地区处于战争的生存境遇之中，而中国则处于和平的境遇之中。相比较之下，中国是安全的，俄罗斯与乌克兰等战争地区是高风险不安全地区。人类命运共同体的

---

① 齐峰、朱新光：《全球健康正义的践履与人类卫生健康共同体的构建》，《广西社会科学》2021年第8期。

本意就是呼吁建立和平的世界环境，为人类创造祥和、安全的生存境遇。

其次，第一次系统性回答了人类面临总体危机和共同挑战时候的行为选择方式。人类面临的威胁不仅仅有战争，还有瘟疫、气候危机、粮食危机、金融危机等等，当一种或者多种危机来临的时候，人们自觉的想要结成共同体，以此抵御来自多方面的风险和挑战。当人们选择集聚起来，形成共同体来抵御风险的时候，人类胜利的希望就大大提高，人类命运共同体是确保人类抵御风险的最后存在。

再次，第一次构建了维护人类精神家园的可行性方案。人类的精神家园在面临危机的时候安放到哪里，这是对人类终极关怀的集中体现形式。人类命运共同体为人类精神的空间存在框定了寓所，人类结成命运与共的合作体，不仅能够抵御外部威胁和各类风险挑战，更能为人类的精神找到安全的存放空间。人类精神家园比人类物质家园更为重要，因为他能够确定并保持人的类属性。

最后，第一次建构了新时代人类安全学。安全学的国家意义表现为国家安全学，安全学的网络意义表现为网络安全学，安全学的经济意义表现为经济安全学，安全学的文化意义表现为文化安全学，安全学的人类意义表现为人类安全学，人类命运共同体是人类安全学的科学内核。

（刘美平系上海海事大学马克思主义学院教授，上海市习近平新时代中国特色社会主义思想研究中心上海海事大学研究基地特聘研究员）

全人类共同价值与人类命运共同体的关系

薛新国

尊重世界文明的多样性,是推动文明交流互鉴的基本前提。人类文明具有多样性,各国人民应当尊重文明的差异性,推动不同文明之间进行交流、对话,破除隔阂和偏见、消除恐惧和冲突,构建不同文明包容互鉴、和合共生的世界文明新格局。弘扬和传播全人类共同价值,是推动文明交流互鉴的根本遵循。交流互鉴是文明发展的本质要求。唯物史观是文明交流互鉴的理论基础。人类文明在差异化发展进程中形成了共同的价值内核,这是将不同文明、国家、民族连接在一起的精神纽带,是推动人类文明不断向前发展的内生动力。

一、全人类共同价值的内涵

当今世界正处于大发展大变革大调整时期,但和平与发展仍然是时代主题,关乎人的生存权、发展权。和平与发展是有机统一体,两者互为前提,相互促进。和平是各国人民的永恒期望,也是实现发展的前提条件。同时,解决世界各种矛盾最终要靠发展,只有推动持续发展,才能从根本上维护世界和平。各国应共同维护世界和平,以和平促进发展,以发展巩固和平。发展是人类社会的永恒主题。每个国家在谋求自身发展的同时,应积极促进其他各国共同发展。不能把世界长期发展建立在一些国家越来越富裕而另一些国家却长期贫穷落后的基础之上。没有和平,中国和世界都不可能顺利发展；没有发展，中国和世界也不可能有持久和平。中国坚定不移走和平发展道路，既通过维护世界和平发展自己，又通过自身发展维护世界和平。走和平发展道路是中国式现代化的特征之一。

公平正义，是世界各国人民在国际关系领域追求的重要准则和崇高目标，关乎人的尊严。公平正义，就是要推动各国权利平等、机会平等和规则平等，世界上的事情由各国政府和人民共同商量来办。权利平等是指国家应保证每个社会成员具有同样生存和发展的机会。机会平等是社会应该为每个成员追求自身利益、自我发展和自我完善平等地提供必要的机会和条件。规则平等是实现权利平等的前提，机会平等是保证权利平等、规则平等的必要条件。

民主与自由，是现代政治文明的重要内容，关乎个人的福祉。各国应该共同推动国际关系民主化，让各国人民共同掌握世界的命运，共同商量办理世界上的事情。社会主义民主的核心是人民当家作主，人民民主是社会主义的生命。民主是目的和手段的统一。不同的国家，具有不同的民主实现形式。民主的发展，必须和一个国家的经济基础、公民的文化素质、历史文化传统相适应。全过程人民民主是社会主义民主政治的本质属性，发展全过程人民民主是中国式现代化的本质要求之一。自由具有阶级性，从阶级属性上看，有无产阶级的自由和资产阶级的自由；从社会形态上看，有社会主义自由和资本主义自由；从价值与制度关系上看，有社会主义制度下的自由和资本主义制度下的自由。在资本主义制度下，自由实质上是资本的自由，而不是人自身的自由。

全人类共同价值贯通了个人、国家、世界三个层面，既反映了人作为个体对生存、发展、平等、自由的共同追求，也凝练了世界各国处理彼此关系时的普遍共识。全人类共同价值的要素是相互联系、不可分割的有机整体。没有和平与发展，其他要素便成了空中楼阁；没有公平与正义，其他要素就只能是少数人、少数国家的专利；没有民主与自由，其他要素会失去目标和动力。

二、全人类共同价值与"普世价值"辨析

任何社会核心价值观的培育,都离不开对人类文明优秀成果的汲取。资本主义价值观是人类文明成果的重要组成部分,但不能用它们来对人类生活进行格式化。它可以用来说明一些国家和民族的发展历程,在欧洲特定地域和历史文化中具有某些合理因素。但不能把资本主义价值观当成"唯一准则",更不能企图用资本主义模式来改造整个世界,否则就容易滑入机械论的泥坑。如果非要把资本主义价值观强加给其他国家和民族,就有可能给这些国家带来灾难性后果。任何人不要指望中国共产党人会放弃社会主义核心价值观,完全接受西方所谓的"普世价值",社会主义核心价值观与人类文明优秀成果相承接。世界上不可能只有一种文明,各国人民应当尊重文明的差异性。各种文明是平等的,文明没有高低、贵贱之分。文明具有开放性和包容性,各国人民应该互学互鉴,兼收并蓄,以文明交流超越文明隔阂、文明互鉴超越文明冲突、文明共存超越文明优越。社会主义核心价值观不是对西方文明的简单移植和机械照搬,而是结合中国国情和历史文化传统对人类创造的优秀文明成果的吸纳和借鉴。

文明多样性是世界的基本特征。社会民主主义价值观不是"普世价值"。某些西方国家把他们演绎的"自由""民主""人权"等价值观念鼓吹为"普世价值",在世界范围内加以传播和推广。全人类共同价值不等于"普世价值",两者具有本质区别,全人类共同价值是对"普世价值"的超越。"普世价值"是以西方为中心价值观的反映,具有西方中心主义倾向。全人类共同价值关心人类的整体利益和命运,"普世价值"强调西方利益至上;全人类共同价值具有开放性,是共建共享的价值,"普世价值"具有封闭性,是独霸的价值;全人类共同价值是能够实践的真实价值,"普世价值"是难以实践的虚伪价值。共同价值是不同个体、民族、国家之间寻求国际社会的价值认同和最大公约数。"普世价值"强调价值的普遍性和绝对性,忽视价值的特殊性和相对性,其实质是用自己的价值观念和发展模式强加给别国人民。实际上,没有抽象的"普世价值",任何价值观念都有鲜明的阶级性和具体的社会政治内容,都会随经济社会条件的变化而变化。中国不会输入西方发达国家的价值观念和发展模式,但要警惕借"普世价

值"抹黑、丑化我们党、我国社会主义制度和文化传统的行为，培育和弘扬社会主义核心价值体系和核心价值观，构建反映中国特色、民族特性和时代特征的价值体系，努力抢占价值体系的制高点。

三、全人类共同价值与中华优秀传统文化的关系

提炼话语表述，构建中国叙事体系。向国际社会传播中华优秀传统文化蕴含的全人类共同价值。中华优秀传统文化是全人类共同价值的思想来源之一，中华优秀传统文化与全人类共同价值相契合。中华优秀传统文化蕴含着全人类共同价值。全人类共同价值传承着"天下一家""协和万邦""大道之行也，天下为公""仓廪实而知礼节，衣食足而知荣辱"等中华文化基因，对中华文明蕴含的讲仁爱、重民本、守诚信、崇正义、尚和合、求大同等精神特质作出现代话语表达，创新传播方式，进一步完善逻辑体系，在此基础上向世界精准阐释。中华文明具有突出的包容性，从根本上决定了中华民族交往交流交融的历史取向，决定了中华文化对世界文明兼收并蓄的开放胸怀。中华文明具有突出的和平性，从根本上决定了中国始终是世界和平的建设者、全球发展的贡献者、国际秩序的维护者，决定了中国不断追求文明交流互鉴而不搞文化霸权，决定了中国不会把自己的价值观念与政治体制强加于人，决定了中国坚持合作、不搞对抗。全人类共同价值的提出，将中华文明的价值追求向世界延伸，实现了中外话语体系的对接，是中国价值国际表达的光辉典范，是中国智慧国际分享的成功探索，体现了中华优秀传统文化的历史厚度。

四、全人类共同价值与社会主义核心价值观的关系

富强、民主、文明、和谐是国家层面的理想追求，自由、平等、公正、法治是社会层面的价值目标，爱国、敬业、诚信、友善是个人层面的道德规范。三者之间相互联系，不可分割，实现了国家、社会和个人在价值目标上的内在统一。社会主义核心价值观与全人类共同价值相承接，两者具有内在的统一性。社会主义核心价值观是全人类共同价值的具体化、民族

化,社会主义核心价值观是全人类共同价值的具体表现形式,全人类共同价值是社会主义核心价值观的国际表达。全人类共同价值以马克思主义价值观为理论基础,集中反映社会主义价值观的核心精神。社会主义核心价值观既是中国对全人类共同价值做出的重要贡献,也是中国对人类文明包容互鉴所作的郑重承诺,体现了人类命运共同体的价值诉求。但是中国不会输出自己的社会制度、价值观念和发展模式,更不会强加于人。

五、全人类共同价值与人类命运共同体的关系

弘扬全人类共同价值的同时,也要理解不同文明对价值内涵的不同认识,尊重不同国家和人民对价值实现路径的探索,坚持求同存异,不将自己的价值观念和发展模式强加于人。不同文明之间的包容性,决定了社会主义文明与资本主义文明存在相互借鉴与交流的关系,不搞意识形态对抗,超越意识形态和社会制度的差异。意识形态和社会制度的差异,决定了社会主义与资本主义之间存在矛盾、分歧、甚至斗争。全人类共同价值的提出,回应了各国人民对全人类共同价值的普遍期待和诉求,凸显了海纳百川、兼收并蓄的开阔胸怀,为国际社会实现最广泛的价值共识提供了载体和纽带。只有坚持开放包容、相互尊重,才能真正弘扬全人类共同价值,才能构建更加紧密的人类命运共同体。

全人类共同价值,为凝聚不同文明的价值共识、反映世界各国人民普遍认同的价值理念,为推动构建人类命运共同体增添了新的精神动力。人类命运共同体理念契合各国人民的共同价值和精神追求。人类命运共同体思想的核心内涵是建设持久和平、普遍安全、共同繁荣、开放包容、清洁美丽的世界。建设一个持久和平的世界,应坚持对话协商,核心要义是国家之间要平等相待、互谅互让。建设一个普遍安全的世界,应坚持共建共享。建设一个共同繁荣的世界,应坚持合作共赢。建设一个开放包容的世界,应坚持交流互鉴。建设一个清洁美丽的世界,应坚持绿色低碳。

人类命运共同体理念的实质是要和平不要战争、要发展不要贫穷、要合作不要对抗、要共赢不要单赢。这一中国理念和中国方案,反映了人类的美好愿望和共同价值。全人类共同价值揭示了人类命运共同体理念深邃

的价值内涵，彰显了人类命运共同体理念的思想深度。全人类共同价值明确了人类命运共同体理念蕴含的价值内核，为构建人类命运共同体奠定坚实的价值基础。和平与发展是时代层面上的价值共识，为构建人类命运共同体提供前提条件；公平与正义是制度层面上的价值共识，为构建人类命运共同体提供遵循法则；民主与自由是目标层面上的价值共识，是构建人类命运共同体的内在要求。

社会民主主义价值不符合中国国情和历史文化传统，它在中国行不通，中国的前途不是民主社会主义，也不是新自由主义，而是中国特色社会主义。习近平总书记反复强调，中国特色社会主义是适合中国国情的社会主义，而不是其他什么主义。习近平总书记这里着重指出的"社会主义"，是指科学社会主义；"不是其他什么主义"，是指不是民主社会主义，更不是新自由主义，也包括不是"资本社会主义""国家资本主义""新官僚资本主义"，这就从根本上进一步明晰了中国特色社会主义的性质。不能放弃科学社会主义的基本原则，放弃了就不是社会主义。习近平新时代中国特色社会主义思想是当代中国马克思主义、二十一世纪马克思主义，是中华文化和中国精神的时代精华，实现了马克思主义中国化新的飞跃。它既坚持科学社会主义基本原则，又具有鲜明的中国特色，是扎根中国大地的科学社会主义。中国共产党坚持用习近平新时代中国特色社会主义思想武装全党，教育人民，汲取了苏联东欧共产党用"民主、人道的社会主义"或民主社会主义取代马克思主义作为指导思想的教训。

（薛新国系西华大学马克思主义学院教授）

人类命运共同体的天下情怀

刘须宽

在一个什么样的格局中安放14亿多中国人？在一个什么样的视野中建构14亿多中国人与世界80亿总人口的关系？在一个什么样的理论空间、地缘空间中建构人类的未来？中国共产党提出"人类命运共同体"的天下空间格局、天下视野情怀、全人类的共同政治命运理念。命运共同体不是不同民族不同区域不同国别的人群的简单命运叠加，而是深度捆绑的结果。14亿人的格局必须是天下的格局。缺少中国参与的世界是不完整的世界。中华民族和中国共产党的"胸怀天下"的历史证明：中华文明历来赞赏不同文明间的相互理解和尊重，就像古丝绸之路之所以名垂青史，靠的不是战马和长矛，而是驼队和善意；不是坚船和利炮，而是宝船和友谊。从历史到当下，比如张骞出使西域、佛教东传、郑和七下远洋、"伊斯兰文明与儒家文明的会通"、"西学东渐"、新文化运动、马克思主义和社会主义思想传入中国、全方位对外开放的包容格局，见证着中华文明兼收并蓄的胸怀。

一、天下视野是马克思主义解放全人类的崇高追求与全部历史哲学的基础

马克思、恩格斯毕生的使命就是为人类谋解放。为了改变人民受剥削、受压迫的命运，马克思、恩格斯义无反顾投身轰轰烈烈的工人运动，始终站在革命斗争最前沿。习近平总书记在纪念马克思诞辰200周年大会上的重

要讲话中指出,马克思的一生,是胸怀崇高理想、为人类解放不懈奋斗的一生,是不畏艰难险阻、为追求真理而勇攀思想高峰的一生,是为推翻旧世界、建立新世界而不息战斗的一生。

胸怀天下是马克思主义的必然要求。来自全球的共产党理论家代表、左翼学者欢聚于此。也是要继承马克思主义人民解放理论,继续探求人类自由解放的道路,以便最终建立一个没有压迫、没有剥削、人人平等、人人自由的理想社会。今天的共产主义依然是世界历史性的事业,决不能把共产主义狭隘化、民族化,理解为孤立的地域性的存在。马克思主义认为,只有全世界无产者联合起来,无产阶级才能解放自己,而且只有解放全人类才能最后解放自己。无产阶级的世界性决定了共产党所肩负的共产主义事业具有世界性。中国共产党始终坚持以马克思主义为指导,继承发展了马克思主义的世界历史理论,站在世界历史的高度审视中国和世界发展面临的重大问题,展示了胸怀天下的人类情怀。

二、胸怀天下是中国共产党人的崇高情怀

"坚持胸怀天下"集中体现了中国共产党人对马克思人类解放思想和世界历史理论精髓的继承发展和笃信践行。1921年初,青年毛泽东指出:"中国问题本来是世界的问题,然从事中国改造不着眼及于世界改造,则所改造必为狭义,必妨碍世界。"[1]1939年1月,毛泽东同志在《论持久战》英译本序言中进一步指出:"伟大的中国抗战,不但是中国的事,东方的事,也是世界的事。"[2]改革开放后,邓小平同志提出高度关注世界和平与发展问题,提出"应当把发展问题提到全人类的高度来认识,要从这个高度去观察问题和解决问题"。党的十三届四中全会以后的13年,江泽民同志始终以宽广的世界眼光洞察世界发展总趋势,深刻把握经济全球化的机遇和挑战。胡锦涛同志指出:"历史昭示我们,弱肉强食不是人类共存之道,穷兵黩武无法带来美好世界。要和平不要战争,要发展不要贫穷,要合作不要对抗,

---

[1]《毛泽东文集》第1卷,人民出版社1993年版,第1页。
[2]《毛泽东年谱(1893—1949)》(中),中央文献出版社2013年版,第107页。

推动建设持久和平、共同繁荣的和谐世界,是各国人民共同愿望。"①

党的十八大以来,以习近平同志为核心的党中央,将胸怀两个大局作为谋划工作的基本出发点,主张世界各国乘坐在一条命运与共的大船上,要穿越惊涛骇浪、驶向光明未来,必须同舟共济,企图把谁扔下大海都是不可接受的。

三、坚持胸怀天下是协和万邦传统的创造性发展

柏拉图的理想国、康帕内拉的太阳城、康德的永久和平论……很多思想理论家都在设想天下的未来。天下大同、协和万邦,是中华民族自古以来对人类社会的美好憧憬。讲求民胞物与、讲信修睦、立己达人、和合共生等,为我们党坚持胸怀天下提供了丰厚精神滋养。习近平总书记指出,中国人没有扩张侵略的基因,秉持的是天下大同、天下为公的理念,不赞同你输我赢、零和博弈的思维。同时,中国在国际关系中坚持平等互利,愿与各国一道,共同构建人类命运共同体。讲信修睦、协和万邦,是中国一以贯之的外交理念。"达则兼济天下",是中华民族始终崇尚的品德和胸怀。中国共产党倡导交融汇通,反对隔绝闭塞;倡导共生并进,反对强人从己;倡导保合太和,反对丛林法则。15世纪初,中国明代著名航海家郑和七次远洋航海,到了东南亚很多国家,一直抵达非洲东海岸的肯尼亚,留下了中国同沿途各国人民友好交往的佳话。郑和的到访带去的不是战乱,而是和平与繁荣。

四、为解决人类共同问题提供中国方案与中国实践

当今世界,经济全球化和科技进步不断演进,人类生活彼此关联之紧密前所未有,面临的全球性问题数量之多、规模之大、程度之深也前所未有。世界之变、时代之变、历史之变正以前所未有的方式展开,逆全球化思潮抬头,单边主义、保护主义明显上升,世界经济复苏乏力,局部冲突

---

① 《胡锦涛文选》第3卷,人民出版社2016年版,第651页。

和动荡频发,全球性问题加剧,世界进入新的动荡变革期。和平赤字、发展赤字、安全赤字、治理赤字加重,恃强凌弱、巧取豪夺,零和博弈等霸权霸道霸凌行径危害深重,人类社会面临前所未有的挑战,世界人民对和平、发展、合作、共赢的期待更加强烈。

大时代需要大格局,大格局呼唤大胸怀。如何建设更加美好世界？中国共产党准确把握人类发展大势,积极弘扬全人类共同价值,携手构建人类命运共同体,推动全人类发展和共同进步,展示了胸怀天下的境界品格,为破解全球治理难题提供了中国方案、中国智慧、中国力量。全球发展倡议、全球安全倡议和全球文明倡议,这是习近平新时代中国特色社会主义思想为应对全球性挑战而贡献的系统性化解方案,是新时代中国为国际社会提供的系列重要公共产品,"三大倡议"顺应了各国人民对和平发展、公平正义、合作共赢的渴望与期盼,凸显了中国共产党"胸怀天下"的世界观和方法论。

第一,全球发展倡议的天下情怀。发展是人类社会永恒的主题,是各国人民的共同心愿。为破解全球发展难题、应对国际安全挑战、促进文明互学互鉴,2021年9月,习近平主席在第七十六届联合国大会一般性辩论上郑重提出全球发展倡议并阐释了其核心理念:"坚持发展优先、坚持以人民为中心、坚持普惠包容、坚持创新驱动、坚持人与自然和谐共生、坚持行动导向"[①]。和平、发展、合作、共赢是当今时代潮流,人们对促进共同发展、维护和平稳定、推动文明进步的渴望更加强烈、需求更加迫切。一年多来,全球发展倡议为彷徨于十字路口的全球发展事业指明了前进方向,提供了行动指南。

倡议坚定维护以联合国为核心的国际体系、以国际法为基础的国际秩序、以联合国宪章宗旨和原则为基础的国际关系基本准则,支持联合国在全球发展合作中发挥统筹协调作用。全球发展倡议强调,在发展中保障和改善民生,保护和促进人权,做到发展为了人民、发展依靠人民、发展成果由人民共享,不断增强民众的获得感、幸福感、安全感,实现人的全面

[①] 习近平:《坚定信心 共克时艰 共建更加美好的世界——在第七十六届联合国大会一般性辩论上的讲话》,《人民日报》2021年9月22日。

发展。全球发展倡议呼吁加大发展资源投入，重点推进减贫、粮食安全、抗疫和疫苗、发展筹资、气候变化和绿色发展、工业化、数字经济、互联互通等领域合作。为推动落实联合国2030年可持续发展议程，中国积极参与助力消除贫困、提升粮食安全、推动卫生发展、保障优质教育、促进性别平等、改善基础设施、推进可持续创新经济增长、支持生态环保；积极携手应对全球人道主义挑战，开展自然灾害应急救援、响应公共卫生突发事件、提供粮食援助应对饥荒、参与灾后恢复与重建、提高防灾减灾能力、参与缓解移民和难民危机。

第二，全球安全倡议的天下情怀。促进和平与发展，首先要维护安全稳定；没有安全稳定，就谈不上和平与发展。安全是发展的前提，事关各国人民的福祉，人类是不可分割的安全共同体。"世界需要什么样的安全理念、各国怎样实现共同安全"，成为摆在所有人面前的时代课题。全球安全倡议倡导以团结精神适应深刻调整的国际格局，以共赢思维应对复杂交织的安全挑战，倡导各国坚持共同、综合、合作、可持续的安全观，坚持尊重各国主权和领土完整、不干涉别国内政，坚持遵守联合国宪章宗旨和原则，坚持重视各国合理安全关切，坚持通过对话协商以和平方式解决国家间的分歧和争端，坚持统筹维护传统领域和非传统领域安全。

2022年4月，习近平总书记在博鳌亚洲论坛年会上提出全球安全倡议，旨在消弭国际冲突根源、完善全球安全治理，推动国际社会携手为动荡变化的时代注入更多稳定性和确定性，实现世界持久和平与发展。全球安全倡议体系完整，内涵丰富，是习近平外交思想在国际安全领域的重要应用成果，更是对西方地缘政治安全理论的扬弃超越。中国坚持积极参与全球安全规则制定，加强国际安全合作，推动全球安全倡议落地见效，构建均衡、有效、可持续的安全架构，走出一条对话而不对抗、结伴而不结盟、共赢而非零和的新型安全之路，为世界注入稳定性和正能量。正如习近平主席指出："事实再次证明，冷战思维只会破坏全球和平框架，霸权主义和强权政治只会危害世界和平，集团对抗只会加剧21世纪安全挑战。"[①]中国

[①] 习近平：《携手迎接挑战 合作开创未来——在博鳌亚洲论坛2022年年会开幕式上的主旨演讲》，人民出版社2022年版，第4—5页。

始终是世界和平的建设者、全球发展的贡献者、国际秩序的维护者、公共产品的提供者、热点问题的斡旋者。中国始终本着为地区和世界和平负责任态度，坚持维护联合国宪章宗旨和原则，一贯秉持公平正义，为维护世界和平与安全不懈努力。中国始终站在历史正确的一边、站在人类文明进步的一边，反对霸权主义和强权政治，与国际社会一道共同守护人类的和平与安宁。中方积极致力于同各方开展抗疫、反恐、生物、网络、粮食、气候变化等非传统安全领域合作。中方在二十国集团框架下提出国际粮食安全合作倡议，推动通过《金砖国家粮食安全合作战略》，为解决当前粮食危机提供中国方案。全球安全倡议明确提出"反对单边主义"，反对滥用单边制裁和"长臂管辖"[①]等鲜明主张。这一重大倡议的提出，顺应了世界各国坚持多边主义、维护国际团结的共同追求。响应了各国人民共克时艰、携手开创疫后美好世界的普遍愿望。

第三，全球文明倡议的天下情怀。一花独放不是春，百花齐放春满园。文明因交流而多彩，因互鉴而成长。全球文明倡议着眼于推动文明交流互鉴、促进人类文明进步，为推动人类现代化进程、推动构建人类命运共同体注入强大正能量，为推动世界现代化进程、促进人类文明进步提供了中国方案。习近平主席指出，在人类历史的漫长进程中，世界各民族创造了具有自身特点和标识的文明。不同文明之间平等交流、互学互鉴，将为人类破解时代难题、实现共同发展提供强大的精神指引。在各国前途命运紧密相连的今天，不同文明包容共存、交流互鉴，在推动人类社会现代化进程、繁荣世界文明百花园中具有不可替代的作用。我们要共同倡导尊重世界文明多样性、共同倡导弘扬全人类共同价值、共同倡导重视文明传承和创新、共同倡导加强国际人文交流合作。中国始终是世界和平的建设者、全球发展的贡献者、国际秩序的维护者、人类文明进步的促进者，中国愿同国际社会一道，努力开创世界各国人文交流、文化交融、民心相通新局面。

文明交流互鉴是推动人类文明进步和世界和平发展的重要动力。每一种文明都延续着一个国家和民族的精神血脉，既需要薪火相传、代代守护，更

[①] 习近平：《携手迎接挑战　合作开创未来——在博鳌亚洲论坛2022年年会开幕式上的主旨演讲》，人民出版社2022年版，第4-5页。

需要与时俱进、勇于创新。"古丝绸之路就是一个绝佳例证。古丝绸之路沿线商贸活动带动了文化交流的蓬勃开展。现在，西方人习惯了用源自中国的陶瓷杯喝茶。正是文化的多样性让人民享受到更加丰富多彩的生活方式，文化故事就这样被书写、被讲述。"2018年5月4日，习近平总书记在纪念马克思诞辰200周年大会上的讲话中指出："我们要坚持用马克思主义观察时代、解读时代、引领时代，用鲜活丰富的当代中国实践来推动马克思主义发展，用宽广视野吸收人类创造的一切优秀文明成果，坚持在改革中守正出新、不断超越自己，在开放中博采众长、不断完善自己，不断深化对共产党执政规律、社会主义建设规律、人类社会发展规律的认识，不断开辟当代中国马克思主义、21世纪马克思主义新境界。"① 历史表明：一百年来，党坚持把马克思主义写在自己的旗帜上，不断推进马克思主义中国化时代化，以海纳百川的开放胸襟学习和借鉴人类社会一切优秀文明成果，在"人类知识的总和"中汲取优秀思想文化资源来创新和发展党的理论，形成兼容并蓄、博采众长的理论大格局大气象。深刻洞察人类发展进步潮流，积极回应各国人民普遍关切，为解决人类面临的共同问题作出贡献，以海纳百川的宽阔胸襟借鉴吸收人类一切优秀文明成果，推动建设更加美好的世界。

第四，推动共建"一带一路"高质量发展的天下情怀。"一带一路"建设是我们推动构建人类命运共同体的重要实践平台。2013年秋，习近平总书记提出了共同建设"丝绸之路经济带"和"二十一世纪海上丝绸之路"倡议，这就是"一带一路"倡议。中国坚持以共商共建共享为原则推动"一带一路"建设，谱写沿线国家的大合唱新篇章，共建携手前进的阳光大道，编织互利共赢的合作伙伴网络。我们提出"一带一路"倡议、建立以合作共赢为核心的新型国际关系、坚持正确义利观、构建人类命运共同体等理念和举措，顺应时代潮流，符合各国利益，增加了我国同各国利益汇合点。正所谓"青山一道同云雨，明月何曾是两乡"。随着世界多极化、经济全球化、文化多样化、社会信息化深入发展，弱肉强食的丛林法则、你输我赢的零和游戏不再符合时代逻辑，和平、发展、合作、共赢成为各国人民共同呼声。应该坚持互利共赢，共同推动经济社会发展更好造福人民，

---

① 习近平：《在纪念马克思诞辰200周年大会上的讲话》，人民出版社2018年版，第27页。

应该加强合作,共同应对人类面临的各种挑战和全球性问题,应该坚决维护联合国权威和地位,共同践行真正的多边主义。10年来,从固基垒石、立柱架梁到落地生根、发展壮大,"一带一路"建设完成了总体布局,绘就了一幅"大写意",正在合力绘制精谨细腻的"工笔画"。实践已经证明,"一带一路"倡议把我国发展同沿线国家和世界其他国家发展结合起来,这一开放包容、互利互惠、合作共赢的国际合作平台,源于中国、更属于世界,它跨越不同地域、不同发展阶段、不同文明,是各方共同打造的国际公共产品。"一带一路"倡议秉持共商共建共享原则,坚持开放、绿色、廉洁理念,以高标准、可持续、惠民生为目标,全面推进政策沟通、设施联通、贸易畅通、资金融通、民心相通,努力建设和平之路、繁荣之路、开放之路、绿色之路、创新之路、文明之路。

"一带一路"源自中国,但属于世界。"一带一路"建设跨越不同地域、不同发展阶段、不同文明,是一个开放包容的合作平台,是各方共同打造的全球公共产品。50年前,非洲兄弟把新中国"抬进联合国",中国始终对此铭记在心,在国际事务中同包括非洲在内的广大发展中国家坚定站在一起。习近平主席指出,中非关系最大的"义",就是用中国发展助力非洲的发展,最终实现互利共赢、共同发展。中非双方在反帝反殖的斗争中结下了牢不可破的兄弟情谊,在发展振兴的征程上走出了特色鲜明的合作之路,在纷繁复杂的变局中谱写了守望相助的精彩篇章,为构建新型国际关系树立了光辉典范。中国菌草技术已在100多个国家和地区落地生根,在数十个国家和地区推广种植中国杂交水稻,为80多个发展中国家培训超过1.4万名杂交水稻专业技术人才[①];在非洲援建20多个农业技术示范中心,推广作物良种、提供技术支持;与柬埔寨、老挝和缅甸共同启动"东亚减贫示范合作技术援助项目"。为促进发展中国家群体性崛起、推动国际力量对比向更加均衡方向发展注入强劲动力。

(刘须宽系中国社会科学院马克思主义研究院意识形态与社会思潮研究室主任、研究员)

---

① 张陆彪:《中国杂交水稻技术助力维护全球粮食安全》,《人民日报》2022年11月13日。

论人类命运共同体的道义优势及其现实转化

李 帅

一、国际道义意识的历史演进及其规律

道义是关于"道德和正义的准则",是"各民族之间的关系中的至高无上的准则"[①]。近代以来以西方国家为主导的世界秩序演进,总体上呈现从宗教神圣化的"野蛮抢夺"到贸易自由为旗号的"殖民掠夺",再到以"普世价值"为烟幕掩护进行"巧取豪夺"的道义逻辑。

在西方资本主义国家的原始资本积累时代,西班牙、葡萄牙等国多采取武装占领、血腥掠夺、奴隶买卖等赤裸裸的暴力手段,同时将这种野蛮掠夺合理化甚至神圣化。随着世界历史逐渐步入自由资本主义时期,以英、法等国为代表的西方国家转而采取建立殖民地的方式,打着"自由贸易"的旗号,相较以往更加间接、温和。第二次世界大战结束后,美国更加注重自身国际行为的道义包装,极力强化话语霸权,精心打造了一套以民主、自由、人权等"普世价值"为核心的新的道义逻辑,谋求实现战略扩张与占据道义制高点的双重目的。

可以看出,世界历史中国际道义意识的发展变化有其自身规律性。第一,任何试图构建国际秩序的大国在主观上都具有一定的国际道义意识,

---

[①]《马克思恩格斯选集》第3卷,人民出版社2012年版,第57页。

并以此为依据使自身的国际行为合理化,占据国际道义制高点。第二,世界性大国的国际道义意识呈现出逐渐增强的发展态势,道义制高点越来越成为"兵家必争之地"。资本积累及扩张时期的大国奉行武力至上,道义的包装不过是其掠夺行为的"遮羞布"。第三,历史地看,国际道义制高点不是一成不变的,而是会随着时代进步不断跃升和突破。国际格局形成变化发展进程中,新兴大国取代传统大国,首先体现为道义上的超越。

究其本质,历史上西方大国的道义逻辑无一不具有虚伪性。首先,就其国际道义意识的出发点而言,说到底都是为本国资产阶级及其相关利益集团服务的。其次,在具体实施过程中,西方大国的国际行为往往与其道义理念相背离,历史上西方也不乏关于人类社会发展的美好蓝图和实施方案,背后真正的行动依据是实现利益最大化。最后,从实际效果来看,西方大国所标榜的道义理想也远未实现,西方大国所谓的国际道义主张具有蒙蔽性、虚伪性与欺骗性。

二、人类命运共同体具有鲜明的国际道义优势

人类命运共同体基于全人类共同利益,是对近代以来以资本逐利性为核心的西方国际道义观的批判与超越。

(一)以全人类的利益超越某个阶级或政治集团的特殊利益

人类命运共同体的道义性,首先体现在它是以"人类"这一人的最广泛集合为着眼点,"以人为本"成为解决国际问题、实现世界发展的出发点和落脚点。人类命运共同体继承和发展了马克思"共同体"思想,展现出以实现一切人自由发展的"自由人的联合体"思想。"这种共同利益是'异己的'和'不依赖'于他们的,即仍旧是一种特殊的独特的'普遍'利益。"[①]这意味着个人利益的追逐被粉饰为公共利益的实现,且认为是一种合法正当的手段。但这种利益共同体在资本主义生产私有制下日渐抛弃基本的道德和伦理。当前基于对特殊利益的追求,很多西方国家的霸权主义

---

① 《马克思恩格斯选集》第1卷,人民出版社2012年版,第164页。

和强权政治不仅时刻威胁着世界和平,也严重加剧了全球发展不平衡,成为了国际社会动荡纷争的问题根源。

(二)以共享发展的合作理念超越零和博弈的竞争理念

共享发展理念是基于世界各国谋求共同发展的客观要求而提出,是对西方发达国家"自由主义"为核心的竞争理念和道路的批判和超越。"我赢你输、赢者通吃"的零和博弈日益侵蚀西方国家具有理想主义色彩的道义面具,这不但"封上了别人的门,也堵上了自己的路"[1]。人类命运共同体理念倡导的正确义利观,主张以义利兼顾实现义利兼得,最终实现共赢,在更高的价值层面将利益和道义相结合,强调"在追求本国利益时兼顾他国合理关切,在谋求自身发展中促进各国共同发展,不断扩大共同利益汇合点"[2]。这破除了国强必霸的话语陷阱,既是对国家主权原则的合理维护和有益补充,更是推动构建公平正义国际关系的道义原则和精神力量。

(三)以平等尊重的交往原则超越强权政治的丛林法则

人类命运共同体倡导的平等尊重的交往原则,是对西方国家以强权政治为核心的丛林法则的全面超越。人类历史上很多次战争冲突,都是西方以丛林法则发起的非正义性行为的恶果,如越南战争、海湾战争、伊拉克战争等,都是以美国为首的西方资本主义国家以强权践踏国际道义的产物,其造成的恶劣影响难以估量。在旧的世界格局下,国家实力就是国际道义,真理只建立在大炮的射程之内,这使国际社会成为大国践踏小国尊严的"法外之地"。人类命运共同体以尊重国家独立自主为重要内容,这是国家间平等的根本依据。在国际交往中,尊重彼此核心利益和重大关切,管控矛盾和分歧、妥善处理敏感问题。"国际上的事应该由大家商量着办",世界大事强调共商共享,能够促进国际社会公平正义,为国际关系长期健康稳定发展筑牢基础。

---

[1] 习近平:《携手建设更加美好的世界——在中国共产党与世界政党高层对话会上的主旨讲话》,人民出版社2017年版,第5页。
[2] 习近平:《共同创造亚洲和世界的美好未来——在博鳌论坛2013年年会上的主旨演讲》,人民出版社2013年版,第5页。

（四）以文化的包容与理解超越西方中心主义的傲慢与偏见

人类命运共同体超越了西方中心主义的文化观。近代以来，西方资本主义国家以物质文明的率先崛起臆造出精神文明优势地位的相关理论。这种傲慢与偏见导致西方以其所谓的"普世价值"作为衡量善恶、对错的唯一标准。在西方"普世价值"的视域下，西方发达国家惯以与资本主义利益相异的文明视为对立力量，贬损异己文明，专搞"文明冲突"。习近平总书记指出，"各种人类文明在价值上是平等的，都各有千秋，也各有不足。世界上不存在十全十美的文明，也不存在一无是处的文明，文明没有高低、优劣之分"[1]。人类命运共同体超越了西方中心主义狭隘的文明观，建立了基于包容与理解的文明相处模式。

（五）以人与自然和谐共生超越资本对自然的无节制索取

人类命运共同体关注环境议题，体现中国治理方案中的生态正义。20世纪以来，以美国为首的资本主义国家通过经济手段低价收购非洲、南美洲国家的木材，进口和囤积发展中国家的稀土资源、石油、矿石等战略资源，通过对他国资源破坏性开发扩大自己的资源储备。正如马尔库塞所言："发达资本主义国家不仅在过去的发展上欠下生态债务，而且今天仍以世界少数人口消耗着75%以上的商业能源和80%以上的原料，并在第三世界推行'生态殖民主义'，通过转移污染严重的工业进行新的生态犯罪"[2]。人类命运共同体明确在生态资源配置面前要遵循公平、公正、平等，彰显出人类命运共同体理念的国际道义底蕴。

三、人类命运共同体道义优势现实转化的路径探析

人类命运共同体道义优势的关键在于公平正义，也在于付诸实施。推动人类命运共同体道义优势的现实转化，主要有以下路径。

---

[1] 习近平：《在联合国教科文组织总部的演讲》，《人民日报》2014年3月28日。
[2] [美]马尔库塞：《单向度的人：发达工业社会意识形态研究》，张峰等译，重庆出版社1988年版，第220页。

（一）推动道义优势向理念优势的现实转化

人类命运共同体的道义优势转化为理论优势，并为世界人民所掌握和认同，关键在于人类命运共同体理念可以"传得开""说得清""讲得好"。"传得开"指的是人类命运共同体理念能够在世界范围得到有效传播。目前国际媒体传播依然呈现出"西强我弱"的局面，世界上至少有2/3的消息来源于占世界人口1/7的发达国家[①]。这需要我们进一步加强媒体维度的传播，加强我国传播能力的平台建设。"说得清"是将人类命运共同体理念正确且准确地传播到世界各国，使世界了解中国要做什么。习近平总书记强调："中国共产党将继续同一切爱好和平的国家和人民一道，弘扬和平、发展、公平、正义、民主、自由的全人类共同价值"。[②]"讲得好"是人类命运共同体理念要注重传播内容的选择，注重采用中国特色的和当地人民喜闻乐见的方式进行传播。

（二）推动道义优势向实践效果的现实转化

构建人类命运共同体的实践，需要我们在开展人类命运共同体具体行动时，推动人类命运共同体理念向行动的有效转化。需要我们不断积极搭建国际合作平台，以务实行动推动人类命运共同体理念融入"一带一路"建设等相关国际合作实践全过程，作为其"红线"贯穿始终。始终彰显负责任大国的担当，吸引越来越多的国家和地区，以共商共建共享谋求人类共同发展。这些平台建设充分体现了人类命运共同体理念的开放包容合作精神，以平等包容的心态接纳不同地域、不同意识形态、不同文化背景的国家，以实现国家间合作为主要出发点。不搞经济政治和军事方面的小圈子，在中国倡导下各方共同打造的全球公共产品，以坚实的平台将道义优势转化为突出的实践效果。

（三）推动道义优势向"结果正义"的现实转化

正义的理念需要展现为正义的行动，也应当结出正义的果实。少数西

[①] 聂筱谕:《西方的控制操纵与中国的突围破局》,《世界经济与政治论坛》2014年第3期。
[②] 习近平:《在庆祝中国共产党成立100周年大会上的讲话》,人民出版社2021年版,第16页。

方国家出于意识形态对抗、地缘政治和经济竞争等原因，对人类命运共同体进行别有用心的抹黑。将人类命运共同体称作中国基于自身利益重塑世界秩序，实现全球范围内的思想控制的工具[1]。这要求我们纠正认识偏差，实现人类命运共同体理念的跨文化传播。要澄清西方国家对人类命运共同体的污名化，找出其错误观点进行有理有据的全面批判，捍卫我们所取得的成效的正义性与正当性。我们要高举构建人类命运共同体光辉旗帜，凝聚起一切可以凝聚的力量，与世界各国携手开创人类社会的美好未来。

（李帅系安徽大学马克思主义学院讲师）

---

[1] Robert C. O'Brien, "The Chinese Communist Party's Ideology and Global Ambitions", https://www.whitehouse.gov/briefings-statements/chinese-communist-partys-ideology-global-ambitions/.

"一带一路"为所有参与国开启新机遇

〔俄罗斯〕柳德米拉·茹拉夫廖娃

人类的全部历史都昭示着两种趋势的斗争。一方面是不惜一切代价地追求利润,促使有产阶级进行剥削和领土侵占;另一方面是人民日益认识到,社会的繁荣需要团结、互助和集体主义。该认识源自中国古代的圣人孔子和老子,这些价值观也是世界宗教的基础。共产主义理论的创始人马克思、恩格斯和列宁在科学的基础上对这些思想进行了进一步的阐释。

"一带一路"理念源自古代。早在公元前138年,张骞率领第一个外交使团出使西域。中国开始与西部邻国定期进行积极的交往,沿着贸易路线修建了道路和旅店。举世闻名的自中国到地中海的丝绸之路出现了。

伟大的丝绸之路是人类独特的经济和文化遗产。它证明了无论政治制度、传统和习俗具有怎样的差异,各国人民是能够和平合作的。

十年前,习近平在准确地表达了选择和平发展进程之后,提出了"一带一路"倡议。多年来,"一带一路"已成为成功和效率的代名词,中国的其他国际倡议亦如是。这就形成了一种新型经济关系的轮廓,在这种关系中,新殖民主义是无立足之地的。

"一带一路"的初步成果令人印象深刻。与152个国家和32个国际组织签署了200多项协议,已经或正在实施价值约1万亿美元的3000多个合作项目。创造了40多万个工作岗位,让4000万人摆脱了贫困。

"一带一路"改变了许多成员国的面貌。现代化的铁路为非洲最贫穷的国家带来了发展、教育和卫生保健,新发电厂在世界最偏远的角落点亮了灯光，基础设施的发展推动了工业化和社会发展。

"一带一路"项目是世界上最有前景的项目之一。到2030年，北京发起的倡议将使760万人摆脱绝对贫困，使3200万人摆脱长期贫困状态。

更重要的是，帝国主义下西方的全球化正在把世界推入僵局。人为地制造不稳定，数百万人深陷贫困，世界上的饥饿人口不降反增。

"一带一路"倡议为世界发展开辟了新路径。它已成为实现国际关系新体系的重要方式。中国的倡议不同于西方的国际规划，因为它不是单方获利。在这里，谁也不支持不平等交换，谁也不支持厚颜无耻地掠夺资源和公然掠夺弱小的国家。

"一带一路"是惠及所有参与者的双向奔赴。新的铁路和公路、发电厂、海港、开采企业就是证明。这意味着成千上万的工作岗位和整个国家面貌的焕然一新。

美国对"一带一路"项目的抵制力度越来越大。它以各种形式表现出来，包括对那些愿意遵循"新丝绸之路"精神的国家领导人施加压力。西方统治集团试图恶意诋毁中国的动机。

国际局势整体上看越来越像危险的湍流。美国在乌克兰挑衅性政策的目的之一是破坏"一带一路"项目，由此衍生的一系列行为是在同俄罗斯、中国和包括欧盟在内的其他国家为敌。

但是，世界变了，推行帝国主义政策越来越难。这些年我们亲眼见证了：

——金砖国家、上海合作组织、东盟的力量不断增强；

——美国从阿富汗溃逃；

——拉丁美洲左翼取得了一些成功。

甚至最贫困的非洲国家也不打算与新殖民主义和解。

新世界秩序的基础正在奠定，各国人民渴望由自己来决定自己的命运。中国的成就对巩固中国主权至关重要。与西方不同的是，中国不是被私心所主导，这鲜明地体现在习近平提出的构建人类命运共同体理念中。该理念的核心是，世界不应该分为主宰者和臣民、天选之人和被抛弃者，而应该通过对话和平等合作来解决所有问题。

2015年5月，普京和习近平签署了《中华人民共和国与俄罗斯联邦关于丝绸之路经济带和欧亚经济联盟建设对接合作的联合声明》。2023年3月，中华人民共和国主席习近平访问俄罗斯，为推动"一带一路"和欧亚经济联盟建设对接合作提供了重要契机。整体上讲，今天俄罗斯和中国存在加强合作的坚实可靠基础。

应该指出，近20年来，俄罗斯的政策发生了重大变化，其反殖民主义立场越来越坚定。在这方面，俄罗斯人民发挥了主要作用。对苏联时代和社会主义成就的挚爱是推动俄罗斯政策中反殖民主义抬头和推动俄中合作的重要因素。

今天，我们生活在一个大多数人都钦佩中国成就的世界上。很多人都在谈论"中国奇迹"，但使中国成为世界发展引擎的力量不是奇迹，而是以共产党为首的千百万中国人民的辛勤劳作。

［柳德米拉·茹拉夫廖娃（Людмила Журавлева）系俄罗斯联邦共产党中央监察委员会委员；译者陈爱茹系中国社会科学院马克思主义研究院研究员］

当今世界的反殖民主义与中俄两国"一带一路"和欧亚经济联盟的对接工作

〔俄罗斯〕马拉特·穆扎耶夫

具有坚实的思想基础是共产主义运动的一个特点。共产党致力于在深入分析社会经济和社会政治发展总趋势的基础上开展工作。

2023年10月21日召开了俄罗斯联邦共产党（以下简称俄共）中央委员会全体会议，对当前的国际形势进行了评估。在俄共中央委员会主席久加诺夫的报告中，对于当今世界的主要趋势形成了十二点认识。

在描述当前局势的特点时，久加诺夫特别指出了如下一些方面：

——资本主义的总危机加剧了。帝国主义世界不能应付日益增长的矛盾。帝国主义的经济、军事和文化政策对于人类发展变得越来越危险。

——美国和北约的侵略性越来越强。冲突的数量正在增多。中东爆发战争。乌克兰、中国台湾周边、南高加索和世界其他地区的局势极其复杂。资本主义危机让世界面临爆发一场新的使用核武器的世界大战的威胁。

——美国的帝国主义者正在解决攫取世界主导权的任务。其目的是确立起全球金融资本霸权。

——事实上，这是在尝试建立一个新的世界殖民体系。为此，美国奉行削弱中国、俄罗斯和包括欧盟在内的其他国家的政策。华盛顿谋求破坏"一带一路"项目。图谋剥夺欧洲、中国和其他国家开展贸易获取的重要收益。

——苏联解体之后，资本对工人阶级和全体劳动者所取得的社会成就的进攻急剧加强。民主权利和自由被缩减。资产阶级加紧剥削人民群众。

——大资本在捍卫自身统治地位的斗争中，越来越多地利用新法西斯主义、激进民族主义和其他极端反动势力。在西方政府的宣传中，反共产主义和仇视俄罗斯呈增长势头。歪曲第二次世界大战的历史，无视纽伦堡法庭的判决，同纳粹战斗的战士纪念碑被拆除。加拿大国会议员向纳粹老兵致敬，这是加拿大议会的耻辱。

——北约各国鼓励反共产主义和新法西斯主义，这需要左翼力量的积极回应。同新纳粹主义战斗是同帝国主义、军国主义和新殖民主义进行的总的斗争的一个组成部分。这是一场争取和平、正义和社会主义的斗争。

——只有终结资本主义，才能消除世界大战的威胁，才能战胜法西斯主义。能够做到这一点的是工人阶级、人民中的劳动阶层和真正的爱国者。

——在资本主义危机加剧的情况下，社会主义选择的重要意义日益增长。宣传社会主义的创造性目标和实际成就具有重要意义。在这方面，俄共尤其重视中国经验。

2023年2月是俄共恢复活动30周年。1991年共产党在俄罗斯被叶利钦总统颁布的非法法令取缔。1993年，俄罗斯共产党重建了自己的政党。在过去的30年间，俄共在俄罗斯向国际舞台上新的政治平台的过渡中发挥了重要作用。

尽管俄罗斯联邦30年来一直试图在资本主义基础上发展，但其政策发生了重大变化。在20世纪90年代，俄罗斯在世界舞台被胡诌成是"七国集团"（G7）的"小弟"，"七国集团"甚至暂时地变成"八国集团"（G8）。在21世纪初期，莫斯科的政策中出现了重大变化。俄罗斯最大的反对党——俄共所有时间都一直在坚持这些改变。

20年前，久加诺夫出版了《全球化与人类命运》一书，在思考世界未来发展趋势时，俄共领导人在那时就进行了详细的解析：俄罗斯不应该在西方国家政府中寻找可靠朋友。这些国家的政府希望俄罗斯人民成为全球资本的"消耗品"。对俄罗斯而言，同亚洲、非洲和拉丁美洲人民的合作才最有前景。这一合作的最重要任务——抵制恢复殖民主义实践的企图。

渐渐地，俄罗斯捍卫自己主权的努力招致美国及其附庸国的公开对抗。莫斯科面临着来自西方政府的制裁战争，北约的侵略活动、信息攻击和政治挑衅增多。作为回应，俄罗斯正在深化建立公平公正的国际关系的方针。

如今，俄罗斯政治已经越来越自信地"转向东方"，这是俄共积极呼吁的结果。最明显的表现是与中国经济合作的增长。中俄两国之间的贸易额每年都在创造新纪录。2023年1月至8月，两国贸易额为1550亿美元。这比去年同期双边贸易额增长了三分之一。可见，2023年中俄贸易额应该能突破2000亿美元的大关。而6年前，两国的贸易额还不到1000亿美元！

对中国和俄罗斯而言，重要的不仅是加强双边关系，还包括解决其他一系列问题。例如，必须共同努力阻止华盛顿将中亚置于其影响力之下推出的各种计划。

当然，俄罗斯可以而且应该和中国共同建设"一带一路"。新冠疫情和西方的制裁战在一定程度上阻碍了中俄两国合作计划的实施。但长期利益要求中俄两国进一步加强合作。

中国和俄罗斯在当今世界有着共同的目标和共同的坐标体系。这使两国在发起重要的国际倡议时，是天然的盟友。

俄罗斯是最早支持"一带一路"倡议的国家之一。2015年普京和习近平发表了加强丝路经济带和欧亚经济联盟建设的联合声明。2018年，中国与欧亚经济联盟正式签署经贸合作协定并生效。

2017年和2019年，俄罗斯总统普京作为嘉宾出席了首届和第二届"一带一路"国际合作高峰论坛。为2023年普京第三次到北京参加"一带一路"国际合作高峰论坛奠定了良好基础。

俄罗斯和中国加强合作，体现了深刻的规律性的客观进程。中国和俄罗斯都不接受世界舞台上的独裁统治，反对霸权主义，认为在21世纪恢复新殖民主义的图谋是不可接受的。

[马拉特·穆扎耶夫（Марат Музаев）系俄罗斯联邦共产党中央委员会政治学习中心副主任；译者陈爱茹系中国社会科学院马克思主义研究院研究员]

"一带一路"倡议
是21世纪马克思主义的创新性表达

〔英〕基思·贝内特

一、"一带一路"倡议代表世界上绝大多数国家和人民的利益

列宁在1920年6月5日为共产国际第二次代表大会撰写的《民族和殖民地问题提纲初稿》中写道:"无产阶级的国际主义,第一,要求一个国家的无产阶级斗争的利益服从全世界范围的无产阶级斗争的利益;第二,要求正在战胜资产阶级的民族,有能力有决心为推翻国际资本而承担最大的民族牺牲。"[1]1963年8月8日,毛泽东在同非洲朋友的谈话中指出:"已经获得革命胜利的人民,应该援助正在争取解放的人民的斗争,这是我们的国际主义的义务。"[2]1989年11月23日,邓小平在与坦桑尼亚革命党主席尼雷尔的谈话中说:"只要中国社会主义不倒,社会主义在世界将始终站得住。"[3]在2017年召开的中国共产党第十九次全国代表大会上,习近平主席指出,中国特色社会主义"拓展了发展中国家走向现代化的途径,给世界上那些既希望加快发展又希望保持自身独立性的国家和民族提供了全新选择,为解决人类问题贡献了中国智慧和中国方案。"[4]至今,习近平主席提

---

[1]《列宁选集》第4卷,人民出版社2012年版,第219-220页。
[2]《毛泽东著作专题摘编》(上),中央文献出版社2003年版,第1154页。
[3]《邓小平文选》第3卷,人民出版社1993年版,第346页。
[4] 习近平:《决胜全面建成小康社会 夺取新时代中国特色社会主义伟大胜利——在中国共产党第十九次全国代表大会上的报告》,人民出版社2017年版,第10页。

出的"一带一路"倡议已走过10年光辉历程,习近平主席指出:"过去10年取得的成绩弥足珍贵,经验值得总结。我们深刻认识到,人类是相互依存的命运共同体。世界好,中国才会好;中国好,世界会更好。"[①]习近平主席的论述揭示了协和万邦、天下大同的普遍原理,得到了绝大多数国家和人民的认同。

"一带一路"倡议关注发展、现代化和经济全球化等问题。在当今世界解决这些问题有两种截然不同的方法:一种是由中国提出的"一带一路"倡议,另外一种是美西方国家提出的其他方案。"一带一路"倡议是代表和体现绝大多数国家和各国绝大多数人民利益的解决办法,并且这一解决办法是由世界上处于领先地位的社会主义国家——中国提出的,这绝非偶然。此外,世界上最发达的帝国主义国家每隔几个月也会宣布一些所谓"一带一路"倡议的替代方案,但这些方案都未取得任何有影响力或实质性的成果,这也绝非偶然。

二、"一带一路"倡议是完全不同的经济全球化主张

早在1920年,在《民族和殖民地问题提纲初稿》中列宁就写道:"因为估计到建立统一的、由各国无产阶级按总计划调整的完整的世界经济的趋势,这种趋势在资本主义制度下已经十分明显地表现出来,在社会主义制度下必然会继续发展而臻于完善。"[②]认真研究适逢"一带一路"倡议提出10周年中国国务院新闻办公室发布的《共建"一带一路":构建人类命运共同体的重大实践》白皮书,将有助于更明确地理解这一点。白皮书明确指出,"一带一路"倡议"源自中国、面向世界、惠及全人类""各国无论大小、强弱、贫富,都是平等参与"[③]。白皮书清晰地区分了社会主义和帝国主义对待这些问题的态度,指出共建"一带一路"不走剥削掠夺的殖民主

[①]《习近平出席第三届"一带一路"国际合作高峰论坛开幕式并发表主旨演讲》,《光明日报》2023年10月19日。
[②]《列宁选集》第4卷,人民出版社2012年版,第218页。
[③]《共建"一带一路":构建人类命运共同体的重大实践》,https://www.gov.cn/zhengce/202310/content_6907994.htm。

义老路，不做凌驾于人的强买强卖，不搞"中心-边缘"的依附体系，更不转嫁问题、以邻为壑、损人利己。

2022年10月22日，习近平在中国共产党第二十次全国代表大会报告中更有力地阐述了类似的观点。他指出："中国式现代化是走和平发展道路的现代化。我国不走一些国家通过战争、殖民、掠夺等方式实现现代化的老路，那种损人利己、充满血腥罪恶的老路给广大发展中国家人民带来深重苦难。"①中国倡导一种完全不同的经济全球化。在西方，来自左翼和右翼的主流话语都倾向于认为中国已经完全地接受了主要由资本主义国家推出的经济全球化模式。然而这绝非事实。白皮书明确指出，"少数国家主导的经济全球化，并没有实现普遍普惠的发展，而是造成富者愈富、贫者愈贫，发达国家和发展中国家以及发达国家内部的贫富差距越来越大。很多发展中国家在经济全球化中获利甚微甚至丧失自主发展能力，难以进入现代化的轨道"②。不同于某些国家，中国并不拒绝经济全球化，而是代表了一种全新的经济全球化主张。白皮书强调，"经济全球化的历史大势不可逆转，各国不可能退回到彼此隔绝、闭关自守的时代"③。但是，经济全球化在形式和内容上依然面临新的调整。

三、"一带一路"倡议正成为改变世界的物质力量

白皮书指出，"一带一路"倡议的重点在于促进一种能够带来共同繁荣并特别有利于发展中国家的经济全球化形式④。因此，"一带一路"倡议向所有国家开放，但"一带一路"共建国家大多属于发展中国家绝非偶然或巧合。各方将聚力解决发展中国家基础设施落后、产业发展滞后、工业化

---

① 习近平：《高举中国特色社会主义伟大旗帜　为全面建设社会主义现代化国家而团结奋斗——在中国共产党第二十次全国代表大会上的报告》，人民出版社2022年版，第23页。
② 《共建"一带一路"：构建人类命运共同体的重大实践》，https://www.gov.cn/zhengce/202310/content_6907994.htm。
③ 《共建"一带一路"：构建人类命运共同体的重大实践》，https://www.gov.cn/zhengce/202310/content_6907994.htm。
④ 《共建"一带一路"：构建人类命运共同体的重大实践》，https://www.gov.cn/zhengce/202310/content_6907994.htm。

程度低、资金和技术缺乏、人才储备不足等短板问题，促进各国的经济社会发展。列宁在1923年3月2日的文章《宁肯少些，但要好些》中指出："斗争的结局归根到底取决于如下这一点：俄国、印度、中国等等构成世界人口的绝大多数。正是这个人口的大多数，最近几年来非常迅速地卷入了争取自身解放的斗争，所以在这个意义上说，世界斗争的最终解决将会如何，是不可能有丝毫怀疑的。在这个意义上说，社会主义的最终胜利是完全和绝对有保证的。"[1]正是凭借这种非凡的先见之明，当世界上第一个无产阶级政权正在为自己的存在而奋斗时，当世界上大部分地区仍然被一小撮帝国主义列强瓜分时，列宁就已经指明了社会主义代替资本主义的历史必然性。正是马克思列宁主义的立场、观点和方法，使我们认识到这种发展的根本性和时代意义。

"一带一路"倡议传承古丝绸之路精神，立足于社会主义中国的外交史以及国际工人运动的政治立场和具体实践。例如，20世纪70年代中国在赞比亚和坦桑尼亚修建铁路、周恩来总理1954年提出的"和平共处五项原则"以及次年在印度尼西亚万隆的亚非会议通过的十项原则等，都与现在的"一带一路"倡议有着共通之处。

早在1921年，苏维埃俄国就与阿富汗、伊朗和土耳其签订了条约，为这些国家在财政、技术、人员和其他领域提供援助，特别是对它们争取从帝国主义列强的统治下赢得民族独立提供了重要支持。这种支持也建立在1920年举行的共产国际第二次大会的决议基础之上，这次大会通过了《关于民族与殖民地问题的决议》，即支持殖民地及被压迫国家和人民争取解放和反对帝国主义的斗争。正如斯大林在其著作《论列宁主义基础》中总结的那样："阿富汗的艾米尔为阿富汗独立而进行的斗争在客观上是革命的斗争，因为这个斗争能够削弱、瓦解和毁坏帝国主义，虽然阿富汗的艾米尔及其战友抱有君主制的观点……埃及的商人和资产阶级知识分子为埃及独立而进行的斗争，由于同样的原因，在客观上也是革命的斗争，虽然埃及民族运动的首领是资产阶级出身，具有资产阶级身分，并反对社会

---

[1]《列宁选集》第4卷，人民出版社2012年版，第796页。

主义"①。

"一带一路"倡议和习近平主席提出的其他全球倡议是21世纪马克思主义创新性表达。今天，它正在成为一种物质力量，逐步团结和动员大多数人，从而改变整个世界。这就是为什么习近平新时代中国特色社会主义思想可以被公正地称为"21世纪马克思主义"的原因，以及为什么像习近平主席不断提醒我们的那样——"世界正经历百年未有之大变局"，这个"百年"也就是自第一个无产阶级政权诞生以来的100年。在此我们想起了《国际歌》中激动人心的那句话："英特纳雄耐尔就一定要实现。"

[基思·贝内特（Keith Bennett）系英国"社会主义中国之友"网站联合编辑；译者禚明亮系中国社会科学院马克思主义研究院副研究员]

---

① 《斯大林选集》（上），人民出版社1979年版，第240页。

古巴高举团结的旗帜
积极构建人类命运共同体

〔古巴〕安东尼奥·巴雷伊罗·巴斯克斯

形式各异的战争在古巴历史上占有重要地位,最初有为实现民族独立而进行的战争,此后又有反对篡夺者和暴政的战争,当前,我们正进行着另一场战争。时至今日,仍有人觊觎古巴这把"墨西哥湾的钥匙",仍有人妄图摧毁胆敢在其眼皮底下建立社会主义的古巴。今天的战争便是为反对美国而战。

在古巴,统一、尊重和团结的价值观犹如镌刻在磐石之上,古巴共和国宪法对此也有明确规定。古巴共产党在履行建设社会主义使命的过程中,认识到不断加强团结的重要性,团结和互相尊重被确立为道德原则。这些原则也同样指导着古巴的对外政策。古巴追求互相尊重的和平,尊重各国主权和民族自决权。同时,古巴倡导多边主义,将其视为霸权主义的替代方案。

中国国家主席习近平在2013年提出的构建人类命运共同体的愿景得到了包括古巴在内的国际社会的普遍欢迎。这一愿景建立在尊重他人的基础上,促进了团结和合作。众所周知,没有团结就无法携手构建人类命运共同体,因此,世界各国和各民族需要团结合作和相互帮助。中国倡导构建人类命运共同体,反映了对和平、正义和进步的追求。这与共同建设一个更加美好的世界的共同愿望相契合,是许多人向往的未来。

中国提出的携手构建人类命运共同体倡议,旨在建设持久和平、普遍安全、共同繁荣、开放包容、清洁美丽的世界。这一愿景不是停留在言辞上，而是通过行动和项目的具体实施逐渐变为现实。中国提出的"一带一路"倡议旨在推动全球基础设施建设和国际合作，该倡议的参与国广泛分布于亚洲、欧洲、非洲、拉丁美洲和加勒比地区。此外，还有金砖国家、上海合作组织和亚洲基础设施投资银行等其他机制或机构，积极寻求发展替代性方案，推动了国家间的互信和互利。中国已经通过实际行动证明，其援助不仅有助于推动发展，还有助于减少贫困、促进粮食安全、保护环境，以及应对各国共同面临的一些严峻挑战。中国还呼吁尊重不同文明和文化的多样性。为此，中国推出了"丝绸之路文化之旅"计划，以建立国家之间、剧院之间、博物馆之间、图书馆之间的合作伙伴关系，组织艺术家和知识分子的互访，推动艺术节的举办等。

作为一个社会主义国家，中国已经意识到全人类面临巨大的挑战，认识到全球南方和全世界被剥削的阶级之间互相团结的重要性。实际上，国际社会非常清楚是谁在设置障碍、竭力阻止建设一个更加美好的世界。然而，以美国为首的西方国家，变本加厉，处心积虑地制定计划并动用一切资源去遏制中国、古巴等社会主义国家。

美国于2022年10月发布《国家安全战略》报告，其中提及了中国50余次。美国承认中国是其面临的最重要的地缘政治挑战，主要是因为中国有能力重塑国际秩序。于美国而言，以它为首的单极秩序中心位置至关重要。因此，美国试图不惜一切代价维护旧有秩序，而中国和俄罗斯等国却阻碍并威胁到了这一秩序。因此，美国必须全力应对，甚至不惜使用军事力量。

我们必须团结所有力量与美国这样危险的敌人作斗争，工人运动、社会运动、左派和其他不同类型的团体，特别是全球南方国家。因此，为了建立一个更美好的世界，为了构建一个命运与共的全球社区，应该团结那些拥抱这一愿景、理念、概念和策略的人。而且，我们还应该做好面对每场战斗所带来的风险甚至牺牲的准备。

对古巴革命而言，团结和无产阶级国际主义至关重要。古巴革命领袖菲德尔·卡斯特罗始终将团结视为革命行动的支柱。他曾经指出："没有无产阶级国际主义，就不会有古巴革命；没有无产阶级国际主义，我们也就不再是革命者。"①换言之，忠于团结的原则构成了古巴共产党党中央的对外政策的核心和基石。古巴不懈地为所有人民的团结、和平和改善国际关系而奋斗。值得强调的是，古巴的斗争不仅是为了自己的梦想，也是为了世界的梦想。这一点与中国提出的构建人类命运共同体理念也非常契合。

中国和古巴之间的关系是全球团结与合作的典范，也是两国之间相互尊重的例证。一方是拥有巨大资源的大国，另一方是一个位于距离美国90英里的小岛国，连接两国的是社会主义国家的友谊。古巴民族英雄、诗人何塞·马蒂曾这样描述友谊。"如果有人问我世上最美的词语是什么，我会说是'祖国'；如果再问我还有什么词语能和'祖国'媲美，我会说是'友谊'。"②2022年11月，古巴共和国国家主席、古共中央第一书记迪亚斯-卡内尔访问中国。习近平总书记指出，迪亚斯-卡内尔是中国共产党第二十次全国代表大会后首位访华的拉美和加勒比国家元首，充分体现了中古两党两国的特殊友好关系。古巴是西半球第一个同新中国建立外交关系的国家，中古关系成为社会主义国家团结合作、发展中国家真诚互助的典范。中方愿同古方不断深化政治互信，拓展务实合作，在涉及彼此核心利益问题上坚定相互支持，在国际和地区事务中加强协调配合，在建设本国特色社会主义道路上携手并进，不断深化新时代中古关系。

[安东尼奥·巴雷伊罗·巴斯克斯（Antonio Barreiro Vázquez）系古巴社会与人文科学研究院高级研究员；译者楼宇系中国社会科学院马克思主义研究院助理研究员，高冀蒙系中央编译出版社助理编辑]

---

① Fidel Castro Ruz, "Discurso en el acto de masas con motivo de la clausura del I Congreso del PCC", en *Discursos*, Tomo III, La Habana: Editorial Ciencias Sociales, 1979, p.148.
② José Martí, *Obras Completas*, Tomo 20, La Habana: Editorial Nacional de Cuba, 1975, p.202.

中国梦与构建人类命运共同体

〔墨西哥〕拉盖尔·伊丝玛拉·莱昂

中华人民共和国成立以来，中国根据国情现实制定中长期计划，不断发展进步。与此同时，行之有效的外交政策使中国的国际影响力不断提升。当前，中国在国际政治格局中处于非常重要的地位，中国对全球多极化格局的贡献有目共睹。

一直以来，中国的外交政策呈现一种动态的特征。中国政府基于国内情况，结合国际情况及国际层面的各种政策和制度，对外交政策进行动态调整，并提出了一系列对国际有影响的战略和倡议。与此同时，国际层面的行动或国际体系的影响又反馈到中国的国内政策中。由此，中国形成了国内政策与外交政策的"内外互动"与相互补充。

近十年来，习近平主席提出了一系列理念，其中，中国梦主要面向中国国内，而构建人类命运共同体主要面向国际层面。众所周知，习近平外交思想是习近平新时代中国特色社会主义思想的重要内容之一，而构建人类命运共同体则是习近平外交思想的核心理念。中国倡导构建人类命运共同体，推动各国携手应对挑战，以建设一个持久和平、普遍安全、共同繁荣、开放包容、清洁美丽的世界为努力目标。

需要强调的是，中国梦与构建人类命运共同体之间有着重要的内在联系。中国梦是指实现中华民族伟大复兴，其核心目标可以概括为"两个一百年"的目标。中国已经实现了第一个百年奋斗目标，即在2021年中国共产党成立100周年之际全面建成小康社会。当前，中国正为实现第二个百年奋斗目标而努力，即到2049年中华人民共和国成立100周年时，中国将建成富强民主文明和谐美丽的社会主义现代化强国。

从改革开放到新时代，在国际舞台上的中国早已改变了被动的局面，且越来越多地发挥积极作用，捍卫多边主义，维护世界和平，展现负责任大国担当，推动全球的发展与进步。比如，解决贫困问题是国际议程上的关键问题之一，《联合国2030年可持续发展议程》为此制定了多项计划。作为联合国的一员，中国积极承担起对中国人民和居住在地球上的其他国家的民众的责任，孜孜不倦地解决中国这样一个人口大国的贫困问题。令人赞叹的是，在2020年底，中国如期完成了脱贫攻坚目标任务，消除了绝对贫困和区域性整体贫困。中华人民共和国成立70多年来，有近8亿贫困人口实现脱贫。可以说，中国为人类减贫事业作出了伟大的贡献。

中国梦理念不仅在中国国内深入人心且硕果累累，在国际上也引发了广泛的关注。除了中国梦，"一带一路"倡议和构建人类命运共同体都是中国在近些年来提出的重要理念。值得强调的是，21世纪以来，中国的对外政策特别强调合作共赢。2013年3月，习近平主席在出访俄罗斯期间提出构建人类命运共同体理念。十年来，这一理念不断丰富发展，已经成为具有国际影响力的应对全球挑战的中国方案。然而，细查其内涵，可以发现，构建人类命运共同体理念是中华人民共和国成立以来中国政府推行的和平共处五项原则的继承与发展。无论国际形势如何变化，中国的国际影响力如何提升，中国政府始终将互相尊重领土完整、互不侵犯、互不干涉内政、平等互惠、和平共处当作其对外政策的基本准则。而人类命运共同体，更加凸显了中国作为一个大国的担当和责任心。相信通过构建人类命运共同体，最终一定会实现推动建设持久和平、普遍安全、共同繁荣、开放包容、清洁美丽的世界的宏伟目标。

［拉盖尔·伊丝玛拉·莱昂（Raquel Isamara León）系墨西哥普埃布拉自治大学教授、西班牙中国政策观察所所长；译者楼宇系中国社会科学院马克思主义研究院助理研究员］

构建人类命运共同体理念对欧洲的启示

〔西班牙〕玛尔塔·马丁·莫兰

在欧洲,工人们正面临着贫困、失业、社会保障不足等重大问题。这一残酷现实的始作俑者正是新自由主义。几十年来,欧洲国家实行新自由主义政策,导致剥削加剧,贫困问题恶化,社会越来越动荡。欧盟,其统治阶级以及代表它们的资本集团再也无法掩盖其政策所激起的日益增长的社会不满情绪,在国际层面,只能可耻地追随美国的外交政策,逐渐放弃自己的主权,臣服于一系列缺乏民主的运作,屈从于国际关系中的干涉主义,甚至诉诸武力引发局部战争,让世界陷入更大的不确定性和动荡不安之中。

显而易见,欧盟机构不仅没有为争取和平而付出努力,反而加强与美国和北约的联系,间接导致对主权国家的武装干预和侵略不断升级。这些行为,只会使已经过时的单极世界观更加尖锐。帝国主义领导层唯利是图,试图掀起新的冷战。欧盟和大部分欧洲国家不仅没有倾听人民的呼声,反而变本加厉,与提升欧洲人民的生活水平和维护人民权利的正确道路背道而驰,成为美帝国主义和资本主义的帮凶。

当务之急,欧洲国家及欧美各机构不应继续把目光投向美国,而要放眼多边关系的未来,放眼那些已经挣脱枷锁、不再屈服于帝国主义和霸权主义的民众。我们希望大家可以认识到,另一个欧洲是可能的!我们真正想要的欧洲是一个和平的欧洲,一个倡导多边主义的欧洲,一个以尊重各国人民主权为基础、致力于社会进步和维护世界和平的欧洲。

回望历史，欧洲大地上曾经有过许多抵制帝国主义、对抗霸权主义且获得胜利的成功例子。现在是时候了，我们应该学习这些榜样，走上反帝国主义欧洲的道路，与资本主义斗争，为欧洲的未来发展提供一个不同于资本主义的替代方案。中国的崛起，已经向世界展示了另一个方案不仅是可行的，而且是可以取得瞩目成就的。

欧盟及其成员国迫切需要改变对中国的态度，需要改变对中国那种处处针锋相对的立场，必须重新思考欧洲与中华人民共和国的关系，认识到唯有将中国视为盟友，欧洲才能更好地发展。如果继续将中国视为竞争对手——这一观念是美国强加给欧洲的、是美帝国主义反复向欧洲灌输的，欧洲的前景必将一片黯淡。欧洲国家及欧盟等区域性机构必须明白，与中国建立相互信任的互利关系是可能的。由古至今，中国从来不是一个带有侵略性的国家。与此同时，我们也应该促进构建一个和平与合作的欧洲，尽快结束当前这种内部分裂、彼此不信任和卷入美帝国主义故意制造的各类争端的局面，让欧洲各国人民可以安居乐业，可以携手期待和平无纷争的未来。

鉴于此，正如习近平主席在多个场合指出的那样，我们需要共同维护《联合国宪章》的宗旨和原则，积极推动国际和平与安全，持之以恒推进共同发展。这是基石，也是维护联合国在国际体系中的核心作用的基础。西班牙共产党也反复呼吁，应该维护世界和平与安全，支持可持续发展，保障促进和捍卫民主、人权、妇女权利和所有人的基本权利，以及促进基于团结友爱、相互尊重、正义和平等精神的国际合作。我们必须继续努力，反对以美国为首的帝国主义国家推行的制裁、抵制、禁运和封锁等单方面经济胁迫措施。我们应该大声疾呼，让民众认识到美国的这些行径不仅违反国际法，而且严重侵犯了其他国家，更有甚者，由此引发的对世界和平和全球经济的负面影响将危及生活在地球上的每一个人。

习近平主席提出的构建人类命运共同体为人类的未来提供了新的可能性和美好的愿景。我们希望，这一理念可以得到更多国家的认可与支持。唯有如此，才能建立一个自由、开放、透明、公平、公正、包容、没有歧视、没有霸权、稳定、且有章可循的多边贸易体系，给广大的发展中国家提供良好稳定的发展环境和发展机会。与此同时，世界各国才能齐心协力，给那些最不发达的国家提供特殊和差别待遇,帮助它们摆脱极端贫困。

十年来,不论是构建人类命运共同体、共建"一带一路",还是由中国等新兴国家主导的金砖国家机制,都让我们看到了世界各国平等合作、互惠互利、共享发展机遇是可行的。这一切都应该成为欧洲学习的榜样。总而言之,欧洲必须努力,要为建设一个相互尊重的世界、一个倡导和平的世界、一个没有制裁和封锁的世界、一个关系平等的多边世界贡献欧洲的力量。

[玛尔塔·马丁·莫兰(Marta Martín Morán)系西班牙共产党中央委员会委员;译者楼宇系中国社会科学院马克思主义研究院助理研究员]

以中老铁路发展老挝人民民主共和国

〔老挝〕苏和平

中老铁路是老中经济走廊发展合作项目的一部分，是在中国"一带一路"倡议与老挝人民民主共和国"把无国界国家变成互联国家"战略对接的基础上进行的。随着中老铁路等重要基础设施的建设，两国在交通、物流、能源、现代农业、生产加工、金融、投资、文化交流等各个领域的合作将深入发展。从万象至磨丁至中国昆明的铁路将有利于老挝人民民主共和国扩大其在该地区的市场，使其生产与地区同世界各地的生产链相连接，有助于吸引更多的投资进入老挝人民民主共和国，为无数老挝人民创造就业机会，最终加速经济增长，使国家能够发展稳定和实现可持续发展。

一、中老铁路项目历史

铁路运输系统的发展被认为是基础设施的升级，对于便利老挝人民民主共和国的出行和货物运输非常重要和必要。过去，曾研究过修建一条铁路，连接万象和老挝北部省份的交通系统的可行性。直到2015年，政府才同意批准该项目，并于2016年12月开始实施。由中老铁路公司耗时约5年建造，于2021年12月3日正式通车。老挝国家主席通伦·西苏里表示，中老铁路拓展了内陆国家的物流网络，提振了老挝的经济，在老挝交通运输史上写下了辉煌的篇章。他还表示，该铁路是中国"一带一路"框架下的旗舰项目，已成为老挝人民民主共和国的骄傲。

中老铁路全长414公里，设计列车最高速度200公里/时。目前，有两列旅客列车运行，时速分别为160公里和120公里。共有10个客运站；已启用7个车站（覆盖5个省份），即万象站、蓬洪站（万象省）、万荣站（万象省）、嘎西站（万象省）、琅勃拉邦站（琅勃拉邦省）、孟赛站（乌多姆塞省）和纳堆站（琅南塔省）。有3个车站提供货物运输服务，分别是万象南站、万荣站和纳堆站。每个列车可搭载1102名乘客，每个列车可运送约3000吨货物。目前，运输工作仅采用集装箱形式。从中国进口到老挝的重要商品有通用电器、家具、电器、蔬菜等。从老挝出口到中国的货物有铁矿石、锌、橡胶、木炭、大米、木薯粉等。

二、中老铁路的机遇与挑战

（一）机会

增加运输潜力或物流服务选择，增强与中国、泰国和越南的经济一体化。2022年，老挝年均跨境贸易额将达到1436.2万美元。其中，与泰国进出口占40.62%（其中出口占32.67%），与中国进出口占27%（其中出口占29.53%）（工贸部，2023）。比较从万象到北部省份通过汽车和铁路进行的旅行和货物运输可以看出，火车节省了时间和成本，特别是从万象到磨丁的旅程不超过4小时。与目前约15小时的汽车行程相比，出行时间要短得多。从万象到万荣的车程约1小时，汽车约需4小时。所以，与公路运输相比，中老铁路运输在成本和时间方面的优势将是一个重要的考量。

连接供应链（生产和服务链）。铁路运输系统方便了生产资源特别是农产品的获取。老挝人民民主共和国在土地、气候和丰富自然资源方面拥有巨大潜力。

工业方面，它将促进工业更多地与当地原材料供应挂钩，如木瓜、马铃薯、香蕉、大米等加工业。然后通过中老铁路出口到中国，总体成本较低，包括时间和运输成本。

外商投资方面，由于中老铁路项目可接入中国昆明的"一带一路"网络，未来有望增加外商投资进入老挝，特别是以中国市场为商业中心和重要目标的北部省份的机会。

旅游业方面，中国游客已成为老挝的重要客源。2019年，在新冠疫情蔓延之前，约有470万名游客来到老挝。由此可见，中老铁路是便利和吸引远离中老边境、以昆明为中心的中国游客来老挝旅游的重要线路。此外，来自周边国家的游客和国内游客能够以更低的时间和成本前往老挝更多的旅游目的地，特别是北部的自然、历史和文化旅游目的地（世界银行，2010）。

收入分配方面，中老铁路项目有助于刺激沿线的新社区、新城镇、新经济，带动更多当地就业。农产品作为人民群众的基本潜力产品，将有更多的机会进入市场，特别是中国这个庞大的市场。

（二）挑战

获得机会的能力方面，中老铁路项目将使国内企业难以获得机会，因为国内企业的竞争力仍然较低，无论是在可获得性还是公共部门的支持方面。特别是面对拥有从上游到下游商业模式的中国投资者，这使得国内企业难以与其他企业竞争和联系。

准备好应对外部条件的变化，如贸易、投资、气候变化、各种疾病的流行等，这些变化因各国的激烈竞争而迅速变化，这将导致老挝尚未建立稳定的经济管理体系，生产规模仍然较小。

三、利用中老铁路促进老挝发展

（一）中老铁路的实施

一是人员管理。中老铁路有限公司根据工作计划要求，实施了招聘数百名老挝员工填补各个岗位的政策。同时，公司修订了员工管理制度，使之更加严格和全面。

目前，中老铁路有限公司共有员工1546人（女性311人），老挝员工共计903人（女性260人），总公司员工23人（女性9人），万象站中心员工701人（女性245人），琅勃拉邦站中心有179人（女性6人）。中方员工共计

666人（女性51人），总部57人（女性10人），万象站中心331人（女性32人），琅勃拉邦站中心278人（女性9人）。（2023年9月统计）

二是客货运输。

客运方面，自2021年12月3日开通至2023年9月30日，客流量326.9万人次，平均每天乘客人数为4902人次，每日最大载客量为10197人次。国际旅客列车开通以来，累计运送境外旅客66359人次。其中，出境旅客33930人次，日均198人次；入境旅客32429人次，日均189人次。在磨丁站出入境海关提交文件和其他手续的过程大约需要40分钟才能过关。

货物运输方面，自开通当日至2023年9月30日，货物运输量553.8万吨，平均每天8303吨，最高每天15250吨。主要产品包括水果、木薯粉、大麦、橡胶、啤酒、铁矿石和大米。中国向老挝发往货物79.7万吨，老挝向中国发往货物469.1万吨，国内运输5万吨。

（二）利用中老铁路推动未来发展

为使中老铁路项目能够正常高效运行，成为一个给国家和人民带来最大利益的项目，成为增进老挝和中国之间友谊的项目，必须注意以下几个方面：

一是发展加工业，满足国内需求。

中老铁路将使货物运输和人员流动方便快捷，降低运输价格，吸引越来越多的游客。这一因素将刺激生产投资，经由老挝的旅游将会增加。这种情况会引发很多变化，国内消费需求将显著增加，特别是对消费品和各类消费的需求。在我国潜力巨大的情况下，要鼓励加工业快速发展，充分支撑内需，保证质量。政府必须重视促进有机农业商品生产和农业加工业。这一政策顺应了国家在交通、运输、一体化方面的转型趋势，利用土地进行农业生产，以产生最大效益，增加农业产量，支持加工业的发展，特别是农产品的加工业要多样化、丰富多元、卫生整洁、对环境友好、生产有机食品，这是我国与周边国家相比具有的优势。加工业的发展将改变我国进口结构，逐步减少进口，这也将对国际贸易平衡产生积极影响。

二是发展出口加工业。

中国是一个人口大国，因此成为许多国家的市场目的地。我国与中国有直接边境，并设有过境点，便利两国之间的人员往来和货物运输。利用我国经济发展的区位潜力，例如向周边国家特别是中国出口货物，中老铁路是增加贸易和服务的重要里程碑。利用中老铁路造福国家，要发展中国市场和其他国家需要的加工业，特别是我国认为有潜力的食品加工业。其中，需要注意几个方面。

第一，促进农业生产和有机食品加工，加大对有机作物的关注，特别是中国市场需求旺盛的水果。利用土地，鼓励人们种植豆类、扁豆和芒果等在中国市场需求量很大的水果。让铁路走廊沿线土地上布满这种水果种植区。着力提升农业综合生产能力，完善传统农业体系，使之成为更好的源泉，发展新型农业体系，以科学和广泛合作为强大力量，生产充足的粮食，保障自给自足，推动产业转型，加工具有增值潜力的农林产品。此外，必须建立农业合作社，拥有大规模种植园，以便能够充分供应国内市场和出口。

第二，指定重点生产领域和扩大已取得显著成效的业务部门，作为发展优质加工工业的举措，例如促进和升级橡胶工业，使其成为能够创造大量附加值并在国际水平上具有竞争力的生产和加工工业的重点。

第三，促进畜牧业作为出口到中国的产品，特别是促进中国市场需求量很大的畜牧业。同时，它还促进欧洲和中东市场需求的其他类型动物的饲养。目前，许多国家正在经历自然灾害，有潜力为加工业服务的农业生产不足以满足工厂的需求。中老铁路将有利于老挝加工业的发展，将老挝的加工产品出口到国外。

第四，加强协调，共同促进有潜力的生产部门，特别是生产账户中指定的替代进口产品和获得中国出口配额的形成一个完整体系的动植物，从改善生产要素、运输、贸易便利化、与出口国就动植物检疫措施进行谈判等方面开始，为其公司或与出口国的合资企业创建渗透市场等。对于中老铁路沿线省份，鼓励农业生产进程强劲发展，利用当地潜力吸引更多投资，造福国家和人民。

三是发展绿色可持续旅游业。

着力促进旅游业发展，打造旅游设施，与周边国家建立旅游链条，吸引更多游客。同时，将重要旅游景区提升至国际标准，发展跨境旅游，将自然风景旅游、挑战探险旅游资源、休闲设施、宾馆、度假村、酒店、文化、部落风情等整合为一个体系，打造该地区的重要中心。

综上所述，中老铁路对于各方面的发展都非常重要，如国际贸易额较项目前增长37.5%，贸易额较项目前增长39.5%，出口总额和货物出口额分别较项目前增长37%和38.6%。与此同时，农产品出口较项目实施前增长60.2%。这些都证明，中老铁路项目为促进经济社会发展和提高人民生活水平作出了重要贡献。

[苏和平（Souphavady Larkhamsai）系老挝国家政治行政学院公共管理学院副院长；译者覃诗雅系中国社会科学院马克思主义研究院助理研究员]

政党的使命和构建人类命运共同体

〔塞浦路斯〕卡特琳娜·尼奥菲图

本文基于国家、欧洲和世界的社会经济环境,简要介绍塞浦路斯劳动人民进步党将哪些问题作为日常斗争中优先考虑的事项。

鉴于生活的多面性以及每个国家和人民的特点,社会主义发展的多面性是不可避免的,也是可以理解的。在制定本国的斗争策略时,我们不能忘记世界的现实。那就是,社会主义和资本主义不是存在于真空中,而是构成一个世界的两个组成部分。此外,我们不能忽视这样一个事实,即一方面社会主义应该体现人类迄今为止创造的最好的东西,另一方面它提供了一个新的维度,一种新的生活质量,与环境有关,而环境的中心是人。

每个左派政党都在自身所处的社会经济环境中奋斗,并在这种条件下尽最大努力改善人民的生活。各国政党的所有这些努力和经验,都应该成为我们为自己国家制定政策时的榜样,为共同推动一个机会平等的世界,一个尊重、接受和理解的世界,一个人民将在和平与繁荣中健康幸福生活的世界作出贡献。

中国模式就是这样一个例子。十年前,习近平总书记提出了构建人类命运共同体的理念,以维护我们共同的家园,为每个人创造更加繁荣的未来。在过去的十年里,中国进一步发展了这一理念,提出了有利于全人类、每个国家和我们共同家园地球的倡议。正如我们现在所做的那样,思想和经验的交流对于建设拥有共同价值观和目标的全球共同体至关重要。

对于像我们这样在新自由主义资本主义的严酷条件下工作的政党来说,

我们的目标是变得强大，赢得群众的良知，对本地社区进行干预。党员努力站在影响居住区和工作场所中所有人的一切事情的最前线。

作为塞浦路斯劳动人民进步党，我们为一个和平、社会平等、合作的社会，以及开放的多文化社会、团结、劳动人民的权利和社会正义而奋斗。

与作为一个国家和人民的生存斗争并行，在我们的日常议程中：

•促进国际法与和平，以及国家和人民之间的合作，同时与那些挑起战争从而在全球范围内制造"难民大篷车"的人作斗争。

•促进尊重和保护环境的法律和行动。

•毫无例外地捍卫所有人的人权、社会权利和政治权利。

•促进消除贫困和缩小贫富差距的政策。

•争取重新规范放松管制的劳资关系，这是近年来社会不平等急剧扩大的根本原因。经济危机的后果为对工资、工作时间、福利和劳动人民几十年来赢得的成果进行新的攻击提供了借口。

•争取所有人都有权获得免费的高质量教育，为所有人提供平等的获得、参与和成功的机会。

•通过维持公立医院的功能、效率和可持续发展，促进保障所有人获得高质量医疗保健的政策。

•促进解放妇女的措施和政策，支持和鼓励她们参与社会和政治生活。

•坚决反对种族主义、仇外心理和仇恨言论。

一个非常令人不安的事实是，法西斯主义的极右翼意识形态在欧洲和世界各地兴起。它是与民主、人类自由、人权和社会成就对立的意识形态，是削弱人类存在的意识形态。这是我们的新使命。我们应该共同努力，反对这种厌世意识形态的恶意，并竭尽全力防止它们再次毒害我们共同的未来和人类文明。我们的存在以及我们共同的未来都取决于它。

所有这些都有可能成为我们在建设人类命运共同体过程中作为政党的共同使命。作为进步左派，我们有责任捍卫我们的愿景、我们的斗争，捍卫我们的社会和经济变革之路，以支持我们所代表的人民。

[卡特琳娜·尼奥菲图（Katerina Neophytou）系塞浦路斯劳动人民进步党中央管理委员会委员；译者覃诗雅系中国社会科学院马克思主义研究院助理研究员]

习近平人类命运共同体思想
为人类社会发展进步潮流的前瞻性思考

〔越南〕阮明环

当前世界大变局正加速演进，世界之变、时代之变、历史之变正以前所未有的方式展开，世界经济复苏乏力，逆全球化思潮抬头，单边主义、保护主义明显上升，全球性问题加剧，世界进入新的动荡变革期。和平赤字、发展赤字、安全赤字、治理赤字加重，恃强凌弱、巧取豪夺、零和博弈等霸权霸道霸凌行径危害深重，人类社会面临前所未有的挑战，世界人民对和平、发展、合作、共赢的期待更加强烈，构建人类命运共同体的历史远见和时代意义更加凸显。面对国际形势新动向新特征，习近平总书记提出一系列重要新理念新倡议，深刻阐述积极应对全球性挑战的中国主张和中国方案，其中特别是人类命运共同体的思想体系，此一思想深刻地体现了中国同各国一道弘扬全人类共同价值。所以习近平的人类命运共同体思想并不是一个简单的抽象概念，而是从全球化时代下人类"你中有我，我中有你"的依存状态去理解当今世界的形势，从人类社会历史发展过程中的生产力与生产关系以及经济基础与上层建筑的矛盾运动去窥探世界发展的规律和前景，从当今全球面临的国际问题和严峻挑战出发思考适用于全球治理的可行方案和有效路径，并将全球所有人类当作一个整体和一种能动性力量去推动这一伟大构想的实现。从这个意义上讲，习近平的人类命运共同体思想始终以马克思主义唯物史观作为其哲学根基和依据，是坚持马克思共同体的世界历史理论，和中华优秀传统文化的时代彰显。

一、习近平人类命运共同体思想是马克思世界历史理论的创造性发展和当代重构及中华优秀传统文化的时代彰显

人类命运共同体思想是习近平新时代中国特色社会主义思想的重要组成部分，它是在全球化发展背景下及中国社会发展进程中提出的具有中国智慧的新理念，彰显了新的国际观、新的发展观、新的价值观、新的共享观的命运共同体。人类命运共同体思想的提出顺应了时代发展要求，其核心在于实现合作共赢。深入理解习近平人类命运共同体思想，对于构建新型国际关系，推动中国与世界的共同发展和合作，推进中国迈向生态文明新时代，创造和谐世界具有重要的时代价值。

（一）习近平人类命运共同体思想是马克思世界历史理论的创造性发展和当代重构

世界历史理论是马克思主义整个理论体系的重要组成部分，其中在马克思主张"真正的共同体""自由人联合体"的"人道主义共产主义共同体"，在现实性和规模上都一定地远远超过资本家为私利而结成的剥削社会的"虚假的共同体"。在马克思的构想中，理想社会应该是"自由人的联合体"，这是他思想的落脚点。无论是对宗教的批判，还是对旧哲学的批判、对资本主义制度的批判，最终目的都是解放全人类，构建一个消灭剥削和压迫、人类本质力量得以确证、人类得到自由而全面发展的理想社会。从历史向世界历史转变过程中的角度概括，马克思虽然承认资本主义生产方式推动了人类社会发展，但也鲜明地揭露出这种发展是以人与人以及人与自然之间的普遍异化为代价的，并由此指出资本主义必然被共产主义取代的历史趋势。马克思辩证地看待、分析资本主义的地位和作用，其直接目的、最终目的都不是为资本主义唱赞歌，而是为无产阶级革命寻找科学的理论依据，其最终的主题是推动社会主义取代资本主义。所以从世界历史理论来看，人类命运共同体反映的是一种人类整体性的共同价值追求，然而这种追求不仅不排斥个体性价值追求，而且要寻求在个体性价值完美实现的基础上获得共同价值的实现。例如对自由发展的追求，马克思主义指出，"将是这样一个联合体，在那里，每个人的自由发展是一切人的自由发

展的条件"。反过来说，马克思主义认为："只有在集体中，个人才能获得全面发展其才能的手段，也就是说，只有在集体中才可能有个人自由。"这一论断彰显了马克思共同体思想的人类关怀精神。

马克思之所以考察人类共同体的历史形态、批判虚幻的共同体并展望真正的共同体，是出于对人的自由而全面发展的考虑，更是出于人类命运的终极关怀。他在《关于费尔巴哈的提纲》中就明确表达了自己的理论旨趣——"旧唯物主义的立脚点是'市民'社会；新唯物主义的立脚点则是人类社会或社会化的人类"[1]。而且，如马克思主义关于共产主义将来的世纪历史展示："只有在集体中，个人才能获得全面发展其才能的手段，也就是说，只有在集体中才可能有个人自由。在过去的种种冒充的集体中，如在国家等等中，个人自由只是对那些在统治阶级范围内发展的个人来说是存在的，他们之所以有个人自由，只是因为他们是这一阶级的个人。从前各个人所结成的那种虚构的集体，总是作为某种独立的东西而使自己与各个个人对立起来；由于这种集体是一个阶级反对另一个阶级的联合，因此对于被支配的阶级说来，它不仅是完全虚幻的集体，而且是新的桎梏。在真实的集体的条件下，各个个人在自己的联合中并通过这种联合获得自由。"[2]

世界历史的发展符合人类社会发展的一般规律，"整个所谓世界历史不外乎是人通过人的劳动而诞生的过程，是自然界对人来说的生成过程"。马克思认为在生产力发展推动社会形态变迁的规律下，世界历史终将会经由不同社会形态走向共产主义，这是世界历史发展道路的统一性。但是世界历史以不同的民族国家为其组成元素，不同民族国家由于历史不同、所处环境不同、发展阶段与发展水平不同，在道路选择上具有特殊性，无法用统一模式来规定与衡量，世界历史的发展道路呈现出多样性。当今世界正处于百年未有之大变局，世界历史面对新情况、新条件、新问题，呼吁各民族、各国家以人类命运共同体的形式更加紧密地联系在一起。坚持马克思共同体思想的世界历史理论。习近平在纪念马克思诞辰200周年大会上的

---

[1]《马克思恩格斯文集》第1卷，人民出版社2009年版，第506页。
[2]《马克思恩格斯全集》第3卷，人民出版社1995年版，第84页。

讲话中特别强调:"学习马克思,就要学习和实践马克思主义关于世界历史的思想。马克思、恩格斯说:'各民族的原始封闭状态由于日益完善的生产方式、交往以及因交往而自然形成的不同民族之间的分工消灭得越是彻底,历史也就越是成为世界历史。'马克思、恩格斯当年的这个预言,现在已经成为现实,历史和现实日益证明这个预言的科学价值。"[1]事实确实如此。

从世界历史进程看,人类命运共同体是在"无产阶级时代"尚未到来的背景下提出的一个推动世界历史发展的现实目标。人类命运共同体倡导尊重世界文明多样性,特别是要处理好资本主义和社会主义两种不同社会制度国家之间的关系,力主通过广泛的文明交流与对话,增进彼此之间的理解,在防控和化解当今世界难题方面凝聚广泛共识,建设更加美好的未来世界。

(二)习近平人类命运共同体思想是中华优秀传统文化的时代彰显

人类命运共同体理念是马克思主义思想精髓同中华优秀传统文化精华贯通结合的产物,为人类社会发展描绘了美好蓝图,为世界各国共同开创美好未来指引了方向。这一重要理念根植于中国传统思想文化宝库,具有深厚的中华历史文化基础,主要表现为天下一家的世界观照、和合共生的处世之道、和而不同的包容精神、义利兼顾的价值规范和天人合一的生态哲学。和合共生也倡导以和为贵,反对以对抗冲突的办法来处理国家间的矛盾分歧。中国传统文化将"和"视为调整人与人之间互动关系的最高原则,一直存有"贵和"精神。所以中国始终将"和平共处"作为外交原则,以维护和平发展的可能。这些思想文化因素的创造性转化和创新性发展,不仅赋予人类命运共同体理念鲜明的中国特色和理论伟力,而且彰显了推动构建人类命运共同体的时代价值和实践意义。阐述世界历史的一般规律,习近平总书记明确指出:"'大道之行也,天下为公。'和平、发展、公平、正义、民主、自由,是全人类的共同价值,也是联合国的崇高目标……当今世界,各国相互依存、休戚与共。我们要继承和弘扬联合国宪章的宗旨和原则,构建以合作共赢为核心的新型国际关系,打造人类命运共

---

[1] 习近平:《在纪念马克思诞辰200周年大会上的讲话》,《人民日报》2018年5月5日。

同体。"①

可以肯定,习近平人类命运共同体反映的是世界整体的发展性和进步性,然而整体的发展性和进步性是靠个体间的互联互通来实现的,而互联互通的实现意味着个体间共生性的扩展,这中间不仅存在相关各方愿不愿意而且需要解决相互之间如何适当、匹配、契合、协调等一系列问题,因此只能在持续的和衷共济、和合共生过程中开拓。可以说和衷共济、和合共生理念是习近平人类命运共同体思想在中华优秀传统文化之中继承的内涵。习近平总书记在中国共产党与世界政党领导人峰会上的重要讲话中指出:"人类是一个整体,地球是一个家园。面对共同挑战,任何人任何国家都无法独善其身,人类只有和衷共济、和合共生这一条出路。"这个科学判断不仅为人类如何走出当前困境指出了唯一出路,而且为构建人类命运共同体提供了和衷共济、和合共生的实践逻辑,开启了一条光明大道。总体来说,"和"是中华优秀传统文化的思想精要和价值凝练,具有强大深远的生命力与影响力,对以和平和谐和睦为主要内容的"和合"境界的推崇与追求可以上溯到甲骨文、金文时期。"和合共生"是中华民族的历史基因和重要特征,集中展示了古往今来对外交往的互动哲学和处事规范,被视为群体交往的最优方式。人类命运共同体理念把持久和平、普遍安全视为核心要义和重要目标,通过构建"你中有我,我中有你"的责任共同体、利益共同体和发展共同体,将中国传统和合文化时代化具体化并拓展至全人类,成为和合共生理念的当代展现。和合共生赋予互动的价值导向,不仅带来了相辅相成、和谐共生,也带来了相生相克、相异相合、相反相成,生命有机体的赓续。任何关系是共生性需要,因此才有了"嘤其鸣矣"的故事,才有了交往联系从而形成关系。共生性需要是任何关系性的源头,是任何关系逻辑的原初性,无一能例外。因此,和合共生否定隔绝,就是因为不能否定关系逻辑的原初性,不能忘了自己的根、丢了自己的本。而丢了根本就意味着迷失了方向。

在当代世界,"和"主要是调和、和谐之意,"合"主要是合作、契合、

---

① 《携手构建合作共赢新伙伴 同心打造人类命运共同体——习近平在第七十届联合国大会一般性辩论时的讲话》,《人民日报》2015年9月29日。

匹配、融合之意，和合共生不仅倡导在关系意义上化解矛盾冲突、预防灾难，而且强调共同发展和进步。这种和合共生观念逻辑地演绎出"四海之内皆兄弟""协和万邦""亲仁善邻"等理念，逻辑地演绎出当代的天下观念，而这些理念都成为人类命运共同体提出的文化源泉。即使世界复杂多变，人类命运共同体的构建还面临着诸多挑战，而和合共生理念为构建人类命运共同体提供了实践逻辑和理论逻辑。共生的需要带来了人类和世界的交往联系性，也形成了自我与他者的关系性；当自我与他者对立时，关系就会变成矛盾与冲突，从而妨碍甚至阻断相互间的互动，诸如贸易往来的拓展、文化交流的开展都会发生困难，因此不得不"和合"相互间的对立、在和合中化解相互间的矛盾冲突关系。就当代国际社会而言，和衷共济、和合共生不仅是最佳选择而且是唯一选择。进入新时代的中国，秉承中华文明"和合共生""世界大同"理念，站在人类历史发展进程的高度，倡导并推动构建人类命运共同体，赋予马克思主义以新的时代内涵。

二、习近平人类命运共同体思想及其对当代世界的意义

当代中国高举"和平、发展、合作、共赢"旗帜，倡导国际社会共同打造更加公正、合理的国际新秩序，倡导国际社会共同维护国际安全，构筑和促进人类命运共同体和利益共同体，是马克思主义关于世界历史和全球化思想的新思想、新理念、新战略。我们必须在大发展、大变革、大调整的时代浪潮中，全面系统地阐明世界多极化、经济全球化、社会信息化、文化多样化，发展马克思主义关于金融垄断资本主义大时代中的和平发展大势和人类命运共同体的国际思想体系，以造福人民，造福世界。

党的十八大以来，中国坚定不移走和平发展道路，构建以合作共赢为核心的新型国际关系，建立全球伙伴关系网络，坚持正确义利观，坚持公平、开放、全面、创新的发展观，坚持共同、综合、合作、可持续的安全观，坚持共商共建共享的全球治理观，等等。人类命运共同体理念把这些新理念新思想新战略有机整合起来，形成了一个结构完整、层次鲜明、内容科学、逻辑严密的理论体系。这一理论体系以人类命运共同体理念为引领，有清晰目标，有明确原则，有具体路径，各部分彼此呼应、相互支撑、

浑然一体。

构建人类命运共同体、引领经济全球化普惠发展和完善全球治理体系，是习近平新时代中国特色社会主义思想对21世纪人类所面临的世界性问题的深刻解答。这一思想顺应了当今世界发展的趋势，明确了人类社会发展的合理进程。习近平提出，人类命运共同体"就是每个民族、每个国家的前途命运都紧紧联系在一起"，"风雨同舟，荣辱与共"。构建人类命运共同体，有助于世界各国超越社会制度、价值观念的差异，共同维护与促进世界持久和平发展。当今世界，经济深度全球化、政治日益多极化、文明愈加多样化，伴随着社会信息化的不断发展，整个世界的联系前所未有地紧密。构建人类命运共同体，既是马克思主义在21世纪的使命担当，也是中国共产党维护世界各国利益的价值指向。习近平指出，经济全球化是世界经济发展规律的内在要求，也是各国人民的共同利益之所在，以马克思主义为指导的社会主义中国要积极参与经济全球化，建构世界经济命运共同体。他还提出，"各国都应成为全球发展的参与者、贡献者、受益者"。各国人民应以共享为目标，共商共建全球经济治理体系。作为经济全球化的坚定支持者与维护者，中国致力于打造开放型经济体系，反对一些国家出现的逆全球化和反自由贸易的政策和行为，反对一切形式的保护主义，引领经济全球化的健康普惠发展。加重了的资本主义经济的整体危机，日益增多的全球性挑战亟待各国人民携手应对，发展壮大的中国为21世纪的全球治理注入了更大的和平力量。共同发展，合作共赢，已成为全球治理体系深度变革的人心所向。"一带一路"和"共商共建共享"的21世纪马克思主义全球治理观，为世界各国携手共绘发展蓝图，平等参与全球治理提供了全新方案。习近平明确强调，全球治理体系的改革，不是要推倒重来，而是应对世界挑战的积极完善。全球治理体系现代化的推进是世界各国的共同担当，中国特色社会主义的大国应积极参与全球治理体系建设这一历史进程，为完善全球治理贡献马克思主义方案，为推动国际秩序和全球治理体系朝着世界人民向往的更加公正合理的方向发展，贡献21世纪马克思主义者的智慧。

社会主义的中国是发展21世纪马克思主义的关键主场，习近平人类命运共同体思想是21世纪马克思主义创新成果的光辉典范，是21世纪马克思主义的主体样式。世界社会主义如何发展，是21世纪马克思主义需要阐释与解决的理论和实践问题。当前，国际资本已经作为一种联合起来的世界性力量。为了对抗这种力量，全世界的无产阶级和劳动人民必须联合起来。各国共产党应吸取早期国际共产主义运动史上的经验教训，平衡并处理好国际主义和爱国主义的辩证关系。各国共产党应携手团结积极探讨，凝聚全世界社会主义的智慧和力量，共同创新和践行21世纪马克思主义。2021年5月27日，习近平总书记向中共中央对外联络部主办的世界马克思主义政党理论研讨会致贺信。习近平总书记强调，面对当今人类社会面临的共同挑战，世界马克思主义政党应该加强对话交流。中国共产党愿同各国马克思主义政党一道，共同推动人类进步事业，推动构建人类命运共同体。希望与会同志通过深入研讨，汇聚实践智慧，淬炼思想火花，推动马克思主义在21世纪取得新的发展，让马克思主义的真理光芒继续照耀我们的前行之路。

当前，受民粹主义、保护主义等思潮影响，反全球化浪潮不断高涨。面对这种情形，我们更应秉持人类命运共同体理念，站在人类社会的历史高度，从全人类共同的价值诉求出发，努力打造以"开放、包容、普惠、平衡、共赢"为基本特征的新型经济全球化，从而推动人类历史不断前行。当今国际社会力量对比发生深刻变化，呈现出新特点、新趋势，以西方价值观、西方治理理念为主导的国际格局难以为继。人类命运共同体思想坚持明确的问题意识，正面回应了国际社会对新治理理念、新国际秩序的呼唤，其导向的目标是在尊重世界各国文明和发展道路的前提下"和平实现"的，由此翻开了当代世界历史发展的崭新篇章。

针对西方资本主义国家奉行的霸权主义、单边主义以及国际社会治理面临的诸多难题，习近平总书记明确提出构建人类命运共同体的中国方案。人类命运共同体理念坚守和弘扬全人类共同价值，寻求人类最大公约数，塑造以合作共赢为核心的新型国际关系，倡导和平发展、共同发展、可持续发展。人类命运共同体理念充分彰显了中国共产党人"以天下为己任"的世界情怀、为人类美好未来而奋斗的责任担当。因此，报告明确了习近平新时代中国特色社会主义思想"坚持人民至上"的政治立场，鲜明提出"胸怀天下"的世界观和方法论，申明"中国共产党是为中国人民谋幸福、为中华民族谋复兴的党，也是为人类谋进步、为世界谋大同的党"[1]。对接中国命运共同体思想，俄罗斯提出欧亚经济联盟、东盟提出互联互通总体规划、哈萨克斯坦提出"光明之路"、土耳其提出"中间走廊"、蒙古提出"发展之路"、越南提出"两廊一圈"、英国提出"英格兰北方经济中心"、波兰提出"琥珀之路"等。

人类的命运理应由全世界人民共同掌握，世界事务也应由各国人民共同治理，世界安全也需由世界各国共同维护，国际规则更应由世界各国共同民主制定，世界发展成果应当由各国人民共同分享，这正是历史发展的必然趋势和全世界人民的强烈呼声。人类命运共同体是民族共同体、区域共同体、利益共同体的发展和升华。它着眼于人类文明的永续发展，着眼于推动建立新的文明秩序，超越了狭隘的民族国家视野，为马克思主义人类发展观和世界发展观做出了新贡献，为当今世界各国人民共同构建人类命运共同体提供了宝贵的思想资源。

［阮明环（Nguyen Minh Hoan）系越南胡志明国家政治学院新闻宣传学院哲学系主任，副教授］

---

[1] 习近平：《高举中国特色社会主义伟大旗帜　为全面建设社会主义现代化国家而团结奋斗——在中国共产党第二十次全国代表大会上的报告》，人民出版社2022年版，第21页。

习近平关于构建人类命运共同体的思考及其对阿拉伯地区的意义

〔黎巴嫩〕琳达·玛塔尔

众所周知，2013年，习近平主席提出了"构建人类命运共同体"的构想。2013年，他在莫斯科国际关系学院表示："人类生活在同一个地球村里，生活在历史和现实交汇的同一个时空里，越来越成为你中有我、我中有你的命运共同体。"[①]中国的理念是同舟共济、荣辱与共、共建和谐世界，把世界各国的前途命运紧密联系在一起，把世界各国人民对美好生活的向往变为现实。习近平主席强调，"推动构建人类命运共同体，不是以一种制度代替另一种制度，不是以一种文明代替另一种文明，而是不同社会制度、不同意识形态、不同历史文化、不同发展水平的国家在国际事务中利益共生、权利共享、责任共担，形成共建美好世界的最大公约数"[②]。

在过去几年里，世界面临着诸多挑战，西方发达国家实行单边主义和保护主义战略，追求短期利益，给人类的长远发展和全球安全造成了严重损害。因此，中国奉行共同发展、包容互惠、合作共赢的外交政策，为广大发展中国家克服发展陷阱提供了重要途径。中国倡导构建人类命运共同体，为团结各国共同应对全球性挑战作出了重要贡献。各国应秉持荣辱与共的理念，加强对话协商，增进团结互信，维护开放型世界经济，构建开

[①] 《习近平著作选读》第一卷，人民出版社2023年版，第104页。
[②] 习近平：《在中华人民共和国恢复联合国合法席位50周年纪念会议上的讲话》，《人民日报》2021年10月26日。

放、包容、普惠、平衡、共赢的经济全球化新范式，巩固人类共同繁荣与发展的理念。

"一带一路"是构建人类命运共同体的重要实践平台。中国与全球其他发展中地区建立了联系，阿拉伯地区就是其中之一。本文拟从历史和现代的视角来梳理和总结中国与阿拉伯地区之间的相互联系。

自古以来，中国就与阿拉伯地区往来密切。根据伊拉克历史学家哈迪·阿拉维（Hadi al-Allawi）的说法，自前伊斯兰时期起两个地区就开始了贸易往来，当时的贸易主要是通过商队和商船进行的，东亚和西亚之间的相互联系由此开启。古老的丝绸之路延续了大约1500年，直到17世纪欧洲人通过东印度公司垄断控制了全球贸易，这条丝绸之路才慢慢中断，西方逐渐垄断了全球贸易。按照巴勒斯坦诗人塔米姆·巴尔古提（Tamim al-Barghouti）的说法，欧洲的殖民主义是阿拉伯世界和中国之间交往的主要障碍。正如他所指出的，没有必要通过桥梁来重新连接这两个古老文明，因为海洋并没有把东亚与西亚相隔离，我们真正需要做的是消除西方帝国主义强行设置的人为障碍。这些帝国主义者来自世界其他地区，他们用战舰和枪支破坏亚洲内部的联系。从19世纪末到20世纪中叶，欧洲殖民主义成为全球化的主导形式，在使阿拉伯国家从属于西方霸权方面发挥了至关重要的作用。殖民主义和新殖民主义干涉——尤其是美帝国主义在过去50年里对南半球国家的干涉完全是破坏性的。西方国家对西亚地区的持续轰炸、非法占用、资源掠夺、单方面制裁和战争，给这一地区带来了可怕的人间灾难。在这方面，也门的悲惨历史是遭遇西方统治与压迫的典型案例，西方的剥削已使其成为世界上最贫穷的国家之一。

自20世纪中叶独立以来，处在政治动荡中的阿拉伯国家一直在为争取主权而奋斗。从被帝国主义国家强加各种不平等条约开始，到1967年和1973年在战争中输给以色列，这些历史事件都从侧面反映了阿拉伯地区在独立后所遭遇的严峻的国际环境。此外，西方国家通过布雷顿森林体系传播其意识形态——新自由主义和自由市场范式，西方的干预力量已渗透到阿拉伯地区的所有角落。我们不能低估西方国家所推行的结构性调整计划在削减阿拉伯地区国家权力上的作用，这些调整计划事实上与该地区国家的社会经济现实不符。帝国主义通过在利比亚、伊拉克、叙利亚和也门发动旷日持久的代理人战争，以及对这些国家的农业和油气资源进行掠夺，使其对该地区的干预能力达到巅峰。但是，中国政府提出的"一带一路"倡议为阿拉伯国家以及其他南方国家提供了发展机遇，促使它们将目光投向东方。

自2013年启动以来，"一带一路"倡议已经引发国际社会的广泛关注，也引起了学术界的研究兴趣。截至目前，"一带一路"已经将中国特色社会主义事业与世界各国的发展事业紧密相连。中国取得的经济成就为其通过"构建人类命运共同体"的外交倡议与世界其他地区建立普遍的联系奠定了基础。中国对其他发展中国家进行贸易投资，不断将最新技术应用到生产过程中，促进了国家生产能力的提升。

在过去的十年里，中国通过加强与南方国家的伙伴关系，发挥了重要的经济影响力。通过分享技术、专门知识和资源，中国增加了与阿曼、沙特阿拉伯、老挝、马来西亚和柬埔寨等国的实物投资和人文交流。从政治角度来看，这一做法能够使全球南方国家在国际社会中形成更强大的声音，最终改变全球地缘政治格局。中国不断推进"一带一路"大型项目在参与国的全面落地，与使第三世界走向贫困的新自由主义美国截然不同。

从外交层面来看，在没有美国直接参与的情况下，中国在2023年促成了伊朗与沙特阿拉伯的政治和解，这是21世纪阿拉伯地区最大的地缘政治转变，为缓解地区冲突提供了机遇。这一事件还表明，海湾国家正自愿地转向远离美国的欧亚大陆新兴强国——中国、俄罗斯和伊朗。毫无疑问，阿拉伯地区的政治稳定符合中国在该地区的商业利益，这一地区的政治稳定是中国"一带一路"成功的必要前提之一。

当前，中国与阿拉伯国家的交流日益频繁，"中阿工商峰会""中阿合作论坛""中国—阿拉伯国家博览会"等所有这些举措都加强了彼此的合作。最新统计数据显示，阿拉伯国家是中国的第八大贸易伙伴，而中国则是阿拉伯国家最大的贸易伙伴。近期，"一带一路"投资瞄准了能源和其他领域，包括基础设施、物流、电信、交通、海运和工业等，这些投资能够推动阿拉伯国家的多样化发展。

在世界多极化的发展格局中，由于美国将美元武器化，不断对其他国家实施制裁，金砖国家经济发展正在逐步脱离美元的霸权体系。最近，伊朗、伊拉克和阿联酋在与中国的双边贸易中部分地抛弃了美元。中国已经通过上海石油天然气交易中心向能源生产商敞开大门，允许它们以人民币（而非美元）进行石油和天然气贸易。这意味着能源市场的定价体系已经开始从美元转向人民币。

毫无疑问，中国社会主义模式的成功不仅对中国，而且对世界社会主义都具有重大意义。我们必须始终把人民放在第一位，因为世界上没有什么比人民的生命更宝贵。我们认为，中国特色社会主义是科学社会主义在中国的成功实践和创新发展，中国已经成为振兴世界社会主义运动的中流砥柱，中国经验可以供其他国家借鉴参考。

2017年2月，"构建人类命运共同体"理念首次被写入联合国决议中。之后，它还被载入联合国安理会决议和《上海合作组织成员国元首理事会青岛宣言》。这表明该理念正在成为一项国际共识。习近平主席提出的"构建人类命运共同体"新理念可能会启动一个为人类利益而合作的世界新秩序。

[琳达·玛塔尔（Linda Matar）系中山大学国际翻译学院副教授；译者禚明亮系中国社会科学院马克思主义研究院副研究员]

分报告（二）
中国式现代化是人类文明新形态的开创之路

中国式现代化与全体人民共同富裕的内在契合

杨 静

习近平总书记在党的二十大报告中指出,"经过十八大以来在理论和实践上的创新突破,我们党成功推进和拓展了中国式现代化";"中国式现代化是全体人民共同富裕的现代化";"实现全体人民共同富裕"是"中国式现代化的本质要求"[①]之一。这表明,作为理论和实践创新突破的中国式现代化和全体人民共同富裕之间存在着内在契合。习近平总书记进一步指出:"继续推进实践基础上的理论创新,首先要把握好新时代中国特色社会主义思想的世界观和方法论,坚持好、运用好贯穿其中的立场观点方法。"[②]把握好习近平新时代中国特色社会主义思想的世界观和方法论,就是要坚持辩证唯物主义和历史唯物主义的科学世界观和方法论。对此,习近平总书记强调:"坚持运用辩证唯物主义和历史唯物主义,才能正确回答时代和实践提出的重大问题,才能始终保持马克思主义的蓬勃生机和旺盛活力。"[③]因此,要运用辩证唯物主义和历史唯物主义的世界观和方法论来深入理解中国式现代化和全体人民共同富裕之间的内在契合。

---

① 习近平:《高举中国特色社会主义伟大旗帜 为全面建设社会主义现代化国家而团结奋斗——在中国共产党第二十次全国代表大会上的报告》,人民出版社2022年版,第22页。
② 习近平:《高举中国特色社会主义伟大旗帜 为全面建设社会主义现代化国家而团结奋斗——在中国共产党第二十次全国代表大会上的报告》,人民出版社2022年版,第18—19页。
③ 习近平:《高举中国特色社会主义伟大旗帜 为全面建设社会主义现代化国家而团结奋斗——在中国共产党第二十次全国代表大会上的报告》,人民出版社2022年版,第17页。

一、中国式现代化和全体人民共同富裕内生动力的契合

《在纪念马克思诞辰200周年大会上的讲话》中,习近平总书记谈道:"学习马克思,就要学习和实践马克思主义关于生产力和生产关系的思想。"①在全面建设社会主义现代化国家新征程上,需要运用生产力和生产关系原理来剖析中国式现代化和全体人民共同富裕之间的内在契合。

从生产力来看,中国式现代化和全体人民共同富裕的推进和实现都是以生产力不断发展为基础的,中国式现代化更是为全体人民共同富裕的扎实推进奠定了坚实基础。解放和发展社会生产力是中国式现代化和全体人民共同富裕的本质要求,又是二者不断推进的内在根基。一方面,从中国式现代化和全体人民共同富裕的字义来看,"现代化"和"富裕"都是建立在社会生产力不断发展的基础之上的。另一方面,从中国式现代化和全体人民共同富裕的实现节点来看,二者都是生产力发展到一定水平的标志。习近平总书记在党的二十大报告中明确指出,到二〇三五年,我国发展的总体目标是:经济实力、科技实力、综合国力大幅跃升,人均国内生产总值迈上新的大台阶,达到中等发达国家水平。这表明,在生产力层面要厚植"现代化"和"富裕"的物质基础,以此推进中国式现代化和全体人民共同富裕的快速发展。而在这一过程中,中国式现代化的推进和拓展更是为全体人民共同富裕的实现提供强劲的内生动力。

从生产关系来看,全体人民共同富裕彰显了中国式现代化的价值旨归。中国式现代化和全体人民共同富裕都在生产关系层面被赋予了社会主义性质,都是社会主义生产关系在中国的有力彰显,实现了社会主义形态在中国的生动实践。具体来说,"中国式"超越了西方的资本主义生产关系,"全体人民"避免了社会财富的两极分化。二者的社会主义性质决定了其核心都是以人民为中心,发展都是为了人民,成果也由人民共享。中国式现代化的本质是人的现代化,它既是全体人民共同富裕的现代化,也是物质文明和精神文明相协调的现代化,更是人与自然和谐共生的现代化。中国式现代化注重生产关系的调节,在推动社会生产力不断向前发展的同时,

---

①习近平:《在纪念马克思诞辰200周年大会上的讲话》,人民出版社2018年版,第17页。

推动社会的全面进步和人的全面发展。此外,"中国式现代化是全体人民共同富裕的现代化"也表明,全体人民共同富裕内嵌于中国式现代化之中。

从生产力与生产关系来看,中国式现代化和全体人民共同富裕是协调互促的。中国式现代化和全体人民共同富裕的推进都要遵循生产关系适应生产力状况这一社会发展的普遍规律,并形成"你中有我、我中有你"的协调互促关系。人民日益增长的美好生活需要和不平衡不充分的发展之间的矛盾是新时代亟待解决的社会主要矛盾。因而,要蹄疾步稳,在全面建设社会主义现代化国家新征程上稳扎稳打,不断解放和发展生产力,变革生产关系,最终实现中国式现代化和全体人民共同富裕。

二、中国式现代化和全体人民共同富裕本质特征的契合

中国共产党人历来重视把马克思主义基本原理同我国具体实际相结合。在十九届五中全会第二次全体会议上,习近平总书记明确指出:"我国建设社会主义现代化具有许多重要特征。世界上既不存在定于一尊的现代化模式,也不存在放之四海而皆准的现代化标准。"[1]中国式现代化和全体人民共同富裕就是运用矛盾的普遍性和特殊性原理,把马克思主义基本原理同中国具体实际相结合的典范,二者在本质特征上是契合的。

习近平总书记在党的二十大报告中谈道,"中国式现代化,是中国共产党领导的社会主义现代化,既有各国现代化的共同特征,更有基于自己国情的中国特色"[2]。其中,"共同特征"和"中国特色"分别体现了矛盾的普遍性和特殊性。一方面,中国式现代化"有各国现代化的共同特征"。它既有各国现代化所普遍追求的工业化、信息化、城镇化等共同特征,也有世界各国现代化发展过程中存在的贫富差距、生态环境等共性问题需要解决。另一方面,中国式现代化是"中国共产党领导的社会主义现代化",是全体人民共同富裕的现代化,"有基于自己国情的中国特色",这些都是其特殊性的生动体现。这表明,与西方现代化追求少数人的富裕不同,中国

---

[1]《习近平谈治国理政》第四卷,外文出版社2022年版,第123页。
[2] 习近平:《高举中国特色社会主义伟大旗帜 为全面建设社会主义现代化国家而团结奋斗——在中国共产党第二十次全国代表大会上的报告》,人民出版社2022年版,第22页。

式现代化实现的是全体人民的共同富裕。全体人民共同富裕正是中国式现代化"中国特色"的有力彰显，内嵌于中国式现代化之中。中国式现代化是人口规模巨大的现代化，而全体人民共同富裕更是"一个不能少"的共同富裕，是要实现所有人的"共富"而不是少数人的"独富"，是要实现人民物质生活和精神生活的共同富裕而不仅仅是物质生活富裕，二者在本质特征上是契合的，都体现了矛盾的普遍性和特殊性的有机统一。

三、中国式现代化和全体人民共同富裕实践过程的契合

习近平总书记早在1992年出版的《摆脱贫困》一书中就写道："青年干部不能只热衷于做'质变'的突破工作，而要注重做'量变'的积累工作……因为事物的发展变化是一个渐进的过程，质变要有量变的积累。"[①]他还强调，经济比较落后地区的发展只能是渐进的，由量变到质变的，不可能一夜之间就发生巨变。中国在经历了较长时间经济高速增长阶段后，在量的积累方面取得了显著成果，这些成果为中国实现由"现代化"到"中国式现代化"、由"富裕"到"全体人民共同富裕"这些质的飞跃奠定了坚实的基础，而在这一由量变到质变的实践过程中，中国式现代化和全体人民共同富裕是内在契合的。

习近平总书记在中央财经委员会第十次会议上提出"在高质量发展中促进共同富裕"，党的二十大报告又把"实现高质量发展"作为中国式现代化的本质要求之一。可见，高质量发展是中国式现代化和全体人民共同富裕同向并进的契合点之一，也是其应有之义。此外，习近平总书记深刻把握量变和质变在实践过程中的规律性，提出中国式现代化的"艰巨性和复杂性前所未有"，要"坚持稳中求进、循序渐进、持续推进"；"共同富裕是一个长远目标，需要一个过程，不可能一蹴而就，对其长期性、艰巨性、复杂性要有充分估计，办好这件事，等不得，也急不得"[②]。这些重要论述表明，中国式现代化和全体人民共同富裕既要实现量的积累变化，又要不

[①] 习近平:《摆脱贫困》，福建人民出版社1992年版，第26页。
[②]《习近平谈治国理政》第四卷，外文出版社2022年版，第143页。

断接近质的飞跃。

党的十九大综合了当前分析国际国内形势和我国发展条件，将从2020年到21世纪中叶分为两个阶段，这两个阶段就体现中国式现代化和全体人民共同富裕从"量的积累"到不断实现"质的突破"。第一阶段从2020年到2035年，要基本实现社会主义现代化，向全体人民共同富裕迈出坚实步伐；第二阶段从2035年到21世纪中叶，要把我国建成富强民主文明和谐美丽的社会主义现代化强国，全体人民共同富裕基本实现。可见，中国式现代化和全体人民共同富裕在实践过程中具有发展同向、阶段同步的契合性。同时，二者都朝着人的自由而全面的发展目标前进，而这一目标的逐步实现建立在高质量发展基础上。现阶段，要准确把握量变和质变的辩证关系，既要推动经济实现量的合理增长，又要注重质的有效提升，在实现高质量发展中不断推进中国式现代化和全体人民共同富裕。

四、中国式现代化和全体人民共同富裕价值主体的契合

在社会历史发展过程中，人民群众起着决定性的作用。人民群众既是社会物质财富和精神财富的创造者，也是社会变革的决定力量。在强国建设、民族复兴的新征程上，中国式现代化和全体人民共同富裕始终以人民为价值主体不断推进。正如习近平总书记在党的二十大报告中所指出的，"我们要实现好、维护好、发展好最广大人民根本利益，紧紧抓住人民最关心最直接最现实的利益问题……扎实推进共同富裕。"[1]

西方现代化的"富裕"是通过殖民扩张和对外侵略实现的，是建立在对亚洲、非洲、美洲人民血腥掠夺基础之上的。"它使未开化和半开化的国家从属于文明的国家，使农民的民族从属于资产阶级的民族，使东方从属于西方"[2]。而中国共产党对现代化道路的探索是一部党与人民心连心、同呼吸、共命运的历史。在一穷二白的条件下，中国共产党领导中国人民不仅用几十年的时间走完了发达国家几百年时间走过的工业化历程，还成功

---

[1] 习近平：《高举中国特色社会主义伟大旗帜　为全面建设社会主义现代化国家而团结奋斗——在中国共产党第二十次全国代表大会上的报告》，人民出版社2022年版，第46页。

[2]《马克思恩格斯文集》第2卷，人民出版社2009年版，第36页。

规避了西方现代化进程中出现的一系列社会问题。这正是因为中国所追求的现代化在价值主体上坚持了"以人民为中心",走的是"以人民为中心"的新型现代化道路,克服了西方现代社会的内在弊病,将马克思主义的群众观与中国现代化建设相结合,与中国人民的实际需求相结合,发挥了党在现代化建设中的领导核心作用,发挥了人民在现代化建设中的主体作用,切实做到了全民共建、全民共享,让人民来做新征程答卷上的阅卷人和评判人,极大地激发了人民群众在社会发展中的创造力和创新力,取得了人类现代化发展史上的奇迹。

同样,全体人民也是共同富裕的价值主体。人民始终是共同富裕的价值主体,全体人民共同富裕的实现过程就是一切为了人民、一切依靠人民的践行过程。在这一过程中,中国式现代化和全体人民共同富裕的契合性体现在二者都以人民群众为价值主体不断推进,从而切实增进民生福祉,让发展成果真正惠及人民。

因此,中国式现代化和全体人民共同富裕在内生动力、本质特征、实践过程、价值主体这四方面是内在契合的。深刻认识二者之间的契合性,不仅对于全面建设社会主义现代化国家、全面推进中华民族伟大复兴具有重要的理论意义和实践意义,也激励着全党全国各族人民在持续推进中国式现代化和全体人民共同富裕的新征程上踔厉奋发、勇毅前行。

(杨静系中国社会科学院马克思主义研究院马克思主义原理研究部副主任,中国社会科学院大学马克思主义学院教授,中国社会科学院马克思主义研究院研究员,中国社会科学院马克思主义经济社会发展研究中心研究员,中华外国经济学说研究会副会长、秘书长)

近年来国外共产党对"现代化之问"的探究与回答

余维海　胡泽文

习近平总书记在2023年3月15日召开的中国共产党与世界政党高层对话会议上提出了"现代化之问",即"两极分化还是共同富裕?物质至上还是物质精神协调发展?竭泽而渔还是人与自然和谐共生?零和博弈还是合作共赢?照抄照搬别国模式还是立足自身国情自主发展?我们究竟需要什么样的现代化?怎样才能实现现代化?"[①]习近平总书记提出的"现代化之问"引起了世界的广泛关注,"现代化之问"也是近年来国外共产党理论与实践探索的重要内容。国外共产党对"现代化之问"的探究和回答,既包括对"现代化"规律与本质特征的深刻阐释,也包括对"中国式现代化"的叙事话语、显著特征与世界意义的探讨。

一、国外共产党对资本主义现代化的深刻批判

在很长的一段时间内,"西方化就是现代化"的思想观念根深蒂固。然而,西方资本主义现代化过程中也出现了诸多负面效应。国外共产党对此进行了深刻的反思和批判。

[①]《携手同行现代化之路——习近平在中国共产党与世界政党高层对话会上的主旨讲话》,《人民日报》2023年3月16日。

(一)以资本为中心：资本主义现代化的根本属性

国外共产党普遍认为，以资本为中心是西方现代化的本质属性，也是造成西方现代化严重弊端的根本原因。意大利重建共产党发表了题为《现实资本主义的灾难》的文章指出，"将资本积累而不是社会需求放在首位是当代资本主义生产方式的本质特征，这一本质特征使得新冠疫情造成的危机不断加剧。剥削、战争、饥荒、种族主义、生态危机、性别歧视和父权主义成为资本主义现代化的主要构成内容"①。

(二)两极分化：资本主义现代化的突出表现

国外共产党认为，在以资本为中心的现代化逻辑下，西方社会的突出特征表现为贫富差距和两极分化巨大。英国共产党总书记罗伯特·格里菲斯指出："当今时代，即使是在欧美最富裕的资本主义国家，贫困、失业、住房紧缺和负担不起的问题也十分普遍。与此同时，超级富豪却比以往任何时候都更加富有。"②这表明在资本主义现代化过程中，贫富差距有不断扩大的趋势。美国共产党在2020年4月新修订的党纲中指出："我们当前社会阶级的特点是极端不平等。资本家首席执行官每小时赚取一万美元，而领取最低工资标准的工人必须从事多种工作来养家糊口，同时还要遭受职业歧视和性骚扰等。"③

(三)侵略掠夺：资本主义现代化的实现手段

国外共产党揭露了资本主义在现代化过程中不断输出暴力战争的事实。俄联邦共产党指出"西方帝国主义国家为争夺对地球自然资源控制权的斗争正在加剧。为了实现它们自身的利益与目标，帝国主义国家正在积极利用政治军事集团并诉诸公开的武装行动"④。其次，国外共产党指出，在当

---

① PRC, "Le catastrofi del capitalismo reale", https://www.rifondazionecomunista.org/xi/2021/06/26/tesi-1-le-catastrofi-del-capitalismo-reale/.

② CPB, "Report of the 56th Congress general secretary's opening address", https://www.communistparty.org.uk/56th-congress/report-of-the-56th-congress-general-secretarys-opening-address/.

③ "CPUSA Program", https://cpusa.org/party_info/party-program/.

④ КПРФ, "Программа партии," https://kprf.ru/party/program.

前阶段，资本主义现代化演化出更加隐蔽的侵略掠夺手段。以美国为首的西方国家，为了维持自身的全球霸权地位，将国内阶级矛盾转移到国外，开始推行新殖民主义政策。葡萄牙共产党指出，以美国为首的帝国主义国家，在推进本国现代化过程中，打着"普世价值"的幌子行侵略之实，严重侵犯了别国主权和独立。①

（四）生态危机：资本主义现代化的严重代价

首先，资产阶级和投机分子只关注眼前利益，而忽视生态系统的稳定和可持续发展，造成当今时代生态危机愈发严重。英国共产党指出，资本主义现代化"耗尽了地球的自然资源，破坏了马克思所说的人与自然之间以实践为基础的纽带"②。其次，国外共产党指出，资本主义现代化导致的生态危机是全球性的，如加拿大共产党在其第四十次代表大会中指出，资本主义现代化是建立在对自然和人类剥削压迫基础上的。再者，国外共产党指出，资本主义对现代生态危机的处理方式是错误的。葡萄牙共产党指出，资本主义现代化无法解决生态环境问题，反而会进一步加剧对自然环境的破坏。③

二、非社会主义国家共产党对"现代化之问"的理论回答

针对资本主义现代化过程中产生的诸多弊端，非社会主义国家共产党从本国国情出发，提出自己的政策主张，从理论层面对"现代化之问"作出回答。他们认为，在推进现代化过程中，要坚持独立自主，实现共同富裕，推动和谐共生，促进合作共赢。

---

① PCP,"Political Resolution（Excerpts）", https://www.pcp.pt/en/xxi-congress/political-resolution#chapter-ii-national-situation.

② CPB,"Report of the 56th Congress general secretary's opening address", https://www.communistparty.org.uk/56th-congress/report-of-the-56th-congress-general-secretarys-opening-address/.

③ PCP,"Political Resolution（Excerpts）", https://www.pcp.pt/en/xxi-congress/political-resolution#chapter-ii-national-situation.

（一）独立自主：现代化的基本立场

各国历史文化、风俗习惯各不相同，因此建设现代化的方式、道路也不尽相同。首先，国外共产党认为，在现代化建设中过度依赖美国等发达资本主义国家的援助，具有严重危害。这将导致发展中国家的发展受到严重限制，国家利益和权益受到损害。印度共产党（马克思主义）主张严格确保印度独立自主的外交政策，"扭转印度作为美帝国主义附属盟友的现状。重新审视所有战略和防御协议；与美国战略利益及其统治的国际联盟脱离关系"[1]。

（二）和谐共生：现代化的现实结果

国外共产党深刻意识到，在现代化建设中，生态环境的好坏直接关系到人民的健康和生活质量。部分国外共产党主张加强环境保护和生态建设，要求推动绿色发展，减少污染排放，提高资源利用效率，保护生态系统的完整性和稳定性；要求加强生态修复和植被恢复，保护生物多样性，维护自然生态平衡。还有部分国外共产党倡导绿色生活方式，要求引导人们养成低碳环保的生活习惯，减少浪费和污染，提倡节约资源、保护环境的行为习惯，实现人与自然的和谐共生。奥地利共产党主张公共部门和国有企业迅速淘汰与化石燃料相关的产业，并"扩大免费公共交通"[2]，同时修建更多便民骑行跑道，从而实现国民的绿色出行。

（三）合作共赢：现代化实现方式

国外共产党认识到，在全球化的背景下，通过交流与合作共同实现现代化是可行的。西班牙共产党认为，要坚持互不干涉、相互团结和反帝国主义的原则，世界上不同民族在相互分享资源和计划生产的基础上，发展出共享、全面和可持续的现代化国际格局。此外，国外共产党指出，构建合作共赢的现代化需要建立良好的合作伙伴关系。葡萄牙共产党提出，要

---

[1] CPIM, "23rd Congress Political Resolution", https://cpim.org/documents/23rd-congress-political-resolution.

[2] KPO, "Unsere Position zu ÖKOLOGIE und KLIMA," https://www.kpoe.at/oekologie-und-klima/.

"承认各国在民族文化传统上的差异性,确保各国拥有独立的政治主权,建立新型互惠互利的合作关系"①。

三、国外社会主义国家共产党对"现代化之问"的实践回答

近年来,国外社会主义国家共产党深刻总结吸取苏联现代化与资本主义现代化的经验教训,对于实现社会主义现代化的战略意义和阶段性任务有了更加全面、系统的认识,并通过具体实践对"现代化之问"作出了回答。

(一)社会主义现代化是坚持加强党的领导的现代化

国外社会主义国家共产党认为,与资产阶级领导的资本主义现代化不同,社会主义现代化建设必须要在共产党的集中领导下进行。首先,共产主义政党是一个有着强大组织能力和广泛群众基础的政治组织,能够动员和组织广大人民群众积极参与现代化建设。其次,共产党作为社会主义现代化建设的领导核心,必须始终强调党的自身建设。越共将党的领导和党的建设摆在实现社会主义现代化建设的突出位置,视之为对党和社会主义制度具有生死存亡意义的关键任务,特别重视"坚决、全面、同步、经常从政治、思想、道德、组织和干部方面建设和整顿党"②。

(二)社会主义现代化是始终秉持人民至上的现代化

国外社会主义国家共产党认为,现代化建设的目标是为了提高人民的生活水平和幸福感,满足人民对美好生活的向往。越南共产党一贯重视人民群众在国家现代化建设中的重要地位,主张发挥人民群众的重要作用。越共十三大提出"民知、民议、民为、民检、民监、民享"的方针。古巴共产党也高度关注人民生活水平的提高,防止国内经济改革中出现贫富差

---

① PCP, "Communiqué of the PCP Central Committee", https://www.pcp.pt/en/communique-pcp-central-committee-april-2-2023.
② 梁炳猛、韦谦覃、益华:《越南共产党第十二届中央委员会向第十三次全国代表大会作的政治报告》,《南洋资料译丛》2021年第4期。

距扩大的风险[1]，强调现代化建设不仅仅是经济发展和科技进步的问题，更重要的是要满足人民的需求和期望。古巴共产党自执政以来便在国内推行免费的教育和医疗并一直延续至今，古巴也成为受全球新冠疫情影响较小的国家之一。

（三）社会主义现代化是大力发展生产力的现代化

国外社会主义国家共产党认为现代化建设需要先进的生产力来支撑，这其中包括先进的科技水平、精良的生产工艺和设备、高效的组织管理等。只有不断发展生产力，提高生产效率和质量，才能推动现代化建设取得更大的进展。古巴共产党于2021年1月1日开始推行货币与汇率改革，主张提高国有经济部门在对国家发展具有决定性意义领域的生产力和生产效率，同时使非国有形式的经营模式更加灵活化和制度化。此外，国外社会主义国家共产党认为，生产力的高度发达是展现国家竞争力和社会主义优越性的重要标志。

四、国外共产党高度评价中国共产党对"现代化之问"的回答

中国式现代化是中国共产党对"现代化之问"的生动回答，获得了国外共产党的高度评价。

第一，中国共产党领导的中国式现代化坚守人民至上理念。英国共产党（马列）主席艾拉鲁尔，正是中国式现代化"能够确保人民群众的利益不被忽视，让子孙后代的利益受到保护。这与一些富裕国家的情况形成了鲜明的对比"[2]。巴西共产党强调，在中国共产党的领导下，"中国战胜了饥饿，摆脱了贫困，促进了经济，创造了经济快速发展和社会主义现代化

---

[1] 贺钦：《从古共八大看古巴社会主义发展新趋向》，《社会主义论坛》2022年第8期。
[2] 《英国共产党（马列）主席艾拉鲁尔：赞赏中国式现代化道路》，https://baijiahao.baidu.com/s?id=1749200637460423224&wfr=spider&for=pc。

的奇迹"①。

第二，中国共产党领导的中国式现代化秉持独立自主原则。美国共产党指出，"中国共产党依据本国国情，开辟了一条具有中国特色的社会主义道路，在极其困难的条件下实现了社会主义现代化"②。法国共产党全国委员会主席皮埃尔·洛朗指出，"人类社会尝试过（不同发展模式），中国探索出一条新的道路，一条适合中国国情的发展道路"③。

第三，中国共产党领导的中国式现代化树立守正创新意识。古巴共产党在祝贺中共二十大召开的贺信中指出："中国现代化建设带来的变化，是中国共产党不断推进马克思主义中国化、强化自身治理和政治教育经验的体现。"④意大利共产党中央委员弗朗切斯科·马林乔指出："中国马克思主义者完成的马克思主义中国化，坚守了中国的文化精神，符合中国国情，是马克思主义的内化与革新。"⑤

第四，中国共产党领导的中国式现代化弘扬立己达人精神。西班牙共产党和以色列共产党认为，中国的改革开放为广大发展中国家走向现代化提供了成功经验。"中国共产党将社会主义制度优势同市场经济相结合，在充分发挥市场主体效率的同时兼顾了社会公平正义，实现了对资本主义经济制度的超越，为全世界提供了可借鉴的发展模式。"⑥孟加拉国共产党主席赛利姆与总书记阿拉姆指出，中国共产党领导的中国式现代化"为世界各国现代化进程树立了文明典范"⑦。

总体来看，国外共产党对资本主义现代化的批判具有一定的深刻性，

---

① PCdoB, "Socialismo na nova era, garantia da realização do sonho chinês", https://pcdob.org.br/noticias/socialismo-na-nova-era-garantia-da-realizacao-do-sonho-chines/.

② John Bachtell, "A new era for building socialism with 'Chinese characteristics'," https://www.cpusa.org/article/a-new-era-for-building-socialism-with-chinese-characteristics/.

③《中国式现代化是中国创造的符合中国国情的发展模式——访法国参议院副议长、法共全国委员会主席皮埃尔·洛朗》，https://baijiahao.baidu.com/s?id=1747579401907826022&wfr=spider&for=pc。

④ 余维海、陈姣：《国外共产党对中国式现代化的认识与评价》，《马克思主义与现实》2023年第1期。

⑤ 姜辉主编：《共同见证百年大党——百位国外共产党人的述说》（上），当代中国出版社2021年版，第303页。

⑥《对人类文明进步的重大贡献——国外政党眼中的中国改革开放40年》，https://baijiahao.baidu.com/s?id=1624333406982253076&wfr=spider&for=pc。

⑦ 宋涛主编：《外国政党政要、各界代表祝贺中国共产党成立100周年贺电（函）汇编》，当代中国出版社2021年版，第182页。

非社会主义国家共产党对"现代化之问"的理论探索具有一定的启发性。国外共产党对中国式现代化的评价进一步证明,中国式现代化开辟了人类文明新形态,给世界上那些希望实现现代化的国家和政党提供了全新的路径选择、贡献了中国智慧与中国方案。

（余维海系华中师范大学国外马克思主义政党研究中心主任、教授；胡泽文系华中师范大学政治与国际关系学院博士研究生）

人类命运共同体视野下的中国式现代化

常培育

现代化作为世界性的历史过程,是各国的共同追求和发展实践。"中国式现代化是走和平发展道路的现代化"[1],这是党的二十大报告中强调的中国式现代化的中国特色之一。中国式现代化站在历史正确一边、人类文明进步一边,不同于一些国家通过战争、殖民、掠夺等方式实现现代化,其彰显了中国共产党致力于人类和平与发展崇高事业的初心本色和强大意志,有力回击了"文明冲突论"和"国强必霸论"的迷思,具有重要的世界意义。

一、根植历史与现实的必然选择

习近平总书记强调:"中国走和平发展道路,不是权宜之计,更不是外交辞令,而是从历史、现实、未来的客观判断中得出的结论,是思想自信和实践自觉的有机统一"[2]。

基于中华民族和中国人民对和平孜孜不倦追求的必然选择。中华民族是爱好和平的民族,在中国人的思想世界中有一种根深蒂固的观念:世界应是一个和谐整体。我们的先人在社会生活和生产实践中形成了"天人合

---

[1] 习近平:《高举中国特色社会主义伟大旗帜 为全面建设社会主义现代化国家而团结奋斗——在中国共产党第二十次全国代表大会上的报告》,人民出版社2022年版,第23页。

[2] 习近平:《论坚持推动构建人类命运共同体》,中央文献出版社2018年版,第91页。

一"的思想，崇尚"和而不同""和为贵"的理念。1840年鸦片战争之后，列强的欺凌、连年的战争、不平等的条约……一度成为中国人民最痛心的记忆。习近平主席曾经感慨说："中国人民对战争带来的苦难有着刻骨铭心的记忆，对和平有着孜孜不倦的追求，十分珍惜和平安定的生活。中国人民怕的就是动荡，求的就是稳定，盼的就是天下太平。"①进入新时代，中国共产党把走和平发展道路作为中国式现代化的中国特色之一，彰显了当代中国共产党人继承中华优秀传统文化的历史自觉。

基于党的初心使命和社会主义制度性质的必然选择。一百多年前，中国共产党在中国人民反抗侵略、追求和平、争取独立的大潮中应运而生。自诞生之日起，中国共产党就立志于中华民族千秋伟业，致力于人类和平与发展崇高事业。经过28年浴血奋战，党带领人民实现了民族独立、人民解放，建立了新中国，经过社会主义改造，在中华大地上确立了社会主义制度。社会主义本身就是追求和平的伟大事业。新中国成立以来特别是改革开放以来，在中国特色社会主义制度的框架内，社会主义中国为世界和平与发展作出重大贡献。进入新时代，在推进开创中国式现代化的历史进程中，中国共产党强调中国始终是世界和平的建设者、全球发展的贡献者、国际秩序的维护者。

基于时代形势和人类进步潮流的必然选择，和平是世界人民共同的期盼。当今时代，世界百年未有之大变局正在加速演进，人类比以往任何时候都更有必要、更有条件朝着和平与发展的目标迈进。历史和实践表明，追求团结、合作、包容远比分裂、对抗、排他更能推动人类发展进步。党的十八大以来，以习近平同志为核心的党中央清醒地看到，"和平与发展是世界各国人民的共同心声，冷战思维、零和博弈愈发陈旧落伍，妄自尊大或独善其身只能四处碰壁。"②中国坚定不移走和平发展道路，成为世界和平发展最大的稳定力量。这是中国共产党坚定站在历史正确的一边、站在人类文明进步一边的必然选择，符合中国根本利益，符合世界各国利益的行为。

---

① 习近平：《论坚持推动构建人类命运共同体》，中央文献出版社2018年版，第2页。
② 《习近平外交演讲集》第二卷，中央文献出版社2022年版，第98页。

二、科学社会主义的最新成果

从一定意义上讲，社会主义是从破除资本主义主导下现代化的种种限度和弊病的过程中产生和发展起来的。中国共产党是在第二次世界大战之后社会主义从一国发展到多国的时代大潮中开始中国式现代化的理论和实践探索的。经过长期努力，中国共产党成功推进和拓展的中国式现代化，从人类命运与共、休戚与共的现实出发，开辟了世界各国合作共赢、共同繁荣的新图景，开拓出世界社会主义在21世纪的光明前景。

超越了通过战争、殖民掠夺等方式实现现代化的老路。工业革命推动下的现代化是人类社会发展史上伟大的历史进步。然而，资本主义现代化难以克服生产的社会化与生产资料资本主义私人占有之间的矛盾，并将矛盾世界化，造成世界范围的不平等、人的异化等一系列问题。从寻找新大陆、建立贸易据点到大规模殖民，西方现代化展现出恃强凌弱、泯灭人性的掠夺本质。马克思曾严厉地痛斥西方资产阶级对殖民地的野蛮侵略，犀利地指出"在故乡还装出一副体面的样子，而在殖民地它就丝毫不加掩饰了"，使殖民地的"个人和整个民族遭受流血与污秽、蒙受苦难与屈辱"。[1]那种损人利己、充满血腥罪恶的老路给广大发展中国家带来了深重苦难。同一些国家通过战争、殖民、掠夺等方式实现现代化的老路不同，中国共产党领导人民成功走出的中国式现代化道路是和平发展之路、合作共赢之路。"我们过去没有，今后也不会侵略、欺负他人，不会称王称霸。"[2]中国式现代化不是靠掠夺别国财产来实现的现代化，而是靠中国人自己的勤劳、智慧和汗水拼出来、干出来的现代化，为人类实现现代化提供了新的选择。

展现独立自主实现社会主义现代化的新选择。尽管不少发展中国家积极结合自身实际探索现代化道路，但受西方强国主导的世界体系以及其开出的现代化理论"药方"的影响，一些落后国家很难摆脱对西方发达国家的资金、技术甚至政治方面的依赖与依附。多斯桑托斯就精辟地分析过非西方国家特别是拉美国家在大资本垄断的世界经济中难以摆脱的依附地位：从殖民地依附到19世纪末形成的工业—金融依附，再到二战后政治上独立

---

[1]《马克思恩格斯文集》第2卷，人民出版社2009年版，第689—690页。
[2]《习近平外交演讲集》第二卷，中央文献出版社2022年版，第382页。

的非西方国家又陷入工业—技术依附。[①]"世界上既不存在定于一尊的现代化模式，也不存在放之四海而皆准的现代化标准。"[②]每个国家自主探索符合本国国情的现代化道路的努力都应该受到尊重。落后国家追求现代化，可以学习其他国家的宝贵经验，但不应陷入依附困境。中国所推进的现代化，既有各国现代化的共同特征，更有基于自己国情的中国特色。由于中国特色社会主义不断成功，社会主义在同资本主义竞争中的被动局面得到很大程度的扭转，社会主义优越性得到充分彰显。中国式现代化提供了面对西方霸权主义和垄断资本集团压力走向现代化的新途径、新选择。

破解古今中西"世界之问"的现代化新路。中国式现代化的探索是在世界上第一个社会主义国家诞生至今不到100年的历史条件下开启的，是社会主义尚处于初级阶段的实践探索。理想的社会主义是建立在生产力高度发达的资本主义基础上，而现实的社会主义却都诞生于生产力比较落后的国家。利用人类的一切优秀文明成果建设社会主义现代化，是中国式现代化的必然选择。在构建人类命运共同体的大视野下，中国式现代化主张古今文化的融合贯通、东西文明的相互借鉴。当前世界，和平、发展、合作、共赢是历史潮流。选择敌视对立、封闭脱钩、零和博弈，只能将人类再次推入动乱与战争的深渊，甚至陷入文明危机。党的十八大以来，以习近平同志为核心的党中央深刻认识到，和平而不是战争、合作而不是霸道、对话而不是对抗、开放而不是封闭才是人间正道，才能赢得未来。中国这个世界上最大发展中国家实现了现代化，意味着比现在所有发达国家人口总和还要多的中国人民将进入现代化行列，其影响将是世界性的。中国式现代化的探索与实践，使中国特色社会主义正成为21世纪科学社会主义发展的旗帜，使中国成为振兴世界社会主义的中流砥柱，从而对世界之问给出了中国答案。

[①] 参见〔巴西〕特奥托尼奥·多斯桑托斯：《帝国主义与依附》，杨衍永等译，社会科学文献出版社1999年版，第7页。

[②] 习近平：《新发展阶段贯彻新发展理念必然要求构建新发展格局》，《求是》2022年第17期。

三、对人类社会的发展进步作出更大贡献

世界好，中国才能好；中国好，世界才更好。这既是中国式现代化的重要追求，又是构建人类命运共同体的题中之义。党的二十大对全面建成社会主义现代化强国作出新的战略擘画。一个现代化的中国，不仅将造福中国人民，也将造福世界人民，将对人类社会的发展进步作出更大的贡献。

本着对人类前途命运高度负责的态度干好自己的事情。打铁先要自身硬。我们始终坚持独立自主，坚持把国家和民族发展放在自己力量的基点上、把中国发展进步的命运牢牢掌握在自己手中，注重从本国国情出发，主要依靠自身力量和改革创新推动经济社会发展，不把问题和矛盾转嫁给别国。用高质量发展解决发展不平衡不充分的突出问题，增强抓住和用好新机遇的能力与自觉。党的二十大明确提出了新时代新征程党的中心任务和未来的主要目标。这既是我们现代化建设的奋斗目标，也有助于推动世界和平与发展。实现这些奋斗目标，就要集中精力把自己的事情办好。

以自身的发展为世界创造更多机遇。发展是解决一切问题的关键，世界各国共同发展才是真发展。世界的繁荣稳定不可能建立在贫者愈贫、富者愈富的基础之上。中国共产党带领中国人民推进走和平发展道路的现代化，就要坚持命运与共，与世界各国加强发展合作，共享发展成果，携手应对挑战，提升全球发展的公平性、有效性、协同性。"无论发展到哪一步，中国都永远不称霸、永远不搞扩张，永远不会把自身曾经经历过的悲惨遭遇强加给其他民族。"[1]中国始终着眼全球共同发展的长远目标和现实需要，践行全球发展倡议，以自身的发展推动世界的发展，为世界创造更多机遇。

践行全球安全倡议，为世界现代化发展提供重要保障。发展是安全的基础和目的，安全是发展的条件和保障。走和平发展道路的现代化要求发展和安全同步推进。2022年4月21日，习近平主席在博鳌亚洲论坛上提出全球安全倡议。这是中国共产党人对人类前途命运的深邃思考，不仅指明了中国与世界的相处之道，也为应对人类面临的共同挑战提出破解之策。

---

[1] 习近平：《论坚持推动构建人类命运共同体》，中央文献出版社2018年版，第230页。

要坚持共同、综合、合作、可持续的安全观，尊重各国主权和领土完整，遵守联合国宪章的宗旨和原则，重视各国合理安全关切。尊重不同国家人民对自身发展道路的探索，抵制强权逻辑，通过对话协商以和平方式解决国家间的分歧和争端，探索集体安全框架下国家间平等的合作方式，努力实现各国的权利、机会和规则平等。全球安全倡议有助于维护世界和平和国际道义，是中国为推进世界各国共同发展与普遍安全提供的中国智慧和中国方案。

(常培育系国防大学副教授)

提升中华文化国际传播力　建设文化强国

李士珍

随着综合国力的大幅提升，中国逐渐走近世界舞台中央，在国际事务中发挥了举足轻重的作用。然而中国的文化软实力和国际话语权还不够强，这与我国的综合实力和国际地位不太相称。习近平总书记强调，要"不断提高国家文化软实力，增强中华文化影响力，发挥文化引领风尚、教育人民、服务社会、推动发展的作用"[①]。文化是一个民族的精神和灵魂，博大精深的中华文化积淀着中华民族最深层的精神追求，代表着中华民族独特的精神标识。传播中华文化是传播好中国声音，展示真实、立体、全面的中国的一种重要方式，也能够向世界展示中华文化蕴藏的中国智慧、中国精神。

一、用中华文化展现中国形象

中华文化源远流长，孕育了中华民族独特的精神品格，培育了中国人民崇高的价值追求。中华文化讲仁爱、重民本、守诚信、崇正义、尚和合、求大同，这些思想和理念深深影响着每一个中国人，成为中国人日用而不觉的价值观。然而，近代以来，随着西方列强在军事、经济、文化等方面的大规模入侵，中华文化经历了剧烈的阵痛，中华文化的价值遭到质疑。

---

① 习近平：《在教育文化卫生体育领域专家代表座谈会上的讲话》，《人民日报》2020年9月23日。

二战后，以美国为首的西方国家，以全球化为契机，利用其文化产品如电影、流行音乐、广告等，大肆推动西方文化的扩张，向世界输出其思维方式和价值理念。"美国对全球电影、电视、录像业的控制甚至超过了它对飞机制造业的控制。"[①]同时，美国还借助"国际化教育"向全世界宣传美国的价值观。1995年，美国支持国际货币基金组织和世界银行向越南贷款的条件就是越南学校要用密集的英语教学代替其他外国语教学。

进入21世纪以来，随着通讯技术的更新换代和网络用户的增多，美国更是利用语言和网络媒介的优势操纵新闻报道。据统计，在世界新闻报道中，90%以上采用的是英语。一些美西方媒体有目的地操控着人们对世界的认知，包括对中国形象的认知，甚至企图分化中国人对自身文化的认同，进而达到分化瓦解中国的目的。法国战略研究学家克利斯蒂昂·圣·艾蒂安纳认为，只有通过思想战争才能打败中国发展模式对西方民主制度的威胁。[②]这样，英语逐渐成为权力的一个重要媒介，成为美国推行其文化霸权和分化中国的工具。

以英语为载体的西方新闻媒体对中国的报道大多是负面的，提出中国大力发展"锐实力"、中美之间必然会出现"修昔底德陷阱"等论调，宣扬中国崛起可能给世界带来恐慌，甚至煽动"反华"情绪，大肆对中国进行政治攻击，围堵中国。事实上，语言文字不仅仅是交流沟通的工具，还是打开心结，消除误解的钥匙。中国不仅要推动汉语走向世界，同时也要了解、掌握其他国家的语言文字。习近平总书记指出："一个国家文化的魅力、一个民族的凝聚力主要通过语言表达和传递。"[③]掌握一国语言就是掌握了通往一国文化的钥匙，只有掌握一个国家的语言，才能真正了解该国的文化。我们应该进一步推进汉语、推进中华文化对外传播，通过中华文化传递中华民族的人文精神，传播中国思想理念，消除其他国家对中国的误解。通过中华文化的传播推动中国与其他国家的文化交流、民心相通。

---

① 〔美〕塞缪尔·亨廷顿：《文明的冲突与世界秩序的重建》，周琪、刘绯、张立平、王圆译，新华出版社2010年版，第161页。
② 郑若麟：《以精神独立抵御思想侵蚀》，《人民日报》2017年3月27日。
③ 《习近平同德国汉学家、孔子学院教师代表和学习汉语的学生代表座谈》，《人民日报》2014年3月30日。

另一方面，中华文化的对外传播也能够形塑国家形象，展现中国的文化魅力，揭穿美国"文化霸权"的本质，推动世界文化的多样化。正如习近平总书记所说，"我们要树立你中有我、我中有你的命运共同体意识，跳出小圈子和零和博弈思维，树立大家庭和合作共赢理念，摒弃意识形态争论，跨越文明冲突陷阱，相互尊重各国自主选择的发展道路和模式，让世界多样性成为人类社会进步的不竭动力、人类文明多姿多彩的天然形态"①。如孔子学院在增进中国与世界其他国家相互了解方面发挥了重要作用。中华文化的对外传播并没有改变当地人的文化、信仰与政治体制，是一种文化交流，而不是"文化侵略"。

二、用中华文化构建中国话语体系

在古代，汉字是"东亚书面共同语"。近代早期，德国哲学家莱布尼茨曾提出用汉语作为各种文化相互交流的"世界通用语言文字"，苏格兰传教士马礼逊认为汉语通过视觉而将观念传至内心，在某些方面比西方字母文字更优越。进入近代以来，在线性发展观和目的论的影响下，西方资本主义国家将西方的经济、科技优势解释成"语言优势""文化优势"乃至"种族优势"，西方与东方的区别逐渐转化为文野之分。黑格尔以"阻碍科学发展为由"将中国的汉字视为"半野蛮、半文明"的文字，麦都思进而把中国汉字异化，视汉语为原始文字。同时，西方各国竞相在中国推行西方语言文化教育，其目的在于在中国培养未来的统治者，进而在"思想和精神上统治中国的领导者"。而不少晚清人士不但不拒斥西方的语言等级论，反而为融入世界，进入"文明"国家行列，提出毁弃本国语言文字的谬论。

改革开放之后，随着中国对外交往的不断扩大，西方的社会思潮、理论相继传入中国。一些人在学习西方理论的过程中，逐渐不加分析地套用和照搬，用西方评价标准评判中国的发展，甚至对中华文化进行自我否定。这样，西方的话语方式、思维方式和价值观念在潜移默化中侵蚀了文化自信。

习近平总书记强调："如果我们用西方资本主义价值体系来剪裁我们的

---

① 习近平：《在第七十五届联合国大会一般性辩论上的讲话》，《人民日报》2020年9月23日。

实践，用西方资本主义评价体系来衡量我国发展，符合西方标准就行，不符合西方标准就是落后的陈旧的，就要批判、攻击，那后果不堪设想！最后要么就是跟在人家后面亦步亦趋，要么就是只有挨骂的份。"[①]为此，我们要构建中国特色、中国风格、中国气派的理论体系和话语体系。不能用西方语言来阐释和表述中国实践，而是要立足中国实际，用中国话语来阐述中国理论表述中国的经验、展现中国的社会变迁，而不是跟在西方后面亦步亦趋，盲目崇信，东施效颦。

我们不仅要善于用中国话语讲好中国故事，而且还要善于提炼标识性概念，打造容易为国际社会所理解和接受的新概念、新范畴、新表述。同时，通过这些标识性概念及其相关讨论提高中华文化的国际影响力。

三、用中华文化传播中国价值

中华文化是有独特的魅力和强大的吸引力。汉唐盛期，中国周边国家来中国访学、求学，无不是受中华文化感召而来，进而形成中华文化圈。中国古代各少数民族自愿学习中华文化以推进当地经济社会发展与文化进步。法国前总理拉法兰曾提到中国的和谐思想为世界的和平贡献了巨大力量，英国哲学家汤因比认为，中国的世界主义精神和人文主义价值观将使中华文明担负起未来引领世界大同的历史使命。显然，中国文化的感召力不是建立在武力之上，中国没有武力扩张的文化基因。这也正如习近平总书记所说，"古往今来，中华民族之所以在世界有地位、有影响，不是靠穷兵黩武，不是靠对外扩张，而是靠中华文化的强大感召力和吸引力"[②]。

中华文化不仅仅反映思想，还能够体现时代变迁。曹丕在《典论·论文》中提出了"盖文章，经国之大业，不朽之盛事"。白居易更提出"文章合为时而著，歌诗合为事而作"的口号，周敦颐提出"文以载道"，这都体现出文化能够反映时代、反映社会变迁的特征。当今新时代，我们更应当用中华文化展现时代风貌，来引领时代潮流，发时代之先声，在时代发展

---

① 习近平：《在全国党校工作会议上的讲话》，《求是》2016年第9期。
② 习近平：《坚定文化自信,建设社会主义文化强国》，《求是》2019年第12期。

中有所作为。

中华文化是中华民族精神的载体，传播中华文化不仅可以推动中华文化走出去，也可为国家文化安全提供保障，进而推动中华文化与世界文化的交流互鉴，为推动世界文化多样化提供良好的环境。中华文化对外传播也有利于增强中国文化软实力，提升中国国际话语权。

中华文化是中国几千年的文化积淀，接通的是各族人民共圆伟大复兴梦想的感情，展现的是各民族携手同心的民族精神。经济全球化虽然促进了中华文化的对外传播，在一定程度上有利于打破西方文化的垄断地位，还有利于构建中国特色、中国风格、中国气派的话语体系，但是我们也应该看到这一任务任重而道远。这不仅需要广大科研工作者构建标识性概念、标识性表述，进而引领国际舆论大讨论。同时，在这一过程中，我们还应该用中华文化传播中国理念，讲好中国故事，传播好中国声音，掌握国际话语权和全球舆论的引导权，进而为建设社会主义文化强国贡献力量。

（李士珍系内蒙古农业大学马克思主义学院副院长、教授）

中国式现代化对世界现代化的重要贡献

刘爱玲

党的二十大报告指出："从现在起，中国共产党的中心任务就是团结带领全国各族人民全面建成社会主义现代化强国、实现第二个百年奋斗目标，以中国式现代化全面推进中华民族伟大复兴。"[①]2023年10月18日，习近平主席在第三届"一带一路"国际合作高峰论坛开幕式上的主旨演讲，指出："我们追求的不是中国独善其身的现代化，而是期待同广大发展中国家在内的各国一道，共同实现现代化。世界现代化应该是和平发展的现代化、互利合作的现代化、共同繁荣的现代化。"[②]中国将致力为世界现代化进程贡献中国智慧、提供中国方案、奉献中国力量。中国式现代化的成功拓展对推进世界现代化具有重要的理论和现实意义。

一、中国式现代化的内涵和特征

"现代化"指社会摆脱旧形态时所发生的变化，涉及社会经济、政治、文化、心理等方面的整体变迁，并具有向更大范围扩张的特征。在现代化推进的进程中，其内涵、特征也发生了系统性的变化。早在"四五"时年

[①] 习近平：《高举中国特色社会主义伟大旗帜 为全面建设社会主义现代化国家而团结奋斗——在中国共产党第二十次全国代表大会上的报告》，人民出版社2022年版，第21页。
[②] 习近平：《建设开放包容、互联互通、共同发展的世界：在第三届"一带一路"国际高峰合作论坛开幕式上的主旨演讲》，人民出版社2023年版，第7页。

代,"西化""欧化"被认为是现代化。之后,现代化又被指在近代资本主义兴起后的国际关系格局下,经济上落后国家通过革命技术手段赶上世界先进水平的历史过程。邓小平同志在谈到"四个现代化"时就强调"关键是科学技术的现代化"。在现代化进程中,也有概念指出,现代化实质上就是工业化,更确切地说,是经济落后国家实现工业化的进程,是人类社会从传统农业社会向现代工业社会转变的历史过程。从概念的范畴阐释,现代化是相对于"传统"而言,传统是前现代化社会的特征,而现代性是现代社会的特征,这种社会是在工业化推动下发生变革形成的,具有民主化、法制化、工业化、都市化、均富化、福利化、社会阶层流动化、宗教世俗化、教育普及化、知识科学化、信息传播化、人口控制化等特征。

中国式现代化是人口规模巨大的现代化;中国式现代化是全体人民共同富裕的现代化;中国式现代化是物质文明和精神文明相协调的现代化;中国式现代化是人与自然和谐共生的现代化;中国式现代化是走和平发展道路的现代化。

中国正在以中国式现代化全面推进强国建设、民族复兴伟业,中国也积极支持各国独立自主地选择符合本国实际、具有自身特色的现代化发展道路。中国式现代化,是中国共产党领导的社会主义现代化。中国式现代化具有独特的阶级性,中国共产党领导是中国式现代化的本质特征之一。

二、中国式现代化的世界贡献

中国式现代化不可复制,但是中国式现代化的理论范式、实践经验可以为世界上探索现代化的国家提供参考、借鉴。

(一)中国式现代化的成功拓展为推进世界现代化贡献中国力量

2020年第七次全国人口普查,我国人口规模达到14.1亿人,中国式现代化是14亿多人共同迈进的现代化。迄今为止,世界上实现现代化的国家和地区不超过30个,总人口超过10亿。中国共产党领导中国14亿多人民集体迈入现代化,不仅改写了世界现代化的版图,同时也拓展了世界现代化的进程,有力地推进了世界现代化。中国式现代化是人口规模巨大的现代化，这是中国式现代化的特征，也是中国式现代化的显著优势。人口巨大说明拥有巨大的市场、巨大的需求和巨大的潜力。人口规模巨大的现代化对加快构建以国内大循环为主体、国内国际双向循环相互促进的新发展格局、推动经济高质量发展具有重大促进作用，也将为世界现代化提供广阔的市场和潜在的资源，为世界各国的现代化贡献中国力量。

（二）中国式现代化打破了"现代化就是西方化"的迷思，为世界现代化贡献了新模式

现代化起源于18世纪60年代英国工业革命，随后扩展到欧洲以及世界其他地区。从现代化发展序列来看，以英美为代表的西方现代化，是先发的现代化，而包括中国在内的一些国家的现代化是后发的现代化。在世界现代化进程中，现代化理论和现代化模式的全球话语权被西方所垄断，在"西方中心主义"的裹挟下导致了"现代化就是西方化"的话语陷阱。中国式现代化不仅不以西方为模式，还打破了"现代化=西方化"的迷思。现代化虽然始于西方，但绝非西方"专利"，世界上不存在放之四海而皆准的现代化标准。中国式现代化既有各国现代化的共同特征，也有基于我国国情的中国特色，是依据我们自己的历史、文化、人口和自然资源禀赋所作出的自己的选择。中国式现代化也给世界上致力于推进本国现代化的国家提供启示：任何一个国家、民族都可以根据自己的历史、文化、现实国情等条件，独立自主地走出一条适合自己的现代化道路。

（三）中国式现代化丰富和发展了社会主义现代化理论，创造了人类文明新形态

对历史最好的继承，就是创造新的历史；对人类文明最大的礼敬，就是创造人类文明新形态。中国式现代化是中国共产党领导的社会主义现代化。中国式现代化既有各国现代化的共同特征，也有基于我国国情的中国特色。中国式现代化丰富和发展了社会主义现代化理论，科学回答了社会主义国家如何实现现代化的重大命题，创造了人类文明新形态，在21世纪的中国展示了科学社会主义的强大生机活力。中国式现代化不是古老文明

的衰亡，而是传统文化的新生。西方的现代化进程是外向用力的过程，一味追求物欲的满足，缺少文化的浸润和观念的塑造，所以西方的外向式现代化在实现了经济、技术高度发达的同时，却陷入了以资本为中心的现代化陷阱，导致了经济富足背后的精神空虚、道德失范、价值缺失。中国式现代化强调物质文明和精神文明相协调的现代化，坚持用中华优秀传统文化的深厚底蕴温润人心，引导人民由外向发力转为内向发力，由器物约束转向观念变革，最终引导人实现自由而全面的发展。

（四）中国式现代化，坚持和平发展道路，描绘了世界现代化的新图景，回答了世界之问

党的二十大以来，习近平总书记系统阐释了世界现代化理论，回答了世界将走向何处、世界现代化将如何实现的问题；指出世界现代化应该是和平发展的现代化、互利合作的现代化、共同繁荣的现代化；提出了推进世界现代化的5点主张[1]；首次提出共同推进亚洲现代化进程。"中国式现代化""世界现代化""亚洲现代化"回应了世界文明的现代化走向，回应了世界之问。习近平总书记对世界现代化伟大图景的描绘，对世界现代化道路的选择就是在系统回答人类正在面临的一系列亟待解答和解决的世界之问，深刻把握和系统阐释共产党执政规律、社会主义建设规律、人类社会发展规律，从"三大规律"中正确把握中国的走向和世界的发展，系统回答了未来建设一个什么样的世界、如何建设这个世界的问题。中国共产党基于"三大规律"提出："中国式现代化是人与自然和谐共生的现代化；中国式现代化是走和平发展道路的现代化。"深刻阐释中国式现代化的中国特色、本质要求和重大原则。中国式现代化坚持走和平发展的道路，突破了"修昔底德陷阱"，走出了西方"国强必霸"的传统发展模式窠臼，回应世界质疑、回答世界之问。

---

[1] 要坚守人民至上理念，突出现代化方向的人民性；要秉持独立自主原则，探索现代化道路的多样性；要树立守正创新意识，保持现代化进程的持续性；要弘扬己达达人精神，增强现代化成果的普惠性；要保持奋发有为姿态，确保现代化领导的坚定性。

（五）中国式现代化实现了"由串联到并联"的路径创新，为世界现代化贡献了新方法

习近平总书记指出："西方发达国家是一个'串联式'的发展过程，工业化、城镇化、农业现代化、信息化顺序发展，发展到目前水平用了二百多年时间。我们要后来居上，把'失去的二百年'找回来，决定了我国发展必然是一个'并联式'的过程，工业化、信息化、城镇化、农业现代化是叠加发展的。"[①]我国大胆吸收和借鉴人类社会创造的一切文明成果，用几十年的时间走完了西方发达国家上百年甚至数百年的发展历程，为发展中国家的现代化建设提供了鲜活的范例。中国探索出了一条"后发赶超型"现代化推进模式，也就是并联式的现代化发展模式，为世界现代化提供了方法论指导。

（刘爱玲系中国社会科学院马克思主义研究院思想政治教育研究室主任、副研究员）

---

① 《习近平关于科技创新论述摘编》，中央文献出版社2016年版，第24-25页。

科学把握人类文明新形态的内涵要义

李凯旋

党的二十大报告指明中国式现代化的本质要求："坚持中国共产党领导，坚持中国特色社会主义，实现高质量发展，发展全过程人民民主，丰富人民精神世界，实现全体人民共同富裕，促进人与自然和谐共生，推动构建人类命运共同体，创造人类文明新形态。"[1]新征程，全面建成社会主义现代化强国、实现第二个百年奋斗目标，以中国式现代化全面推进中华民族伟大复兴，必须深刻把握人类文明新形态的科学内涵和核心要义。

一、社会主义与中华文明有机统一的文明新形态

新中国成立以来，中国共产党带领人民完成社会主义革命，确立了社会主义基本制度，为当代中国的发展奠定了根本政治前提和政治基础。中国共产党改革开放的伟大觉醒，孕育了党对中国特色社会主义从理论到实践的伟大创造，不仅坚持和巩固了社会主义基本制度，而且为发挥社会主义的制度优势提供了新的体制保证。

新时代以来，中国共产党领导人民坚持把马克思主义基本原理同中国具体实际相结合、同中华优秀传统文化相结合，自觉遵循社会发展规律，推动物质文明、政治文明、精神文明、社会文明、生态文明协调发展，成

---

[1] 习近平：《高举中国特色社会主义伟大旗帜　为全面建设社会主义现代化国家而团结奋斗——在中国共产党第二十次全国代表大会上的报告》，人民出版社2022年版，第23—24页。

功开创人类文明新形态。如果说马克思主义和社会主义救了中国、发展了中国，那么，中国也没有辜负马克思主义和社会主义。中国式现代化使社会主义从科学理论发展成为一种新的文明形态，出现在人类文明发展史上。这一文明新形态，超越了"西方以资本为中心的现代化、两极分化的现代化、物质主义膨胀的现代化、对外扩张掠夺的现代化老路"所造就的"内在对抗"的资本文明。

中国共产党人始终是中华优秀传统文化的忠实继承者和弘扬者。习近平总书记在党的二十大报告中指出，中华文明中蕴含的天下为公、民为邦本、为政以德、革故鼎新、任人唯贤、天人合一、自强不息、厚德载物、讲信修睦、亲仁善邻等，是中国人民在长期生产生活中积累的宇宙观、天下观、社会观、道德观的重要体现。这些价值观，积淀着中华民族最深层的精神追求，代表着中华民族独特的精神标识，与科学社会主义价值观主张有高度契合性，为中国式现代化所开创的人类文明新形态注入了中华文明更深沉、更持久的精神力量。人类文明新形态，就是中国共产党带领中国人民"坚持把马克思主义基本原理同中国具体实际相结合、同中华优秀传统文化相结合"，解决中国问题和世界问题时所创造的伟大成果。这在社会主义文明史和中华文明史上都具有里程碑意义，必然会成为中华民族发展史和世界文明发展史的重要篇章。

二、以人为本、以人民为中心的文明新形态

人民性是中国共产党的理论基点和实践皈依，是党为中国人民谋幸福，为中华民族谋复兴的初心使命、理想追求、历史自觉和责任担当。中国共产党团结带领人民进行社会主义革命、建设的过程中，始终坚持"为人民服务"的思想，坚持"一刻也不脱离群众，一切从人民的利益出发"。改革开放以来，党带领广大人民群众解放思想、锐意进取，不断推进社会成果的人民共享。进入新时代，中国共产党深入贯彻以人民为中心的发展思想，人民群众获得感、幸福感、安全感更加充实、更有保障、更可持续。中国式现代化创造的人类文明新形态，着力推动全体人民共同富裕，维护和促进社会公平正义，坚持把促进人的自由全面发展、实现人民对美好生活的

向往作为出发点和落脚点。

人民就是江山,江山就是人民。中国式现代化坚持党的领导、人民当家作主、依法治国有机统一,坚持人民主体地位,充分体现人民意志、保障人民权益、激发人民创造活力,丰富人民精神世界,在推动十四亿多人口整体迈进现代化社会的过程中,创造促进人的全面发展和社会全面进步的文明新形态。

人民是中国式现代化的主体力量,是人类文明新形态的主体创造者。人民不仅是社会物质财富的创造者,也是社会精神财富的创造者;人民不仅改造客观世界,而且改造主观世界,对人类文明新形态发展起根本推动作用。习近平总书记指出,人民是历史的创造者,是决定党和国家前途命运的根本力量。百余年来,中国共产党始终注重依靠人民,尊重人民主体地位,发挥人民首创精神,充分调动人民群众的积极性、主动性、创造性,才取得了新民主主义革命和社会主义革命的历史胜利,创造了改革开放和社会主义现代化建设的历史伟业,创造了新时代中国特色社会主义的伟大成就。

三、发展中国家走向现代化的全新文明形态选择

方向决定道路,道路决定命运。中国式现代化创造的人类文明新形态,是改变"东方从属于西方"的世界格局、拓展发展中国家走向现代化途径的文明新形态。在《共产党宣言》中,马克思、恩格斯指出,在"历史向世界历史转变"的过程中,资产阶级"强迫一切民族""采用资产阶级的生产方式",按照"自己的面貌为自己创造出一个世界"。这个"世界"使"农村从属于城市""使未开化和半开化的国家从属于文明的国家,使农民的民族从属于资产阶级的民族,使东方从属于西方"。[1]1840年鸦片战争以后,中国逐步成为半殖民地半封建社会,国家蒙辱、人民蒙难、文明蒙尘,中华民族的文明面临难以赓续的危机。十月革命给中国送来了马克思列宁主义。"中国产生了共产党,这是开天辟地的大事变,这一开天辟地的大事

---

[1]《马克思恩格斯选集》第1卷,人民出版社2012年版,第404、405页。

变，深刻改变了近代以后中华民族发展的方向和进程，深刻改变了中国人民和中华民族的前途和命运，深刻改变了世界发展的趋势和格局。"[1]中国共产党领导中国人民进行社会主义革命和推进社会主义建设，实现了贫困落后、人口众多的东方大国迈进社会主义社会的伟大飞跃。在进行中国特色社会主义探索的征途中，实现了从经济发展水平相对落后到经济总量跃居世界第二的历史性突破，实现了人民生活从温饱不足到全面小康的历史性跨越。党的十八大以来，党和国家事业取得历史性成就、发生历史性变革，成功推进和拓展了中国式现代化。

因此，中国式现代化对人类文明新形态的创造，是中国共产党团结带领中国人民争取民族独立、人民解放，实现国家富强、人民幸福的伟大实践，是对近代以来中国的"东方从属西方"历史境遇的深刻改变。中国式现代化创造的人类文明新形态，打破了西方中心主义的世界现代化文明形态格局，为发展中国家走向现代化提供了全新的文明形态选择。

四、开放包容，交流互鉴中大放异彩的文明新形态

人类文明新形态是中华民族现代文明同其他文明不断交流互鉴而形成的。各种人类文明在价值上是平等的，各有千秋，也各有不足。正如恩格斯晚年所说："我们的历史观首先是进行研究工作的指南，并不是按照黑格尔学派的方式构造体系的杠杆。必须重新研究全部历史，必须详细研究各种社会形态的存在条件，然后设法从这些条件中找出相应的政治、私法、美学、哲学、宗教等等的观点。"[2]在这样的历史观指导下，在这样的研究基础上，秉持包容精神的文明交流互鉴，对外来文化精华的吸收，绝不可能抹杀掉具有突出连续性、统一性的中华文明的本质特征，也绝不可能遮蔽掉中国文化的优良传统。

中华民族现代文明创造人类文明新形态的实践性，为其在文明交流互鉴中创造了条件。一切旧的哲学归根到底都是在"解释世界"，而问题在于

---

[1] 习近平：《在庆祝中国共产党成立95周年大会上的讲话》，人民出版社2016年版，第2页。
[2]《马克思恩格斯选集》第4卷，人民出版社2012版，第599页。

"改变世界"。实践本身既是当下基于过往理性与感性经验的创造性活动,也是面向未来的探索。因此,凝结着中国式现代化和中国特色社会主义的具体实践经验的中华民族现代文明,将在文明交流互鉴中大放异彩。马克思主义中国化时代化就是东西方文明交流互鉴与"结合"的经典之作。正如习近平总书记所指出的那样,这种"结合"的结果是互相成就,造就了一个有机统一的新的文化生命体,让马克思主义成为中国的,中华优秀传统文化成为现代的,让经由"结合"而形成的新文化成为中国式现代化的文化形态。由此,中华文明创造的人类文明新形态,也将为构建人类命运共同体做出更大的贡献,恰如英国著名哲学家罗素所言,"中国至高无上的伦理品质中的一些东西,现代世界极为需要","若能够被全世界采纳,地球上肯定会比现在有更多的欢乐祥和"。[1]

五、立己达人、胸怀天下的文明新形态

中国式现代化创造的人类文明新形态,是立己达人、胸怀天下,推动构建人类命运共同体的文明新形态。面对"我们所处的时代充满挑战,也充满希望。人类社会应该向何处去"这样的时代之问,习近平总书记铿锵有力地给出了中国方案——"构建人类命运共同体,实现共赢共享"[2]。

人类命运共同体的构建,是人类文明新形态的题中应有之义。习近平总书记指出:"人类命运共同体,顾名思义,就是每个民族、每个国家的前途命运都紧紧联系在一起,应该风雨同舟,荣辱与共,努力把我们生于斯、长于斯的这个星球建成一个和睦的大家庭,把世界各国人民对美好生活的向往变成现实。"[3]人类文明新形态蕴含的包容、和谐、人本、共荣等人类文明进步理念,同时也是人类命运共同体的价值要求。

中华传统文化蕴含的"世界大同,天下一家"的天下观,"以义为先,

---

[1]〔英〕罗素:《中国问题》,秦悦译,学林出版社1996年版,第167、7页。
[2]《习近平主席在出席世界经济论坛2017年年会和访问联合国日内瓦总部时的演讲》,人民出版社2017年版,第22页。
[3] 习近平:携手建设更加美好的世界——在中国共产党与世界政党高层对话会上的主旨讲话》,人民出版社2017年版,第4页。

义利并举"的义利观，"以和为贵，和而不同"的和平观等，为中国共产党坚持胸怀天下提供了深厚的文化滋养。中华民族的血液中没有侵略他人、称王称霸的基因，中国共产党和中国人民不仅希望自己发展得好，也希望造福世界，希望各国人民都能拥有幸福安宁的生活。

纵向地看，根据马克思主义唯物史观理论，人类社会存在五种文明形态。这些文明形态由低向高演进，包括奴隶社会的文明、封建社会的文明、资本主义文明和社会主义文明。资产阶级按自己的面貌创造世界的进程中，造成了世界的分裂、冲突与对抗。中国式现代化开创的人类文明新形态，以马克思主义和中华传统优秀文化的融合为根基，站在人类文明进步的一边，高举和平、发展、合作、共赢旗帜，打破了西方现代化"唯我独尊"格局，摒弃了两极分化、扩张掠夺、战争殖民、损人利己、充满血腥罪恶的现代化道路和文明形态。横向地看，世界有多种形态的文明并存，文明是由不同国家、民族的人民创造的。中国式现代化开创的人类文明新形态，学习借鉴一切人类文明优秀成果，在坚定维护世界和平与发展中谋求自身发展，以自身发展更好维护世界和平与发展，为世界百年未有之大变局注入正能量，引领人类文明形态的发展方向，推动人类命运共同体的构建。

（李凯旋系中国社会科学院马克思主义研究院副研究员）

中国式现代化蕴含的一元多线论现代化范式

郭海龙

回顾历史,中国式现代化有三个层次的起点:首先,自发的历史起点以19世纪晚清三场革新运动(洋务运动、戊戌变法、清末新政)为标志;其次,自觉的理论起点,标志是伟大的民主革命先行者孙中山《建国方略》(写于1917—1920年);最后,成功的实践起点标志是我国"四化"(1954年9月首提)。新中国成立,正式启动了中国式现代化,有力推动了中华民族伟大复兴,与中华民族现代文明是一体两面,二者共同推动中华民族伟大复兴。在国外,法国历史学家布罗代尔曾对新中国成立开启的现代化进程作出高度评价:"实践证明,'中国的实验'取得了无与伦比的、令人信服的成功——它在1945年还造不出摩托车,但现在以相同的科学技术条件在不同的社会经济关系中发挥着不同的作用,马上能够制造原子弹了,在非常短的时间里,这一活着的最古老的文明就变成了所有欠发达国家中最年轻、最活跃的力量。"[①]"中国式现代化"概念的横空出世,说明我国具备实力和资格通过社会主义现代化建设赢得国际话语权,引领全球南方国家打破"现代化=西方化"的误区。而一元多线论现代化范式,就是理论与实践方面长期努力的结果。

---

① 〔法〕布罗代尔:《世界史纲》,肖昶等译,广西师范大学出版社2003年版,第215页。

一、一元多线论现代化范式的历史性奠基

纵观中国的现代化历程及发展趋向,从站起来到富起来,再到强起来,经过了一个艰难曲折的螺旋式上升过程:传统框架下的"师夷长技"部分否定了专制皇权统治的器物层面;"中体西用"价值观部分否定了对"师夷长技"的价值层面;新文化运动部分否定了"中体西用"的思想层面;以苏联社会主义模式为师的赶超状态部分否定了新文化运动的自由主义成分;改革开放则部分否定了苏联模式的教条主义成分。中国式现代化以马克思主义为指导思想,蕴含着人类社会实现现代化的新范式,即以一元二象性哲学原理为基础的一元多线论现代化范式。

(一)一元多线论现代化范式的源头:罗荣渠先生的《现代化新论》

在学术界,早在改革开放之初,罗荣渠先生以毕生心血出版了《现代化新论》,该书以宏观史学视野,首次提出以生产力为社会发展主轴的一元多线历史发展观[1],并运用跨学科的研究方法,融理论与历史研究为一体,力图突破苏联模式传统与西方现代化理论的窠臼,汇总出一元多线论为基础的现代化范式[2]。

一元多线论,即以生产力为代表的客观世界物质经济基础为"一元",规定着社会存在内在的"质"性;而"多线",承载着民族文化、历史惯性、发展阶段、意识形态、宗教、国际交往、人物性格等差异,即"量"的多样性。二者共同塑造出人类社会发展轨迹,丰富了唯物史观,为中国式现代化蕴含的现代化新范式进行了科学铺垫。在实践中,需充分综合各类非理性角色所许可的"度",具体问题具体分析,兼顾原则性(一元)与灵活性(多线),从而高超运用了马克思主义。就哲学层面而言,由于辩证唯物论和唯物辩证法是马克思对德意志古典哲学,尤其是黑格尔唯心主义辩证法和费尔巴哈机械唯物主义的扬弃,而一元多线论则是对辩证唯物论"一元"、唯物辩证法"矛盾普遍性与多样性"、与唯物史观"历史合力"的

---

[1] 罗荣渠:《论一元多线历史发展观》,《历史研究》1989年第1期。
[2] 董正华:《从历史发展多线性到史学范式多样化——围绕"以一元多线论为基础的现代化范式"的讨论》,《史学月刊》2004年第5期。

有机整合和融合创新。

（二）一元多线论现代化范式的哲学原理：吸收自然科学和社会科学等最新革命性成果的一元二象性

20世纪以来，随着自然科学波粒二象性的提出，人文社会科学意识流心理学和意识流文学的出现，以及生理心理学证实心理活动的物质基础（比如多巴胺、茶多酚、咖啡因之类的兴奋或抑制因子），人们意识到，粒子性—波动性对应的物质—意识之间，由于中微子等粒子组成"场"产生的量子纠缠等相互作用，构成了心物二象性、政治—经济二象性等诸如此类的辩证关系，统称一元二象性。以心物二象性为例，在物—心转化方面，"思想一旦掌握群众，就变成力量"[①]，表明：经济基础只是决定了人类主观能动性的活动区间，而思想、法律、制度等作为上层建筑层面，在人类的实践过程中，反过来，对客观存在、社会存在具有统摄作用，即可以把握历史主动的能动性。

因此，立足于20世纪自然科学与人文社会科学最新革命性成果的一元二象性，是对19世纪辩证唯物论和唯物辩证法的深化，构成了一元多线论的哲学原理。对应在唯物史观领域，一元二象性就是以生产力为基础的科学精神—人文情怀二象性。其中，从科学精神到人文情怀的光谱程度不同，如同光波中不同波段呈现出不同颜色的彩虹一样，展现出多样性，具体表现为民族文化、历史惯性、意识形态、国际交往等"多线"，构成了一元多线论。在一元多线论中，科学精神与人文情怀这两条主线，是唯物史观"历史合力论"力学平行四边形法则中的两个基本矢量，是社会发展最主要的力量。总之，一元二象性有机地奠定了一元多线论的哲学原理。

二、一元多线论现代化范式的实践表征

中国式现代化，吸取了东西方现代化的经验教训，兼顾了"统一"与"多样"，符合美学和哲学所讲的和谐状态，使科学社会主义焕发出生机活

---

① 《列宁全集》第32卷，人民出版社1985年版，第324页。

力①。因此，一元多线论现代化范式契合中国式现代化的总体框架，具有强大的生命力。

经济上，以公有制为主体、多种所有制共同发展的经济制度和以按劳分配为主体、多种分配方式并存的分配制度是中国式现代化的基本经济运行机制，符合生产力发展要求，促进了社会主义现代化事业的发展。

政治上，东西南北中，党是领导一切的，既坚决维护"两个确立"，又坚决做到"两个维护"，是中国最大的政治。中国共产党的集中统一领导与调动中央和地方两个积极性相得益彰。同时，在政党制度方面，中国共产党领导的多党合作与政治协商是全过程人民民主的重要组成部分，是协商民主实践的新境界。

文化上，弘扬主旋律、提倡多样性，既树立马克思主义的指导地位，牢牢守住主流意识形态的主阵地（一元），又根据时代发展，不断把马克思主义基本原理与中国鲜活的实践经验和中华优秀传统文化相结合，推动马克思主义中国化时代化大众化；同时，大胆吸收人类社会一切文明先进成果（多线），博采众长、为我所用，促进社会主义文化大发展大繁荣。

在族群关系方面，汉族占主体、各个少数民族与汉族"大杂居、小聚居"的长期传统，促进了中华民族共同体（一元）的形成，在这一共同体的基础上，我国通过转移支付、双语教学、派遣干部促进了各个民族互联互通、共同繁荣（多线），为各民族进一步团结融合打下了扎实基础。

因此，处理好"一"与"多"的辩证关系，以"五位一体"等方式实现多样统一，是中国特色社会主义在形而上学谓之"道"，即本体论（ontology）层面的基本命题，是中国式现代化蕴含的"一元多线论"现代化范式得以确立的实践之源、立论之本、思想之基。

在中国式现代化引领中国大步前行的美好前景下，我国在国际关系层面对基本价值观、国际交往观、全球格局观等方面兼顾"统一"与"多样"，契合一元多线论现代化范式，为我国积极融入国际社会，进而构建国际政治经济新秩序提供了宽广而深邃的国际视野。在基本价值观方面，坚

---

① 郭海龙：《新时代中国特色社会主义的历史方位与国际价值——以世界社会主义实践类型为背景》，《中共天津市委党校学报》2018年第2期。

持"广泛共识+具体国情"。在国际交往观方面，坚持"共同价值+文明多样性"。在全球格局观方面，坚持"构建人类命运共同体+推动世界多极化进程"。

三、一元多线论现代化范式的理论站位

"以一元多线论为基础的现代化范式"所坚守的马克思主义历史唯物主义，是历史学与科学结合的产物[①]。

20世纪末的苏联解体、东欧剧变，标志着苏联那种过于强调"一大二公"、高度集中计划经济体制引领的现代化范式寿终正寝。中国式现代化超越了"西方以资本为中心的现代化、两极分化的现代化、物质主义膨胀的现代化、对外扩张掠夺的现代化"[②]。"西方发达国家是一个'串联式'的发展过程，工业化、城镇化、农业现代化、信息化顺序发展，发展到目前水平用了二百多年时间。我们要后来居上，决定了我国发展必然是一个'并联式'的过程，工业化、信息化、城镇化、农业现代化是叠加发展的。"[③]这意味着对原有现代化范式，主要是西方现代化范式的扬弃与超越。

原有现代化范式中的机械一元论，表现在经济方面"私有财产神圣不可侵犯"、政治上妄图以"普世价值"和新自由主义"华盛顿共识"一统天下等方面。原有现代化范式中的二元对立论，存在于承担利益表达与利益综合职能的政党制度层面。原有现代化范式中的多元主义，表现为多元文化基础上的多党竞争型代议制，以欧洲大陆法国和意大利为典型。

此前，关于中国式现代化体现了何种现代化范式，存在一定的分歧。国内对相关"范式"的认识存在分歧，且缺少哲学高度，更缺少唯物史观根基。应回归马克思主义的本源，以唯物史观为基础建立中国式现代化的解释框架。

[①] 董正华：《从历史发展多线性到史学范式多样化——围绕"以一元多线论为基础的现代化范式"的讨论》，《史学月刊》2004年第5期。
[②] 习近平：《以史为鉴、开创未来 埋头苦干、勇毅前行》，《求是》2022年第1期。
[③]《习近平关于科技创新论述摘编》，中央文献出版社2016年版，第24-25页。

四、一元多线论现代化范式的价值导向

中国式现代化蕴含的一元多线论范式具有丰富的战略价值：中国式现代化既坚持社会主义原则（一元），通过跨越"卡夫丁峡谷"促进世界社会主义复兴和人类进步；又继承本来、吸收外来、把握未来，博采众长、为我所用（多线），塑造人类文明新形态。

第一，"多线"前提下的"一元"意味着：中国式现代化坚持科学社会主义原则，通过跨越"卡夫丁峡谷"促进世界社会主义复兴和人类进步。跨越"卡夫丁峡谷"设想，是马克思东方社会理论的重要组成部分。而改革开放，有助于社会主义国家跨越"卡夫丁峡谷"。中国式现代化只有坚持科学社会主义原则不动摇，坚持中国共产党的领导，才能通过跨越"卡夫丁峡谷"促进世界社会主义复兴和人类进步，这是中国式现代化的本质要求，符合一元多线论现代化范式中关于"质"的规定性。

第二，"一元"基础上的"多线"意味着：中国式现代化继承本来、吸收外来、把握未来，博采众长、为我所用，塑造人类文明新形态。中华文明基因和世界文明成果为中国式现代化提供了充足养分。中国是世界第三次现代化大浪潮中的典型大国，中国式现代化在世界范围内具有鲜明的启发意义。从20世纪50年代，中国"四个现代化"建设起步，到新时代面向21世纪中叶的"社会主义现代化强国"战略擘画，都注重从政治的高度强化综合统筹。这是中国式现代化的马克思主义"方法论"，体现了一元二象性哲理中政治对经济的统摄作用，是中国式现代化的重要启示，对后发国家的现代化具有强烈的借鉴意义。比如，当前在非洲的埃塞俄比亚、坦桑尼亚、阿尔及利亚、突尼斯等国，以中国式现代化为代表的东亚发展型国家现代化范式（一元），起到了积极的示范效应，引领它们走出一条本国特色的现代化新路（多线），从而有助于塑造不同于西方模式的人类文明新形态。

一元多线论现代化范式，从内在构造和国际视野方面兼顾中国式现代化的"统一"和"多样"，具有通过中国式现代化促进世界社会主义复兴和人类进步、塑造人类文明新形态等战略价值，值得深入研究。

[郭海龙系中央党史和文献研究院（中央编译局）助理研究员]

中国式现代化：
从概念释义（译）到实践保证

王雪冬

党的二十大报告对中国式现代化理论做了系统阐述。这一论述是对近代以来无数仁人志士探索民族复兴之路，尤其是新中国成立以来中国共产党领导人民开辟中国式现代化道路的一系列实践所进行的理论总结。中国式现代化问题不仅是一个理论问题，也是一个实践问题。我们既要从理论上把握其科学内涵、中国特色、本质要求和世界意义，也要从实践上推动其深入发展，从而保证中华民族伟大复兴的实现，并为广大发展中国家实现现代化提供借鉴，为世界社会主义的蓬勃发展助力续航。

基于目前国内外学者对于中国式现代化问题的研究，笔者认为，有以下几个问题需要澄清和进一步探讨。第一，"中国式现代化"的几种不同的英文表述及其内涵差异；第二，理解中国式现代化的中国特色的两个维度，即从中华传统文化和社会主义性质这两个维度来理解中国式现代化的中国特色或基本特征；第三，以中国式现代化全面推动实现中华民族伟大复兴的根本保证。

一、"中国式现代化"几种不同的英文表述及其内涵差异

近期，我注意到，一些国外学者在讨论中国式现代化问题时，大致使用了三种不同的英文表述。第一种是 Chinese modernization，第二种是

Chinese-style modernization，第三种则是中国官方使用的表述方式，即 Chinese Path to modernization。第一种表述只揭示出了一种所属关系，即表明这种现代化是中国的现代化而非其他国家的现代化，其概念内涵上相对简单，不够丰富；第二种表述一定程度上突出了这种现代化的中国样式、中国特点，内涵上较第一种表述略丰富一些。但这两种表述方式有一个共同特点，即都是对中国式现代化的一种静态描述。第三种表述 Chinese Path to modernization，直译是"通向现代化的中国道路"，这意味着通向现代化的道路有千万条，而中国独选了这一条，因为它是被实践证明了的最适合中国的一条现代化道路。同时，这一表述突出了中国式现代化的历史过程性，其中就饱含了中国共产党领导中国人民对中国式现代化道路进行的艰苦探索和付出的艰辛努力。因此，这一表述的内涵更丰富，更具动态性、历史性，也更科学、更合理。

澄清中国式现代化概念的英文表述及其科学内涵，有助于国外学者把握中国式现代化的真正要义，从而在此基础上进行科学的再阐释。同时，也有助于减少某些西方大国媒体对中国特色社会主义所做的各种曲解和不实报道。这种恶意曲解和不实报道在相当程度上影响了世界其他国家对中国特色社会主义包括中国式现代化的理解。鉴于此，推动跨越这种阐释和理解的人为障碍，使世人认识和了解一个真实的中国和真正的中国式现代化，就十分必要和重要。

二、中国式现代化基本特征的二维分析

党的二十大报告详细阐述了中国式现代化理论的丰富内容。这一理论包括中国式现代化的根本性质、中国特色、本质要求、重大原则及世界意义等一系列内容。

中国式现代化的根本性质是中国共产党领导的社会主义现代化。中国共产党领导和社会主义性质这两点保证了中国式现代化的正确方向。

报告还概括了中国式现代化的五个方面的中国特色，即中国式现代化的基本特征，即人口规模巨大、全体人民共同富裕、物质文明与精神文明相协调、人与自然和谐共生、走和平发展道路。其中，"人口规模巨大"实

际上是一个国家的自然禀赋、自然属性，在这里不做过多探讨，只想说明一点，正是由于中国人口众多，推进中国式现代化的任务就更为复杂艰巨，因此取得的成就就更伟大、更具世界意义。除了这一基本特征以外，其他几个方面的基本特征都可以从中华传统文化和社会主义的性质两个维度来深入理解。下面仅以其中两个基本特征为例进行分析。

（一）全体人民共同富裕

从中华传统文化角度来看，共同富裕的理念来自于中国古代的"小康""天下大同"等传统文化观念。无论是古代开明的王朝统治者还是普通百姓都追求"国实民富""藏富于民"，这都是对共同富裕的素朴表达，代表着中国人古已有之的对未来社会的美好期盼。只是在封建王朝统治时期，这一目标是不可能实现的。只有在人民当家作主那一天到来时，在一个真正代表人民利益的政党——中国共产党的领导下，这一目标才能实现。中国人民和中国共产党对共同富裕目标的追求深深植根于中华历史文化传统之中。中国共产党在带领中国人民朝着这一目标努力奋进的过程中，不断汲取着中华优秀传统文化的养分。

从社会主义的性质来看，马克思主义是指引无产阶级实现全人类解放的科学理论。马克思、恩格斯在《德意志意识形态》中指出，"当人们还不能使自己的吃喝住穿在质和量方面得到充分保证的时候，人们就根本不能获得解放"[1]。换句话说，只有人民的物质和精神生活在质和量上都达到较高水平时，才谈得上人民解放。中国共产党始终牢记这一点。基于此，邓小平将社会主义的本质概括为，解放生产力、发展生产力，消灭剥削，消除两极分化，最终达到共同富裕。共同富裕是社会主义的本质要求，是社会主义社会要实现的根本目标。

（二）走和平发展道路

从中华传统文化角度来看，中华文化是一种内敛型的文化，而非进攻性文化，这一点明显不同于西方，这决定了中国不会像某些西方大国那样

---

[1]《马克思恩格斯选集》第1卷，人民出版社2012年版，第154页。

通过战争向外搞扩张。

　　恩格斯在1851年《德国的革命和反革命》一书中指出，"判断一个人当然不是看他的声明，而是看他的行为"①，判断一个国家也应如此。就中国而言，不管是几千年前开辟的"丝绸之路"还是今天的新丝绸之路即"一带一路"，中国与世界各国更多进行的是器物层面和思想文化层面的交流，当然今天"一带一路"交流的领域更多、更广泛，但无论如何，中国从来没有像欧洲列强那样，一旦踏上一个新大陆就开始强行殖民。中华民族没有穷兵黩武、好战的基因。中国不仅是这么说的，也是这么做的。只有霸权逻辑深入骨髓的西方国家对此是持质疑态度或完全不相信的，所以他们反过来也以霸权逻辑揣度中国、抹黑中国。

　　从社会主义的性质来看，社会主义的中国是维护世界和平的重要力量。恩格斯说过，资本的本性就是不断扩张，停止扩张就意味着资本主义的死亡②。因此，资本主义的侵略性是其内在的本质属性。正因如此，几个世纪以前，西方大国打着"传播文明"的旗号侵略和掠夺亚非拉国家，而今他们又以"协调地区冲突"为名从部分国家攫取利益，甚至已经到了毫不掩饰、连最蹩脚的借口都懒得去找寻的地步，其帝国主义的本性暴露无遗。相反，社会主义的最终目标是要消灭资本，反对一切以侵略扩张为目的的帝国主义战争。社会主义才是维护世界和平的根本力量。

三、以中国式现代化推动实现中华民族伟大复兴的根本保证

　　二十大报告指出，"从现在起，中国共产党的中心任务就是团结带领全国各族人民全面建成社会主义现代化强国、实现第二个百年奋斗目标，以中国式现代化全面推进中华民族伟大复兴"③。面对中国的快速崛起，某些西方大国加紧从经贸、科技、军事等各领域全方位围堵中国，试图阻止中国式现代化前进的步伐，阻断中华民族伟大复兴的历史进程。这当然是不

---

①《马克思恩格斯文集》第2卷，人民出版社2009年版，第438页。
②《马克思恩格斯全集》第29卷，人民出版社2020年版，第324页。
③ 习近平：《高举中国特色社会主义伟大旗帜　为全面建设社会主义现代化国家而团结奋斗——在中国共产党第二十次全国代表大会上的报告》，人民出版社2022年版，第21页。

可能的，因为中国有足够强大的制度优势和民族力量，能够保证以中国式现代化推动中华民族伟大复兴的实现。

（一）中国共产党的坚强领导

当前，很多西方国家民众对其执政党倍感失望，因为他们都拿不出能够使西方社会摆脱危机的有效对策，反而执着于政党斗争，给竞争对手挖坑设障，并不真正关心人民生活的好坏。相比之下，近年来，中国人民对中国共产党的支持率高达90%以上（国外有民调机构调查结果显示是95%左右），这在当今世界是绝无仅有的。我们不禁要问，这是如何实现的？其实，要回答这一问题并不难。因为中国共产党从成立之日起就带领中国人民实现了一个又一个伟大奇迹，如带领中国人民经过艰苦卓绝的斗争实现了民族独立和人民解放，又经过几十年的改革开放和社会主义建设，使中国的GDP从1978年的0.37万亿元增长到2022年的121.02万亿元，翻了300多倍，人均GDP从1978年的0.04万元增长到2022年的8.57万元，翻了200多倍，使8亿人口摆脱了贫困，全面建成了小康社会，人民生活水平显著提高，创造了经济快速发展和社会长期稳定的奇迹。这在人类社会发展史上、世界政党发展史上都是罕见的。正因为中国共产党在不同时代解决了中国人民迫切要求解决的一系列重大现实问题和时代问题，才赢得了中国人民的衷心拥护。中国共产党的坚强领导，是以中国式现代化推动实现中华民族伟大复兴的根本保证。

（二）新型举国体制

什么是举国体制？有学者这样界定：举国体制是指由国家出面，为实现某一特定的战略目标和任务，组织动员和调配全国各方面力量，实施某项重大任务的工作体系和运行机制。新型举国体制更强调整合政府、市场和社会等各方面力量，形成强大合力和整体优势。

在中国共产党和中国政府的相关文件中提到新型举国体制时，主要涉及的是重大体育赛事和创新科技攻关，但实际上这一体制机制在处理所有关乎国计民生和国家发展的重大战略性问题与重大事件时都发挥了至关重要的作用。远的有抗美援朝，近的有脱贫攻坚，这些都是在国家动员各方面力量、调配各方面资源基础上完成的重大任务,单靠政府、市场或社会任何一方都无法实现的。新型举国体制是中国独特的制度优势、体制优势,是我们攻坚克难、取得胜利的重要保证。

(三) 牢固的中华民族共同体意识

自秦统一六国后,中华民族就发展成为一个统一的多民族国家。两千多年来,不管是内部的王朝更迭、制度变迁、时代巨变,还是外部敌人入侵,中华民族共同体始终稳固。从根本上说,这源自于中华民族深厚的民族共同体意识,这也是中华民族一种独特的文化基因,是国家发展、民族振兴的巨大优势。

中国共产党深知这一文化基因必须得到延续、这一巨大优势必须得到维护和巩固。因此,在新的时代背景下,面对新的时代任务,中国共产党突出强调要铸牢中华民族共同体意识。唯有如此,才能维护好国家安全和社会稳定,才能有效抵御各种极端分裂思想的渗透颠覆。这既是维护各民族根本利益的必然要求,也是实现中华民族伟大复兴的必然要求。

我们深信,基于上述这些独特优势,中国式现代化一定能推动实现中华民族伟大复兴。然而,我们也深知,前路必有风雨、必经坎坷,要想在国际风云变幻中立于不败之地,并推动世界社会主义不断向前发展,除了坚持自信自立、独立自主,还需要世界各国共产党、工人党的广泛支持。当前,国际局势波谲云诡,霸权主义仍横行无忌,资社矛盾依然复杂尖锐,各国共产党、工人党应继承马克思恩格斯的遗志,在无产阶级国际主义精神指引下加强团结、精诚合作,携手朝着推动实现人类解放的伟大目标迈进。

(王雪冬系中国社会科学院马克思主义研究院副研究员)

海外视域下中国式生态现代化的世界贡献[*]

焦 佩

中国式生态现代化是指中国共产党领导的社会主义生态现代化,在理论上表现为中国特色社会主义生态文明理论,在实践上表现为美丽中国建设。在海外人士看来,中国式生态现代化与西方生态现代化明显不同,它既不迷信市场万能,也不寄希望于非政府组织、市民团体和所谓的独立媒体,又不放任生态权益享有上的两极分化,从理论和实际两个维度,为世界提供了中国方案和中国智慧。

一、中国式生态现代化的理论创新

虽然中国式生态现代化起步较晚,但是成功地提出了中国式生态现代化理论,打破了资本主义市场和技术至上的迷思,破解了发展中国家因为生态问题而发展受限的难题。

(一) 生态现代化的社会主义属性

首先,海外有识之士认为中国式生态现代化是基于社会主义的生态现代化创新,而不是对西方生态现代化理论的简单复制。在推进中国式现代化的进程中,中国共产党始终都在思考生态文明建设的制度属性。生态学

---

[*] 本文系国家社会科学基金重点项目"海外中国政治研究的学术史研究(1978—2020年)"(22AZZ002)的阶段性成果。

马克思主义的代表人物约翰·贝拉米·福斯特在《每月评论》网站发表题为《马克思主义、生态文明和中国》的文章，就"中国的生态文明和马克思主义的关系"的问题，明确作出了肯定的回答，认为中国的生态文明理论是从社会主义视角出发的，土地和其他各种自然资源的公有制在其中发挥着决定性作用，"将中国在生态文明建设中的主动性视为西方生态现代主义的直接产物是错误的"[①]。

其次，海外有识之士注意到中国共产党是保证中国式生态现代化社会主义属性的力量源泉。他们发现与西方国家在生态保护问题上的社会观点撕裂和曲折反复不同，在中国的现代化进程中，生态文明建设的重要性在不断凝聚和增强。英国萨塞克斯大学教授山姆·盖力（Sam Geall）梳理了中国共产党在生态文明建设方面的话语体系，指出21世纪中国共产党开始频繁使用"生态文明建设""绿色""向污染宣战""绿水青山就是金山银山"等关键词，将生态话语纳入"中国梦""两个一百年"的叙事体系[②]，进而统一思想、凝聚力量，努力建设人与自然和谐共生的现代化。

最后，海外有识之士指出中国式生态现代化的价值旨归是人民，是为了满足人民群众对良好生态环境的需求。他们看到中国式生态现代化避免了资本在生态领域的无序扩张，在生态建设和利益分配上坚持了公平和正义。美国南佛罗里达大学教授马丁·斯科菲尔德（Martin Schönfeld）在一篇合作文章中强调政治制度对生态建设的重要性，认为中国特色的社会主义制度将集体利益放在个人利益之上，避免了资本对生态问题的操纵，在尊重科学和实际的基础上"率先尝试挽救本国公民免受气候紧急情况的危害"[③]。

（二）生态现代化的鲜明中国特色

首先，海外有识之士发现中国式生态现代化理论是对中国优秀传统文

---

① John Bellamy Foster, "Marxism, Ecological Civilization, and China", https://mronline.org/2015/06/12/foster120615-html/.

② Sam Geall, Clear Waters and Green Mountains: Will Xi Jinping Take the Lead on Climate Change?, Lowy Institute for International Policy, 2017, p.5.

③ Martin Schönfeld and Xia Chen, "Daoism and the Project of an Ecological Civilization or Shengtai Wenming", Religions, Vol.10, No,11, 2019, p.9.

化的继承和创新。他们认为正是这些中华优秀传统文化才使中国的生态现代化理论有别于西方资本主义文明形态，为人类共同应对气候变化提供了新型生存战略。加拿大汉学教授苗建时（James Miller）在《中国的绿色宗教：道教与可持续未来的追求》一书的扉页引用了《道德经》中的"天地相合以降甘露，民莫之令而自均"的表述，认为"道家提出了一个更丰富的关于自然赋予人类生命意义的能力的设想，并阐明了基于自然允许人类生命最大程度繁荣的能力的人类生存战略"[①]。同样，挪威奥斯陆大学中国研究学者贺美德（Mette Hansen）等人更是直言不讳地指出，面对生态危机"全球未来的关键在于中国传统生态哲学的复兴"[②]。

其次，海外有识之士注意到中国式现代化理论牢牢把握了社会主义初级阶段这个最大国情。他们发现中国式生态现代化理论强调政府和市场两种手段的灵活运用，强调生态资本的规范健康发展，强调相关利益者共商共建共享而非零和博弈，从而构建起独特的国家生态治理体系。可持续发展投资经济人贾斯汀·邱（Justin Kew）和美国布朗大学教授凯利·克洛辛斯基（Cary Krosinsky）指出："欧美经济体需要几十年才能认识到利益相关者价值创造的重要性，而中国只需要几年就做到了这点。"[③]

二、中国式生态现代化的实践成就

在中国共产党的集中统一领导之下，中国式生态现代化统筹兼顾了经济发展和生态保护，实现了弯道超车，在绿色低碳发展与生态成果共建共享方面走在了世界前列。

---

① James Miller, China's Green Religion: Daoism and the Quest for a Sustainable Future, New York: Columbia University Press, 2017, p.166.

② Mette Hansen et al., "Ecological Civilization: Interpreting the Chinese Past, Projecting the Global Future", Global Environmental Change, Vol.53, 2018, p.197.

③ Justin Kew and Cary Krosinsky, "Dynamics Emerge on ESG and Sustainable Investment in China", in Cary Krosinsky (ed.), Modern China: Financial Cooperation for Solving Sustainability Challenges, Switzerland: Springer Nature Switzerland AG, 2020, p.129.

（一）绿色低碳经济高效发展

首先，海外有识之士肯定了中国在能源技术方面的成就。面对中国人口众多、多煤少油缺气、生态环境脆弱、自然灾害频繁的特点，中国式生态现代化将绿色发展纳入发展规划体系。通过基金扶植、政府补贴、税收减免等一系列努力，在新能源开发和节能方面，中国已成为世界上最大的太阳能电池板、风力涡轮机、电池和电动汽车生产、出口与安装国，同时，绿色信贷也已经成为中国银行的重要业务项目。对此，全球能源转型地缘政治委员会在报告中指出，"没有哪个国家比中国更能成为世界可再生能源超级大国"，"中国是清洁能源技术的最大全球制造商"，"在可再生能源专利方面领先于世界"[1]。可持续金融学院亚洲执行董事黄忠（Huang Zhong）和克洛辛斯基指出，"2018年，中国单位经济产出的能源消耗比1953年减少了43.1%，比2015年减少了11.4%"[2]。

其次，海外有识之士肯定了中国在创新发展方面的成就。创新是中国经济发展的动力，只有提高科技对经济发展的支撑力度和贡献率，才能优化经济产业结构，减少高能耗产业比重，实现经济增长的绿色化。很多海外人士已经注意到北京中关村、上海张江高科技园、广州天河区、深圳西部硅谷科技创新园、杭州滨江高新区等科技创新中心在创新发展中的地位，看到了中国数字经济的繁荣，看到了"中国制造"正在迈向"中国智造"。意大利费拉拉大学教授伊丽莎白·巴比埃里（Elisa Barbieri）等人，通过实证分析广东省政府通过产业聚集推动工业技术升级方面的政策，认为其实际上促进了生产的专业化和经济的创新增长，对其他国家具有借鉴意义[3]。

（二）美丽中国成果共建共享

首先，海外有识之士关注到中国正在倡导共建共享生态文明的社会新

---

[1] Global Commission on the Geopolitics of Energy Transformation, A New World: The Geopolitics of the Energy Transformation, 2019, p.40.

[2] Huang Zhong and Cary Krosinsky, "China Speed: Modern China's Work Ethic and Sociology", in Cary Krosinsky (ed.), Modern China: Financial Cooperation for Solving Sustainability Challenges, Switzerland: Springer Nature Switzerland AG, 2020, p.105.

[3] Elisa Barbieri, "Industrial Development Policies and Performances in Southern China: Beyond the Specialised Industrial Cluster Program", China Economic Review, Vol.23, 2012, pp.613-625.

风尚，传播和践行绿色生活理念。可持续欧洲研究所专家约西姆·斯潘根伯格（Joachim Spangenberg）在一篇合作研究中认为，建立在健康消费观念基础上的幸福观对解决生态问题至关重要，在这方面中国的生态观念意义非凡[1]。同样，加纳发展研究大学教授约瑟夫·阿格巴斯·阿乌尼（Joseph Agebase Awuni）在一项合作研究中指出，社会和情感价值观与年轻人的绿色购买意愿呈正相关，"中国青年消费者对环境问题有着情感上的依恋，并可能将购买绿色产品视为他们改善环境的道德责任"[2]。

其次，海外有识之士注意到中国正在将人民共享优质生态成果变为现实。中国共产党坚持"良好生态环境是最基本的公共产品和最普惠的民生福祉"[3]，通过对山水林田湖的综合治理，让社会各个阶层都能享有生态环境改善的成果。在大气污染防治方面，科拉多-尼科尔认为："中国在控制大气中的PM2.5方面取得了前所未有的迅速成功。从本质上讲，它在5年内完成了美国花了近30年才完成的任务。"[4]在垃圾处理方面，黄忠等人指出："从2019年7月1日开始，上海进入了一个强制垃圾分类的新时代，国家向不断增长的垃圾山开战，以促进绿色增长和发展循环经济……世界可能很快就会向中国寻求成功的城市化模式。"[5]

三、中国式生态现代化的世界意义

中国基于本国历史和国情的生态现代化道路探索，为世界其他国家，特别是发展中国家提供了一种新的选择可能。中国以建立地球生命共同体

---

[1] Boqian Yan and Joachim Spangenberg, "Needs, Wants and Values in China: Reducing Physical Wants for Sustainable Consumption", Sustainable Development, Vol.26, 2018, pp.7-8.

[2] Joseph Agebase Awuni and Jianguo Du, "Sustainable Consumption in Chinese Cities: Green Purchasing Intentions of Young Adults Based on the Theory of Consumption Values", Sustainable Development, Vol.24, 2016, p.132.

[3]《习近平在亚太经合组织第二十八次领导人非正式会议上的讲话》，人民出版社2021年版，第3页。

[4] Devyn Collado-Nicol, "Environmental, Social and Governance Challenges in China Today", in Cary Krosinsky (ed.), Modern China: Financial Cooperation for Solving Sustainability Challenges, Switzerland: Springer Nature Switzerland AG, 2020, p.15.

[5] Huang Zhong et al., "China and Innovation", in Cary Krosinsky (ed.), Modern China: Financial Cooperation for Solving Sustainability Challenges, Switzerland: Springer Nature Switzerland AG, 2020, pp.43-44.

为目标的生态现代化道路探索,为国际合作提供了中国方案。

(一)探索生态现代化的本土模式

中国改变了先污染后治理的状况,走出了一条自立自强的生态现代化道路,为世界各国,特别是发展中国家提供了新的选择可能。

海外有识之士注意到中国式生态现代化道路对世界其他国家的借鉴价值。澳大利亚斯威本科技大学教授阿伦·盖尔(Arran Gare)指出,与西方的生态文明不同,中国的生态现代化是一种多元包容的文明形态,"其成功的结果将是一个日益崛起的全球力量,成为解决全世界生态问题的主要力量,并将全人类推向一种新的文明,一种将对多样性的容忍结合在一起的文明,同时坚持在全球范围内寻求共同理解,以此作为捍卫这种多样性的条件"[1]。美国生态经济学家小约翰·科布(John B. Cobb)和俄裔美国记者安德烈·弗尔切克(Andre Vltchek)在对话中谈到,中国生态文明优于西方的一个显著特征是不靠掠夺和不搞双重标准[2]。

(二)构建生态现代化的国际合作

中国坚持多边主义,在共商共建共享的全球治理理念之下,在"共同且有区别"的责任基础上,根据各国能力大小将全球生态治理合作落到实处。

国外有识之士看到中国式生态现代化在国际合作层面的努力,肯定中国为构建公平正义的全球气候治理机制作出的贡献。中国式生态现代化将"碳公平"建立在人的发展权利平等之上,将各国的历史责任和现实能力考虑其中,以此达成共识并构建公平的国际环境合作制度。美国亚太地缘政治和全球公共卫生的学者诺恩(K. J. Noh)和美国和平活动家迈克尔·王(Michael Wong)发表《中国与气候变化解决方案》文章,明确表示"中国是温室气体净债权国,而不是债务国","中国在技术、政策、转型规划和

---

[1] Arran Gare, "From 'Sustainable Development' to 'Ecological Civilization': Winning the War for Survival", Cosmos and History: The Journal of Natural and Social Philosophy, Vol.13, No.3, 2017, p.138.

[2] John B. Cobb and Andre Vltchek, China and Ecological Civilization: John B. Cobb, Jr. in conversation with Andre Vltchek, Jakarta: PT. Badak Merah Semesta, 2019, p.40.

实施等方面处于领先地位。它不仅在发挥作用，而且在向世界展示前进的道路"①。

综上所述，中国式生态现代化是理论和实践的统一体，既回应了中国经济发展提质增效的问题，也回应了全球应对气候危机的问题。与西方某些环保团体和政客"只说不做"的作风不同，中国式生态现代化"知行合一"，彰显了中国共产党领导下的中国特色社会主义制度的优越性。中国式生态现代化在理论和实践方面的创新和成就，正在向世界分享中国智慧，提供中国方案。

（焦佩系山东大学马克思主义学院教授）

---

① K. J. Noh and Michael Wong, "China and Solutions to Climate Change", http://en.people.cn/n3/2021/1123/c90000-9923282.html.

中国式现代化的伟大成就及其对阿根廷等发展中国家的借鉴意义

〔阿根廷〕塞尔希奥·奥蒂斯

中国特色社会主义政治发展道路及其实践向世界人民展示了实现国家发展和推进现代化的新模式，值得全球发展中国家借鉴。以习近平同志为核心的中国共产党党中央团结带领中国共产党和中国各族人民自信自强、守正创新、踔厉奋发、勇毅前行，取得了经济社会发展的显著成就，维护和促进了高水平的社会公平正义，增进了14亿多中国人民的福祉，迈上了全面建设社会主义现代化国家的新征程。当前，中国已经实现了全面建成小康社会的第一个百年奋斗目标，并将乘势而上向第二个百年奋斗目标进军，到2049年也就是新中国成立一百周年之际，在基本实现现代化的基础上，把中国建成富强民主文明和谐美丽的社会主义现代化强国。

2013年，习近平主席从人类整体利益和福祉出发，为推动中国和世界合作共赢、共同发展，提出了共建"一带一路"伟大倡议。以基础设施"硬联通"为重要方向之一，"一带一路"共建国家从亚欧大陆扩展到非洲、大洋洲、拉丁美洲和加勒比等地区。十年来，"一带一路"可谓"一路生花"，硕果累累。中国取得的瞩目成就不胜枚举，在此，我仅聚焦三个领域，通过中国与阿根廷两国情况的对比，以呈现中国式现代化的成功。

一、中国全面消除绝对贫困

2020年，中国实现了消除绝对贫困的伟大壮举。按照现行贫困标准计算，改革开放以来中国7.7亿农村贫困人口全部摆脱贫困；按照世界银行国际贫困标准，中国减贫人口占同期全球减贫人口70%以上，提前10年实现《联合国2030年可持续发展议程》的减贫目标。2021年2月25日，习近平庄严宣告中国脱贫攻坚战取得了全面胜利，经过8年持续奋斗，现行标准下9899万农村贫困人口全部脱贫，832个贫困县全部摘帽，12.8万个贫困村全部出列。

人类减贫事业的中国实践凸显了中国特色社会主义的伟大成就，赢得了包括阿根廷在内的世界各国的钦佩。在中国的减贫成就面前，阿根廷的"减贫之战"相形见绌。根据阿根廷国家统计局的分析数据，2023年上半年，阿根廷贫困率达40.2%，其中赤贫人口占总人口的9.3%。这意味着在阿根廷全国4600万人口中，有1850万人生活在贫困线以下，其中430万人处于极端贫困之中，他们的家庭收入甚至无法满足最基本的食物需求。鉴于阿根廷通胀持续高企，数据显示，2023年年底的贫困率超过42%。值得指出的是，9.3%的赤贫率是阿根廷典型的依附型经济，和资本主义半殖民地的国家性质所造成的、与阿根廷优异的自然资源禀赋相矛盾的社会现象。作为一个粮食产量可养活4亿人的农业大国，阿根廷却不能抑或是不想，不知如何去填饱那430万忍饥挨饿的国民的肚子！

可以说，阿根廷历届政府特别是上两届政府都没能从中国的实践中汲取经验和智慧。而2023年12月就职的总统哈维尔·米莱（Javier Milei）推行的经济调整计划以及私有化、美元化等一系列政治措施，恐将使得阿根廷社会贫困的悲惨局面雪上加霜。此外，阿根廷政府庞大的外债也是导致贫困率居高不下的重要原因。根据阿根廷主流报纸《号角报》（*Clarín*）的报道，2023年年中政府外债规模高达4055.94亿美元。2015—2019年毛里西奥·马克里（Mauricio Macri）总统任期内，国家债务骤增，特别是2018年阿根廷政府申请获批了国际货币基金组织一笔440亿美元的贷款。然而，大幅举债的背后实则是为了帮助时任总统马克里在2019年大选中取得连任，并为本地和外国投资者操纵资本外逃提供便利。据阿根廷央行统计，2015

至2019年间共计约862亿美元的资本流往境外。伴随着现象级的外债规模扩大，境外资本实现了快速积累。其结果是，2024年阿根廷政府需支出200亿美元用于偿还即将到期的外债，且未来几年内每年都需偿还同等金额的债务。

作为一个阿根廷人，一名共产主义者，每当我想起习近平主席那段讲话，我就热泪盈眶。习近平指出，"实现共同富裕不仅是经济问题，而且是关系党的执政基础的重大政治问题。我们决不能允许贫富差距越来越大、穷者愈穷富者愈富，决不能在富的人和穷的人之间出现一道不可逾越的鸿沟"[①]。

二、中国长期保持低通胀

中国央行公布的报告称，2022年中国的通货膨胀率为2.0%，这一令人称羡的宏观经济数据表明这一年中国的物价总水平持续平稳运行，居民工资购买力保持相对稳定。这无疑归功于中国长期坚持制定和实施国民经济和社会发展五年规划，中国政府在国民经济中扮演重要角色，通过运用经济、法律和必要的行政手段进行宏观调控，实现对国民经济的总体管理，完成每个五年规划中关于社会生产、公共支出、财政收入、货币发行、公共和私人投资和国家战略金融储备等领域的既定目标。在另一个重要的经济指标国际收支上，中国国家外汇管理局发布的2022年四季度及全年国际收支平衡表数据显示，2022年中国国际收支延续基本平衡，经常账户保持顺差，且仅次于2008年的历史最高值，较上年增长32%。此外，数字经济在中国国民经济中的地位日益稳固，已成为中国经济高质量发展的新动能。

阿根廷则展示了另一番景象。2022年，阿根廷全年通货膨胀率高达72.43%。截至2023年10月，年度通胀率已攀升至120%，过去12个月累计通胀率达142.7%。持续通胀导致物价上涨，其中食品价格涨幅最为显著，底层人民的生活苦不堪言、难以为继。在不断飙升的物价面前，工资、养老金、退休金以及政府补助和救济都只是杯水车薪。有关工会机构分析指

---

①《习近平谈治国理政》第四卷,外文出版社2022年版,第171页。

出，阿根廷工人的实际工资自马克里政府卸任以来已下降30%，而涉及近600万阿根廷老年人的养老金也面临同样的困境。

事实上，造成阿根廷今天通胀高企不下局面的始作俑者无外乎那些在食品、药品、工业原料、外贸、能源和燃料等领域实施垄断的本国和外国资本。迄今为止，阿根廷政府一直对此放任自由、不加干预，寡头们凭借垄断地位肆意抬高产品市场价格，进而导致物价暴涨和通胀升级，其中外贸领域的垄断资本和银行资本难辞其咎。前者试图通过垄断价格使国内外市场价格保持一致从而从中获利，后者则正是为资本外逃和操纵美元升值提供便利的帮凶。由于阿根廷国内市场产品价格是参照黑市美元汇率而浮动，美元升值必将进一步加剧通胀。

三、中国捍卫更广泛、更充分、更全面的人权

在帝国主义特别是美帝的反华宣传语境中，中国被污蔑为"独裁国家"。然而，这些别有用心的西方国家都忽视了重要的一点，即实现民主的形式是丰富多样的，中国式民主蕴涵中国共产党在捍卫最广大人民根本利益过程中的全部思想理念和实践。相较于西方狭隘的民主和人权定义，中国式现代化中蕴含的民主观和人权观拥有更广泛、更充分、更全面的内涵。在以工人阶级领导的、以工农联盟为基础的人民民主专政的社会主义国家，消除绝对贫困就是最真实的人权实践。

所谓的美式民主，诚如古巴领袖菲德尔·卡斯特罗一针见血的评价，实则是财阀政治的遮羞布，是富人的民主，由富人定义，也只服务于富人。2023年，拜登政府提交了高达8500亿美元的国防预算。此时的美国在全球拥有750个海外军事基地，所谓的"民主灯塔"把人权当做维护自身霸权的工具，可谓劣迹斑斑。例如，对阿富汗和伊拉克发动军事行动，挑起俄乌冲突，经济封锁古巴、委内瑞拉和尼加拉瓜等国，支持以色列对巴勒斯坦人民实施种族灭绝等。这样的国家和政府，遑论民主。

真正的民主拥有着广泛的内涵和多样的实现形式。在美国和阿根廷等国，民主的"天花板"却低得令人感到压抑。与之相反，中国共产党和中国政府始终坚持以人民为中心的发展思想。正因如此，中国的脱贫攻坚才

能取得历史性成就，贫困人口全部实现"两不愁三保障"。中国政府长期坚持依法严打整治"黄赌毒"和常态化开展"扫黑除恶"专项斗争。在世界上其他国家和地区泛滥的赌博、贩毒、卖淫和黑社会等违法犯罪活动，在中国都得到了有效遏制，切实营造了良好的社会治安环境。教育方面，截至2022年，全国义务教育贫困学生辍学实现动态清零，因贫失学、辍学在中国已成为历史；高等教育毛入学率在2011到2021年的十年间由26.9%跃升至57.8%。此外，中国共产党、中国政府以及国家行政和司法部门始终坚持以资本主义国家罕见的"零容忍"态度惩治腐败。

[塞尔希奥·奥蒂斯（Sergio Ortiz）系阿根廷解放党前总书记；译者楼宇系中国社会科学院马克思主义研究院助理研究员，张若兰系阿根廷布宜诺斯艾利斯大学研究生]

中国式现代化与西方现代化的主要区别

〔意大利〕弗朗切斯科·马林乔

中国社会科学院近年来为加强世界社会主义研究,帮助国际马克思主义者理解中国特色社会主义做出了很大的努力,尤其是为我们提供了一个交流、相互了解、学习、共同工作的独特机会。这一努力将为马克思主义和整个国际共产主义运动的振兴奠定基础。邀请来自世界各地的政治领导人和知识分子、党的干部和研究人员汇聚一堂的决定,赋予这项事业以国际视野和不受形式主义影响的有意义的讨论。我相信,这一活动的结果将在世界历史的这一关键阶段振兴国际共产主义运动。这一阶段充满了巨大的矛盾,但同时也为全世界无产者和被压迫人民带来了巨大的机遇和可能性。

在我的演讲中,我将谈到中国的现代化及其与我们在西方所经历的进程的主要区别。

其一,虽然马克思的著作中没有明确提出全面的现代化理论,但1848年的《共产党宣言》在现代性、资产阶级的崛起和资本主义的兴起等概念之间建立了明确的联系。马克思分析了资产阶级作为统治阶级出现时产生的矛盾,如生产力的发展与社会生产关系的辩证关系,并认为生产力的发展是社会经济基础变化的驱动力,因此它是现代化的主要引擎。

具体到欧洲,伟大的意大利马克思主义思想家安东尼奥·葛兰西分析说,正是随着资产阶级对国家的征服,欧洲才发生了现代化进程。因为发生了两个相互关联的事件:一方面,建立了能够推翻旧政权的新的社会关系，另一方面是政治和国家职能的变化。

其二，结合技术进步、经济、政治和社会转型等方面，欧洲现代化进程的基本特征之一是军国主义、工业主义和资本主义之间日益增强的协同作用。它是欧洲发展道路上的一个重要因素，导致了无限制的海外领土扩张，并将非洲、亚洲和美洲的大片领土纳入欧洲体系，使其处于从属地位。这一领土扩张的作用是为占主导地位的中心提供动力，使其实现现代化，并进一步实现经济和技术的发展。正是欧洲军事结构内部的竞争催生了这种殖民扩张，从其他民族手中夺取生存空间。

在当时的中国，这一过程几乎不存在。当然，这并不是说亚洲邻国之间没有战争，但当欧洲国家为了实现对连接东西方的通道的独家控制而进行无休止的战争时，对中国执政者来说，控制长途贸易通道远不如集中精力发展国内市场重要——对贸易通道的控制让位于史密斯在《国富论》中所说的通往繁荣的"自然"之路。

在西方叙事中，全球现代性起源于西方的说法模糊了地理和文化差异，助长了现代化与"西方化"同义的观念。然而，历史证据对这一观点提出了挑战，揭示了人类历史经历了两条不同的现代化道路。一条是西方国家选择的，建立在帝国主义基础之上，抑或是根据列宁的教训，要求必须从帝国主义统治中解放出来。第二条道路，是中国共产党在中国解放和现代化进程中所选择的特色道路。不仅如此，中国在"百年屈辱"中经历了西方现代化的暴力及其与生俱来的扩张主义，选择了一条有别于西方现代化的独立的现代化道路——社会主义现代化道路。

其三，资本主义现代化进程，为了让一小撮西方国家蓬勃发展，要求其他民族保持落后和依赖的状态。相反，社会主义现代化具有普遍性，它以全人类的发展为目标，捍卫不同文明的独特性，这可以从中国提出的人类命运共同体中看出。

这一概念是当代中国政治的一个里程碑，开辟了一种新的人道主义形式的道路，为理解"中国式全球化"模式的特征提供了蓝图。"中国式全球化"模式建立在接受并尊重每一个社会现实的差异的普世价值观基础上。它并不主张在以虚假的普世化进程为形式、旨在强加单方面价值观的全球化中抹杀多样性。中国提出的全球化方案，是不同历史和政治现实之间和睦相处、相互尊重的过程：它承认了这样一个事实，即世界上存在着不同的社会经济模式，它们都有义务为了人类而合作。这种观念与冷战思维截然相反。冷战思维希望不同的理念和制度之间发生冲突，中国的方案则以接受人类经济社会模式多样性为彼此间互利合作的前提条件。

这是向明智和有远见的领导人发出的信息。他们会意识到，奉行钟摆政策，人类就不会有未来。钟摆政策指的是，在取消多样性和将多样性置于只符合自身体系的价值观之间摇摆不定，或者试图实行孤立主义和制造"敌人"。

这一方案不仅为中国提供了发言权，使其能够就构建全球治理形式的方式表达自己的观点，而且主要为那些在争取经济独立的同时也在为捍卫自己的发展模式和文化准则而斗争的发展中国家提供了发言权。但同样重要的是，它也与西方社会进行对话。

部分西方国家咄咄逼人的特殊主义以及将国家和人民之间的关系分等级的愿望现在正受到一种新的人道主义的反击。这种人道主义的特点在于，它是一种普世主义的思维方式，体现了一种改造整个世界的战略。它提出了接受构成全人类的多样性和特殊性以及人类在面对共同挑战时团结一致的要求。同时，这种新的人道主义还是一种宣言，旨在实现人类团结，将世界视为一个整体的基础上构建全球治理的新型国际关系。这与以权力关系为基础的等级统治制度恰恰相反。

没有比这更能说明帝国主义和社会主义通向全世界现代化的道路之间的区别的例子了。

[弗朗切斯科·马林乔（Francesco Maringiò）系意大利共产党中央委员会委员、21世纪马克思政治文化协会主席；李凯旋系中国社会科学院马克思主义研究院副研究员]

中国式现代化是不同于西方现代化的发展之路

〔阿根廷〕鲁文·达里奥·古塞蒂

回望历史，在第一次工业革命之前，人类社会的发展可谓非常缓慢。从18世纪中叶到20世纪中叶，人类经历了三次以科技变革为基础的工业革命，极大地改变了人类社会生活的方方面面。可以发现，在这三次工业革命中起主导作用的都是欧美国家。如今，我们正在经历第四次革命，即数字时代的科技革命。毋庸置疑，中国已经打破了西方国家的垄断地位，一跃成为这场革命的重要推动者。

西方的现代化是为资产阶级服务的。在西方，经济发展和生产力增长所带来的利益并没有平等地惠及整个社会，其特点之一正是造成了日益加剧的社会不平等。从某种意义而言，在西方社会，科技进步所带来的福祉是不平等的。掌握政治和经济权力的人可以更多地享受科技进步带来的利益，而且几乎是独自占有技术所带来的全部或大部分利益。讽刺的是，为科技革新和经济发展付出艰辛劳动的工人阶级和普通民众却并未能从中获得与其付出相匹配的报偿。西方的现代化进程，加剧了资本与劳动之间的矛盾，它以掠夺和剥削为基础，拒绝与不发达国家分享科技进步的红利。

当前，西方现代化看似可以对全球生产力进行肆意调配，但这一进程无疑遇到了一个无法逾越的挑战：西方现代化是不可持续的，因为其生产方式要求在资源有限的地球上永久、无限地追求利润最大化。从20世纪80年代开始，西方国家推动全球化，通过新的全球价值链和经济金融化来提高利润率。与此同时，实行改革开放的中国，走出国门，走向世界，一方面积极学习借鉴西方的科学技术，一方面立足本国国情加强自主研发，不断提升科研和创新的能力。由此，中国通过现代化之路摆脱了新中国成立之前百年屈辱所带来的贫穷和落后，而且从"世界工场"跃升为"智造强国"和"专利工厂"，在多个技术领域处于国际领先地位。实际上，自中华人民共和国成立之初，中国共产党的领导层就一直非常重视科技发展，提出了一系列推动科技研发的项目和政策。在"五年规划"中，我们可以看到中国政府与时俱进，不断调整科技政策，助力中国的科技发展。

可以说，中国共产党制定了一项适合中国国情的、行之有效的发展战略。中国始终强调，在发展经济的时候一定要重视科学技术的提升、教育的发展和人才的储备。"科学技术是第一生产力"这一精辟论断给发展中国家带来极大的启示。遥想新中国成立时中国惊人的文盲率，再对比当今中国拥有大学文化程度的人口已经超过2亿、互联网用户已经超过10亿和数以万计的顶尖科学家，不由令人赞叹中国式现代化成就是多维度的成功。实际上，近几十年来，以美国为首的西方国家一直在阻止甚至打压中国的崛起。事实证明，它们的愿望已然落空。而且，这些打压反而促使中国更加认识到技术自给自足的重要性，从而愈加努力地投入自主研发，并屡创佳绩。

需要强调的是，国际社会已经愈来愈认识到"现代化不等于西方化"，并逐渐感受到中国式现代化为人类发展提供了新的模式。西方的现代化是建立在奴隶制和殖民征服其他大陆和国家的基础之上的，而中国式现代化是建立在和平共处五项原则之上的。正如习近平主席反复强调的那样，中国式现代化是走和平发展道路的现代化。西方的现代化不停复制着贫困，扩大了社会不平等，而中国式现代化消除了极端贫困，让中国成为全球大部分国家的主要贸易伙伴，并提出了"一带一路"倡议和构建人类命运共同体理念等中国方案，积极助力全球的共同发展，给不发达国家和发展中国家提供发展机遇。西方的现代化贴满了"自私自利""零和博弈""赢者通吃"等标签，而中国式现代化则是建立在共同利益和双赢的基础上的。这样的对比，不胜枚举。

相较于几个世纪之前，人类的确取得了种种进步，但我们相信，人类巨大的创造力仍然受到束缚，人类本可以获得更大的发展。当前，以美国为首的西方国家仍处心积虑地构建着它们心中的"理想世界"，企图将自己的意志强加于那些弱小的国家，罔顾国际法和联合国等国际机构，使广大国家的发展不均衡、社会不平等、社会分裂等问题进一步恶化。面对这样的国际形势，倘若还有人觉得各国（特别是全球南方国家）都能稳定发展，那就是与时代和历史背道而驰。所幸的是，人类有史以来最强大的帝国及其代表的资本主义正经历其有史以来最严重的危机，帝国的崩溃已成定局。与此同时，我们呼吁中国式现代化模式，我们寄希望于人类命运共同体。一个美好的世界是可能的，且指日可待。

［鲁文·达里奥·古塞蒂（Rubén Darío Guzzetti）系阿根廷地缘政治研究所所长；楼宇系中国社会科学院马克思主义研究院助理研究员］

分报告（三）
资本主义危机与社会主义的发展振兴

新帝国主义积累的悖论

鲁保林

新帝国主义是垄断资本主义发展的特殊历史阶段，全球化金融化时代的到来是新帝国主义形成的历史背景。

一、新帝国主义的"新"特征

新帝国主义是全球化金融化条件下垄断资本主义的特殊发展形态。这种特殊性表现在四个方面。

(一) 全球性垄断的资本主义

资本主义社会占优势的是产品的交换价值，生产本身的性质决定了对剩余劳动的无限制需求。资本主义生产方式在西欧一经形成，就逐渐向世界扩展，为此，它甚至会动用政治、军事和文化机器来加快这一进程。这就是资本主义势力的全球扩张，没有哪一种力量能够遏止这种趋势，因为资本主义如果不经常扩大其统治范围，不把统治范围扩展到新的领土，不把非资本主义国家卷入世界经济的漩涡，它就不能生存与发展。[1]尽管资本国际化趋势蕴含于资本主义本身，但是真正意义上的全球化是在过去40年形成的。20世纪70年代以来的新一轮全球化在量和质上都不同于以往的全

---

[1]《列宁全集》第3卷，人民出版社2013年版，第546页。

球化。经济全球化的全方位推进，拓展了垄断资本的价值增殖和积累空间，资本关系已经发展成为像毛细血管一样的渗透和控制机制，地球上没有一块区域不被资本编织的密网笼罩。随着垄断资本经由全球化成长为全球性垄断资本，垄断资本主义也发展为全球性垄断的资本主义。

（二）高度金融化虚拟化的资本主义

新帝国主义时代，金融资本脱离直接生产的特性被发展到极致，在金融创新的名义下，金融业的纯交易与炒作功能被空前放大，像金融品衍生投资，已经脱离了任何生产活动，是最纯粹最巨大的"赌博欺诈"。绝大部分金融交易和金融创新，不仅不生产任何产品和价值，而且"反噬"实体经济，因为虚拟经济要繁盛，就必须吸食实体经济的"营养"。垄断资本在国内实行金融垄断统治的同时，也把触角伸向全球，谋求全球性的垄断权力，成千上万的经济细胞通过金融管道连接成一体化的资本主义经济。金融资本相对于职能资本的优势地位，意味着那些拥有金融资产的食利者和金融寡头能够依靠股息红利为生，而少数金融"实力"雄厚的国家也可以通过构筑等级化的金融体系掠食其他国家。其中，美国享有货币霸权，位于"金融食物链"的最顶端。这是一个垄断层次更高、控制范围更广、剥削方式更为隐秘的霸权体系。

（三）新自由主义主导的资本主义

20世纪70年代以来，新自由主义以及金融自由化的政策主张顺应了资本全球化和金融全球化的发展需求。随着世界进入单极霸权格局，新自由主义也步入鼎盛发展期。20世纪90年代初，美国精英透过国际货币基金组织和世界银行，把以新自由主义为理论依据的"华盛顿共识"兜售给转轨国家，试图构建一个以美国为中心的世界体系。这时，国际货币基金组织和世界银行就成了新自由主义全球传播的推动力量。新自由主义的扩张把旧帝国主义时代直接的殖民主义统治转变为霸权意识形态驱使下的资本化进程，其目标是把所有后发国家和地区都拖入国际垄断金融资本操纵的循环增殖系统，实现资本剥削的全球化。新自由主义所主张的市场化、私有化、金融自由化和全球一体化，本质上是一套"驯化"发展中国家的意识形态工具，以新自由主义的那套理论逻辑为基准，民族国家对经济的任何积极干预或主动调节，都因为不符合它们预设的标准而受到强烈批判。

（四）"一超独霸、多强拱卫"的美国帝国主义

新帝国主义的典型特征是一个强盛的帝国——美国"独占垄断权"。苏联垮台之后，美国独霸天下，拥有世界上占绝对支配性地位的军事力量，其他任何大国或国家集团，无论是中国、日本、俄罗斯或者欧盟都无意或无力全面挑战美国主导的霸权秩序，更遑论与其争夺霸主地位。凭借经济军事政治寡头垄断同盟及文化霸权，美国构建了一种新型的制度化程度最高的霸权体系，一张以美国利益为中心的全球垄断和霸权网络，不仅主导了国际规则制定的话语权，而且大肆推行新自由主义、新帝国主义战略。

二、新帝国主义的积累模式及其内在矛盾

（一）新帝国主义的积累模式

新帝国主义体系的积累模式可以从四个维度进行描述。

第一，从生产维度来看，新帝国主义的资本积累主要通过生产全球化和金融全球化两条通道进行。其中，生产全球化是垄断资本依托知识产权优势实现不平等交换和构建全球帝国主义等级秩序的重要基础，而金融全球化是垄断资本通过控制世界金融市场和货币流动进而控制全球经济资源的关键。不过，生产全球化过度发展引发的"去工业化"浪潮，割裂了生产和研发环节，导致帝国中心的创新缺乏完整产业链的支撑，加速了其实体经济的萎缩，使其陷入"停滞—金融化"的恶性循环。首先，有效需求不足以及缺乏有利可图的投机渠道，使得愈来愈多的"剩余价值不再被用来投资于扩张及深化生产系统"[1]而是用于金融投资，甚至用于分红或股票回购等。其次，金融资本，当然也包括一部分产业资本，利用自身不断增长的利润从事借贷和投机活动。由于产业资本越来越青睐短期金融操作和寻租行为，相应地，真正用于提高企业竞争力的长期性生产投资却严重匮

---

[1] 〔埃及〕萨米尔·阿明：《当代资本主义体系的内爆》，黄钰书译，《政治经济学评论》2013年第3期。

乏。总而言之，隐藏于全球价值链之中的各种套利、租金和来自金融渠道的掠夺性投机性积累，已经成为维持当代资本主义世界体系生存和发展所必需。

第二，从交换维度来看，2008年国际金融危机前，全球形成了一个由"欧美发达经济体借贷消费，东亚地区提供高储蓄、廉价劳动力和产品，俄罗斯、中东、拉美等提供能源资源"①的三角形经济大循环格局。美国作为世界最大的消费市场同时也是"世界最大的金融服务出口国"②。中国作为跨国公司全球产业链布局中的制造中心，联通着资源能源供给国和欧美发达经济体的经济合作。"大三角"经济循环的运作模式体现为：欧美发达经济体为东亚地区的庞大产能提供了巨大的市场，同时也拉动了中东拉美能源资源供给国的经济增长。美国作为世界消费市场不仅向全球输出商品和劳务需求，而且通过贸易逆差和直接投资输出美元纸币，然后又依托其发达开放的金融市场吸引大量跨国资本流入，以保证其借贷型经济增长模式得以持续。东亚和资源供给国板块的巨额贸易盈余，很大一部分又回流到美国的资本市场。③

第三，从分配维度来看，新自由主义资本积累方式推动财富集中度快速攀升，收入分配严重失衡。一方面，生产全球化使得垄断资本获得了劳动、资源、市场、税收和管制等全球套利优势④，资本全球套利把财富从外围国家转移到中心国家并且主要集中在少数金融寡头及其代理人手中，进一步扩大了资本与劳动、中心与外围、贸易部门和非贸易部门的收入差距；另一方面，金融创新异化导致金融衍生品泛滥，再加上金融监管滞后，导致具有金融操控特征的投机与泡沫越做越大，一小撮处于金字塔顶端的金融精英和投机者，掌握着比普罗大众多得多的金融资产，受益于金融资产价格膨胀并从中攫取了与其数量不成比例的收益。

---

① 《习近平关于社会主义经济建设论述摘编》，中央文献出版社2017年版，第100页。
② 谢富胜、李英东：《当代帝国主义发生质变了吗——国外马克思主义学者的最新争论及局限》，《中国社会科学评价》2019年第3期。
③ 项卫星、王冠楠：《"金融恐怖平衡"视角下的中美金融相互依赖关系分析》，《国际金融研究》2014年第1期。
④ 崔学东：《当代资本主义危机是明斯基式危机，还是马克思式危机》，《马克思主义研究》2018年第9期；崔学东：《公共职能的私有化与新自由主义国家治理危机》，《当代世界与社会主义》2018年第1期。

第四，从消费维度来看，新帝国主义时期，由于就业不稳、工资停滞以及贫富分化加剧，全球经济一直难以摆脱有效需求不足的困扰，对未来消费的透支似乎成了最为有效的应对之策。其中，美国庞大的由信用支撑的消费需求刺激了东亚地区的生产性投资，二者形成一种脆弱的平衡关系。东亚国家和资源供给国板块的稳步增长，很大程度上依赖欧美发达经济体的进口需求。而这一链条能否维系又取决于高债务驱动的透支消费模式是否可持续，而透支消费的可持续性又高度依赖货币和金融市场的状况，即货币供给是否宽松、资产泡沫能否持续膨胀以及债务规模能否持续扩张。

（二）新帝国主义积累的内在矛盾

美国新帝国主义的资本积累和经济循环建立在高负债、虚拟经济和透支消费的基础上，而这些又高度依赖跨国公司控制的全球价值链分工体系和以美元为中心的货币金融体系。这里存在一个悖论：美国要维持高负债、虚拟经济和透支消费驱动的增长模式，就必须维持强大的货币金融霸权体系，只有这样才能大规模增发债务和扩大货币供应量，并能吸收境外美元的持续流入，而货币金融霸权体系是否可持续，最终取决于美国能否保持强大的经济竞争力。但是，货币金融霸权带来的多重"红利"让美国走上了一条以输出信用货币和金融产品为主导的"食利性"发展轨道。自美元与黄金脱钩以来，拉美、中东欧和亚洲新兴国家都相继被纳入美元债务的循环体系，"贸易美元"和"石油美元"的持续回流[①]维系着美国的"寄生性"积累模式，为其发展虚拟经济"输血"，并且，虚拟经济的发展从根本上看离不开制造业产品和资源的"供养"。但是，这种虚拟经济主导、不事生产、不劳而获的经济模式长期来看必然会扭曲美国的资源配置、经济结构和发展价值观，最终削弱其整体的经济竞争力。因而，维系上述资本循环的纽带，必然会随着美国综合实力的衰退及其国家信用的过度透支而变得异常脆弱。一旦其国家经济竞争力严重衰落，国家信用严重滑坡甚至丧

[①] "贸易美元"是"贸易国家"通过扩大对美出口而获得的美元，如同石油输出国离不开美元一样，"贸易国家"更离不了美元。参见项卫星、王冠楠：《"金融恐怖平衡"视角下的中美金融相互依赖关系分析》，《国际金融研究》2014年第1期；项卫星、王冠楠：《中美经济相互依赖关系中的"债务人逻辑"》，《世界经济研究》2014年第9期。

失殆尽，那么，美元循环必然受阻甚至断流，当虚拟经济失去外部资金的持续注入和实际产品和资源的"给养"时，那么，由货币霸权支撑的金融帝国必然坍塌。

三、结语

新帝国主义时期，资本主义生产方式经由产业资本和金融资本的全球扩张，以前所未有的力量渗透到世界每一个角落，收入和财富分配不平等问题愈演愈烈。正所谓物极必反，盛极必衰。然而，霸权主义和新帝国主义的退潮将是一个漫长的过程。我们不难想象，在此进程中，有关国际规则制定的主导权之争将会愈演愈烈，而科技竞争、经济竞争与制度竞争的加剧甚至还有可能引发更为严重的地缘政治动荡和大分裂。从历史经验来看，在新的国际规则或秩序确立以前，世界将会在相当长的一段时间里陷入持续的分化、混乱和无序状态。尽管新帝国主义的衰亡还会有许多起伏、有各种曲折，但是社会主义的兴起将是一种不可逆转的历史趋势。

（鲁保林系福建师范大学教授，中国政治经济学学会理事）

美国共产党当前面临的机遇和挑战

李海玉

美国共产党是国际共产主义运动中的一支重要力量,自1919年成立以来,尽管遭遇过许多挫折,但始终不屈不挠地在资本主义的心脏探索走向社会主义的道路,从未停止过活动。当前,美国共产党既面临着难得的发展机遇,也面临着一定的挑战,系统梳理这些问题,对于我们探讨美共发展的前景,进而认识和把握发达资本主义国家社会主义运动的未来走向具有重要意义。

一、美国共产党面临的主要机遇

当今之美国,仍然处于多重危机之中,资本主义表现出衰落的征象,与之相对应的是国内社会主义因素的发展。而从世界范围来看,百年变局之下,社会主义运动正在走向振兴。这些是当前美共发展面临的有利条件。

(一)美国系统性危机仍在持续

其一,贫富差距进一步拉大。美国联邦储备委员会在2021年10月份发布的美国财富分布情况报告显示,截至2021年第二季度,收入最高的1%美国家庭总净资产为36.2万亿美元,自1989年有数据统计以来,首次超过占总数60%的中等收入家庭的总净资产(35.7万亿美元)。数据显示,目前美国70%的财富集中在收入前20%的家庭中。①其二,经济面临多重危机。拜登上台后靠大规模的货币和财政刺激来推动经济增长,使美国经济表面上看有所恢复,但随着财政刺激高峰过去,其效应逐步减弱。事实上,美国经济正面临着多重危机,而且这些危机彼此作用相互加剧:通胀水平持续高位,政府巨债不堪重负,就业市场劳工不足,供应链危机愈演愈烈。其三,政治极化愈加严重。民主与共和两党将政党利益看得高于一切,相互攻击,相互拆台,导致国家治理受到严重影响。拜登执政后,两党在气候变化、医保、基建、对外政策等重大议题上仍尖锐对立。愈发严重的政治极化令美国民众对美国民主失去信心。其四,种族歧视恶化少数族裔处境。制度的结构性缺陷导致美国种族不平等日益加剧。亚裔面临日趋严重的歧视和暴力攻击。"停止仇恨亚裔及太平洋岛民"组织2021年11月18日发布的报告显示,2020年3月19日至2021年9月30日,该组织共收到10370起针对亚裔的种族主义攻击事件报告,大多数事件发生在公共空间。②警察暴力执法导致非洲裔死亡案件频发。"警察暴力地图"网站数据显示,2020年美国警察共枪杀1127人。非洲裔只占美国总人口的13%,却占被警察枪杀人数的28%,非洲裔被警察杀死的概率是白人的3倍。③美国仍处在持续的系统性危机本质上是资本主义固有矛盾的当代表现,它说明资本主义已经无法解决自身的问题,其制度和体制正面临越来越大的变革压力。这为致力于资本主义批判和斗争的美共带来了良好的发展机遇。

(二)美国社会主义思潮再度兴起

社会主义思潮曾经在美国历史上有过一定的影响,但从二战结束到21世纪之初,社会主义思潮一直式微,"社会主义"一词也常常被赋予负面化含义,并不被美国的主流民众所接受。金融危机的爆发及带来的社会后果改变了人们对社会主义的看法,社会主义开始进入美国的主流政治话语,

---

① 王一同:《冰冷数字再揭美穷人更穷残酷现实》,《法制日报》2021年10月25日。
② 中华人民共和国国务院新闻办公室:《2021年美国侵犯人权报告》,https://world.huanqiu.com/article/4706PXABFgY。
③ 中华人民共和国国务院新闻办公室:《2020年美国侵犯人权报告》,https://baijiahao.baidu.com/s?id=1695100093052403882&wfr=spider&for=pc。

社会主义思潮也在美国再度兴起。首先，社会主义受到相当一部分美国人的欢迎。根据 Axios/Momentive 在 2021 年 6 月份进行的一项调查，从"积极"指数来看，对"社会主义"持"积极"态度的美国成年公民比例为 41%[①]，这一比例比 2019 年略有上升。这说明，社会主义在美国的吸引力继续增长。其次，社会主义组织不断得到壮大。比如，美国民主社会主义者组织（DSA）近年来呈爆炸性增长。2015 年，DSA 的成员仅为 6000 人，势单力薄。但从 2016 年开始，队伍迅速扩大，到目前拥有 92000 名成员，成为美国最大的社会主义组织。[②]再次，社会主义者在选举中表现引人注目。自称为"民主社会主义者"的伯尼·桑德斯，于 2016 年和 2020 年两次高调参加总统大选，宣称要在美国实行社会主义，从而在美国社会刮起了一阵阵社会主义旋风。美国社会主义思潮的再次兴起，改善了美国的政治气候，扩大了左翼活动的空间，为美共的生存与发展创造了有利的政治、社会环境。

（三）世界社会主义运动走向振兴

进入 21 世纪以来，世界社会主义运动呈现出走向振兴的势头。非社会主义国家的社会主义主体性力量经过改革、重组逐步在国内政治舞台站稳脚跟，力量有所恢复，并积极探索本国的社会主义路径。摩拉维亚和捷克共产党、俄罗斯联邦共产党成为议会第二大党，摩尔多瓦共产党人党、塞浦路斯劳动人民进步党、尼泊尔共产党曾一度通过议会选举上台执政。印度、尼泊尔和孟加拉国等国的多支共产党力量不断扩展势力范围，形成了一个面积达 10 万平方公里、人口超 2 亿的"国际红色走廊"[③]。拥有超过 30 万党员的南非共产党与非国大、南非工会大会组成"三方联盟"，在 2019 年南非大选中获得胜利。目前拉美的古巴、委内瑞拉、尼加拉瓜、墨西哥、阿根廷、玻利维亚、秘鲁、洪都拉斯、智利等国都实现了左翼执政。[④]社会

---

① 华中师范大学国外马克思主义政党研究中心:《最新民意调查："美国继续走向社会主义""社会主义在美国的吸引力继续增长"》,http://www.ccnumpfc.com/index.php/.View/3019.html.

② 见"美国民主社会主义者"（DSA）官网,https://www.dsausa.org/.

③ 冯颜利、王诗成:《当前世界社会主义发展格局、主要特征与兴盛路径研究》,《西南大学学报》（社会科学版）2021 年第 1 期.

④ 徐世澄:《拉美形势和中拉关系展望》,http://www.cssn.cn/gjgxx/gj_bwsf/202201/t20220124_5390116.shtml.

主义国家除了朝鲜、古巴因长期遭受西方国家封锁而发展受阻之外，中国、越南、老挝都在改革开放的道路上取得重大发展成就。中国经济持续保持中高速增长，经济总量稳居世界第二位。越南2011—2015年任期国内生产总值的年平均增长率为5.91%，2016—2021年任期为5.99%，是全球和地区GDP增速最快的国家和地区之一。[1]老挝在2016—2019年间，GDP增速在6.4%—6.8%之间，人均GDP从2027美元提升到2683美元[2]，同时人民生活水平也得到提高。正在走向振兴的世界社会主义运动为美共斗争带来了信心的鼓舞、理论的参考、经验的借鉴和力量的支持，必将助推美共获得新的发展。

二、美国共产党面临的主要挑战

目前的美共，尽管与以前相比有了较大的发展，但是其自身还存在着一些不容忽视的问题，美国社会也有若干影响美共发展的因素，这些对美共构成了主要挑战。

（一）美共自身存在着诸多问题

一是组织力量弱小，财政困难。苏联解体后，美共人数曾一度萎缩至千余人，生存状况堪忧，后来力量缓慢复苏，金融危机之后，人数逐渐增加到2011年的3000人[3]，然后再增加到2018年的5000余人，直到最近美共才发展到1万余人，在很多地区还没有建立起组织。美共的财政也极为困难。目前美共稳定的收入主要是在纽约的总部大楼部分楼层出租的租金、党员每年微薄的党费（大多数党员每年支付60美元，低收入成员每年支付24美元）。但这些收入比较有限，美共不得不想办法筹款。2021年年初，美共筹集了超过10万美元的资金，美共坦言，这虽然缓解了财政压力，但

---

[1] 中华人民共和国驻胡志明市总领事馆经济商务处：《越南政府2016年至2021年任期的社会经济亮点》，http://hochiminh.mofcom.gov.cn/article/jmxw/202103/20210303048312.shtml.

[2] 方文、方素清：《老挝人民革命党十大以来社会主义发展的新态势》，《当代世界社会主义问题》2020年第2期。

[3] 刘淑春：《全球金融危机背景下的美国工会运动和美国共产党》，《马克思主义研究》2011年第9期。

"我们并没有走出众所周知的困境"①。二是内部分歧不断。如前所述，萨姆·韦伯在担任主席期间试图改变美共的性质和身份，受到党内强烈反对。在这次纷争中，党内部分对萨姆·韦伯做法不满的人离开美共，另成立了美国共产党人党（Party of Communists USA）。2019年美共三十一大召开前夕，美共党内围绕一些黑人民族自决权、国际共运团结等问题展开激烈争论。②各方几乎是针锋相对，互不相让。这些分歧影响着美共的团结统一，影响着美共的凝聚力和战斗力。

（二）美国社会存在着诸多不利因素

一是美国民众的"反共"偏见难以消除。早期移民到北美的欧洲人在开拓新大陆的过程中逐渐形成了自己的一套价值观，即崇尚自由、民主、个人主义，私有财产神圣不可侵犯等；而共产主义思想主张集体主义、消灭私有财产和资本私有制，因而，共产主义刚刚传入美国的时候，即受到多数美国人的排斥。美苏进入冷战后，美国政府不遗余力地加强反苏反共宣传，而且用"极权主义"攻击苏联，美国民众对苏联、对共产主义的印象恶化，直到现在仍难以消除。二是极右翼势力构成的威胁依然严重。极右翼势力的战略包含着反共反社会主义的内容，是美国社会主义的重大威胁，挤压着美共的政治空间。2018年10月，白宫发布了题为《社会主义的机会成本》、长达72页的报告，对已有的社会主义模式大肆批评，并列举了社会主义可能给美国经济增长带来的损失和对联邦财政及人们生活水平的影响。2019年2月5日，特朗普在国情咨文演讲中称，美国永远不会成为社会主义国家。在3月2日的"保守派政治行动大会"上，特朗普在发言时说，美国的未来绝对不能落在那些信奉社会主义的人手中。尽管特朗普在2020年总统选举中失败，但这种威胁"不会消失"，因为"在7300万选民、参众两院多数共和党人的支持下，以及庞大的资金支持下，他们仍然是一

---

① Communist Party USA, "Dear readers: Your Year-end Donation Will Make a Difference!" https://www.cpusa.org/article/dear-readers-your-year-end-donation-will-make-a-difference/.

② 详见 Pre-Convention Discussion Committee, "Pre-Convention Discussion," https://cpusa.org/article/pre-convention-discussion/.

支必须被击败的强大力量"[1]。事实上，极右翼势力及其支持者并不甘心失败，企图卷土重来。三是美国工人的阶级意识比较淡薄。在美国开发的早期阶段，美国的土地广袤而廉价，新来的移民们很容易获得属于自己的土地，经过个人努力经营很快就可以发家致富。再加上当时美国劳动力缺乏，使得美国工人的工资远高于欧洲工人工资，工人的生活状况相对较好。这些"妨害了他们具有充分的阶级觉悟和革命思想"[2]。二战以后，美国资本主义经济发展迅速，美国政府采取了福利国家计划和改善劳资关系的措施，美国工人的工作、生活条件得到大幅度改善。美国工人的革命性由此大大消解。此外，美国是一个由来自世界各地的移民组成的多种族国家，由于语言、文化、心理的差异，不同种族的移民之间很难交流、融合，美国工人很难达到团结一致，共同反对资本主义。

三、结语

迄今为止，美国共产党已经走过了百余年的奋斗历程。它经历过成立之初的艰辛、二战时期的兴盛、战后的长期低迷及苏联解体后的进一步受挫，直到2008年金融危机才迎来了发展的契机。尽管身处资本主义力量最为强大的地带，但美共始终坚持奋斗，不断推动社会主义理论与实践的发展。三十大以来理论上的新发展，为我们认识当代资本主义、认识社会主义提供了不同的视角，有利于丰富科学社会主义理论。实践上的新发展，对于推动其自身力量的壮大，维护美国中下层民众利益，抵制美国极右翼势力的影响，促进美国政治的左转和美国社会的进步具有重要的意义。鉴于美共当前面临的有利因素，美共在美国民众，特别是在缺乏冷战记忆而又处境不佳的年轻人当中的影响力将会进一步提升，组织会得到进一步扩大，方针政策将更加注重贴近美国社会的现实需求，在美国政治中的表现会更活跃，在美国社会的边缘化地位会得到一定改善，也将为美国社会主义运动的发展发挥更大作用。但是，美共所面临的现实挑战决定了它在短

---

[1] Joe Sims, "Turning Point in Freedom Road," https://live-cpusa.pantheonsite.io/article/turning-point-in-freedom-road/.

[2]〔美〕威廉·福斯特、梅豪士译：《美国共产党史》，世界知识出版社1957年版，第584页。

期内难以从根本上改变自身的状况,所开展的斗争难以取得突破性进展,对美国主流政治的影响也须被理性期待。美共对本国社会主义道路的探索将是一个长期的、艰巨的、复杂的过程,需要进一步深入、有效地推进马克思主义本土化,需要做扎扎实实的力量积蓄、理念传播、工人动员和民众凝聚,需要耐心等待成熟时机的到来。

(李海玉系河南理工大学马克思主义学院教授)

瑞典财富与收入的不平等扩大趋势及成因分析

高建昆　陈海若

瑞典是社会民主党长期执政的民主社会主义样板国家，其垄断资本主义条件下的分配一直得到片面的褒扬。由于财富与收入分配深刻影响着一国居民的生活水平和幸福程度，而一国财富与收入分配的不平等状况及其演变具有深刻的经济社会根源，因此系统研究瑞典财富与收入的不平等状况演变及其成因，有助于科学认识和把握瑞典民主社会主义的实质。

一、瑞典国内财富与收入的不平等状况及其演变

（一）财富不平等状况及其演变

财富不平等状况不仅是社会贫富差距的直接反映，而且直接影响甚至决定居民生活不平等状况。因此，研究一个国家的社会不平等状况，首先需要考察该国的财富不平等状况。

首先，从财富基尼系数看，近年来瑞典国内财富占有不平等状况呈扩大趋势。2016—2019年瑞典财富基尼系数的逐年增加，从总体上反映了瑞典国内财富占有不平等状况扩大的趋势。

其次，从不同财富阶层的人口分布比例看，近年来瑞典财富占有差距状况呈结构性扩大趋势。瑞典社会财富积累已出现较为明显的两极分化趋势，且主要表现为中等财富阶层人数明显减少，同时拥有较少财富的普通

阶层人数增多。

再次，从最富裕人口控制的财富比例看，近年来瑞典国内财富日趋集中，少数人垄断了国内大部分的财富。最富裕的1%人口控制的财富比例增长是近年来瑞典国内财富日趋集中的主体力量。

总之，近年来瑞典财富不平等状况在总体上和结构上都呈现出扩大趋势。这从财富存量维度直接反映出瑞典社会日益扩大的贫富两极分化和人民生活水平差距的逐渐拉大，从而凸显了瑞典社会不平等程度的加深。

(二) 收入不平等状况及其演变

研究分配不平等问题，不仅要考察财富不平等状况，而且要考察收入不平等状况。

从收入基尼系数看，近年来瑞典收入不平等状况也呈扩大趋势。在初次分配领域，瑞典的收入分配差距较大。这反映了瑞典国内在初次分配领域逐渐加剧的不平等状况。

从高收入群体的收入占国民总收入的比例看，近年来，瑞典高收入群体收入占总收入的比例呈现出扩大趋势。

从贫困人口状况看，近年来瑞典人口的贫困比例与贫困程度均呈上升趋势。在贫困人口比例方面，近年来瑞典国内的贫困率缓慢增长。尽管瑞典的贫困率在经济合作与发展组织国家中处于相对较低水平，但明显高于丹麦、芬兰等国家。

从区域差别看，瑞典国内收入不平等状况存在较大的区域差别。从瑞典国内各地区来看，自2011年以来，在全国290个城市中，有275个城市的收入差距扩大。

总之，近年来瑞典收入不平等状况不仅在总体上、结构上呈现出扩大趋势，而且空间上存在较大的区域差别。这从财富增量维度反映出瑞典社会日益扩大的贫富两极分化。而瑞典人口贫困比例与贫困程度的上升趋势，则进一步显示出人民生活水平差距的逐渐拉大。

二、瑞典财富与收入不平等状况及其演变的成因

瑞典财富与收入的不平等扩大趋势，是执政党的民主社会主义执政理念与执政方针主导下多重因素共同作用的结果。在此，本文着重探讨对瑞典财富与收入分配不平等状况的形成与演变具有较为重要影响的几个因素。

（一）瑞典经济私有化程度的上升

在影响财富与收入分配不平等状况形成与演变的诸因素中，生产资料所有制发挥根本性决定作用。因此，探讨财富与收入分配的成因，需要首先分析生产资料所有制结构的演变。

近年来瑞典经济私有化程度的上升态势是在执政党的执政理念与执政方针的主导下实现的。在执政理念方面，长期执政的瑞典社会民主党的所有制主张受到"新第三条道路"思潮的深刻影响。"新第三条道路"在所有制方面主张混合经济，标榜"在公共部门和私人部门间建立一种协作机制"[1]，但是在实际的操作中，却倾向于市场化和私有化。在执政方针方面，瑞典社会民主党从议会斗争掌握政权以来，一方面，通过税收、福利制度等再分配手段对私有制引发的不平等加以限制；另一方面，通过法律、政策等形式对资本的支配加以限制，大力推进经济决策的民主化。但这种限制停留于政策、法律的层面之上，一旦触及私有制的核心地位，便会招致国内力量的激烈反对。

瑞典生产资料所有制结构的基本特征是以资本主义垄断私有制为主体，且近年来经济私有化呈上升趋势。这就从根本上内在包含了私有剩余价值规律带来的贫富分化趋势。首先，资本主义垄断私有制以及经济私有化趋势，从根本上抑制了劳动者收入的增长，使得资本积累过程愈来愈向私有垄断资本倾斜，逐渐拉大初次分配领域劳动者与垄断资本所有者的收入差距与财富差距。

其次，资本主义垄断私有制以及经济私有化趋势，从根本上削弱了二

---

[1] 〔英〕安东尼·吉登斯：《第三条道路——社会民主主义的复兴》，郑戈译，北京大学出版社2000年版，第104页。

次分配调节财富差距与收入差距的能力。国民经济私有化程度的加强，必然直接削减政府所有制或国家所有制的企业获利能力与获利规模，从而降低这些公共企业利润中可用于二次分配的资金规模。而在垄断条件下私有剩余价值规律的支配下，私有垄断资本获取的垄断利润无法直接转化为国家福利制度体系的资金基础。

由此可见，经济私有化程度的上升，是近年来瑞典国内财富与收入分配不平等状况扩大的根本原因。

（二）二次分配的调节作用下降

作为瑞典福利制度体系调节财富与收入分配的核心手段，社会保障制度与税收制度通过财富与收入的再分配与调节在缓解资本主义基本矛盾、减轻财富与收入分配的不平等状况、促进社会公平等方面发挥重要作用。社会保障制度与税收制度不仅可以实现社会不同群体间的财富分配，而且通过社会成员对社会保障基金的缴纳，福利制度可以调节个人在人生的不同阶段、当代人和下一代人的财富分配。此外，直接面向企业的扣缴亦可在企业同劳动者群体之间实现财富分配的调节。因此，社会民主党高度重视社会保障制度与税收制度的再分配功能。

从实质看，瑞典社会保障制度与税收制度对财富与收入不平等状况的调节具有高额社会保障费用和高税率两方面的内在局限性。从长期来看，高额社会保障费用支出为政府财政带来沉重的压力。在私有经济为主体的条件下，政府的财政收入主要依赖税收与各项收费。高额社会保障费用支出必然导致高税收。政府缺乏拓展其他收入来源的渠道。一方面是福利制度所带来的沉重的财政压力；另一方面，生产资料私有制的条件下，瑞典财政收入的主要来源为税收与各项费用。缺乏强有力的公有制经济作为保障，高昂的福利体系难以持久存在，往往招致财政赤字危机。

在全球化和欧洲一体化条件下，瑞典福利制度体系的可持续性面临较大挑战。首先，高额的税收与福利成本带来一定的资本外逃。一方面，在全球分工体系下，资本可以选择向劳动力低廉的国家转移，从而大幅降低劳动力成本。另一方面，也为税收和福利费用的规避提供了可能。富裕人群可以通过财产向国外转移的形式规避国内的高额税收。其次，随着全球化条件下瑞典在信息流动与传播领域与外界联系的日益紧密,在长期高福利制度影响下瑞典国民养成的克制与勤勉品质,受到国外自由主义思潮的强烈冲击。最后,全球化和欧洲一体化背景下,瑞典以其宽松的移民政策与独特的福利国家制度吸引了大批移民。移民的涌入加重了瑞典福利制度的负担。

20世纪90年代以来,面对国内外的危机,瑞典政府为缓解经济压力而不断削减福利开支,从而直接降低了二次分配的调节力度。一方面,社会保险、养老金、住房补贴等都被下调,并增加失业保险和养老保险个人所缴纳的比例。另一方面,"福利管理实行分散化改革,让地方政府拥有更大的自主权、承担更多责任,引入市场机制"[1]。此外,受"新第三条道路"影响,社民党主张"积极福利",强调公民对社会的责任。

近年来,以社会保障制度与税收制度为核心的瑞典福利制度体系对财富分配不平等状况的调节程度呈减弱趋势。近年来因瑞典福利制度受益的成年人数逐年下降。在大城市附近的通勤城市、大城市和发展旅游业的农村,接受社会救助或社会福利经济资助的人数占总人数的比例偏低;在低通勤率的中等规模城镇附近的通勤城市、小城镇附近的通勤城市和农村,这一比例偏高[2]。

由此可见,社会保障制度与税收体系对不平等的调节作用的减弱是近年来瑞典国内财富与收入分配不平等状况扩大的重要原因。

(三) 工会组织力量的降低

近年来,瑞典工会组织力量总体上呈下降趋势。一方面,瑞典国内工会密度呈现出逐年下降的趋势。另一方面,瑞典国内工会会员数量也在逐渐降低。

工会组织的密度和会员人数的下降,是资本方力量逐渐加强、对工会

---

[1] 李立男:《中国居民收入差距现状的国际比较研究——与日本、瑞典、德国、新加坡、英国、美国、法国的对比分析》,《海派经济学》2020年第1期。

[2] SCB, "Number of Persons Receiving Economic Support Decreased", https://www.scb.se/en/finding-statistics/statistics-by-subject-area/household-finances/general-statistics/household-finances-general-statistics/pong/statistical-news/number-of-full-year-persons-receiving-social-assistannce-and-benefits-2019/.

和工人阶级力量反扑的结果，直接助推了近年来瑞典财富与收入分配的不平等扩大趋势。首先，瑞典社民党奉行的民主社会主义执政理念与执政方针逐渐改变了劳资双方的力量对比。而随着工会力量的下降和工人阶级组织力的降低，瑞典工会组织的工资议价能力和劳资纠纷处理话语权也相应下降。因此，劳资双方力量的失衡致使国内财富与收入分配不平等问题逐渐显露。

三、结论与反思

在资本主义国家中，瑞典财富与收入的不平等状况原来处于相对较低水平，但近年来均呈结构性扩大趋势，一些指标值已处于较高区间。

瑞典财富与收入的不平等扩大趋势，是执政党的民主社会主义执政理念与执政方针主导下多重因素共同作用的结果。首先，资本主义垄断私有制占据支配地位的生产资料所有制结构在瑞典国内财富与收入的不平等状况及其演变中发挥根本性决定作用。其次，瑞典福利制度毕竟是资本主义改良主义的体现，对财富与收入分配不平等的调节程度相对有限，同时面临财政压力大、高税收、资本外逃等福利制度体系可持续性因素的多重挑战。再次，近年来瑞典工会组织力量的降低导致劳资双方力量的失衡，在一定程度上推动了财富与收入不平等的扩大。

总之，瑞典社会民主党奉行的民主社会主义执政理念与制度体系，只能在资本主义范围内缓和阶级矛盾，在一定程度上暂时减轻财富与收入分配的不平等状况，但不可能从根本上改变资本主义垄断私有制的支配地位，从而消除财富与收入的不平等状况。随着资本主义基本矛盾运动在当代垄断条件下的深化，瑞典财富与收入的不平等状况扩大趋势具有历史必然性。

（高建昆系复旦大学马克思主义学院副教授；陈海若系中国人民大学马克思主义学院讲师）

新时代中国共产党治国理政的世界性经验[*]

王 建 谢 忱

党的十八大以来,中国的综合国力和国际地位得到了前所未有的提升。新时代中国共产党治国理政的成功实践,充分证明了我们如期打赢脱贫攻坚战,如期全面建成小康社会、实现第一个百年奋斗目标,得益于中国共产党的坚强领导和作出的正确决策。新时代以来,中国的巨变极大地推进了中华民族伟大复兴的历史进程,为世界各国展现了中国新征程的宏伟画卷。在实现从站起来、富起来到强起来的历史性飞跃中,中国继续发挥负责任大国作用,在推动经济全球化和政治多极化发展、维护世界和平和地区稳定、应对极端天气灾害等方面,中国方案发挥着不可或缺的重要作用。新时代中国共产党治国理政的世界性经验为解决当代诸多世界性难题贡献了中国智慧,为人类文明的发展输送了强劲的中国力量。

一、加强党在治国理政道路中的领导作用

中国共产党是中国工人阶级的先锋队,同时也是中国人民和中华民族的先锋队。习近平总书记指出:"我们要担负起引领方向的责任,把握和塑造人类共同未来。"[①]党的责任便是要着眼于人民的现实需求和人类的未来

---

[*] 本文系2018年度国家社会科学基金青年项目"金融危机以来西班牙左翼运动的新方向及其影响研究"(18CKS017)的阶段性成果。

① 《习近平谈治国理政》第四卷,外文出版社2022年版,第424页。

发展，以正确的方略和具体的行动推进全球治理的完善。由此可见，充分发挥党在治国理政道路中的领导作用十分必要，这是时代的呼唤和人民的期盼。

充分发挥党在治国理政道路中的领导作用，可以更好地推动国家的发展。马克思认为，民族史向世界史的转变并不是人们的主观臆想，而是一个可以通过经验证明的不争的基本事实。进入新时代以来，作为世界第二大经济体、第一大工业国、第一大货物贸易国、第一大外汇储备国的中国，以人民群众实实在在的幸福感、获得感和社会生产力的高质量发展向世界充分证明了这一点。回顾人类工业文明的发展历程，西方国家率先实现了资本主义工业化和现代化，由此确立了西方所主导的世界秩序，然而这一秩序的确立却充满了帝国主义列强对弱小国家和民族的侵略，极大地阻碍了人类文明的发展和全世界劳动人民追求幸福的步伐。党的十八大以来，中国共产党取得的伟大成就举世瞩目，充分发挥了自身在治国理政道路中的领导作用，充分证明了"工业较发达的国家向工业较不发达的国家所显示的，只是后者未来的景象"[①]，为广大发展中国家的崛起提供了有力的参照，为世界发展注入了鲜活的动力，为世界的和平与稳定作出了更务实的贡献。中国发展的事实证明，要实现发展中国家在旧有国际秩序中的突破，充分激发民族的凝聚力，必须要有先进的、革命的政党来领导，必须充分加强党在治国理政道路中的领导作用，从根本上保证国家的安全和人民的根本利益，进而长远地规划国家的发展战略，保证国家的长治久安。

政党的先进性在治国理政中的具体实践，可以有力地激发大众的民族认同感。在广大发展中国家，经济政治的落后往往伴随着严重的民族认同危机。在一百多年的光辉历程中，中国共产党坚定不移地带领中国人民实现了从站起来到富起来再到强起来的伟大飞跃，用科学的革命理论、顽强的斗争精神和矢志不渝的实际行动在生死存亡的紧要关头挽救了中华民族，唤醒了中华儿女的民族认同感，铸就了以爱国主义为核心的民族精神。党的十八大以来，实现中华民族伟大复兴的观念愈发深入人心。"人民有信仰，国家有力量，民族有希望"这一论断在中国共产党治国理政的引领下

---

① 《马克思恩格斯文集》第5卷，人民出版社2009年版，第8页。

得到了充分的检验,成为发展中国家崛起的宝贵经验,为建设社会主义现代化强国源源不断地输送强大的力量。

充分发挥政党在治国理政道路中的领导作用,是发展中国家独立探索适合本国发展道路的前提条件。中国共产党领导中国人民开辟了中国特色社会主义道路,取得了举世瞩目的成就。中国特色社会主义道路使中国日益走近世界舞台的中心,越来越多的国家和政党纷纷关注研究中国共产党的治国理政经验,并将中国倡议作为他们参与全球治理的重要参考。中国特色社会主义现代化道路的成功是马克思主义中国化的历史性成就,是人类社会主义事业的伟大探索,打破了人们对于西方模式的神话和迷信,改变了长期以来以西方现代化模式占主导地位的格局,为广大发展中国家人民独立自主地探索适合本国国情的发展道路增添了信心和勇气。

二、把发展作为建设中国特色社会主义的第一要务

马克思指出:"无论哪一个社会形态,在它所能容纳的全部生产力发挥出来以前,是决不会灭亡的;而新的更高的生产关系,在它的物质存在条件在旧社会的胎胞里成熟以前,是决不会出现的。"[①]马克思的"两个决不会"理论深刻地揭示了人类社会存在和发展的客观规律。一种社会形态的存在是孕育更高级别社会形态的必要条件,"物质存在条件"的"成熟"是更高社会形态出现的前提条件,要促使物质条件成熟,必须要实现社会层面的发展。中国共产党在对中国特色社会主义的建设中,实现了对生产力的发展和生产关系的变革,促使中国人民在共同富裕和民族复兴的道路上阔步前行,有力地证明了马克思主义的这一观点。发展作为党执政兴国的第一要务,是新时代建设中国特色社会主义的根本取向和核心要义。"发展理念是否对头,从根本上决定着发展成效乃至成败。实践告诉我们,发展是一个不断变化的进程,发展环境不会一成不变,发展条件不会一成不变,发展理念自然也不会一成不变。"[②]进入新时代,以习近平同志为核心的党

[①]《马克思恩格斯文集》第2卷,人民出版社2009年版,第592页。
[②]《十八大以来重要文献选编》(中),中央文献出版社2016年版,第824-825页。

中央始终坚持把发展放在突出位置，强调顶层设计与调动人民的积极性相统一，理论创新和具体实践相结合，不断促进社会的高质量发展。高质量发展，就是能够很好地满足人民日益增长的美好生活需要的发展，是体现新发展理念的发展，是创新成为第一动力、协调成为内生特点、绿色成为普遍形态、开放成为必由之路、共享成为根本目的的发展。推动高质量发展是我国发展的战略目标，更是我国当前和今后一个时期确定发展思路、制定方针政策的根本要求。

中国社会的健康发展和良性循环，给广大发展中国家寻求适合本国的发展模式，探索可持续的经济增长点提供了积极有益的参考。习近平总书记指出，我们要"担负起促进发展的责任，让发展成果更多更公平地惠及各国人民。发展是实现人民幸福的关键"[1]，面对复杂艰难的发展形势，"我们要直面贫富差距、发展鸿沟等重大现实问题，关注欠发达国家和地区，关爱贫困民众，让每一片土地都孕育希望"[2]。总结脱贫攻坚伟大奇迹的中国经验，贫困产生的原因是复杂多样的，要彻底帮助贫困地区的人民摆脱贫困，就要具体问题具体分析，充分调查研究贫困产生的历史与现实根源，找出经济社会发展中的疑难杂症。要解决发展中遇到的难题，需要在党的集中统一领导下，更加科学地探索相应的经济增长点，规划长远的发展战略。事实充分证明，"中国共产党具有无比坚强的领导力、组织力、执行力，是团结带领人民攻坚克难、开拓前进最可靠的领导力量。只要我们始终不渝坚持党的领导，就一定能够战胜前进道路上的任何艰难险阻，不断满足人民对美好生活的向往！"[3]

三、以合作为基础积极构建同世界各国的友好关系

纵览人类文明的发展进程，国家间的合作已经成为应对共同挑战的唯一正确选择。习近平总书记在联合国日内瓦总部演讲时，向世界人民发出振聋发聩的疑问："世界怎么了、我们怎么办？"而他向世界给出的中国方

---

[1]《习近平谈治国理政》第四卷，外文出版社2022年版，第425页。
[2]《习近平谈治国理政》第四卷，外文出版社2022年版，第425页。
[3]《习近平谈治国理政》第四卷，外文出版社2022年版，第133页。

案是:"构建人类命运共同体,实现共赢共享。"①

党的十八大以来,在习近平新时代中国特色社会主义思想的指引下,国家治理体系和治理能力实现了现代化发展,与此同时,我国的大国外交也开创了新的局面。在更多富有创新性和建设性的重大成就中,中国前所未有地走近世界舞台中央,为人类文明的发展和进步作出了永载史册的伟大贡献。在中国共产党的领导下,中国积极开展同世界各国的友好合作,充分吸取各国的先进经验,为自身的发展创造了友好和谐的外部环境,成为国际社会不可或缺的"世界工厂"和"世界市场"。在同合作伙伴分享自身发展红利的同时,中国一直强调世界各国要不断加强全球治理能力,践行真正的多边主义。"世界只有一个体系,就是以联合国为核心的国际体系。只有一个秩序,就是以国际法为基础的国际秩序。只有一套规则,就是以联合国宪章宗旨和原则为基础的国际关系基本准则。"②当今世界,全球性挑战日益增多,恐怖主义、极端气候等非传统安全威胁上升,"灰犀牛""黑天鹅"事件时有发生,严重破坏了国家间的合作与信任,威胁着人类的生存与发展。为加强国际合作,促进人类团结,习近平总书记呼吁世界各国政党要承担起引领方向、凝聚共识、促进发展、加强合作、完善治理的责任,通过政党间协商合作促进国家间协调合作,携手应对人类社会面临的共同挑战。

通过对中国共产党治国理政的先进经验进行梳理,我们从中总结出了中国共产党治国理政成功的要领和鲜明的特征。加强党在治国理政道路中的领导作用得到了马克思主义中国化在不同历史时期的反复论证,并在社会主义现代化建设不同领域的具体实践中得到了检验。进入新时代以来,党的建设伟大工程深入推进,党成功应对了长期存在的"四大考验",积极克服迫在眉睫的"四大危险",领导中国人民战胜艰难险阻,得到了最广大人民群众的衷心拥护。把发展作为建设中国特色社会主义的第一要务,不仅带领中国人民从站起来到富起来再到强起来,更使得新发展理念蔚然成风。新时代的中国共产党以新发展理念引领脱贫攻坚战,守护绿水青山,

---

① 习近平:《共同构建人类命运共同体》,《求是》2021年第1期。
② 《习近平谈治国理政》第四卷,外文出版社2022年版,第470页。

深入推进了供给侧结构性改革，解决了困扰人民群众的急难愁盼问题，推动中国特色社会主义道路越走越宽广。以合作为基础，积极构建同世界各国的友好关系是中国共产党外交政策的一贯方针。新中国成立以来，中国共产党积极探索与不同国家和政党的友好合作关系，向世界展现了中国人民热爱和平、互利共赢的友好形象，展现了中华文明互相尊重、源远流长的独特魅力。

党的十八大以来，中国共产党团结带领全国各族人民积极建设社会主义现代化强国，党的正义性、人民性、科学性得到了人民群众的广泛拥护，实现中华民族伟大复兴成为全国人民共同的奋斗目标。中国共产党治国理政的经验在新时代书写了"中国之治"新篇章。中国参与国际合作，有力地推动了世界经济的复苏和发展，谱写了许多开放合作、互利共赢的故事，为世界和平与发展持续地贡献智慧和力量，成为推动世界经济增长的强劲动力。

（王建系辽宁大学马克思主义学院教授；谢忱系辽宁大学马克思主义学院硕士研究生）

中国特色社会主义民主的传统文化基因

贾可卿

要达成社会主义现代化和中华民族复兴的目标，必须从形式和内容上实现马克思主义与中国传统文化的融合。中国传统文化中的唯物论、矛盾论、实践观以及大同理想等，都与马克思主义的基本观点有近似之处。以传统儒家民本思想为例进行考察，不难发现它与今天的中国特色社会主义民主有着历史的和逻辑的关联，可以说是中国特色社会主义民主的文化基因。

一、民本思想的起源

"民主"一词在中国古代就已存在，但它与现代的民主含义并不相同。在儒家经典《尚书》中，"民主"的意思是"民之主"，而非"民做主"。如"天惟时求民主"[1]一语，即指上天根据时势的变化，为老百姓寻求贤明的君主。"民本"思想才是用来表达与现代意义上的民主有逻辑关系的概念。自尧舜禹时代，便隐约可见最初的一些民本思想的碎片。民本的明确出处是《尚书·五子之歌》中所讲到的："民可近，不可下。民惟邦本，本固邦宁。"[2]

春秋以后，面对诸侯争霸造成的剧烈社会变动，不少思想家日益看重

---

[1]《四书五经》，岳麓书社2002年版，第266页。
[2]《四书五经》，岳麓书社2002年版，第227页。

"人事"的作用。《左传·昭公十八年》中郑子产说："天道远，人道迩，非所及也，何以知之？"①天人阻隔，天不可能干预人事。与此同时，也就把施政的中心转向了民，这标志着民本思想有了很大发展。《左传·庄公三十二年》说："国将兴，听于民；将亡，听于神。神，聪明正直而壹者也，依人而行。"②这种说法进一步把神降到了听于民的被动地位上。而《左传·桓公六年》所说的"夫民，神之主也，是以圣王先成民而后致力于神"③，则在思想观念上确立了"民"相对于"神"的首要地位。

《管子》一书最早提出"以人为本"四个字："夫霸王之所始也，以人为本。本理则国固，本乱则国危。"④此语中"人"与"民"同义，旨在阐明民众与君王治国的关系。孔子继承了民本思想遗产并加以完善化、系统化，提出了"为政以德"⑤的观念。孟子则集西周以来民本思想之大成，提出了"仁政"学说，形成了比较完整的民本思想体系。

二、民本思想的内涵

所谓民本，也就是以人民的利益为根本。概括起来，儒家民本思想大致包括对人民的自由权、平等权、参政权、生存权、革命权的论述。

其一，儒家民本学说中包含着独特的自由权观念。孔子的忠恕之道正是儒家自由观的基本表达。儒家所谓"恕"即"己所不欲，勿施于人"，既规定了自己不强迫别人的义务，同时也规定了自己不受别人强迫的权利，这其实正是主张免受强制的消极自由观的中国式表达。而儒家之所谓"忠"即"己欲立而立人，己欲达而达人"同样是推己及人，自己欲有所成就、发达，亦允许别人有所成就、发达。这也是对个人权利与义务的双向规定，是主张有权利做某事的积极自由观的中国式表达。可见，儒家民本思想中不但含有自由的种子，而且要比单纯强调个人权利的自由观更为全面和健

---

①《四书五经》，岳麓书社2002年版，第1116页。
②《四书五经》，岳麓书社2002年版，第751页。
③《四书五经》，岳麓书社2002年版，第707–708页。
④《管子全译》，人民出版社1996年版，第357页。
⑤《四书五经》，岳麓书社2002年版，第18页。

康——它天然是一种要求交往双方平等的自由观。

其二，儒家民本学说中也有关于平等权的论述。如：儒家认为人人都可以在道德上成为尧舜，"圣人与我同类者"①。君臣在人格上是平等的，因而应该彼此尊重。儒家还主张民众在法律面前享有平等权。如孟子认为：舜的父亲瞽叟假如杀了人，也要绳之以法，而舜是不能去加以阻止的。②这反映了儒家要求人们在法律面前具有平等地位和权利，不能因为王权亲贵而有所偏私。经常遭到批判的儒家所谓"君君，臣臣，父父，子子"，未必就是对等级秩序的强调，从积极的角度看可以理解为是对职业道德的强调，即要求在其位便要谋其政、尽其职，履行好自己的义务和责任，进而维护社会秩序的稳定。儒家甚至有将民置于君之上的倾向。如孟子说："民为贵，社稷次之，君为轻。"③这种议论已经开始超出"民本"的界限，而具有民主思想的某些色彩。

其三，儒家主张人民在政治决策上的某种参与权。在官员任免和人才选拔的问题上，孟子认为应以国人的意向为依归。"左右皆曰贤，未可也。诸大夫皆曰贤，未可也。国人皆曰贤，然后察之；见贤焉，然后用之。"说一个人"不可"，也要等"国人皆曰不可，然后察之；见不可焉，然后去之"④。在这里，虽然最终决策权属于君主，但是在很大程度上把人民的意志加进政治过程中，从而在一定程度上淡化了统治的专制性质。

其四，儒家重视民生，以共同富裕为根本目标。孔子的弟子问孔子："如有博施于民而能济众，何如？可为仁乎？"孔子回答说："何事于仁，必也圣乎！尧、舜其犹病诸！"⑤意思是说，如有"博施于民，而能济众"的人，不止够得上"仁"，简直应该算"圣"了，尧、舜恐怕都不易达到这种行为。这表明了孔子对民生的高度关注。孟子把民生问题提到治理国家的首位，提出要制民之产，使民拥有固定的产业收入。"民之为道也，有恒产者有恒心，无恒产者无恒心。"⑥其次是薄税敛，减轻农业税。"易其田畴，

---

① 《四书五经》，岳麓书社2002年版，第117页。
② 《四书五经》，岳麓书社2002年版，第130页。
③ 《四书五经》，岳麓书社2002年版，第133页。
④ 《四书五经》，岳麓书社2002年版，第71页。
⑤ 《四书五经》，岳麓书社2002年版，第28页。
⑥ 《四书五经》，岳麓书社2002年版，第85页。

薄其税敛，民可使富也。"①儒家对分配的公平也十分重视，孔子是这样说的："丘也闻：有国有家者，不患寡而患不均，不患贫而患不安。盖均无贫，和无寡，安无倾。"②这里的"均"是"均衡"而非"平均"的意思，"不患寡而患不均"即是指不怕东西少而怕不能均衡。

其五，儒家并非总是像人们想象的那样温良恭俭让，而是在特定情况下肯定革命行动的合理性。对于不顾民生疾苦、不听劝谏的无道之君，儒家认为人民有进行革命的权利。孟子将不体恤民生疾苦的暴君等同于独夫民贼，如果"君之视臣如土芥"，则"臣视君如寇雠"，人人可得而诛之。并说："残贼之人，谓之一夫。闻诛一夫纣矣，未闻弑君也。"③还说："君有大过则谏，反复之而不听，则易位。"④由此看来，在儒家的民本思想中，如果君主不为人民的利益服务，人民就可以不承认君主统治的合理性，甚至通过革命推翻暴政。

儒家民本思想引起了专制统治者的畏惧。历史上的专制君主大都视儒家民本思想为异端，必欲除之而后快。最典型的实例莫过于秦始皇"焚书坑儒"和朱元璋删《孟子》。可见，以民为本的政治思想与封建帝王专制对抗已达到不能相容的地步。因此，也就有了所谓意识形态化的儒学与作为思想学说的儒学的区别。正是由于儒家民本思想的影响，历代开明的统治者为了取得民心，不得不有所收敛，或者打起仁政的招牌，采取一些缓和社会矛盾的措施，使人民的生活在有限的范围内得到改善。这是中国传统社会结构能够长期保持稳定的原因之一。

三、民本思想的近代转化

几千年来，中国传统民本思想一直薪火相传，连绵不绝。即使在制度上存在总体性缺失，但中国历史上出现的宰相制度、御史制度、征辟制度、科举制度等，都可以使君主的权力受到一些限制。如李约瑟说："虽然在中

---

① 《四书五经》，岳麓书社2002年版，第129页。
② 《四书五经》，岳麓书社2002年版，第51页。
③ 《四书五经》，岳麓书社2002年版，第71页。
④ 《四书五经》，岳麓书社2002年版，第115页。

国的历史传统中从来没有西方国家所说的那种'代议制'的民主政体,但是中国也决不是像有些人所想象的那样一个纯粹的专制独裁的国家……在中国的传统中坚强的民主因素是一直存在的。"[1]可以说,中国历史上的"民本"思想是"民主"理念赖以存在的文化基础,"民主"是"民本"发展的必然归宿。

明末清初,随着商品经济萌芽的发展以及激烈的社会政治动荡,一些深受儒家熏陶的思想家如黄宗羲、顾炎武、王夫之等,以"民本"思想为出发点,对君主专制进行了猛烈抨击,开始从民本走向现代民主。清末从民本向民主转化的代表人物,当属维新派康有为、梁启超等。康氏维新理论的渊源是儒家的民本思想,但加入了西方的进化论思想和新鲜的民主血液,使传统民本思想开始汇入现代民主主义的洪流。

孙中山比康、梁又前进了一大步。他坚决主张废除君主制度,并实行权能分开,实现人民有权,政府有能。"人民拥有选举权、罢免权、创制权、复决权等四项政权,政府则拥有行政权、立法权、司法权、考试权、监察权等五项治权,这样人民和政府的力量才能彼此平衡。"[2]这种设计借鉴了西方的经验教训,也体现出了某种中国传统意味,特别是考试权和监察权"这两个权是中国固有的东西"[3]。孙中山认识到中国社会和欧美不同,所以"管理社会的政治自然也是和欧美不同,不能完全仿效欧美"[4]。

新文化运动时期,为了弥补辛亥革命缺乏思想启蒙的一课,陈独秀等人对儒家思想展开了猛烈抨击。新文化运动在形式上有过激之处,但所反对的仅是作为意识形态的"国家儒学",而非反对作为一种思想学说的"文化儒学"。不仅如此,陈独秀还高度肯定儒学在历史上的积极作用,并指出批判的原因仅在于:"宗法社会之道德,不适于现代生活"[5],"未可以其伦理学说统一中国人心"两方面,"未尝过此以立论也"。[6]

---

[1]〔英〕李约瑟著:《四海之内——东方和西方的对话》,劳陇译,三联书店1987年版,第54-55页。
[2]《孙中山全集》第9卷,中华书局1986年版,第352页。
[3]《孙中山全集》第9卷,中华书局1986年版,第353页。
[4]《孙中山全集》第9卷,中华书局1986年版,第320页。
[5]《陈独秀著作选》第1卷,人民出版社1993年版,第281页。
[6]《陈独秀著作选》第1卷,人民出版社1993年版,第278页。

四、民本思想的现代趋向

在现代中国，无论是革命时期的民主诉求和民主探索，还是今天所建设的中国特色社会主义民主，仍然带有浓厚的传统民本色彩，这是必然的，也是合理的。中国特色社会主义民主是一种人民权力至上的民主，不同于西方权力平行制衡的民主；中国特色社会主义民主是一种集中指导下的民主，不同于西方利益集团无序争斗的民主；中国特色社会主义民主是一种重视协商的民主，不同于西方完全选举式的民主。这些特点与西方民主很不一样，而与重视民众力量、采纳民众意见的传统民本思想有不少相近之处。历史实践证明，发达国家的民主模式不可能直接照搬到中国，传统的民本思想是建设中国特色社会主义民主的文化土壤。毛泽东提出"为人民服务"[①]并将之作为执政党的宗旨，邓小平提出判断社会主义的一个重要标准是看"是否有利于提高人民的生活水平"[②]，人民拥护不拥护、人民赞成不赞成、人民高兴不高兴、人民答应不答应被作为共产党制定方针政策的出发点和归宿，其中以民为本的特征是显而易见的。

当然，传统民本思想揳入国家意识形态的过程也是一个自身不断改造的过程。传统民本思想的最大不足在于它重人治而轻制度建设，主要依赖君子贤人的自觉以实现其政治理想。由于缺乏制度性保障，这种贤人政治是不稳定、不可靠的。必须实现从民本传统的权力自我限制到现代的权力外在限制的转换，以权力制约权力，以权利制约权力，以可靠而周密的制度约束当权者的行为，而非依靠领导人的自我修养或者理论家的道德说教。如邓小平所说："必须使民主制度化、法律化，使这种制度与法律不因领导人的改变而改变，不因领导人的看法和注意力的改变而改变。"[③]依托民本，扩大民权，增进民主，服务民生，或许是中国特色社会主义民主的发展路径。

儒家早已被去中心化，不再处于意识形态的至尊地位。但恰恰因为儒学与国家政权分离，反而可能恢复其原始的活泼精神。历史已经表明，一

[①]《毛泽东选集》第3卷，人民出版社1991年版，第1004页。
[②]《邓小平文选》第3卷，人民出版社1993年版，第372页。
[③]《邓小平文选》第2卷，人民出版社1994年版，第146页。

个国家要成功地实现现代化，不但需要克服传统因素对革新的阻力，而且要善于利用传统因素作为革新的助力。今天实现现代化的西方发达国家，没有哪一个不是把自己的文化传统融入到现代化之中的，尽管他们的文化渊源曾经是非民主的甚至是反民主的。不仅西方发达国家如此，东方发达国家如日本、韩国等也是如此。因此，应积极发掘传统中有助于中国现代化的积极因素，实现包括民本思想在内的文化传统的创造性转化。

（贾可卿系中国社会科学院马克思主义研究院研究员）

比较视野下全过程人民民主的话语阐释与中国民主话语权提升

杨雨林

习近平总书记在党的二十大报告中指出:"人民民主是社会主义的生命,是全面建设社会主义现代化国家的应有之义。全过程人民民主是社会主义民主政治的本质属性,是最广泛、最真实、最管用的民主。"[1]同时,党的二十大报告强调发展全过程人民民主是中国式现代化的本质要求的重要内容,并围绕"发展全过程人民民主,保障人民当家作主"作出全面部署、提出明确要求。民主作为上层建筑,是由一定经济基础所决定并为其服务的。中国共产党领导中国人民创造了世所罕见的经济快速发展奇迹和社会长期稳定奇迹,充分证明了当代中国民主制度和民主实践的有效性,但长期以来民主叙事明显落后于实践发展也是事实。针对这种"滞后性",习近平总书记指出:"要加快构建中国话语和中国叙事体系,用中国理论阐释中国实践,用中国实践升华中国理论,打造融通中外的新概念、新范畴、新表述,更加充分、更加鲜明地展现中国故事及其背后的思想力量和精神力量。"[2]作为新时代中国民主政治建设取得的创新性、标志性成果,全过程人民民主重大理念的提出和这条民主新路的开创,不仅对当代中国政治发展,更对人类政治文明的丰富作出了重大贡献。探寻比较视野下全过程

---

[1] 习近平:《高举中国特色社会主义伟大旗帜 为全面建设社会主义现代化国家而团结奋斗——在中国共产党第二十次全国代表大会上的报告》,人民出版社2022年版,第37页。
[2]《习近平谈治国理政》第四卷,外文出版社2022年版,第317页。

人民民主的话语阐释与中国民主话语权提升之间的逻辑关系及实践路径，正是解决这种民主叙事与民主实践之间"滞后性"的有益尝试。

一、比较视野下加强全过程人民民主话语阐释的重要意义

民主话语权是指一个国家的民主理论、民主制度、民主实践在国际范围内占据舆论主导权，深受国际社会认可，并能够广泛而深刻地影响他国民主实践。当前话语权竞争已成为国家之间的主要竞争，构成综合国力和国际影响力的重要组织部分，"话语即权力"已成为不可忽视的基本事实。实践证明，一个国家能否成功在国际舞台上塑造民主话语权，既取决于怎么做，也要看怎么说，因为现实的真理性不等于真理的现实性，理论构建和话语阐释是思想展现真理性力量不可或缺的环节。在"言必称民主"的今天，没有哪个主权国家和政治人物会站在民主的对立面，而都是力图把自己塑造为民主的"代言人"。因此，民主不仅是理论问题，更是当前国际话语权争夺的焦点。由于美西方国家在现代化发展上的先行优势，以及其强大的思想传播力和影响力，长期以来民主概念的定义权、民主实践的阐释权、民主状况的评判权被美西方国家把持，并形成了显著的民主话语霸权。全过程人民民主重大理念的提出，既是对中国特色社会主义民主实践的新概括，也是对西方民主话语霸权的回应与超越，具有十分重要的理论和现实意义。

二、比较视野下全过程人民民主的话语阐释逻辑

从历史来看，西方民主话语权的塑造是在资本主义和社会主义两制并存的时代背景下，围绕如何对社会主义去民主化，如何掩盖资本主义民主的阶级性，并充分诠释其制度及意识形态的优越性等问题而展开的历史过程。就具体方式而言，包括解构以人民主权为基础的民主观，用形式民主观取代实质民主观，改造"合法性概念"，激活"选举授权合法性"的观念，将选举作为衡量政治合法性的标准，将竞争性多党制、选举制、议会制等原本属于资本主义民主制度中的内容，转化为民主的一般标准，以

"民主=选举=合法性"的话语阐释逻辑实现了三者之间的逻辑闭环。全过程人民民主的"人民性""过程性""实践性"既彰显了民主政治应有的一般特征，又体现了比较视野下全过程人民民主在民主的主体性、内涵性、实效性等方面具备的理论特质与制度优势，更揭示了当代西方民主的逻辑悖论和实践困境的关键着力点。

第一，突出民主的内涵性，超越"选举民主观"的狭隘性。民主政治是一种参与政治，过程性是其内在要求，人民应当真实、有效地参与其中。毛泽东曾指出："民主必须是各方面的，是政治上的、军事上的、经济上的、文化上的、党务上的以及国际关系上的，一切这些，都需要民主。"[①]全过程人民民主的话语阐释，要着力体现民主内涵的丰富性，以丰富的民主实践形式和民主过程超越"选举民主观"的狭隘性。历史和实践反复证明，民主不仅仅是依靠简单"票决"就能充分实现的政治形式，而是需要丰富的内容和过程来予以支撑的。美西方国家在构建民主话语权的过程中，以"选举民主观"作为思想先锋，大力宣扬民主选举，尤其是竞争性选举制度对于民主的唯一性、排他性意义，再配合激活"合法性"概念，强化"选举授权合法性"的观念，最终形成"现代政治就是合法性政治，选举民主满足政治合法性，而西方式民主正是选举民主"的话语阐释逻辑，使西方民主话语在对外传播和推广中具有很强的迷惑性。

第二，突出民主的主体性，超越"自由民主观"的抽象性。全过程人民民主坚持"一切为了人民"和"一切依靠人民"的统一，人民既是民主活动的实践主体，即民主过程的实践者、民主手段的创新者、民主道路的开拓者；也是民主成果的分享主体，即民主权利的享受者、民主成果的受益者、民主优劣的评判者。通过把民主的价值之锚回归人民当家作主，在话语阐释中突出民主的主体性问题，让人民成为民主优劣的评判主体，让实践检验成为民主优劣的评判方式，以民主主体的"广泛性"、民主参与的"全域性"、民主权利的"真实性"，超越"自由民主观"的抽象言说和道德想象。

第三，突出民主的实效性，超越"形式主义民主"的低效性。全过程

[①]《毛泽东文集》第3卷，人民出版社1996年版，第169页。

人民民主的"实效性"优势集中体现在民主过程的真实性和民主结果的有效性。真实的民主是指民主过程由人民直接参与，人民构成了民主实践的主体，在民主参与中有真实的体验感；有效的民主是指民主结果的管用和有效，民主能够切实解决国家发展、社会进步和人民实际生活中遇到的问题，人民成为民主成果的分享主体，面对民主期望有真实的获得感。全过程人民民主的话语阐释，要立足当代中国民主实践的实效性优势进行重点阐释，以全过程人民民主的"真实性"和"有效性"对比当代西方民主实践的低效性。并且要着重阐释美西方国家所推动的"民主化浪潮"，虽然给一些发展中国家带去了所谓的"民主形式"，使之具备了观念上的"好制度"，但观念上的"好制度"并不等于实践中的"好表现"。应当是实践中的"好表现"带来观念上的"好制度"，西方民主话语的这一逻辑悖论亟待扭转。

三、发展全过程人民民主与提升中国民主话语权的展望

今天的国际社会真正进入了一个"言必称民主"的时代，民主获得了无可置疑的话语霸权地位，似乎没有哪个国家、政党、政治领导人敢于公开跟"民主"唱反调，不管是否真实践行人民当家作主，都渴望自身成为民主的代言人。面对这样的历史潮流，构建满足自身发展需要、维护自身利益要求、反映文明文化特色的民主话语体系，并掌握民主话语权，彰显着十分重要的理论价值和战略意义。应当说，发展全过程人民民主是在对西方民主话语霸权的批判中实现的，必须破除对西方民主话语的迷失。当然这种批判是对民主话语霸权的批判，并不是对民主多样性的否定。由于现实的真理性并不等于真理的现实性，思想唯有通过话语实践，才能在现实中展现其真理性力量。发展全过程人民民主，不断提升中国民主国际话语权，既是新时代伟大斗争中的"软实力"较量，同时也是"中国式现代化新道路"和"人类文明新形态"之"新"的彰显，将是一项伟大而长期的事业。

第一，话语"软实力"要以物质"硬实力"为基础。民主作为上层建筑，无论是思想形态，还是制度形态，从根本上讲是由特定的经济基础所

决定,并为其服务的。因此,代表特定经济基础的民主制度与民主话语,能否在国际社会产生广泛而深远的影响力,关键看其在助推经济建设、科技发展、军事实力等"硬实力"指标上的表现。回顾历史可以发现,冷战后美西方国家正是凭借强大的硬实力,为世界范围内的民主实践及其评判标准,设置了一套代表其自身利益的话语体系和标准体系,严重挤压了广大发展中国家民主发展的话语空间,使其长期处于"失语"和"失声"的状态。因此,发展全过程人民民主,提升中国民主国际话语权,也要坚持以硬实力为基础,把话语权筑牢在实实在在的经济发展优势、国家治理优势和社会稳定优势之上。

第二,以多种形式推进社会主义意识形态大众认同。习近平总书记指出:"支撑话语体系的基础是哲学社会科学体系。没有自己的哲学社会科学体系,就没有话语权。"[①]总结比较视野下话语权建设的历史经验,展望前方的奋斗道路,以多种方式推进社会主义意识形态大众认同,例如增强社会主义意识形态话语体系的吸引力、供给力、竞争力,打造具有意识形态内容的优秀作品,都是提升民主国际话语权的重要举措。应不断提升马克思主义民主理论的学术影响力、思想引领力、理论说服力,采取多样化、多元化的形式讲好当代中国民主故事,加快构建中国特色社会主义民主政治的话语体系,为更好坚持和发展全过程人民民主,提升当代中国民主国际话语权奠定坚实的理论和话语基础。

第三,增强话语权构建的主动性,让中国"民主自信"更加坚定。美西方国家在塑造民主话语霸权的过程中,强调自身发展经验的"普世性",忽略民族性、地区性的差异,是仅仅把自身作为民主发展的主体,而忽略和否定他者主体性的表现。坚持和发展全过程人民民主,提升中国民主国际话语权,就是增强制度自信、文化自强的过程。但自信自强并不等于自负,应当秉持民主发展的多元主体理念,坚持各个国家都可以且应当根据自身的实际情况,选择满足自身发展要求的民主制度、民主道路,在民主问题上坚持平等对话沟通,以科学真理之优势、治理效能之优势、发展水平之优势赢得当之无愧的优势话语权地位。发展全过程人民民主必然要回

[①] 习近平:《论党的宣传思想工作》,中央文献出版社2020年版,第160页。

答如何对待中西民主话语差异的问题,应当既不否认要破除对西方民主话语的迷失,打破其"一统天下、唯我独尊"的霸权地位,也不否认其中的合理成分并加以融合。例如,权力的制约、权力运行的阳光化和公开化、法治化建设,这些合理成分值得借鉴融合,但是不能照抄照搬,应坚持正确的立场、观点和方法,做到"以我为主,为我所用"。面对不同国家所具有的不同民主制度、民主道路,应以相互尊重、平等沟通的方式进行对话和交流,在推动国际民主事业的共建、共治、共享中,不断强化当代中国民主话语的阐释力、说服力、渗透力,真正彰显道路自信、理论自信、制度自信、文化自信,让中国"民主自信"更加坚定。

[杨雨林系中共四川省委党校(四川行政学院)科学社会主义(政治学)教研部讲师]

俄罗斯学界习近平新时代中国特色社会主义思想研究镜鉴*

武卉昕

2023年6月21日，俄罗斯"中国当代意识形态和习近平思想研究室"在俄罗斯科学院中国与现代亚洲研究所成立，旨在系统研究习近平新时代中国特色社会主义思想。这一事件使"俄罗斯学界习近平新时代中国特色社会主义思想研究镜鉴"这一议题成立并获得实证意义，说明了"习近平新时代中国特色社会主义思想，在过去十余年的发展中已经形成了连贯的体系"[1]，并成为其他国家学习和效仿的理论模板。

一、俄罗斯就习近平新时代中国特色社会主义思想研究的现时布景

目前，习近平新时代中国特色社会主义思想国际研究具有普遍意义，以科学回答"社会主义的中国特色""中国何以迅速崛起""全球化与中国进程""中国向何处去"等问题。在共同追问中，俄罗斯对习近平新时代中国特色社会主义思想的研究还有自己的驭文谋篇之道。

---

* 本文系国家社会科学基金重大项目"俄罗斯近现代伦理思想史研究"（20&ZD042）的阶段性成果。

[1] Нежданов В. Л. К вопросу о специфике внешнеполитических концепций《Идей Си Цзиньпина о социализме с китайской спецификой новой эпохи》//Восточная Азия: факты и аналитика. 2022. №3. C.47–57.

(一)自由资本主义困顿中的成功向往

苏联解体之后被强加的、无根的自由资本主义模式,并没有带领俄罗斯走向成功的发展道路。一方面是资本主义世界本身的经济停滞和政治衰退,无法给俄罗斯提供发展处方。另一方面,俄罗斯自身特点与自由资本主义的要求呈现不适恰性,更使它在经济和公共生活的各个领域面临严重困难。虽然俄罗斯政府也在努力,但收效甚微。在西方经验无力解决俄罗斯的现实困难,俄罗斯自己还没能找到新的发展模式来应对紧迫问题的时候,中国模式便进入了俄罗斯的问询视野。用他们自己的话说:"我们有责任共同提出中国模式作为讨论的选项,虽然中国特色社会主义有其由天朝的文明、历史、语言甚至地理的独特性所决定的特殊性,但是在当代世界中,没有其他成功的发展模式可参考。"[1] "向死而生"还是"向阳而生"是当前俄罗斯向中国学习、致力于习近平新时代中国特色社会主义思想研究最现实的背景。

(二)与中国深度战略合作的内在需求

俄罗斯愈发意识到,与美国主导的殖民主义合作是需要以葬送自己的核心利益为代价的。在目前的现实困难中,没有比与中国紧密合作再有效的办法了。在这样的现实中,俄罗斯逐年加大了与中国的战略合作水平。2023年的3月22日,两国领导人在莫斯科签署的《中华人民共和国和俄罗斯联邦关于深化新时代全面战略协作伙伴关系的联合声明》(以下简称《声明》)更证明了深度合作的重要性和可能性。俄罗斯人愈发知道,新的合作对象有更广阔的施为领域。在了解中国的基础上研究中国,研究中国发展的动力和模式,是俄罗斯与中国战略深度合作的前提。

(三)国际行动的意识形态和理论依据寻匿

俄罗斯在强化军事凝聚力的同时,致力于寻找国际行动的意识形态依

---

[1] Нежданов В. Л. К вопросу о специфике внешнеполитических концепций《Идей Си Цзиньпина о социализме с китайской спецификой новой эпохи》//Восточная Азия:факты и аналитика. 2022. №3. C.47-57.

据和理论来源。通过了解事实上已经成为俄罗斯盟友的国家领导人的战略观点，准确预测其对国际事务的反应，双边合作的发展趋势以提升俄罗斯自己内部发展动力。在全球化和有俄罗斯参与的局部冲突背景下，俄与中国的互动变得尤为重要。这一互动，不但包括经济、政治上的互动，更包括意识形态、政策、理论等深层次互动。对习近平新时代中国特色社会主义思想做系统研究，了解它的理论主题和观点构成，对于把握中国经验的核心和本质意义非凡。

二、俄学界习近平新时代中国特色社会主义思想研究之理论关切

在注重中国特色和本土性的前提下，俄学者在内容上关注了一些与其发展密切相关的核心主题思想，也在其中表达了自己独特的理论认知。

（一）把握习近平新时代中国特色社会主义思想的理论本质

俄学界在理论意义上对习近平新时代中国特色社会主义思想范畴的界定，以中国化的马克思主义与中华民族复兴的历史任务结合为关节点。他们看到了用传统儒家的价值体系搭建习近平新时代中国特色社会主义思想的文化基座，以及由此形成的中国特色。

俄学者还普遍认为，习近平新时代中国特色社会主义思想是一种根本性的新的理论认识，指出中国面临的新的发展局面，需要一个新的社会秩序以适应新的时代及其技术模式，"这种既不同于西方社会秩序，也不同于中国传统社会秩序，但它继承了中国的历史遗产，包括传统儒家的和社会主义的"[1]。学者们认为，习近平新时代中国特色社会主义思想在解决中国自己的局部和特殊问题的同时，似乎也获得了普遍的文明意义，在历史与现实、传统与当代层面，呈现自己的特殊本质。

---

[1] *Виноградов А. В.*, *Салицкий А. И.* Можно ли говорить о формировании в Китае нового общественного строя?//Вестник РАН.2019.№2.С.172-178.

（二）查究习近平经济思想的成功要义

中国在十八大以来取得的经济成就是让所有俄罗斯人都钦佩的，这一点在俄罗斯学界和政界获得了一致性共识。他们甚至用对抗"历史的终结"论来赞扬中国政府在消除贫困方面的成就，认为这与社会主义的本质要求密不可分。"与贫困作斗争是必要的，这被视为经济、社会和政治进一步发展的'起点'，这一论点也与社会主义密不可分，并且直面反击了资本主义世界提出的'历史的终结'观点……"[1]在高度评价习近平经济思想和中国近年来的经济成就基础上，俄学者聚焦习近平经济思想成功的秘诀。他们普遍承认，中国是在认清自己特殊性的基础上，坚持走独立发展的道路，用一套"独特的文明社会组织原则和管理经验"[2]来解决中国自己的发展问题。总的来说，在对习近平经济思想的成功经验总结中，俄学者推崇中国领导层结合中国实际，从现实出发实施的经济方针和政策；此外，在深层次上，学者总结了中国经济政策与意识形态的适恰性和融合特色。"在中国，意识形态与经济政策的融合正变得越来越清晰"[3]，从理论和实践、存在和意识的统一关系上寻找原因，展现了俄学者独特的研究视角。

（三）关注习近平外交思想的重要影响和理论特色

俄学界一致承认习近平外交思想的重要国际影响力。他们多从"中国崛起"视角出发，分析中国的外交政策对现代全球或区域进程的影响，主张"密切关注和研究中国共产党意识形态在外交政策中日益增强的作用"[4]，因为"西方专家已经注意到习近平对中国外交越来越大的影响，但在大多数情况下，他们只限于对中国领导人的主观评价和错误风险表达肤

---

[1] Павленко В.В. Си Цзиньпин о социализме как альтернативе 《концу истории》. https://regnum.ru/article/2949363?ysclid=lkdnu1xm3v748089260.

[2] Виноградов А.В. Марксизм，КПК и новая эпоха Си Цзиньпина//Ориенталистика.2022.№4.С.944–960.

[3] Борох О.Н. Приоритеты экономического развития Китая в современной официальной идеологии//AlterEconomics.2023.№1.С.189–215.

[4] Ломанов А.В. Внешнеполитическая идеология Китая в преддверии XX съезда КПК//Китай в мировой и региональной политике.История и современность.2022.Вып27.С.40.

浅的担心"①。建议深入开展对习近平外交思想和政策的研究，系统研究影响中国与外部世界关系形成的关键因素。

"整体性""全面性""普遍性"是俄学者总结的习近平外交思想和政策的特点，但俄学者将这些特点与中国社会意识形态的多层次性放在一起来看待，认为："习近平的外交政策思想交织在中国协调国内和外交政策、加强系统外交政策规划，整合发展和国家安全的设计中"②，可见，俄学者善于从问题体系上来把握对习近平新时代中国特色社会主义思想的分析。此外，俄学者还关注习近平外交政策的"伙伴"而非"结盟"原则，认为这一原则在后续参与全球治理和处理与美国的关系中具有普遍的方法意义。

三、俄学界习近平新时代中国特色社会主义思想研究之问题关切

在对习近平新时代中国特色社会主义思想的范畴本质、经济思想、外交思想等核心理论做相对系统研究的同时，"中国梦""人类命运共同体""一带一路"等成为俄罗斯学者的具体问题关切。

（一）"中国梦"的民族身份定位及其战略功能瞵视

在所有相关成果中，有关"中国梦"的研究成果最为丰富。俄学者大多将"中国梦"在范畴上定义为中国的社会政治路线或中国领导层的政治意识形态，指出"中国梦"对中华民族政治身份的确定："中国第五代领导人在2012年提出的'中国梦'，其中'中华民族'思想的精髓就在这一定义的交叉点上。在此基础上，我们可以确定的最重要的共同原则是对作为中华民族所在地的中华人民共和国的归属"③；俄语的维基百科解释道："在习近平心目中，'中国梦'是中国人民古老思想和愿望的精髓，即建立一个

---

① Ломанов А. В. Внешнеполитическая идеология Китая в преддверии XX съезда КПК//Китай в мировой и региональной политике.История и современность.2022.Вып27.С.40-41.

② Ломанов А. В. Внешнеполитическая идеология Китая в преддверии XX съезда КПК//Китай в мировой и региональной политике.История и современность.2022.Вып27.С.26.

③ Грузинов И. И. Понятие "Китайская нация" в концепции "Китайской мечты"//Элктронное научное издание Альманах Пространство и Время.2017.№1.С.15.

公正的社会，这个社会能让公民生活得很好，并能确定中国在世界舞台上的地位。'中国梦'需要与国家已经取得的经济和政治成就相对应，并能反映其正在增长的强大军事力量"[1]；在范畴的内涵上，俄学者更注重"中国梦"包含的民族思想和文化根基——"'中国梦'的实施，使中国政府能够有效地向世界展示一个成功的发展模式……并塑造出中华民族伟大复兴的国家理念，这一理念与中国民族神话中的单一大国和具有地方差异的友好民族大家庭相关联"。[2]可见，俄学者将"中国梦"的支点和目的理解为通过强调文化因素，确认民族身份来提升国际地位，"因为文化因素被认为比经济或军事优势的因素更加宽容。文化的普及和输入很可能会加强中国新的全球身份认同的基础，而中华民族伟大复兴和实现'中国梦'的思想将大大加快加强中国民族意识的进程"[3]。

（二）"人类命运共同体"理念内涵的多向疏解

俄学界对"人类命运共同体"理念大体持接纳态度，相当多成果评价了其极高的理论创新和现实贡献。有学者从国际战略作用视角定义"人类命运共同体"概念，认为"这一理念有助于维护中国作为一个负责任、热爱和平的大国形象，并致力于建设一个新的公平世界的理念……是中国的'软实力'之一，有助于国家形象和影响力传播提升"[4]；还有学者指出："人类命运共同体理念"是"二十一世纪最重要的哲学和外交战略之一。他补充并创造性地发展了马克思主义理论，反映了从中国和其他国家相互联系和发展中来看待世界和人类的观点，揭示了改善整体和部分之间关系的

---

[1] Китайская мечта. Материал из Википедии – свободной энциклопедии. Chinese Dream – Wikipedia (turbopages.org).

[2] Ишутина Ю. А. К вопросу о формировании национальной идеи 《Великого возрождения китайской нации》 в парадигме осуществления 《Китайской мечты》//Ученые записки Комсомольского-на-Амуре государственного технического университета.2019.No1-2(37).C.43.

[3] Ишутина Ю. А. К вопросу о формировании национальной идеи 《Великого возрождения китайской нации》 в парадигме осуществления 《Китайской мечты》//Ученые записки Комсомольского-на-Амуре государственного технического университета.2019.No1-2(37).C.43.

[4] Верченко А. Л. Продвижение Китаем идеи 《сообщества единой судьбы человечества》//Восточная Азия: факты и аналитика.2020.No1.C.6-7.

指导方针和改善人类生活条件的方法……"①

"人类命运共同体"议题在俄学者那里获得多角度开释。其中，从传统文化的本体论角度所做的学术反馈最多，认为这一理念与以儒家为根的传统文化和伦理原则密切相关；还有成果提到了"人类命运共同体"在协调中国民族和宗教关系方面的作用，认为"人类命运共同体""有助于世界的整合，而文化和宗教多样性有利于多民族和宗教思潮的交流"②。部分研究聚焦"人类命运共同体"的作用，认为"人类命运共同体"助力推进人类共同问题的解决，指出这一理念反映中国领导人对人类命运和世界负责的态度；还有成果呈现了"人类命运共同体"对助力世界和中国脱贫工作中的重大作用，指出"'人类命运共同体'框架对中国和世界范围内的贫困问题研究作出了特殊的贡献"③。

（三）"一带一路"之机遇与挑战辨理

俄罗斯学者是以经济和外交为核心和宗旨来看待"一带一路"倡议的，不大关心"一带一路"的"和平""发展""互信""共赢"等全球价值理念和价值导向。比起这些，俄学者更关心"一带一路"倡议带给俄罗斯的具体机遇和挑战。俄罗斯外交学院政治学和政治哲学系主任 C.C. 日里措夫（С.С.Жильцов）在《在通往领导地位道路上的中国："一带一路"倡议的作用》中总结了"一带一路"倡议对中国经济发展的意义、对外交政策的作用以及对世界不同地区利益的促进，分析了促使中国提出这一倡议的原因以及在实施其长期计划中的应用机制。很多学者的成果透露出对"一带一路"喜忧参半、患得患失的情绪，既欣喜自己的发展机会，又担心既得利益丧失。在一些人类共同面临的全新领域或基础领域的合作中，比如在

---

① Бояркина А. В., Печерица В. Ф. Концепция Си Цзиньпина "сообщество единой судьбы человечества" - вклад в творческое развитие марксизма в XXI веке//Ойкумена. Регионоведческие исследования.2020.No4.C.109.

② Бояркина А. В. Печерица В. Ф. Роль концепции Си Цзиньпина《Сообщества единой судьбы человечества》в гармонизации межэтнических и межконфессиональных отношений в Китае//Дальний Восток в зеркале этнополитики.2019.C.24.

③ Бояркина А. В. Борьба с бедностью в Китае в контексте идеи《Сообщества единой судьбы человечества》с 2013–2020 годы//Мировая политика.2021.No3.C.63.

"数字丝绸之路"和科教、建筑、旅游、农业和运输等领域的合作,俄学者对"一带一路"的态度表现友好,展现出将上述领域纳入"一带一路"框架的论证热情,也多有学术性客观研究成果呈现。

总之,俄学者的相关研究将其面对"一带一路"机遇和挑战的复杂心理表达得比较清晰,反映了学者清晰的本位主义特点。

俄罗斯无法忽视蒸蒸日上的邻国经验,它要给内外交困的自己寻找突围的端口。而学习和研究习近平新时代中国特色社会主义思想,是极为有益的思考借鉴和解决方法。

(武卉昕系东北农业大学马克思主义学院教授)

陷入困境的国际金融秩序

〔意大利〕弗拉迪米洛·贾凯

当前国际政治和经济环境的"动荡变化"是显而易见的事实。其根源却不那么明显:我们正在见证从以美国为中心的秩序向多极化世界的过渡。不幸的是,这种过渡似乎并不顺利。几十年来,以美国为中心的新自由主义世界秩序建立在生息资本霸权和美元作为"世界货币"(全球金融秩序的支点)的中心地位之上。如今,这种秩序正变得越来越不稳定。

金融和信贷的繁荣在美国以及其他资本主义国家发挥了三个作用。它"减轻了工资降低的后果,推迟了工业部门生产过剩危机的爆发",并为资本家提供了"利润率更高的投资选择",以弥补制造业部门的"价值化危机"[1]。但生产过剩危机不可能无限期推迟,事实上也没有推迟。正如经合组织2009年5月发表的一份重要文件(尽管被忽视)所指出的,"实体经济最终付出了代价"[2]。信贷泡沫破灭:这决定了危机的急剧加速,"呈现出真正的、普遍危机的特征,在全球范围内摧毁了大量资本"[3]。中国阻止了这场危机发展成为可能造成毁灭性后果(如1929年)的全面世界金融危机。

---

[1] V.Giacché, "Marx, the Falling Rate of Profit, Financialization, and the Current Crisis", in *International Journal of Political Economy*, Vol 40, No. 3, Fall 2011, p.26.

[2] 根据经合组织的这项研究,危机爆发前存在"严重的供应过剩问题"(特别是在美国的建筑业)。有一段时间,"通过扩大信贷条件大幅刺激需求似乎可以弥补供应方面的问题。但实体经济最终付出了代价"。参见 D. Brackfield, J. Oliveira Martins, "*The real economy and the crisis: revisiting productivity fundamentals*", oecd.org, 30 April 2009, pp.2-3.

[3] V.Giacché, "Marx, the Falling Rate of Profit, Financialization, and the Current Crisis", in *International Journal of Political Economy*, Vol 40, No. 3, Fall 2011, p. 28.

构建人类命运共同体与世界社会主义发展
——第十三届世界社会主义论坛论文集

中国表现出非凡的韧性，成为抵御危机向全球蔓延的一道堤坝。中国迅速实施了反周期政策，并对资本流动加以限制，从而带来回旋余地。西方资本主义国家最终也控制住了危机，但付出的代价是巨大的：前所未有的损失社会化，这造成了"私人债务向公共债务的巨大转变"[1]。与此同时，常规（利率降至历史最低点，多年来实际利率为负值）和非常规（通过中央银行大量购买资产）的超扩张货币政策也相继出台。这些政策一直持续到2021—2022年。美国和欧盟随后出现的通胀浪潮也是这一举措的结果。这些政策抑制了危机的影响，但并没有有效地重新启动资本积累，也没有解决影响主要资本主义国家的问题。[2]

劳伦斯·萨默斯（Lawrence Summers）在2013年11月于国际货币基金组织（IMF）发表的演讲中谈到了经济复苏受阻的问题。萨默斯在演讲中重新提出了"长期停滞"的概念。[3]最后，他主张采取扩张性货币政策，但同时对金融稳定方面的相关风险提出了警告。[4]必须考虑到扩张性货币政策的其他相关副作用，这些副作用往往被忽视：首先，通过扩大货币基础，其货币作为国际储备货币的国家将其扩张政策的负担转嫁给了新兴国家，新兴国家只能接受这些货币进行国际贸易交易，因此，他们卖出的实际商品换来的是贬值的纸币；其次，只要国家债券的实际利率是负数，买单的就是买方。2013年，发展中国家因此承受的负担高达37亿美元。[5]因此，难怪

---

[1] V. Giacché, "Marx, the Falling Rate of Profit, Financialization, and the Current Crisis", in *International Journal of Political Economy*, Vol 40, No. 3, Fall 2011, p. 29.

[2] 2012年，在北京召开的一次会议上，我提出了以下问题：不平等加剧、工资下降、失业率持续上升、参与率下降（在美国、欧盟和日本）、大多数先进国家的生产能力遭到破坏/去工业化、中产阶级衰落、对制度的信心崩溃。此后，情况几乎没有改善。参见 V. Giacché, "Crisis, deleveraging and the need for a change (Reflections on new developments of capitalism)", in *The International Financial Crisis and New Developments of Capitalism*, Beijing: Party Building Books Publishing House, 2012, pp. 103-118.

[3] 我认为"长期停滞"与其说是对当前影响资本主义国家的增长乏力的一种解释，不如说是一种对现象的描述，而利润率趋于下降的理论对于理解潜在的经济动态更为有用。参见 *Secular Stagnation: Facts, Causes and Cures*, ed. by C. Teulings and R. Baldwin, CEPR Press, 2014, pp. 27-38; V. Giacché, "Lèggere la crisi: stagnazione secolare o caduta tendenziale del saggio di profitto?" in *Società natura storia. Studi in onore di Lorenzo Calabi*, a cura di A. Civello, Pisa: Edizioni ETS, 2015, pp. 269-284.

[4] "至少分析表明，如果要在未来几年维持充分就业，工业世界的实际利率可能会低于历史水平——这一发展可能会对金融稳定产生重要影响。"参见 *Secular Stagnation: Facts, Causes and Cures*, ed. by C. Teulings and R. Baldwin, CEPR Press, 2014, p.36.

[5] 参见 P. Hong, "Selfless Seignorage", Project Syndicate. The World's Opinion Page, 31st May 2013.

非西方国家对国际金融体系改革必要性的呼声日益高涨。①虽然这样的改革还遥遥无期，但正如国际货币基金组织在2022年3月的一份研究报告中所指出的那样，"美元主导地位的隐形削弱"实际上已经持续了20年。②美元对俄罗斯的武器化在俄乌冲突爆发后可能会加速美元的消亡。③

2022年，使用非环球银行间金融电信协会平台（如中国的CIPS）进行的交易激增；不使用美元的双边贸易结算增加。国际货币基金组织（IMF）的最新数据显示，"其他货币债权"（除最重要货币外的其他货币）出现了相当大的增长。④

全球储备货币多样化的趋势大概会继续下去。目前还不清楚这一进程何时会在世界舞台上为美元带来一个（或多个）有效的竞争者，但有一点是肯定的：我们正在见证从以美元/美国为基础的世界秩序向另一种世界事务格局的过渡，而这种过渡的具体模式我们尚无法具体预知。美国不再是制造业和世界贸易的领头羊，但它在世界金融体系中仍占主导地位。正如乔瓦尼·阿里吉在其开创性著作《漫长的二十世纪》中所强调的那样，金融主导地位似乎是"系统积累周期"的绝唱，荷兰以及后来的英国都是如此。⑤美国显然是在捍卫自己的核心地位。它还通过部署军事力量来克服其经济上的弱点，那就是散布混乱和战争。这里有一个循环：军事力量捍卫

---

① 举个例子：在《中国日报》发表的一篇文章中，我们可以看到"自私的华盛顿滥用其超级大国地位，将金融风险转移到海外，给世界带来了更多的混乱"。此外，文章从"华盛顿的周期性停滞中得到启示，即两党就联邦预算和提高债务上限的批准达成可行的解决方案"，确认"世界金融体系也必须进行一些实质性改革"，并认为"作为有效改革的关键部分……引入一种新的国际储备货币，以取代占主导地位的美元，使国际社会能够永久远离美国国内日益加剧的政治动荡的外溢"。这篇写在几个月前也很应景的文章，已经有10年的历史了。参见 C. Liu, "Commentary: U.S. fiscal failure warrants a de-Americanized world", in "China Daily", 16 Octobre 2013。

② "自本世纪之交以来，各国央行以美元持有的储备份额下降了12个百分点，从1999年的71%下降到2021年的59%……美元份额的下降与我们所称的非传统储备货币（定义为美元、欧元、日元和英镑以外的货币）的份额的上升相匹配。传统储备货币的份额从世纪之交的微不足道的水平上升到2021年的约1.2万亿美元，占已确定储备总额的10%"参见 G. Arrighi, *The Long Twentieth Century*, London: Verso, 1994, pp.5-7。

③ 冻结俄罗斯海外美元储备等措施就是美元武器化的一个例子。欧元（仅次于美元的第二种国际储备货币）也被武器化，因此失去了作为美元替代品的吸引力，且表现甚至比美元更糟。

④ IMF DATA, Access to Macroeconomic & Financial Data, Currency Composition of Official Foreign Exchange Reserves (COFER), Latest Update Date: 09/29/2023; https://data.imf.org/?sk=e6a5f467-c14b-4aa8-9f6d-5a09ec4e62a4。

⑤ 参见 G. Arrighi, *The Long Twentieth Century*, London: Verso, 1994。

了美元/美国在世界金融秩序中的核心地位,而这一核心作用反过来又使美国能够积累巨额债务,而无需实际支付账单。这些债务使美国得以过着寅吃卯粮的生活(尽管几十年来一直存在巨额双赤字),还能负担无与伦比的军费开支。一言以蔽之:同时拥有枪支和黄油。[1]如果没有在世界金融秩序中举足轻重的地位所带来的力量,美国就不可能实现这一切。

因此,要想构建人类命运共同体,重塑世界金融秩序显然是不可或缺的一环。

[弗拉迪米洛·贾凯(Vladimiro Giacché)系意大利21世纪马克思政治文化协会副主席;译者李凯旋系中国社会科学院马克思主义研究院副研究员]

---

[1] 参见G. Arrighi, *The Long Twentieth Century*, London: Verso, 1994。

论共产党知识分子问题

〔澳大利亚〕罗兰·博尔

这篇简短的报告与我通常在学术会议上发表的论文不同，它涉及我作为一个共产党知识分子的经历，更具体地说是澳大利亚共产党的反思。需要说明的是，这些都是我个人的想法，并不代表澳大利亚共产党的任何官方立场。

首先，简单介绍一下背景。澳大利亚共产党成立于1920年，到2023年时庆祝成立103周年。与任何共产党一样，澳大利亚共产党的历史是复杂和曲折的。直到20世纪50年代，澳大利亚共产党才逐渐发展成为国内一个有影响力的政党。它在工会领导、统一战线政治运动中发挥了重要作用，在许多方面是工人阶级的先锋队。20世纪60年代到80年代是分裂、意识形态瓦解、左倾倾向最终支持右倾机会主义的时期。20世纪90年代和21世纪头十年是一段非常艰难的时期（在苏联解体和东欧剧变之后）。当时的澳大利亚共产党以生存为核心，分支机构相对较少且分散。然而，澳大利亚共产党幸存了下来，特别是在过去的五年里党员人数一直在稳步增长。随着年轻人入党，党员的平均年龄降低了。当然，人数增长也会产生问题，很多人都知道这一点。

至于我自己的经历，我大约是在6年前加入了澳大利亚共产党。当时，我加入的当地党组织是澳大利亚共产党纽卡斯尔支部，只有少数几名党员。在我入党后的早期时间里，我积极倾听和学习，参加每两周召开一次的支部会议，结识了许多同志。然而，该支部成员年龄较大，政治和基层工作相对较少。可悲的是，在 2021 年，旧的纽卡斯尔党支部解散了，我是当时唯一剩下的党员。

有一段时间内，我在悉尼的一个党支部工作，但重建纽卡斯尔党支部的工作已经开始了。这里的矛盾之处在于，当旧的党支部正在解散时，还有许多潜在的党员积极提出了一些关于入党的询问。后来，我回到了澳大利亚（在离开了近两年之后）。在这里，无需谈论过多细节，但我在纽卡斯尔与来自新南威尔士州委员会（在悉尼）的一位同志一起，共同致力于重建党支部的工作。在纽卡斯尔，我们定期召开临时党员大会，为新党员开办教育班，做了一些初步的政治工作。当必要的临时期限结束后，党员们在 2023 年 1 月举行了第一届党员会议，党支部正式重新成立，名为亨特支部，选举产生了新的支部书记、主席和财务主管，作为党支部的执行机构。为什么叫亨特支部呢？因为纽卡斯尔位于亨特河入海口，亨特河谷主要是工人阶级的聚居区，有采矿业、工业等。需要说明的是，所有的支部成员都比我年轻得多，他们大多是 20 多岁和 30 多岁，最新加入的一位新成员还只有十几岁。澳大利亚共产党有着令人自豪的历史，该地区和新成员都热衷于参与党的工作，以至于他们现在在巴勒斯坦统一战线行动小组中发挥着领导作用，组织两周一次的集会和其他活动。我想补充的是，我们在澳大利亚各地有新的党支部或重建了许多党支部。

我的角色是什么呢？最初，当纽卡斯尔党支部重新建立时，我扮演着支持者和创建者的角色，并且承担教育新党员、提供政策建议等工作。现在我来到了中国，通过腾讯会议参加党支部的各种会议，党支部建立了一个微信群，以便于讨论问题、策划一些政治活动等。而从全党层面来看，我仍然只是一名普通党员，而且更愿意做一名普通党员。我们的党员主要由从事各种工作的工人组成，还有一些人接受过金融、工程、法律等方面的培训。他们都是工会成员，许多人还参与了工会的领导工作。

我们党内有一些知识分子，但据我所知，我是目前党内唯一的大学教授。所以我的技能，就像我们说的，是非常具体的。因此，在 2022 年初党的全国代表大会上，我被任命为《澳大利亚马克思主义者评论》编辑委员会的成员。在成立了新的编辑委员会之后，该杂志再次实现了定期出版（每年三期），党员们现在期待着每一期的出版。虽然我们还有更多的工作要做,但《澳大利亚马克思主义者评论》再次成为党的理论建设的中心机关报,读者群广泛。

我还参加党校的工作,我经常参与党校的组织和讲课任务(例如,我讲授了辩证唯物主义的历史、民族问题等)。澳大利亚共产党的党校课程通常在一个周末在一个州的首府举办(2022年在布里斯班、悉尼、墨尔本和阿德莱德举办了党校)。党校教育小组委员会计划每三四个月举办一次党校课程,这比5年前或更早的时候增加了很多。

最后,澳大利亚共产党对中国的立场是什么?它与中国共产党的关系是什么样的?多年来,基于求知和实事求是的愿望,澳大利亚共产党对中国的态度不断发展,对中国的关注现在已经达到了相当的深度。早些时候,两党之间存在着明显的意见分歧,但在2022年初的党代表大会上,很明显,澳大利亚共产党在理解中国社会主义道路方面取得了相当大的进展。他们渴望了解得更多,许多党员渴望在中国待上一段时间——也许是游学——以便亲身体验和学习中国经验。至于对中国共产党的关注,《澳大利亚马克思主义者评论》专门出版了中国共产党成立100周年纪念特刊,澳大利亚共产党与中国共产党的兄弟关系日趋密切,相互支持。背后的原因有很多,例如澳大利亚位于东南亚和太平洋之间的地理位置,澳大利亚人口结构的快速变化(澳大利亚国内第二大语言是普通话),澳大利亚共产党的规模不断扩大,相互理解和意识形态的变化,以及中国共产党自2017年第十九次全国代表大会以来加强了两党之间的接触。

总之,虽然还有很多工作要做,也有一些矛盾需要慎重处理,党员的道德规范和价值观需要进一步发展,教育和思想意识需要不断努力,澳大利亚共产党从生存到成长的转变还在进行中。然而,这些都是好的问题,因为澳大利亚共产党正在努力恢复其作为澳大利亚工人阶级先锋队的地位。

[罗兰·博尔(Roland Boer)系中国人民大学哲学院教授、澳大利亚共产党党员;译者禚明亮系中国社会科学院马克思主义研究院副研究员]

当代帝国主义的新表现

〔斯里兰卡〕瓦吉莎·古纳塞克拉

根据我们在斯里兰卡的经验和我们正在努力摆脱的政治经济危机,我想向你们提出几点关于健康危机的质疑,并发起一项讨论。社会主义当前面临的最大挑战是制定一项宏伟的战略,从而在帝国主义集团的霸权威胁日益加剧的情况下恢复各国的主权。这种威胁的关键是金融化的过程。在一种新型国际金融资本出现的时代,帝国主义的霸权重新确立。金融化进程正汹涌地将金融市场、金融机构和金融精英推到经济政策和经济成果的前沿和中心。正如我们今天在这里发言时,金融化正在悄悄地渗透进我们的生活,并从宏观与微观层面影响着经济体系。

一、金融化——帝国主义集团的关键

其主要影响是:(1)相对于实体部门,金融部门的重要性提高;(2)将收入从实体部门转移到金融部门;(3)加剧收入不平等并导致工资停滞。此外,我们有理由相信,金融化可能会使经济面临债务通缩和长期衰退的风险。在所有发展中国家,我们都或多或少地受到这些影响。

金融化是一个适应性极强,通过不同的渠道运作、不断发展的过程。它改变了金融市场的结构和运作,改变了非金融公司的行为,改变了经济政策。我敢说,金融化在斯里兰卡取得了胜利。金融经济和实体经济之间的界限已经模糊,其结果就是,在斯里兰卡当前经济危机的背景下,金融部门的利益集团在其他商业利益集团的支持下，推动了有利于其议程的政策框架，这在正在进行的经济改革中是显而易见的。

斯里兰卡已经以国际主权债券（ISB）的形式从国际金融市场借入了大量债务，它完全赞同中央银行的"独立"道路，放弃了创造充分就业的责任，转而支持"劳动力市场灵活性"政策，实施了富豪税收政策，并走向私有化和"小政府"。我们正在顺从地走向放松管制——包括放松金融部门管制和实施有关养老金改革和储蓄的政策。这个框架正在摆脱金融市场的束缚，促进其扩张，它还帮助企业将收入从劳动力转移到资本，从而有利于金融部门的利益。

二、债务依赖——帝国主义的支柱

债务依赖是大多数发展中国家的一种急性病症，它是金融化悄悄进入国家机器的一种方式。债务依赖是当代帝国主义集团的坚实支柱。2022财年，包括一般政府内外债在内的全球公共债务飙升至前所未有的92万亿美元。在这个惊人的数字中，发展中国家承担了近30%。然而，在过去10年里，公共债务的激增速度超过了发达国家，这使得与债务水平升高作斗争的国家数量从2011年的22个激增至2022年的59个，这一数字值得注意。

根据发展中国家出口创汇的能力来评估债务状况，可以发现一个令人担忧的趋势，即用于偿还外债的收入正在减少。2010年至2021年期间，对外公共债务偿还占出口的比例从3.9%上升到7.4%。与此同时，包括债券持有人、银行和其他贷款人在内的私人债权人已变得越来越关键，到2021年，占发展中国家外债总额的62%。

发展中国家的借款情况的特点是，即使不考虑汇率波动的影响，利率也比发达国家高得多。例如，非洲国家的平均借款利率是美国的4倍，是德国的8倍。这些过高的借款成本对关键投资的筹资构成了巨大挑战，从而进一步危及债务的可持续性，阻碍可持续发展方面的进展。

发展中国家的债务轨迹促使公共利息支付总额相对于其经济规模和政府收入迅速上升。利息支出占公共收入10%以上的国家数量从2010年的29个激增至2020年的55个。目前，斯里兰卡在这方面位居全球前列，其利息支出占政府收入的72%，令人震惊。在非洲，利息支出超过了教育和卫生支出。同样，在拉丁美洲和加勒比地区，发展中国家将更多的资金用于支付利息，而不是用于基础投资。令人惊讶的是，斯里兰卡的利息支付超过了该国资本和经常性支出的总和。在全球范围内，不断加重的债务负担正在阻碍各国将资源用于可持续发展倡议。

三、混合战争——帝国主义战略的游戏规则改变者

在不断演变的战争格局中，轰炸机和坦克的特征越来越少，更多的是帝国军队在叙利亚和乌克兰的行动模式，未来的冲突似乎以抗议者和叛乱分子为标志。叙利亚和乌克兰危机见证了一种被称为混合战争的新战略的部署。去年，这种策略在斯里兰卡的"阿拉加拉亚起义"（"ఴ"）或反对前总统及其家族拉贾帕克萨的"人民起义"中表现得较为温和。无论如何，我都不打算贬低那些参加阿拉加拉亚起义的人，因为他们的处境如此悲惨，他们别无选择，只能走上街头。但反帝国主义分子开始将这些点联系起来，大规模抗议活动的精心策划性质很快就变得明显起来。

混合战争的核心是追求社会主导地位。这种策略包括随着时间的推移对社会进行调节，并动员大量个人公开对抗并试图推翻国家。为了实现这一目标，混合战争在目标国家的政治、经济、社会和文化的各个领域使用意识形态、心理和信息技术。

在斯里兰卡，执行混合战争的帝国主义势力精心挑选和渗透情报、官僚、学术界、军事、司法和媒体等部门的机构。长期转型计划，包括提供国防奖学金、培训和联合军事演习等策略，用于密切接触军事机构的人员。同时，通过西方诱人的机会和有影响力的网络进行长期渗透，培养包括经济学家、社会科学家、记者、官僚和司法人员在内的知识分子。

自内战以来，"洗脑战略"适用于向斯里兰卡民间社会组织和智囊团提供捐助资金，并增选了记者、军人、学者、法律专业人士和其他关键行动者。在这种情况下，代表帝国主义利益的国际机构网络持续运作，通过资金和战略援助向符合帝国主义议程的政党和个人提供政治影响力。激励措施是奖学金、游学、出国旅行、有异国情调的当地旅行、晋升，甚至在最

坏的情况下提供政治庇护。帝国主义殖民者提供的激励措施并不像中国人在斯里兰卡建造的桥梁、公路和港口那样昂贵，比如，承诺帮助实现个人抱负、自我的理想（实现）、愿望等，往往极具影响力。

有趣的是，在斯里兰卡部署混合战争是为了消除任何民族主义和反帝国主义的痕迹。它还创造了一个"伪左派"，该左派被积极部署以对抗民族主义和反帝国主义。"伪左派"包括政治实体和理论取向，它们战略性地使用民粹主义修辞和民主语言来维护中产阶级特权阶层的社会经济利益。斯里兰卡的"伪左派"包括越来越受欢迎的政党，这些政党使用"左派"标签，反对国家腐败。某些学生会运动是"占领运动"的后裔，受无政府主义和后无政府主义倾向的影响。在帝国主义的财政和其他方面的支持下，"伪左派"的忠实仆人通过社交媒体成功地运作，并获得了大量追随者，尤其是在1980年以后出生的年轻选民中。斯里兰卡"伪左派"的标志之一是提倡"身份政治"，专注于与种族、种姓、性别和性行为有关的问题。这一战略重点旨在获得各个领域的影响力，包括企业、教育机构、高薪职业、工会和政府实体。最终目标不是消除社会特权，而是确保能更多地获得社会特权。"伪左派"通常采取支持帝国主义的立场，它利用"人权"的花言巧语使新殖民主义的军事干预合法化，有时还直接支持这种干预。这种定位强调了"伪左派"参与全球和局部社会政治动态的复杂性和多面性。

四、进步分子的共同任务——制定恢复国家主权的大战略

帝国主义的战略组合削弱了许多发展中国家的独立和主权。斯里兰卡具有巨大的潜力，可以从其在印度洋的战略位置中获益。但目前，它夹在印度洋地区的地缘政治竞争之间，一边是美国和印度，另一边是中国。斯里兰卡势单力薄，无法自力更生。它对这些大国几乎没有谈判能力。由于缺乏长期的国家规划，它未能建立足够的财政能力来实现国家发展目标。更重要的是，斯里兰卡未能明确自己的国家利益，也未能不断努力形成统一战线来解决国家问题。纯粹由个人利益驱动的政治领导人和政党的决定以及系统性的腐败，已经用短期利益取代了长期愿景，而且往往是以牺牲大众利益为代价的。最重要的是，殖民教育并没有给政治、经济、社会或

文化创新留下太多的想象空间。事实上，它造就了患有严重政治盲疾的公民和选民。经济、政治和社会不平等的影响导致了民众的麻木，以一种类似于僵尸的自私自利为特征的运作方式运行。在当前条件下，形成和维持一个以集体主义爱国主义意识、国家利益、包容性和可持续发展为目标的公民，变得越来越难以实现。

我们必须正视这一现实。帝国主义的霸权主义驱动力将越来越多地由军事侵略性决定，并通过混合战争来执行。在这种情况下，正如菲德尔·卡斯特罗所说，人类未来面临的选择是社会主义还是野蛮主义。我们每一个人，都要与国内的进步目标相协调，为整合新的反帝国主义运动而努力。但是，除非我们认真地、集体地进行努力，围绕历史进行反思和分析，并以政治素养为创造动力，否则我们无法做到这一点。教育、知识创造和知识媒介在这一努力中的作用怎么强调都不为过。我恳请中国社会科学院能够为新的反帝国主义运动提供思想领导。最后，请允许我重申，需要制定一项恢复我们各国主权的大战略。也许我们需要再读一遍《孙子兵法》。

来吧，让我们一起迎接这个时刻。

[瓦吉莎·古纳塞克拉（Vagisha Gunasekera）系斯里兰卡共产党专业小组成员，亚洲进步论坛（APF）协调人，联合国开发计划署斯里兰卡科伦坡办事处经济师；译者秦振燕系中国社会科学院马克思主义研究院助理研究员]

比较视域下的"中国时代"

〔喀麦隆〕恩科洛·福埃

人们很容易将美国时代的开端与中国时代的开端相提并论。从这个角度来看，我们通常会通过"威尔逊十四条"来追溯美国时代的开端。然而，这种时间参照并不能完全真实地反映事实。我们必须回到西奥多·罗斯福（Theodore Roosevelt）的大棒政策。事实上，正是罗斯福宣布美国充当国际警察，负责国际治安。但是"大棒"这个词指的是什么呢？

一、大棒政策

据说，罗斯福总统借用了非洲谚语中的一句话："说话温和，手持大棒。"美国人并不天真，美国已经准备好对付整个世界。保护美国利益是大棒政策的目的。这意味着美国在国际舞台上作出了更大的承诺。因此，使用武力是合法的。事实上，大棒政策只是"炮舰外交"的延伸，这是自19世纪中期帝国主义就遗留的问题。它在鸦片战争期间被应用，使中国陷入了半殖民地半封建社会的深渊。"炮舰外交"允许西方大国恐吓和攻击弱国，以迫使后者作出让步。

二、威尔逊理想主义与中国新时代

尽管如此，"威尔逊十四条"仍然是一个重要的参考，并允许与中国关于人类命运共同体理念建立联系。"威尔逊十四条"指的是1918年初制定的和平条约计划,旨在结束第一次世界大战并重建欧洲。序言中提出的崇高理想证明了仍被称为威尔逊理想主义的合理性。因此,我们在这场战争中所要求的并不是特殊要求。我们要求的是让这个世界适合我们安全地生活;特别是要确保每一个爱好和平的国家的安全,这些国家和我们自己的国家一样,希望过自己的生活,决定自己的制度,并得到世界其他国家的公平对待,对抗武力和自私的侵略。事实上,全世界人民都是这一利益的合作伙伴,就我们自己而言,我们非常清楚地看到,除非对他人伸张正义,否则别人就不会对我们伸张正义。因此,世界和平的纲领就是我们的纲领。

这篇演讲之所以重要,是因为美国通过参战摆脱了孤立主义,不仅确立了超级大国的地位,更重要的是确立了世界头号强国的地位。因此,美国有能力根据自己的价值观随心所欲地塑造国际政治。这种领导和承担全球责任的趋势已经在纲领的声明中有所体现,特别是绝对的海上航行自由、自由贸易和消除经济壁垒、裁军、确认民族自决的法律等。然而,如果你认为资本主义列强会不战而退,放弃殖民统治和帝国主义,那就太天真了。随着《凡尔赛和约》的签订,中国自己也很快明白了这一点,并为此付出了代价。山东于1914年被日本帝国主义征服。在1919年的巴黎和会上,中国提出收回山东主权。同时,要求西方列强取消所有西方帝国主义制度,如治外法权、租界、关税管制等。西方列强拒绝了这些要求,宁可向日本转让租界,也不允许中国恢复全部主权。事实上,正是帝国主义日本与欧洲列强之间的秘密协议决定了这一事件的结果。在任何情况下,都能表明威尔逊的自决理论只适用于欧洲白人及其盟国和附属国。美国为"各国在华机会均等",甚至"门户开放"这一原则辩护。先验地讲,这是一个确保外国列强联合统治中国的问题,但实际上,美帝国主义意在为自己提供从日本手中夺取其控制下的中国领土的手段。

现在,让我们审视一下美国总统伍德罗·威尔逊(Woodrow Wilson)。他是一个种族主义者、种族隔离的坚定支持者、三K党的崇拜者。对他来说,权力不平等的种族之间的分离是一个无形的原则。同样的原则也适用于权力不平等的国家。时至今日,美国仍能感受到威尔逊种族主义政策的消极影响。在联合国层面,这位美国前总统留下的种族主义遗产仍然是人们严重关切的问题。

作为人类命运共同体的旗舰计划,丝绸之路的历史范围已被公认为是整个人类历史上最大的基础设施计划。近年来,西方列强试图寻找替代方案,但都徒劳无功。

"北京共识"的成功之处在于,它并没有认可一个既有的、被虫蛀空的世界秩序,相反,它为人类提供了一条新的道路。事实上,中国的新时代与旧威尔逊主义的价值体系并不相同。在威尔逊主义形成之时,资本主义已经在不平等和掠夺性战争的破坏下陷入深重危机半个多世纪了。欧洲的社会斗争和殖民地的解放运动证明,世界需要另一种哲学。资本主义非但没有回应这一需求,反而以更加残暴的战争为人类"服务"。列宁以惊人的先见之明,比任何人都更早地认识到了这一点:"1914—1918年的战争,从双方来说,都是帝国主义的(即侵略的、掠夺的、强盗的)战争,都是为了瓜分世界,为了瓜分和重新瓜分殖民地、金融资本的'势力范围'等等而进行的战争。"①在列宁的《帝国主义是资本主义的最高阶段》法文版和德文版序言中,这位布尔什维克领袖为我们完整地揭示了"威尔逊主义"的真正本质。他写道,"君主制的德国强迫签订的布列斯特—立托夫斯克和约,以及后来美、法这些'民主的'共和国和'自由的'英国强迫签订的残暴得多、卑鄙得多的凡尔赛和约,给人类做了一件天大的好事,它们把帝国主义雇用的文丐,把那些虽然自称为和平主义者和社会主义者,但是却歌颂'威尔逊主义',硬说在帝国主义条件下可能得到和平和改良的反动小市民,全都揭穿了"②。列宁想走到底。他明确指出"英德两个金融强盗集团争夺赃物的战争留下的几千万尸体和残废者,以及上述这两个'和约',空前迅速地唤醒了千百万受资产阶级压迫、蹂躏、欺骗、愚弄的民众。于是,在战争造成的全世界的经济破坏的基础上,世界革命危机日益发展,这个危机不管会经过多么长久而艰苦的周折,最后必将以无产阶级革命和这一革命的胜利而告终"③。故事并没有就此结束,走投无路的资产阶级发明了一个更加凶残

---

① 《列宁全集》第27卷,人民出版社2017年版,第325页。
② 《列宁全集》第27卷,人民出版社2017年版,第327页。
③ 《列宁全集》第27卷,人民出版社2017年版,第327页。

的怪物：法西斯主义。这个怪物提醒我们，资产阶级对欧洲的劳动群众和殖民地的被压迫者都没有让步的余地。法西斯主义是帝国主义原始暴力的千倍放大！今天，我们仍然在那里。

三、多中心世界

中国和全球南方国家正在揭开世界历史新的一页。中国式现代化是非西方模式的现代化。"一带一路"倡议的参与国家和金砖国家直接致力于建立这种后西方世界的新秩序。谢尔盖·拉夫罗夫（Sergey Lavrov）驳斥了非西方国家计划破坏当前世界秩序的谣言。他认为政治和经济全球化的概念是由发达国家确立的，以确保他们对其他国家的统治。民主和公正选择的紧迫性由此而生。因此，出现了"后西方世界"。拉夫罗夫深信，人们已经生活在后西方世界，它强调了当前时刻的历史性质：在西方霸权不受挑战地持续了五个世纪之后，新的经济、金融和政治权力中心已经出现，从而为后霸权世界开辟了道路。从这个角度看，南方的乐观主义与北方自由主义集团的灾难主义形成了鲜明对比，后西方世界被视为自冷战结束以来西方面临的最大的意识形态威胁。美国中央情报局在其2006年关于2025年世界的报告中已经指出了"世界去西方化"的现实，其中心将不再是旧欧洲。但老牌资本主义列强想要恐吓世界，声称"后西方时代"就是"后民主时代"的代名词。

尽管受到这些讽刺，拉夫罗夫深信，后西方世界是"新的客观现实"，而且是必要的，因为世界历史新纪元的到来并不取决于某个国家的政府，尤其是在世界秩序变得越来越多元化的情况下。俄罗斯外交部长肯定了各国人民维护主权的合法性以及与其民族特性、文化和宗教相适应的发展模式。拉夫罗夫最后批评说，西方国家不仅想保持其篡夺的世界领导者地位，还试图延缓建立多极世界这一不可逆转的客观进程。但他乐观地强调"希望能够遏制经济和财政实力雄厚的新参与者是徒劳的"，尽管今天有人试图延缓这一进程，特别是通过征税和滥用制裁。

四、多中心世界的真实内容

正如萨米尔·阿明所希望的，也正如中国所希望的，多中心主义的目标是全球共同进步。它的真正基础是世界主要地区人民，特别是北方和南方人民的国际主义。这是一个以灵活的方式将这些不同地区衔接起来的问题，以便能够实施具体的政策，而这些政策必须受到不同发展水平和客观现实的控制。我们必须注意到这样一个事实，即世界上不同地区的人民所要解决的问题都是具体的。因此，这就要求全球体系创造自治空间，让每个人都能保障自己的利益。因此，这是一个调和普遍相互依存和对自治的关注的问题。萨米尔·阿明说："我们必须用相互和对等调整的逻辑来取代弱者为追求扩张、独享强者利益而进行单方面调整的逻辑。"萨米尔·阿明有意将这一战略置于社会主义进步的视角下。这种观点立即排除了资本主义复辟和南方国家的买办化。萨米尔·阿明呼吁恢复在新自由主义全球化意识形态中被边缘化的进步概念。后现代主义尤其如此。必须恢复进步，首先是在生产力组织方面的进步，即使这必须损害所谓的"国际竞争力"。

最后，从社会主义建设的角度来看，多中心主义必须意味着世界主义文化的整合，这是未来项目的一部分。

[恩科洛·福埃（Nkolo Foé）系喀麦隆雅温得第一大学教授；译者雷晓欢系中国社会科学院马克思主义研究院副研究员]

中国特色社会主义的经验和成就意义非凡

〔叙利亚〕萨米·阿布·阿西

在收到参加本论坛活动的邀请时,我的脑海中闪过这样一个问题:在二三十年前,我们是否有可能思考这些议题?难道我们没有尝到社会主义实验失败的苦果吗?世界上不是有许多政党改变了自己的名称以及指导思想,以示放弃社会主义吗?在本世纪初,我们曾面临着怀疑论者的质问——为什么我们仍在挣扎?

那么,今天发生了什么变化?为什么在我们的当代世界中又开始讨论社会主义?我们今天的会议不正是表明这个梦想仍然存在吗?

探讨这些问题,将为揭示世界各地的共产党过去二十年中在坚持社会主义梦想和不放弃其指导思想方面所发挥的作用以及奠定的基础。我们的历史唯物主义科学方法告诉我们,压迫、边缘化和贫困是不可能持久的,历史的发展终将走向自由和正义的胜利。中国共产党百年来坚韧不拔的精神给疲惫不堪和梦想逃离当前现实的人们注入了希望。当前的现实是单极化、国际失衡以及控制世界的大国利用军事实力强制推行其政策,并推销其虚假言论。中国特色社会主义实验的成功告诉我们,只要考虑到不同社会的特点和变化,保持与时俱进,这条道路是可以延续的,这些价值观的传播也是可以实现的。中国的发展道路打破了改革开放必然伴随贫困化的认知误区。相反,中国发展的上升道路包括了消除贫困和确保中国人民过上体面生活的步骤。

中国的贫困问题涉及经济、社会和政治层面,因此减少贫困影响到社会发展的方方面面。如果我们扪心自问，为什么要下大力气实现这一目标，我们的答案是，完成第一项任务，即消除贫困，将为下一步的目标开辟道路：在新中国成立一百周年之际，建设一个富强、民主、文明、和谐的社会主义现代化国家。今天，我们目睹了中国社会和经济的变革，看到了到21世纪中叶建成社会主义现代化强国的道路。

当今国际风云变幻，矛盾无疑日益激化。我们正处于一个过渡阶段，其显著特点是重心从西方向东方转移。世界上所有的社会主义力量都在这一背景下参与创造一个新的世界。我们认识到，世界上渴望变革的力量有着不同的意识形态方向，而我们作为社会主义力量，正是这些力量中的一员。社会主义力量在塑造未来方面的贡献将使新的全球体系的形式具体化，因为我们认识到，渴望改变世界的力量有不同的意识形态方向，而我们作为一支社会主义力量，也是这些力量之一。2023年3月，中国国家主席习近平在会见俄罗斯总统时表示，"当前，百年变局加速演进，国际力量对比深刻演变。作为联合国安理会常任理事国和世界主要大国，中俄责无旁贷，应该共同努力，引导和推动全球治理朝着符合国际社会期待的方向前进，推动构建人类命运共同体"①。中国在过去二十年中参与的多边平台及其成员之间建立的基础，将为新的全球体系的形成提供一个鲜活的范例。例如，金砖国家组织赖以建立的基础已被证明是成功的，吸引了大量新成员国的加入。该组织以扩大成员国之间的合作范围为起点，目前正在建立相关机构，通过这些机构可以将其模式推广到国家间关系的管理中。从该组织中产生的新开发银行引入了一种新的平等关系。这在国际货币基金组织和世界银行的主导下是不存在的。在国际货币基金组织和世界银行中拥有决定性投票权的国家利用其所需的银行贷款，将其不公平的政治条件强加给世界各国。他们的秘方被称为"神奇秘方"，却不过是让我们的人民陷入贫困，让我们的社会矛盾加剧，最终让我们的社会陷入崩溃，让我们的经济和政治决策变成脆弱和顺从的药方。新开发银行提供了一种模式，旨在确保发展中国家的基础设施建设，而不带有政治目的，也不推销强加给贫困国家的特定政治经济制度。这种新模式可以作为建立国际关系的基础。

---

① 《习近平同俄罗斯总统普京举行会谈》，《人民日报》2023年3月22日。

20世纪90年代初,叙利亚剧作家萨达拉·万努斯曾说过:"我们注定要抱有希望,现在发生的事情并不是历史的终结。"从那时起,我们一直怀有希望,并将继续持有这样的期待直到实现人类命运共同体。

〔萨米·阿布·阿西(Sami Abu Assi)系叙利亚统一共产党中央纪律检查委员会委员、北京第二外国语学院研究员;译者李凯旋系中国社会科学院马克思主义研究院副研究员〕

中国是赞比亚的全天候朋友

〔赞比亚〕姆比塔·钦通迪亚·奇塔拉

赞比亚是南部非洲第一个与中国建交的国家,也是中国在该地区最重要的合作伙伴。建交57年来,中赞两国始终平等相待,相互尊重。

2019年,中国对赞比亚新增投资超过5亿美元,居非洲首位,累计投资约38亿美元。贸易额达42.32亿美元,其中赞比亚贸易顺差为22.92亿美元。2019年年底,赞比亚作为非洲唯一主宾国受邀参加第二届中国国际进口博览会,15家赞比亚企业参展。中国的投资无疑鼓励了赞比亚的资金流入,提高了产能利用率,增加了产出,创造了就业机会。铜产量的增长令人瞩目,相应地提高了出口和收入。

此外,如今中国拥有赞比亚三分之一的国债。中国在赞比亚的矿业、工业和农业领域进行了投资。在我最熟悉的能源领域,如果没有中国的支持,赞比亚将陷入严峻的电力供应困境。中国投资的项目包括:中国工商银行的132千伏奇帕塔-伦达孜-查马电气化项目;中国工商银行和中国进出口银行的750兆瓦下凯富峡水电站及电力输送设施项目;中国工商银行的10兆瓦穆松达瀑布水电站项目;中国工商银行的15兆瓦卢西瓦西上游水电站项目;中国进出口银行的86兆瓦卢西瓦西下游水电站项目;中国工商银行的姆皮卡县电力供应改善项目(330千伏变电站及相关供电基础设施);中国进出口银行的330千伏卡布韦-潘苏鲁2号线输电项目;中国银行的330千伏潘苏鲁-曼萨输电项目(卢阿普拉水电站电力输送的关键);中国工商银行的330千伏卡萨马-纳孔德、卡萨马-姆波罗科索和卡萨马-卡扬比输电项目和赞比亚-坦桑尼亚电网互联项目一期工程以及卡伦维希和卢福布水电站电力输送项目等等。此外，还有道路、医院、学校、住房、电信等其他项目，层出不穷，增加了赞比亚的国内生产总值。

一、地缘政治

2018年12月，时任美国国家安全顾问的约翰·博尔顿披露了华盛顿的新非洲战略，并谎称如果赞比亚政府拖欠债务，中国计划接管一些国有企业。这令大多数敏锐的国际外交观察家感到震惊。信息源自三个月前在《非洲机密》时事通讯上发表的一篇虚假文章，文章声称国有电力公司赞比亚国家电力公司（Zesco）"正在与一家中国公司洽谈收购事宜"，这引起了人们对"国家主权和中国对该国基础设施关键组成部分的所有权"的担忧。

许多观察家还清醒地认识到，作为南部非洲第三大经济体和非洲第二大铜和钴生产国，赞比亚已成为国际垄断资本的乐园，而铜和钴是电动汽车制造的必需品。

2018年4月，在北京举行的中国"一带一路"国际合作高峰论坛上，时任国际货币基金组织（IMF）总裁的克里斯蒂娜·拉加德承认，中国的援助有助于满足非洲对基础设施和金融的迫切需求，但她也指出，政府间伙伴关系"也可能导致债务增加，这很成问题，因为还本付息支出的增加可能会限制其他支出"。

在过去的几年里，随着新冠疫情的暴发，赞比亚遭受了经济衰退，国际货币基金组织一直拒绝赞比亚13亿美元的贷款请求，因为他们认为赞比亚当局提供的赞比亚借款计划会继续损害该国债务的可持续性，并有可能破坏其宏观经济的稳定性。可以肯定的是，赞比亚的外债目前是不可持续的。政府和国际货币基金组织提供的数据相互矛盾。政府数据证实，中国拥有赞比亚30%的外债，而其余大部分外债则掌握在多边或商业债权人手中，或在国际债券市场上。据美国布鲁金斯学会估计，来自中国的贷款占赞比亚外债的65.8%。可以肯定的是，赞比亚目前的外债规模，相较于"重债穷国倡议"的完成点，仍是巨大的。"重债穷国倡议"将外债从80多亿美元减少到约50万美元。我们可以汲取一些经验教训。20世纪80年代和90年代，赞比亚被迫签署国际金融机构要求的灾难性结构调整方案，以减少其债务；为了获得财政援助，赞比亚必须同意新自由主义和自由贸易政策。1971年，赞比亚就补偿性融资贷款（CFF）进行了谈判，并于同年获得了1370万克瓦查特别提款权。1975年后，国际货币基金组织的条件变得更加苛刻，迫使赞比亚将克瓦查贬值30%，限制公共部门借贷，冻结工资和薪金，实行贸易自由化，取消补贴，并迫使赞比亚推迟其第三个国家发展计划（TNDP）。赞比亚陷入了滞胀和债务不断增加的困境，经济危机有增无减。赞比亚尝试过的许多国际货币基金组织计划对赞比亚来说都是灾难。其中包括为期三年的结构调整方案（1983—1985年），该方案包括对赞比亚造成严重破坏的外汇拍卖制度。这不可避免地导致赞比亚中止了国际货币基金组织/国际复兴开发银行（IBRD）计划，并于1987年5月通过了新经济复兴计划（NERP）。国际货币基金组织计划导致的这一灾难在后来的几年里再次发生，当时的多党民主运动（MMD）政府采用了结构调整计划（SAPS），通过轻率的私有化对赞比亚蓬勃发展的工业部门进行了清算。

联合民族独立党（UNIP）的国家经济复苏计划是渐进式的。1988年，赞比亚的国内生产总值增长率为6%~7%，而计划目标为2.2%。然而，由于国际货币基金组织/国际复兴开发银行领导了反对国家经济复苏计划的运动，并迫使所有捐助者抵制赞比亚，国家经济复苏计划注定走向失败。政府被迫放弃了第四个国家发展计划（FNDP），并通过了国际货币基金组织/国际复兴开发银行的政策框架文件（PFP，1989），将克瓦查贬值了49%，取消了价格控制，采取了新自由主义政策。这些政策对赞比亚人民的生活水平产生了不利影响，并导致赞比亚联合民族独立党政府失去了政治支持。随后在全国引发了骚乱，造成1名警察和26名平民死亡。1988年6月30日，联合民族独立党政府在一次未遂政变中幸免于难。换句话说，所有观察家都同意这样一个事实，即国际货币基金组织/国际复兴开发银行的项目总是会导致民族叛乱，加深人民的苦难。一些新自由主义者宣传说，他们已经改变了，但世界还没有经历过这种改变。

2012年，赞比亚效仿其他非洲国家，在国际货币基金组织的鼓励下，在国际金融市场上首次发行了欧元债券——7.5亿美元，期限为10年，收益率为5.65%。这次主权债务发行是撒哈拉以南非洲最成功的一次，吸引了目标金额15倍的资金。资金最初来自美国的投资和养老基金。2014年，大宗商品的超级周期放缓，赞比亚在国际货币基金组织的支持下，发行了另一笔10亿美元的欧元债券，由德意志银行和巴克莱银行管理。2015年发行的另一笔欧元债券（12.5亿美元，11年期）的收益率为9.375%。这一收益率是撒哈拉以南国家7年来为此类业务支付的最高收益率。

随着赞比亚开始偿还其欧洲债券，政府不得不继续向中国借款，以资助卡富埃峡谷水电站大坝（一个15亿美元的项目）和其他项目。根据国际货币基金组织的数据，赞比亚的外债在2019年达到了114亿美元，并警告赞比亚"极有可能陷入债务困境"。这是一个巨大的挑战，中国一直在发挥积极作用，帮助赞比亚解决债务过剩问题。

目前，世界银行和国际货币基金组织在赞比亚一些朋友的支持下，一直在抗议赞比亚的借贷行为，却忘记了他们对赞比亚过去的困难所负有的责任。2002年至2008年间，赞比亚矿产出口额增长了500%，从6.7亿美元增至40亿美元，但这一增长并没有增加赞比亚的税收。在倡导财政竞争的国际货币基金组织的建议下，西方大宗商品巨头获得了免税待遇。在赞比亚开采的铜矿和其他矿产，大多是以牺牲赞比亚利益为代价让国际公司获利。解决赞比亚公共债务负担过重的部分办法就在于此。

由于赞比亚经济遭到掠夺，当时的多党民主运动政府和后来的爱国阵线（PF）政府别无选择，只能向赞比亚59年的朋友中国寻求基础设施建设资金。西方国家拒绝为赞比亚的基础设施建设提供资金，而是选择在卫生、民主建设等经常性援助方面为赞比亚提供支持。

大多数学者和观察家都认为，如果有能力偿还到期债务，借贷无可厚非。赞比亚有这个能力，一切都取决于明智的治理。增长预算始终是成功应对经济衰退的必要条件，美国近年来的成功经验就证明了这一点。大多数观察家同意赞比亚经济协会时任主席卢宾达·哈巴佐卡（Lubinda Haabazoka）博士的观点，媒体援引他的话说："问题在于价值30亿美元的欧洲债券，而不是中国贷款。今年偿还债务将花费我们8亿美元，其中3亿美元用于欧洲债券。就欧洲债券来说，到期还本付息绝非儿戏。中国的债务很容易重新谈判、重组或再融资。"

维托·拉特扎和帕蒂斯·穆苏萨等其他研究人员写道："具有悲剧讽刺

意味的是，西方现在指责中国所做的正是国际货币基金组织几十年来一直在做的事情……这里的真实情况并不是赞比亚再次被国际债权人所困。而是国际货币基金组织及其西方盟友害怕失去对赞比亚和其他非洲国家的控制，害怕受到中国近年来建立的平行经济体系的威胁。"可以肯定的是，中国一直是赞比亚的全天候朋友。事实上，在非洲乃至整个国际社会中，没有一个国家不重视和尊重中国。

二、争取经济独立的斗争

赢得政治独立后，就进入了争取经济独立的下一阶段。与许多发展中国家一样，赞比亚面临着两种选择：社会主义道路或资本主义道路。哪种社会经济发展方式是最佳选择？有三种观点：

第一类是资产阶级思想家和政治家鼓吹资本主义发展道路。他们中有些人认识到资本主义的丑恶本质，然后采用社会主义词汇，声称自己是"国家社会主义者"或"伊斯兰社会主义者"等等。他们绕开了主要问题，即到底是资本主义还是社会主义。第二类是农民、工匠、商人等小资产阶级代表的观念，他们不剥削雇佣劳动，反对资本主义，主张社会主义。然而，这一阶层拒绝阶级斗争，试图利用宗教、人类意识和道德规范作为社会经济发展的决定因素。他们采用各种类型的"国家"社会主义。他们认为国家是实现国民收入公平分配的中立机构。这一群体通常反对跨国公司和资本主义，但主张私有财产（尤其是土地）和国有制。一些小资产阶级思想家甚至发展成为"革命民主主义者"。第三类是革命民主主义者，他们既代表小业主的利益，也表达工人、劳苦农民和革命知识分子的愿望。他们认为必须放弃资本主义道路，走社会主义道路。他们认为，发展中国家必须在创造性地把社会主义建设的普遍统一性与本国的特殊性结合起来的基础上，努力为向社会主义过渡创造社会经济和政治前提条件。中国常常被视为这条现代化道路的最佳范例。

发展中国家中出现了两大类国家。第一类是渴望建立资本主义制度的国家。在这些国家，当地资产阶级掌权，推行旨在与外国资本合作发展当地资本主义企业的经济政策。他们主张通过资本主义现代化实现技术进步，并与国际金融资本结盟。他们默许提高民族依附性,这种政权往往容忍腐败和乞求所谓的外国援助。在这一过程中,这些政权中总是出现这样的矛盾:当地资产阶级奉行好战的资产阶级唯物主义,表现为新殖民主义的依附性;而劳动人民则继续陷于贫困之中。第二类是那些向往社会主义、其政权由革命民主主义者领导的国家。这部分国家采纳了建设新的民族民主国家的理念。他们优先考虑国有经济部门,因为国家是唯一能够削弱金融资本经济统治的工具。在这些政权中,外国资本往往被国有化并受到管制,革命民主主义者将社会主义作为长期发展的目标。他们还采用国家计划,废除社会特权,扫除文盲,结束妇女不平等,颁布进步的劳动法和社会立法,并使所有治理机构民主化。他们反对新殖民主义,摒弃民族排他性,扩大与全球社会主义社会的合作。

三、社会经济挑战

许多发展中国家面临着两个挑战:

首先是土地问题的挑战,即如何决定在大多数人生活的农村地区消除前资本主义生产关系的方式方法。在农村地区,人们被封建领主、商人、高利贷者压迫和剥削,原始农耕是自给自足型的粗放农耕。在许多发展中国家,农村资产阶级在独立后也出现了,他们为世界市场生产,通常与没有土地的农民和就业不足的工人阶级同时存在。

其次是工业化的挑战。那些采用资本主义工业化的政权饱受资本原始积累的痛苦,导致农民和农村的毁灭。而那些像中国一样选择社会主义工业化道路的国家则会发现,在很短的时间内,工业产值会成倍增长,社会劳动生产率会不断提高,失业问题会得到彻底解决。对这些国家来说,经济增长的资金主要来自内部,如社会主义企业和银行的利润、折旧基金、银行信贷、农业积累、国家预算的节俭开支、作为债券的浮动贷款、出口的增加、民族资本主义关系的创造性应用、人类发展、研究与开发以及工人的积极性。

发展中国家工业化的主要目标必须是获得主权,并作为平等伙伴参与国际分工。其目的是消除失业、贫困和提高人民的生活水平。因此,发展中国家工业化的关键因素或挑战包括以下方面：

扩大"一带一路"倡议下的经济合作，重视中国的现代化道路经验；

需要学习和借鉴世界科技革命，各国必须建立自己的民族科学体系；

阻止人才流失，增加生产和技术部门的从业人员，将专业人才的培养与发展结合起来；

加强地区经济合作，建立有活力的市场；

发展和保护国有工业部门；

继续为建立公平公正的国际经济秩序而奋斗。

[姆比塔·钦通迪亚·奇塔拉（Mbita Chintundya Chitala）系赞比亚社会主义党资深党员，政治经济学家，赞比亚开放大学教授；译者李凯旋系中国社会科学院马克思主义研究院副研究员]

在国际新形势下建设社会主义的重要性

〔巴西〕若泽·雷纳尔多·卡瓦略

21世纪的地缘政治发生了重大变化,对既有模式提出了挑战,并重新定义了国际关系。在新的地缘政治格局下,中国共产党从中国的国情和新的国际形势出发,与时俱进,继续领导社会主义建设。实际上,任何国家的发展都与不断演变的全球局势有着密不可分的内在联系。

人类希望建立一个平等、公正、和平和高福利的世界的愿望依然存在。然而,这一愿望面临着残酷而复杂的现实,如社会不平等、环境失衡、社会矛盾日益尖锐等。此外,以美国为首的西方国家不断打压真正的民主,四处煽动国家间的矛盾,甚至发起局部战争。可以说,当今最重要的国际变化莫过于地区动荡和冲突的加剧。与此同时,我们还注意到另一个特点,即各民族和国家为社会发展和现代化而斗争的愿望并没有丝毫减弱。

世界正面临着前所未有的多领域、多层面危机。资本主义制度的危机持续存在,国家和社会的不平等日益加剧。由于劳动力的过度剥削、失业、贫困的蔓延和公共政策的恶化,在西方国家,民众的生活水平每况愈下。帝国主义列强统治下的国际秩序的破坏性更加突出,经济、社会和环境危机与地缘政治矛盾交织在一起,将全人类置于更大的危机和不确定性中。

与此同时,世界政治格局的多极化为各国人民的斗争和建设社会主义带来了机遇。面对危机、冲突、战争等全球性挑战,面对克服贫困、促进现代化建设等国内或地区层面的挑战,在全球新形势下建设社会主义的重要性和现实性不言而喻。一方面，像中国这样的社会主义大国快速崛起，其社会主义现代化发展取得了瞩目成就，其在世界舞台上的作用不断巩固。另一方面，新兴国家蓬勃发展，世界社会主义斗争也取得了一定成绩。社会主义建设的长期任务与现代化建设的现实任务相互联系，与经济、社会、科技进步和经济创新相互促进，彰显了新时代社会主义的时代潮流。在中国共产党的领导下，中国正坚持不懈地努力，向着建成富强民主文明和谐美丽的社会主义现代化强国的目标迈进。同时，中国的发展有力促进了世界和平与全人类共同发展。毋庸置疑，这一趋势将更加强劲。

在一个相互联系的世界中，国际协作对社会主义的发展壮大至关重要。社会主义国家之间的团结，以及与世界各地进步运动的联盟，可以加强社会主义的国际影响力，可以让大家齐心协力，更有效地应对共同的挑战。

世界社会主义的发展趋势与重大国际变革有着内在联系。中国以务实态度应对全球性挑战，积极响应世界多极化趋势，是这一进程的重要推动者。21世纪的社会主义必须是充满活力的、摒弃教条主义的、一切从实际出发的社会主义。唯有如此，才能从容应对当代世界的复杂性和多重挑战，为实现美好发展愿景而努力奋斗。对于社会主义国家和全世界为社会主义而奋斗的人民和国家而言，最重要的是高举社会主义和社会主义现代化的旗帜。社会主义国家完全有条件为实现自己的理想和目标而奋斗，团结各国人民，做到以人为本，实现社会进步，不断推进现代化建设，努力实现共同富裕。

在国际层面，共产党、进步力量与和平力量可以在争取建立公平公正的经济和社会秩序的斗争中取得进展，重申其对世界和平的承诺，声援那些受到威胁和攻击的人民，与帝国主义进行不懈斗争。鉴于此，当务之急是制定国际层面的纲领和平台，以此来推动人民斗争。社会主义的斗争取决于人民群众，而人民群众只有团结起来才能发挥积极作用。因此，必须促进各国人民的团结。为社会主义奋斗的各方有责任将争取和平的斗争、争取发展的斗争、反帝斗争和争取建立公正的社会新秩序的斗争视为不可分割的要素。

今天，帝国主义特别是美国仍野心勃勃地推进其全球统治计划。美帝国主义行使其世界霸权，无视国际法和多边治理规则，不断挑起事端和地方冲突，损害世界和平及多国人民的主权，给全人类造成了极大危害。总而言之，帝国主义妄图维护和加强其主导的国际秩序，试图将21世纪变为另一个"属于美国的世纪"。毋庸置疑，美国的这一愿望已经落空。因为一切都将表明，美帝国主义的霸权计划终将失败。

当前，诸多国家的统治阶级都是新自由主义的拥趸。在这些政策和机制治理下的国家，一切以资本主义利益为核心，无法真正满足民众的需求。因此，世界各国那些争取进步与和平的运动，正是通过反对这种统治来维护自身利益。人们呼吁从根本上着眼于民族和社会解放、国家发展、世界和平、国际合作和真正的多边主义，共同构建一个稳定美好的国际社会。

具体到巴西，我们巴西共产党争取民族独立，同时支持各国人民争取民族和社会解放的斗争。我们愿与社会主义国家团结一致，高举社会进步的伟大旗帜，建设一个更加人道、更加公平公正、更加文明的新社会。为社会主义奋斗是所有工人阶级和被压迫的人民的任务。我们深知，只有社会主义才能将人类从数百年的压迫、屈辱和苦难中解放出来。

巴西共产党的纲领强调捍卫国家主权和独立，旨在让巴西摆脱贫穷和落后，保障人民的自由，并为人民谋福祉等。这场斗争不仅涉及咄咄逼人的来自外部的敌人，也涉及内部的敌人，即巴西的大资产阶级及其外国同伙。这场斗争是我们所处时代的伟大任务之一。要实现巴西的现代化，就必须把巴西人民、所有民主和进步力量组织起来，在巴西进行社会变革。同时，还应该意识到实现现代化和实践社会主义是一条漫长而复杂的道路，充满挑战。当前，我们需要建立一个广泛的民族、民主和人民阵线，将各党派、民主政治人士、群众组织等团结在一起，进而推进一场以实现巴西现代化为目标的变革，让巴西能够在新的国际政治经济秩序中发挥建设性作用。

我们巴西共产党认为，习近平主席提出的构建人类命运共同体，以及新近提出的全球发展倡议、全球安全倡议和全球文明倡议非常重要，对发展中国家实现现代化、实现社会进步的目标具有重要意义。此外，中国反复重申对世界和平与集体安全的承诺，这为寻求世界新平衡、地区和全球层面的稳定做出了积极贡献。"三大倡议"有助于推动国际交流和国与国之间的文化交流，进而对世界和平与共同发展产生深远影响。在中国式现代化不断取得丰硕成果的大背景下,中国提出的倡议在全球舞台上具有越来越广泛的影响力。随着中国变得更加强大,世界格局也随之发生了深刻变化。中国倡议和中国方案为许多国家提供了经济和发展的重大机遇。国际社会必须积极参与这些倡议,因为它们关系到有序构建人类命运共同体,关系到全人类共同的未来。

[若泽·雷纳尔多·卡瓦略(José Reinaldo Carvalho)系巴西共产党中央委员会政治局委员;译者楼宇系中国社会科学院马克思主义研究院助理研究员]

共筑梦想 发展世界社会主义

〔尼泊尔〕比什努·里贾尔

在世界百年未有之大变局中，发展世界社会主义任重而道远。但我们并不孤单，因为我们有共同的梦想，我们命运与共。我们是世界社会主义运动的推动者，都有解放人类的共同梦想。我们无论身处何处，都在推进同样具有挑战性的事业。我们的共同目标不应受到地理位置、肤色、民族、种姓以及性别等差异的影响，因为一切民族都必将地走向社会主义，社会主义代替资本主义是社会历史发展不可逆转的趋势。我们坚信社会主义必将实现平等，消除一切形式的歧视，确保人民过上有尊严的生活。

我们应认识到，社会主义不会自动到来，它也不会像清晨的日出和傍晚的日落那样自然发生。我们需要历经长期艰苦卓绝的斗争，战胜重重困难和挑战，披荆斩棘，才能走向胜利，实现目标。我们一定能改造我们的社会，重塑被资本主义破坏的社会价值观。

马克思主义从来不是一种单一的模式，社会主义也不只有单一的模式。众所周知，社会主义曾经影响了全球一半以上的人口，也一度陷入低潮。当前世界社会主义的发展遇到多重困难和挑战，但是我们应竭尽全力捍卫社会主义，推动世界社会主义的发展。

在尼泊尔的土地上，我们缩短了通往社会主义道路的距离。在尼泊尔共产党（联合马列）执政期间，民选政府在社会保障方面做了出色的工作。我们在教育、卫生和就业领域借鉴了"以人民为中心"的政策举措，做了扎实而富有成效的工作，"繁荣尼泊尔、幸福尼泊尔人"的理想正深入人心。此外，根据我们的提议，尼泊尔是一个"以社会主义为导向的国家"这一条款已被写入由2015年尼泊尔制宪会议颁布的新宪法中。

资本主义制度造成资源过度消耗、剥削不断加剧、贫富差距扩大、各种歧视滋生等现象，使世界陷入危机。金融资本主义是资本主义的新发展阶段，它将世界看作市场，将人仅仅视为劳动力商品，不仅危害人类的发展，而且破坏了自然和生态环境。剥削和逐利是资本主义的根本特征。整个世界的财富日益集中到少数人手中。就各国的经济状况而言，情形也是如此，即世界的财富日益向少数国家集中。贫富差距扩大和显著的不平等还引发威胁人类文明的种种问题。核军备竞赛、侵犯别国主权和领土、竭力控制世界市场，这些都是资本主义大国所关心的问题，也是我们所面临的挑战。随着金融资本主义的兴起，资本主义呈现出其残酷的升级形态。恐怖主义、武装袭击、空袭、入侵等惨无人道的事件频频发生。近期发生的巴以冲突、俄乌冲突是当前的紧张局势的缩影。这些事件是资本主义的副产品，它们迫使我们从新的角度反思该如何应对世界政治格局的变化。我们应该首先完善我们的政治制度，遏制资本主义造成的种种负面影响。

值得注意的是，世界共产主义运动仍面临巨大的挑战。我们应从苏联解体、东欧剧变中吸取教训。世界各地的共产主义力量都应该认真反思，并对当前的挑战和严峻形势进行客观评价。我们要依靠人民，保障人民行使管理国家的权力，依靠人民推动国家和社会的发展，践行社会主义理念。我们还应吸取的教训是，共产党人应进行自我革命，不断改造自己、锤炼自己，永葆自身的先进性。如果我们没有自我革命的自觉性，则再强大的军队和武器都无法拯救共产党和社会主义事业。

为了维护世界和平，我们应发展社会主义。我们真心希望致力于发展社会主义的政治力量可以结束一切形式的战争，构建持久和平的世界。我们作为推动社会主义事业的力量，是能够构建持久和平的力量。

我呼吁，我们应该审视世界政治格局的变化和资本主义的残酷剥削，加强政党自身建设，进一步承担起振兴世界社会主义的责任。

[比什努·里贾尔（Bishun Rijal）系尼泊尔共产党（联合马列）中央委员；译者唐芳芳系中国社会科学院马克思主义研究院副研究员]

中国特色社会主义
对世界社会主义运动的重大意义

〔土耳其〕吉姆·克泽尔切克

一、中国特色社会主义与世界社会主义

自 20 世纪 80 年代以来，中国共产党逐渐成为世界社会主义运动的先锋和领航者，在理论上和思想上领导着世界社会主义运动。习近平总书记在中国共产党的二十大所作的报告表明，中国共产党对当今世界、人类发展规律，以及为推动世界社会主义运动和人类社会进步所面临的任务具有成熟而现实的认知。中国共产党倡议在世界马克思主义和进步社会主义政党之间，以及马克思主义活动家个人之间开展深入交流的举措，为世界社会主义运动的发展注入了活力。

中国共产党不仅成功实现了长期执政，而且成功开辟了建设社会主义的新道路：中国特色社会主义。中国特色社会主义不仅通过深化改革、扩大开放为中国和世界经济的发展注入新的动力，而且拓展了发展中国家走向现代化的途径，为世界上那些既要求加快发展又要求保持自身独立的国家和民族提供了新的选择。中国特色社会主义不仅对中国产生了影响，也对马克思主义、社会主义和人类社会发展产生了影响。"中国特色社会主义"不是中国的自我满足，而是在吸收借鉴人类社会创造的一切文明成果基础上的社会主义自我完善。习近平主席指出："当今世界，经济社会发展越来越依赖于理论、制度、科技、文化等领域的创新，国际竞争新优势也

越来越体现在创新能力上。"①

只有与历史同步伐、与时代共命运的人,才能赢得光明的未来。中国特色社会主义制度的改革和完善没有休止符,其民族特色、国际特色必将大放异彩。随着中国和其他社会主义国家社会主义建设的成功进行,社会主义相对于资本主义的优越性日益显现。

中国特色社会主义的成功实践和当代中国的现代化成就生动地揭示了这样一个真理:人类的现代化道路并不局限于欧美模式,每个国家都可以探索适合本国国情的现代化道路。同时,每一种现代化的经验都是人类文明的成果,一个国家的现代化经验可以被其他国家吸收和借鉴。作为一种现代化的发展模式,中国特色社会主义既有特殊性,也有普遍性。中国共产党领导的中国现代化建设在寻找中国问题的答案和解决办法的过程中,为其他经济文化落后的国家如何实现现代化发展积累了经验,提供了选择。

二、发展社会主义与构建人类命运共同体

发展社会主义在很大程度上与追求构建人类命运共同体相互关联又相互重合。在战争与革命的旧时代,社会主义是通过暴力和激进的革命手段实现的。当今时代的主题是和平与发展。今天,为了取得社会主义革命的胜利,就必须反对诸如美国的西方霸权主义,反对对各国的残酷剥削掠夺和国际垄断资本主义,维护工人阶级的利益,推动构建人类命运共同体。反对西方霸权主义,反对资本主义剥削和掠夺,推动构建人类命运共同体,表面上看似乎是相互矛盾的,是两个不同的目标,但两者实际上是一致的,都是致力于人类文明的进步。从时代潮流来看,超越资本主义、实现共产主义、构建人类命运共同体是人类历史和现代文明的潮流。这样,争取社会主义的斗争就能够与追求人类进步紧密联系在一起。

中国共产党同世界各国人民一道,反对西方霸权主义,反对资本主义

---

①《习近平在省部级主要领导干部学习贯彻党的十八届五中全会精神专题研讨班上的讲话》,《人民日报》2016年5月10日。

剥削和掠夺，提出要为构建人类命运共同体、创造更加美好的世界作出更大的新贡献。这表明，构建人类命运共同体是全世界共产党人和社会主义者推动人类发展进步的内在要求和必然选择。构建人类命运共同体符合马克思主义的人民观和人类共同体思想，是对马克思主义人类解放理论的创新发展。

构建人类命运共同体，意味着世界人民和各国政府可以消除战争、贫困、民族宗教和意识形态对立，并能够实现普遍的和平、安全、繁荣和开放，为人的自由全面发展和彻底解放创造条件。这与马克思和恩格斯提出的"真正的共同体""自由人的联合体"的目标相一致。

中国提出"构建人类命运共同体"的倡议，不能简化为社会主义国家的全球政治战略。更重要的是，这个倡议在世界各国人民和政府中倡导和推广"全人类共同价值"的理念。以习近平同志为主要代表的中国共产党人提出的和平、发展、公平、正义、民主、自由是全人类共同价值的六大要素，对于在当今复杂的国际环境中形成新型国际关系、构建人类命运共同体具有重大意义。

三、社会主义与资本主义两种制度的竞争与世界社会主义运动

在世界经济、地缘政治、外交格局发生巨大变化的同时，社会主义与资本主义力量的竞争和对立关系也在重塑。列宁领导的俄国布尔什维克党取得了社会主义革命的胜利，从而确立了社会主义制度与资本主义制度在世界上并存的模式。近百年来，世界经历了"东风压倒西风"的社会主义高峰期，也经历了苏联解体、苏联和东欧地区悲观消极的疲软期。在世界百年动荡的背景下，资本主义基本矛盾仍在发展和深化，世界经济"中心"与"边缘"的矛盾不断尖锐化。尽管资本主义危机仍在持续，但社会主义国家仍然在世界资本主义的包围中生存和发展，并不断受到西方敌对势力的打压和围攻。2008年国际金融危机后，"资本主义强、社会主义弱"的世界格局基本未变，西方资本主义国家继续打压社会主义。

社会主义与资本主义，两种意识形态和制度模式之间的斗争不仅没有

结束，而且今天在更加广泛的领域，以更加多样的方式和更加复杂的形式展开。今天，美国等西方国家对社会主义的敌视不仅没有改变，反而变得更加公开。西方资本主义势力不断变换方法打压现存的社会主义国家，甚至威胁要使用武力惩罚"极权主义"，消灭这种"共产主义变态"。美国前总统特朗普曾在联合国讲台上批评"社会主义带来了深重灾难"，要求世界各国"抵制社会主义"。美国与西方盟友一起发动贸易战和科技战，遏制和打压所谓中国在21世纪的崛起。

美国还通过舆论和非政府组织加强对社会主义国家的渗透，鼓动越南、老挝等国的"持不同政见者"制造事端，推动"颜色革命"。由此可见，社会主义在世界上的话语权总体上还是软弱无力的。今天，以美国为首的西方发达国家不仅主导着话语权，而且主导着世界贸易组织、世界银行、国际货币基金组织等国际经济金融机构的规则制定权，西方发达国家因规则制定权而获得制度红利。

此外，美联社、路透社、法新社等跨国通讯社和诸如推特（Twitter）、脸谱网（Facebook）、优兔网（YouTube）等优势媒体垄断了国际报道，并操纵舆论与美国及其他西方国家的政治观点和西方价值观保持一致。通过规则制定的特权、对新闻舆论的控制和文化娱乐等手段构建的软实力，是当前"资本主义更强、社会主义相对较弱"的一个重要方面。美国等西方国家的新闻媒体尤其热衷于夸大和炒作中国、朝鲜等社会主义国家以及伊朗、委内瑞拉等被"妖魔化"的抗议活动。他们往往以自由、民主和正义为托词美化资本主义，贬低社会主义，掩盖其打压非西方国家的目的，而国内仍然继续实施对共产党和其他非执政左翼力量发展的政治限制措施。

西方国家的社会主义和共产主义政党由于其意识形态观点不够清晰，很难提出有吸引力的政策建议或替代模式。共产党和社会主义力量内部派别林立，分歧和分裂不断，党员人数不断减少，选举基础不断削弱。这些政党还存在组织上的困难。

西方反资本主义思潮加速向民粹主义转化，进一步助长了民粹主义政党的迅速崛起，从而缩小了社会主义和左翼力量的生存空间、政治空间和群众基础。民粹主义在欧美以及包括土耳其在内的许多发展中国家蔓延，与左翼力量争夺支持者。在传统右翼政党和民粹主义政党的打压下，共产党和其他左翼力量的政治生存环境越来越困难,活动领域越来越狭窄,处境更加艰难。社会主义国家由于执政党的地位、改革开放政策及西方的和平演变政策,也面临着严重的困难。世界社会主义发展进程中会出现曲折,会遇到复杂问题,在实现重大变革中会遇到困难。"强大的资本主义与相对虚弱的社会主义"的模式不会很快改变,资本主义将继续主导世界体系。但是,人类社会从资本主义向社会主义过渡的历史方向不会改变。同时,我们必须认识到,这种制度变迁是一个长期的历史过程,它需要各种主客观条件的成熟,取决于社会主义自身力量的增长,特别是取决于社会主义的成功范例,这些范例将证明社会主义优于资本主义,从而赢得世界各国人民的支持。

20世纪下半叶,随着经济全球化的不断发展,各国之间的联系日益紧密。和平与发展成为当今世界的两大时代主题。世界社会主义进入了新的调整和改革期。探索适合本国国情的社会主义道路成为各国共产党人和左翼力量的主要任务。惨痛的事实再次告诉我们,社会主义与资本主义的斗争是一个长期的过程,我们将面临困难和曲折。

社会主义事业是伟大而正义的事业,但社会主义不是束手等待,也不能盲目相信社会主义的必然胜利,社会主义必须通过长期的革命斗争来积极争取。在全球化和信息、网络经济迅猛发展的今天,历史已经成为具有空前广度和深度的"世界史",社会主义已经成为无产阶级、共产党人和左翼力量的国际事业。但是,在今天和今后相当长的时期内,社会主义的突出特征仍将以国家形式出现。各国共产党和社会主义力量在独立探索本国社会主义道路的同时,应该实行各种区域性或世界性的协调统一,实现相互支持,共同抵御国际资本主义势力的联合进攻。

社会主义只有彰显其制度优势,才能最终取代资本主义。如何建设社会主义,如何充分展示社会主义的优越性?在过去的国际共产主义运动史上,这个问题并没有得到很好的解决。列宁过早逝世,没能深入分析这个问题。后来的苏联领导人走上了社会主义建设道路,发展了苏联的社会主义建设模式,但由于犯了很多错误,也没能解决这个问题。第二次世界大战后,和平与发展成为时代主题。因此,如何在和平年代加快社会主义自身发展,如何不断增强社会主义自身实力,成为社会主义制度与资本主义制度竞争的主要内容。20世纪70年代后，经济全球化浪潮兴起，不同的社会制度在全球化浪潮中并存和竞争。同时，两种制度仍然处于竞争博弈之中，最终竞争的失败或胜利将取决于两种制度的制度优势。

在两种社会制度的竞争中不断完善和发展社会主义制度是21世纪的历史主题。与冷战结束后许多国家向资本主义道路转型的浪潮相比，今天西方资本主义政治模式和发展经验对发展中国家的吸引力逐渐减小，不再闪耀光芒。在新时期的社会主义斗争中，斗争的重点就是要实现伟大的新突破，解决过去世界社会主义实践中没有很好解决的问题，争取以新的实践、新的成就来证明社会主义制度的优越性。中国为世界人民、为人类进步事业作出的贡献，不仅是经济上的，而且是制度上的、体制上的和思想上的。中国社会主义在21世纪显示出强大的生命力，这将证明社会主义比资本主义更有效率和活力，这将证明社会主义能够调动全体人民的积极性、主动性、创造性，为社会发展提供有利条件，并以其比较优势在两种社会制度的竞争中获得更多力量战胜资本主义。

虽然社会主义力量与资本主义力量相比处于弱势地位，但马克思主义的科学社会主义仍然引领着人类进步和从资本主义走向社会主义的社会变革。虽然我们所处的时代与马克思所处的时代相比发生了巨大而深刻的变化，但我们仍然处在马克思所指明的历史时代：我们处在从资本主义到共产主义的伟大社会变革时代。

今天，我们看到整个国际政治经济格局正在发生深刻变化。发展中国家与发达国家、新兴大国与传统大国、社会主义国家与资本主义国家在发展道路和发展模式上展开激烈竞争。资本主义与社会主义的关系及其比较优势也在发生重大的变化和调整。资本主义和社会主义作为性质不同的两大社会制度，与世界百年未有之大变局紧密相连。转型加速是全球治理体系和国际秩序转型的重要因素。

信息技术和信息产业日趋成熟，以人工智能为代表的"第四次工业革命"如火如荼。新技术、新产业、新模式不断涌现，加速了全球经济的跨越式发展，推动了社会生产力的全面跃升。一方面，全球治理体系和国际秩序迅速转型，一批新兴市场国家和发展中国家崛起，不仅改变了世界政治经济力量版图，也深刻影响着人们的生活方式和心理认知结构。另一方面，世界发展很不平衡，和平赤字、发展赤字、治理赤字、信任赤字等不稳定因素相互交织。

科技革命和产业变革加速了新兴大国和发展中国家的崛起。当今世界的物质技术水平已达到古人难以想象的高度。数字化、网络经济、智能技术加速发展，以3D打印为代表的数字制造、以大数据为代表的信息技术快速发展，以绿色能源等新能源技术为代表的新一轮科技革命，将引发传统生产方式的"颠覆性"变革，不断催生新技术、新产业、新模式，推动社会生产力整体跃升，所有这些都推动了全球经济实现跨越式发展，深刻改变了不同国家的比较优势和竞争优势，进而深刻影响全球格局，加快全球治理体系和全球国际秩序的转型。

新一轮科技革命不仅对发达国家，而且对广大发展中国家来说都是一次难得的发展机遇。抓住这个机遇的国家就能成为新的发展中国家，否则就会被新一轮科技革命和新一轮经济全球化浪潮所淘汰。进入21世纪以来，新兴市场国家和发展中国家的崛起从未如此迅速，他们的崛起已成为不可逆转的时代潮流。近年来，新兴市场国家和发展中国家对世界经济增长的贡献率居高不下，2016年达到80%，成为当之无愧的世界经济的主引擎。随着以金砖国家为代表的一大批新兴市场和发展中国家的集体崛起，国际力量对比发生了重大变化，长期由西方发达国家主导的全球治理体系和国际秩序正在加速转型。

世界发展很不平衡，不公正、不合理的国际政治经济旧秩序并没有根本改变。谁来决定全球经济和贸易规则的冲突日益突出，各种利益和诉求相互交织、相互对立。世界多极化引发了大国冲突，不同社会制度和发展模式之间的战术博弈对抗愈演愈烈，世界已到了历史质变的临界点。在西方发达国家阵营中，美国和欧洲在重建国际金融秩序、保护生态环境等全球治理问题上意见不一，显得势不两立。为了维护自身的既得利益和主导地位，西方发达国家加大了对新兴大国的博弈力度，甚至采取限制和打压措施来遏制新兴大国的迅速崛起。以美国为代表的西方发达国家与新兴大国的关系将经历一个深入调整和不断互动的过程，新兴大国与西方的博弈也将加剧。

进入21世纪以来，中国与外部世界的融合和互动不断加强，从过去的旁观者、世界体系的一部分，到如今成为世界舞台的中心。中国从过去的被动接受者、国际秩序的顺从者，成为国际秩序的主动参与者、积极建设者和杰出贡献者。中国对世界的影响从未像今天这样全面和持久。中国与世界关系的根本性变化为中国的发展带来了重要的历史机遇。然而，一些国家和国际势力竭力煽动"中国威胁论""中国谋求世界霸权论"等恐慌情绪，将"中国世纪"视为对西方主导的现有国际秩序的挑战，进而加大对中国的打压。

随着西方国家主导的国际政治经济体系陷入重重危机，人们开始质疑西方模式和其发展经验的普适性。不少人认为，新自由主义发展模式是国际金融危机爆发的主要原因，金融危机的持续恶化是对西方资本主义发展模式的严峻挑战。与冷战初期许多发展中国家向资本主义过渡的浪潮相比，西方国家长期以来引以为豪并不遗余力地向其他国家推销的制度正在逐渐失去魅力。许多发展中国家对西方制度的"仰慕"变成了"怀疑"，许多国家开始"向东看"，不同文化相互交流、相互学习，各种政治倾向相互碰撞、相互竞争。

进入21世纪，社会主义与资本主义两种不同社会制度和意识形态之间的竞争呈现出新的内容和特点，社会主义与资本主义之间的斗争形势日趋复杂。以美国为代表的西方国家把自己的社会政治制度视为人类政治文明的唯一代表，进而向他国输出和强加于人的现象依然存在，国际政治思潮呈现出明显的冲突性和斗争性特征。

当今世界的社会思潮和政治思潮虽然层出不穷，令人眼花缭乱，但并非所有思潮都符合时代潮流和人类社会进步的要求。比如，单边主义、排外主义、贸易保护主义与互联互通、开放包容、合作共赢的时代要求背道而驰，这些政治思潮越来越受到世界人民的唾弃。世界人民和国家要求走上和平发展、合作共赢的新道路，希望消除人与自然的对立、贫富差距和社会不公，走上经济社会可持续发展的道路。社会主义作为超越资本主义的先进意识形态，追求消灭剥削，实现社会公平正义，以实现人的自由全面发展、人的彻底解放、从必然王国向自由王国的飞跃等理念和价值为目标，始终占据着人类道德的制高点。这是社会主义具有不可阻挡的吸引力的主要原因。盖洛普民意调查显示，51%的美国年轻人看好社会主义。西班牙《国家报》曾发表过一篇题为《美国千禧年的社会主义》的文章，认为美国人正在成功地打破美国对"社会主义"的禁忌。

冷战结束后的30多年间，西方资本主义政治模式和发展经验已不再具有吸引力。一些西方国家凭借技术和经济优势，在输出资本的同时，不遗余力地输出西方价值观念和制度模式，充当发展中国家的"老师"，鼓励发展中国家实行私有化和自由化。他们在世界各地进行"颜色革命"，一些国家被"招安"后，陷入了社会动荡、经济停滞的泥潭。伊拉克、利比亚、叙利亚、也门等国陷入长期内战，至今仍未结束。特朗普上台后，美国掀起新一轮"反社会主义"逆流，要彻底铲除冷战后的"共产主义遗产"，加大对诸如朝鲜、古巴、委内瑞拉等左翼政权国家的打压。

西方国家的财富不平等和社会不公正加剧了其社会冲突。二战后，大多数西方国家在社会主义影响下建立了社会福利制度，内部贫富差距和阶级矛盾得到缓和，中产阶级规模逐渐扩大。但后来，西方发达国家的技术进步和工业革命不仅没有解决资本与劳动、增长与分配、效率与公正之间的矛盾，反而加剧了这些矛盾。国与国之间激烈的经济竞争加剧了各国劳动者的生存竞争，经济财富日益向少数人集中，贫富差距和不同地区之间的差距不断扩大，曾经不断扩大的中产阶级数量不断减少，贫困现象增加，弱势群体生存状况恶化。根据美国智库2018年的数据，2015年美国人口中收入最高的1%的人的收入是其余99%的26倍。

民粹主义正在加剧西方国家的政治两极分化。如今，恐怖主义、难民危机等全球性问题日益凸显，以反建制、反精英、反全球化为特征的民粹主义思潮泛滥，西方政治体系中长期以来难以进入政治主流的左右极端主义政党呈现出强劲的上升势头，国际力量对比加速了这种两极分化，不稳定、不确定、不安全正成为西方政治格局的常态。激进政党和民粹主义的汇聚加速了西方政治的分化，为经济全球化和国际格局的演变引入了新的变量。

当西方资本主义陷入困境时，中国正在成为重振世界社会主义的中坚力量。在苏联解体和东欧剧变期间，"社会主义破产论""历史终结论""中国走向政权崩溃论"不绝于耳。然而，中国并没有在这场"多米诺骨牌式"的变革中倒下，而是保留和捍卫了社会主义，拯救了世界社会主义。东欧剧变和苏联解体后，曾长期处于低潮、力量严重衰竭、思想混乱、不断求变、目标模糊的世界社会主义运动现在开始进入复兴的新阶段。

一个不同于以往的世界社会主义运动的新格局正在形成。其鲜明标志就是，中国特色社会主义已经成为21世纪科学社会主义发展的旗帜，成为振兴世界社会主义的中流砥柱。可以说，中国特色社会主义不仅属于中国，也属于世界社会主义。中国特色社会主义道路不仅为拥有14亿人口的中国带来了巨大成就，也为其他发展中国家探索自身发展道路提供了有益经验，丰富了人类对未来美好世界的设想。

中国特色社会主义不仅推进了中华民族伟大复兴的中国梦，也为世界上所有希望在现代化道路上前进的国家提供了一面旗帜，在世界社会主义和人类社会发展史上具有重大意义。当前，包括俄罗斯、南非和印度在内的世界各国共产党的组织力量和活动方式都发生了新的变化，社会主义国家也正取得长足进步。近年来，越南、老挝、古巴、朝鲜等国执政党重视学习借鉴中国特色社会主义和党的建设的成功经验，每年都举办不同形式的双边理论研讨会，交流国家领导经验。许多外国共产主义政党和左翼政党派人来中国考察学习中国特色社会主义理论和实践经验，特别是中国共产党治国理政、管党治党的经验，这在一定程度上为处于迷茫中的外国社会主义力量和左翼力量提供了有益的借鉴，这种交往正在推动世界社会主义运动的复兴。同时，进入21世纪，世界社会主义运动出现了一个新的多边合作平台：一年一度的"世界共产党与工人党国际会议"。迄今为止，"世界共产党与工人党国际会议"已召开23届，100多个共产党参加了会议活动。因此，世界社会主义运动正走在重新焕发活力的道路上。

社会主义国家与资本主义国家、发展中国家与发达国家、崛起的大国与传统的强国在发展道路和模式上存在激烈竞争。各种左翼力量和新兴的社会运动都在为维护中下层人民的利益而斗争，他们反对资本主义，推动历史进步。虽然这种竞争本质上不是社会主义与资本主义的竞争，但它贯穿着不同社会发展模式的争论,而不同的社会发展模式又蕴含着不同的价值观和社会制度。中国特色社会主义正处于新的历史地位,可以在未来世界社会主义中发挥重要领导作用。

[吉姆·克泽尔切克(Cem Kizilcec)系土耳其社会主义统一党(马克思主义)联合创始人;译者高静宇系中国社会科学院马克思主义研究院英文期刊《国际思想评论》编辑部学术编辑]

马克思主义的当代价值：青年的使命与挑战

〔西班牙〕戴维·富恩特

马克思主义是科学的世界观和方法论，为社会科学的发展奠定了坚实的科学基础。马克思主义唯物史观为历史学、社会学、人类学、心理学等社会科学的各个分支透过现象研究事物发展的本质规律提供了历史观和方法论指导。通过马克思主义唯物辩证法，人类能更加清晰地认识其所处的现实世界。此外，马克思主义美学还指引艺术家们从马克思主义的角度去发现和阐释关于自然、社会和思维发展的美的规律，从纷繁复杂的现实中选取最能够传达事物本质的特定方面进行艺术加工和表达，以一种新的审美意识来抵御资本主义异化现象。

实践证明，作为用马克思主义思想理论武装自己的政党，共产党最能充分展现马克思主义荡涤一切的真理力量和实践力量。共产党是工人阶级的先锋队，是广大劳动群众的先锋队，代表先进生产力的发展要求，是社会主义事业的领导核心。为了推动社会的进步与发展，共产党必须科学地坚持和运用马克思主义。今天，随着以中国共产党为代表的国际共产主义力量取得革命胜利、夺取政权并建立起社会主义制度，马克思主义作为实现社会进步的理论工具正在被越来越多的民族和国家所认可与使用。

以上观点简明扼要地阐述了马克思主义的当代价值。通过深刻理解马克思主义，作为青年人的我们更加坚定了为人类进步事业而奋斗的信念。马克思主义既是我们的理论武器，也是我们前行道路上的明灯。

一百多年来，马克思主义在中国得到了广泛的传播和深入的实践，而中国共产党和中国人民践行马克思主义的成功经验也为推广、继承和发展21世纪马克思主义提供了事实依据。在我的祖国西班牙，共产主义事业尚在风雨飘摇之中，道阻且长。作为共产党员，我们将不畏艰险，迎难而上。

在全球主要资本主义国家中，资产阶级通过电视、广播和互联网展开铺天盖地的宣传，造就了一个充满谎言且物欲横流的世界，身处其间的人们特别是年轻人倍感压力。这样的成长环境使得这些西方国家的青年人的历史意识十分薄弱，常常对现实世界出现的问题和冲突产生的原因感到困惑。他们无意识地被驱使着将时间花在无意义的事情上，在随处可见、唾手可得的酒精和毒品中沉沦，整个社会的风气教唆他们去追求及时行乐。与此同时，在像西班牙这样的资本主义国家，在经历着资本主义深重危机的年轻人特别是青年劳动者之中，也有一些人已经意识到国家和社会出现了问题亟待解决，却苦于没有明确的行动指导，不知如何投身到政治生活中去。值得庆幸的是，还存在着一群进步青年，他们清楚地知晓发生在这片土地上的英勇反抗与血腥镇压的历史，深刻地了解西班牙历史上人民革命取得的伟大胜利，他们知道还有其他国家和民族正在与剥削和压迫不懈斗争，正在打碎一个旧世界，建立一个新世界。

当代年轻人面对生活时常感到迷惘，对事物的判断往往基于个人的好恶而缺乏整体的认识。然而，即便是日常生活中司空见惯的、能够引起兴趣或牵动情绪的事物——比如爱情，也有其萌生的背景，没有毫无缘由、永恒不变的爱。对此，马克思主义能够为当代青年人认识和改造世界提供正确的世界观、人生观、价值观指引，激励广大青年挺膺担当，以青春之我、奋斗之我为民族复兴铺路架桥，为国家建设添砖加瓦，为人类进步事业贡献力量。

从28岁开始，我一直与世界各地的青年学者共同学习、探索和传播马克思主义。这几年的实践使我深深感受到马克思主义在不同国家的影响力和教育普及度存在相当的差距。在中国，有专门从事马克思主义研究的科研院所，一些大学和学术机构也设有马克思主义专业或教授马克思主义课程，并有资质授予相关专业的本科、硕士以及博士学位。目前，我就读于西安交通大学马克思主义学院，正在攻读博士学位。我曾向班里的中国同学提及我在西班牙与朋友们筹办《资本论》研讨会的经历。中国同学对我们需要在校外组织此类活动表示惊讶,同时还对《资本论》未列入西班牙大学课程感到不解。这就是现实。在西班牙的大学校园中,马克思主义教育几乎一片空白,而许多与马克思主义相对立的理论则大行其道。因此,让马克思主义走近青年,让青年学习和掌握马克思主义,唯一的办法就是推动共产党的建设和组织工作,没有其他捷径。在青年人中推进马克思主义传播是一项系统的、持续性的工作,需要一个政党在团结带领工人阶级的同时,在校园内外科学指导青年人探索和运用马克思主义。

我的故乡是位于西班牙北部的毕尔巴鄂。几年前,我们先在经济学院和艺术学院分别组建了《资本论》研学小组和艺术与马克思主义研学小组。事实上,只有在这两个小组里,学生们才有机会接触到真正的马克思主义。虽然起初来参加研学小组的学生和工人寥寥无几,但随着学习进度的推进,小组成员已经能够熟练掌握一些马克思主义的基本原理,并将之灵活运用到对现实生活的解释中去,从而吸引了越来越多的年轻人加入这些学习小组。此后,我们又成立了两个新的小组分别探讨马克思主义与妇女问题以及剩余价值理论。

组建马克思主义研学小组的经历使我认识到,学习和传播马克思主义是一个循循善诱、聚沙成塔的过程。初始阶段,只需一到两位熟知马克思主义的专业人士去启发和引领那些愿意推广马克思主义思想或对学习马克思主义理论感兴趣的年轻人。虽然,随着时间推移,一些年轻人的热情褪去,能持之以恒参与学习的人可能会略有减少,但那些坚持下来的人最终都成长为优秀的青年马克思主义者,且有数人随后坚定地加入了共产党。即便是因各种客观或主观原因中途退出的学员,也从这段愉悦的学习经历中有所收获,并与我们保持着联系。

此外,向青年传播马克思主义要结合当代青年人的特点,结合新的传播手段,比如社交网络和视听媒体。然而,作为理论工作者我们依然要提倡阅读原著。新媒体工具虽然更容易吸引年轻人的注意力,但远不可替代对原著文本的深入学习。切不可本末倒置、舍本逐末。

有些观点认为,青年人只关注与其自身相关的或一些肤浅表面的话题,并提倡我们在向青年传播马克思主义时也应迎合这些议题,对此,我们应保持清醒的头脑客观看待。诚然,当代青年中的确有相当一部分人对社会、历史和哲学问题缺乏兴趣。在西班牙，绝大多数年轻人不愿意花费甚至几分钟时间去阅读马克思，但这种现象正是由这样的社会大环境造成的。值得注意的是，还存在一些青年，他们对严肃的、更深层次的社会问题保有好奇心，并愿意投入时间和精力去进行理论研究，他们便是马克思主义应当走近的对象，给予他们科学的指引便是我们的职责所在。在培养青年人的过程中，在解答他们对历史、对当今世界的诸多疑惑时，我们自身对马克思主义的认识也会受到挑战——我们永远不可能完全掌握马克思主义的全部精髓。因此，作为领路人，我们也须不断加强自身的学习和实践。

毫无疑问，新时代青年注定要成为历史使命的承担者和践行者。我们只有鼓舞更多的青年群体投身学习马克思主义、继承和发展马克思主义，才能为建设共产主义的伟大目标提供源源不断的动力。历史的使命和时代的挑战要求我们：必须努力推动马克思主义走近青年、赢得青年，在他们的心中播下理想信念的种子；必须着力加强共产党的建设和组织工作，将党组织作为当代青年深入学习、继承和发展马克思主义科学理论的根据地和出发点。

[戴维·富恩特（David Fuente）系西班牙马克思主义研究青年学者，现为西安交通大学马克思主义学院博士研究生；译者楼宇系中国社会科学院马克思主义研究院助理研究员，张若兰系阿根廷布宜诺斯艾利斯大学研究生]

帝国主义、民粹主义和西方马克思主义

〔美〕珍妮弗·庞斯·德·莱昂

在构建人类命运共同体的过程中，西方资本主义国家所面临的一个主要挑战是西方知识分子的意识形态倾向，特别是他们对帝国主义的误解。当我们考虑那些公开拥护帝国主义的自由主义知识分子时，这一点肯定是显而易见的。然而，我将重点讨论这一问题在自称为马克思主义者的人身上更为隐蔽的表现形式。我将借鉴我与加布里埃尔·罗克希尔（Gabriel Rockhill）的合作成果。他和我最近共同撰写了一篇关于这个话题的文章。这是意大利共产主义哲学家多梅尼科·洛苏尔多（Domenico Losurdo）所著《西方马克思主义：如何诞生，如何消亡，如何重生》一书英译本的导言。该书将于2024年由《每月评论》出版社出版。

本书以及我们的相关文章认为，"西方马克思主义"并不是一个严格的地域性概念；相反，它指的是一种意识形态倾向：当建设社会主义的具体努力（尤其是社会主义国家的努力）不符合西方知识分子的理论或道德纯洁性标准时，这种意识形态倾向就会去诋毁这些努力。因此，它也指的是一种知识实践，在这种实践中，马克思主义理论与建设工人阶级力量的集体努力相脱离。

洛苏尔多对这一趋势的批判主要集中于起源于法兰克福学派和意大利工人主义的马克思主义哲学思潮，以及与这些传统相近的当代思想家，如迈克尔·哈特（Michael Hardt）和斯拉沃热·齐泽克（Slavoj Zizek）。洛苏尔多还对法国理论进行了批判，其在美国学术界的作用是用自己的第三条道路"激进主义"取代马克思主义。由于这些思想传统构成了大部分西方批判理论的基础,因此我所指出的倾向也存在于其他被西方学术界和出版业推崇为"激进"的思想流派中,如后殖民主义理论、亚文化研究和非殖民主义理论。

洛苏尔多认为民粹主义是西方马克思主义的一个主要特征。列宁在其关于俄国农民向资本主义过渡的著作中指出,民粹主义是一种意识形态立场,它赞美那些被压迫和被剥夺权力的人的道德优越性,却没有科学地确定有效反抗这种压迫的斗争手段。洛苏尔多所说的民粹主义知识分子通常对政党以及国家权力的行使持怀疑态度,甚至明确反对。对他们来说,通过政党形式组织起来,就像寻求接管国家机器一样,必然会导致新形式的压迫,玷污受压迫者的道德品质。

洛苏尔多不无讽刺地指出,民粹主义意识形态导致知识分子只站在被压迫者一边——仅仅当他们是失败者的时候。他回顾说,这种立场跟黑格尔对基督徒的批评非常像,即他们为了履行为穷人服务的义务,需要贫困制度无限期地存在下去。

反叛主义是西方马克思主义的另一大主题。它赞美叛乱和反抗本身,而不是对其背景或政治取向进行充分的分析。许多西方马克思主义者推崇反叛者的形象,认为他们追求反教条主义和人类的彻底自由,在道德上优于那些被诋毁为拥护专制的、以国家为中心的社会主义者和政党知识分子。这种自由主义立场在关键方面与自由主义意识形态不谋而合,等同于不假思索地拥护反叛人物,而这些反叛人物往往只是西方马克思主义者作为小资产阶级"坏孩子"的自我形象的投射。洛苏尔多借鉴了葛兰西的重要见解,认为反叛主义可以导致独特的,甚至是对立的政治计划。持不同政见者的历史清楚地证明了这一点,因为帝国主义政府机构(如中央情报局)支持下的右翼分子甚至不同政见的法西斯分子确实是反叛者:反对社会主义国家的反叛者。

那些看起来确实提出了某种现有秩序替代方案的西方马克思主义者,往往贩卖一种"魔幻"思维,传播一种对唯心主义和乌托邦式救赎形式的信仰。事实上,这种思想倾向是犹太教——基督教意识形态,尤其是其弥赛亚主义（救世主义）影响下的结果，洛苏尔多对此进行了详细阐述，尽管弥赛亚主义的具体形式各不相同，但有一种普遍的倾向，即把未来想象成完全不同于当前存在的事物。据说，这种未来不可能通过现存体制（包括法治、议会、政党、国家等）来实现。相反，它必须与所有这些机构决裂，并或多或少地奇迹般地出现。

最后，西方马克思主义者往往不理解历史上曾遭受殖民统治或新殖民统治的民族和国家所面临的生死攸关的发展斗争。发展生产力不仅是为了满足处于欠发达状态（这种欠发达是帝国主义强加的）的人民的需求，也是这些国家避免在经济依附关系中从属于帝国主义列强的必要条件。在这种情况下，尽管许多西方马克思主义者抱有理论上和乌托邦式的期望，但立即解散国家并不可取。洛苏尔多认为，西方马克思主义者经常受到他所称的"革命浪漫主义"的困扰，也就是说，他们可能会对争取民族独立的武装斗争比较着迷，但却无法理解这场斗争是如何从政治军事阶段转向政治经济阶段的，在这一阶段，生产力的发展占据了核心地位。这实质上是没有考虑到反对新殖民主义斗争的迫切需要。这导致西方马克思主义者不支持社会主义国家发展经济和技术的努力，也不理解发展经济和技术对保持政治独立的重要性。这种倾向集中表现在，许多西方马克思主义者随时准备谴责社会主义国家的发展所产生的矛盾，却忽视了在帝国主义威胁的背景下实现这种发展的极端重要性。更普遍地说，这也体现在乌托邦式的反发展主义思潮中，这种反发展主义思潮也在西方批判理论中蓬勃发展，包括激进环保主义和新本土民粹主义的形式。

洛苏尔多阐明了西方马克思主义在帝国主义国家以及渴望得到帝国主义奖励的外围阶级中形成非常一致的意识形态的客观社会力量。简而言之，他认为西方马克思主义的基础是帝国主义的政治经济学。在此过程中，他借鉴了列宁对帝国主义国家中存在的工人贵族沙文主义的控诉。列宁认为，帝国主义从外围国家中榨取垄断性超额利润，在帝国主义国家的工人阶级中形成了一个享有更高工资和更好生活条件的阶层，导致他们认同本国资产阶级的利益，而不是其他国家无产阶级同胞的利益。同样，洛苏尔多认为，我所指出的意识形态倾向——所有这些倾向都表现出西方知识分子的沙文主义，以及对帝国主义在全球南方影响的深刻误解——最终都植根于他们作为全球劳工贵族成员的阶级地位。

［珍妮弗·庞斯·德·莱昂（Jennifer Ponce de Leo）系美国宾夕法尼亚大学副教授；译者赵丁琪系中国社会科学院世界社会主义研究中心助理研究员］

# 分报告（四）
在世界动荡变革期推动构建
人类命运共同体

世界进入新的动荡变革期
与构建人类命运共同体

贺新元

人类社会发展到今天,不仅中国进入到一个新时代,世界也进入到一个新的动荡变革期。人类来到了一个既充满希望也充满挑战的风云变幻的历史十字路口。从人类社会发展史看,相互依存是历史大势,全球性挑战需要全球性应对。传统国际关系理论越来越难以解释今天的世界,无法破解人类面临的困局,国强必霸、崇尚实力、零和博弈等思维越来越不符合时代前进的方向。站在了历史十字路口的人类社会亟需符合时代特征、顺应历史潮流的新理念。

进入21世纪,准确地讲,从20世纪末开始,资本主义发展成为了国际金融垄断资本主义,也有学者称是金融帝国主义。1997年的亚洲金融危机和2008年的世界金融危机就是金融帝国主义经济危机的表现。自2008年以来的这10多年时间里,全球失业率高达30%,经济萎缩将达20%。2008年的这场全球金融危机,是人类进入21世纪的一个带有转折性的重大历史事件,是资本主义发展到高峰转而迅速衰退的一个重要标志,开启了资本主义步入衰落并日益走向反面的历史进程。在这一进程中,世界开始变"乱"了:地区冲突不断和局部战争、代理人战争此起彼伏,资本主义国家内社会分裂越来越严重,国际社会的贫富鸿沟在不断扩大,"四大赤字"无法解决且越来越严重。特别是面对新冠疫情,美国等西方国家非常糟糕的抗疫表现,再次暴露出资本主义制度的本质及腐朽没落的趋势。

"世界怎么了、我们怎么办？"人类往何处去，"建设一个什么样的世界、怎样建设这个世界"，这是需要回答的"时代之问""世界之问"。美国等西方国家非但没有提出可行有效方案，反而在世界主要地缘政治地区挑起事端与矛盾，如俄乌冲突、巴以冲突，如东亚危机、台海危机、南海危机，等等。

历史发展到今天，世界社会主义与资本主义从理论到实践已经历了500多年的较量。"尽管我们所处的时代同马克思所处的时代相比发生了巨大而深刻的变化，但从世界社会主义500年的大视野来看，我们依然处在马克思主义所指明的历史时代"[①]。这个时代就是《共产党宣言》里讲的"资本主义时代"，也就是从资本主义向社会主义过渡的时代。虽然当今世界还处在"资本主义时代"，但表现出了明显的甚至发生了部分质变的阶段性特征，如：马克思主义中国化时代化不断取得成功，使马克思主义以崭新形象展现在世界上，使世界范围内社会主义和资本主义两种意识形态、两种社会制度的历史演进及其较量发生了有利于社会主义的重大转变。因中国特色社会主义"地域性成功"与其"世界历史性存在"，因美国之乱、西方之难与中国之治的鲜明对比，世界政治力量对比明显发生了根本性变化，开始向社会主义一方倾斜了，越来越有利于社会主义。在这一大时代背景下，"世界社会主义向何处去"，"世界历史性存在"的中国特色社会主义应如何引领世界社会主义运动，成为需要回答的"时代之问"。

以习近平同志为主要代表的中国共产党人从理论和实践相结合上很好地回答了这两个问题，提出了建构人类命运共同体的方案。这是中国方案，也是人类美好未来的方案，是得到国际社会普遍认同的可行性方案。

构建人类命运共同体，是当前"一球两制"格局下人类社会发展的一个美好的伟大目标。面对世界加速演进的大变局，每个民族、每个国家、每个人的前途命运更是紧紧联系在一起，也更需要意识到构建人类命运共同体的重要性。构建人类命运共同体，就是推动建设一个持久和平、普遍安全、共同繁荣、开放包容、清洁美丽的世界。自这一新理念提出以来，越来越多的国家和人民认识到，该理念符合全人类共同利益，反映了世界

[①]《习近平谈治国理政》第二卷，外文出版社2017年版，第66页。

人民追求和平、正义、进步的心声，形成了共建美好世界的最大公约数。国际社会普遍认为，这一理念超越利己主义和保护主义，打破了个别国家唯我独尊的霸权思维，反映出中国对人类发展方向的独到见解，对于推动各国团结合作、共创人类美好未来具有重要意义。

总目标的实现，需要一系列相辅相成的依托性条件作为保障。经过10余年的发展，围绕着构建人类命运共同体这一总目标的推进，以习近平同志为核心的党中央在回答"世界之问""时代之问"中已经逐渐地形成了一个框架性的理论体系，包括有价值理念的引领、可操作的实践平台、新型国际关系、新的全球治理理念、走和平发展道路、新的全球文明观、新的发展理念、人与自然生命共同体、新的安全观。

一是提出一套价值理念，为构建人类命运共同体提供价值引领。总目标的推进需要价值理念的引领。价值理念起着导向性作用或功能。构建人类命运共同体的总目标一确定，我们就提出"和平、发展、公平、正义、民主、自由"的全人类共同价值，以此为构建人类命运共同体提供价值共识，引导国际社会朝着这一目标共同使劲。全人类的共同价值，是在以宽广胸怀理解不同文明对价值内涵的认识的基础上提出的，超越所谓"普世价值"的狭隘历史局限，体现了人类命运共同体的价值追求。弘扬全人类共同价值，不是要把哪一家的价值观奉为一尊，而是倡导求同存异、和而不同，充分尊重文明的多样性，尊重各国自主选择社会制度和发展道路的权利，目的在于引导人类命运共同体的构建。

二是提出"一带一路"倡议，为构建人类命运共同体提供实践平台。理念引领行动，总目标的推进需要可操作的实践平台。中国共产党人言行一致，绝不空谈，是百分之百的行动派。为有效推进人类命运共同体构建，提出"一带一路"倡议，以此作为一个重要的操作平台。共建"一带一路"倡议是构建人类命运共同体的生动实践，一经提出就得到国际社会的认同。截至2023年7月，全球超过四分之三的国家和30多个国际组织与我们签署了合作文件。[①]"一带一路"俨然已成为了中国为世界提供的广受欢迎的国

[①]《携手构建人类命运共同体：中国的倡议与行动》白皮书，http://www.scio.gov.cn/zfbps/zfbps_2279/202309/t20230926_771203.html。

际公共产品和国际合作平台,成为了与相关国家携手共建人类命运共同体的重要实践平台和实践路径。

三是提出塑造新型国际关系,为构建人类命运共同体提供良好国际秩序。总目标的推进需要新型国际关系。很明显,世界各国的交往与联系越来越紧密,无论是地理上的还是心理上的距离都随着科学技术的日益革新越来越小,旧的国际关系和秩序也越来越不能适应人类社会新发展。中国顺应历史发展大势,站在历史正确的一边,提出建设相互尊重、公平正义、合作共赢的新型国际关系,为构建人类命运共同体创造良好国际环境和条件。新型国际关系之构建,在于践行真正的多边主义,努力走出一条国与国交往的新道路,开辟不同文明、不同制度国家和平共处、共同发展的世界历史新篇章,为构建人类命运共同体创造了条件。

四是提出共商共建共享全球治理理念,为构建人类命运共同体提供新治理原则。总目标的推进需要新的全球治理理念。面对当今世界大变局带来的"人类往何处去"的问题,传统的全球治理理念需要更新升级。随着各民族、各国家的"地球村"意识的增强,本着全球事务大家一起商量、命运共同体大家一起治理、治理成果大家一起分享的原则,中国提出共商共建共享全球治理理念,为构建人类命运共同体提供新原则,让各国成为世界和平与发展的参与者、贡献者、受益者。

五是提出走和平发展道路,为构建人类命运共同体提供道路选择。总目标的推进需要走和平发展道路。历史告诉我们,一个国家要发展繁荣,必须把握和顺应世界发展大势,反之必然会被历史抛弃。中国坚持走自己的路,走和平发展的路,成功开创出中国特色社会主义。和平、发展、合作、共赢是当今世界的主潮流。殖民主义、霸权主义的老套路在今天再也走不通了,要走一定会碰得头破血流。和平发展道路,才是人间正道。中国提出走和平发展道路,对中国有利、对世界有利。各国只有共谋和平、共护和平、共享和平,才能实现自己的发展目标,构建人类命运共同体才有希望。

六是提出新文明观,为构建人类命运共同体提供新文明支撑。总目标的推进需要新的全球文明观。在人类文明发展史上,西方文明有其历史进步作用,但表现在政治、经济、文化、社会、生态环境和道德等层面的缺陷，也是不争的事实。两次世界大战的爆发都与西方文明有着密切的关联。中国共产党在文明观层面，提出"平等、互鉴、对话、包容"的文明观，提出人类文明新形态，提出了全球文明倡议，进而为构建人类命运共同体提供文明支撑。全球文明倡议向全世界发出增进文明交流对话、在包容互鉴中促进人类文明进步的真挚呼吁，为推动构建人类命运共同体注入了精神动力。

七是提出以人民为中心的新发展理念，为构建人类命运共同体提供发展指导原则。总目标的推进需要新的发展理念。全球发展出现的"四大赤字"，无疑极不利于人类命运共同体构建的推进。如何破解这些"赤字"，需要新的发展理念。中国站在人类进步的一边，提出了以人民为中心的新发展理念，提出了全球发展倡议。新发展理念最核心的要求是坚持以人民为中心，最重要的理念是倡导创新、协同、绿色、开放、共享，倡导共建团结、平等、均衡、普惠的全球发展伙伴关系，共建全球发展共同体，以此推进人类命运共同体构建。

八是提出人与自然是生命共同体，为构建人类命运共同体提供基础条件。总目标的推进需要人与自然生命共同体的基础条件。在资本主义500多年的发展中，全球环境问题不是减轻了，而是变得严重了。为了给构建人类命运共同体提供一个更加美丽的生态和自然环境，给人类社会发展提供一个更可持续发展的基本条件，中国提出人与自然要和谐共生，构建人与自然生命共同体。共同构建人与自然生命共同体不仅是各国实现可持续发展的内在要求，也是推动构建人类命运共同体的必然选择。

九是提出新安全观，为构建人类命运共同体提供安全环境。总目标的推进需要新的安全观。发展离不开安全。各种传统安全和非传统安全的风险挑战越来越制约和阻碍人类社会发展，传统的安全观已经满足不了现今世界的发展需要。对抗、结盟、零和的非安全之路，寸步难行。对话、结伴、共赢的安全之路，才是人类之福，这就是中国提出的全球安全倡议中强调的新安全之路，也是一种新安全观，目的是同国际社会一道，为人类命运共同体的构建营造一个安全的发展环境。

以上对"世界之问""时代之问"作出的九个方面的科学回答，都是聚焦于建设一个什么样的人类命运共同体，怎样建设人类命运共同体这一重大课题。构建人类命运共同体不是中国一个国家能够完成的，需要全球行动、全球应对、全球合作，携手共建。只有世界各国团结起来，共行天下大道，一起来规划，一起来实践，一点一滴坚持努力，久久为功不懈奋斗，这样日积月累就一定能够建设一个持久和平、普遍安全、共同繁荣、开放包容、清洁美丽的世界，共同创造人类更加美好的未来。

（贺新元系中国社会科学院马克思主义研究院马克思主义中国化研究部副主任、研究员）

构建人类命运共同体面临的现实挑战和应对策略

任 洁

随着全球化的深入发展和世界局势的风云变幻，人类命运共同体理念日益受到国际社会的关注和认同，并被写入联合国决议、安理会决议、联合国人权理事会决议，成为反映人类共同价值追求、汇聚力量共同创造人类美好生活的最大公约数。对于这样一个被第71届联合国大会主席彼得·汤姆森誉为"人类在这个星球上的唯一未来"[1]的伟大方案，人们关心"是什么"，更关心"怎么做"。习近平总书记说："构建人类命运共同体是一个美好的目标，也是一个需要一代又一代人接力跑才能实现的目标。"[2]就各国秉持的战略思维和文化价值观而言，构建人类命运共同体还有很大的鸿沟需要跨越；就目前的世界格局和国际秩序而言，正处于"变"的过程中，尽管大趋势是朝向多元、平等、合作方向演变，但其间必定要经历许多无法预知的戏剧性变化，而这些都将成为构建人类命运共同体必须面对的现实挑战。正确认识这些现实挑战，有利于在变局中开辟新局，在挑战中抓住机遇，在危机中培育新机，在新机中抢占先机；有利于预先想好应对之策，做到未雨绸缪、居安思危、趋利避害，让构建人类命运共同体的实践走深、走实，行稳致远。

---

[1]《人类命运共同体理念成为广泛共识》，《人民日报》2017年2月14日。
[2]《习近平谈治国理政》第二卷，外文出版社2017年版，第548页。

一、挑战之一：世界各国之间战略思维和文化价值观的差异

世界各国都追求和平、发展、公平、正义、民主、自由，世界各国人民都对美好生活怀有热切向往，这些共同的追求成为人类命运共同体理念被国际社会肯定和认同的重要前提。但是，即使具备这些共识，构建人类命运共同体依然需要跨越巨大的国家战略思维和文化价值观鸿沟。

首先，世界各国对自由、平等、民主等价值的理解是具体的、有差异的，甚至因彼此国家制度和意识形态的不同而截然对立。世界上没有哪一个国家会反对自由、民主、平等、博爱这些共同价值。人们反对的只是建立在抽象人性论基础上的空谈，反对西方一些国家以"普世价值"为名强行输出民主、培植"代理人"、干涉他国内政的新殖民主义行径。

其次，不同民族和国家具有不同的思维逻辑与文化价值观。世界各国基于不同的思维逻辑会作出不同的战略判断，而战略判断是一国制定国家战略的基本依据。从这个意义上讲，思维逻辑对国家战略的制定具有深刻影响。

最后，战略思维差异导致沟通错位。对于中国提出的人类命运共同体理念，美国一些精英认为，这是"中国想要主导亚洲秩序，削弱现有秩序，推动建立以中国为中心的安全秩序"，认为人类命运共同体理念反映出中国古时就有的"天下观念"，体现出中国的帝国梦。①中美两国之间战略思维的巨大差异导致双方战略沟通意愿和成效有限。这也成为构建人类命运共同体的巨大障碍。

二、挑战之二：世界各国之间综合实力的差距

从国际大视野来看，国际力量对比的变化正深刻影响世界的未来走向。在经历了"两极争霸""一超独霸"的世界格局之后，当今世界格局正在"一超多强"的基础上进一步发展演变。世界经济格局的变化具有决定性意义。近年来，发展中国家的群体经济力量在提升，发达国家的群体经济力

---

① 高望来：《国外精英对人类命运共同体理念的认知评析》，《当代世界与社会主义》2019年第3期。

量在下降。这会对全球治理格局产生直接影响。比如，发展中国家要求增加在国际货币基金组织中的份额，要求参与国际规则制定，要求改革现有不公正、不合理的国际秩序的呼声日益高涨，这些都在改变以往发展中国家在既有国际体系中"要么接受、要么走开"的边缘地位。

世界力量格局的对比变化并不意味着人类命运共同体自然而然就会实现。人类命运共同体兼具理想性和实践性，是必然性和过程性的辩证统一。实现人类命运共同体需要世界各国携手共建、共同努力。共商共建共享是构建人类命运共同体需要遵循的基本原则。但是世界各国之间的综合实力差距还无法把全球治理的共商共建共享原则完全落到实处。一方面，世界经济力量格局的变化程度还不足以改变国家综合实力对比现状。一国经济力量的强大是国家综合国力的重要体现，却不是国家综合实力的全部。国家综合实力还体现在军事实力、政治和文化影响力等各方面。就中美两国作一简单比较，即使中国经济总量超越美国成为世界第一，中国的发展均衡度、军事实力、政治和文化影响力与美国相比还有不小的差距。意识到这一点才能清醒认识"中国将成为世界领导者""中国世纪已经到来"等提法的不客观、不理性。另一方面，国家实力之间的差异使得共商共建共享原则的践行面临现实困难。践行共商共建共享原则内在要求各国具有平等的国际地位。只有国家不分大小、不分贫富、不分强弱，能够以平等地位参与到国际公共事务中来，才谈得上共商共建共享。但实际上，国家综合实力的差异以及大国之间的战略关系使得小国、贫国、弱国在国际事务中还处于无权和失语状态。

三、挑战之三：世界各国之间核心利益的冲突

构建人类命运共同体需要面对的现实问题是国家之间核心利益的冲突。当前，主权国家仍是国际社会最基本的行为主体。每个国家都有自己的核心利益，不同国家核心利益必然不同，并可能因此产生一定的矛盾冲突。比如，中国的国家核心利益包括国家主权、国家安全、领土完整、国家统一、国家政治制度和社会大局稳定、经济社会可持续发展的基本保障。美国的国家核心利益，或称之为"永久性国家利益"，就是维持世界霸权地

位、掌握全球重要战略资源、保持对特定战略区域的控制力。国家核心利益的不同是由各国历史经验、文化传统、制度诉求等多种因素造成的。

一方面，无论国家之间核心利益的冲突有多大，当人类共同利益受到威胁时也即意味着各国的核心利益受到威胁；另一方面，人类共同利益在国家核心利益中优先排序不同，这造成了国家核心利益的冲突。对于欧洲国家而言，社会公正、移民难民、国家认同、欧洲各国文明之间的交流融合等问题成为国家关注的核心问题；在美国国内，贫富差距日益扩大，族群主义、民粹主义盛行，社会日益分裂，这些问题成为其国内政治生活中的突出问题；在中东北非国家，安全问题首当其冲，教派纷争、外国干涉、政权更迭等成为严重影响其政治稳定和经济发展的独特地区性问题；在许多非洲国家，贫困问题始终未得到解决，国家建制也需要进一步完善；拉丁美洲一些国家至今仍深陷"中等收入陷阱"，政治上"骑墙"，腐败问题难获解决。

承认国家核心利益的差异和冲突不应当成为构建人类命运共同体的障碍。构建人类命运共同体之所以可能，是因为随着全球化进程的深入推进，各民族国家已经成为休戚与共的整体，各民族国家必须携手共建人类命运共同体才能更好地生存发展，构建人类命运共同体符合各民族国家的共同利益。

四、应对策略：推动构建人类命运共同体的实践行稳致远

构建人类命运共同体既是历史发展大趋势，又充满困难挑战，是一个兼具理想性与现实性的历史过程。我们应该锲而不舍、驰而不息进行努力，不能因现实复杂而放弃梦想，也不能因理想遥远而放弃追求。世界各国唯有共同应对这些现实挑战，才能让构建人类命运共同体的实践行稳致远。

第一，讲好人类命运共同体的故事。中国故事是中国思想、中国文化的重要载体。讲好中国故事是让世界了解一个真实、立体、全面的中国的有效方式，是消弭中西方之间的思维逻辑和文化价值观鸿沟，最大程度减少因战略思维差异导致的沟通错位的重要举措。要创新讲好人类命运共同体故事的方式方法。把"陈情"和"说理"结合起来，把"自己讲"和

"别人讲"结合起来,拓宽文化传播交流渠道,更好地让世界了解中国文化,了解人类命运共同体蕴含的中国思想和中国智慧。要讲清楚人类命运共同体理念背后的思想,讲清楚其中蕴含的"道"。把"道"贯通于讲故事之中,通过引人入胜的方式启人入"道",通过循循善诱的方式让人悟"道"。讲述人类命运共同体的故事就是要用中国理论阐释中国实践,用中国实践升华中国理论,更加鲜明地展现中国思想,更加响亮地阐明中国主张,增强对外话语的创造力、感召力、公信力。①

第二,国际社会要落实维护发展中国家正当发展权益和发展空间的承诺。国际社会应该着眼长远、落实承诺,为发展中国家发展提供必要支持,保障发展中国家正当发展权益,促进权利平等、机会平等、规则平等,让各国人民共享发展机遇和成果。在这个基础上,国际社会要增强各国发展能力。国际社会要"帮助发展中国家加强能力建设,根据他们的实际需求,有针对性地提供支持和帮助";国际社会负有改善国际发展环境的责任,比如要创造良好的外部制度环境,"国际金融机构要加快治理改革,多边开发机构要增加发展资源";国际社会需要致力于优化发展伙伴关系,"发达国家应该及时兑现承诺、履行义务,国际社会应该坚持南北合作主渠道地位,深化南南合作和三方合作,支持私营部门等利益攸关方在伙伴关系中发挥更大作用"②。

第三,坚持多边主义,继续推动区域合作。"多边主义的要义是国际上的事由大家共同商量着办,世界前途命运由各国共同掌握","21世纪的多边主义要守正出新、面向未来,既要坚持多边主义的核心价值和基本原则,也要立足世界格局变化,着眼应对全球性挑战需要,在广泛协商、凝聚共识基础上改革和完善全球治理体系"③。发展中国家的发展壮大,是推动世界克服单边、单极,朝向多边、多极化方向发展的重要因素。只有发展中国家的综合实力增强了,才能推进国际关系民主化,才能把多边主义落到实处,才能实现全球善治。同时,发展中国家之间的多边合作,不仅将促

---

① 《习近平新时代中国特色社会主义思想学习问答》,学习出版社、人民出版社2021年版,第331页。
② 习近平:《论坚持推动构建人类命运共同体》,中央文献出版社2018年版,第249—250页。
③ 习近平:《让多边主义的火炬照亮人类前行之路——在世界经济论坛"达沃斯议程"对话会上的特别致辞》,《人民日报》2021年1月26日。

进发展中国家的发展,也将在一定程度上对冲逆全球化浪潮。

第四,倡导国际社会共同探索构建人类命运共同体的实践,推动建立国际政治经济新秩序。要秉持尊重、理解的态度,尊重各国基于不同历史经验、文化传统、制度诉求等形成的不同利益关切;要阐述人类命运共同体的核心内涵和世界意义,阐明构建人类命运共同体的必要性和必然性;要把构建人类命运共同体从理念变为实实在在的行动,让世界各国都加入到构建人类命运共同体的共同事业中来;要实实在在推动国际政治经济秩序朝着公正合理的方向发展,切实保障发展中国家的核心利益不受侵犯,维护其发展的正当权益和合理空间。此外,要加强发展中国家的团结合作与联合行动,以"抱团取暖"的方式共同争取重大国际规则的制定权,这也是应对西方强国挑战、侵犯弱小国家核心利益的有效方式。

总之,不管国家之间的战略思维和文化价值观有何差异,国家之间的综合实力有何差距,国家之间的核心关切和利益排序有何差别,当人类生存与安全、和平与发展利益受到威胁时,所有的国家利益都应该也必须让位给人类共同利益,这不是一个权宜之计,而是"生存还是毁灭"的大计。2020年出现了肆虐全球的新冠疫情,在这场"生死攸关"的大考面前,世界各国理应克服国家利益算计、政治战略考量、意识形态偏见,携手共建人类命运共同体,这是关乎人类生存和可持续发展的现实选择、迫切选择,也是唯一选择。

(任洁系中国社会科学院马克思主义研究院研究员)

世界进入新的动荡变革期
与构建人类命运共同体

孙应帅

党的二十大报告提出,当前,"世界百年未有之大变局加速演进,新一轮科技革命和产业变革深入发展,国际力量对比深刻调整,我国发展面临新的战略机遇"①。同时,"世纪疫情影响深远,逆全球化思潮抬头,单边主义、保护主义明显上升,世界经济复苏乏力,局部冲突和动荡频发,全球性问题加剧,世界进入新的动荡变革期"②。因此,中国共产党判断中国发展进入了"战略机遇和风险挑战并存、不确定难预料因素增多的时期"③,必须增强忧患意识,坚持底线思维,做到居安思危、未雨绸缪,准备经受风高浪急甚至惊涛骇浪的重大考验。

一、百年变局正在向纵深演进,世界格局正在动荡中变革

习近平总书记指出:"认识世界发展大势,跟上时代潮流,是一个极为重要并且常做常新的课题。"④新时代10年来,以习近平同志为核心的党中央对于国际格局和形势的判断,始终因势而谋、应势而动。

---

① 《习近平著作选读》第一卷,人民出版社2023年版,第21页。
② 《习近平著作选读》第一卷,人民出版社2023年版,第21-22页。
③ 《习近平著作选读》第一卷,人民出版社2023年版,第22页。
④ 《习近平著作选读》第一卷,人民出版社2023年版,第318页。

（一）新一轮科技革命和产业变革将导致全球治理体系重塑

在"世界多极化""经济全球化""文化多样化""社会信息化"这"四化"深入发展，全球治理体系和国际秩序变革加速推进，各国相互联系和依存日益加深的时代，全球科学革命、技术革命和产业革命的迭代更新也在加速。

由于判断标准和看法的不同，人们对科技革命的定义和次数也有着不同的统计，从"三次说""四次说"到"六次说""八次说"等都有。一般认为从18世纪末算起，科技革命共发生了三次，包括蒸汽机的发明和使用，电力的发现和使用，以及电脑、能源、新材料、空间、生物等新兴技术引起的第三次科技革命。也有的从19世纪60年代算起，认为科技革命共发生了四次，包括电气化与汽车时代的开始，原子能的利用与电子计算机的发明，互联网革命，以及当前以信息技术、生物技术、新能源技术、新材料技术等为代表的第四次科技革命[1]。有的则从更早的16世纪中叶的"日心说"诞生算起，统计科技革命共发生了六次，包括"近代物理学诞生、蒸汽机出现、电力技术的出现和应用、量子物理等近代物理学的发展完善、信息革命"，以及物联网、云计算、大数据、3D打印技术、可控核聚变、纳米科技、生命科学等为代表的新一轮科技革命[2]，等等。这些科学革命和技术革命的发生，都给人类社会发展的历史进程带来了深远和革命性的影响。

无论科技革命的定义和次数如何，在科学革命和技术革命的影响下，人类社会的生产力都随之获得了巨大发展，产业革命也随之兴起，进而在不同程度上影响了彼时的国家竞争力和国际关系，并从根本上改变了全球经济政治格局。

例如，进入20世纪后，以电子计算机和信息网络的使用为标志，伴随互联网普及和移动互联技术的发展，出现了世界历史上的"第三次产业革命"，人类社会从此由电气化时代进入了信息化时代。人们的日常交往和资

---

[1] 冯昭奎：《科技革命发生了几次——学习习近平主席关于"新一轮科技革命"的论述》，《世界经济与政治》2017年第2期。
[2] 隋玉龙：《科技革命、产业革命及其影响》，《国际研究参考》2013年第6期。

讯交流更加紧密，促进了社会经济结构和社会生活结构的变化，也由此造成了经济全球化和社会扁平化趋势进一步发展的局面。

进入21世纪后，由于基础科学、生命科学、再生科学等新科学认知不断发展，信息技术、网络技术、传播技术等新技术不断更新，智能制造、绿色能源、基因编辑等前沿领域不断突破，新材料、新产品、新业态不断涌现，导致"人工智能、大数据、量子信息、生物技术等新一轮科技革命和产业变革正在积聚力量，催生大量新产业、新业态、新模式，给全球发展和人类生产生活带来翻天覆地的变化"[1]。世界历史上的新一轮"产业革命"呼之欲出，人类社会即将由信息化时代进入数字化、智能化时代。世界经济处于新旧动能转换的关键时期，国家之间、区域之间、集团之间的竞争更加激烈，全球产业链体系、国际经济政治秩序和全球治理体系都迎来了新一轮重塑的契机。

（二）资本主义世界体系的内在矛盾将导致全球性问题加剧

当今世界存在剧烈变动的因素，"充满着变数、蕴藏着风险"[2]。由于全球资本主义世界体系仍然占据统治地位，资本主义和社会主义两种制度和意识形态的较量仍在持续。尽管人类今时所处的时代同马克思恩格斯所处的时代相比发生了巨大而深刻的变化，当代资本主义也出现了许多新变化、新形态，诸如"新福特资本主义、后福特资本主义、福利资本主义、公司帝国主义、赌场资本主义、涡轮资本主义、景观资本主义、超工业资本主义、后工业资本主义、认知资本主义、媒介资本主义、虚拟资本主义、信息资本主义、数字资本主义、生态资本主义、知识垄断资本主义"，等等。对于当代资本主义还是不是帝国主义，多数学者给出了肯定的回答。只是这种帝国主义发展到了新帝国主义阶段，称之为"新帝国主义"，又或"晚期帝国主义"，"文化帝国主义、媒介帝国主义、信息帝国主义、公司帝国主义"[3]，等等。但由于"资本主义生产社会化和生产资料私人

---

[1]《习近平谈治国理政》第三卷，外文出版社2020年版，第444-445页。
[2]《十八大以来重要文献选编》（上），中央文献出版社2014年版，第36页。
[3] 王伟光：《国际金融垄断资本主义是垄断资本主义的最新发展，是新型帝国主义》，《社会科学战线》2022年第8期。

占有之间的内在矛盾"①仍然存在,因此资本主义社会所带来的一系列社会矛盾和问题不但没有解决,反而愈演愈烈,并向导致全球灾难的方向蔓延。

正是全球资本主义世界体系的统治地位和内在矛盾的持续张力,导致全球发展不平衡加剧,全球贫富差距加大,以及世界经济增长不稳定不确定因素增多。同时,由于全球粮食安全、能源资源安全、网络安全、信息安全,以及种族歧视、性别不平等、难民问题、老龄化少子化趋势,乃至气候变化等全球性问题更加凸显,导致治理赤字、信任赤字、发展赤字、和平赤字有增无减,世界仍不太平,并越来越多地表现为单个国家难以独立解决的全球性问题。

(三)国家利益和大国博弈将导致国际经济政治秩序深刻调整

由于美国等西方发达国家在"美国优先"等国家利益至上的驱动下,为维护自身在国际经济政治秩序中的主导地位,维护美元霸权、石油霸权、军工霸权,以及全球产业链供应链的优势地位,奉行霸权主义、单边主义、强权政治、集团政治和新干涉主义,导致全球局部冲突和区域动荡频繁发生,逆全球化思潮、极右翼势力和民粹主义频频回潮。例如,2022年2月爆发的俄乌冲突就深刻改变了世界秩序和大国关系,使世界处于"新冷战"和阵营化的边缘。而2023年10月爆发的新一轮巴以冲突,也在不同国家和集团之间矛盾对立和利益冲突下,积怨难消。这些冲突都加剧了世界动荡,延缓了全球治理体系的变革步伐。

尤其是近年来的中美这两个世界上最重要国家的双边关系,也由于美国在"世界观、中国观以及中美历史观、利益观、竞争观都出现了严重偏差"的情况下,患上越来越严重的"中国恐惧症"②。美国国务卿安东尼·布林肯2022年5月26日在乔治·华盛顿大学发表拜登政府执政2年多来的首次涉华政策演讲时,用"投资、联盟、竞争"来概括对华战略,一再将中国作为"假想敌",以"竞争"来定义中美关系,通过"印太战略""四

---

①习近平:《学习马克思主义基本理论是共产党人的必修课》,《求是》2019年第22期。
②《王毅同美国国务卿布林肯举行会晤》,https://www.fmprc.gov.cn/wjbzhd/202207/t20220709_10717967.shtml。

边机制"、"亚太版北约"、美英澳三边安全伙伴关系等"小圈子"拉帮结派组建"反华联盟",这些"都是冷战思维的产物与零和博弈的工具",是"开历史倒车,也将加剧地区内紧张局势,破坏地区团结与合作"[1]。同年,美国前国务卿亨利·基辛格8月12日在接受《华尔街日报》采访时认为,当今世界正接近一种危险的失衡状态(disequilibrium),"我们在部分由我们制造的问题上,正与俄罗斯和中国处于战争的边缘"[2]。这就使得中国特色社会主义和西方资本主义等不同制度模式,中国式现代化和西方式现代化等不同发展道路之间的博弈,在"冷战思维""零和思维""阵营对立"和"修昔底德陷阱"面前,显得十分激烈,深刻影响着国际经济政治秩序的调整。

二、和平与发展仍是时代主题,人类命运共同体是中国方案

习近平总书记指出:"当今世界是一个变革的世界,是一个新机遇新挑战层出不穷的世界,是一个国际体系和国际秩序深度调整的世界,是一个国际力量对比深刻变化并朝着有利于和平与发展方向变化的世界。"[3]动荡和矛盾既是问题的挑战,也是变革的机遇。

(一)和平与发展仍然是时代主题

历史大势和时代潮流之所以能够形成,是因为它符合历史规律,并不会因为偶然因素和一时变量而发生根本性变化。中国共产党百余年发展的宝贵经验之一,就是"洞悉历史规律、把握历史大势、抓住历史机遇、跟上时代潮流"[4]。从历史大势和时代潮流看,"经济全球化是不可逆转的历

---

[1]《2022年6月1日外交部发言人赵立坚主持例行记者会》,https://www.mfa.gov.cn/web/wjdt_674879/fyrbt_674889/202206/t20220601_10697547.shtml。
[2]转引自基辛格:《危险的失衡》,https://www.163.com/dy/article/HETI2VRO05149512.html。
[3]《习近平著作选读》第一卷,人民出版社2023年版,第318页。
[4]中国历史研究院:《以大历史观把握历史发展规律和大势》,《人民日报》2021年4月27日。

史大势"①,"和平、发展、合作、共赢的时代潮流不可阻挡"②。2022年5月,全球化智库(CCG-Center for China & Globalization)发布《乌克兰危机不会终结全球化》的报告,将各国在跨国贸易和跨国生产中增加的价值作为对全球化的参与率,进行了考察。其中,在比较了自1995年以后进入超级全球化时期,以及2008年国际金融危机以后进入慢全球化时期的全球化的参与率后发现,"在2009年以来的慢全球化时期,生产分工国际化有所下降,参与率从14.2%降至12.1%,降幅达到14.2%;但贸易国际化程度基本稳定,仅从46.1%降至44.4%,降幅3.7%"③。这表明,国际贸易的全球化程度近30年来基本处于稳定的状态,并不会因为乌克兰危机和国际政治格局的变化而更改。因此"和平与发展的时代主题没有改变,世界多极化和经济全球化的时代潮流也不可能逆转"④。

(二)人类命运共同体是中国方案

面对世界风云变幻的复杂背景,以习近平同志为主要代表的中国共产党人,准确研判时代发展和世界形势的变化,提出了科学的应对之策。

2017年1月,习近平总书记在联合国日内瓦总部的演讲中,提出了构建"人类命运共同体"的主张。面对"世界怎么了、我们怎么办?"这个整个世界都在思考的问题,著名科学家霍金先生曾提出"关于'平行宇宙'的猜想,希望在地球之外找到第二个人类得以安身立命的星球。这个愿望什么时候才能实现还是个未知数"⑤。由于到目前为止,地球仍是人类唯一赖以生存的家园,因此人类唯一的选择仍是珍爱和呵护好地球。习近平总书记就此给出的"中国方案是:构建人类命运共同体,实现共赢共享"⑥。

这一"人类命运共同体"需要遵循的基本原则是,"从360多年前《威

---

①《习近平谈治国理政》第三卷,外文出版社2020年版,第200页。

②习近平:《弘扬"上海精神"深化团结协作 构建更加紧密的命运共同体——在上海合作组织成员国元首理事会第二十次会议上的讲话》,《人民日报》2020年11月11日。

③《乌克兰危机不会终结全球化》,http://www.ccg.org.cn/archives/69612。

④《习近平谈治国理政》第四卷,外文出版社2022年版,第455页。

⑤《习近平著作选读》第一卷,人民出版社2023年版,第562页。

⑥《习近平著作选读》第一卷,人民出版社2023年版,第563页。

斯特伐利亚和约》确立的平等和主权原则,到150多年前日内瓦公约确立的国际人道主义精神;从70多年前联合国宪章明确的四大宗旨和七项原则,到60多年前万隆会议倡导的和平共处五项原则"①等。这些原则就应该成为构建人类命运共同体的基本遵循,为人类寻求建立更加公正合理的国际经济政治新秩序、推动全球治理体系变革指明了方向。

(三)科学社会主义是努力方向

不管资本主义如何变化,发展到了哪个阶段,"资本主义生产社会化和生产资料私人占有之间的内在矛盾"②仍然存在。这种内生性的根本矛盾并没有随着新科技革命和产业革命的到来,以及社会生产力的发展得到根本解决,这就使得资本主义积累的一般规律仍然存在,其所引发的经济危机周期性爆发的规律仍然存在,资本主义世界两大阶级的社会结构性矛盾仍然存在,贫富之间、社群之间、区域之间、集团之间、种族之间和阶级之间的矛盾和斗争也就仍然存在,因而在资本主义和社会主义的两制竞争中,社会主义作为资本主义的替代方案仍然存在。尽管当前经济全球化的时代同马克思所处的时代相比发生了巨大而深刻的变化,但"从世界社会主义500年的大视野来看,我们依然处在马克思主义所指明的历史时代"③,依然处在资本主义向社会主义过渡的大历史时代。资本主义解决不了的问题,社会主义将带来希望,中国特色社会主义的成功就使世界上既希望加快发展又希望保持自身独立性的国家和民族看到了这一希望。

可见,全世界无产阶级及其政党应当"树立大历史观,从历史长河、时代大潮、全球风云中分析演变机理、探究历史规律"④,才能在世界多极化、经济全球化、社会信息化、文化多样化深入发展的时代,不断深化对共产党执政规律、社会主义建设规律、人类社会发展规律的认识,

---

① 《习近平著作选读》第一卷,人民出版社2023年版,第563页。
② 习近平:《学习马克思主义基本理论是共产党人的必修课》,《求是》2019年第22期。
③ 《习近平谈治国理政》第二卷,外文出版社2017年版,第66页。
④ 《习近平谈治国理政》第四卷,外文出版社2022年版,第511页。

从而把握社会主义革命和建设事业的历史主动,提出因应的战略策略,切实推进二十一世纪马克思主义的理论创新和世界社会主义运动的重新奋起。

(孙应帅系中国社会科学院马克思主义研究院马克思主义发展史研究室主任、研究员)

构建人类命运共同体与新时代新征程中国共产党使命任务的逻辑关联研究*

王钰鑫　　涂佳妮

一、推动构建人类命运共同体，彰显新时代中国共产党人的使命担当，也是实现中华民族伟大复兴的必然要求

实现中华民族伟大复兴是中国人民追求幸福的伟大梦想，是同世界各国人民的美好梦想息息相通的。中国共产党站在人类道义制高点，放眼世界，胸怀天下，提出构建人类命运共同体重大理念，彰显出新时代中国共产党人的理想追求、宽广胸怀和使命担当。百年来，中国共产党人在追求和实现民族复兴的历史进程中，始终以世界眼光关注人类前途命运，从人类发展大潮流、世界变化大格局、中国发展大历史认识和处理同外部世界的关系，坚持把中国共产党和中国人民的事业作为人类进步事业的重要组成部分，致力于促进构建一种更加符合人类本身的世界秩序。更深层次地看，中华民族伟大复兴的实现必须打破以市民社会为立足点形成的经济全球化，从而在构建以人类社会为立足点的人类命运共同体中，充分吸取资本主义一切成就，打通通往民族复兴的历史通道。近代以来中华民族遭受前所未有的劫难，与以资本逻辑为中心的资本主义建构的差序世界格局、等级世界秩序有根本关系。就此而言，把中华民族伟大复兴置于人类社会

---

* 本文系国家社会科学基金青年项目"新发展阶段'四个全面'战略布局协调推进内在逻辑研究"（21CKS036）的阶段性成果。

发展的历史通道中,必然意味着生产力的普遍发展、人们的普遍交往、人的自由而全面的发展相互作用、良性互动、彼此支撑,进而为全球善治秩序的构建注入新的实践意涵,为最终实现"真正的共同体"提供历史性的基础。

今天,人类生活在同一个地球村里,生活在历史和现实交汇的同一个时空里,在普遍交往中生成越来越广泛的共同利益,各国之间形成利益交融、兴衰相伴、安危与共的命运共同体,形成了"你中有我、我中有你"的"互嵌"格局,为形成整个人类的"命运共同体"创造了条件。对时间和空间局限的突破,必然不断改变人类的存在方式,人的主体性得到确认,人的价值得到彰显。从马克思主义世界历史的高度对待这一经验事实,将提升到促进"人的解放"的高度,进而为21世纪人类社会发展提供引领各个个体、民族和国家的发展理念、前进方向。这就必然要反抗现存的资本主义世界体系,并反抗与这一世界体系相适应的观念、概念和思维形式,进而在理论层面确立人类命运共同体思想、在实践层面积极推动构建人类命运共同体。

人类命运共同体着眼于社会主义意义上的共享共建和合作共赢,致力于克服"单向度的全球化",推动全球生产力普遍发展,在不同主体成员的"普遍交往"中建立更高层次的"共同性",打造由各国共同书写国际规则、共同治理全球事务、共同掌握世界命运的人类共同体。[1]从生产力的维度来看,交往是促进生产力发展的必要手段。"人类命运共同体揭示了经济全球化生产力发展所决定的各国经济联系日趋紧密、谁也离不开谁的客观事实。"[2]推动构建人类命运共同体,符合生产力发展的客观要求,顺应生产关系演变的前进方向。从国际竞争来看,交往过程也可以理解为普遍竞争的过程,各民族在交往过程中彼此借鉴吸收有益自身发展的要素。推动构建人类命运共同体,有助于中华民族在世界交往中取长补短实现自身发展。正如习近平总书记曾指出的:"各国相互协作、优势互补是生产力发展的客

---

[1]刘同舫:《构建人类命运共同体对历史唯物主义的原创性贡献》,《中国社会科学》2018年第7期。
[2]侯惠勤:《习近平新时代中国特色社会主义思想的世界观方法论创新逻辑》,《马克思主义研究》2023年第2期。

观要求,也代表着生产关系演变的前进方向。"①

实现中华民族伟大复兴,推动生产力在世界范围的普遍发展,推动世界交往普遍的全面展开,开辟了世界历史的非西方道路,这既合乎历史发展的趋势,也构成人类命运共同体的重要前提和经验根据。马克思曾指出:"各民族之间的相互关系取决于每一个民族的生产力、分工和内部交往的发展程度。"②也就是说,人类社会进步事业离不开包括中国在内的各个国家生产力的普遍发展,离不开包括中华民族在内的各个民族之间的普遍交往。

二、实现中华民族伟大复兴是构建人类命运共同体的生动实践和有益探索

人类的共同发展是一项世界历史性的事业,是实现全人类的普遍解放而非地域性的发展。马克思主义认为,无产阶级"只有在世界历史意义上才能存在,就像共产主义——它的事业——只有作为'世界历史性的'存在才有可能实现一样"③。进入21世纪,人类生活的关联前所未有,世界各国"一荣俱荣、一损俱损"的连带效应愈发凸显。④习近平总书记曾基于亚太各经济体利益交融的实际,将其视为"动态平衡的链条"。在这个链条中,"每个经济体的发展都会对其他经济体产生连锁反应"⑤。随着世界历史的深入发展,交往的普遍性和世界性不断增强,社会主义与互联互通技术的结合越来越充分,中国也越来越深刻地融入到世界体系之中。

第一,中华民族伟大复兴致力于实现人与自然和谐共生的现代化,有助于构建生态共同体。资本逻辑主导使自然界的一切领域都服从于生产,导致全球气候异常、酸雨、雾霾、土地荒漠化、土壤重金属化等。马克思主义主张人与自然之间矛盾的真正解决。新时代中国共产党人把建设生态文明、实现人与自然和谐共生作为新时代坚持和发展中国特色社会主义的

---

① 习近平:《登高望远,牢牢把握世界经济正确方向》,《人民日报》2018年12月1日。
② 《马克思恩格斯文集》第1卷,人民出版社2009年版,第520页。
③ 《马克思恩格斯文集》第1卷,人民出版社2009年版,第539页。
④ 《习近平关于中国特色大国外交论述摘编》,中央文献出版社2020年版,第31页。
⑤ 《习近平关于中国特色大国外交论述摘编》,中央文献出版社2020年版,第32页。

重要特征，积极参与全球环境治理。现在，全球光伏发电装机容量接近一半在中国，全球新能源汽车一半以上行驶在中国，全球四分之一的新增绿化面积来自中国。我们的目标就是构建一个尊崇自然、清洁美丽的生态共同体，破解世界普遍交往造成人与自然失衡的危机。

第二，中华民族伟大复兴致力于实现全体人民共同富裕的现代化，有助于构建经济共同体。推动人类社会走出全球范围内贫富分化加剧的困境。由于世界各国生产力水平有差异，交往发展存在不平衡，导致各国在现代化进程中存在着发展不充分不平衡的问题，进而导致发展中国家从属于资本逻辑的支配。新时代中国共产党人在实现中华民族伟大复兴的进程中坚持正确义利观，"以国内大循环和统一大市场为支撑，有效利用全球要素和市场资源，使国内市场与国际市场更好联通"①，进而共同推动世界经济强劲、可持续、平衡、包容增长，推动构建互利共赢、共同繁荣的经济共同体。

第三，中华民族伟大复兴倡导文明交流互鉴，有助于构建文明共同体。资本主义发展过程中在文化上逐渐形成了"文明—野蛮"的历史分野。文明因多样而交流，因交流而互鉴，因互鉴而发展。新时代中国共产党人重新定义人类文明交往的思维存在，致力于推动构建全球新型文明共同体，以文化文明的力量应对共同挑战、迈向美好未来，终结资本逻辑主导的世界普遍交往造成精神文化同质化与殖民化的后果，重新开启世界文明赓续的前进方向。

第四，中华民族伟大复兴倡导总体安全与共同安全，有助于构建安全共同体。数百年来列强通过战争、殖民、划分势力范围等方式争夺利益和霸权逐步向各国以制度规则协调关系和利益的方式演进；同时，当今世界仍然很不太平，局部动荡此起彼伏，非传统安全层出不穷。新时代中国共产党人坚持总体国家安全观，坚持在平等交往、和平共处的国际交往中实现共同、综合、合作、可持续安全，推动建立普遍安全、持久和平的安全共同体。进而引领人类以和平思维取代冷战思维、以正义交往取代单边主义、以共赢导向取代零和博弈，走出"修昔底德陷阱"。

---

①《中共中央国务院关于加快建设全国统一大市场的意见》，《人民日报》2022年4月11日。

第五，中华民族伟大复兴彰显负责任大国形象，有助于构建责任共同体。中国一心一意办好自己的事情，实现国家发展和稳定，既是对自己负责，也是为世界作贡献。同时，中国秉承国际社会公认的"共同但有区别的责任"，积极引领人类文明进步的前进方向，丰富人类文明进步的发展路径，厚植人类文明进步的物质基础，汇聚人类文明进步的精神力量。特别是发起"一带一路"倡议，提出全球发展倡议、全球安全倡议、全球文明倡议，开展抗击新冠疫情国际合作，为推动构建责任共同体作出了重要努力。从责任共同体构建来说，人类命运共同体思想的提出就是中国勇于承担大国责任的彰显。

三、以推动构建人类命运共同体的战略定力回答好"世界怎么了""人类向何处去"的时代之题

人类生活在同一个地球村，命运紧密相连。人类进入21世纪的第3个十年，世界百年未有之大变局加速演进，世界在经历了"转型发展期""动荡变革期"后进入"新的动荡变革期"[1]，"世界怎么了""人类向何处去"成了迫切需要回答好的时代之题。[2]坚定构建人类命运共同体的战略定力，塑造人类文明新形态，就是对这一重大时代课题作出的有力回答。

求和平谋发展是世界各国人民的普遍愿望。然而，今天，人类面临的全球性问题和挑战数量之多、规模之大、程度之深前所未有，当代世界的最大风险，就是经济长期下行的巨大压力；最大威胁就是以邻为壑、零和博弈、单边制裁的冷战思维；最大挑战就是霸权主义、单边主义、保护主义日益猖獗。我们要保持清醒，认识到"历史总是按照自己的规律向前发展，没有任何力量能够阻挡历史前进的车轮"，冷战思维、零和博弈是必将被历史车轮碾碎的沉渣糟粕，构建"你中有我、我中有你"的人类命运共

---

[1] 根据笔者掌握的材料，新的动荡变革期最早公开使用是在习近平出席第七十六届联合国大会一般性辩论时的重要讲话中。习近平：《坚定信心 共克时艰 共建更加美好的世界——在第七十六届联合国大会一般性辩论上的讲话》，《人民日报》2021年9月22日。

[2] 《习近平在中国人民大学考察时强调 坚持党的领导传承红色基因扎根中国大地 走出一条建设中国特色世界一流大学新路 王沪宁陪同考察》，《人民日报》2022年4月26日。

同体才是人间正道，和平、发展、合作、共赢才是时代主流。在这一大的视阈中才能深刻理解中国发展的自身逻辑和规律，深刻理解习近平主席同美国总统拜登举行中美元首会晤时郑重宣示的"中国不走殖民掠夺的老路，不走国强必霸的歪路，也不搞意识形态输出"[①]。

共同体思维的时代出场。百年变局与世纪疫情交织叠加，"世界怎么了"的时代之问内涵不断发生变化。党的十八大以来，习近平总书记多次阐释"世界正处于百年不遇的大变局之中"，随后将其表述为"世界正处于百年未有之大变局"。经历世纪疫情冲击，百年变局"加速演进"，外部环境更趋复杂严峻和不确定，这都是对"世界怎么了"的深刻洞见和深邃思考。时代之变决定思维方式之变。在这样的时空场域中，我们必须深刻把握历史发展规律和大势，坚持以人类前途为怀、以人民福祉为念，清醒认识"历史总是按照自己的规律向前发展，没有任何力量能够阻挡历史前进的车轮"，冷战思维、零和博弈是必将被历史车轮碾碎的沉渣糟粕，构建"你中有我、我中有你"的人类命运共同体才是人间正道，和平、发展、合作、共赢才是时代主流。

（王钰鑫系江西师范大学马克思主义学院教授；涂佳妮系江西师范大学新时代文明实践研究中心特约研究员）

[①]《习近平同美国总统拜登举行中美元首会晤》，《人民日报》2023年11月17日。

"一带一路"倡议与新型经济全球化

王中保

经济全球化无疑是当今世界经济发展最显著的特征,也是世界经济发展不可逆转的趋势。经济全球化已经从最初的贸易的全球化,发展到资本的全球化,进而到人力和技术的全球化。全球经济日益交织、融合和相互依存,并逐渐发展成为一个统一的整体。伴随经济全球化,市场、竞争、信息、人才、规则等都超越了单独国家或地区的界限。因此,一国国民福利是否增长、增长的快慢、增长的路径都与全球化的经济息息相关。当今世界不同国家或地区也都不同程度地以不同的方式参与了经济全球化,同时经济全球化也给不同国家或地区带来不同程度的影响。

在经济全球化的条件下,首先需要回答的问题是,经济全球化是否带来全球整体福利的增加?或者更精确地表述为,经济全球化与不进行经济全球化相比较,是否带来了全球总福利的增加?因为对这个问题的解答,对于各国参与经济全球化如何进行利益分配产生重要影响,所以需要首先作出解答。如果经济全球化不带来全球福利的增加,那么参与经济全球化的利益主体之间就不可能是"双赢博弈"或"多赢博弈"的利益关系。而经济全球化之所以是世界经济发展不可逆转的潮流,正是因为经济全球化较之不进行经济全球化,能够带来全球福利的增加。正如习近平总书记指出,"经济全球化是不可逆转的历史大势,为世界经济发展提供了强劲动力。说其是历史大势,就是其发展是不以人的意志为转移的。人类可以认识、顺应、运用历史规律,但无法阻止历史规律发生作用。历史大势必将浩荡前行"。①

我们把经济全球化所带来的全球福利的增加,定义为"经济全球化利益"。经济全球化利益,指经济全球化所带来的福利增加;或者说,经济全球化与不进行经济全球化相比较所增加的福利。经济全球化利益包含两个层次的含义:第一,从全球的视角,经济全球化利益是指经济全球化带来了全球整体福利的增加;第二,从一国的视角,经济全球化利益是指一国参与经济全球化所获得的福利增加。

利益视角的不同,对问题的看法就会不同。如果从一国的视角来看,经济全球化利益就是一国通过参与经济全球化较之不参与经济全球化所获取的福利增加。但是如果从全球的视角来看,或者说从参与经济全球化的多方或者双方的整体而言,经济全球化利益是经济全球化较之各自封闭经济体所带来的全球整体福利的增加。

假设经济全球化没有给全球带来整体福利的增加,那么一国参与经济全球化所获取的经济全球化利益正是其他国家参与经济全球化所遭受的损失,而全球整体的福利没有改变或者减少。如果约束条件不变,总是受损的一方就会退出经济全球化,那么经济全球化就将不再延续。因此,经济全球化利益首先是指经济全球化带给全球整体福利的增加;其次,才能讨论参与经济全球化各方的利益关系问题,即利益合作、利益冲突和利益分配问题。参与经济全球化的国家分享到经济全球化带给全球福利增加的一部分,从一国的视角看,就是该国参与经济全球化所获取的福利增加。全球或一国整体福利的增加,直接体现在全球或一国整体在相同的代价或支出条件下,享用了数量更多、质量更高的商品,或者更多样的商品;全球或一国整体福利的增加,也间接地体现在国民人均收入的增加,或者人均国民生产总值的增加;甚至更间接地体现在一国资产占有的增加、劳动生产率的提高、技术的进步,或者就业率的增加等等。

与各自封闭经济体比较,经济全球化能带来经济全球化利益的原因在于:

第一,资源在更大的范围内使用,从而优化了资源配置。土地、资本、

---

① 习近平:《共建创新包容的开放型世界经济——在首届中国国际进口博览会开幕式上的主旨演讲》,《人民日报》2018年11月6日。

人力、管理、技术等资源超越国家的边界，在全球范围内使用、流动，优化了资源配置。即使在技术水平不变的条件下，相同的投入也可以得到更高的产出。亚当·斯密的绝对优势原理和大卫·李嘉图的比较优势原理都证明了，在技术水平和劳动生产率都不变的条件下，资源在两国重新配置，两国的总财富会增加。

第二，分工在更大的范围内进行，从而提高了劳动生产率。由于分工在全球范围内进行，从而使得一国可以专业化生产一种产品，甚至专业化生产一道工序或零部件，从而容易提高熟练程度、改进技术、提升质量，从而提高劳动生产率，即在相同的劳动时间内得到更多的产出。亚当·斯密早在《国民财富的性质和原因的研究》中就指出分工有三个好处：因专业化而提高了熟练程度；因减少了工作转化而节约了劳动时间；因经验和知识的积累为创造专门工具提供了可能。"有了分工，同数劳动者就能完成比过去多得多的工作量。"[1]

第三，市场在更大的范围内推进，从而带来经济活动的规模经济。市场在全球范围内推进和扩展，使得产品需求规模得到了扩大。现代科技的发展和机械的运用以及生产流水线的采纳，导致产品生产的边际成本随着产品生产规模的扩大而降低，因此，产品规模的扩大既降低了成本，带来了规模经济，又正好满足了市场扩大带来的产品规模需求。正如马歇尔指出，规模经济包括外部经济和内部经济两个方面，它们实质都是内部成员或外部成员共同使用某种生产要素等形成的节约。[2]

第四，竞争在更大的范围内展开，从而促进了技术交流和技术进步。市场在全球扩张，竞争也随之在全球范围内展开，而谁拥有先进技术，谁就拥有竞争的优势。因此，竞争推动了技术在全球的扩散，依靠技术优势获取巨大利益的动因也加快了技术研发和进步。波斯纳（Michael V. Posner）的技术转移周期理论[3]和维农（Raymond Vernon）的产品周期理论[4]都论证

---

[1] 亚当·斯密：《国民财富的性质和原因的研究》（上），商务印书馆1972年版，第8页。
[2] 马歇尔：《经济学原理》（上），商务印书馆1964年版，第278—280页。
[3] Michael V. Posner, "International Trade and Technical Change", *Oxford Economic Papers*, New Series 13, No. 3, 1961.
[4] Raymond Vernon, "International Investment and International Trade in the Product Cycle", *Quarterly Journal of Economics*, Vol. 80, No. 2, 1966.

了,在经济全球化的条件下,技术在不同经济发达程度国家之间转移的规律性,以及技术转移对全球福利增加的作用。

第五,交换在更大的范围内进行,从而消费者享受到更多样的商品。消费者福利的提高,不仅在于消费的商品数量的增加和商品质量的提高,还在于商品品种的增加。商品交换在全球范围内进行,消费者可以从更多样的廉价商品中进行选择和消费,从而提高消费者的福利水平。

经济全球化带来了全球整体福利的增加,从而给参与经济全球化的国家分享这部分福利增加提供了源泉。产品或服务以及生产要素的全球流动,包括贸易全球化、资本全球化、人力资本全球化和技术全球化,都带来了"经济全球化利益"。

经济全球化带来了全球整体福利的增加,就决定了参与经济全球化的利益主体之间的利益合作、利益冲突和利益分配,即利益博弈,一定是正和博弈的利益关系[1],而不是零和博弈或者负和博弈的利益关系。[2]正因为参与经济全球化的利益博弈是正和博弈的利益关系,才为参与经济全球化的利益博弈是"多赢博弈"或"双赢博弈"的利益关系提供了可能性。当然,虽然是正和博弈的利益关系,但是对于参与经济全球化的利益主体来说,并不一定都能获取经济全球化利益。我们假设,正和博弈的利益关系是双人参与的,这时存在着三种可能情况:第一,两人都获取了收益,即表现为我们经常讲的"双赢博弈";第二,一方赢而另一方输,且一方赢大于另一方输,即"赢大于输博弈";第三,一方获取全部收益,另一方既没有获取收益,也没有遭受损失。由于第三种情况是小概率事件,可以忽略不计。当然,即使在"双赢"的利益关系情况下,双方获取利益的多少可能不一样且会随时间发生改变;"双赢博弈"与"赢大于输博弈"这两种利益博弈关系也会发生相互转化。

我们把资本主导的经济全球化称为"旧型经济全球化",而把中国倡导的以"一带一路"为载体的经济全球化称为"新型经济全球化"。为什么说我们把资本主导的经济全球化称为"旧型",而把中国倡导的以"一带一

---

[1] 正和博弈,指所有参与博弈的主体的收益之和为正。
[2] 零和博弈,指所有参与博弈的主体的收益之和为零,即有参与者得,有参与者失,得失之和为零;负和博弈,指所有参与博弈的主体的收益之和为负。

路"为载体的经济全球化称为"新型"呢？是因为两者比较具有明显的本质不同：

一、动机不同。资本主导的经济全球化，是资本为追求增值，资本家为追求利润推动的全球化；而"一带一路"倡导的新型经济全球化是各国为实现本国发展和提高本国人民福祉而推动的。

二、推动的主体不同。资本主导的旧型经济全球化的推动主体是资本家；而"一带一路"倡导的新型经济全球化推动主体是代表各国人民的各国政府。

三、全球化进行的方式不同。资本主导的旧型经济全球化是资本家以跨国公司为载体，以利润最大化为目的，在全球从事贸易、投资和生产布局；而"一带一路"倡导的新型经济全球化主要是通过基础设施建设等来提供公共产品进行经济合作，从而推动了各国的发展。

四、全球化的结果不同。资本主导的旧型经济全球化可能实现双赢或多赢，也可能是一方赢、其他方输。而"一带一路"倡导的新型经济全球化只能是双赢或多赢。

因此，"一带一路"倡导的新型经济全球化作为资本主导的旧型经济全球化的一种替代，符合世界各国人民的发展需要，也适应生产力发展的要求和经济全球化的趋势，必将受到世界各国人民的欢迎，同时也促进人类命运共同体的构建。

[王中保系中国社会科学院马克思主义研究院研究员，中国社会科学院马克思主义经济社会发展研究中心副主任，英文期刊 *International Critical Thought*（《国际思想评论》）执行主编兼编辑部主任]

人类命运共同体视域下全球数字治理风险及其应对

罗理章

21世纪以来，以数字技术为代表的第四次工业革命方兴未艾，数字化转型深度赋能经济、政治、文化等各领域全方位发展，为人类社会提供前所未有的发展契机。数字技术与人类社会的深度融合亦为全球治理提出新的课题，全球数字治理正是在此基础上应运而生。由于全球数字治理主体多元化且诉求多样化，加之部分国家仍坚守霸权主义、弱肉强食的立场，全球数字治理仍面临着诸多现实挑战。中国所倡导的人类命运共同体力求调和世界各国差异，积极倡导以公平正义、合作共赢、开放包容为共识理念，破除全球数字治理困境。人类命运共同体将为推进全球数字治理体系变革，构建一个更为公正合理的全球数字治理秩序贡献中国智慧、中国方案。

一、全球数字治理的风险透视

（一）全球数字治理的制度碎片化

在国际关系领域，全球治理总是呈现出高度碎片化的特征。作为当代全球治理的重要构成部分，全球数字治理亦显现出高度碎片化的样态，主要表现为以国家为主体的治理政策碎片化，以及以国际组织为主体的治理机制碎片化。

一是以国家为主体的治理政策碎片化。全球数字治理陷入两难的抉择：一方面是力求通过标准化、同一性的技术协议，使各国在技术和制度层面达成共识，从而助益于全球数字治理效能的提升；另一方面，全球数字治理又应当兼顾协调不同利益相关者之间的政策与行为，关注不同主体的利益诉求，并以此应对跨领域数字化转型所潜在的治理风险与挑战①。各个主权国家在治理政策上的差异性使各国就全球数字治理相关问题很难达成一致协议，从而进一步提升了全球数字治理的难度。

二是以国际组织为主体的治理机制碎片化。当前的国际组织主要聚焦于传统议题的设置，而在关涉数字标准制定等新兴议题方面尚未发挥出有效的作用。同时，联合国框架下的全球数字治理机制发展缓慢，导致全球数字治理效能低下以及全球数字治理面临着"领导力"丧失的风险②。由于尚未形成统一高效的、以国际组织为主体的治理机制，全球数字治理始终面临着主体缺失、规则缺位的窘境，进而影响治理效能的提升。

（二）全球数字治理陷入集体行动困境

由于各国数字发展水平参差不齐，在治理理念上亦各有侧重，因而各国在全球数字治理的具体问题上仍然存在着巨大的分歧和对立③，这使全球数字治理陷入集体行动的困境。

一方面，以国家为治理主体的全球数字治理难以达成一致共识。这主要体现在以下两个方面：一是针对经济效益与个人隐私孰重孰轻的问题，主要表现为美国与欧盟之间的分歧争执。二是围绕数字安全与数字开放何以统筹的问题，主要表现为发达国家与发展中国家在数字领域的斗争和矛盾。另一方面，治理主体多元致使治理诉求多样化。除以国家为主体的全球数字治理难以达成相对一致的共识以外，众多非国家主体如数字企业、技术社群、民间机构等同样面临着集体行动的困境。然而由于全球数字治

---

① Kai Jia and Shaowei Chen, "Global Digital Governance: Paradigm Shift and An Analytical Framework", *Global Public Policy and Governance*, Vol.2, No.3, 2022, pp.283–305.
② 于宏源、王文涛：《制度碎片和领导力缺失：全球环境治理双赤字研究》，《国际政治研究》2013年第3期。
③ 戚凯、周祉含：《全球数字治理：发展、困境与中国角色》，《国际问题研究》2022年第6期。

理主体范畴不断扩张，治理难度也在不断攀升，各主体间亦难达成共识，由此衍生出代表不同主体的多重利益诉求，最终致使全球数字治理行动难以统筹一致。

（三）全球数字治理的权力分配不均

权力分配的不均与失衡同样成为全球数字治理的一大难题。全球数字治理的权力分配不均衡主要体现在两方面。一方面，技术发达的资本主义国家同技术欠佳的发展中国家之间的数字权力分配不均衡。掌握技术优势的部分发达国家常常以强权方式对发展中国家施加压力，主要表现在部分发达资本主义国家组建数字同盟，对发展中国家实行数字干涉。许多发达国家往往凭借先发技术优势，通过同超级平台及数字巨头的联袂，以数字干涉的方式力求保全其数字霸权地位，严重干扰全球数字治理的秩序稳定。另一方面，日益扩大的数字鸿沟及发达资本主义国家采取的数字垄断政策。部分发达资本主义国家为巩固技术优势，同时巩固数字霸权地位，在政治上对发展中国家打压、控制，在技术上则进一步深化与发展中国家之间的数字不平等，扩大数字鸿沟。率先掌握先进数字技术的发达国家通过控制数据与算法以巩固其在全球数字治理中的统治地位，并通过权力的自我强化日益加剧全球数字治理的权力不平等。

二、人类命运共同体视域下全球数字治理的价值遵循

作为中国在外交领域的重大理论与政策创新，人类命运共同体蕴含着公平正义、合作共赢、开放包容的价值理念，为全球数字治理提供价值遵循。

（一）以公平正义的根本原则超越数字霸权

公平正义与人类命运共同体之间关联密切。实现和维护世界秩序的公平正义是建构人类命运共同体的旨归和目标，人类命运共同体是实现世界公平正义的重要保障。因此，公平正义观念处于人类命运共同体建构的基

础性地位,人类命运共同体蕴含着独特的世界正义观念[1]。近代以来,在西方根深蒂固的人性自私理论假设下,人类总是基于利益最大化的原则采取行动,人自私自利的"动物本性"终将导向弱肉强食的丛林法则。一旦将这种先验人性论推广至国际政治领域,强大的国家将具有随意宰制弱小国家命运的权力。人类命运共同体的主张则旨在破除这一国际政治领域的强权迷信。人类命运共同体并不主张以地域作为划分成员国的标准,而是以公平正义作为共同体成员处理关系的基本原则[2],并强调"弱肉强食是丛林法则,不是国与国相处之道"[3],尊重各国人民自主选择发展道路的权利,坚持构建公平正义的国际新秩序。

(二) 以合作共赢的实践要义谋求数字发展

和平与发展仍旧是当今时代的主题,亦是全人类的共同期许。人类命运共同体的倡议强调,唯有坚持共商、共建、共享的原则,秉持合作共赢的态度,人类社会才能保持永续发展。人类命运共同体旨在重建世界各国之间的多边互信关系,致力于恢复饱受冲击的全球化进程,吁求各国以共同合作的态度广泛参与全球数字治理。正如习近平总书记所言:"数字经济是世界经济发展的重要方向。全球数字经济是开放和紧密相连的整体,合作共赢是唯一正道,封闭排他、对立分裂只会走进死胡同。"[4]数字全球化时代,世界各国之间存在着巨大的共同利益,为实现数字时代资源共享、利益共赢,推动全球各国数字经济、数字技术均衡发展,就必须通过构建人类命运共同体打造数字利益共享平台和平等交往的组织,谋求世界各国合作共赢发展的最大公约数[5]。尽管当前经济复苏面临层层阻力,全球化遭受严重挫折,然而在数字全球化背景下,各国更应当秉持合作共赢的价值理念,从数字经济、全球数字治理等方面密切合作着手,进一步提升各自

---

[1] 丛占修:《人类命运共同体的共同价值基础与世界正义》,《烟台大学学报(哲学社会科学版)》2023年第2期。
[2] 黄陈晨:《论人类命运共同体思想的全球治理内涵及方法论展现》,《江苏大学学报(社会科学版)》2022年第2期。
[3] 习近平:《携手构建合作共赢新伙伴 同心打造人类命运共同体》,《人民日报》2015年9月29日。
[4] 习近平:《团结合作抗疫 引领经济复苏》,《人民日报》2021年7月17日。
[5] 李维意:《论人类命运共同体的价值立场、治理理念和构建方略》,《广西社会科学》2020年第4期。

数字发展水平,缩小国家间的数字发展差距。从这个角度看,人类命运共同体关注共同发展而不是恶性竞争,强调合作共赢而非零和博弈,希求让各国人民都能在数字化进程中共享数字发展的红利。

(三) 以开放包容的价值理念兼顾多主体利益诉求

在对待不同民族和不同国家的异质性诉求上,人类命运共同体主张遏制"逆全球化"、单边主义的时代逆流,呼吁各国无论大小差异都能平等地在全球数字治理的舞台上各抒己见、建言献策。由于全球数字治理主体多元化、诉求多样化,世界各国面对共同问题时却常常难以达成共识,致使全球数字治理时常面临集体行动的困境。为打破这一僵局,世界各国需要秉持更加开放包容的态度,通过彼此承认、理解、尊重,在和而不同、兼收并蓄的基础上开展交流合作、互学互鉴,打破文化差异的壁垒①。此外,鉴于全球数字治理的特殊性,其参与主体之广泛使得全球数字治理不仅要关注各主权国家的主张,更需要接纳非政府主体的意见。全球数字治理不仅关涉各主权国家的国家利益,同时也牵涉国家、网络巨头、互联网提供商以及国际组织等多主体的互动和多议题融合的思考②,要及时关注多主体利益诉求,秉持民主合作的精神,注重协同治理,以相互尊重、互相平等为原则接纳多主体共同参与全球数字治理。

三、人类命运共同体视域下全球数字治理风险的应对策略

为进一步破解全球数字治理难题,需要从实践着手,通过重塑制度规范营造全球数字治理共同体,通过推进各国数字合作进一步践行多边主义,通过促成世界各国文化交流互鉴促进价值共识的凝聚,开辟全球数字治理的新境界。

---

①温东、丛文清:《习近平关于构建人类命运共同体重要论述的"六论"及其逻辑论析》,《江苏大学学报(社会科学版)》2023年第4期。
②薛晓源、刘兴华:《数字全球化、数字风险与全球数字治理》,《东北亚论坛》2022年第3期。

(一)重塑制度规范以营造全球数字治理共同体

全球数字治理在共识建设层面面临巨大障碍，因此塑造统一的全球数字治理规则体系尤为关键。鉴于此，需要构建共识大于分歧的全球数字治理共同体，以适应全球数字治理的时代要求。

一方面，加快完善全球数字治理的基础性制度安排。在数字全球化时代，世界各国面临着一致的全球数字治理难题，已经在客观上形成"数字命运共同体"，因而有必要对全球数字治理的诸多议题予以考察审视。人类命运共同体为全球数字治理提出了中国方案，世界各国应积极围绕诸如数据资源开发利用、数字用户隐私保护、跨境数据自由流动、域外数字管辖、数字网络安全与平台治理等多方面展开协商探究。另一方面，全面推进全球数字治理规范化。全球数字治理有赖于统一规则的确立，凝聚着各行为主体共识的全球数字治理规范体系不仅可以缓解各行为体间的纠纷，还能显著提升治理效率。要进一步制定合乎公平正义的全球数字治理具体规范，强化国际法律约束力量，充分考虑发展中国家的数字利益。各国应积极参与全球数字治理和数字规则的制定，围绕与全球性数字治理相关的议题提出合理方案。

(二)推进数字合作以践行多边主义

人类命运共同体承载着时代的使命，通过真正倡导践行多边主义和广泛的国际数字合作为全球数字治理注入源源不断的动力。

一方面，重启行为主体的多边参与。世纪疫情的暴发致使数字合作再次遭遇挫折，人类命运共同体倡导各国摒弃成见，求同存异，重启国家间多边主义对话机制。人类命运共同体下的全球数字治理在关注"安全"与"效率"之余，还倡导"公平"向度。所有国家无论大小都应当平等参与全球数字治理，共同享有数字治理的收益，避免冲突，力求从权力政治到规则之治、从威胁施压到平等商讨、从各行其是到有效协调的转变[①]。另一方面，广泛开展基于数字化的国际合作。面对共同的全球数字治理挑战，世界各国应当携手共进、共同应对。在全球数字治理上，可以说中国是楷模。

[①] 孟令浩：《全球数字治理规则的发展趋向及中国方案》，《学习与实践》2023年第3期。

各国亦应顺势而为，积极参与数字化国际合作，进而消弭不同国家之间的数字鸿沟，以期实现数字发展正义。

（三）促进文化交流以凝聚价值共识

为摆脱全球数字治理困境，还必须从价值观念方面着手，深化不同国家、不同民族间的文化交流，促成文化互鉴，凝聚价值共识。

在理念层面，应号召人类命运共同体所倡导的全人类共同价值，以取代普世价值。作为人类命运共同体的理论基石，全人类共同价值则充分包容异质性文化，强调文化间并无高低优劣之分，尊重人类文化的多样性。人类命运共同体在价值层面呼吁全人类共同价值，以平等为出发点，以合作为路径，践行真正的多边主义[①]。应当以全人类共同价值作为全球数字治理的价值基石，着眼于共同的数字技术发展要求，在数字化时代谋求全人类共同福祉。

在实践层面，应主张共建数字文化交往平台促进文化交流互鉴。数字技术为深化文明的交往提供良好契机，应当顺应数字化浪潮实现文明间交流互鉴。要积极顺应数字化的时代趋势，运用数字技术拓展数字文化的交流渠道，而"一带一路"作为人类命运共同体重要的对外实践平台和实现路径，为破解全球数字治理难题提供中国智慧。数字时代各国应借助"数字丝绸之路"平台深化国家之间的数字合作和数字文化交往，进一步提升文化共识。还要借助数字文化交流共享平台，使数字技术发展的果实惠及世界各国人民，并充分展现人类文明的丰富性与多样性。

四、结语

数字全球化为以中国为代表的发展中国家开启了在"新赛道"上赶超发达国家的历史机遇。发展中国家有机会在数字全球化浪潮中实现群体性崛起并实现权力和平转移。数字全球化不会导致整齐一致的进步，发展中国家依然面临与发达资本主义国家的"数字鸿沟"问题。数字全球化也引

[①] 贾可卿：《美式民主为何不能普世？》，《世界社会主义研究》2022年第8期。

发了新的全球挑战，作为负责任的大国，中国始终与广大发展中国家一道，坚定不移关注发展中国家的利益诉求。近年来，中国不断推进网络强国、数字中国建设，倡导全球数字治理公正化、合理化，始终秉持人类命运共同体理念，努力参与数字领域规范和标准的制定，提出了全球发展倡议、全球安全倡议和全球文明倡议，为积极推动全球数字治理变革作出积极贡献。全球数字治理的中国方案以"三大倡议"为指南和依据，积极探寻应对全球数字风险之策，与世界各国一道构建数字命运共同体，以维护全球数字安全、促进全球数字发展、弥合全球数字鸿沟。

（罗理章系嘉兴大学马克思主义学院"南湖学者"特聘教授，华中师范大学国外马克思主义政党研究中心特聘研究员）

处于新的动荡变革期的
世界更加需要构建人类命运共同体

李淑清　卞怡力

当前，世界进入新的动荡变革期，世界正在经历大调整、大分化、大重组，不确定、不稳定、难预料因素增多。人类历史的发展再次站在了十字路口。我们要高举和平、发展、合作、共赢旗帜，始终站在历史正确一边，践行真正的多边主义，践行全人类共同价值，积极参与全球治理体系改革和建设，推动建设开放型世界经济，推动落实全球发展倡议、全球安全倡议、全球文明倡议，为世界和平发展增加更多稳定性和正能量。

一、世界进入新的动荡变革期

当今世界进入了新的动荡变革期。2021年9月21日，习近平主席在第七十六届联合国大会一般性辩论发表重要讲话时，提出"世界进入新的动荡变革期"。新的动荡变革期，国际秩序、大国博弈、经济风险、社会思潮、气候应对、科技创新等方面出现"动荡"与"变革"并存的最新态势[①]。党的二十大报告指出，"世纪疫情影响深远，逆全球化思潮抬头，单边主义、保护主义明显上升，世界经济复苏乏力，局部冲突和动荡频发，

---

① 王文：《世界进入新的动荡变革期》，《前线》2022年第7期。

全球性问题加剧，世界进入新的动荡变革期"①。

（一）逆全球化思潮抬头

近年来，逆全球化思潮抬头，新冠疫情暴发后，逆全球化思潮更是来势汹汹。2016年是逆全球化思潮高歌猛进的又一个重要节点，这一年，英国脱欧、欧陆右翼民粹主义高涨、美国激进主义者特朗普当选总统。2020年至2022年，新冠疫情在全球蔓延，各国在相当长的一段时间内采取封闭边界的方式应对疫情，客观上加速了逆全球化趋势。新冠疫情长时间大规模肆虐全球，破坏性极强，加大了全球安全治理的难度，引起了一系列的政治、经济、社会危机，导致国际格局和世界秩序的动荡。

（二）单边主义、保护主义上升

美国一方面以世界秩序的维护者自居，另一方面，只考虑本国利益，对国际法合则用、不合则弃，不仅自己不守法，还要求其他国家也不守法，甚至扬言要制裁守法的国家，对其他国家接二连三进行政治攻击、外交制裁、经济转链、科技脱钩等，破坏世界和平与稳定。以美国为首的一些国家极力推行的单边主义和团伙式"多边主义"很可能导致集团对立和冷战重开。

（三）乌克兰危机加速国际格局深度调整

俄乌冲突从2022年2月24日全面爆发，至今已持续两年多时间，这场冲突是1945年二战结束以来欧洲大陆爆发的最大规模的地缘战略冲突，其影响不断外溢，已延伸至国家地区间的政治、经济、文化博弈，给欧洲乃至给全球战略稳定都带来巨大冲击，加剧了世界格局演变。冲突的主要根源在于冷战后30多年北约的持续东扩，导致欧洲深层次安全矛盾长期累积，最终走向大爆发。而且美西方持续援助乌克兰，不断拱火，使这场冲突日趋长期化，加剧了集团对抗风险和阵营对立，也给世界经济特别是全球能

---

① 习近平：《高举中国特色社会主义伟大旗帜 为全面建设社会主义现代化国家而团结奋斗——在中国共产党第二十次全国代表大会上的报告》，人民出版社2022年版，第26页。

源安全和粮食安全带来严峻挑战，使和平赤字、发展赤字、安全赤字、治理赤字的结构性矛盾更加尖锐突出。①

（四）巴以冲突对世界局势产生深远影响

俄乌战火未熄，巴以冲突再起。新一轮的巴以冲突从2023年10月7日开始，至今仍未停息。冲突给巴以双方带来重创，大量平民伤亡和流离失所已造成了严重的人道主义灾难。这次冲突对巴以双方内部政局、地区安全乃至世界局势都产生深远影响。②

二、世界进入新的动荡变革期的主要原因

（一）"单边主义"、排他性"多边主义"是世界进入新的动荡变革期的根本原因

世界上最大的经济体和军事大国美国为了巩固其霸权，实行贸易保护主义，不断破坏国际秩序、长期大量拖欠联合国会费、违反国际军控规定、退出国际组织，联合盟友大肆推行排他性的"多边主义"，这极大地增加了国际社会在多边主义问题上达成共识与合作的难度，使得全球治理难以为继。

（二）非传统安全是促使世界进入新的动荡变革期的重要因素

传统安全和非传统安全不断演化，密切联系、相互交织，深刻影响国家格局和国际秩序。2020年开始新冠疫情肆虐全球三年，导致世界经济低增长高通胀，人类的主要生产生活方式，包括行业形态、国际交流、城市规划、人流物流、工作方式、出行方式等都受到严重冲击。

---

① 刘军：《俄乌冲突背后的深层次动因及其影响》，https://www.gmw.cn/xueshu/2022-03/01/content_35555286.htm。
② 李秀育：《巴以新一轮冲突已超百日 停火谈判前途未卜》，http://www.legaldaily.com.cn/international/content/2024-01/22/content_8952872.html。

(三) 发展中国家群体性崛起推动国际体系发生变革

进入新世纪以来，发展中国家的经济增速超越了发达国家，成为世界经济增长的重要动力。发展中国家在经济上异军突起后，政治诉求更加强烈，大国竞争加剧，复杂的国际格局使发展中国家的战略地位提高，战略价值上升。发展中国家有强烈的变革要求，而且以积极的行动推动变革，成为变革国际体系的重要推动者。

三、构建人类命运共同体推动世界动荡变革期转化为稳定发展期

（一）构建人类命运共同体是解决人类面临的共同问题的必然选择

面对动荡的国际局势，人类迫切需要树立新的发展观，构建更加公正合理的国际体系和国际秩序。当今时代，世界各国同处"地球村"，彼此之间的联系和相互依存比任何时候都更加紧密，很多问题成为共性的问题，各国和各地区唯有通力合作，才能有效应对气候变化、疫情、贫困、恐怖主义、网络安全等全球性挑战。中国提出并推动构建人类命运共同体，旨在解决当今世界人类面临的现实问题，是实现人类社会和平永续发展的必然选择。构建人类命运共同体，促进国际合作和资源共享，是解决复杂性和交叉性的全球性问题的有效途径。通过构建人类命运共同体、推动全球治理体系的改革和完善，才能更好地应对全球化这一双刃剑带来的挑战，实现可持续发展。构建人类命运共同体，通过国际合作建立相应的规则和标准，是解决网络安全等问题的必要途径。文化的多样性发展，要求人类构建命运共同体，推动不同文化之间的互相尊重和学习，从而维护世界和平、促进全球和谐发展。

（二）新的动荡变革期人类更加需要构建命运共同体

新的动荡变革期，人类处于又一个十字路口，面临光明还是黑暗、前进还是倒退两种截然相反的前途和命运。如果世界各国能够摒弃冷战思维、零和心态，放弃单边主义、霸权主义、强权政治，践行真正的多边主义，

推动构建人类命运共同体，共同应对恐怖主义、气候变化、生物安全、网络攻击、重大传染性疾病等问题和挑战，人类可以消除动荡，推动世界尽快结束动荡变革期；但是，如果霸权主义、强权政治、单边主义继续盛行，人类和平赤字、发展赤字、安全赤字持续加重，动荡变革期进一步恶化，世界可能陷入战乱，人类将面临巨大灾难。

（三）继续多层次多领域逐步推动构建人类命运共同体

构建人类命运共同体是为世界发展提供的中国方案，已被多次写入联合国、金砖国家等国际组织决议或宣言，在国际社会正获得越来越多的认同和支持。党的十八大以来，人类命运共同体在领域性发展、区域性发展、整合性发展方面取得了举世公认的阶段性成果，已经在全球建立了全球发展共同体、人类卫生健康共同体、人类安全共同体、人与自然生命共同体等多个命运共同体；在亚太、中国—东盟、中非、中国—中亚、上合组织等地区合作建立了命运共同体；同巴基斯坦、柬埔寨、老挝、哈萨克斯坦、泰国、印尼、乌兹别克斯坦等多个国家建立了形式多样的命运共同体。[1] 多领域多层次的共同体的建立，成为推动世界持久和平、共同繁荣确定性力量的重要源泉。

（四）以"三大倡议"推动构建人类命运共同体

全球发展倡议、全球安全倡议、全球文明倡议是针对全球和平与发展的重大问题提出的中国方案。以全球发展倡议、全球安全倡议以及全球文明倡议推动构建人类命运共同体是对国际合作与全球治理体系的一种积极探索与呼吁，旨在促进全球范围内的和平、发展与文明进步，应对全球化进程中面临的挑战。全球发展倡议，旨在激发全球强大合力，缩小全球发展鸿沟、破解全球发展不平等不平衡的难题；全球安全倡议，旨在以共同、综合、合作、可持续的新安全观为指导，解决军事安全、信息安全和粮食安全等传统领域和非传统领域的挑战，应对当前国际安全矛盾频发的状况；

---

[1] 颜欢、任皓宇、李琰：《推动共同创造世界更加美好的未来（谱写新篇章）》，http://politics.people.com.cn/n1/2022/0627/c1001-32456930.html。

全球文明倡议旨在促进不同文明之间相互尊重、交流互鉴，从而共建和谐美丽的世界。三大倡议是针对事关当前和未来很长时期内全球生存的共同发展、普遍安全、文明进步等重大问题而提出的，它们分别从经济发展、安全保障和文化交流三个关键维度出发，强调了全球问题需要全球解决方案的理念，是构建人类命运共同体理念和实践的重要支撑，也共同构成了推动构建人类命运共同体的重要框架。[①] 三大倡议的实施，可以促进不同国家和地区之间的合作与和谐共处，面对新的动荡变革期带来的挑战与机遇，携手解决全球性问题，共同构建一个更加和平、繁荣和包容的世界。

（五）共建更高质量、更高水平的"一带一路"推动构建人类命运共同体

2013年9月和10月，习近平主席先后提出共建"丝绸之路经济带"和"21世纪海上丝绸之路"的重大倡议，即"一带一路"倡议，为构建人类命运共同体提供了实践平台。经过十年发展，"一带一路"国际合作从无到有，蓬勃发展，取得丰硕成果。习近平主席在第三届"一带一路"国际合作高峰论坛开幕式上总结了前十年的丰硕成果，"'一带一路'合作从亚欧大陆延伸到非洲和拉美，150多个国家、30多个国际组织签署共建'一带一路'合作文件，举办3届'一带一路'国际合作高峰论坛，成立了20多个专业领域多边合作平台"[②]。当前，世界之变、时代之变、历史之变正以前所未有的方式展开，世界进入新的动荡变革期，推动共建"一带一路"更高质量、更高水平发展，为解决导致世界动荡的一系列全球性问题作出贡献。

（六）以中国式现代化推动构建人类命运共同体

当今世界，全球现代化的大势不可逆转，现代化是全人类的共同事业，是一场跨越数百年，关乎全球五大洲所有国家的社会大转型，是贯穿政治、

---

① 高蕾、黄翠：《以"三大倡议"协同构建人类命运共同体》，https://theory.gmw.cn/2023-05/17/content_36566095.htm。

② 习近平：《建设开放包容、互联互通、共同发展的世界——在第三届"一带一路"国际合作高峰论坛开幕式上的主旨演讲》，《人民日报》2023年10月19日。

经济、科技、文化等各个方面的世界性的巨变。而实现现代化的道路并非只有一条，党的二十大报告正式提出"中国式现代化"，"中国式现代化"是实现中华民族伟大复兴的康庄大道，也是克服了西方现代化弊端，超越了资本主义现代化模式的人类现代化的新模式。人口规模巨大的现代化是中国式现代化的显著特征，中国人口占世界总人口的五分之一，人口规模巨大决定了中国的现代化之路要面临更大的复杂性和艰巨性，也决定了中国的现代化将对人类文明的发展进步作出重大贡献。坚持和平发展是中国式现代化的突出特征，在坚定维护世界和平与发展中谋求自身发展，又以自身发展更好维护世界和平与发展，推动构建人类命运共同体。[①] 中国式现代化以其独特的发展路径、对全球治理的贡献以及文化的开放态度，为构建人类命运共同体提供了重要思想和实践基础。通过推动经济全球化的健康发展、倡导绿色可持续的生活方式、维护多边主义和国际秩序、促进不同文化之间的交流，中国式现代化展现了一种既包容又开放的全球视角，为解决全球性问题提供了新的机遇，为构建一个更加繁荣、稳定、公正的世界作出积极努力。

（李淑清系中国农业大学烟台研究院副教授；卞怡力系中国社会科学院大学博士研究生）

[①] 李君如：《在中国式现代化进程中推动构建人类命运共同体》，https://www.rmzxb.com.cn/c/2023-04-11/3327898.shtml。

构建人类命运共同体　推动世界多极化进程

〔俄罗斯〕安德烈·维诺格拉多夫

悠久的历史决定了中华文明与外部世界关系的特殊性。中华文明不仅是世界历史的一个组成部分，还被视为历史坐标系上的独立轴线之一，可以通过这一轴线对外部世界历史加以评估。在历史上，中国有过崛起的辉煌时期，也有过相对衰落的阶段。但即使在衰落时期，中国也没有失去其文明身份。文明身份的延续让中国能够在数千年的历史长河中不断为人类作出独特的贡献，成为世界历史中持久的和负责任的参与者，并向全人类展示出可选择的社会发展道路。几千年来，其他文明中心对中国历史发展的影响是偶发的，有时将其带入新的行进轨道，但从未改变过中华文明的本质。历史文明的悠久性与传承性允许中国建立自己的、体现儒家文化思想与独特世界观的国际关系体系。

然而，19世纪西方对中国的扩张与渗透不仅改变了中国历史进程，而且还确定了决定其社会发展的新标准。外部世界在历史上首次对中华文明的存亡构成挑战，将其纳入了自己的世界观范式，并抛出选项——要么接受新规则，要么灭亡。从那一刻起，外部世界开始被中国视为主要威胁。然而，随着中国共产党的胜利和新中国的成立，中国对外部世界的态度逐渐发生改变。变化的第一步体现为中国加入世界社会主义大家庭。马克思主义国际关系理论与中华文明所构建的国际关系体系的同一性在于，二者从本质上都具有建设一个新的世界和世界秩序的观念。中华文明在身份认同基础上与马克思主义相结合，向外部世界迈出重要步伐，政治和经济领域的活动范畴显著扩大。

中国改变对外部世界态度的第二步体现为改革开放政策。中国开始融入现有的世界秩序，并优先考虑这一秩序为中国提供的和平建设机遇。两极世界的崩溃为恢复有关国际秩序的思想确立了先决条件。相对于冷战时期，后两极时代没有剧烈的矛盾和战略对抗，非常适合经济增长。在这一阶段，中国得以发挥其竞争优势，将国际活动的范围扩大到全球，并在世界大国中占有一席之地。中国与外部世界关系形成了较为成熟的模式，外部世界已经从主要威胁变成中国发展的重要源泉。在世纪之交，中国在其历史上第一次发现自己处于一种全新的局面：中国已然成为世界的有机组成部分，并在国际舞台上占有重要地位。中国有效地利用了现有的国际秩序，并成功解决了所面临的社会经济问题，实现中华民族伟大复兴的梦想呈现在眼前。

然而，现有国际秩序是从属于西方世界的。中国成为世界第二大经济体，树立了成功发展的榜样，对发展中国家越来越具有吸引力，并在不知不觉中与西方国家展开竞争。最初，人们认为可以通过改善现有的全球治理体系来改革国际关系体系。中国积极参与了上海合作组织、金砖国家、东南亚国家联盟等新的国际组织的建构，这些机构是非西方国家协调改善全球治理体系的载体。然而，改革现有国际秩序的尝试遭到西方的抵制，西方世界领导人为此不惜违反基本国际准则。与19世纪中叶和改革开放初期一样，中国又一次面临历史性任务——制定与外部世界关系的新战略。

中国的世界地位发生了重大变化，有必要探寻新的外交政策学说。20世纪90年代初期对全球治理机构进行改革的经验表明，仅仅依靠机构改革不足以改善全球治理体系，有必要建立反映多极化世界秩序思想的新机构。而多极化世界秩序观念的践行，离不开文明发展多样性的思想，需要探寻各种文明所特有的不同世界观及不同国际关系理论的结合形式。对于中国而言，这一任务并非难以完成，因为中国拥有丰富的世界观文明传统和马克思主义关于公正社会秩序的观念。此外，中国还会得到众多希望国际秩序变得更加公平合理的国家的支持。

21世纪第2个十年伊始，中国作为负责任的行为者积极参与全球治理，并在区域层面采取了一系列举措。中国不仅开始为国内发展创造有利的外部条件，而且还尝试确定时代和人类文明的发展方向。中国已经站在民族复兴的门槛，开始重建作为民族复兴不可分割部分的世界观念。中华民族伟大复兴的标准之一，不仅是对世界其他国家发展经验的借鉴和有效利用，还是自身身份的延续与发展。中国在借鉴西方全球合作经验的同时，并未忽视挖掘其文明潜力，这体现在"一带一路"倡议中，体现在人类命运共同体理念以及与世界多个地区的"命运共同体"宣言之中。

中国通过合作取得了巨大成功，希望继续与外部世界保持合作、延续合作。然而，全球合作已进入深度危机阶段。当今世界的另一个重要特征是世界向新的技术、能源和经济结构过渡，这加剧了大国间竞争，西方国家欲将这种过渡成本转移给其他国家。在合作时期，发展的主要条件是没有敌人；而在对抗时期，有他国的支持则非常重要。对中国而言，找到摆脱这种二分法的路径至关重要。公正的国际新秩序标准之一是多极化，而实现稳定有效的多极化的先决条件是新的全球治理机构的诞生。多极化正在从反对单极世界的斗争口号转变为一项在实际中发挥作用的政治原则，为此需要建立有效的全球治理机构。

金砖国家、上海合作组织以及中国和俄罗斯等国建立的其他多边外交机构，需要从协调改革现有国际秩序的工具转变为践行新型全球治理观念的主要机构。尽管地区矛盾和紧张局势日益加剧，但世界不可能回到孤立的地区文明状态。由于在气候、环境、粮食、移民、资源、能源等领域存在的全球挑战，世界各国命运休戚与共。为了向一个有效的多极世界平稳过渡，有必要建立能够反映各国关切问题的组织，其中包括金融机构以及比现有机构（国际货币基金组织、世界银行、世界贸易组织等）更有效率的食品、数字和能源机构。金砖国家、上海合作组织等现有机构可以确保广泛的多边主义，这是向多极世界阶段过渡的主要路线。近年来，中国发起了一系列全球倡议，并启动建立全球治理新机制，金砖国家扩容成为其中非常重要的一步。

习近平主席呼吁向快速发展的国家提供各方面支持，进一步证明了这一系列机构日益增长的全球责任。金砖国家等组织可以成为世界发展的动力，成为体现人类命运共同体理念的全球文明互鉴与合作新秩序的基础。

［安德烈·维诺格拉多夫（Андрей Виноградов）系俄罗斯科学院东方学研究所当代中国研究中心主任，《远东问题》杂志主编；译者康晏如系中国社会科学院马克思主义研究院副研究员］

共同承担变化世界的责任

〔德〕霍尔格·弗里德里希

我是德国混血儿。我在德意志民主共和国长大，它是由社会主义者和共产党人在1949年10月7日建立的，与中华人民共和国同时期成立。

1990年，在德意志民主共和国成立40年后，德意志民主共和国脱离社会主义阵营，在西德宪法的基础上与德意志联邦共和国统一。我是在马克思、恩格斯的辩证唯物主义熏陶下成长起来的。与此同时，我在生活中能够将这些知识应用到以市场经济为导向的社会秩序中。我已经理解、检验并运用了辩证思维（根据马克思和恩格斯）与市场经济规则（例如约翰·梅纳德·凯恩斯）相结合的程度。在欧洲政治充满活力、和平的阶段，我能够利用这些知识为我的同事和家人带来好处。这意味着在过去35年左右的时间里，理论与现实是一致的。

然而，今天我看到了新的挑战，特别是在理论建构方面。

西方代表经常假设道德、普世价值的优越性，并否定不同的观点，例如那些来自受儒家或马克思主义影响的世界的观点。同样，西方经常忽视这样一个事实，即科索沃战争、伊拉克战争和阿富汗战争的经验不能用来得出西方主张的道德领导。对于世界上大多数国家来说，西方在维护自身利益时显然是在以自己的标准行事。这导致诸如制裁之类的影响被认为是不公平的经济竞争和政治对抗的表现，因此往往得不到国际一级的支持。

此外，大国与其市场之间有组织的交易越来越少。相反，我们看到：

1.格鲁吉亚、乌克兰或以色列等代理地区冲突升级；

2.不受控制地移民到美国或欧盟；

3.许多西方社会，如意大利和德国，正在老龄化，并表现出以牺牲年轻一代为代价来维护既得利益的强烈动机；

4.民众，以及政治和媒体机构，对全球变化的动态高度不安，与此同时，社会上老年阶层的升级意愿也在增强；

5.社会的年轻阶层拒绝遵从预期的意识形态一致性，例如，在环境运动中，或者在公共领域对巴勒斯坦人民的支持明显强于对犹太人的支持。

与此同时，我们也看到金砖四国集团的动态发展，即在西方国家之外。这可见于：

1.各国的技术创新和日益以市场为导向；

2.年轻人有机会接受良好甚至优秀的教育；

3.高度竞争的动态；

4.对西方建立的后殖民权力结构的日益抵制；

5.技术（麒麟9000S的新芯片设计）、金融（人民币跨境支付系统）和物流（"一带一路"倡议）等替代基础设施的发展；

6.同时，气候变化高度加剧，从中期来看，从全球角度来看，这对所有经济体都是一个全球性的挑战。

这种变化的一个明显迹象是：金砖国家的国内生产总值在2022年首次超过七国集团，占比为31.9%，而七国集团的国内生产总值占比为30%。这导致了西方的巨大不确定性，也导致了人们对西方极度缺乏理解。一方面，国际社会在政治上的转向，从巴以冲突和当前联合国决议的反应就可以看出，以前被视为理所当然的领导角色正在受到侵蚀。另一方面，西方的生活方式仍然非常有吸引力，这可以从越来越多的人移民到美国或欧盟中推断出来。这也可以从欧洲超级品牌在亚洲市场，尤其是中国市场不断增长的销量中看出来。与此同时，西方正在大规模武装自己，用军事手段解决系统性冲突的意愿似乎在增加。

为了打破进一步对抗的动力，使双方能够公平地交换立场，应考虑到下列结论：

1.通过正式和非正式的沟通来加强和开放立场的沟通。一方面，这应该适用于政治、科学和商业领域的交流。另一方面，也适用于非正式的艺术和媒体。因此，作为柏林一家主流报社的董事长，我很高兴在大会上发言，交换意见。我还要求我在柏林的编辑部今后加强交流，特别是与对立立场的交流。因此，诚邀大家共同交流讨论；

2.应通过行业标准化和全球监管，而不是当前的价值链重组和多样化，来加强和组织经济合作；

3.缺乏管理老龄（较富裕）和年轻（较贫穷）人口移民的总体规则草案；

4.在2015年《巴黎协定》的基础上协调全球环境标准及其执行似乎比以往任何时候都更加紧迫；

5.减少美国/欧盟（七国集团）和金砖国家之间的系统性对抗，积极结束也门、加沙及乌克兰等地方冲突，更重要的是，根据自主武器系统等武装冲突更新国际法规则。

因此，中国及其各政党今天在国际社会中已经承担了更大的责任，将来也将承担更大的责任：

1.缓和地缘政治变化，始终注重平衡立场，以及禁止将军事力量作为政治工具；

2.创造公平、平等的经济竞争规则，以刺激全球经济增长；

3.在与贫困作斗争和建立一个庞大而广泛的中产阶级方面发挥榜样作用，从而实现现实中更公平的财富分配；

4.无障碍的教育和高效的医疗体系；

5.发展不受制裁的关键基础设施，如互联网、移动或卫星通信、云服务和全面监管的人工智能，以确保公平的全球竞争。

总之，与尽可能多的伙伴一起进一步发展我们世界的道德基础，并将其锚定在联合国等全球组织中。

因此，中国领导人面临着一个巨大的挑战，那就是在全球范围内推广过去30年的成功，并以和平的方式向世界展示一个基于现代技术和适当监管的公平分配的繁荣。

回顾我过去30年的经历,我非常乐观地看待这些发展。然而,我们应该认识到,如果我们要迎接我们时代的重大挑战,就必须负责任地共同塑造这一发展。

[霍尔格·弗里德里希(Holger Friedrich)系德国《柏林报》董事长;译者覃诗雅系中国社会科学院马克思主义研究院助理研究员]

分报告（五）
推动构建人类命运共同体与反对霸权主义和强权政治

人类命运共同体视域下社会主义政党应有的责任担当

陈海燕　杨修文

构建人类命运共同体，是习近平总书记针对百年未有之大变局的时代之问、世界之问、人民之问作出的科学回答，是为国际社会应对共同挑战、开创美好未来提供的"中国方案"，得到了国际社会的广泛共识。本文着重从世界社会主义发展的角度，对构建人类命运共同体中的政党责任，特别是世界社会主义政党应有的责任担当谈几点粗浅认识。

一、人类命运共同体的基本内涵与价值意义

"人类命运共同体"内涵极为丰富，横向上涵盖政治、经济、文化、安全、生态各个领域，纵向上形成了关于"人类命运共同体是什么？为什么？怎么办？"的多层逻辑架构。习近平总书记指出："人类命运共同体，顾名思义，就是每个民族、每个国家的前途命运都紧紧联系在一起"[1]，"越来越成为你中有我、我中有你的命运共同体"[2]。随着科技的进步和全球化的发展，世界各国相互联系、相互依存的程度空前加深，面对的共同挑战不断加剧，"任何人任何国家都无法独善其身，人类只有和衷共济、和合共生

---

[1]《习近平谈治国理政》第三卷，外文出版社2020年版，第433页。
[2]《习近平谈治国理政》，外文出版社2014年版，第272页。

这一条出路"①。所以,"人类命运共同体"理念倡导在政治上互相尊重、平等协商;在安全上坚持对话和协商,统筹应对传统和非传统安全威胁;在经济上坚持开放、包容、普惠、平衡、共赢;在文化上尊重世界文明多样性,以文明交流超越文明隔阂,以文明互鉴超越文明冲突,以文明共存超越文明孤立;在生态上构筑绿色低碳、清洁美丽的生态体系,保护好人类赖以生存的地球家园,努力"把世界各国人民对美好生活的向往变成现实"②。

"人类命运共同体"理念提出十多年来,内涵不断丰富,实践不断推进,并构建了多层次、多区域的多边合作共同体,有着重大而深远的意义。

1."人类命运共同体"理念科学回应了"世界怎么了,我们怎么办"的时代之问。当今世界百年未有之大变局加速演进,一方面,世界多极化、经济全球化、社会信息化、文化多样化深入发展;另一方面,霸权主义、强权政治、逆全球化、法西斯主义进一步猖獗,局部战争接连不断,人类的生存与发展面临严峻挑战,寻求和平与发展是世界各国人民的共同愿望。构建人类命运共同体为百年未有之大变局条件下"建设一个什么样的世界"和"如何建设这个世界"指明了方向。

2."人类命运共同体"理念继承发展了马克思恩格斯"自由人联合体"思想,并赋予了新的时代内涵。一方面,它将每一个国家、地区、个人的生存和发展都置于世界整体的生存和发展框架下进行考量;另一方面,又关照到各个国家、地区、个人存在的种种差异,倡导求同存异、互鉴互谅,在彼此间的交流互鉴中实现利益共生、权力共享、责任共担,是集人类活动的目标、利益、权利、责任于一体的共同体。

3."人类命运共同体"理念继承了中华优秀传统文化基因,蕴涵着"天下为公""以民为本""以和为贵""和而不同"等中华优秀传统文化的中国智慧,实现了对中华优秀传统文化的现代性转化,是中国共产党领导下亲诚惠容、睦邻友好的和平外交实践的集中体现,是中国和平发展道路对西方现实主义权力逻辑的创新超越,充分折射了社会主义价值追求在国际社

---

①《习近平著作选读》第二卷,人民出版社2023年版,第491页。
②《习近平谈治国理政》第三卷,外文出版社2020年版,第433页。

会的巨大潜力。

4."人类命运共同体"理念实现了对社会主义运动传统话语体系的革新，形成了系列契合时代发展要求、符合人类社会发展方向、切实代表和维护世界人民利益新的话语范式，对推动世界范围内各种社会主义力量之间的团结与合作，引领世界社会主义运动由低谷走向复苏和振兴具有里程碑意义。

二、构建人类命运共同体视域下的政党责任

政党责任，简单地说是指政党为实现特定政治目标，依据自身能力及其使命导向，围绕自身发展与价值实现所呈现出的政党政治行为的应然状态。从国内政治角度看，无论何种类型的政党，都是国家与社会之间连接的桥梁，具有和平解决分歧、建设包容政治、增强国家认同、畅通民众政治参与等普遍责任。从国际政治角度看，随着人类社会的发展进步和经济全球化的深入发展，各国之间的联系普遍增强，越来越多的国家和地区的政党意识到，构建人类命运共同体符合世界人民的根本利益。"政党作为推动人类进步的重要力量，要锚定正确的前进方向，担起为人民谋幸福、为人类谋进步的历史责任。"[1]

1.引领方向。在政党政治时代，政党价值导向的方向正确与否，直接影响着国家发展与人类进步的前途命运。所以，政党应锚定"人类共同未来"的发展大势，从命运与共的角度推动世界各国政党加强协调和合作，实现本国人民利益与全人类共同利益的价值融通与实践耦合，朝着构建人类命运共同体的方向前进。

2.凝聚共识。当今世界各国的历史、文化、社会制度和发展水平虽然不尽相同，但各国人民追求和平、发展、公平、正义、民主、自由的全人类共同价值的愿望是共同的。政党作为推动人类进步的重要力量，要站在全人类共同利益的高度、本着对人类命运负责的态度，做全人类共同价值的倡导者和践行者，夯实构建人类命运共同体的价值基础。

---

[1]《习近平著作选读》第二卷，人民出版社2023年版，第491页。

3.促进发展。发展是实现人民幸福的关键，是最终实现全球治理体系变革的金钥匙。但当前发展赤字是制约人类命运共同体构建的原发性因素，主要体现在全球发展总量不足、发展动能不足和分配失衡。因此，世界各国政党必须充分发挥其作为现代政治发展的主导者、规划者与助推者的积极作用，科学合理地制定内外政策，促进全球发展的公平性、有效性与协同性的提升，实现发展成果的普惠和共享，从而夯实构建人类命运共同体的现实基础。

4.加强合作。新冠疫情的肆虐进一步证明，人类生活空间的密切联系程度前所未有，人类面临的全球性风险和挑战也前所未有。要建设一个普遍安全、共同繁荣、开放包容、清洁美丽的世界，绝不是任何一个政党和国家能独立完成的，必须共同关注、合力推进，共谋人与自然和谐共生之道。

5.完善治理。当今世界面临的治理危机客观上要求世界各国政党特别是执政党需要不断净化自身政治肌体，并将自身的治理智慧通过政党外交的形式，交流互鉴，实现政党自身治理与治国理政经验的全球共享，从而为全球性问题的治理提供除国家治理以外的另一种可能性。

三、世界社会主义政党需携手履责推动构建人类命运共同体

社会主义政党是指以实现社会主义和共产主义为奋斗目标的政党，在世界范围内包括执政的和非执政的共产党、工人党、社会党等左翼政党，是推动世界社会主义运动发展的主体力量。

从本质上讲，社会主义政党都拥有人类情怀和世界担当。特别是中国共产党作为世界上最大的马克思主义执政党明确向世界承诺："中国共产党是为中国人民谋幸福、为中华民族谋复兴的党，也是为人类谋进步、为世界谋大同的党。"[①]从理念引领到行动担当、从"中国共产党与世界对话会"到"中国共产党与世界政党高层对话会"，不断聚焦政党责任，将如何在世界政党格局中发挥引领作用、如何为人类谋和平与发展作为中国共产党面

[①] 习近平：《高举中国特色社会主义伟大旗帜 为全面建设社会主义现代化国家而团结奋斗——在中国共产党第二十次全国代表大会上的报告》，人民出版社2022年版，第21页。

临的新使命,充分彰显了中国共产党的全球视野和责任担当。由于各国政党所处环境和地位的不同,政党履责的实然状态还不尽一致。推动构建人类命运共同体,世界政党履责尚需努力。

1.加强政党政治引领力。当前,民粹主义、霸权主义甚嚣尘上,不仅导致世界局势动荡不安,也加剧了政党政治的不稳定,尤其是西方国家的共产党、社会党等左翼政党深受其害。有些国家政府频繁更迭,直接影响政党政治生态秩序。一些固守传统的政党只顾眼前选票,罔顾长远发展,或过多局限于为各自所代表的阶级利益的竞逐,无暇顾及构建人类命运共同体的责任担当。构建稳定和谐的政党关系,提升政党政治引领力,就成为这些国家政党履责的当务之急。

2.加强政党合作,凝聚国际共识。当今世界处于大发展大变革大调整时代,人类面临前所未有的挑战,全球治理理念亟待更新。一直以来,西方自由主义价值观主导了全球治理理念。这种价值观以个人中心主义为出发点,极大地削弱了国际社会的凝聚力,致使世界各国在面对全球性挑战时难以形成合力。对此,习近平总书记提出全球安全倡议、全球发展倡议、全球文明倡议,弘扬全人类共同价值,维护全人类的安全与发展,倡导尊重世界文明多样性,加强国际人文交流合作,在交流中促进不同国家的民心相通、拓展合作的广度和深度,携手共行天下大道。

3.契合国情与世情,创新适合本国特点的社会主义理论。理论是行动的先导。"马克思主义政党的先进性,首先体现为思想理论上的先进性。"[1]苏联东欧剧变后,世界社会主义运动陷入低潮,传统社会主义政党遭到了削弱,并引发了对社会主义思想和策略的重新评价。然而,由于全球不平等的持续存在,社会主义思想和社会主义运动必将焕发新的生机。世界各国政党需要契合时代发展的变化,以自我革命精神,守正创新,实现马克思主义时代化和本土化,创新适合本国特点的社会主义理论。秘鲁共产党(红色祖国)主席莫雷诺认为,"从实际出发是中国共产党解决不同时期各项问题的'黄金法则'。……习近平新时代中国特色社会主义思想,不仅为新形势下发展中国特色社会主义提供了根本指导,也为世界社会主义事业

---

[1] 习近平:《在"不忘初心、牢记使命"主题教育总结大会上的讲话》,人民出版社2020年版,第13页。

作出重大贡献,其他国家的政党应学习借鉴"[①]。

4.夯实党的群众基础,将一切可以团结的力量凝聚在社会主义旗帜下。众所周知,霸权主义和强权政治是导致当今全球动荡不安的重要原因,也是人类走向共同发展、共同安全道路上的绊脚石。得道多助,失道寡助,历史的规律不可抗拒。当今世界范围内此起彼伏的反战大游行、西方国家的工人大罢工浪潮,无疑是对新霸权主义和强权政治的抵抗,标志着那些国家人民的觉醒,同时也在呼唤那里的社会主义政党及时调整党的战略策略,不断扩大党的群众基础,努力将一切可以团结的力量凝聚在社会主义旗帜下,汇聚抗击霸权主义、帝国主义的强大力量。

我们真诚呼吁,在国际形势错综复杂、马克思主义发展和世界社会主义振兴发生重大变革之际,社会主义政党、共产主义者和一切爱好和平与发展的社会进步力量紧密团结起来,携手并肩,为推进构建人类命运共同体和世界社会主义运动的复兴贡献应有力量。

(陈海燕系齐鲁师范学院马克思主义学院教授,山东大学世界政党研究中心研究员;杨修文系山东大学马克思主义学院博士研究生)

[①] 邹志鹏:《"中国共产党的全球视野和使命担当"——访秘鲁共产党(红色祖国)主席莫雷诺》,《人民日报》2021年6月4日。

西方新帝国主义批判
——以西方对新兴国家崛起的对抗性思维为批判基点

孙 帅

近年来西方理论界针对中国等新兴国家的崛起不断鼓吹"风险化"等言论,认为中国的崛起会挑战美国的国际地位,对以美国为代表的西方国家造成威胁。他们甚至鼓吹随着中美竞争的加剧,有可能发生不可控的冲突。其观点是以对抗性思维看待新兴国家的发展,其实质是"中国威胁论"的另一种说法。

一、西方对新兴国家崛起的对抗性思维的逻辑基础

西方对新兴国家崛起的对抗性思维是以现实主义为基础建构的理论逻辑。现实主义在西方具有深厚的土壤,西方学者深受现实主义政治理论影响。西方理论界具有利己主义的伦理传统,他们认为"民族国家这种利己主义的大集体的行为动机总是自私的"[1]。西方由自私自利的道德伦理出发,不断推演出矛盾、冲突与战争的国际关系演变趋势。

1. 理论逻辑:弱肉强食的现实主义权力逻辑

西方弱肉强食的现实主义权力逻辑有着深厚的历史渊源,从公元前5世

---

[1] 〔美〕詹姆斯·多尔蒂,小罗伯特·普法尔茨格拉夫:《争论中的国际关系理论》,阎学通等译,世界知识出版社2013年版,第15页。

纪的古典时代开始，以修昔底德为代表的西方历史学家就强调以追求权力为核心的现实主义导向。近代以来，权力主义一直是西方现实主义学派的核心观点。西方现实主义理论家，强调人与人之间、人与国家之间以及国家与国家之间权力的此消彼长，强调国家或者政治权力都来源于事实性的获取或者占有。权力因素在近代西方理论界一直占据主导地位，其把获取和维持政治权力看作国家政治生活的永恒追求，把暴力征服与维持国际霸权看作民族国家运行和发展的终极目的。在西方现实主义的视阈中，人类政治生活是永恒的权力追逐过程。回看西方现实主义的理论发展史，从马基雅维利的权力主义到摩根索的权力政治学再到米尔斯海默的进攻性现实主义，其思维逻辑都认为民族国家之间势必存在战争与冲突，其逻辑中一直存在战争与冲突的暴力倾向。因此，在这一理论指导下，西方一直奉行恃强凌弱、霸道霸权的国际关系策略。但是西方现实主义与中国的传统政治哲学以及马克思主义理论有着不同的理论逻辑与思维逻辑，西方学者以现实主义的发展逻辑来解读中国的发展走向，势必产生误读与误判。

2.实践逻辑：以资本为中心的发展逻辑

西方针对新兴国家崛起的对抗性思维体现了西方民族国家冲突历史的逻辑推演。西方现实主义思想是其理论基础，资本主义的竞争关系与资本增值逻辑是其实践逻辑来源，其本质是新帝国主义的对抗性垄断思维。

西方不断鼓吹的"对抗性"和"冲突性"话语是为满足资本增值逻辑和权力逻辑而炮制的舆论工具。西方恃强凌弱、巧取豪夺的帝国主义特性是资本增值逻辑与权力逻辑相结合的产物。资本依靠自身对国家权力的强大支配力，在全球范围内实行资本霸权，以国家意志保护资本的增值与发展。西方资本主义国家在"剥夺性积累"的过程中，累积了大量的资本财富。当西方资本主义国家的生产力处于领先水平时，他们积极推动全球化与世界市场的发展，并在全球化的过程中进行资本增值。但是随着新兴国家的发展与生产能力的增强，西方国家依赖于食利资本而生产能力缩减，他们开始推行"逆全球化"策略，鼓吹各种压制新兴国家发展的言论，其根本目的都是为了保护其资本的利益。

二、西方对新兴国家崛起的对抗性思维的现实根源

西方对新兴国家崛起的对抗性思维和误导性话语是西方国家炮制的压制新兴国家发展的借口，资本主义生产的系统性危机与资本主义生产的周期性波动是美国等西方国家面临经济社会发展困境的根本原因，其垄断帝国主义的特点则是造成国际经济贸易冲突与国际关系紧张的重要原因，其所鼓吹和奉行的误导性言论及对抗性思维则是美国等西方国家故意打压新兴国家发展的舆论工具。

20世纪80年代以来随着新自由主义政策的实施，美国的金融资本在全球范围内进行投资、逐利，中国等新兴经济体成为其投资的重点。美国利用金融资本操纵国际资本市场，获取超额利润。这一简单快速的获利模式，使其对金融资本的依赖性越来越严重。美国国内资本出现结构性失衡，资本不断转向金融化，金融资本过度繁荣，并在全球范围内流动追逐利润，从而使得离岸生产成为可能。众多美国企业在美国本土之外进行生产，资本外流现象严重，美国国内去工业化现象严重。此外，以中国为代表的发展中国家人力成本、土地成本较低，美国等国家的过剩资本不断向以中国等为代表的发展中国家转移，出现了生产的空心化现象。在这一过程中，美国的虚拟经济得到飞速发展，虚拟经济的高杠杆性促使美国经济出现虚假繁荣。在经济上行期，其虚假繁荣还可以维持。在经济下行期，美国金融资产高涨的背后，蕴藏着巨大的泡沫性危机。美国在巨大的经济危机面前，其信奉的自由市场已无力摆脱经济发展的困境。美国政府开始运用财政和货币政策进行经济救市，利用美元的全球金融地位转嫁其经济成本、收割其他国家的金融财富，甚至不惜动用政府力量推动"逆全球化"，以扶植其日益衰弱的实体产业经济。美国等西方国家针对中国不断鼓吹的"去风险化"等言行，体现了美国等西方国家企图在世界市场上进行不对称竞争的霸权主义行径。

三、西方对新兴国家崛起的对抗性思维的新帝国主义本质

以美国等为代表的西方国家对中国等新兴国家崛起所表现出的对抗性

思维和压制性态度，显示出其带有的新帝国主义本质。新帝国主义服务于以美国为代表的西方国家的现有利益，其目的在于维护美国的霸权地位，以单边主义推行新帝国主义政策，同时，从话语权角度论证美国的霸权行为，将霸权主义行径合理化。以美国等为代表的新帝国主义通过操控国际贸易规则，在表面上符合合法性规则的条件下，以自由、公正、"去风险化"等虚假的舆论为掩护，把不平等的制度规则强加给其他国家，以压制其他国家发展的方式来实现其自身利益。新帝国主义仍受资本逻辑的支配，其在国际关系中奉行的霸权行径是传统帝国主义殖民行为与丛林法则的延续与发展。

四、西方对新兴国家崛起的对抗性思维的逻辑悖论

1.西方对新兴国家崛起的对抗性思维陷入机械一元论误区

西方对新兴国家崛起的对抗性思维体现了西方传统国际政治学的机械一元论误区，他们更为关注国际关系中的表象，或把政治权力（现实主义）作为中心，或把所谓的国际机制（自由主义）作为中心，把国际关系的演变看作是跨越时间、空间、文化与国家内部差异而皆准的演变规律，其理论把国家关系看成纯粹客体，其研究夸大了国家之间的矛盾与冲突，以对抗性态度以及零和博弈思维对待新兴国家的崛起，进而奉行国际关系的不对称竞争策略，但是无论其理论逻辑还是方法论逻辑都存在悖论。

在世界贸易体系中，中国等新兴国家与西方国家本来是互惠互利的贸易共同体，在科技、经济、信息化日益发展的世界历史进程中，中国等新兴国家与西方国家是相互交融的政治经济体。西方的对抗性思维忽略了新兴国家崛起对西方国家发展带来的积极因素，夸大了国家关系之间的对立性，忽视了国际关系中的统一性，陷入了机械一元论误区。

2.西方对新兴国家崛起的对抗性思维的他者视角悖论

西方的对抗性思维源于西方现实主义的传统。在西方现实主义理念视阈下，民族国家为了权力争夺，势必存在冲突与摩擦，甚至会走向战争。西方现实主义政治哲学一直带有政治权力获取与维持的焦虑感。他们对于国际政治权力极度迷恋，对于其现在占有的国际地位充满危机感，而其目

前面临着现实困境，举步维艰，其危机感与焦虑感不断转化为对新兴国家的批判，压制新兴国家成为维护其安全感的重要方式。但是这只是虚幻的国际政治安全感，资本主义系统性危机不解决，其问题与困境不会自动消除，其危机感也会一直存在。

五、中国式现代化和平共处的国际关系发展逻辑

中国式现代化以马克思主义为指导，以中国传统文化为文化积淀。中国式现代化超越了西方掠夺式的发展思路，以和平互利的发展政策促进世界和平力量的增长。中华民族没有尚武的传统，西方恃强凌弱的权力逻辑以及资本逻辑不适用于分析中国的发展思路与未来走向。"中国始终坚持维护世界和平、促进共同发展的外交政策宗旨，致力于推动构建人类命运共同体。"①

首先，中国传统文化历来主张"和而不同"，提倡和合观念，主张美美与共。《论语》认为"君子和而不同，小人同而不和"②，中国传统文化具有包容精神，主张文化的多样性与融合性。中国传统文化中对和平、和谐的追求与西方现实主义政治哲学思想对权力的追求不同。

其次，中国式现代化以马克思主义为指导。马克思主义与西方现实主义政治哲学有着不同的权力观和价值观。在马克思主义的视阈中，政治革命与社会革命的目的在于实现人的自由与解放，实现社会的公平、正义。马克思以社会的平等、博爱为价值追求，而西方现实主义政治哲学却以夺取、维持政治权力作为目的，战争与冲突是实现政治权力不可缺少的方式。

再次，中国式现代化奉行人类命运共同体的价值理念。从中国的发展历史来看，中国向来主张和平的发展道路，没有称王称霸的基因。从中国的古代史到中国的近现代史，无论国力强大与否，中国始终尊重其他国家独立自主的发展道路。进入新时期以来，面对国际新形势与新变化，

---

① 习近平：《高举中国特色社会主义伟大旗帜 为全面建设社会主义现代化国家而团结奋斗》，人民出版社2022年版，第60页。
②《论语》，张燕婴译注，中华书局2006年版，第199页。

习近平总书记提出了人类命运共同体的价值理念，主张尊重文明的多样性，尊重各主权国家与各国文明的平等，主张超越文明差异，进行文明交流互鉴。人类命运共同体的价值理念超越了西方传统的均势与霸权的国际关系观，以包容、宽广的博大胸襟，以人类的共同命运为价值追求，以互惠互利的国际包容主义实现人类利益最大化。

六、总结

西方对新兴国家崛起的对抗性思维和"冲突论"理论设想，把西方的发展历史与发展逻辑作为普遍性的规则，体现了"西方中心主义"的发展思维和霸权主义的发展逻辑。世界文明具有多样性，世界历史的发展具有多样化，西方单线发展思维不符合历史的事实和历史发展规律。因此，以"西方中心主义"的单线历史逻辑为基线，以西方现实主义政治哲学为基础建构的对抗性逻辑和"冲突论"理论设想是虚假悖论。

国际关系与国际贸易本来是国与国之间互惠互利的政治经济活动。亚当·斯密认为在国际贸易中所有的参与者都会获益，国际贸易不是一国所得建立在另一国所失基础上的零和博弈活动。当今我们正在经历前所未有的科技革命与信息化发展机遇，世界生产力正在呈现指数型增长，各国之间的交往与联系进一步深入，世界日益紧密地联系在一起，人类社会打破了民族国家的界限，正在成为不可分割的命运共同体。总体而言，人类社会是命运与共的共同体，中国的发展壮大是世界和平力量的增长。西方把新兴国家崛起视为"威胁"和"冲突"的对抗性思维是西方他者视角的误导性建构，其本质是西方新帝国主义的虚假意识形态和霸权主义。

（孙帅系中国社会科学院大学副教授）

美国战争资本主义模式审思

杨柠聪

2014年，哈佛大学斯文·贝克特（Sven Beckert）教授在《棉花帝国——一部资本主义全球史》中，首次提出了"战争资本主义"。如今，战争资本主义因地区冲突以及美国在背后的作用再次引起关注，并引发人们对"美国战争资本主义"模式的讨论。尽管绝大多数美国人民都是和平的拥护者，但多年来美国军费开支居全球榜首且呈不断增加的趋势，"这种新保守派的军国主义议程已经将美国转变为战争资本主义国家（War Capitalist State）"[1]。"军国主义是资本主义的产儿，……战争是资本主义发展的必然的旅伴"[2]，我们尝试通过"美国战争资本主义"模式的逻辑脉络，解释美国决策者发动战争的内在机理，并尝试探讨其影响及启示。

一、美国战争资本主义模式的历史与逻辑

美国战争资本主义模式创造了军事霸权，军事霸权的发展又进一步刺激了战争资本主义模式的形成与扩张。

1.美国战争资本主义模式的起源：军事凯恩斯主义

二战之前，普遍的观点认为战争将打断美国的繁荣进程，然而，在二

---

[1] Mark Albertson, "The U.S. Has Become a War Capitalist State", https://ctmirror.org/2021/07/01/the-u-s-has-become-a-war-capitalist-state.
[2]《列宁全集》第17卷，人民出版社2017年版，第169页。

战期间，有人得出相反的结论：战争有助于繁荣，军事凯恩斯主义帮助美国结束了"大萧条"。"军事凯恩斯主义"是战争资本主义的早期阶段，主要利用大规模的战争开支、军备投资拉动经济。据统计，到1944年，美国军事支出相当于1939年美国经济规模的80%，创造的GDP是1939年的两倍[1]，向当时的美国展示了军事支出可以促进经济发展，战争工作可以用来创造充分就业的前景。美国的军备输出加快了二战的结束，带来了短暂的和平。可是，由战争转到和平，绝不等于消除了战争。二战后，战争资本主义模式从以军备投资为核心的军事凯恩斯主义演变为围绕利润和增长而展开的"永久战争经济"（The Permanent War Economy），成为了影响世界和平稳定的潜在因素。

2.美国战争资本主义模式的发展：永久战争经济

由于许多战争产品在战后无法转化为消费品，一旦战争支出停止，过剩的产能将会导致经济增长放缓，使获取高额战争利润的时代终结。为了避免这一危机，美国政府接受了输出过剩军事产能，用战争刺激增长的"永久战争经济"。没有战争，创造战争。战争资本主义的支持者，坚持巨额军事预算促进繁荣、就业的错谬，使发动战争成为刺激经济、创造就业的合法借口进而导致积极支持或默许大规模军费开支，成为战后美国公共生活的重要特征。当发动战争和扩大军事支出成为经济增长的手段和目的之时，以"永久战争经济"为基础的战争资本主义模式已然形成。这种以自我增长否定他国利益的资本主义没有成为促进世界和平的积极因素，反而凸显了美国的资本主义矛盾及其虚伪实质。

3.美国战争资本主义模式的深化：五角大楼资本主义

美国战争资本主义的发展还推动了五角大楼资本主义的诞生，标志着美国军队不再是单纯的军事组织，而是像企业一样追求利润。当然，其中的权力集中化、最大化同样不可忽视。二战后，美国政府为了有效管理战争经济，并确保军工企业对五角大楼的依赖，新增了专门运营军事经济的"办公室"。该室凌驾于军工企业之上，拥有"前所未有"的权力。这种权力既包括对数千家服务于国防军事的工业企业及分包商进行监督和控制，

---

[1]〔美〕罗伯特·戈登：《美国增长的起落》，张林山、刘现伟、孙凤仪等译，中信出版社2018年版，第514页。

也包括从国民收入中调动更多的资源用于维持战争经济。五角大楼拥有的权力，已经使其成为"准国家"或"国中之国"。总统是"国中之国"的最高管理者，《2023年度国防授权法案》赋予总统直接拨发军费的"总统拨款权"，进一步奠定了其在军事中的领导地位，而军工行业、专业协会、相关大学将在其领导下发挥作用，巩固发展战争资本主义模式。

4.美国战争资本主义模式的异化：国家成为"战争公司"

美国"旋转门"制度推动战争资本主义走向高级阶段——国家异化为军工复合体控制下的"战争公司"。"旋转门"制度是国会、政府、国防部、军工集团、智库之间的人员相互流动任职的机制。这种机制促使军工复合体的内部关系，由最初松散的市场关系演变为紧密的政治经济关系。特别是国防政要"出则为商"，军工高管"入则为官"的机制，使得军工复合体得以将集团利益转化为决策者的意志，将国家转变为服从其利益的"战争公司"。而国家异化为战争公司，不仅预示着世界和平充满了极大挑战，也预示着美国面临由盛转衰的拐点和依靠战争保持稳定的末期[1]。

二、美国战争资本主义模式的影响及后果

只要战争的目的仍然由资本的利益决定，战争就不会停止。"战争已经走进一个死胡同，在资本主义基础上无法摆脱战争，战争必然导致令人痛苦的破坏。"[2]战争资本主义的不断演化，将阻碍美国经济社会发展，加剧霸权衰落。

第一，阻碍美国经济社会转型，损害公共利益。为了解决美国经济增长问题，一些社会组织要求将部分军费资金转移到教育、医疗、基础设施建设、工业制造业等公共领域，因为它们创造的增长和就业更可持续。然而，军工复合体绑架政府决策，哪怕这些决策符合公共利益。他们坚持永久战争经济，这似乎能够短暂推动增长，但长期来看却是对经济社会转型以及公共利益毫无收益的事情。

---

[1] Peter Turchin, "America Is Headed Toward Collapse", *The Atlantic*, 2023-06-02.
[2]《列宁全集》第34卷，人民出版社2017年版，第370页。

第二，加剧社会矛盾，影响社会稳定。首先是贫穷与富裕之间的矛盾。哪里有战争资本主义带来的过剩财富，哪里就会有随之而来的极度贫困，战争资本主义的发展加剧了贫富差距及其带来的社会矛盾。其次是战争与反战之间的矛盾。树人需要和平20年，毁人只需战争20秒。战争导致的伤亡和家庭支离破碎，引发了军属及社会的抵抗和反思，在支持战争与反对战争之间形成不可调和的矛盾。再者是枪支泛滥与保障人身安全之间的矛盾。美国宪法第二修正案赋予公民持有武器的权利，军火商也联合坚持持枪自由的游说团体，推动售卖枪支。这不仅没有调节好政府与公民、公民与公民之间的关系，并且，不断提高的犯罪率也表明，美国社会矛盾一年比一年更加激烈、残酷且不可和解了。

第三，破坏世界和平与稳定。首先，美国不仅自己发动战争，而且使战争资本化，资本主义国家战争化，成为挑起战争、发动战争、影响世界和平的主要因素。其次，美国推动核力量与常规军事力量并行扩张，使世界面临核战争、核污染的风险。再者，美国打着"民主"的旗号，干预他国内政，颠覆别国政权，制造了恐怖主义、极端主义。容易被忽视的是，美国等西方国家在诸多挑起的冲突和战争中，还充当了"调停人"的角色，促成了导致进一步战争的"和平协议"。任何和平协定中保有导致未来战争的条款的，或不履行条款的，并不真正有效；因为它只是单纯的停战协定，即战争的推迟，而非结束战争的和平。最后，美国发动代理人的战争，引发军事冲突、局部战争，沾满了平民的鲜血。战争资本主义给世界和平带来的伤害和损失远远大于其声称的繁荣和收益。

第四，加剧内在虚弱以及霸权衰落。国虽大，好战必亡。美国的霸权并未因为其向他者施加恐惧而巩固，相反，美国越扩张，越需要更多的军费开支加以支持。不断增加的军费开支和霸权外交，不仅吞噬了公共财政，加剧了内在的虚弱，而且使自身的竞争力下降、"朋友圈"缩小。弗朗西斯·福山认为，美国霸权的维持在于它解决内部问题的能力，而非它的外交政策。美国高估了军事力量对世界政治的主宰能力，从金融危机到2021

年美国支持的阿富汗政府突然溃败，种种迹象表明美国霸权面临终结[①]。

三、关于美国战争资本主义模式的结论与启示

马克思恩格斯指出，"战争……足以使一个具有发达生产力和有高度需求的国家陷入一切都必须从头开始的境地"[②]。虽然目前美国没有因为战争资本主义陷入此种境地，但是不妨碍我们对此得出以下结论和启示。

第一，美国战争资本主义不能改善人民生活，更不能促进经济繁荣。战争资本主义将大量的人力资源和物质资源从生产性的经济领域转向非生产性的军事领域，不仅决定了战争经济提供的商品和服务难以进入民生领域，而且透支了经济可持续的发展潜力。战争资本主义不能解决美国经济中的资本和劳动力过剩问题，它将成为造成无法投资的资本、无法就业的劳动力和经济衰退的主要根源。

第二，战争资本主义不得民心，需要被替代。首先，美国公众越来越对战争持怀疑和反对态度，他们"厌倦了战争，不想卷入世界事务，尤其是军事事务"[③]。其次，美国民众反对政府不断扩大军费开支，而不顾民生发展。他们更希望将可支配的资金用于经济民生、社会治理而非军事。再者，美国左翼认为应当利用战争引起的经济危机和政治危机，将反对战争和社会革命斗争紧密结合起来，因为正如列宁所说"客观上能够对抗帝国主义资产阶级战争、高度发达的资本主义的战争的，只有反对资产阶级的战争"[④]。

第三，美国战争资本主义阻碍世界经济发展，需要被制止。经济全球化提高了贸易国家间的互补性和依赖性，为开创持久的和平创造条件。正如马克思恩格斯所说，"各国只要彼此有了联系，就互相进行和平的交易。

[①] Francis Fukuyama, "Francis Fukuyama on the End of American Hegemony", https://www.economist.com/the-world-ahead/2021/11/08/francis-fukuyama-on-the-end-of-american-hegemony.

[②]《马克思恩格斯文集》第1卷，人民出版社2009年版，第560页。

[③] Monica Potts, "What Do Americans Think About War?", https://fivethirtyeight.com/features/why-americans-are-unlikely-to-support-a-war-in-ukraine.

[④]《列宁全集》第28卷，人民出版社2017年版，第12页。

从此以后商业便具有了政治意义"①。然而,"只要帝国主义战争继续打下去,国际间的往来就会被帝国主义资产阶级军事专政的铁钳钳住"②。美国战争资本主义的逻辑不是互惠和友好交往,而是通过军事实力兑换经济利益,这不仅侵害他国主权、人权,而且使战争收益私人化、成本社会化、伤害外部化。在世界联系如此紧密的今天,非此即彼、零和博弈不再适用,求同存异、共同发展才是关键,而反对强权、制止威胁是对战争资本主义的最好回应。

第四,面对战争资本主义,仍要坚持走和平发展道路,做维护世界和平、促进共同发展的坚定力量。美国战争资本主义的发展,决定了其与他国的博弈不可避免。对此,既不能寻求战争,也不能害怕战争。首先,仍要坚持和平发展道路,因为消除战争、实现和平是饱经战火的人民最迫切、最深厚的愿望,也是历来经历战争磨难的世界人民得出的必然结论。其次,和平状态是被建立起来的,全球负责任的大国和联合国常任理事国,既要利用国际法主持公道,也要推动多边对话协商,为传播和平文化,维护世界和平稳定发挥关键作用。再者,单方面拒绝继续作战是结束不了战争的,唯有平等的和平才可以持续。因此,只有不断提高军事实力,才能提升捍卫和平、制止战争的能力,才能做到马克思所说的"战争的费用要让真正的战争发动者来偿付"③。

(杨柠聪系重庆大学马克思主义学院副教授)

---

① 《马克思恩格斯文集》第1卷,人民出版社2009年版,第562页。
② 《列宁全集》第29卷,人民出版社2017年版,第176页。
③ 《马克思恩格斯文集》第3卷,人民出版社2009年版,第161页。

在 21 世纪恢复与加强无产阶级的国际团结

唐 鑫

实现无产阶级的国际团结,是马克思主义理论的内在要求和推进国际共产主义运动的必由之路。进入 21 世纪以来,世界形势的变化发展不仅没有造成"取消"无产阶级国际团结的条件,反而由于国际共产主义运动出现某种"触底复兴"之势,使得无产阶级国际团结的必要性日益凸显。

共产主义运动的一个鲜明属性和突出特点就是它的国际性。马克思、恩格斯的《共产党宣言》,以"全世界无产者,联合起来!"作为结尾,列宁从始至终都把俄国革命是世界社会主义革命的一部分作为考虑问题的基石,并且领导发起组建了世界革命的领导组织——共产国际,不仅对于中国共产党而言,而且对于世界许多国家的共产党的组建和成长而言,都发挥了不可或缺的积极作用。曾几何时,帝国主义十分忌惮的一点,就是国际共产主义运动的强大组织力和空前的团结统一。但是,第二次世界大战以来,国际共产主义运动经历了十分曲折的发展,苏联和南斯拉夫的冲突、中国和苏联的论战等一系列令人叹惋的事件,为无产阶级的国际团结蒙上了阴影。特别是 20 世纪 80 年代末 90 年代初,东欧剧变、苏联解体的发生,国际共产主义运动进入了低潮,有人甚至公开鼓吹"国际共产主义运动作为一种运动已经不复存在了"等形形色色的观点。在今天,全世界的共产党人和一切进步人士,有责任、有义务对这类怪论予以坚决反击,并且作出理论上的分析与回答。

应该说,当今时代,无产阶级国际团结的必要性不是削弱了,而是前所未有地加强了。

第一，无产阶级国际团结，来源于对抗资本主义的现实需要。一方面，当前经济全球化尽管遭遇了一些逆流，但谁也无法否认，得益于社会生产力的大幅提高，世界经济已经前所未有地紧密联系在了一起，这体现为国际分工的深度发展、世界经济贸易合作体系的构建与完善、各国经济之间的相互影响越发明显等。然而，不可否认的是，资本主义仍然是当今世界的主要生产方式，发达资本主义国家所主导的国际秩序还没有被从根本上触动。马克思、恩格斯关于资本作为一种世界力量而存在的论述，已经被当今的事实所印证。这同样也决定了，无产阶级只有实现紧密的国际团结，才有可能有效对抗并最终铲除这种国际垄断资本主义。另一方面，当前，人类所面临的共同问题层出不穷，包括气候变化、环境污染、贫富两极分化、地区冲突等，而资本主义在这些问题和挑战面前，只是越来越显示出其自身的无力与无能，同时还继续利用各种暴力或非暴力的、直接或间接的手段和途径限制、打击、压迫共产党人和进步力量的发展，对劳动人民实施引诱、分化与瓦解。这表明，如果不能加强无产阶级国际团结，就难以有效阻止资产阶级的阴谋，也难以使共产党人更快走出国际共产主义运动的低潮。

第二，无产阶级国际团结将更好地推动马克思主义在21世纪的创新发展。从马克思主义的理论品质上看，共产主义是全人类的共同事业，探求人类社会的发展规律是马克思主义的理论使命，必须直面时代挑战、回答时代之问。全世界无产阶级和劳动人民期盼着一个能够在21世纪指导他们斗争的科学的理论武器。要丰富和发展马克思主义理论，归根结底要从各国无产阶级和劳动人民的革命斗争实践之中来寻找答案。各国共产党人至今已经取得了很多理论成果，但总结国际共产主义运动的历史经验，我们也可以看到大国主义、大党主义、教条主义、修正主义对无产阶级的国际团结造成的严重破坏，以及对各国共产党人思想理论的正常交流的严重干扰。在21世纪的今天，全世界的共产党人应当在总结反思这些宝贵历史经验教训的基础上，采取适当的方法推进无产阶级国际团结，清除各党各国进行理论交流、经验分享的种种障碍，共同推进马克思主义在21世纪的创新发展。

第三，只有无产阶级的国际团结，才能解决在当前引领国际共产主义运动走出低谷的过程中所面临的突出问题，充分发挥各国共产党人的长处和优势，形成伟大的历史合力。列宁说："无产阶级的国际主义，第一，要求一个国家的无产阶级斗争的利益服从全世界范围的无产阶级斗争的利益；第二，要求正在战胜资产阶级的民族，有能力和决心去为推翻国际资本而承担最大的民族牺牲。"①虽然国际共产主义运动处于低潮，但仍然有中国、越南、老挝、古巴、朝鲜这些经受住种种风险考验的、取得或正在取得辉煌发展成就的社会主义国家，有在世界各国从事艰苦斗争的共产党人，还有其他维护世界和平、促进世界共同发展的广泛的进步力量。

无产阶级的国际团结，将有利于社会主义国家之间处理内部矛盾，加强相互合作，保障国家政治安全和维护国家利益，同时社会主义国家也可以在马克思主义理论创新、党员干部的培养教育、治党治国经验、合作平台搭建等方面承担起更多责任，发挥出更大作用。

发展中国家的共产主义运动在21世纪具有巨大的发展潜力。例如，尼泊尔的共产党人领导人民基本完成了本国的民族民主革命，建立了尼泊尔联邦民主共和国，现在正在为"繁荣尼泊尔，幸福尼泊尔人"的目标而奋斗；社会主义在拉丁美洲也取得了不少重要的发展成果。发展中国家的无产阶级和劳动人民对资本主义剥削压迫的体会最为深刻，但同时也比较缺乏思想基础和组织基础，无产阶级国际团结的加强，将为解决这些问题创造条件和开辟道路。

作为资本主义的心脏地带，发达资本主义国家的共产党人具有悠久的革命斗争传统，但很多共产党面临着来自内部和外部的一系列问题，特别是存在着丧失群众基础的危险。通过加强无产阶级国际团结，发达资本主义国家地区的共产主义运动同样可能在得到广泛支持的条件下发挥出其独特优势，再度创造辉煌。

当前，推进无产阶级国际团结，可以通过多途径、多渠道的行动来加以巩固与推进。

第一，加强国际交流，促进相互了解。各国劳动者及其政治经济组织

---

① 《列宁选集》第4卷，人民出版社2012年版，第219-220页。

应通过拓展多样的合作形式，增进各国劳动者的相互了解，消除隔阂与误会，这是无产阶级国际团结最基本的前提；各国共产党、共青团、工会、劳动妇女组织等可以增强对劳动者的世情国情教育，向劳动者介绍国际经济与政治情况，逐渐培养劳动者的国际视野和明辨是非的能力，树立"全世界劳动人民联合起来"的国际主义精神。

第二，强化跨国合作，推动理论创新。如今的世界已发生巨大变化，但资本的统治仍然牢固，无产阶级和劳动人民迫切需要一个能够在当代指导人们进行斗争的思想武器。马克思主义作为科学的指导思想，必须适应与回答21世纪的时代课题。习近平总书记指出："当前，世界百年未有之大变局加速演进，人类又一次站在历史的十字路口。继续推进马克思主义本土化时代化，用真理的光芒照亮人类前行之路，是马克思主义政党共同的责任。"[①]全世界马克思主义理论工作者、马克思主义科研机构、马克思主义学术报纸杂志应增强相互沟通合作，广泛开展交流互访、调查研究、学术座谈等学术活动；各国无产阶级政党应切实发挥领导核心作用，肩负起理论创新重任，牵头搭建长期稳定的理论交流平台，定期举办国际研讨会，分享交流各国马克思主义的理论创新和国际共产主义运动的实践探索；各国共产党还应加强对本国工人运动和社会主义革命斗争理论与实践的研究，组织力量对有关文献材料进行翻译，利用互联网大数据等前沿科技，共同建立起多语种、多版本、多平台的资料库，为推进马克思主义理论的创新发展奠定坚实基础。

第三，坚定理想信念，强化共同斗争。尽管在国际共产主义运动史上既有各国各党各自为政的教训，也有"国际中心"压制各国各党自主发展的苦果，但全世界无产阶级及其先锋队反对资本统治、寻求彻底解放的理想信念始终是坚定的。各国无产阶级和劳动人民有权利，也应当独立自主地探索本国革命道路，同时也应当在自愿基础上实现真诚的团结互助。"马克思主义是不断发展的开放的理论，本土化才能落地生根，时代化才能充满生机。在各国马克思主义政党艰辛探索和共同努力下，二十一世纪的马

[①]《习近平向中国共产党与世界马克思主义政党论坛致贺信》，《人民日报》2022年7月29日。

克思主义不断开辟新境界、展现新气象，日益焕发出新的活力。"[1]各国共产党应代表本国工人阶级和劳动人民积极发声，同本国资产阶级进行坚决斗争，更应代表全世界劳动人民和进步力量坚决反对霸权主义强权政治，维护世界和平与促进共同发展；各国共产党和社会主义的新闻媒体应加强在宣传战线上的协调与合作，既利用传统渠道，也要重视新媒体平台来宣传马克思主义，表达出劳动人民的基本立场与利益诉求，对资产阶级分化瓦解无产阶级、危害世界和平与发展的种种图谋和行为予以充分揭露批判；今后也可以建立某种机制或组织，加强国际协作，处理路线、战略及策略分歧。

第四，加强组织建设，打造领导核心。苏联解体、东欧剧变后，世界共产党力量遭到严重打击，直接造成无产阶级和劳动人民缺乏强有力的革命领导核心。只有坚持马克思列宁主义组织理论，切实加强组织建设，真正贯彻民主集中制，坚持党的自我革命，才能使共产党始终保持革命性、纯洁性、战斗性，才能同那些以单纯夺取权力或攫取利益的资产阶级政党区别开来。各国共产党应加强相互交流，以推动党际合作促进国际共产主义运动的更广泛合作，社会主义国家的无产阶级政党在这些方面应当发挥更积极的作用。

第五，密切联系群众，推动互帮互助。脱离群众是全世界共产党面临的一大共同危险，国际共产主义运动史上也曾有惨痛教训。如今无产阶级和劳动人民的基本特征、利益诉求等已发生巨大变化，而且与不同国家和地区的发展程度紧密相关，在一些地方，特别是发达资本主义国家，甚至对"还存在不存在无产阶级"的问题产生争议。这就要求各国共产党坚持马克思主义本土化时代化，了解和掌握各自国家无产阶级及劳动人民的具体情况，并在此基础上旗帜鲜明地开展斗争，加强和巩固党同群众的血肉联系。从历史上看，当年各国共产党的组建和发展，共产国际和社会主义国家的倾力帮助起着很重要的作用，而这恰恰也是当前国际共产主义运动的不足之处。如能促进协作，定能使得无产阶级国际团结得到更快的巩固与加强。

---

[1]《习近平向中国共产党与世界马克思主义政党论坛致贺信》，《人民日报》2022年7月29日。

在《共产党宣言》中,马克思、恩格斯指出:"共产党人同其他无产阶级政党不同的地方只是:一方面,在无产者不同的民族的斗争中,共产党人强调和坚持整个无产阶级共同的不分民族的利益;另一方面,在无产阶级和资产阶级的斗争所经历的各个发展阶段上,共产党人始终代表整个运动的利益。"①共产党人始终坚信,一个美好的世界是可能的,一个更理想的制度是可行的。共产党人将团结最广大的劳动人民和进步力量,为解决人类文明的共同问题、迈向全民自由全面发展的自由王国而贡献智慧、凝聚力量。

(唐鑫系北京交通大学马克思主义学院讲师)

---

① 《马克思恩格斯文集》第2卷,人民出版社2009年版,第44页。

新中国对世界和平与发展的贡献

苑秀丽　刘芷由

历史是最好的营养剂。回溯新中国的成立及其对世界和平与发展的重大影响和贡献，从新中国走过的风云激荡的历史中汲取坚定前行的智慧力量，对于新时代走好全面建设社会主义现代化国家新的赶考之路具有重要意义。

一、社会主义制度的确立有助于世界和平与发展

马克思、恩格斯对未来社会作出了预测，新中国的成立是科学社会主义原则与中国实际相结合的伟大成绩。新中国一诞生，就进行了一系列社会改造与制度准备。1949年9月，通过了《中国人民政治协商会议共同纲领》，确定中华人民共和国的基本政治制度是人民代表大会制度。1950年6月28日，中央人民政府委员会第八次会议讨论并通过了《中华人民共和国土地改革法》，大大解放了生产力，土地改革的完成，为工业化发展道路打下了良好的基础。1953年4月，新中国进行了第一次大规模的普选，自下而上逐级召开了人民代表大会。1954年9月20日，第一届全国人民代表大会第一次会议全票通过了新中国第一部宪法——《中华人民共和国宪法》。这部宪法是对马克思主义宪法理论的丰富，开启了社会主义民主法治的新纪元。《中华人民共和国宪法》确立了人民民主和社会主义的原则；人民代表大会制度、中国共产党领导的多党合作和政治协商制度、民族区域自治制

度，构筑起社会主义制度的"四梁八柱"，中国人民建设着社会主义的巍巍大厦。1955年7月，全国人大第一届二次会议在北京召开，会议通过了《中华人民共和国发展国民经济的第一个五年计划》。到1956年，通过合作化和和平赎买等手段，实现了把生产资料私有制转变为社会主义公有制，建立起社会主义经济制度。

中国社会主义制度的探索和成就，不仅是中国的，也是世界的。土地改革对广大处于没有完全摆脱封建制度压迫的国家具有借鉴意义，对世界社会主义国家的土地制度建设产生了积极影响。社会主义类型宪法制定，为广大社会主义国家提供了可以借鉴的宝贵经验。五年计划的制定和实施为广大发展中国家提供了通过计划经济方式管理国家、推进经济发展的新方式。中国社会主义制度为广大发展中国家的制度建设、发展道路建设提供了全新选择，贡献了中国智慧、中国方案。

二、新中国的社会主义建设成就为世界发展贡献力量

新中国成立后，顶住了国内外的巨大压力。以美国为首的帝国主义国家，对新中国采取不承认和敌视的态度，并实行封锁和威胁。他们认为中国共产党必然失败，新中国不能解决几亿人口的吃饭问题。但是，新中国没有被困难吓倒，而是自力更生，艰苦奋斗，领导全国各族人民巩固新生的人民政权，医治战争创伤，恢复工农业生产。为抵制帝国主义的武力威胁和核讹诈，为了保卫国家安全、维护世界和平，新中国研制成功"两弹一星"。"两弹一星"精神在中国大地上闪耀。国防工业从无到有，为确立中国大国地位，维护中华民族尊严提供了坚强后盾，有力地促进了世界的和平与稳定。新中国在自身经济十分困难，受到帝国主义封锁和压力的情况下，通过提供资金支持、经贸往来、工程援建等方式，支持和促进发展中国家的经济社会等各方面建设。以坦赞铁路为代表的一系列工程，为非洲的民族解放事业和经济建设作出了重要贡献。新中国的发展是独立自主、艰苦奋斗的发展；是立足实际、探索出独特之路的发展。中国发展的成功，提振了发展中国家实现国富民强的信心，拓展了发展中国家走向现代化的途径。

三、新中国团结和支持社会主义国家

中国维护社会主义阵营的团结，发展社会主义的力量。1950年2月，《中苏友好同盟互助条约》的签订，对于中国和苏联来说有双向互惠的良好影响。中苏两个社会主义大国团结合作，一起抗衡帝国主义，共同应对国际敌对势力的挑战。但是，1956年2月，苏共二十大造成了社会主义阵营的分裂。中国一方面坚决反对苏联控制，顶住苏联的威胁。另一方面，为尽可能维护中苏友谊，我国采取了"坚持原则，后发制人；坚持斗争，留有余地；坚持团结，反对分裂"的方针。中国从大局出发，进行了大量富有成效的调解工作，发挥了重要作用。中国倡导和强调社会主义国家承认独立和平等的原则。在1957年11月，毛泽东主席率中国党政代表团访问苏联，参加十月革命胜利40周年庆典活动，并参加了在莫斯科召开的12个社会主义国家共产党、工人党代表会议。中国代表团还出席了参加十月革命庆典活动的64个共产党、工人党代表会议。中国支持社会主义国家的合理要求和呼吁，支持保加利亚提出的关于巴尔干半岛成为无核区的建议和巴尔干各国签订多边、双边互不侵犯和合作条约的建议，支持波兰和捷克斯洛伐克关于成立欧洲集体安全和中欧无原子武器区的主张，支持民主德国缔结对德和约、巩固民主权的努力。社会主义国家支持中国争取国家统一，以及恢复联合国合法席位的斗争。中国还同这些国家签订贸易、科技和文化协定，加强经济合作。

四、新中国是反对霸权、维护世界和平的重要力量

中国向国际社会贡献中国智慧，破解难题、应对困局，受到赞誉。捷克斯洛伐克代表团团长克里门蒂斯在联合国大会上批驳所谓新中国的成立"对中国政治独立和领土完整及远东和平存在着'威胁'"的论调，认为中国已真正成为独立的国家，中国人民从向侵犯中国主权的帝国主义者屈辱让步的情况下解放出来了。

第一，坚决反对霸权主义。1950年10月，中国人民志愿军赴朝，与朝鲜人民军并肩作战。1953年7月27日《朝鲜停战协定》签订。抗美援朝战

争的胜利极大程度维护了亚洲乃至世界的和平稳定，反击了美国的霸权主义。抗美援朝的胜利，极大提高了中国人民的民族自信心和民族自豪感，新中国的国际威望空前提高。

第二，支持和推动世界和平运动。中国人民保卫世界和平委员会于1949年10月成立。1950年3月，世界保卫和平大会常设委员会发表《斯德哥尔摩宣言》，要求无条件禁止原子武器，并开展签名运动。中国签名人数达2.2亿人。1951年，在中国北京，亚洲、澳洲、南北美洲三十七个国家的代表举行了亚洲及太平洋区域和平会议。1952年12月，世界人民和平大会在奥地利维也纳举行。中国代表团共有代表59人。

第三，坚持和平政策，争取和平的国际环境。1954年4月召开的日内瓦会议，是新中国首次以五大国之一的身份和地位参加的重要国际会议，在会议上美国代表团阻挠在关于朝鲜问题上达成协议，中国的真诚努力博得不少国家代表的称赞和好评。新中国以其鲜明和独立的外交形象令人瞩目地出现在国际舞台上。

1953年12月31日，周恩来总理接见印度政府代表团，首次完整地提出了和平共处五项原则。在万隆会议期间，这一原则得到确定。和平共处五项原则得到了世界许多国家的支持与认可。中国坚定维护国家独立、主权、尊严，推动形成了国际社会坚持一个中国的格局。1971年10月25日，中国终于重新恢复在安理会、联合国的合法席位，这反映了战后的历史潮流，这股正气是世界走向进步的反映。

五、新中国同亚非拉国家建立友好关系，推动发展

新中国的成立给世界帝国主义体系以强有力的打击，推动世界民族解放运动进入新阶段。新中国鼓舞了为争取民族解放与国家独立奋起反抗的国家和人民，加强了民主、和平、正义的世界力量。中国切实促进了第三世界国家和人民的团结互助。

当时，美国对亚非拉国家的干预和侵略甚嚣尘上。1954年11月，阿尔及利亚爆发反法武装斗争，反抗殖民统治、要求民族独立。中国人民站在阿尔及利亚人民一边，并通过第三国对阿尔及利亚提供了援助。中国的妥

善考虑深得阿尔及利亚方面的赞赏。1962年2月，阿尔及利亚独立后，中国提供了大量经济援助，帮助阿尔及利亚治愈战争创伤，发展民族经济。中国还支持和帮助了刚果、坦桑尼亚等非洲新兴独立国家。

1956年10月，英国、法国和以色列发动了对埃及的侵略战争。中国坚决支持埃及政府的正义要求，反对侵略行径，支持埃及人民的斗争。1959年11月，中国同古巴签订经济合作协定。在1962年古巴导弹危机中，中国政府发表声明，谴责美国的侵略行径，支持古巴人民的反美斗争。1964年，巴拿马人民掀起全国性反美浪潮。1965年4月，美国派兵侵入多米尼加，遭到多米尼加人民的坚决抵抗。中国坚决支持和声援这些国家和人民。

中国支持越南的民族独立和国家统一。从1961年，美国派出"特种部队"进入南越，后来又袭击越南北方。到1965年3月，美国将"特种战争"上升为"局部战争"。中国在道义和物质上支持越南的民族独立和国家统一。越南领导人也承认，没有中国提供的援助，越南不可能取得胜利。中国还同其他国家一起积极寻求维护日内瓦会议精神、恢复老挝和平与独立的途径。中国赞同和支持奉行独立、自主和不结盟政策的不结盟运动。

中国注重同周边国家的沟通，努力打消周边一些国家疑虑。1963年12月至1964年2月，周恩来总理的亚非13国之行，充分表达了中国的立场和态度。周总理着重强调：站起来了的亚非新兴国家，在国际事务中发挥着日益重要的积极作用；国际问题不能只由几个大国来决定，反对无视亚非新兴国家的独立意志、抹杀这些国家的地位；世界上所有大国、小国、强国、弱国，应该一律平等；任何人采取以大凌小、以强欺弱的做法，都是绝对行不通的。

回顾新中国对世界和平与发展的贡献，可以得到重要启示。

第一，不能数典忘祖，不能妄自菲薄。习近平总书记认为，中国要虚心学习借鉴人类社会创造的一切文明成果，但不能数典忘祖，不能照抄照搬别国的发展模式，也绝不会接受任何外国颐指气使的说教。中国是一个人口众多的发展中国家，要树立民族自尊心，珍惜民族独立，否则国家无法立起来。历史是最好的教科书。要从党走过的风云激荡的历史中、新中国开创和不断推进的伟大事业中，汲取党和国家的历史经验。

第二，中国始终是维护世界和平与发展的坚定力量。对于国际上一些人担心中国"国强必霸",习近平总书记提出,中国走和平发展道路,是从历史、现实、未来的客观判断中得出的结论。和平发展道路对中国有利、对世界有利。中国坚持热爱和平、珍视和平的立场,始终坚持和平共处五项原则不动摇。

第三,顺应世界大势,不断开创中国特色社会主义事业新局面。习近平总书记认为,"虽有智慧,不如乘势"。未来之中国,必将以更加开放的姿态拥抱世界,以更加务实的行动造福世界,以更有活力的文明成就贡献世界。中国人民相信,关起门来搞建设是不能成功的。中国人民深知,中国的发展得益于国际社会。中国同世界的联系和互动空前紧密,中国将继续在时代前进潮流中把握主动,与历史同步伐、与时代共命运,不断发展,走向光明的未来。

(苑秀丽系中国社会科学院马克思主义研究院研究员;刘芷由系中国社会科学院大学马克思主义学院学生)

《国际共产主义评论》的理论主张和历史贡献[*]

王喜满　　巩效忠

《国际共产主义评论》是一些基本理论和意识形态相近的共产党成立的公开刊物，旨在通过剖析当代资本主义发展、阶级斗争问题促进马克思列宁主义的宣传，推动国际共产主义运动前进。自2009年创建至今，《国际共产主义评论》已出版12期，共108篇文章。

一、《国际共产主义评论》简介

苏联解体后，世界各国共产党逐渐度过艰难的生存阶段，双边交往及多边交往不断密切，如共产党和工人党国际会议、欧洲共产党和工人党倡议、圣保罗论坛等不断建立和发展，为世界各国共产党加强政治理论刊物的合作奠定基础。2008年底，希腊共产党等第一次提出创立《国际共产主义评论》的构想。2009年初，希腊共产党、土耳其共产党和俄罗斯共产主义工人党等在土耳其伊斯坦布尔召开会议，通过《伊斯坦布尔宣言》。该宣

---

[*] 本文系国家社科基金重点项目"苏东剧变后世界共产党国际团结合作的理论与实践研究"（19AGJ008）；辽宁省社会科学规划基金重大委托项目"健全全面从严治党体系的理论与实践研究"（L23ZD042）；辽宁省教育厅基本科研重点攻关项目"大数据赋能纪检监察的理论、模型与成效"（JYTZD2023060）；辽宁省2023年决策咨询和新型智库委托研究课题"关于深入挖掘展示辽宁'六地'红色文化资源的对策研究"；2023年度沈阳市哲学社会科学规划课题重点课题"沈阳大中小学思想政治教育一体化建设研究"（SY20230104Z）的阶段性成果。

言明确作出成立《国际共产主义评论》的决定,并阐明了刊物的性质和宗旨。

经过十多年的发展,《国际共产主义评论》形成了固定的工作机构——《国际共产主义评论》编辑委员会,负责确定每期的主题、收录与出版世界各国共产党和工人党的文章;通过召开编辑委员会会议或编辑委员会电话会议实现自身运转;刊物栏目由社论和世界各国共产党和工人党的论文两部分构成,前者每期1篇,后者每期约有10篇;刊发论文具有明显的传承性和现实性,既坚守马克思主义列宁主义的立场、观点和方法,又聚焦当前的社会现实;具有稳定的供稿源,如希腊共产党的《共产主义评论》(*Kommounistiki Epitheorisi*)、墨西哥共产党的《共产党报》(*El Comunista*)、俄罗斯共产主义工人党的《苏维埃联盟》(*Sovetski Sojuz*)等。

二、《国际共产主义评论》的理论主张

(一)关于资本主义的看法

第一,关于经济危机的看法。首先,经济危机揭露资本主义制度的历史边界。资本主义制度内部的改革只能暂缓经济危机,只有社会主义革命才能将其彻底解决。匈牙利共产主义工人党指出,经济危机不是资本主义改革所能解决的。解决经济危机的革命视角越来越现实。其次,经济危机证实马克思列宁主义的科学性。马克思列宁主义在当今时代仍然正确。比利时工人党认为,马克思清楚地解释了资本主义为什么会导致生产过剩危机。在资本主义制度内确实存在一个基本矛盾:生产资料是私有的,而生产本身成为一种越来越社会化的模式。今天,这句话比在马克思的时代更加正确一千倍。最后,经济危机有助于推动阶级斗争发展。拉脱维亚社会党认为:"当前世界的经济、社会形势及特定的内部因素,使得人们不再信任统治阶层。警察在1月13日同大众的碰撞仅是武力的第一次干预。"①

---

① Socialist Party of Latvia, "On Remnants of National Liberalism. Latvia in world system crisis circumstances", https://www.iccr.gr/en/issue_article/On-Remnants-of-National-Liberalism.-Latvia-in-world-system-crisis-circumstances/.

第二，关于帝国主义联盟的看法。首先，帝国主义联盟的本质是在维护资产阶级的共同利益。帝国主义联盟由资本主义国家结成，本质上要维护资产阶级共同利益。希腊共产党指出，帝国主义联盟是具有共同利益的、资产阶级国家间的联盟。其次，帝国主义联盟内部存在着矛盾。矛盾无时不在，无处不在，帝国主义联盟内部也是如此。俄罗斯共产主义工人党指出，在资本主义条件下，只有不平等的联盟才可能存在，较弱的盟友被较强的盟友压服，发展往往是不平衡和畸形的。最后，帝国主义联盟对各国人民造成严重的剥削。拉脱维亚社会党指出："73%的居民认为，只有一小部分人从拉脱维亚加入欧盟中受益；71%的受访者同意'西方国家利用拉脱维亚谋利益'的说法。"[1]

第三，关于资本主义国家工人阶级和妇女群体的看法。一方面，资本主义国家的工人阶级仍在发展壮大，始终承担着掘墓人的角色。《国际共产主义评论》认为，与资产阶级和机会主义理论背道而驰的是，工人阶级不仅没有消失，反而数量不断增长、质量得到提高；工人阶级是社会发展的动力，其历史使命是废除生产资料私有制，彻底消灭阶级社会中人对人的剥削。另一方面，资本主义国家的妇女群体受到多层面压迫。在资本主义制度框架内，男女之间不可能形成新的平等关系。印度共产党（马克思主义）指出："可以从三个层面看出资本主义国家妇女的从属地位：一是对工人阶级和农村贫困中的妇女进行阶级层面的剥削；二是对妇女的公民权利进行歧视；三是对妇女的压迫。"[2]

（二）关于社会主义的认知

第一，苏联解体并未彻底否定社会主义道路。苏联解体后，马克思主义过时论、历史终结论等论调甚嚣尘上，给马克思主义的发展带来严重挑战。但是，世界各国共产党逐渐恢复和发展，中国等社会主义国家逐渐进

---

[1] Socialist Party of Latvia, "The European Union of Inequality: Latvia in the Arms of Transnational Capital", https://www.iccr.gr/en/issue_article/The-European-Union-of-Inequality-Latvia-in-the-Arms-of-Transnational-Capital/.

[2] Communist Party of India (Marxist), "Marxism and the Struggle for Women's Emancipation in Contemporary India", https://www.iccr.gr/en/issue_article/Marxism-and-the-Struggle-for-Womens-Emancipation-in-Contemporary-India/.

步和强大充分证明了社会主义依旧充满活力。俄罗斯共产主义工人党指出，在我们所处的时代，有组织的阶级斗争出现衰退，但这只是暂时的，肯定会结束。《国际共产主义评论》认为，我们依然处在由资本主义向社会主义过渡的时代，苏联解体并未改变这种时代性质，并且实现社会主义是彻底解决经济危机、废除阶级剥削、消灭妇女问题的科学路径。

第二，社会主义建设具有长期性和多样性。建设社会主义是一项前所未有的事业，但受生产力发展水平、经济基础和上层建筑发展现实等制约，其具体建设过程具有长期性，必然遭到资本主义的阻碍。正如希腊共产党所强调，人们普遍相信，社会主义不是一条平坦的进步道路。此外，《国际共产主义评论》认为，社会主义建设的道路具有多样性，要充分考虑各国的发展水平、民族因素和文化差异。哈萨克斯坦社会主义运动指出："哈萨克斯坦和中亚的社会主义建设之间有一个显著区别，就是它发生在一个有许多资本主义生产方式，甚至包括封建且传统的地区的社会。"①

第三，革命方式是实现社会主义的重要手段。社会革命是阶级斗争的最高形式，对社会发展具有巨大的历史进步作用。马克思指出，"革命是历史的火车头"②，是"社会进步和政治进步的强大推动力"③。俄罗斯共产主义工人党也强调，从资本主义到社会主义的过渡并不像机会主义者所宣称的可以通过改革的方式进行，而是只能开展革命。东欧、亚洲和古巴在十月革命后的历史表明，除了革命以外，本质上没有其他途径可以过渡到社会主义。但是，需要指出的是，马克思主义重视革命的伟大作用，也不否认在阶级社会中改良手段能够缓解工人阶级的境遇。

（三）关于党的建设分析

第一，共产党必须巩固领导地位，提高领导水平。首先，加强对工人阶级的领导。作为无产阶级性质的政党，共产党加强对工人阶级的领导是

---

① Socialist Movement of Kazakhstan, "The process of socialist and national construction in Kazakhstan and Central Asia. Current conclusions", https://www.iccr.gr/en/issue_article/The-process-of-socialist-and-national-construction-in-Kazakhstan-and-Central-Asia.-Current-conclusions/.
②《马克思恩格斯选集》第1卷，人民出版社2012年版，第527页。
③《马克思恩格斯选集》第1卷，人民出版社2012年版，第595页。

题中之义。爱尔兰工人党指出，共产党有必要将资本主义条件下工人阶级的不满情绪转变为社会主义的革命意识和创造力。其次，加强对妇女群体的领导。妇女群体是工人阶级的重要组成部分，是共产党必须团结的主体之一。希腊共产党指出：我们必须说服她们，为什么普通工人阶级妇女的精细化、专业化的工作是她们参与反资本主义、反垄断斗争及推翻资本主义、争取社会主义——共产主义的必要条件。最后，加强对大众联盟的领导。人民群众是历史的创造者，是共产党必须领导的力量。委内瑞拉共产党指出，共产党人应当坚持无产阶级的国际主义原则，主张全世界革命力量最大限度地团结起来。

第二，共产党必须加强自身建设，增强整体实力。首先，加强党的思想建设。苏东剧变后，机会主义、修正主义、民族主义、改良主义、社会民主主义等进一步侵蚀着共产党员的思想，加强党的思想建设迫在眉睫。匈牙利共产主义工人党认为，我们要加强马克思列宁主义教育。党员及党的积极分子应该认清当前的形势和革命的真正意义。其次，加强党的政治建设。正确的政治方向是政党生存发展的第一位问题，共产党的政治方向就是共产主义远大理想。《国际共产主义评论》始终强调，坚持以马克思列宁主义为指导的共产党的战略目标是建立社会主义——共产主义。墨西哥共产党进一步指出，共产党懂得什么时候进攻、什么时候防御，可以针对每一种具体情况提出必要的口号，可以在战略框架内打破资本主义关系、推翻资产阶级统治，建立工人阶级政权及实现社会主义——共产主义。最后，加强党的组织建设。严密的组织体系是马克思主义政党的独特优势。匈牙利共产主义工人党通过互联网、政党周刊等增强了党中央同党的地方组织的联系。

三、《国际共产主义评论》的历史贡献

第一，为传播马克思列宁主义思想提供新渠道，有力地驳斥各种非无产阶级思想。《国际共产主义评论》坚持以马克思列宁主义为指导，在剖析资本主义腐朽本质、社会主义科学理论的过程中有力回击了改良主义、机会主义、民族主义、社会民主主义、21世纪社会主义等错误论调，促进了

普通大众对马克思主义科学理论的认知。

　　第二，为解析国际共产主义运动的现实搭建新平台，有助于推动国际共产主义运动发展。《国际共产主义评论》聚焦当前国际共产主义运动的现实，不仅纷纷从本国国情出发各抒己见，试图在理论层面推动国际共产主义运动向前发展，而且积极发表《关于回顾弗拉基米尔·伊里奇·列宁逝世一百周年的声明》等声明，对国际共产主义运动的发展作出一定贡献。

　　第三，为探索马克思主义政党发展道路开辟新路径，有助于促进世界各国共产党的壮大。《国际共产主义评论》是世界各国共产党团结合作的产物，如何加强增强共产党的整体实力和影响力自然而然是重要的主题之一。目前，《国际共产主义评论》已经围绕帝国主义战争与共产党人的立场，工人阶级、工会运动和共产党人的工作等主题相继刊文，为马克思主义政党的发展壮大作出应有贡献。

　　（王喜满系辽宁大学中国特色反腐败研究中心副主任，教授；巩效忠系辽宁大学马克思主义学院博士研究生）

反霸权主义斗争中的
回旋镖辩证法与中国的核心作用

〔法〕帕特里克·图雷

回首过去，我们很容易就能识别历史阶段的真正转折点，并冷静地判断我们所处的时期，但我们是历史的行为主体，绝不可能永远清楚地知道这一点。然而，我们已经不得不注意到一些非常明显的迹象，表明我们正在进入一个历史变革时期，终结以美国为核心的帝国主义霸权。这一关键性的变革，前景美好，道路险阻。事实上，如果说这一转变的根本原因是人口、经济和文化方面的因素导致的一种相对长期的大势，那么政治因素则源自后续的周期性危险，特别是具有全球影响力的武装冲突。

根本原因在于，美国与欧洲的长期霸权正在竭尽全力推迟多极世界的到来，而中国将在其中发挥至关重要的作用，在这种情况下，美国的军事实力仍然是其最终和最好的资产。但是，面对替代帝国主义的全球秩序的客观崛起，统治集团旨在减缓其衰落的行动现在也产生了"回旋镖"效应，确定并加速了帝国主义的衰落，其中，有一个特别的因素发挥了作用。当前的霸权，不仅因其经济和社会基础而具有了统治阶级的性质，还因为它是特定历史和文化发展的表现，是路径依赖的结果，反映在特定的意识形态中。今天自相矛盾的是，霸权明显而客观地衰落之时，反而助长了其自大和傲慢，进而加速了它在全球遭受迫在眉睫的挫折。

这里有两个例证：与当前乌克兰政治军事冲突有关的两个政治声明。这两个声明分别来自两位西方资深政治家，一位是在2022年战争爆发之初，另一位是在2023年10月,以各自的方式证明了这种过度的自信和傲慢。在此,我们不从道义的角度,而是从产生的具体后果来分析这两个声明。

一、经济战争宣言

法国经济和财政部长布鲁诺·勒梅尔（Bruno Lemaire）,当时正担任欧盟轮值主席,于2022年3月1日,俄罗斯军队进入乌克兰5天后接受采访时说道:"是的,经济和金融制裁极其有效。我不想让欧洲在这个问题上的决定有任何含糊。我们将对俄罗斯发动全面的经济和金融战争……"提问:是对俄罗斯还是对普京?"是对俄罗斯,对普京,对他的政府,但俄罗斯人民也将为此付出代价。让我们明确这一点,我们要针对俄罗斯制度的核心,针对普京,针对寡头,还要针对整个俄罗斯经济。因此,我们准备了一揽子制裁措施,目前正在研究之中。我认为今天上午我们就会收到欧盟委员会的建议。昨天,我与美国财政部长耶伦通了很长时间的电话,准备在必要时进一步加强经济和金融制裁。今天下午,我们将就这一问题召开七国集团会议,明天我还将召集一次欧洲财长会议,以确保妥善执行这些制裁措施。这些措施必须迅速而严厉,让我们可以看到效果。卢布下跌了30%,俄罗斯的外汇储备正如冰雪在阳光下消失,而普京著名的战争储备已经几乎化为乌有。我们看到了市场的崩溃,通货膨胀加剧。我们将看到俄罗斯人成群结队地试图从银行里提取现金。然后,中央银行别无选择,只能将利率从10%提高到20%,这意味着企业将无法借贷（除非以非常高的利率借贷）来投资和发展经济,这样我们将搞垮俄罗斯经济。"①在这里,我们汇集了几乎所有统治及其幻想的要素:武力措施、沉降、升级、统治集团的协调,最重要的是,毫不迟疑地确定地宣布预期结果。

(一) 2022、2023、2024年的增长: 制裁后不会崩溃

然而,几乎所有这些关于"经济战争"后"经济失败"的预测都落空

---

① France 24- France Info, 1er Mars 2022, 8h30. Available on youtube : Lemaire Bruno 1er mars 2023 - Résultats dans - Recherche de vidéos (yahoo.com)。

了。俄罗斯GDP的增长在2022、2023、2024年分别是-2.1%、+2.2%、+1.1%。欧元区的GDP增长在2022年的表现较好（+3.3%），但预计在2023年和2024年分别实现+0.7%和+1.2%的较低增长。与欧元区相比，俄罗斯在这3年中的经济表现下降了4个百分点，但距离预言中的经济崩溃还很遥远，而国际货币基金组织（IMF）对欧元区的预测则是一个季度比一个季度更加悲观。但最重要的是，这些数字应与乌克兰的数字相比较，尽管预测2023年和2024年会有所增长，但乌克兰2022年的GDP增长率为-29.1%，三年后的GDP增长率仍将是-25%。欧盟好战的军事经济算计不但没有带来预期的结果，反而适得其反。唯一真正戏剧性的崩溃是乌克兰，更不用说无法弥补的人员伤亡和800万难民（占人口的18%）。[①]

欧元区、乌克兰与俄罗斯的GDP年增长
（国际货币经济组织世界经济概览数据2023年10月）

GDP annual Growth- IMF (WEO Oct 2023)

2022: Euro zone 3.3%, Ukraine -29.1%, Russia -2.1%
2023: Euro zone 0.7%, Ukraine 2.0%, Russia 2.2%

（二）货币：走向去美元化

当然，在货币层面，卢布确实在制裁实施后迅速贬值，但几周后，汇率又恢复了，且四个月后，贬值趋势发生了惊人的逆转。如今，卢布汇率在经历了2023年的下跌后，几乎恢复到了2022年2月的水平。而欧洲，自2022年2月24日以来，欧元兑美元汇率下跌了近4%。

至于俄罗斯的货币储备，在经历了2022年年中的低谷之后，已经恢复到了最初的状态。黄金储备在全球排名第五，甚至略有增长，达到了历史最高水平。在这种货币环境下，最重要的是全世界都采取了决定性的措施

---

① HCR, février 2023.

来废除美元的全球霸权,加速全球经济的"去美元化",增加用当地货币结算的贸易,特别是用中国的人民币、巴西的雷亚尔和俄罗斯的卢布。所有这些都是在金砖国家扩员及其新开发银行壮大的背景下发生的。

(三)制裁后的反弹

在此,我们不再赘述经济制裁的许多其他后果以及制裁者所不希望看到的后果。我们只需提及民族工业的发展、贸易(能源、农产品等)方向的调整、某些不守纪律的国家转移制裁或延长国际分销渠道以提高价格获利,等等,这些都是制裁政策的实际阻力因素。更不用说能源价格,尤其是天然气价格的周期性形成了回旋镖效应。除此之外,在意识形态方面,如何看待制裁政策所产生的回旋镖效应呢?在最发达的资本主义国家,随着个人和集体资产被冻结,财产权的不确定性加剧,投资的不信任度上升,历史上构成资本主义发展支柱之一的私有财产保障受到质疑。

二、本·华莱士(Ben Wallace)的胜利宣言

另一位的发言是在军事领域,英国前国防部长本·华莱士在2023年10月1日的《每日电讯报》上写道:"乌克兰的反攻正在取得成功。乌克兰武装部队正在缓慢而稳步地突破俄罗斯的防线,有时是一个院子一个院子,有时是一个村子一个村子地突破,但乌克兰的势头很猛,正在向前推进。……自夏季以来,乌克兰再次在反攻中学习,乌克兰部队正在调整战术、吸取经验教训,并充分利用我们赠送给他们的装备……。……他们使用英国的装备,取得了远远超出预期的成功率。……我们有机会帮助他们完成任务。俄罗斯军队正在崩溃,乌克兰已经学会了攻克可怕雷区的新战术,而'风暴阴影'袭击正在摧毁俄军总部。我们正在见证克里米亚战争的开端。……让我们一天也不要松懈,让我们坚持到底。全世界都在关注西方是否有决心捍卫我们的价值观和以规则为基础的体系。"[①]

从6月初开始,这场宣布多月的反攻将是决定性的。在北约的武装和

---

① *The Telegraph*, 1 October 2023.

训练下,在北约的金钱和自以为高人一等的思想的支持下,这场反攻必须迅速进入黑海,然后到达克里米亚。

此仅引用3家报纸的消息来源,并对这些消息来源进行综述。在美国《华盛顿邮报》《纽约时报》和法国的《世界报》看来,乌克兰每月夺回的土地分别为47、65和70平方公里。换句话说,考虑到他们的目标是夺回10万多平方公里,按照这个速度,乌克兰武装部队需要127至191年才能实现最终目标。

正是在这种情况下,本·华莱士以胜利的语气描述了这次反攻,主要是为了恳求维持和加强北约的援助。换句话说,从严格的信息角度来看,盲目为其阵营进行合法宣传的具体结果无非是进一步助长了战火,推迟了不可避免的重要谈判。因为西方的自尊心已因2023年反攻的失败而受损,现在的问题是如何削弱或消除这种自尊心受损:停止战争或谈判。

乌克兰总司令瓦列里·扎卢日尼(Valery Zaluzhny)本人在2023年11月4日接受《经济学家》杂志采访时宣布的情况恰恰相反,他讽刺地说:"我们已经达到了使我们陷入僵局的技术水平。……如果看看北约的教科书和我们所做的计算,4个月的时间应该足够我们到达克里米亚、在克里米亚作战,从克里米亚返回并再次进出克里米亚。"[①]事实上,在远方制定凯旋计划,纯粹依靠物质援助,比自己流血牺牲更容易取得成功。同样是这位经验丰富、消息特别灵通的军官,只把打破僵局的全部希望寄托在发现一种新武器上,新武器是一种戏剧性的"游戏规则改变者",他说这相当于大约2000年前中国人发明的"火药"。这可以有不同的解释,甚至是最灾难性的解释,乍看之下,更像是认命,在当地的宗教背景下,这类似于祈求奇迹的咒语。然而,在2022年4月达成伊斯坦布尔协议之后,如果没有西方的自我保证,乌克兰可能不会延长这场战争,而伊斯坦布尔协议仍然是一纸空文。会谈的东道主、土耳其部长卡夫索格鲁(Cavusoglu)本人随后宣布:"在北约外长会议之后,……北约内部有些成员国希望战争继续下去,让俄罗斯变得更弱。"

---

① *Valery Zaluzhny*, "War of attrition", *The economist*, November 4th 2023, pp. 23-24.

三、西方的现实主义

如果说西方的思想是由其过度自信、缺乏倾听而导致的盲目、混乱与效率低下所主导,那么它自然也不是绝对和单一的,也存在着从不同的角度看到的其他现实的声音,例如,美国前国务卿亨利·基辛格(Henry Kinssinger)或多米尼克·德维尔潘(Dominique De Villepin)的声明,尽管他们在被歌曲和十字军口号所震撼的西方政治军事音乐合唱中,仍然只是异类。许多人,但也只是少数,意识到西方的霸权主义政策甚至玷污了他们的某些价值观,而这些价值观是在2500年的人文主义和进步斗争史中一点一滴滋养出来的。

四、环境的变化

西方渴望获得权力,又热衷于维护权力,因此仍然习惯于同时扮演所有角色:检察官、法官、警察、狱卒和刽子手,其他角色只剩下被告和制裁的受害者。在一小群人做出决定之后,现实只会被假定为符合这些决定,决策者——"地球的主人"——的头脑中对此不会有丝毫怀疑。但其他人却感到逐渐被针对、受到威胁,逐渐被迫反抗、组织起来。通过自己的行动产生反对的力量,这是一切霸权的特性。例如,布热津斯基在1997年出版的《大棋局:美国的首要地位及其地缘战略》中指出:"尽管俄中和俄伊(朗)不可能建立长期的战略联盟,但对于美国来说,避免采取可能分散俄罗斯注意力,使其无法做出必要的地缘政治选择的政策,显然是非常重要的",换言之,"与跨大西洋的欧洲建立日益有机的联系"。[1]在这种情况下,俄罗斯显然只是从属和次要地融入西方阵营,具有羞辱性的一面,这一点并没有被忽视。但最终最有趣的事情难道不是美国及其盟国做了布热津斯基25年前建议不要做,甚至他认为很荒谬的事?为了保证美国利益的持续性,把俄罗斯推向它不该去的地方。

今天,实施制裁的国家只占全球国家总数的四分之一,不到世界人口

---

[1] Zbigniew Brzezinski, *The Grand Chessboard*, Basic Books, 1997. p. 118.

的15%，而且非常典型地集中在世界上最富有的国家。因此，我们可以套用马克思和恩格斯在1848年《共产党宣言》中的话得出结论：资产阶级首先产生的是它自己的掘墓人。资产阶级的灭亡和无产阶级的胜利是同样不可避免的。如今，帝国主义、霸权主义长期来看客观上产生了自己的掘墓人，主观上则通过他们的决定产生自己的掘墓人。他们的失败为一个新世界做好了准备，而这个新世界自然不可能是完美的。这就是联合国投票所示，也是金砖国家和上海合作组织扩员所显示的，宣告了一个新世界的到来。

五、中国的社会主义是人类命运的核心

1991年，苏联解体，东欧社会主义国家也随之解体。当时社会主义遭受谴责，其他地方的社会主义，没有任何未来，成为过去的遗物。西方资本主义可以公开为社会主义的终结而欢欣鼓舞，并宣称"历史的终结"是其自身的胜利，不仅是政治上的胜利，也是道义上的胜利。一种宿命的实现，一种注定的审判，最终给了西方资本主义充分的理由。

所有人都立刻成了孤儿：全世界的共产主义者、社会主义者、反殖民主义者和反帝国主义者最终大多以截然不同的方式被贬低，士气低落。与真正的社会主义敌对的左翼力量也失去了他们的区分性，因为他们长期以来在不知不觉中依赖这种竞争来证明他们的存在和身份的全部或部分合理性。更重要的是，对立的西方资本主义者必须填补传统历史对手消失后的动员空白。由于统治的目标依然存在，对手不得不再次被指定为"流氓国家"。实际上，所有反抗西方资本主义统治的人，有时仅仅是因为不认同西方资本主义的信仰和承认其政治制度的优越性，但本质上都是因为关闭市场、拒绝干涉而被西方资本主义针对。

40年后的今天，时代背景发生了翻天覆地的变化。资本主义不再是胜利者。以美国为首的西方霸权主义、帝国主义正在衰落，他们忧心忡忡，咄咄逼人，企图遏制世界人民和各国天然对和平与发展的渴望。正如乌克兰战争和加沙战争所显示的，霸权主义正变得日益焦虑和孤立。对俄罗斯实施制裁的国家仅占世界人口的15%。在联合国大会上公开支持以色列侵

略巴勒斯坦人民的国家只有两个：美国和乌克兰。

在霸权主义看来，社会主义在上个世纪的失败正日益被社会主义复兴的成功所取代。仅以一个经典的综合指标为例，苏联解体时，所有社会主义国家的经济总量约占世界经济总量的10%。20年后的2011年，仅中国就达到了这一比例。1968年，苏联在世界经济中的比重达到最大值，占世界GDP的14%。中国早在2015年就超过了这一比例。苏联在美国国内生产总值中所占的比重从未超过40%。所有观察家们都预测到了这一点。

更为深刻的是，中国GDP的性质、结构与苏联大相径庭，更令西方资本主义统治者焦虑。由于世界经济的相互渗透，中国对世界资本主义经济本身有着直接而深刻的影响。在发展中国家中，中国出人意料地大放异彩，已被公认为过去20年来全球经济增长的引擎。资本主义再次感受到了来自外部的威胁，但现在也感受到了来自自身内部平衡的威胁。

但是，社会主义中国只有首先战胜自己，才能赢得这一国际角色。中国特色社会主义首先是在这一时期取得巨大进步，更是未来能够取得更加辉煌进步的希望。中国人可以为此而欢欣鼓舞，我们也可以为中国人的命运而欢欣鼓舞。中国在消除贫困、实现前所未有的经济和社会增长、史无前例的多方面的现代化上所取得的辉煌成就，首先惠及的是中国人民。这是中国的工作、中国的胜利、中国的回报。但世界是一个整体，地球和人类是一个整体，当谈到中国，这不仅仅是中国的，而是整个世界的，而且，中国还是一枚"多级火箭"。

首先，中国是全球人口最多的国家。中国经济正在恢复其几个世纪前占据的世界领导者的天然地位，但这一地位是在一个全新的背景下找到的，即世界经济全球化，这在当时是不存在的。事实上，中国已成为国际贸易和技术创新的主要参与者，地球上的其他国家人民也越来越多地从中受益，无论他们是否意识到这一点。

其次，中国不再是普通的中国，没有人会忽视它。新中国诞生于一场革命，从此，中国的进步与社会主义的优越性联系在一起，而社会主义的优越性在一段时期内已经不再明显。每当资本主义带来苦难、遭遇危机时，社会主义的希望就会重新燃起。资本主义与社会主义之间的区别并不在于时间，而在于所走的道路。如果说即使在最发达的资本主义国家，工人们也要为维护几十年的斗争和经济发展所取得的成果而斗争,那么在社会主义中国,每个人都能日复一日地评估所取得的进步,并满怀信心地展望未来。

第三,如果目光转向中国,他们将看到中国共产党,他们将看到向他们自己的传统开放的马克思主义。虽然大多数国家必须承认,有组织的社会主义力量仍处于浪潮的低谷,但攻势正在逐渐恢复。多亏了中国,地球上的进步与和平力量才能抬起头来,憧憬一个更美好的世界。世界社会主义论坛不就是最好的证明吗?

因此,传播的全球化导致了这样一个事实:无论正确与否,无论善意与否,信息在几秒钟内就会传遍全球。于是,围绕中国的现实,一场巨大的全球意识形态斗争将从多方面展开。统治世界的人害怕中国,诋毁中国,但也必须越来越依赖中国。这种矛盾在其内部不断加剧。

马克思主义是一种科学、理性的思想,绝非理想主义和预言,青年马克思和恩格斯在1845—1846年的反思在今天产生了如此强烈的共鸣,特别是在社会主义中国努力建设人类命运共同体时发挥了新作用,他们说共产主义"是以生产力的巨大增长和高度发展为前提的……,是以生产力的普遍发展和与此有关的世界交往的普遍发展为前提的……。……所以无产阶级只有在世界历史意义上才能存在,就像它的事业——共产主义一般只有作为'世界历史性的'存在才有可能实现一样"。"共产主义对我们说来不是应当确立的状况,不是现实应当与之相适应的理想。我们所称为共产主义的是那种消灭现存状况的现实的运动。这个运动的条件是由现有的前提产生的。"①

[帕特里克·图雷(Patrick Theuret)系法国《国际通讯》前主编;译者高静宇系中国社会科学院马克思主义研究院英文期刊《国际思想评论》编辑部学术编辑]

---

① 《马克思恩格斯文集》第1卷,人民出版社2009年版,第539页。

建立一个更加公正、平等的社会主义世界

〔南非〕诺尔曼·舒舒

今天,我怀着深深的感激之情,代表南非共产党（SACP）在此出席在中国举行的第十三届世界社会主义论坛。

我们的总书记索利·马佩拉本将出席今天的会议,但令人遗憾的是,我们的中央委员会全体会议正同时举行,因此他无法出席此次论坛。对此,我向中国共产党和来自世界各地的尊敬的代表们表示诚挚的歉意。作为我们党的总书记,马佩拉必须向中央委员会全体会议作一场政治报告,分析国内和国际形势,以及其相互作用和对工人阶级、农民和整个南非的影响,并涵盖南非共产党现在和未来面临的战略。

对于"构建人类命运共同体和世界社会主义发展"这一主题,南非共产党认识到在面对全球挑战和帝国主义对社会主义斗争和建设的敌意时团结一致的重要性。

习近平新时代中国特色社会主义思想与马克思和恩格斯在1848年《共产党宣言》中阐述的原则完全一致。马克思和恩格斯强调了他们在宣言中提出的十点纲领的普遍性,并承认需要适应每个国家的具体历史条件。"习近平新时代中国特色社会主义思想"既把握了中国独特的历史背景,同时认识到历史条件之间的全球联系,并表达了中国共产党对这些原则的坚守承诺。

在帝国主义侵略造成的全球敌对氛围的背景下,争取社会主义的斗争面临着许多挑战。帝国主义势力是主要位于北半球的西方国家,它们反对

社会主义事业在世界范围内取得的成功。对古巴、委内瑞拉和中国等国的暴力单边制裁，以及对华为等公司的不公正打击，让我们认识到了帝国主义的侵略性。在这种充满挑战的背景下，中国取得的非凡进步证明了其顽强的生命力。

作为一个有14亿人口的国家，中国面临着在帝国主义敌视下进行社会主义建设的艰巨任务，其中包括帝国主义在台湾海峡的战争挑衅。尽管中国多年来且至今始终要面对帝国主义制造的困境，但仍在工业化、科技和数字经济方面取得了令人印象深刻的进步，这是值得赞扬的。

中国取得了许多进步。如，我们党访华代表团所报告的中国在燃煤发电站行业碳捕获和封存方面取得的进展，以及中国在可再生能源发电能力方面取得的无与伦比的进展。中国的进步应归功于中国共产党发挥的领导作用，国家不仅直接参与能源生产，还通过繁荣的公共部门和公共企业参与其他行业。我们党访问中国的代表团认为，政府对经济的果断宏观调控，以及非国家行为者——作为推动中国发展的一个关键因素，都发挥着重要作用。

中国致力于让数亿人摆脱赤贫，真正做到不让任何人掉队，这为我们许多国家为实现类似目标而奋斗树立了榜样。南非共产党再次祝贺中国共产党取得划时代的成功——中国消除了绝对贫困。

在我们探索社会主义道路的时候，认识到帝国主义政权的非民主性质，具有重大意义。帝国主义政权对资本主义统治和霸权的偏好，破坏了团结、合作和以联合国为基础的多边主义体系的原则。帝国主义攻击任何他们认为是竞争对手的国家——即使也是资本主义国家，更不用说任何追求另一条道路，尤其是社会主义的国家。这暴露了他们虚伪、敌对和伪善的立场。正是在这种背景下，美国通过贸易战反对世界贸易组织的框架，并试图通过反对其上诉机构成员的任命来削弱它。

本届世界社会主义论坛的主题强调了携手构建人类命运共同体、推动世界社会主义发展的必要性。涵盖投资、贸易和政治领域的统一和团结，是我们成功的关键。在南非，我们正努力应对与全球帝国主义反共议程有关的、资金充足的右翼势力所带来的挑战。他们的目的是破坏我们正确认识的民族民主革命，阻碍我们追求非资本主义的社会主义未来。我们的斗争不是孤立的。它与世界各地的同志们的斗争产生了共鸣——尤其是在巴勒斯坦，在美国的武装和支持下，以色列定居者国家持续进行的种族灭绝运动对巴勒斯坦人民的生存构成了威胁。此刻，我们重申我们坚定不移地声援巴勒斯坦人民，并呼吁尽快通过各方努力结束他们的苦难。

最后，让我们勇往直前，团结一致，致力于构建人类命运共同体，推动世界社会主义发展。我们将共同克服帝国主义势力带来的挑战，团结一致，为建立一个更加公正、平等的社会主义世界，为我们的共同未来，铺平道路。

［诺尔曼·舒舒（Norman Shushu）系南非共产党中央委员，北开普省书记；译者李凯旋系中国社会科学院马克思主义研究院副研究员］

反帝国主义文化霸权之于构建人类命运共同体的意义

〔瑞士〕鲁迪·阿方索·阿尔维斯

世界社会主义论坛对于我们本着国际主义精神继续斗争至关重要，特别是在当前的历史阶段。

同志们，谈到当前的历史阶段，我们必须认识到，近年来发生的一系列事件，使我们共产党人开展活动的环境发生了根本性的变化。东欧和中东的战争，以及太平洋地区的紧张局势，日益呈现为一种我们瑞士共产主义者早已预见到的情景。事实上，如果说直到几十年前，人们还在追溯大西洋帝国主义几乎无可争议的霸权，那么新兴金砖国家生产力的发展，特别是中国，则使在全球范围内建立一个替代方案成为可能。

如果没有这一物质前提，多极世界的实际建设是不可能的。然而，尽管实现多极世界的物质条件是存在的，特别是得益于中国共产党推动的现代化进程，但重要的是不要抱有这样的幻想，即这些条件足以克服当前单极主义和多极主义之间的矛盾，这种矛盾在全球范围内表现为资本和劳动力之间的根本性紧张关系。如果说外交、贸易和基础设施建设方面的努力，特别是通过"一带一路"倡议，以及中国的其他结构性和外交举措，是实现多极秩序和在欧亚大陆架设桥梁的基础，那么目前的情况以及瑞士和欧洲的社会力量在政治和文化上似乎还没有准备好接受这一全球性变革。

很明显，中东和东欧的紧张局势不仅没有促进欧亚大陆的经济一体化进程，反而使关系的缓和、正常化和现代化变得更加复杂。综合各种信息来看，我们认为，当前亚欧边界的不稳定不仅是原有的紧张局势的结果，而且可能是单边主义和多极主义之间的矛盾在地区层面的结果。因此，我认为，作为一名在欧洲心脏地带工作的瑞士共产党人，不仅仅要谈论中国致力于建设人类命运共同体，还要理解并关注我们的核心历史、政治和文化作用：即努力使多极世界变得可信和可实现。这不可否认中国和中国共产党的领导在未来发展和综合中的关键作用。

我们来到北京也是出于这个原因，即听取和注意中国同志和中国共产党在当前历史阶段的观点。因此，我们对中国提出的"人类命运共同体"以及中国共产党在现阶段为推动世界多极化所做的努力和正在开展的工作非常感兴趣。因此，我们特别关注中国学者在本次论坛上发出的声音。接下来，我想分享一下我们瑞士共产党人的想法。

构建人类命运共同体，这是今天会议的主题。尽管我们面临的全球性挑战不言自明：地区和全球紧张局势日益加剧、战争、气候变化、资本剥削和垄断加剧、大规模移民。但我认为，在这个问题上需要辩证地推进马克思主义的方法。虽然从唯物主义的角度来看，向多极世界转变的条件似乎已经具备，但重要的是要记住上层建筑在有效克服物质和结构矛盾方面所起的作用。安东尼奥·葛兰西谈到，资产阶级社会集团的文化霸权是20世纪初阻碍欧洲实现社会主义革命的因素之一。在21世纪初，我认为我们仍然面临着类似的现实，对于那些发现自己处于权力对立面的人来说，葛兰西的学说是避免屈服于大西洋帝国主义和超国家资产阶级侵略的根本。正是通过学习葛兰西对那个时期的分析，相信我们可以更清楚地理解当前的现实。

只要美国领导的大西洋帝国主义能够在经济和军事层面上保持"结构性"霸权，那么自由贸易、国际法及其制度至高无上的主张就会被奉为圭臬，甚至在上层建筑层面上也会被采纳和重申。通过这种方式，大西洋单极主义不仅成功地将世界殖民化，还将意识殖民化；不仅将已经在其势力范围内的人民的意识殖民化，还将尚未完全融合其中的人民的意识殖民化。现在，大西洋单极主义已经失去了对全球经济发展的控制，在政治和文化上也开始失去信誉。简而言之，大西洋帝国主义的文化霸权在国际和外交上开始动摇。对统治阶级具有重要作用的高度意识形态叙事失去了其稳固性。最初设想的自由贸易和国际法至高无上的无稽之谈,在它们为权力服务的工具性作用中得到了体现。

如今,权力和权力关系正在发生变化,他们也开始质疑自己创造的一些基本原则。由于新兴金砖国家政治和经济的强劲发展,权力关系发生了根本性变化。正是在这个以大西洋文化霸权意识形态瓦解为标志的历史阶段,西方都在变本加厉地使用胁迫镇压手段,不管是在其势力范围之内还是之外。制裁、贸易勒索、重整军备以及对国内外战争机构的大规模资助,只是西方霸权在国际上采取的部分形式。如前所述,文化霸权的丧失也表现在这些国家内部,这些国家在瑞士对外关系问题上的言论越来越咄咄逼人,例如,与大西洋轨道以外的国家的关系。

为了我们个人的与自身身份的完整性,我们必须小心谨慎。如果说最保守形式的大西洋自由主义似乎也因为当前的全球发展而陷入危机,那么我们必须认识到,近年来,它是如何辩证地融合了西方社会中存在的新矛盾,以一种新的统一和连贯的形式,形成了一种新的意识形态话语。气候变化、移民、女权主义和战争,这些都被新自由主义思想成功地神秘化并融入其主导的单一叙事中。这是一次成功的政治文化和意识形态行动。这一成功建立在对当前事态的神秘化和话语的具体化之上,即使在瑞士所谓的"进步"和社会民主政治组织中,这种神秘化和具体化也得到了广泛认可。

事实上,正是后者为主导思想的叙事提供了论据,以诋毁新多极秩序的出现。然而,矛盾总是会出现,人们意识到了这一点。因此,西方帝国主义的巨大能力,就在于吸收并将关于所谓的人类条件和权利的普遍性的"进步"抽象概念融入其意识形态和文化武器中——西方的殖民道德和文化优越性似乎就源于此。因此,我们必须意识到,争取文化霸权的斗争不仅仅是对一种叙事的肯定,而且是对意识形态一致的话语群的构建和肯定,从而能够提供基本工具,以指导个人和集体的良知,最重要的是指导个人和集体的行动。在政治文化和学术层面上,构建和肯定一个与大西洋单极主义对立的意识形态复合体变得比以往任何时候都更加紧迫。瑞士学术界的自由主义侵略正变得越来越令人窒息。想想最近一些大学教授被解雇，以及谴责对巴勒斯坦人民进行种族灭绝的学生活动遭到的审查和镇压。

这一事实清楚地表明，左右二分法在政治上已难以适应新的时代要求，在辩证唯物主义之后，在文化层面上培育单极主义和多极主义之间的矛盾越来越必要。事实上，如果说，在20世纪，左右辩证法从马克思主义的角度找到了它作为资本和劳动之间冲突的表现形式的意义，那么今天，这种根本矛盾则表现在另一个层面上。虽然事实上，资本与劳工的矛盾仍然是核心问题，但越来越明显的是，在当前的历史阶段，普通左翼政党不再是"劳工"的代表，而是屈从于资本及其帝国主义形式的利益并为其服务。从这些角度来看，单一思想的自由极权主义巧妙地吸收了这些政治主体，整合了他们的言论，并将其导向自身的阶级利益。我们必须清楚地辨别哪些是叙事，哪些是有利于其传播的制度具体化：其中之一就是欧盟，因为它屈从于美国的利益而被认为在政治上非常无能；因为它与大西洋资产阶级有机地联系在一起，并受其操纵，而被认为是无法改革的。

因此，必须明确的是，对我们瑞士共产主义者来说，当务之急是在政治、工会、文化和学术层面上承认并解释当前单边主义和多极化之间的冲突，将其视为资本和劳动力之间的冲突的直接表现。因此，问题在于如何在文化层面上培育这种矛盾，并显示出它对当前日常生活物质条件的直接和实际影响：通货膨胀、能源供应问题、工资停滞和工作条件恶化、气候变化、移民现象。这些都是当前全球冲突的影响，不仅表现在军事层面，而且表现在商业、经济和技术层面。这场冲突阻碍了一个更美好、更公正的世界的实现，并严重削弱了构建一种能够建设性地应对当前全球挑战的共同治理的能力。

正是出于这个原因，对我们瑞士共产主义者来说，我国目前的首要任务是捍卫和重申中立和主权，反对社会民主左翼和超国家右翼推动的与欧洲联盟政治经济一体化和与北约和解的所有企图：这就是为什么我们在上次竞选中将我们的竞争联盟命名为"无欧盟，无北约"！

因此，如果说资本通过自由主义全球化为多极世界的形成创造了物质条件，那么共产主义者在各自的行动地区的任务，就是为实现这一全球秩序创造政治和文化条件。这一行动必须建立并植根于他们自己的物质、政治和文化现实的基础之上，从而遵循他们自己的道路和模式，同时尊重在根本不同的物质条件下开展活动的马克思主义者之间可以而且必须存在的差异。否则，我们将既不是辩证的，也不是唯物主义的。

〔鲁迪·阿方索·阿尔维斯（Rudi Afanso Alves）系瑞士共产党中央委员；译者李凯旋系中国社会科学院马克思主义研究院副研究员〕

霸权与全球治理

〔南非〕卡西乌斯·卢比斯

一、导言

"统治阶级的思想在每一时代都是占统治地位的思想。这就是说,一个阶级是社会上占统治地位的物质力量,同时也是社会上占统治地位的精神力量。支配着物质生产资料的阶级,同时也支配着精神生产资料,因此,那些没有精神生产资料的人的思想,一般地是隶属于这个阶级的。占统治地位的思想不过是占统治地位的物质关系在观念上的表现,不过是以思想的形式表现出来的占统治地位的物质关系;因而,这就是那些使某一个阶级成为统治阶级的关系在观念上的表现,因而这也就是这个阶级的统治的思想。此外,构成统治阶级的各个个人也都具有意识,因而他们也会有思想;既然他们作为一个阶级进行统治,并且决定着某一历史时代的整个面貌,那么,不言而喻,他们在这个历史时代的一切领域中也会这样做,就是说,他们还作为思维着的人,作为思想的生产者进行统治,他们调节着自己时代的思想的生产和分配;而这就意味着他们的思想是一个时代的占统治地位的思想。例如,在某一国家的某个时期,王权、贵族和资产阶级为夺取统治而争斗,因而,在那里统治是分享的,那里占统治地位的思想就会是关于分权的学说,于是分权就被宣布为'永恒的规律'。"[①]

本导言以马克思和恩格斯的这段话开头,说明思想具有推动世界发展

[①]《马克思恩格斯文集》第1卷,人民出版社2009年版,第550-551页。

的强大力量，思想可以被用作霸权的工具，即统治阶级对被统治者的霸权。对霸权的追求可以追溯到早期的殖民主义。

西方殖民主义在学科发展和知识生产方面发挥了巨大作用，并将继续发挥这种作用。它对各种学科的发展具有决定权，并通过认识论霸权决定什么是可以出版的正确知识。这背后的因素包括认识论霸权以及社会经济地位。殖民主义之所以能在知识生产和霸权中发挥重要作用，是由于以下三个原因：殖民者与被殖民者之间的空间和地理差异；被殖民者与殖民者之间的物质和经济条件差异；殖民者在被殖民者思想中造成的想象差异。为此，南非黑人意识领袖史蒂夫·比科（Steve Biko）曾说过："殖民者手中最有力的工具就是被压迫者的思想。"

殖民统治阶级思想的主导地位导致了我们今天所看到的现实。因此，我们今天所看到的全球治理是由真实或扭曲的历史所塑造的，而历史对现实的塑造是历史的产物，其中包括西方的征服和霸权、利益之争和影响力之战，这些都试图通过暴力的认识论话语来定义和塑造现实。由于统治阶级的思想是社会中最主要的推动力，可以说全球治理带有西方思想的烙印，并被用来塑造世界以追求西方霸权。

本文将列举几个通过全球治理推行霸权主义的例子，并以习近平主席提出的各种倡议为例，说明为实现人类共同繁荣而采取的反霸权主义举措。

二、全球治理与霸权

虽然全球治理是以"共同利益"为借口建立的，但它是由西方殖民国家的思想塑造的，在很大程度上反映了其创始人的利益。因此，全球治理是国际政治和经济关系中新自由主义思想的产物，并受到众多西方国家和网络等试图影响全球治理话语的势力的影响、定义和支持。通过经济实力以及得到赞助的网络和非国家行为者的支持，西方富裕国家的思想继续主导着全球治理的话语，并通过议程设置塑造着全球治理的话语。

在联合国成立之初，殖民主义仍然存在，并由大多数西方大国领导，这些国家提出了成立联合国的想法，并延续了以欧洲为中心的世界观，这"意味着欧洲科学和知识对其他国家的胜利"。关于西方列强在联合国的主导地位，在某些人看来，联合国似乎只为最强大的成员国的狭隘国家利益服务，而不是为普通公民服务。为了维持这种以欧洲为中心的愿景，延续西方"善治"的普世价值观，世界银行和国际货币基金组织等机构应运而生，通过结构调整方案等措施，追求西方价值观在治理和发展中的主导地位，这些措施极大地加剧了大多数贫穷国家的不发达状况，这些国家要么听命于发达国家，要么面临被孤立的惩罚。

联合国系统架构面临的另一个挑战是安全理事会的组成和运作，其组成主要由三个西方国家和前殖民国家主导，而其他10个成员则轮流担任，没有否决权，这可以说限制了他们在全球和平中的发言权，而这正是联合国1945年成立时的主要使命。因此，原则上，各民族、国家，无论大小贫富，在大会中都有平等的发言权，每个国家都有一票。但真正的权力在别处。

三、霸权与全球金融架构

国际货币基金组织和世界银行的成立旨在促进经济合作，从而创造一个更加稳定和繁荣的全球经济。国际货币基金组织促进全球宏观经济和金融稳定，并提供政策建议和能力发展支持，以帮助各国建设和维持强大的经济；世界银行则旨在通过提供技术和资金支持，帮助各国实施改革或项目，从而促进长期经济发展和减贫。这两个机构还提供贷款。长期以来，国际货币基金组织和世界银行一直被批评为以美元为主导的西方霸权的工具。

联合国秘书长安东尼奥·古特雷斯（António Guterres）在一次不同寻常的批评中说"国际货币基金组织使富国而非穷国受益"。美国乔治梅森大学公共政策教授莫里斯·库格勒（Maurice Kugler）也提出了同样的批评，他说"这些机构未能帮助最需要帮助的国家"，反映了自上而下的方法的顽固性，即世界银行行长是由美国总统任命的美国人，国际货币基金组织总裁是由欧盟委员会任命的欧盟人。国际危机组织联合国主任理查德·高恩（Richard Gowan）说，美国及其欧洲盟友主导决策，非洲国家只有"一小部分投票权"，这表明西方国家主导了布雷顿森林机构。"发展中国家抱怨银行的贷款规则对它们不利"，为了尽量减少这种霸权，金砖国家建立了新开发银行等机构。

四、认识论与霸权

同样，借鉴马克思和恩格斯关于统治阶级的思想是社会的主导和推动力的概念，西方殖民主义试图抹杀殖民地的历史，削弱他们的知识体系，以建立和维持西方知识霸权。这是通过在非洲大学中使用西方认识论范式构建知识模型来实现的，这种知识模型将命题知识视为普遍的、客观的、科学的、抽象的、中立的、非历史的、非本体的、无面孔的和跨文化的知识，并导致殖民地知识体系的认识论消亡，以追求欧洲的西方现代性。还有学者进一步指出，认识论的更替具有西方现代性和全球南北构建的基础，这导致全球南部的认识论替代方案日益丧失信誉或被抹杀，转而支持西方的认识论方案，要么是西方浪漫主义，英国人抹杀了殖民前哨超过1.5亿人的历史；要么是最坏的情况，"对维持这些知识的社会群体进行种族灭绝"。认识论试图建立一个由西方价值观、制度和文化主导的单一世界观，并将其纳入普遍性的概念中，试图创造一个同质的世界。

为此，习近平主席提出了"全球文明倡议"。全球文明倡议旨在破除一个现实、一种治理体系、一种文明、一种认知方式、一种经济体系的普遍迷思，让世界充满多元现实，鼓励不同文明共存合作，追求共同理想。"全球文明倡议"代表着对文明多样性的尊重，倡导和平、自由、平等和发展等人类共同愿望，鼓励通过人与人之间的交流加强对话，促进相互理解。

五、建立世界新秩序，瓦解霸权

全球南方国家日益呼吁改革全球治理体系，使其更加平等、透明、负责和具有代表性，以促进和平与发展。自这些呼声出现以来，金砖五国等平台大大增强了全球南方国家的吸引力，最近又有新的国家加入金砖五国就是明证。为响应改革全球治理以谋求和平与发展的呼吁，习近平主席提出了一系列倡议，如全球安全倡议、全球发展倡议和全球文明倡议，以应对西方在全球治理中的霸权地位，并追求和实现习近平主席在2012年提出的"人类命运共同体"愿景，该愿景已被联合国所接受。

（一）金砖国家

西方主导的全球治理体系的不公平、脆弱的全球政治和经济形势以及全球南方国家的其他担忧导致了金砖国家的出现。可以说，这些治理和经济危机的出现源于西方思想和制度在全球治理体系中的主导地位，例如，美元在国际金融体系中一直占据主导地位，这导致出现了许多评论家所认为的"美元武器化"。关于美元的主导地位，有些学者认为，"在布雷顿森林会议之后，美元逐渐成为贸易发票、信贷扩张和储备货币的主导，并成为全球货币和金融体系的核心"。英国央行行长马克·卡尼（Mark Carney）也对美元的霸权地位表示不满，他说："美国经济的危机会波及世界其他地区。"为了突出这一问题的严重性，美国前财政部长约翰·康纳利（John Bowden Connally）表示，"美元是我们的货币，却是你们的麻烦"。

金砖国家平台汇聚了在塑造全球话语权方面具有战略意义的国家，这些国家在全球南方的经济增长和发展中发挥着重要作用。鉴于这一作用，金砖国家的吸引力与日俱增，并吸引了更多国家加入，使其在塑造全球话语权和建设一个不会因发展和财富不公平而出现某些国家支配另一些国家的世界方面具有更大的影响力。

随着影响力和号召力的不断增强，金砖国家正在建立和倡导全球治理的多样性，以反映世界的现实，摆脱西方观念的主导地位。金砖五国通过"挑战西方的普遍性，为全球南方的发展作出贡献。金砖五国通过转变全球治理体系和在发展融资方面创造替代方案"来支持全球南方的发展，以实现更加平衡的发展，以此作为对抗西方在发展融资等方面主导地位的霸权措施。

（二）全球安全倡议

安全与和平对发展与共存至关重要。《全球安全倡议概念文件》一开始就肯定了这一点，并指出"安全问题事关各国人民的福祉，事关世界和平与发展的崇高事业，事关人类的前途命运"[①]。因此，全球安全倡议作为一项反霸权措施，旨在谋求世界的共同利益，特别是要谋求在安全理事会中代表性不足的全球南方国家的共同利益，其基础是以下原则：

1. 坚持共同、综合、合作、可持续的安全观。
2. 坚持尊重各国主权、领土完整。
3. 坚持遵守联合国宪章宗旨和原则。
4. 坚持重视各国合理安全关切。
5. 坚持通过对话协商以和平方式解决国家间的分歧和争端。
6. 坚持统筹维护传统领域和非传统领域安全。

这些承诺符合中国以儒家思想为基础的外交政策，即主张互相尊重主权和领土完整、互不侵犯、互不干涉内政、平等互利、和平共处。

（三）全球发展倡议

时任联合国秘书长的科菲·安南（Kofi Annan）曾说过，没有和平就没有发展，没有发展就没有和平。习近平主席在2021年联合国大会上首次提出的全球发展倡议进一步重申了这一点。发展是和平的核心，是实现人类命运共同体的核心，习近平主席提出全球发展倡议这一反霸倡议，旨在促进共同发展，实现世界共同繁荣与和平。作为一项反霸权主义倡议，全球发展倡议强调发展是解决一切问题的总钥匙。全球发展倡议旨在促进共同和均衡发展，不让任何一个国家落在后面，不让任何一个国家根据另一个国家的物质条件对其施加霸权。全球发展倡议旨在确保贫穷国家的发展，并能在全球事务中拥有自己的发言权，而不会受到提供条件的援助国的胁迫或欺凌。

六、结论

中国认识到，世界必须通过均衡发展来消除霸权。建设人类共同未来的社会，需要均衡发展与和平，需要各国平等参与全球治理体系。为了实

[①]《全球安全倡议概念文件》，https://www.chinalaw.gov.cn/gwxw/ttxw/202302/t20230221_472434.html。

现全球和平共处，破除强国在全球事务中胁迫穷国的霸权主义，中国在追求人类共同未来的过程中推出了一系列举措，确保全球南方国家在发展中不被落下。

[卡西乌斯·卢比斯（Cassius Lubisi）系南非国家行政学院杰出学者；译者雷晓欢系中国社会科学院马克思主义研究院副研究员]

阶级斗争的人民视角

〔加纳〕布莱斯·图罗

建设人类命运共同体，推进世界社会主义发展，是一个激发各种观点和情感的话题。从人民的角度来看，这个问题与过去75年来我们在中国所经历的争取社会正义和建设社会主义替代方案的复杂而持久的斗争密不可分。在这个简短的演讲中，我将探讨这两种观点的交集，深入探讨工人们在实现全球团结和社会主义的道路上是如何奋斗的。

要理解人民关于建设人类命运共同体和世界社会主义发展的观点，我们必须首先考虑历史背景。几千年以来，阶级斗争一直是人类社会的一个显著特征。被压迫者与反抗压迫者的故事与文明本身一样历史悠久。从农民起义到工人革命，人们一直在力图改变现状，建立一个更加公正的社会。

对于世界人民来说，建设人类命运共同体的想法既诱人又充满挑战。一方面，它与各国渴望和平、合作与和谐的普遍愿望产生了共鸣。它反映了世界各地人民对一个没有战争、歧视和贫困的世界的共同渴求。然而，另一方面，人们也对当前的全球秩序表示担忧，在这个世界上，世界资源被一小撮人所控制，利润是全球生产和分配的唯一动力，而世界上却存在着大量的贫困现象。任何的全球统一都必须解决国家和国际层面的不平等和权力失衡问题。

幸运的是，我们这次会议是在这样一个国家举行的，这个国家投入了人力和自然资源等各种资源来战胜落后，消除绝对贫困，并正在尝试建设一个符合本次会议主题的社会——人类命运共同体。

非洲的经验与中国的经验形成了鲜明对比——我们生活在一个被全球资本劫持且资源被私人征用的社会中。非洲经济的几乎所有制高点都掌握在以美国企业为首的北半球跨国公司手中，它们通过国际货币基金组织和世界银行等全球性机构控制着我们社会的物质基础。这些机构在20世纪70年代和80年代监督了新自由主义经济政策的实施。新自由主义推动非洲各国政府实现经济"自由化"，也就是将所有国有或国有管理的公司私有化，将其交给私人资本雇佣军，而私人资本雇佣军的唯一目标就是牺牲劳动人民的利益，实现利润最大化。

非洲的劳动群众在长期的阶级斗争中一直在抵制这种破坏性经济政策的后果，这种阶级斗争在过去几个月中愈演愈烈，表现为西非法语国家的政变。这些政变很受欢迎。我们的人民要求更好的医疗保健、更好的教育和住房，以及更公平的经济，将我们人民的愿望和期望置于经济政策的中心，而不是为极少数特权精英服务。

世界社会主义发展的理念为争取社会和经济平等的工人带来了希望。它为瓦解压迫制度、缩小贫富差距、确保进步带来的利益成为阶级斗争的动力提供了希望。

从当代的角度来看，阶级斗争已经发生了复杂的演变。它超越了传统的劳资纠纷，涵盖了环境、种族和性别平等、国家主权、教育和医疗等问题。人们越来越认识到，阶级斗争不仅仅局限于工厂或田间地头，还遍及社会的方方面面。

建设人类命运共同体，推动世界社会主义发展的最重要方面之一是尽可能地实现全球团结。来自不同背景和文化的人们正走到一起，应对共同的挑战。基层运动、人民组织和公民社会正在合作，为人权、气候正义和公平的经济制度而奋斗。

工人阶级对阶级斗争和建设社会主义的追求，是以建立一个政治工具——先锋队党——为前提的。这个工具了解人民的合理需求，并明确了推进人民梦想和愿望的纲领。过去100多年来，中国共产党已经制定并正在实施这一纲领。他们的历史就是对先锋队党的生动证明。

加纳社会主义运动正带领我们的人民踏上建设人类命运共同体和世界社会主义发展的征程。我们知道，这一征程充满了复杂性和希望，且具有韧性。这条道路体现了争取社会正义和平等的长期斗争，但也必须努力适应现代世界不断变化的动态。前进的道路在于促进全球团结，解决不平等问题，维护个人自由，同时努力为每个人创造一个更加公平和可持续发展的世界。工人阶级的观点强调了集体行动和分担责任对于实现这些宏伟目标的重要性。

〔布莱斯·图罗（Blaise Tulo）系加纳社会主义运动阿克拉地区召集人；译者李凯旋系中国社会科学院马克思主义研究院副研究员〕

加强政党自身建设与团结合作
共同构建人类命运共同体

〔阿根廷〕马塞洛·法比安·罗德里格斯

我们当前所处的国际环境显示，受财富集中、不平等、社会排斥、饥饿、失业等问题的影响，加之气候变化，西方列强在新冠疫情期间进行不公正和投机性的资源分配，以及近年来由以美国为首的西方国家挑起的战争不断升级，如何走出全球化金融资本将人类引向深渊的困境变得十分迫切和紧要。

美国和北约对俄乌冲突的发生负有不可推卸的责任。它们想要借此破坏国际多边秩序，打击俄罗斯，影响中俄战略伙伴关系。这场仍在继续的冲突，给世界和平的前景蒙上了一层阴影。美国在经济和政治领域不断打压中国。凡此种种表明美国作为处于危机中的资本主义体系的领头羊，试图通过挑衅、破坏稳定和军事干预，以及操纵媒体和篡改历史来维持其备受质疑的霸权地位。

拉丁美洲和加勒比地区一直被美国视为称霸世界的战略后方，美国及其盟国在该地区实行了大量的干涉政策。例如，对古巴、尼加拉瓜和委内瑞拉实施单方面制裁；不断破坏地区稳定，进行所谓的"软政变"；占领马尔维纳斯群岛、南乔治亚岛和南桑威奇群岛及周边海域，建立由英国控制的北约军事基地。

当今世界正在展开一场关于建立国际新秩序之争，这是单边主义与多边主义的斗争。处于危机中的帝国主义制度仍将延续，需要我们加倍努力与之对抗。菲德尔·卡斯特罗曾在1992年指出，危机和资本主义发展的后果是："一个重要的生物物种'人类'面临消亡的危险。"[①]当时这句话在许多人看来是危言耸听，但时至今日，危机的发展证明此非虚言。

在分析拉美的发展进程所面临的威胁和危险时，必须考虑到上述问题，这样才能更好地在美国宏大的地缘政治战略框架内提出拉美地区自主发展和一体化合作策略，以应对世界之变。拉美对帝国主义的担忧以及该地区对美国的重要战略意义，与美国肆无忌惮地争夺不可再生自然资源的控制权有很大关系，这些资源是资本文明赖以生存的基础。拉美的石油、水资源、战略性矿产储量巨大，粮食生产能力突出，生物多样性极为丰富。正因如此，美国不断向拉美各国政府施压，竭力阻挠该地区与中国和俄罗斯的友好合作。

中俄两国根据《中华人民共和国和俄罗斯联邦睦邻友好合作条约》深化在政治、经济、军事、能源、科技、地区和世界安全等各领域的协调与合作，同时推动上海合作组织、金砖国家、"一带一路"倡议（阿根廷于2022年正式加入）的发展建设。这引起了美国的关注和担忧，并采取相应行动。

世界新棋局的框架日渐形成，美国的利益在大卫·哈维（David Harvey）所说的"变动的危机"中受到威胁，这一概念显示了危机的全球性。人类社会亟需符合时代特征、顺应历史潮流的新理念。2023年9月，中国国务院新闻办公室发布《携手构建人类命运共同体：中国的倡议与行动》白皮书，指出人类命运共同体理念主张世界各国同呼吸、共命运，具有开放包容、公平正义、和谐共处、多元互鉴、团结协作的鲜明特征。阿根廷共产党认为构建人类命运共同体这一理念极为重要，左翼政党应加强团结合作，携手共建人类命运共同体。

2017年12月，习近平总书记在中国共产党与世界政党高层对话会上的主旨讲话中强调："不同国家的政党应该增进互信、加强沟通、密切协作，探索在新型国际关系的基础上建立求同存异、相互尊重、互学互鉴的新型

[①] Discurso de Fidel Castro en Conferencia ONU sobre Medio Ambiente y Desarrollo, http://www.cubadebate.cu/opinion/1992/06/12/discurso-de-fidel-castro-en-conferencia-onu-sobre-medio-ambiente-y-desarrollo-1992/#.VzIFpvnhCM8.

政党关系，搭建多种形式、多种层次的国际政党交流合作网络，汇聚构建人类命运共同体的强大力量。"①国际形势正在经历复杂深刻的演变，多极世界日渐形成，社会剥削日益严重，不平等现象加剧，强权政治往往在话语霸权和常识中显得理所当然。阿根廷共产党要在当前的形势中继续坚定国际主义、反对资本主义、反对帝国主义的立场，充分做好为社会主义斗争的准备。为此，我们无论在思想上还是组织上，都要坚持以马列主义为指导，综合考虑自身所处的现实，以及阿根廷本国和世界经济社会结构发生的变化，结合社会需求加强政党建设。

此外还必须建立有组织的政党，接受科学、政治和意识形态培训，应对世界正在发生的深刻变革所带来的新挑战。这对于处理好革命的关键问题（尤其是对于马克思主义政党而言）至关重要，即权力问题。对此阿根廷共产党着眼于建立和发展人民政权。就拉美而言，我们要将反对帝国主义、反对资本主义与人民政权建设结合起来，建设革命型政党。我们的党要参与阶级斗争和人民的文化、政治、社会活动，并在其中发挥推动和领导作用。我们认为代表人民利益的政治和社会力量的结合，离不开对联合阵线发展方向的讨论与把控，从而有效地对抗右翼势力，捍卫人民的胜利果实，特别是按照强有力的纲领坚决推进深层次结构性变革。我们当前最主要的敌人是在全球范围内组织起来的强大的右翼势力和法西斯主义。我们必须在各个领域，通过斗争和选举与之对抗。这场战斗需要一支先锋队，而共产党和革命党正是这支战略先锋队的核心力量，能够承担起这一具体职能，从量的积累迈向质的飞跃，一步步占领有形和虚拟的空间，尽可能打击和围困主要敌人。

我们阿根廷共产党人建议高举社会和民族解放、反对资本主义、反对帝国主义的旗帜，不断增强革命性，开展一场广泛而多元化的伟大运动。我们强调，这并不在于宣称自己是革命者，而在于创造与旧制度决裂的地区、空间和中心，将反思与斗争结合起来，与右翼势力、帝国主义、具有掠夺性的大资产阶级划清界限。

在我们今天必须面对的现实中，加强政党建设，对于谋求和平、团结

---

① 习近平：《论坚持推动构建人类命运共同体》，中央文献出版社2018年版，第513页。

一致反对帝国主义至关重要。为此，不断拓展政党间的合作空间是题中应有之义，从而增强各国民众的革命主体观，加强团结，整合拉美和世界反对帝国主义的革命运动，阻止处于危机中的帝国主义向人类灌输危险的侵略和好战政策，为构建人类命运共同体与促进世界社会主义发展作出贡献。

［马塞洛·法比安·罗德里格斯（Marcelo Fabián Rodríguez）系阿根廷共产党中央政治局委员、马克思主义研究与培训中心主任；译者楼宇系中国社会科学院马克思主义研究院助理研究员］

高举社会主义旗帜的古巴

〔古巴〕赫尔西娜·阿丰索·贡萨雷斯

拉丁美洲不仅是一个地理意义上的地区,也是一个社会经济一体化的地区,长期处于全球霸权主义利益的交火之中。尽管在21世纪,拉美一些进步政府实施了许多有利于贫困阶层的公共政策,但这并没有从根本上形成对美国等西方霸权主义势力的对抗力量。

如今,拉丁美洲的地区格局被新的帝国主义政治联盟所主导。这一联盟包括来自商业、司法、教会和媒体等多个领域的集团。拉丁美洲新一轮保守主义复辟的特点是霸权危机,具体表现为:面对边缘地区的经济、政治和意识形态扩张,美国不顾一切地试图恢复其在世界体系中的绝对霸权;在全球、地区和本土市场,维护所谓的"自由市场"在国家干预下的决定性作用;为确保霸权,增加军事行动、武力行为和意识形态控制,付出高昂的经济、财政和人力成本;形成唯一性、排他性、非理性的世界观,"白人至上"的文化盛行;对传播和符号的霸权控制等。

与此同时,在全球范围内的资本霸权之争表现为以下几组矛盾:反动保守的寡头政治与民众社会运动的融汇与联合之间的矛盾;将社会斗争纳入到司法程序中、将社会斗争犯罪化与参与式民主和民众权力之间的矛盾;跨国合作与贸易自由化和领土主权与民族自决权之间的矛盾;文化意识形态统治与大众文化、想象力和革命自豪感之间的矛盾;商品化和私有化与可持续发展之间的矛盾等。

当前的资本主义危机是系统性的、霸权性的、不断增长的。资本主义正努力调整和重塑自身，试图摆脱危机。在这种情况下，古巴不懈抗争，持续挑战资本主义霸权的合法性。

古巴革命六十多年来，我们从未停止过思考、探索和实施社会所需要的变革。古巴社会的解放愿景体现在国家独立、主权和人民尊严的历史进程中。我们对未来社会的思考一般基于三个基本关切：社会文化关切，致力于促进集体福祉；教育关切，促进形成批判性的反殖民主义思想和历史记忆；政治关切，以持续的自由意志论和民主主义使命为标志。

今天，古巴人民的日常生活面临巨大挑战。基本必需品严重短缺，购买必需品需要排长队，药品短缺，燃料匮乏，物价高涨，经济措施改革迟迟不见成效，社会不平等的差距不断扩大，气候灾难影响农作物和住房等。这一切困境都是由美国政府对古巴实施的封锁和其他侵略措施造成的。美国的目的是使古巴的社会主义进程彻底失败，对拉丁美洲大陆解放性替代方案的重组造成致命打击，进而恢复美国对该地区的霸权控制。

在此背景下，古巴不断探索，尝试新的举措应对困难，如整合各种不同的参与者和社会生产空间，包括国家、合作社、协会、私营经济和社区组织等。政治上的挑战在于动员所有行动者，形成一个具有创造性、共享性和团结性的利益共同体，并发挥战略性政治领导作用，以反资本主义斗争为目标，促进生活的可持续性发展。在古巴社会经济转型的新形势下，社会群体发生了巨大变化，其生存、工作和行动方式与多年前相比截然不同。科学和创新已成为发展的重要驱动力。

古巴的社会主义建设正向创造"另一个可能的世界"奋进。我们深知，任何理论都无法彻底解决实践中的问题，但思想辩论与社会主义实践息息相关。创造一种反资本主义的文明和文化意味着对未来生活和世界的新构想。基于此，我想分享关于未来社会的11个论点，以进一步探讨构建人类命运共同体和反对霸权主义相关问题：1.在未来社会中超越资本主义霸权，这是一个需要不断克服占统治地位的、压迫性的、歧视性的和掠夺性的社会关系的漫长过程，任重道远，需要集体的努力；2.社会主义是通向未来的道路，在这条道路上，最宝贵的是人类和自然的生命；3.通过正确解释历史现实及其矛盾，人们思考、追求，并最终将实现社会主义；4.在社会主义社会，人人都是劳动者，都为自己和他人劳作，我们承担着共同的责任和义务，能安居乐业，并认识到自己在社会中的重要性；5.社会主义意味着文明和文化的变革，意味着不断创造团结的纽带和社会正义，实现权利和机会的平等；6.社会主义社会弘扬英雄主义；7.没有国际主义就没有社会主义，我们迫切需要将所有进步力量纳入一个共同的反资本主义统一战线中；8.社会主义变革的前提是解放教育和文化，与社会主体的主观意识进行持续对话，拓展反资本主义的视野；9.重视社会主义理论和经验的传承，重视"薪火相传、后继有人"的青年工作；10.从社会主义的立场出发，我们支持所有反资本主义的行动；11.正如菲德尔·卡斯特罗所言，社会主义为穷人建设自己的道路和书写自己的历史提供了可能性。

[赫尔西娜·阿丰索·贡萨雷斯（Georgina Alfonso González）系古巴哲学研究所所长；译者楼宇系中国社会科学院马克思主义研究院助理研究员，高冀蒙系中央编译出版社助理编辑]

构建人类命运共同体理念是21世纪的新范式

〔秘鲁〕伊尔德布兰多·卡华纳

近年来,世界各国面临一系列危机。在拉美,我们随处可以感受到危机的存在。在极端贫困、居高不下的文盲率和儿童营养不良中我们看到社会危机进一步加剧;当我们呼吸着被污染的空气,当全球气候变暖导致更频繁的自然灾害,甚至影响日常生活时,我们感受到生态危机的严重性;而健康危机则随着人们感染新冠病毒而无法获得及时的医疗服务浮出水面。如此种种,不胜枚举。

放眼国际政治格局,单边主义和霸权主义肆虐,以美国为首的西方国家不断制造新的冲突和危机。美国及其盟友基于自身经济和政治利益,在背后推动个别国家之间的战争并煽动其中一方,比如俄乌冲突、巴以冲突等,导致大量平民遭受无妄之灾。美国还对俄罗斯、古巴、委内瑞拉、尼加拉瓜、朝鲜等国实施单方面封锁和禁运制裁,蓄意阻挠多国人民的进步和发展。面对中国的崛起,美国故意制造事端,妄图挑起与中国的商贸、科技和舆论战,企图阻止中国特色社会主义的发展和中国式现代化的有序推进。

面对单边主义和美国霸权带来的种种危机,世界各国和广大人民是否拥有新的选择?我们每个国家都饱受这些危机之苦,与此同时,忐忑地等待其他次生灾害的到来。在不断变化且日趋复杂的世界局势中,我们共产党人的愿望是什么?换言之,在当前这种构建世界新秩序的形势下,我们这些非霸权国家的共产党人有何期待？我们秘鲁共产党人希望，多极化和世界新秩序可以为边缘国家的社会主义铺平道路，可以在与发达国家和其他发展中国家构建平等关系的框架内，以人民为中心，共同规划，互惠互利，解放和促进生产力的发展。多极化意味着在新的经济和政治格局基础上推进全球化进程。从经济角度看，多极化意味着各国之间发展互惠互利的经济关系，因此，必须摒弃霸权主义和美元霸权主义的做法，促进具有比较优势的贸易。此外，多极化还意味着经济发展水平、政治和社会文化价值观不同的国家之间的和谐相处和互相尊重。

替代单边霸权需要新愿景、新范式和新的解决方案。我们认为，中国国家主席习近平提出的人类命运共同体理念是21世纪的新范式。习近平新时代中国特色社会主义思想对这一理念有着丰富而深刻的阐释。在中国共产党第十九次全国代表大会上的报告中，习近平主席指出："各国人民同心协力，构建人类命运共同体，建设持久和平、普遍安全、共同繁荣、开放包容、清洁美丽的世界。"[1]因此，构建人类命运共同体是中国共产党面对当今世界形势和全人类面临的各种挑战提出的中国方案。这一理念已经载入中国共产党党章和中华人民共和国宪法。2017年2月，联合国社会发展委员会第五十五届会议一致通过"非洲发展新伙伴关系的社会层面"决议，构建人类命运共同体理念首次被写入联合国决议中。此后，中国提出的人类命运共同体理念被多次写入联合国安理会、联合国人权理事会、上海合作组织等多边机制重要文件。总而言之，这一理念已经在国际上得到广泛认可与支持。

在人类命运共同体理念中，我们可以看到诸多核心要素，无不体现出平等、包容、团结、合作、互惠互利等特性。如中国强调建立平等的伙伴关系，充分考虑各方利益，且不附加任何政治条件，也不谋取任何政治私利；倡导友好合作、相互尊重、共同建设；中国在基础设施建设、经济发展、社会事务合作等领域助力其他发展中国家，共享发展机遇，促进包容性发展，深刻体现了中国传统思想中"天下大同"的理念；尊重其他国家的主权，不干涉他国内政；倡导可持续发展，注重环境保护；着眼于人类

---

[1]《习近平谈治国理政》第三卷，外文出版社2020年版，第46页。

社会共同利益，强调共同应对新出现的非传统安全挑战等。

作为构建人类命运共同体理念的伟大实践和具体落实，中国政府提出的"一带一路"倡议惠及多国人民，对世界多国的发展起到了积极的作用。秘鲁也是重要的受益国之一。中国是秘鲁最主要的贸易伙伴之一，是秘鲁第一大出口目的地国，也是秘鲁主要进口来源国。秘鲁是中国在拉美的第二大投资目的地。中国的投资，如钱凯港项目、拉斯邦巴斯等采矿项目，为秘鲁创造了上万个就业机会，改善了秘鲁落后的基础设施，推动了秘鲁的经济和社会发展。对秘鲁而言，我们参与"一带一路"倡议和构建人类命运共同体框架下的其他项目有着重要意义。中国投资秘鲁的很多项目，有助于秘鲁消除贫困、改善民生和实现经济社会的发展。简而言之，中国的投资不同于美国等西方国家的外国投资，中国的项目不以掠夺为目的，而是有助于秘鲁的长期发展和两国的共同利益。

众所周知，马克思主义是一门不断发展的科学理论体系。我们认为，近几十年来对马克思主义理论发展最重要的贡献之一就是习近平主席提出的构建人类命运共同体。这一理念不仅超越了中国的国界，而且其本质包含了人类的共同命运离不开社会主义的发展的理念。构建人类命运共同体就是在实践中探索马克思主义的发展，就是在经济社会发展的同时强调人与自然和谐共生，不落下任何一个人、不落下任何一个国家的全球意义上的现代化。

[伊尔德布兰多·卡华纳（Hildebrando Cahuana）系秘鲁共产党（团结）国际关系书记；译者楼宇系中国社会科学院马克思主义研究院助理研究员]

和平，人类的共同利益

〔法〕多米尼克·巴里

国际危机的发展、统治关系的重组、帝国主义紧张局势和战争的加剧都表明，我们眼前的时代正在发生变迁。哈马斯发动的恐怖袭击以及随后在加沙发生的冲突、以色列军队犯下的战争罪行以及大规模屠杀，都是上述全球重组的一部分。

面对接踵而来的全球动荡和国际危机，我们如何才能将和平与集体安全提上议事日程？

最近几个月发生的事件表明，在资本主义全球化四分五裂、在诞生于1945年布雷顿森林协定并于20世纪90年代形成的自由国际秩序受到质疑的背景下，国际统治关系出现了深刻的重组趋势。

新冠疫情以及西方列强拒绝取消疫苗专利、乌克兰战争和现在的中东悲剧，凡此种种加速并加深了南方国家的诉求伸张运动，进而使该时代成为了一个历史性的转折点。但这一政治转变的方向是什么？"全球南方"能否终结北方霸权？"全球北方"会任由自己被取代吗？在缺乏共同的、具有解放意义的替代计划的背景下，南方国家提出的对全球重大决策承担充分责任的正义要求能否使世界走向"去西方化"？

为回答这些问题，我们有必要对当前的国际形势及其演变进程加以分析，从而指出在这一进程中哪些事件具有连续性，哪些标志着断裂。1991年后美国强加于世的国际秩序正处于危机中，这一以资本主义全球化为标志的秩序加剧了竞争、不平等和国际紧张局势。大资本企图让人们相信

"快乐的全球化"，然而这不过是它为了追求利润和自身利益所寻找的借口和出口，这对无数人的安全造成了损害。它希望人们相信单极世界秩序会带来和平。

如果说今天主要工业强国的权力受到公开质疑，那是因为人们认为它们应对影响"世界其他地区"（美国称之为西方范围以外的所有国家）的气候、经济和社会危机负责，这一判断是正确的。此外还因为它们以商业竞争、自私地维护自身利益和霸权的名义引发并助长了冲突。

在乌克兰战争爆发之前，全球已经有55场国家间的冲突，逾10亿人生活在冲突地区。这些冲突的起因是对水、矿产和能源等人类共同财产的贪婪和控制。冲突导致了中东和非洲等整个地区的解体，并正在危及"人类的共同利益"和联合国提出的可持续发展目标。联合国秘书长安东尼奥·古特雷斯（António Guterres）最近指出，在全球人类发展指数最低的10个国家中，有9个在过去10年中经历了冲突或暴力。

人们正在寻求一种不同的世界秩序，在这种秩序中，美国和美元不再具有霸权地位，同时这种秩序中也存在各种矛盾。世界正处于十字路口，新的前景正徐徐展开，它使人们进一步反对军事、经济、贸易和能源冲突的螺旋式上升，反对气候领域的自私利己行为，呼吁采取行动，建立一个确保共同安全、在尊重各国人民主权的基础上开展合作的新世界。

在约翰内斯堡举行的金砖国家峰会表明了上述愿景和不断变化的力量平衡。约有40个国家申请加入金砖组织，这充分证明了该组织的吸引力。从2024年1月1日起，扩大后的金砖国家将占全球总人口的46%和全球GDP的36%。按购买力平价计算，金砖国家在全球GDP中的占比（32%）已超过七国集团（30%）。随着全球化的发展，西方国家在世界经济中的比重有所下降。不过七国集团在国际货币基金组织的投票权超过41%，而金砖国家仅为15%。

如何分析南方国家的上述动态？南方国家内部有着不少矛盾，且南方国家在这一全球重组中的地位也不尽相同。全球南方不仅仅是一场针对资本主义制度的意识形态运动，还是一个"地缘政治现实"，它渴望建立基于新标准的国际新合作。这些标准是：相互尊重、平等以及摒弃导致战争逻辑的集团逻辑。

事实上，金砖国家峰会表明，人们希望建立一个不同的世界，一个更加平衡的世界，在这个世界中，美元和美国不再作威作福，主宰一切。

我们支持金砖国家提出的有关和平、共享和共同发展的要求。我们将持续支持其对国际货币基金组织进行深刻改革的要求。必须废除美国在国际货币基金组织中事实上的否决权并修改投票权。

不过，即便我们正在目睹世界的"去西方化"，也不能就此认为1945年以来所建立的世界秩序即将崩溃。实际上，在美国霸权领导下的七国集团仍然是持久且强大的。去美元化是一个漫长的过程。美元霸权已被削弱，但尚未被推翻。美元仍占据着主导地位，占据着世界贸易的一半、全球外汇市场日交易的90%以及世界外汇储备的60%。人民币尽管在过去20年中取得了进步，但目前仅占外汇市场交易量的7%。

通过签署地区性的条约和安全协议，美国、欧盟和北约远未"弃赛"，而是选择了美国财政部长珍妮特-耶伦所说的"朋友间的全球化"道路。

以战争升级风险为标志的全球权力关系重组并非不可能。西方资本主义作为经济战争的推动者，理所当然地认为其对世界的统治正受到威胁。因此，它认为不能再继续通过贸易和政治手段来维护其统治，而是应该使用武力。

集体安全框架和军备控制协议解体，战争向海底、太空和人工智能等领域延伸，所有这些都在重塑帝国主义及其当今所使用的工具。北约是其最危险的工具之一。北约组织将武装力量与美元的货币力量相结合，为资本主义特别是北美资本主义重新支配世界服务。

2022年7月举行的北约维尔纽斯峰会再次表明，全球化的金融资本主义何等甚嚣尘上并日益军事化，西方资本主义正在其中寻求重获霸权。我们必须从这一新的"地缘政治"角度来理解北约成员国军事预算的惊人增长。重点在于中国，西方指责中国企图"控制关键技术和工业部门、重要基础设施、战略物资和供应链"，这句话道出了北约真正的战争目的。

现时代呼唤我们采取重大措施，开展全球合作，为人类设计全球化。共产党人和进步人士肩负着推动前进步伐的特殊使命，目的是在资本的统治中打开缺口，建立另一种由主权和相关国家人民做主的世界新秩序。

当务之急是阻止中东和乌克兰的战争升级。在中东，只有按照联合国决议的有关规定，建立一个与以色列毗邻的巴勒斯坦国，结束巴勒斯坦人民数十年来所遭受的不可容忍的不公正待遇，方能公正且持久地解决问题。

当务之急是采取行动，建立以和平为基础的新型世界合作秩序。

和平是我们人类的"共同利益"，我们不能将和平视作没有战争，而要视作一个通往解放的、在社会、粮食、卫生和生态等方方面面有所建树的政治计划，以便实现联合国的可持续发展目标。

这是进步力量所面临的巨大挑战，只有通过社会正义和国际合作方能应对该挑战。

最后，我忍不住引用伟大革命家安东尼奥·葛兰西的名言："旧世界已死，新世界未生，于此明暗交错之际，怪物浮现。"

让我们行动起来，阻止怪物出现。

［多米尼克·巴里（Dominique Marie）系法国共产党负责亚洲事务的国际委员、前《人道报》记者、加布里埃尔·佩里基金会科学委员会成员和亚洲项目经理；译者彭姝祎系中国社会科学院欧洲研究所研究员］

构建全球命运共同体
与反对霸权主义和强权政治

〔黎巴嫩〕阿德汉·赛义德

当前,我们发现自己处于特殊和危险的全球局势之中。具体来说,就是美国和以色列在加沙和巴勒斯坦实施的种族灭绝。将我们当前的全球形势描述为"异常和危险",这并不陌生。因为,这句话在过去20年的许多演讲中反复出现。这种重复不仅是合适的,而且是必要的。当前,我们已经厌倦了美国主导的世界秩序,因为这种世界秩序建立在三方战争、制裁和垄断基础上。我们发现自己陷入了一个无休止的危机循环。

马克思主义思想家萨米尔·阿明在他的最后一本书中提出,资本主义已经行将就木,这意味着以美国为主导的资本主义制度无法克服这场危机。这场危机呈"L"形,这意味着没有摆脱危机的出路。唯一的出路就是走出资本主义。除了社会主义,没有其他可能的解决方案。资本主义应被视为一种垂死的制度。为了生存,它正在走向毁灭和战争。

当考虑战争背后的原因时,像霍布森、列宁、卢森堡等,还有其他理论家(其中一些今天也在这里)提出了"帝国主义"理论,提供了有价值的见解。然而,美帝国主义与前殖民主义和前帝国主义国家截然不同,让我们概述几点来突出这种区别:

1.美帝国主义并不像传统的工业国家那样通过国外市场释放过剩生产力。尽管军工贸易可能是这一趋势的一个例外。

2.这种帝国主义奉行以下原则:通过破坏和军事化行动来积累财富(资

本）。通过掠夺资产、摧毁基础设施和造成人道主义灾难——主要是通过战争带来的消极影响——帝国主义创造的剩余价值比任何其他生产行为都要大。

3.美国的战略包括瓦解国家，强制改变体制（制度），建立顺从的政权，从而消除被认为的对手。这种有系统的破坏不仅是为了实施恐怖主义，也是为了向那些反对美国政策的国家灌输恐惧，以同样的命运来威胁他们。今天在加沙以及之前在伊拉克和利比亚所遭受的破坏直接向伊朗、土耳其、黎巴嫩，甚至是美国在海湾国家和埃及的盟友发出了信号。

4.美帝国主义的一个关键方面在于美元作为剥削工具的角色，并以军事力量为后盾。这使美国金融资本成为全球的主导力量，剥削所有国家。

美国的做法与寻求进步和发展的国家和人民的愿望，特别是像中国这样的国家，发生了根本冲突。这种做法旨在压制任何试图与美国的全球主导地位相抗衡的力量。

因此，"人民力量"的当务之急是团结，建立在明确的斗争议程之上。我们的首要目标是，通过建立一种新的世界秩序，为人类面临的挑战提供解决方案，倡导符合每个国家独特特点的社会主义，挫败一切旨在重建美国霸权的努力。

这是一个重大的责任。人类和自然都经不起另一个帝国主义时代的来临。这就是中国倡议的重要性及其在世界范围内的影响。中国共产党在下一阶段的首要任务是"建设社会主义现代化国家"，这为人类提供了希望的灯塔。这意味着可以通过建立以合作、共同繁荣、正义为基础的新型功能体系来克服危机。

摆脱帝国主义、摆脱落后、摆脱以色列是人类今天的正当愿望。

[阿德汉·赛义德（Adham Sayed）系黎巴嫩共产党中央委员、浙江工商大学东亚研究院研究员；秦振燕系中国社会科学院马克思主义研究院助理研究员]

加强全球南方团结，反对帝国主义

〔日本〕大西广

一、引言

现在，美国可以通过在乌克兰制造军事紧张局势和战争来团结西方，但对于西方的革命力量来说，这意味着他们自己的国家已经被帝国主义占领。

因此，西方共产党的中心和核心任务必须是为争取和平而斗争，正如列宁所说，这意味着"将帝国主义战争转变为内战"的战略。这是为了摆脱美国和俄罗斯这两个军事大国形成的"新冷战"的国际对抗，揭示内部阶级矛盾，使世界人民关注这些矛盾而进行的斗争。

事实上，由于这种国际对立最初是为了掩盖国内阶级矛盾而形成的，当前的"新冷战"正在恶化西方国家工人的经济状况。在欧洲国家，这表现为更高的石油价格和食品价格。在日本，这表现为急剧的军事集结导致人民压抑的生活条件。此外，非自然的低利率被用来掩盖日益恶化的工业形势，导致日元异常贬值，进而导致消费价格上涨。这些现象强烈要求"帝国主义战争转变为内战"（这里所说的"内战"指的不是军事战争）。

二、全球南方加强团结，摆脱"新冷战"

然而，推动这一变化的不仅仅是国内环境。摆脱了美国和俄罗斯的

"新冷战"的"南方"（因此是"非西方"）集团正在大力扩大。金砖国家、"77国集团和中国"峰会、"一带一路"高峰论坛等正在巩固这一新的世界力量，这一新的世界力量代表着一个完全不同的和平的世界秩序。

在这一方面，军事无法控制局势。积极意义上的经济成为国家间外交关系的标准。同样地，当安全不是重要标准时，它的唯一标准就是哪个国家对于贸易和投资很重要，哪个国家对经济的贡献最大。在这里，所有这些标准都是和平的标准，这样一个互利与和平的领域正在超越西方国家。

在过去美苏冷战时期的世界中，这种和平的国际关系是不存在的。因为整个世界被划分为美国和苏联两个阵营，没有一个地区不受这两个霸权大国的逻辑的支配。因为这两个霸权大国导致的国际军事紧张创造了这样一种国际秩序，在当中"安全逻辑"完全居于主导地位，即使两个霸权国家以外的国家作为独立国家存在，它们也被置于一种安全的处境，在这种处境中它们别无选择，只能选择两个霸权中的一个进行站队。换句话说，整个世界都处于相同的情形。在不列颠和平时代，当整个世界都被欧洲、美国和日本的帝国主义列强直接殖民化时，这种情形是不必要的，但在战后，这种情形变得必要了。因此，战后时期仍然是一个战争时期，尽管是一个冷战时期。

然而，"第三世界"以反对"第一世界"霸权而不像"第二世界"那样追随它的力量的形式出现了。特别重要的是，这场运动始于1955年由尼赫鲁、周恩来、苏加诺、恩克鲁玛、铁托等人发起的万隆会议，从1961年起就牢固地确立为"不结盟运动"。这是因为它阐明了不处理通过"军事联盟"形成的军事紧张局势的原则。这是因为这表明，这种导致当前全球南方的趋势是建立在"和平国际关系"而不是"军事对抗关系"的基础上的。

因此，全球南方现在正在加强团结来对抗西方联盟，这表明由"军事逻辑（安全逻辑）"驱动的世界范围正在缩小，而由"和平和经济逻辑"主导的地区正在扩大。

就地区而言，欧洲和东北亚是唯一仍被困在冷战结构中的地区。目前的冷战结构有时被称为"新冷战"，但它现在只在全球的一个很小的地区，即欧洲和东北亚。世界大部分地区已经成为摆脱了冷战的全球南方。

三、全球南方运动中的中国倡议

本文最后必须提到的一点是，中国在全球南方运动中发挥着非常重要的作用。

正如我在上面提到的，全球南方的逻辑不是军事的而是经济的，而中国现在是这个逻辑在世界上的中心。毋庸赘言，"一带一路"倡议是其核心政策体系，它对全球南方国家的经济发展起着决定性作用。例如，今年刚过去的9月，我在孟加拉国进行了一项调查，发现该国的交通系统过去以南北河流运输为基础，现在随着中国修建的大桥和铁路而得到改善。此外，我们通过多年的研究证实，中老铁路的建设和运营正在将老挝从一个"陆地孤岛"转变为一个交通节点。基础设施不足一直是许多发展中国家经济发展的瓶颈。很明显，"一带一路"倡议是解决这些瓶颈的适当的政策体系。

中国现在也将这一政策体系定位在更具意识形态维度的"人类命运共同体"。在我看来，这是为了提出和实现"共同富裕"，这只是一个国内问题，但现在是一个全球问题。

虽然本文最初的目的是讨论西方国家革命政治运动的现状，但我们现在所理解的是，我们的任务是将人们从"新冷战"的思维方式中解放出来。此外，我们还看到这项任务如何为全球南方运动的扩展所推动。我希望这可以被理解为一种断言，即西方的社会变革与改造世界体系的任务密不可分。

[大西广（Hiroshi Onishi）系日本庆应大学、京都大学名誉教授；译者覃诗雅系中国社会科学院马克思主义研究院助理研究员]

法西斯主义与帝国主义
——全球和平发展面临的两大威胁

〔美〕加布里埃尔·罗克希尔

和平发展和建立人类命运共同体的最大障碍之一，是帝国主义列强对法西斯主义的动员。要建立以和平与繁荣为主要特征的人类命运共同体，了解法西斯主义及其作为帝国主义排头兵的作用至关重要。

一、法西斯主义：帝国主义的排头兵

法西斯主义绝不仅仅是一套在道德上应受到谴责的思想或行动，它根植于帝国主义的经济基础并受其驱使。在资本主义统治阶级最反动分子的资助下，法西斯主义试图通过帝国主义的强化和资本主义殖民遗产的激进化，来动员平民中的某些阶层（主要是小资产阶级和无产阶级）以及国家力量。

这些特点在两次世界大战之间的那段时间，表现得十分明显。在这一时期，欧洲殖民盛宴的后来者——意大利和德国开始进行帝国主义暴力扩张，日本帝国主义也在东方崛起。这三个国家为了获得丰富的自然资源、廉价劳动力以及更广阔的市场，都实施了帝国主义扩张计划。纳粹在欧洲的肆虐是众所周知的，但它在东方针对苏联的殖民事业是以美国的殖民定居项目及其向西方的扩张为蓝本的，这一点却鲜为人知。正如美国以种族灭绝的方式消灭土著居民并将幸存者封禁在保留地一样，纳粹德国也计划将其在欧洲学到的种族灭绝黑魔法用于东方的斯拉夫人。根据米哈伊尔·罗姆（Mikhail Romm）1965年的纪录片《战胜暴力》（*Triumph Over Violence*），在欧洲把600万人送进毒气室的目的，是为了在整个苏联消灭6000万人做准备。纳粹的帝国主义行动不仅是为了所谓的生存空间，更重要的是为了消灭帝国主义最大的敌人：实际存在的社会主义。当然，这也是资本主义统治阶级在经济上支持希特勒的主要原因之一。在大萧条之后，每个资本主义国家都出现了法西斯运动。以美国为例，包括摩根、杜邦、洛克菲勒、皮尤和梅隆集团在内的统治阶级中的主要部分，都参与了资助推翻罗斯福新政政府并建立法西斯独裁政权的商业阴谋。

二、失败和重新部署

随着法西斯势力被共产主义者击溃（战争的绝大多数在东方进行），以及前帝国主义势力在西欧的毁灭，美国成为帝国主义阵营的新领导人。虽然美国的文化意识形态机构打造出了其作为自由世界领袖的形象，但它的国家安全机构却秘密地将来自世界各地的法西斯主义者整合为一个名副其实的帝国主义国际组织，继续向共产主义宣战。它在"回形针行动"中将1600名纳粹科学家带到了美国，为大约10000名其他纳粹分子提供了前往美国的安全通道，在意大利开展了"日出行动"以挽救主要的法西斯分子，在"格拉迪欧行动"中为欧洲各地的法西斯分子提供了秘密留守部队，并将许多欧洲法西斯分子带到拉丁美洲，以支持美国在该地区扶植的独裁政权。伊万尼克·德诺埃（Yvonnick Denoël）非常清楚地解释了这一战略："很难让人理解，早在1945年，美国军队和情报部门就毫不犹豫地招募了前纳粹罪犯。但当时他们的算计很简单——美国刚刚在苏联的帮助下击败了纳粹。所以此后，他们计划在前纳粹的帮助下打败苏联。"

三、帝国主义的当代排头兵

至少在一定意义上，法西斯主义充当了帝国主义的排头兵的角色，他们战斗在帝国主义扩张和击败社会主义的前沿阵地。当帝国主义无休止的扩张遇到限制或威胁（包括其自身的系统性经济危机，社会主义、有组织的劳工力量以及民族自决斗争等方面的威胁）时，法西斯主义是首选的政治管理形式。

有鉴于此，让我们简要回顾一下当代的两场冲突——俄乌冲突和巴以冲突，看看这一观点能为它们带来什么启示。在乌克兰，政府与法西斯民兵狼狈为奸，而法西斯民兵明确认同与纳粹合作的班德尔传统。这些民兵在打击顿巴斯的俄罗斯分离主义者方面发挥了关键作用。这些分离主义者宣布了他们的自决权，以反击美国煽动的2014年法西斯"独立广场"政变。为了镇压这场反法西斯运动，泽连斯基政府不断取缔政党，将反对派领导人和共产党人投入监狱，完全控制媒体，与法西斯民兵密切合作，并将他们的一些部队编入国民警卫队，美化极端民族主义者和纳粹合作者，赋予法西斯主义文化权力，并暂停选举。

关于以色列，我们面对的是一个明确致力于巴勒斯坦殖民化的定居者殖民地，并公开对其平民进行非人的种族灭绝。与乌克兰的情况一样，这些活动是在美国的全力支持下进行的，美国是推动这两项军事行动的主要力量。这两个国家都有很多东西可以帮助帝国主义者：乌克兰丰富的农业用地，以色列靠近中东主要的石油和天然气储量。而且两国的地理位置决定了它们在地缘战略上的重要性，他们可以作为击退社会主义运动和民族自决斗争的楔子。

遏制并在理想情况下击退法西斯主义对于人类命运共同体的建设至关重要，乌克兰和以色列是这场斗争的重要战线。在这场斗争中，反法西斯主义的具体战术是至关重要的，但要真正打败、消灭法西斯主义，必须要明确通过发展社会主义来击溃帝国主义的战略。

[加布里埃尔·罗克希尔（Gabriel Rockhill）系美国维拉诺瓦大学哲学院教授、巴黎批判理论研讨会主任；译者赵丁琪系中国社会科学院世界社会主义研究中心助理研究员]

走向全球左翼联合阵线

〔埃及〕麦姆多·哈巴什

2022年9月在突尼斯和2023年10月在南非召开的"人类的困境"会议上,我的发言没有偏离我多年来一直倡导的建议,即绝对有必要着手建立"第五国际",不是作为一个对话和协调的平台(论坛),而是作为一个世界范围的组织。这个组织有能力做出决定,有自己的规则,而这些规则必然不同于我们所熟悉的以往的国际组织的规则,我们必须从以往这些规则中汲取教训。

自苏联解体至今,走向社会主义的革命力量处于不断衰落的状态,从事物的本质上来说,这种衰落并不是一条直线,但目前革命的力量已经走到了一个非常悲惨的境地,即反革命力量,甚至极右势力都在全球范围内兴起。当然,我们不能忘记,当今世界离核战争有多近,其后果是任何理性的人都难以想象的,更不用说对气候的破坏了。

对过去三十年发展进行简单计算和观察就可发现,所有凝聚和维系各种革命力量的尝试都是必要的——作为人类必然要经历的各阶段——但它们并不是充分的。或者正如数学家所说,"必要条件,但非充分条件"。回顾"世界社会论坛"的产生和发展,其中有积极的一面,也有消极的一面,它使我们迈出了最令人赞叹的一步,就是建立"国际人民大会"(International People's Assembly)。

世界上的任何社会中,起义都可能以随机的、无组织的方式爆发，随后是革命，如果这些起义者愿意并能够走完革命之路，随后才能进入组织阶段。在全球层面，起点必须从组织开始。萨米尔·阿明在我称之为"创始文本"中提出的倡议是来自全球南方，但它向意识上已达到这一水平的全球北方的各种革命力量张开了双手，这意味着拯救人类已经依赖于全球南方，因为全球南方是可怕而具有破坏性的世界帝国主义的主要受害者。无论是单独还是在其各种党派和组织的框架内，全球北方依然存在很多这类自觉而热情的分子，但遗憾的是，他们并不是当今全球北方左翼运动中的重要主导潮流。

正如萨米尔·阿明所指出的，苏联时期的社会主义表明，除非各种革命力量能够在全球范围内打败已经进入毁灭阶段的资本主义，否则社会主义并不一定是不可避免的。气候退化很可能会限制人类的发展。如果情况继续像20世纪90年代以来那样发展下去，即不断弱化的左翼与在政治上变得更加强大，从而变得更加野蛮和残酷的帝国主义右翼之间的差距不断扩大，那么所有人类文明也可能在几天之内终结于一场毁灭一切的核战争。

为了使左翼重新成为全球力量平衡中具有影响力的重要因素，我们必须团结起来，以适合时代的方式重组我们破碎而混乱的阵营，建立作为一个组织而非一个论坛的"第五国际"。这是一项艰巨的任务，如果我们真的要为拯救人类而战，那么我们别无选择，只能这样做。30多年来，各种革命力量提出的所有方法都被证明是必要的，但它们并不能解决目前遇到的这种困境。

有许多严肃的倡议提出要创建这样一个国际，我们同意这些倡议的大纲，但我们的根本分歧在于：我们把将来的国际——或者说我们所向往的国际看作是一种"过程"，这意味着它可能需要花费我们一代人或更多的时间。让我们从创建一个推动这一长期过程的实体开始，也就是创建我所说的操作系统。这个实体不仅要激活世界各地马克思主义左翼力量之间为实现这一目标而进行的交流，还要激活南方和北方所有社会现实中的日常斗争和战斗之间的交流，即在这种互动中将产生"第五国际"这个新组织的工作形式和方法。千里之行，始于足下，让我们一起迈出这一步。

[麦姆多·哈巴什（Mamdouh Habashi）系埃及阿拉伯非洲研究中心成员、世界选择论坛副主席；译者高静宇系中国社会科学院马克思主义研究院英文期刊《国际思想评论》编辑部学术编辑]

会议综述

应对世界新的动荡变革期 携手构建人类命运共同体 推动世界社会主义走向振兴

——"第十三届世界社会主义论坛"综述

于海青　务婧博

2023年11月28日至29日，由中国社会科学院主办，中国社会科学院世界社会主义研究中心、马克思主义研究院、信息情报研究院、国际合作局、习近平新时代中国特色社会主义思想研究中心共同承办的第十三届世界社会主义论坛在北京召开。来自全球6大洲37个国家的180余位国外共产党领导人、左翼学者和社会活动家，以及国内重要专家学者出席会议。中国社会科学院院长、党组书记高翔发表主旨演讲。时任中共中央对外联络部副部长郭业洲，中国社会科学院原副院长、世界社会主义研究中心主任李慎明，西班牙共产党主席、欧洲左翼党副主席何塞·路易斯·森特利亚，俄中友协副会长及俄中友好、和平与发展委员会专家委员会主席尤里·塔夫罗夫斯基分别作主题发言。大会开幕式由中国社会科学院副院长王昌林主持，大会发言阶段由中国社会科学院马克思主义研究院党委书记、院长辛向阳等主持。在为期两天的会议中，与会嘉宾围绕"构建人类命运共同体与世界社会主义发展"主题进行了深入研讨。

一、构建人类命运共同体理念及相关倡议的提出与实践具有重大意义

与会者普遍认为，构建人类命运共同体理念及相关倡议创造性地发展了马克思主义，彰显了马克思主义的理论生命力。高翔指出，构建人类命运共同体理念贯穿了马克思主义立场观点方法，吸取了中华优秀传统文化的内在精华，凝聚了中国共产党百年奋斗的宝贵经验，也反映了全人类共同的价值追求。这一理念是马克思主义人类解放思想的当代呈现，是对马克思主义人类解放思想的继承和发展，是在历史唯物主义基础上对当下构建合理的国际秩序的创造性回答。郭业洲表示，习近平主席提出的人类命运共同体理念和"三大全球倡议"体现了马克思主义鲜明的科学性、人民性和实践性。其继承并发展了马克思主义世界历史理论，也进一步丰富了马克思主义国际关系理论；既关注人类整体利益又着眼具体的"人"，致力于为实现和保障人的全面发展创造条件。携手构建人类命运共同体正在从理念转化为全球亿万民众的生动实践。中央党史和文献研究院副院长黄一兵指出，构建人类命运共同体理念是对马克思主义的丰富和发展，是对中华优秀传统文化的继承和弘扬。构建人类命运共同体理念是一个完整系统的科学体系，包含美好愿景、发展格局、价值追求、行动方案、根本路径、实践平台等方面。构建人类命运共同体理念及相关倡议是习近平新时代中国特色社会主义思想的重要组成部分。匈牙利工人党主席蒂尔默·久洛指出，马克思主义是不断发展的活的理论，是人类的共同财富，习近平新时代中国特色社会主义思想是马克思主义适应中国国情和时代需要的新突破。越南胡志明国家政治学院新闻宣传学院哲学系主任阮明环表示，构建人类命运共同体是当今中国继承和发展马克思主义理论的伟大命题。中国社会科学院马克思主义研究院副研究员刘须宽从人类命运共同体蕴含的天下情怀视角阐释其对马克思主义的继承和发展。他指出，人类命运共同体理念坚持胸怀天下，这体现了中国共产党人对马克思人类解放思想和世界历史理论精髓的继承和实践。

与会者认为，人类命运共同体理念及相关倡议在历史转折关头为世界发展指明了正确方向。郭业洲指出，"三大全球倡议"不断丰富和完善人类

命运共同体理念的理论内涵和实践外延，是推动构建人类命运共同体的三大支柱，体现出新时代中国共产党人的世界观与方法论，为建设更加美好的世界提供了来自社会主义中国的解决方案，也为我们共同探讨世界社会主义发展前景提供了基本遵循。何塞·路易斯·森特利亚指出，习近平主席提出的各项倡议都与建设一个更好的国际社会有着密切关系。中国社会科学院马克思主义研究院原院长、世界政治经济学学会会长程恩富阐明了人类命运共同体理念及相关倡议是现阶段实现人类繁荣发展的中国式创新。他还指出，这些倡议是呼应现阶段世界历史发展现实需要的根本举措，并从多个领域共同促进构建人类命运共同体。尼泊尔共产党（毛主义中心）中央委员会书记苏伦德拉·库马尔·卡尔基说，人类为一己私欲对地球资源的掠夺和破坏带来了全球性的危机和挑战，人类命运共同体是应对挑战的良方，是社会主义的最新发展趋势。巴西共产党中央委员会政治局委员若泽·雷纳尔多·卡瓦略认为，习近平主席提出的人类命运共同体理念和"三大全球倡议"为建设多极化世界提供了指引。孟加拉国共产党主席沙赫·阿拉姆表示，中国的各项倡议可以引导世界走向民主的全球化的道路。秘鲁共产党（团结）总书记路易斯·比利亚努埃瓦指出，中国提出的倡议，完全不同于美国通过金融机制和军事等形式强加给他国的单一大国政治霸权。因此，这些倡议在全球各国引发了积极而广泛的响应。俄罗斯科学院东方研究所当代中国研究中心主任安·弗·维诺格拉多夫指出，中国作为负责任的参与方，积极参与全球治理，提出的一系列全球倡议，不仅为其内部发展创造有利的外部条件，而且为时代和人类文明的发展指明了方向。中国社会科学院马克思主义研究院习近平新时代中国特色社会主义思想研究部副主任戴立兴强调，人类命运共同体的最大特点是包容，围绕构建人类命运共同体，习近平主席先后提出"一带一路"倡议、全球发展倡议、全球安全倡议等，为回答"人类向何处去"这一世界之问指明了前进方向。

与会嘉宾一致赞同，构建人类命运共同体是人类发展进步的助推器。高翔指出，构建人类命运共同体理念为推进世界社会主义发展提供了新的话语和动力，在当今的经济全球化时代具有科学的价值引领和指导作用。黄一兵指出，构建人类命运共同体理念符合全人类共同利益，反映了世界人民追求和平、正义、进步的心声，汇聚了各国人民共建美好世界的最大公约数，对于推动各国团结合作、共创人类美好未来具有重大意义。该理念提出是当代中国共产党人为人类进步和文明事业作出的重要贡献，赋予了中国式现代化崇高的时代使命。阮明环表示，构建人类命运共同体理念展现了中国特色社会主义以和平方式寻求民族复兴、推动世界发展的智慧与决心。中央党校（国家行政学院）副校（院）长李毅认为，构建人类命运共同体站在历史正确的一边，站在人类进步的一边。中国始终用实际行动证明：从双边到多边，从区域到全球，这一理念取得全方位、开创性的丰硕成果，给世界带来的是繁荣稳定的红利，创造的是扎扎实实的民生福祉。他还明确表示，构建人类命运共同体是人类追求共同利益的载体，更是弘扬全人类共同价值的体现。其顺应时代前进潮流，能够促进世界和平发展。中国科学院大学马克思主义学院副教授董天美表示，人类命运共同体为世界经济发展和政治秩序重构作出重要理论贡献。阿根廷布宜诺斯艾利斯大学前副校长、拉丁美洲社会科学理事会前秘书长阿蒂利奥·阿贝托·博隆指出，构建人类命运共同体有助于建立安全、稳定和繁荣的世界秩序。古巴社会与人文科学研究院副院长阿尔弗雷多·加西亚·希梅内斯认为，构建人类命运共同体的愿景和主张，就是建设一个多元和谐、兼容并蓄、促进各国共同发展的世界，这是对全球历史所作出的负责任的回应。

与会者肯定"一带一路"作为构建人类命运共同体实践平台的重要价值。俄罗斯联邦共产党中央监察委员柳德米拉·茹拉夫廖娃表示，"一带一路"是最有前景的倡议，它为世界的发展提供了新机遇，是一种重要的国际关系形式。共产党（意大利）总书记阿尔贝托·隆巴尔多指出，"一带一路"倡议可以让各国人民走上共同发展的轨道，建设一个更美好的世界。目前"一带一路"建设提升到了更高水平，实现了从经济和政治到文化因素的质的飞跃，体现了对各国文化的理解、尊重和包容。老挝国家政治行政学院公共管理学院副院长苏和平介绍说，作为"一带一路"倡议项目的重要组成部分，老中铁路是老中两国合作取得的巨大成果。中山大学副教授琳达·玛塔尔指出，"一带一路"是一个非常实际的平台，有助于践行人类命运共同体理念。她高度评价"一带一路"对南方国家的影响，认为"一带一路"推动全球南方国家提出自己的倡议，恢复了中国和世界其他地区尤其是阿拉伯地区的贸易往来，改变了全球地缘政治局势。

针对国际舆论中曲解人类命运共同体理念及诋毁中国的错误观点,与会者进行了针锋相对的批驳。柳德米拉·茹拉夫廖娃表示,以美国为首的西方国家领导层企图遏制中国,在西方媒体上不断编造中国扩张和经济剥削等论调。阿尔贝托·隆巴尔多指出,帝国主义的宣传试图诋毁中国对世界上其他国家特别是对非洲和拉丁美洲等发展中国家发挥的积极作用,错误地将其等同于对这些大陆的殖民主义和新殖民主义的掠夺性政治。英国共产党亚洲事务协调人艾琳·格林在发言中也提到西方媒体歪曲事实、诋毁中国、散布关于中国的错误言论,批评美西方控制社会媒体对人们进行洗脑。北京师范大学哲学院青年学者加布里埃尔·马丁内斯指出,一些资本主义国家针对中国宣传错误且不真实的信息。中国红色文化研究会会长刘润为指出,有人恶意把构建人类命运共同体理念说成一种"普世价值",企图抹黑中国共产党人放弃了马克思主义的立场。这是唯心主义惯用的手法,试图阉割这一战略思想的理论内容,抽掉提出构建人类命运共同体的国际背景,其目的就是要磨灭人类命运共同体理念的革命锋芒,从而消解其在国际社会的巨大影响力。中国人民大学重阳金融研究院执行院长王文从国际发展、经贸基建、对外援助等9个方面阐明了人类命运共同体并非虚无缥缈,而是通过10多年努力不断推进的伟大理念。

二、中国式现代化是人类文明新形态的开创之路

与会专家高度评价中国式现代化的发展成就,强调中国式现代化展示了一条人类文明走向更加美好未来的新路,具有巨大的时代价值与世界历史意义。国防大学原副政委、中将李殿仁认为,中国式现代化是迄今为止世界上高质量、高品位、高标准的现代化,是同构建人类命运共同体高度契合的现代化。中国式现代化为那些既要实现现代化又希望保持本民族特色的国家提供了新的选择,开辟了新的路径,创造了人类文明新形态。华语智库理事长彭光谦从共同发展、文明发展、全面发展、可持续发展、内涵式发展和开放式发展6个方面总结中国式现代化,指出中国的发展道路是中国的物质文明向现代演进的必然选择,也是中国5000多年精神文明发展的必然延伸。中国的现代化道路和文明形态否定了任何人的霸权。意大利

共产党中央委员会委员、21世纪马克思政治文化协会主席弗朗切斯科·马林乔认为，中国的社会主义现代化道路，以全人类的发展为目标，捍卫不同文明的独特性。清华大学马克思主义学院长聘教授王传利进一步指出，中国式现代化是人类文明新形态，它借鉴人类文明的一切有益成果，顺应人类文明发展规律、代表人类文明发展方向，充分彰显了社会主义文明相对于资本主义文明的优越性，展示了一条人类文明走向更加美好未来的新路。东北大学马克思主义学院田鹏颖教授指出，中国式现代化坚持人民至上，坚持独立自主，坚持立己达人。中国式现代化是中国人民实现强国建设、民族复兴的一条康庄大道，是推进世界社会主义发展的重要动力，是中国人民谋求人类进步和世界大同的必由之路。中国社会科学院俄罗斯东欧中亚研究所原所长吴恩远指出，苏联解体的原因并不是社会主义制度的失败，而是戈尔巴乔夫背叛了社会主义制度。当前资本主义陷入危机的情况下，以中国为代表的社会主义现代化意味着世界社会主义一定有着光明前景。阿尔弗雷多·加西亚·希梅内斯认为，中国为实现现代化和民族复兴所选择的道路，是一条切实可行的、有价值的、可供参考的道路。中国社会科学院马克思主义研究院副研究员刘爱玲指出，中国式现代化丰富和发展了社会主义现代化理论，同时创造了人类文明新形态。回答了世界将走向何处、世界现代化将如何实现的问题。

  与会学者深入探讨中国式现代化的发展创新，突出强调中国式现代化在促进建设人类未来美好世界中的积极作用。中国社会科学院马克思主义研究院马克思主义原理研究部副主任杨静从生产力、生产关系、矛盾普遍性和特殊性、质量互变规律4个方面分析论证了中国式现代化与实现全体人民共同富裕之间的契合性。山东大学马克思主义学院教授焦佩指出，中国式生态现代化为他国提供生态现代化的方案，为超越绿色资本主义提供替代方案，为国际应对生态危机提供合作蓝图。中国式生态现代化可以激活全球在生态领域的对话，帮助各国找到适合本国国情与自然和谐相处的方式，为地球上所有生命构建一个共同的未来。江西师范大学马克思主义学院院长尤琳认为新时代中国县乡治理现代化具有重要的世界意义，她提出，应推动马克思主义治理理论与中国传统治理智慧相结合，探索提升基层治理体系和治理能力现代化的新道路、新经验。中央党史和文献研究院助理研究员郭海龙介绍了中国式现代化蕴含的一元多线现代化范式，指出中国式现代化通过一元多线尊重各民族的个性，吸收各民族的精华，形成中华民族现代文明的新形态，从而引领世界新型文明发展。

与会者揭示了中国式现代化之所以成功的原因，强调中国式现代化对其他国家尤其是发展中国家具有示范作用。中国社会科学院政治学研究所所长张树华指出，中国式现代化成功的政治保证主要体现在3个方面：一是有坚强的领导核心即中国共产党；二是以人民为中心；三是坚持自主性和内生性，走一条独立自主的道路。中国式现代化成功的关键秘诀，在于科学处理了改革、发展、稳定的关系。中国式现代化是领导与民心、治理与进步、法治与德治、自由与秩序、权利与责任、廉洁与效能、发展与安全等政治价值和治理要素的有机统一。上海社会科学院研究生院党委书记轩传树指出，走向现代化是历史必然趋势，现代化模式随着发展必然发生调整，调整过程中必须正确处理几对关系，即秩序与活力、传统与现代、整体与部分之间的关系。蒂尔默·久洛指出，中国式现代化的理论和实践为解决现代社会的基本问题提供了新的例证，中国共产党在现代化建设中积累的非常重要和富有启发性的经验为现代合作形式提供范例，这启发欧洲左翼力量继续为建设社会主义而努力奋斗。中国社会科学院荣誉学部委员、拉丁美洲研究所研究员徐世澄总结了中国式现代化对拉美国家的启示意义：要坚定不移把发展作为执政兴国的第一要务；要制定战略目标；要有正确的适合本国国情的现代化发展战略和模式；要保持国民经济有较快的增长速度；要建立比较完整的市场经济体系；要精准地逐步解决贫困问题；要坚持和扩大开放，将本国经济和世界经济相连接，融入全球化；要加快建设创新型国家等。中国社会科学院马克思主义研究院副研究员李凯旋指出，中国式现代化创造的人类文明新形态，拓展了发展中国家走向现代化的途径和选择。越南共产党中央机关科学委员会副主席武文福指出，中国在社会主义现代化建设进程中取得了巨大成就。中国特色社会主义道路、改革开放的原则以及国际交往中提出的一些原则，为解决世界如何更好发展的问题给出了中国方案。

三、资本主义危机与社会主义的发展振兴

与会专家一致认为，当今资本主义正在经历严峻危机，资本主义危机不断加深使人类遭遇各种问题。李慎明指出，全球第五次资本主义总危机已经到来，帝国主义国家的领头羊首先采用种种软硬手段甚至法西斯和军国主义手段，向其他国家特别是一些大国转嫁危机。北京航空航天大学战略问题研究中心教授张文木指出，美帝国主义为追求利润最大化，使一切实体经济在美国都消失，只留下军火和高利贷，已经走上了反人类、反文明的道路。俄罗斯联邦共产党中央委员会副主席、国家杜马国际事务委员会第一副主席德米特里·诺维科夫指出，当前人类面临的问题还很多，诸如气候变化、网络犯罪、人口贩卖等，皆源自资本主义危机的加深，资本主义危机导致一些反动趋势出现。何塞·雷纳尔多·卡瓦略指出，资本主义制度的危机仍然持续，国家和社会的不平等仍在加剧。他表示，由于帝国主义国家的掠夺性利益和干涉主义政策，企图以武力维持其特权，导致武装冲突在世界各地不断升级，民主与和平受到威胁，全球安全遭遇挑战。葡萄牙共产党党刊《啊，斗士》主编阿尔巴诺·努内斯指出，资本主义出现结构性危机且不断深化，加剧了社会不公正和不平等，也构成对人类生存的威胁。俄罗斯联邦共产党中央委员会政治学习中心副主任马拉特·穆扎耶夫表示，资本主义正在经历着严峻的危机，帝国主义世界已经无法应对现在的各种抵抗。帝国主义在经济、政治、文化方面的侵略对世界造成严重威胁。美帝国主义企图确立起全球金融资本霸权并恢复殖民主义实践，对工人阶级的剥削在逐渐增加，甚至使用法西斯以及更加激进的手段保持自己的统治地位。他指出，只有终结资本主义，才能实现世界和平。河南理工大学马克思主义学院教授李海玉指出，美国的系统性危机仍在持续，这些危机本质上都是资本主义固有矛盾的当代表现。阿根廷地缘政治研究所所长鲁文·达里奥·古塞蒂指出，目前资本主义陷入深重危机，这使其绝望且疯狂地攻击其他国家，以再次重现单极世界曾经的辉煌，因此，资本主义世界中越来越多的人试图再次实践法西斯主义，结果是造成了新法西斯主义的崛起。尼泊尔共产党（联合马列）中央委员比什努·里贾尔指出，资本主义造成的资源过度利用、大规模剥削、商品化、贫富差距和歧

视使世界窒息。金融资本主义将世界视为市场，将人类视为商品，资本主义不仅影响了人类，而且破坏了自然和环境。叙利亚统一共产党中央纪律检查委员会委员萨米·阿布·阿西在发言中表示，资本主义带来的压迫、边缘化和贫困已令人无法忍受。

与会者强调，资本主义主导的全球化导致资本主义基本矛盾的全球性扩展，而中国提出的理念和倡议坚定引领着经济全球化的正确方向。英国共产党总书记罗伯特·格里菲斯指出，资本主义全球化的主要受益者是资本主义国家的企业和金融公司，而工作或技能灵活性不足的工人则失业，工会丧失了参与集体谈判和采取产业行动的合法权利。资本主义全球化发展模式加剧了第三世界国家内部以及发展中国家和最不发达国家之间的不平等。中国社会科学院马克思主义研究院《国际思想评论》编辑部主任王中保表示，只有坚持经济全球化正确方向、顺应时代前进潮流，才能促进世界和平发展。他指出，出现反全球化或者逆全球化的现象，主要是因为利益分配出了问题。"一带一路"所倡导的新型全球化在动机、主体、方式和结果四个方面不同于资本主导的旧全球化。意大利21世纪马克思政治文化协会副主席弗拉迪米洛·贾凯表示，以美元为中心的世界金融秩序让美国可以借更多的债，过上超越其能力之上的生活。他指出，目前非西方国家越来越强烈地提出了国际金融体系改革的必要性问题，这种改革实质上是对美元主导地位的隐形削弱，从以美元为主导走向另一种不同的模式。英国"社会主义中国之友"网站联合编辑基思·贝内特认为，习近平主席提出的理念和倡议代表着一种不同的全球化，一种能够带来人类共同繁荣并有利于发展中国家的全球化，是马克思主义的延续，而且正在成为一种团结和动员起大多数人，进而改变世界的物质力量。正基于此，他认为习近平新时代中国特色社会主义思想可以被公正地称为"21世纪的马克思主义"。李慎明提出了类似观点，并将习近平新时代中国特色社会主义思想明确界定为帝国主义从寄生即腐朽阶段向垂死阶段过渡的马克思主义。

与会者一致认为，美西方不再代表历史前进的方向，以中国为代表的社会主义将开启人类前进新道路。土耳其社会主义研究学会国际部主任、坎纳特国际出版社社长杰姆·克泽尔切奇认为，在世界经济、地缘政治和外交格局发生巨大变化的同时，社会主义和资本主义力量之间的竞争和对抗关系也在重新塑造。法国左翼杂志《国际通讯》前主编帕特里克·图雷认为，美国领导的帝国主义霸权即将终结，在此背景下中国将发挥重要作用。复旦大学中国研究院院长张维为指出，美国和西方不再代表历史前进的方向。中国社会主义的成功正在影响整个外部世界。中国社会主义的一些核心理念，如实事求是、以人民为中心和"一带一路"彰显的共商、共建、共享理念为世界提供了可选择的重要软实力。中国的崛起又为广大的非西方国家提供了硬实力。今天，中国社会主义代表着世界的希望，美国资本主义代表着世界的绝望。福建师范大学教授、中国政治经济学学会理事鲁保林指出，货币金融霸权带来的多重"红利"，让美国走上了一条以输出信用货币和金融产品为主导的"食利性"发展轨道。他强调，一旦其国家竞争力严重衰落，国家信用严重滑坡甚至丧失，美元循环必然受阻甚至断流，由货币霸权支撑的金融帝国必然坍塌。华中师范大学国外马克思主义政党研究中心主任余维海总结了国外共产党对资本主义现代化的深刻批判：以资本为中心是资本主义现代化的根本属性，两极分化是其突出表现，侵略、掠夺是其实现手段，生态危机是其严重代价。阿尔贝托·隆巴尔多指出，中国对与其进行贸易和交易的国家采取双赢政策：一方面随着时间的推移，这些国家可以逐步实现自治和稳定；另一方面尊重这些国家政治独立的同时，为社会解放创造了条件。与帝国主义利用政治、金融、经济和军事手段在全世界掠夺利润不一样，中国的对外政策不仅对非洲，而且对欧洲和北美都发挥着极其宝贵的积极作用。尤里·塔夫罗夫斯基表示，人们一致认为中国在提供发展援助时没有附加政治或意识形态条件。他认为，美国人搞的全球化对全世界大多数人来说是不公平的，而中国主张以现代国家关系为基础，建立一个基于平等和互利原则的新的全球秩序。中国提出的构建人类命运共同体这一长期发展规划，是各国人民都能接受的共同目标。喀麦隆雅温得第一大学教授、非洲社会科学联合会前副主席恩科洛·福埃表示，美国企图将其政治、政策输出到其他国家，以维系美国超级大国的地位。与美西方在全球对其他国家进行霸凌、殖民不同，中国揭开了世界历史新的一页，不仅为自己，也为全球南方国家，开启了一条全新的人类前进道路。

与会专家坚信，社会主义可以解决人类发展问题，中国特色社会主义代表着世界的希望。埃及阿拉伯非洲研究中心成员、世界选择论坛副主席麦姆多·哈巴什表示，如果资本主义逻辑继续盛行，未来有可能爆发核战争，整个人类文明甚至就此终结，必须让社会主义制度取得成功。尼泊尔共产党（联合马列）副总书记普拉迪普·库马尔·贾瓦里指出，对于国际和国内国民收入分配不均衡，以及剥削性劳动力市场关系共同导致的结构性贫困，社会主义是唯一正确的选择。比什努·里贾尔坚信社会主义可以消除一切歧视，实现平等，帮助人类过上有尊严的生活。中国社会科学院马克思主义研究院国际共产主义运动研究部主任潘金娥肯定了社会主义对人类发展的重要作用，并指出古巴和朝鲜的经济技术落后是由于西方帝国主义的封锁包围，而不是制度落后造成的。阿根廷解放党主席伊莉娜·桑特斯特万表示，帝国主义特别是美帝国主义是世界各国人民遭遇困境的主要责任者，因为其采取的政策将包括美国及其盟国在内的大多数国家引向了灾难。只有社会主义才能使人民摆脱贫困和不平等，中国为世界树立了一个很好的榜样。中国人民大学党委书记张东刚表示，新时代中国特色社会主义是当今中国的科学社会主义。要持之以恒推进理论创新，为科学社会主义发展提供思想指引；持之以恒拓展现实图景，为实现社会主义现代化打造实践样板；持之以恒擘画全球愿景，为推动世界社会主义发展凝聚奋斗力量。

四、在世界动荡变革期推动构建人类命运共同体

与会者普遍认为，世界进入新的动荡变革期，不确定不稳定因素增多。何塞·路易斯·森特利亚指出，当前国际局势十分紧张：新冠疫情给世界各国造成了健康、社会和经济等多层面的重创；俄乌冲突使世界局势复杂多变，新矛盾不断出现。世界越来越接近于所谓的"冷战时期"。中国社会科学院马克思主义研究院研究员孙应帅分析了世界格局在动荡中的变革：一是新一轮科技革命和产业变革将导致全球治理体系重塑，二是资本主义世界体系的内在矛盾将导致全球性问题加剧，三是国家利益和大国博弈将导致国际经济政治秩序深度调整。他强调，在这一时期，社会主义仍然是资本主义的唯一替代方案。德米特里·诺维科夫指出，乌克兰危机是左翼

社会主义力量和资产阶级力量之间非常严峻的较量，新纳粹主义和法西斯主义正在逐渐抬头。重庆大学马克思主义学院讲师杨柠聪指出，为平抑资本主义内部危机和周期波动，美国诉诸战争，推动"永久战争经济"。古巴社会与人文科学研究院高级研究员安东尼奥·巴雷伊罗·巴斯克斯认为，目前世界动荡最主要的表现就是战争。他指出，美国把主要精力放在心理战和信息战等非常规战争，并特别通过文化战颠覆人们的思想和心灵，使社会涣散，扭曲身份和注入错误的价值观。他强调美国给当今世界带来了最大威胁。斯里兰卡共产党专业小组成员瓦吉莎·古纳塞克拉提出类似观点，她认为现在混合战争的核心，是意识形态、心理和信息技术。德国《柏林报》董事长霍尔格·弗里德里希指出，在当前动荡的世界中，各国要在缓和地缘政治变化、平衡立场、禁止将军事力量作为政治工具等方面作出努力。

与会者认为，构建人类命运共同体是新的动荡变革期的正确选择。普拉迪普·库马尔·贾瓦里指出，构建人类命运共同体理念要求建立一种超越意识形态差异的新的全球合作模式，这种模式以人人享有更美好未来的共同追求将我们团结在一起。塞浦路斯劳动人民进步党中央委员克里索斯托莫斯·帕西亚迪斯指出，世界似乎正在进入一个通过军事冲突解决争端的阶段，欧洲和全世界的极右势力和法西斯主义崛起。他认为，中国提出的构建人类命运共同体理念为每个人创造一个更加繁荣的未来，是人类永恒的最高追求。鲁文·达里奥·古塞蒂指出，面对当前复杂动荡的局势，中国目前的经历和实践是人类的希望，它承载着整个世界的未来。中国农业大学烟台研究院副教授李淑清指出，"单边主义""排他性"是世界进入新的动荡变革期的根本原因，非传统安全是重要因素。她认为，构建人类命运共同体可以推动世界动荡变革期转换为稳定发展期。李慎明指出，随着资本主义危机再次到来，国际金融垄断资本主义的贪婪、狂妄、无耻、残忍、阴险、诡诈等特点将暴露无遗，它展示得愈充分、愈彻底，就愈能较快地教育全世界的共产党、左翼政党和各国人民。他明确表示，世界社会主义灿烂的春天就在前方。他呼吁我们坚信：在以习近平同志为核心的党中央坚强正确的领导下，中国特色社会主义必然巍然屹立；世界各国人民必将会更加紧密地联合起来；2050年前后，极可能是世界社会主义理论、运动、制度的又一个光明灿烂的新春天。

与会专家围绕在新的动荡变革期,如何构建人类命运共同体进行了深入探讨。在如何构建人类命运共同体问题上,苏伦德拉·库马尔·卡尔基指出,构建人类命运共同体是在马克思主义和社会主义的框架下落地的,这一理念培育全球不同背景的人民,鼓励他们携手创造共同繁荣。何塞·路易斯·森特利亚提出,要在人与自然和谐共生的基础上构建人类命运共同体。土耳其社会主义复建党创始人穆罕穆特·海瑞汀·贝利指出,构建人类命运共同体需要进一步挖掘世界进步力量,将之纳入人类命运共同体当中。中国人民大学习近平新时代中国特色社会主义思想研究院副院长王义桅指出,人类命运共同体要强调命运自主、开放包容、实践理性等,认为真正构建人类命运共同体要坚持反对霸权主义、反对帝国主义、反对殖民主义。西班牙中国政策观察所所长、墨西哥普埃布拉自治大学教授拉盖尔·伊丝玛拉·莱昂指出,必须关注经济多样性和社会政治多样性,认识到多样性的重要性,才能够更好地推动构建人类命运共同体。老挝国家政治行政学院党委委员、教学管理部主任凯山·詹辛娜指出,老挝通过"两个坚持"推动构建人类命运共同体:一是老挝人民革命党坚持沿着社会主义目标和方向发展国家的思想,二是老挝人民革命党坚持在通往社会主义的道路上发展市场经济。塞浦路斯劳动人民进步党中央管理委员会委员卡特琳娜·尼奥菲图谈到了塞浦路斯劳动人民进步党为推动构建人类命运共同体所作的努力:实现社会平等、和平、团结,保障劳工权益;反对民粹主义和法西斯主义,努力实现国家的和平和团结统一;捍卫人民的政治、社会、经济权益等。中国社会科学院马克思主义研究院研究员任洁在讲到构建人类命运共同体的现实策略时提出,要讲好人类命运共同体的故事;国际社会要落实维护发展中国家正当发展权益和发展空间的承诺;坚持多边主义,推动区域合作;国际社会共同探索构建人类命运共同体的实践,推动建立国际政治经济新秩序。中国社会科学院当代中国研究所张成乐指出,只有坚持社会主义道路和改革开放精神才能更好地构建人类命运共同体,世界社会主义才能更好发展。中国社会科学院马克思主义研究院马克思主义中国化研究部副主任贺新元从理想目标、价值理念、国际战略等11个方面回答了"构建一个什么样的人类命运共同体,怎样构建人类命运共同体"这一重大的时代课题。

五、推动构建人类命运共同体必须反对霸权主义和强权政治

与会专家认为，美西方在世界范围内推行霸权主义和强权政治。黎巴嫩共产党中央委员阿德汉·赛义德认为，当前异常危险的国际形势根源于美国的霸权主义和强权政治，美国金融资本成为全球的主导力量，对所有国家进行剥削。德米特里·诺维科夫指出，为了确保其全球金融资本的霸权地位和新殖民主义系统，美国越来越具有侵略性。阿根廷解放党前主席塞尔希奥·奥蒂斯认为，包括美国和欧洲在内的西方国家，事实上在发动一场21世纪的新冷战，冷战思维将世界撕裂开来。美国凭借其军事实力和科技能力，制造污名化中国论调，这是新时期的帝国主义行径。阿根廷共产党中央政治局委员、阿根廷马克思主义研究与培训中心主任马塞洛·法比安·罗德里格斯指出，美国和北约对俄罗斯的挑衅引发了俄乌冲突，他们试图通过这场冲突削弱多边秩序并遏制俄罗斯。美国还在经济和政治领域接连攻击中国，试图通过挑衅和军事干预来破坏中国稳定并维持其霸权。美国维拉诺瓦大学哲学院教授、巴黎批判理论研讨会主任加布里埃尔·罗克希尔指出，俄乌冲突和巴以冲突缘于美国的全力支持，想要真正击败法西斯主义，必须通过社会主义的发展来击败帝国主义。芬兰共产党主席丽莎·塔希宁表示，全世界军事部门的碳足迹和对环境的破坏是巨大的，其中美国和北约对此至少负有一半以上的责任。她认为，人类应抵制军国主义，重回辩论、合作、谈判和外交的1975年赫尔辛基精神的正轨，中国的全球安全倡议正在为此而努力。

与会专家一致认为，霸权主义和强权政治依然威胁世界的和平和稳定。中信改革发展研究基金会理事长孔丹指出，当前世界秩序的底层逻辑，仍然是弱肉强食的"丛林法则"。霸权主义和强权政治是导致全球分裂，全球性不平等、不公平的重要原因，也是人类走向共同发展、共同安全道路上的绊脚石，是世界普遍存在严重贫困、战乱频发的根源。处于丛林世界食物链顶端的霸权国家，长期独占着丰富的"霸权红利"，这就是霸权国家一定要维护全球霸权、坚持强权政治的根本原因。上海海事大学马克思主义

学院教授刘美平认为，霸权主义要霸占全世界的资源、能源、空间以及精英人口，以获得优先生存权。很多发展中国家受制于霸权，缺乏政治独立，越来越贫困。塞尔希奥·奥蒂斯指出，美国政府特别是美国右翼直接或间接左右国际局势，破坏世界和平。美国共产党联合主席罗莎娜·康布隆指出，在资本主义国家中，那些控制着政治和经济权力的人追求军工的高利润而不关注社会民生。美国共产党倡导建设一个更强大的联合和平运动，对反对霸权主义和强权政治具有重要意义。法国共产党负责亚洲事务的国际委员、加布里埃尔·佩里基金会科学委员会成员和亚洲项目经理多米尼克·巴里指出，有一些国家仍想继续维护霸权主义、强权政治。目前在军事、经济、贸易、能源方面的冲突以及气候方面的危机都要求全世界团结起来，寻找共同的解决方案保护我们的人民。

与会专家表示，全球南方国家深受霸权主义和强权政治的毒害，出路在于构建人类命运共同体。肯尼亚共产党全国副主席兼全国组织书记布克·恩格萨·奥莫勒指出，西方国家干预非洲国家的政治，肯尼亚仍然是西方国家的"傀儡"，受其殖民。他指出，构建人类命运共同体建立在人们对人类共同点认识的基础上。南非共产党中央委员会委员、南非北盖普省书记诺尔曼·舒舒指出，全球帝国主义反共议程对南非造成巨大挑战，其目的是破坏南非的民族、民主、革命，阻碍南非追求社会主义。他表示必须勇往直前、团结一致，致力于构建全球命运共同体，推动社会主义的发展。南非国家行政学院杰出学者卡西乌斯·卢比斯认为，霸权主义很容易演变成殖民主义，霸权主义其实就是要主导管控被殖民者的思想。西方提出普世价值观与建立布雷顿森林体系目的一致，就是为了维护西方资本主义的支配性。中国提出的全球文明倡议旨在破除迷思，让世界更为多元。加纳社会主义运动阿克拉地区召集人布莱斯·图罗指出，资产阶级利用所谓的资产阶级民主和法律压迫非洲人民，马里和布基纳法索正在通过军事政变驱除帝国主义者。他认为，中国在很大程度上处于创建新世界秩序的中心，致力于完成非殖民化工作，帮助全球南方解决新殖民主义和发展问题。古巴哲学研究所所长赫尔西娜·阿丰索·贡萨雷斯认为，傲视全人类是西方资本主义霸权的伦理基础。资本主义为了确保霸权，增加军事行动，鼓励对意识形态的控制，古巴就是资本主义霸权非法行为的受害者。她强调,需要采取更为广泛的联合行动对抗霸权理论。意大利《21世纪马克思》主编安德烈·卡托内指出,削弱美国和北约在世界上的影响力将有利于非洲、中东、拉丁美洲的解放和发展。日本庆应义塾大学名誉教授,京都大学名誉教授、世界政治经济学学会副会长大西广指出,全球南方有145个国家站在正义一方,全球南方的逻辑重在经济,中国处于这个逻辑的核心,对于任何国家来说,与中国保持良好关系都有助于经济发展。

与会专家一致赞同,构建人类命运共同体有助于推动世界向多极化方向发展。蒂尔默·久洛指出,构建人类命运共同体为我们指明了建立一个多极世界的方向,有助于捍卫世界和平,促进人类进步。秘鲁共产党(团结)全国政治委员会委员、国际关系书记伊尔德布兰多·卡华纳认为,在单边主义的霸权下,世界上各个国家和民族的出路就是构建人类命运共同体。瑞士共产党中央委员、瑞士环境与教育工会总书记鲁迪·阿方索·阿尔维斯指出,得益于中国共产党推动的现代化进程,实现多极世界的物质条件已经存在,但重要的是不要抱有这样的幻想,即这些条件足以克服当前单极主义和多极主义之间的矛盾,以及资本和劳动力之间的紧张关系。他指出,现在大西洋单极主义已经失去了对全球经济发展的控制,同时也开始在政治和文化上失去信誉。西班牙共产党中央委员会委员玛尔塔·马丁·莫兰认为,作为共产党人要继续支持敢于对单极世界秩序提出挑战的国家和组织。她非常赞赏中国与发展中国家展开的合作,认为这些合作帮助一些国家摆脱美国的制裁、禁运,能够实现这些国家政治、经济和贸易上的独立和自主发展。安德烈·卡托内指出,在21世纪的多极化世界中,社会主义中国的作用至关重要,中国的作用和战略建议是多极世界的基础。他表示,世界历史客观上正在走向多极世界,但如何推进这一进程,正确的应对就是中国提出的构建人类命运共同体。

与会专家指出,对抗资本主义和帝国主义,需要全世界社会主义力量团结合作。赞比亚开放大学教授姆比塔·钦通迪亚·奇塔拉认为,所有国家的共产党人都应该团结起来,共同抗击资本主义,并且需要向中国学习共同构建人类命运共同体,否则的话会受到帝国主义不断的压迫。穆罕穆特·海瑞汀·贝利指出,受历史原因的影响,时至今日,马克思主义的左翼党派还没有形成国际性的联合。山东大学政党研究所所长臧秀玲在谈到世界共产党国际联合的发展路径时强调，要最大限度地联合所有左翼进步力量，实现无产阶级团结；铸牢命运共同体意识，弘扬求同存异精神；完善团结合作机制，提高联合行动的执行力。山东大学世界政党研究中心研究员陈海燕指出，为了担负起社会主义政党的责任，要加强政党之间的合作，凝聚更多国际共识。不断扩大党的社会基础，团结更多力量聚集在社会主义政党的旗帜下，真正形成一种抗击霸权主义、帝国主义势力的强大力量。伊尔德布兰多·卡华纳认为，共产党人应该联合起来，而21世纪联合的新范式就是人类命运共同体。北京交通大学马克思主义学院讲师唐鑫指出，对抗资本主义需要无产阶级的国际团结。土耳其社会主义研究协会青年教育组织事务主任艾明·米尔巴特尔·塞沃尔介绍了土耳其左翼组织之间联合的情况，并呼吁社会主义力量结成联盟。麦姆多·哈巴什表示，对抗资本主义最好的方法是建立第五国际，因为它服务于人民和工人阶级。启动建立第五国际的进程，需要真正的现实组织和运动，需要更多参与奋斗的同志，也需要街头斗争。加布里埃尔·马丁内斯呼吁全世界各国共产党人、社会党人加强相互合作和交流，更好地应对资本主义和帝国主义的挑战。

（于海青系中国社会科学院世界社会主义研究中心执行副主任，马克思主义研究院副院长、研究员；务婧博系中国社会科学院大学马克思主义学院博士研究生）